会计专业技术资格考试辅导丛书

# 经　济　法

## (中　级)

会计专业技术资格考试研究中心　主编

清华大学出版社

北　京

## 内容简介

本书以全国会计专业技术资格“经济法(中级)”最新考试大纲为依据，对考试大纲进行全面剖析，以帮助考生在考前做到有的放矢，熟悉和巩固考点。其中，“大纲研读”是对考情、考点进行分析，起到引领的作用；“考点剖析”是对考点进行回顾与分析，简洁易懂，同时通过分析历年考试真题，使考生能够领悟考试中的重点与难点；“同步过关测试”和“同步过关测试解析”汇编历年考试真题和模拟试题，并进行深入解析，具有较强的针对性，使考生“学、练、做”三者合一，以积累考场的实战经验。

此外，本书还依据往年的考试命题规律和近年来的考情动态，集思广益，编制了两套模拟试题，在考核重点、题型、题量、难度、命题风格等方面力求接近考试真题，使广大读者在考试前能对自身的学习效果有一个全面的把握。



**图书在版编目(CIP)数据**

经济法(中级) / 会计专业技术资格考试研究中心 主编. —北京：清华大学出版社，2014
(会计专业技术资格考试辅导丛书)
ISBN 978-7-302-36072-8

Ⅰ. ①经… Ⅱ. ①会… Ⅲ. ①经济法－中国－会计－资格考试－自学参考资料 Ⅳ. ①D922.29

中国版本图书馆 CIP 数据核字(2014)第 069661 号

责任编辑：王 定 程 琪
装帧设计：孔祥丰
责任校对：曹 阳
责任印制：何 芊

出版发行：清华大学出版社
网 址：http://www.tup.com.cn，http://www.wqbook.com
地 址：北京清华大学学研大厦 A 座　　邮 编：100084
社 总 机：010-62770175　　邮 购：010-62786544
投稿与读者服务：010-62776969，c-service@tup.tsinghua.edu.cn
质 量 反 馈：010-62772015，zhiliang@tup.tsinghua.edu.cn
印 刷 者：北京密云胶印厂
装 订 者：三河市溧源装订厂
经 销：全国新华书店
开 本：185mm×260mm　　印 张：27　　字 数：708 千字
版 次：2014 年 5 月第 1 版　　印 次：2014 年 5 月第1 次印刷
印 数：1～4000
定 价：38.00 元

产品编号：057933-01

# 本书编委会


**主　编**　陈彦章

**副主编**　姜力琳　刘　洁　罗艾筠

**编　委**　(排名不分先后)

陈文汉　陈　涛　陈明明　陈彦章

邓　惠　刘　宇　赵海洪　刘萍萍

李杰平　刘东玲　刘　洁　韩　冰

许燕芬　周　华　张丽丽　姜力琳

乐世斌　郑丽佳　朱茹颖

# 前　言

将军要利器，考生要好书。

为了使广大考生能够在考前快速领悟考试大纲，抓住考试要点，熟悉历年来考试真题命题情况和考试动态，我们严格依据全国会计专业技术资格考试领导小组办公室编写的《全国会计专业技术资格考试用书》(内含大纲)，结合多年来对命题规律的准确把握，精心编写了这套“会计专业技术资格考试辅导丛书”。

与同类书相比，本套丛书主要特点如下。

(1) 专家指导，经验丰富：本套丛书作者都是国内顶级会计专业技术资格考试辅导命题专家，具有十多年的辅导命题经验，对考试重点难点、命题规律能够准确把握。

(2) 紧扣大纲，指导性强：本套丛书对财政部最新考试大纲进行深入细致研读，在为考生梳理大纲中的考点、重点的同时，结合历年考试真题，使读者能够了解命题动向。

(3) 学练结合，全面把握：本套丛书设置“大纲研读”、“考点剖析”、“同步过关测试”和“同步过关测试解析”栏目，充分体现了“学、练、做”分段学习法的一贯思路，全景式展示考试中将会遇到的全部内容。

(4) 命题新颖，实战解析：针对大纲和教材，本套丛书在例题的选取上，以历年真题为主，让读者能够充分了解考试的重点、难点，有的放矢，提高命中率。同时，编者精心编写了大量高保真模拟题，并给出了详细的解析，使考生迅速全面掌握重要的考点，并以最接近真题的模拟自测题来检验学习效果，提高自己的实战能力和应变能力。

(5) 方便自学，提供效率：本套丛书命题都有完整精确的解析，对于大部分应考的在职人士，能够快速把握重点，掌握解题的方法，合理安排备考的时间和精力，充分发挥学习效率。

在本书中，我们依据近年来的考试命题规律和考情动态，集思广益，精心编制了两套模拟试题，并给予简明扼要的解答和提示，在考核重点、题型、题量、难度、命题风格等方面力求接近考试真题，使广大读者在考试前能对自身的学习效果有一个全面的把握。

最后，预祝广大考生顺利通过考试。

# 目　　录

# 第一章　总　　论

## 大纲研读

本章考试目的在于考查应试人员是否掌握了经济法的概念和渊源、经济法主体资格、法律行为与代理制度、经济仲裁与诉讼制度及诉讼时效等基本理论。从近3年考题情况来看，本章主要考查经济法的渊源、经济法主体、自然人的民事行为能力、代理制度、仲裁的适用范围、仲裁协议、民事诉讼的管辖、诉讼时效等内容，平均分值是4分，具体考试内容如下。

(1) **经济法概述**。包括经济法体系和经济法渊源。

(2) **经济法主体**。包括经济法主体的资格，经济法主体的分类，经济法主体的权利与义务，自然人的民事行为能力。

(3) **民事法律行为与代理**。包括法律行为的特征，法律行为的分类，法律行为的有效要件，附条件和附期限的法律行为，无效的民事行为，可变更、可撤销的民事行为，代理的特征，代理的适用范围，代理的种类，代理权的行使，无权代理，代理关系的终止。

(4) **经济仲裁与诉讼**。包括仲裁的基本原则、适用范围，仲裁协议、仲裁程序，诉讼管辖、诉讼参加人、审判程序、执行程序，诉讼时效的特征，诉讼时效的适用对象，诉讼时效的种类与起算，诉讼时效的中止、中断与延长。

## 考点剖析

## 一、经济法的体系和渊源

### 考点一　经济法的体系

经济法是调整国家在管理与协调经济运行过程中发生的经济关系的法律规范的总称。

### 考点二　经济法的渊源

经济法的渊源是指经济法律规范借以存在的和表现的形式。

(1) 宪法(具有最高的法律效力)：由全国人民代表大会制定，经济法的基本渊源。

(2) 法律(仅次于宪法)：是全国人民代表大会及其常委会制定的规范文件，是经济法的主要渊源。

(3) 法规，包括：

① 行政法规(仅次于宪法、法律)。是由国务院制定的规范性文件。

② 地方性法规(不得与宪法、法律和行政法规相抵触)。由地方人民代表大会及其常务委员

会制定的规范性文件。

(4) 规章，包括：

① 部门规章。国务院各部委、中国人民银行、审计署和具有行政管理职能的直属机构制定的规章。

② 地方政府规章。由省、自治区、直辖市和较大的市制定的规章。

(5) 民族自治地方的自治条例和单行条例。

(6) 司法解释：最高人民法院。

(7) 国际条约、协定。

**【例 1-1】**下列各项中，属于行政法规的是(　　)。(2011 年单项选择题)

A. 财政部制定的《会计从业资格管理办法》

B. 国务院制定的《中华人民共和国外汇管理条例》

C. 全国人民代表大会常务委员会制定的《中华人民共和国矿产资源法》

D. 河南省人民代表大会常务委员会制定的《河南省消费者权益保护条例》

**【解析】**B　选项 A 属于部门规章，选项 B 属于行政法规，选项 C 属于法律，选项 D 属于地方性法规。

## 二、经济法主体

### 考点三　经济法主体的资格

经济法主体，是指在经济法律关系中享有一定权利、承担一定义务的当事人或参加者。享受经济权利的一方称为权利主体，承担经济义务的一方称为义务主体。

经济法主体必须具备一定的主体资格，即参加经济法律关系，享受一定权利和承担一定义务的资格或能力。

经济主体资格可通过法定取得和授权取得两种方式取得。

### 考点四　经济法主体的分类

#### (一) 根据主体在经济运行中的客观形态分类

根据主体在经济运行中的客观形态划分，经济法主体可分为：国家机关、企业、事业单位、社会团体、个体工商户、农村承包经营户、公民等。

#### (二) 根据经济法调整领域不同分类

根据经济法调整领域的不同，可以将经济法主体分为宏观调控法主体和市场规制法主体两类。宏观调控法主体又可以分为调控主体和受控主体，市场规制法主体可分为规制主体和受制主体。

**【例 1-2】**下列各项中，可以成为经济法主体的有(　　)。(2010 年多项选择题)

A. 政府　　B. 各类企业　　C. 非盈利组织　　D. 外国人

【解析】ABCD 经济法主体包括国家机关、企业、事业单位、社会团体、个体工商户、农村承包经营户和公民。

## 考点五 经济法主体的权利与义务

### (一) 调控主体与规制主体的职权

(1) 宏观调控权。宏观调控权可以分为宏观调控立法权和宏观调控执法权。另外，还可根据具体调控领域、具体调控方式等标准，把宏观调控权分为财政调控权、金融调控权、计划调控权等。其中，财政调控权包括财政收入权和财政支出权，前者包括征税权、发债权等；后者包括预算支出权、转移支付权等。金融调控权，包括货币发行权、利率调整权等；计划调控权，包括产业调控权和价格调控权等。

(2) 市场规制权。市场规制权可以分为市场规制立法权和市场规制执法权。主要包括对垄断行为、不正当竞争行为、侵害消费者权利行为的规制权，特别是对价格、质量、广告、虚假信息、滥用优势地位，以及其他违反公认的商业道德等行为的规制权。此外，随着市场经济发展等因素的出现，又产生了特殊市场规制权(或称特别市场规制权)，如金融市场规制权、房地产市场规制权、能源市场规制权等等。

(3) 调制权的分配。不仅全国人大享有立法权，而且国务院依法也可以制定行政法规，甚至国务院的某些职能部门都可能在事实上进行相关的立法。

### (二) 调控主体和规制主体的主要职责

(1) 贯彻法定原则。

(2) 依法调控和规制。

(3) 不得弃权。

### (三) 接受调控和规制的主体的权利

接受调控和规制的主体主要是市场主体，其权利可以统称为“市场对策权”。 市场对策权是接受调控和规制的市场主体从事市场经济活动的一种自由权，可以分为平等的市场主体之间的对策权，以及市场主体对调制行为的对策权两大类。

### (四) 接受调控和规制的主体的义务

(1) 接受调控和规制的义务。

(2) 依法竞争的义务。

**【例1-3】**全国人民代表大会常务委员会制定《中华人民共和国反垄断法》，是行使市场规制立法权的行为。(　　)(2011年判断题)

**【解析】**✓ 市场规制权，主要包括对垄断行为、不正当竞争行为、侵害消费者权利行为的规制权。在本题中，制定《中华人民共和国反垄断法》就是对垄断行为进行立法规制。

# 三、民事法律行为与代理

## 考点六　法律行为

### (一) 法律行为的特征

(1) 法律行为是以达到一定的民事法律后果为目的的行为。

(2) 法律行为以意思表示为要素。

(3) 法律行为是具有法律约束力的合法行为。

### (二) 法律行为的分类

(1) 单方法律行为和多方法律行为。单方法律行为是指依一方当事人的意思表示而成立的法律行为，例如债务的免除、委托代理的撤销、无权代理的追认等。多方法律行为是指两个以上当事人意思表示一致而成立的法律行为，例如合同行为等。

(2) 有偿法律行为和无偿法律行为。有偿法律行为是指当事人相互之间享有权利时必须偿付相应代价的法律行为，例如买卖、租赁、承揽等。无偿法律行为是指一方当事人享有权利时不需支付任何代价的法律行为，例如赠与、无偿委托、借用等。

(3) 要式法律行为和非要式法律行为。要式法律行为是指法律明确规定必须采取一定形式或履行一定程序才能成立的法律行为，例如，《合同法》规定融资租赁合同、建设工程合同、技术开发合同应当采取书面形式。非要式法律行为是指法律未规定特定形式，可由当事人自由选择形式即可成立的法律行为。

(4) 主法律行为和从法律行为。主法律行为是指不需要有其他法律行为存在就可以独立成立的法律行为。从法律行为是指从属于其他法律行为而存在的法律行为，例如，当事人之间订立一项借款合同，为保证合同的履行，又订立一项担保合同，担保合同即为主合同借款合同的从属合同。

法律行为除上述分类外，还有单务法律行为和双务法律行为、诺成法律行为和实践法律行为等分类方法。

### (三) 法律行为的有效要件

法律行为的有效是指法律行为足以引起权利义务设立、变更、终止的法律效力。法律行为的成立是法律行为有效的前提，法律行为从成立时起具有法律约束力，行为人非依法律规定或取得对方同意，不得擅自变更或解除。只有具备一定有效条件的法律行为，才能产生预期的法律效果。法律行为的有效要件分为形式有效要件和实质有效要件。

#### 1. 法律行为的形式有效要件

民事法律行为可以采用书面形式、口头形式或其他形式。法律规定用特定形式的，应当依照法律规定。如果行为人对法律规定必须采用特定形式而未采用的，其所进行的法律行为则不产生法律效力。

#### 2. 法律行为的实质有效要件

(1) 行为人具有相应的民事行为能力。无民事行为能力人，即不满 10 周岁的未成年人(小于

10 周岁)或者“不能”辨认自己行为的精神病人，进行的行为不具有法律约束力；限制民事行为能力人，即 10 周岁以上的未成年人或者“不能完全”辨认自己行为的精神病人。限制民事行为能力人可以进行与其年龄、智力、精神健康状况相适应的民事活动，其他民事活动由其法定代理人代理，或者征得其法定代理人的同意；完全民事行为能力人，即 18 周岁以上的成年人和 16 周岁以上不满 18 周岁的公民，可以独立地在其民事权利能力范围内进行民事活动。

法人民事行为能力随其成立而产生，随其终止而消失。法人的民事权利能力的范围一般以核准登记的生产经营业务活动为准。

(2) 行为人的意思表示真实。行为人的意思表示是自觉自愿作出的，同时与其内心表达的意思相一致。

(3) 不违反法律和社会公共利益。意思表示的内容不得与法律的强制性或禁止性规定相抵触，也不得滥用法律的授权性和任意性规定达到规避法律规范的目的。

### (四) 附条件和附期限的法律行为

#### 1. 附生效条件的法律行为

在所附条件成就之前，法律行为已经“成立”；条件成就之后，法律行为开始“生效”。

当事人为了自己的利益不正当地阻止条件成就时，视为条件已经成就；当事人不正当地促成条件成就的，视为条件不成就。

#### 2. 附生效期限的法律行为

法律行为虽然已经“成立”，但是在所附期限到来之前不发生效力，待期限届至时，才发生法律效力。

### (五) 无效的民事行为

#### 1. 无民事行为能力人

(1) 无民事行为能力人接受赠与、奖励、获得报酬等纯获益的行为，属于有效行为。

(2) 无民事行为能力人实施的某些与其年龄相适应的细小的日常生活方面的法律行为，属于有效行为。

(3) 除上述情形外，无民事行为能力人“独立实施”的民事行为，属于无效民事行为。

无民事行为能力人可以在法定代理人的帮助下完成法律行为。如在法定代理人的帮助下，作为房屋买卖合同的出卖人或者买受人享受权利和履行义务。

#### 2. 限制民事行为能力人

(1) 合同。限制民事行为能力人订立的纯获益的合同或者与其年龄、智力相适应的合同，直接有效；除上述情形外，限制民事行为能力人订立的合同属于效力待定的合同。

(2) 单方民事行为。限制民事行为能力人不能“独立实施”的合同以外的行为(如限制民事行为能力人订立的遗嘱)，属于无效的民事行为。

#### 3. 欺诈、胁迫

(1) 合同。因欺诈、胁迫而订立的合同，不损害国家利益的，属于可变更、可撤销合同；损害国家利益的，属于无效合同。

(2) 单方民事行为。因欺诈、胁迫而实施的单方民事行为(如债务的免除)，属于无效的民事行为。

4. 乘人之危

(1) 合同。因乘人之危订立的合同，不论是否损害国家利益，一律属于可变更、可撤销合同。

(2) 单方民事行为。因乘人之危实施的单方民事行为(如债务的免除)，属于无效的民事行为。

5. 恶意串通

恶意串通，损害国家、集体或者第三人利益的合同，属于无效合同。

此外，违反法律或者社会公共利益的合同，属于无效合同。此外，以合法形式掩盖非法目的的合同，属于无效合同。

如通过合法的买卖、捐赠形式来达到隐匿财产、逃避债务的目的，属于无效合同。

### (六) 可变更、可撤销的合同

1. 可变更、可撤销合同的类型

(1) 因重大误解而订立的合同。

(2) 显失公平的合同。

(3) 乘人之危订立的合同。

(4) 受欺诈、胁迫而订立的不损害国家利益的合同。

2. 可变更、可撤销合同的特征

(1) 重大误解、显失公平的合同，双方当事人均有撤销权。

(2) 一方以欺诈、胁迫的手段或者乘人之危，使对方在违背真实意思的情况下订立的合同，只有受损害方才有撤销权。

(3) 撤销权人拥有选择权，当事人可以申请变更，也可以申请撤销，还可以决定不撤销。

(4) 具有撤销权的当事人自“知道或者应当知道”撤销事由之日起 1 年内未行使撤销权的，或者具有撤销权的当事人知道撤销事由后明确表示或者以自己的行为放弃撤销权的，撤销权消灭。此时，该合同应按有效合同去履行。

(5) 该合同被撤销后，视同无效合同，自合同“成立”之日起无效。

【例 1-4】甲、乙公司于 2012 年 2 月 4 日签订买卖合同，3 月 4 日甲公司发现自己对合同标的物存在重大误解，遂于 4 月 4 日向法院请求撤销该合同，法院于 5 月 4 日依法撤销了该合同。根据《合同法》的规定，下列关于该买卖合同被撤销后效力的表述中，正确的是(　　)。(2012 年单选题)

A. 该买卖合同自 2 月 4 日起归于无效

B. 该买卖合同自 3 月 4 日起归于无效

C. 该买卖合同自 4 月 4 日起归于无效

D. 该买卖合同自 5 月 4 日起归于无效

【解析】A　可撤销合同经依法撤销，自始(2012 年 2 月 4 日)无效。

【例 1-5】下列各项中，属于民事法律行为的有(　　)。(2013 年多选题)

A. 甲商场与某电视生产企业签订购买一批彩电的合同

B. 乙捡到一台电脑

C. 丙放弃一项债权

D. 丁完成一项发明创造

【解析】AC　民事法律行为是指公民或者法人以设立、变更、终止民事权利和民事义务为目的，以意思表示为要素，依法产生民事法律效力的合法行为。选项 C 债务的免除属于单方法律行为，选项 A 签订合同属于双方法律行为；选项 B、D 属于事实行为。

## 考点七 代理

### (一) 代理的概念和特征

#### 1. 代理的概念

代理是指代理人在代理权限内，以被代理人的名义与第三人实施法律行为，由此产生的法律后果直接由被代理人承担的一种法律制度。

#### 2. 代理的特征

(1) 代理人必须以被代理人的名义实施法律行为。

(2) 代理人在代理权限内独立地向第三人进行意思表示。

(3) 代理行为的法律后果直接归属于被代理人。

### (二) 代理的适用范围

代理适用于民事主体之间设立、变更和终止权利义务的法律行为。依照法律规定或按照双方当事人约定，应当由本人实施的民事法律行为，不得代理，如遗嘱、婚姻登记、收养子女等。未经本人亲自实施的，应当认定为行为无效。

### (三) 代理的种类

(1) 委托代理。委托代理指代理人的代理权根据被代理人的委托授权行为而产生。因委托代理中，被代理人是以意思表示的方法将代理权授予代理人的，故又称 “意定代理”或“任意代理”。 委托代理可以用书面形式，也可以用口头形式，法律规定用书面形式的，必须用书面形式。授权委托书授权不明的，被代理人应当对第三人承担民事责任，代理人负连带责任。

(2) 法定代理。法定代理指代理人的代理权是根据法律的直接规定而产生的一种代理关系。一般适用于被代理人是无行为能力人、限制行为能力人的情况。

(3) 指定代理。指定代理是基于法院或其他有指定权的组织指定而产生的代理关系。它与法定代理、委托代理是并列的三种代理关系。

### (四) 代理权的行使

#### 1. 代理权行使的一般要求

(1) 代理人应当在代理权限范围内行使代理权，不得进行无权代理。

(2) 代理人行使代理权应当维护被代理人的利益。

(3) 代理人行使代理权应当符合代理人的职责要求。

(4) 代理人原则上应当亲自完成代理事务，不得擅自转委托。

#### 2. 滥用代理权的禁止

代理人滥用代理权的，其行为视为无效行为。给被代理人及他人造成损失的，应当承担相应的赔偿责任。代理人和第三人串通，损害被代理人的利益的，由代理人和第三人负连带责任。常见的滥用代理权的情形有：

(1) 双方代理。双方代理指同一代理人既代理本人又代理第三人为同一民事法律行为的代理。

(2) 自己代理。这是指代理本人与自己订立合同，也称“自己契约”。

(3) 利己代理。利己代理也为法律所禁止，民法通则第18条第1款规定：除为被监护人的利益外，不得处理被监护人的财产。此即禁止法定代理人利己行为的规定。

### (五) 无权代理

#### 1. 无权代理的概念和表现形式

无权代理是指没有代理权而以他人名义进行的代理行为。无权代理表现为三种形式：

(1) 没有代理权而实施的代理。

(2) 超越代理权实施的代理。

(3) 代理权终止后而实施的代理。

#### 2. 无权代理的追认

在无权代理的情况下，只有经过被代理人的追认，被代理人才承担民事责任。未经追认的行为，由行为人承担民事责任。但是，以下情形除外：

(1) 默认。被代理人知道他人以本人名义实施民事行为而不作否认表示的，视为同意，即应由被代理人承担民事责任。

(2) 紧急情况下。委托代理人为了维护被代理人的利益，在紧急情况下实施的超越代理权的民事法律行为，可以认定有效；但其采取的行为不当给被代理人造成损失的，可以酌情由委托代理人承担适当的责任。

(3) 表见代理。行为人没有代理权、超越代理权或者代理权终止后以被代理人名义订立合同，善意相对人有理由相信行为人有代理权的，该代理行为有效。

表见代理的情形有：

① 被代理人对第三人表示已将代理权授予他人，而实际并未授权；被代理人将某种有代理权的证明文件(如盖有公章的空白介绍信、空白合同文本、合同专用章等)交给他人，他人以该种文件使第三人相信其有代理权并与之进行法律行为。

② 代理授权不明。

③ 代理人违反被代理人的意思或者超越代理权，第三人无过失地相信其有代理权而与之进行法律行为。

④ 代理关系终止后未采取必要的措施而使第三人仍然相信行为人有代理权，并与之进行法律行为。

### (六) 代理关系的终止

#### 1. 委托代理终止的法定情形

(1) 代理期间届满或者代理事务完成。

(2) 被代理人取消委托或代理人辞去委托。

(3) 代理人死亡。

(4) 代理人丧失民事行为能力。

(5) 作为被代理人或代理人的法人终止。

#### 2. 法定代理或指定代理终止的法定情形

(1) 被代理人取得或恢复民事行为能力。

(2) 被代理人或代理人死亡。

(3) 代理人丧失民事行为能力。

(4) 指定代理的人民法院或指定单位取消指定。

(5) 由其他原因引起的被代理人和代理人之间的监护关系消灭。

# 四、经济仲裁与诉讼

## 考点八 仲裁

仲裁是指仲裁机构根据纠纷当事人之间自愿达成的协议，以第三者的身份对所发生的纠纷进行审理，并作出对争议双方当事人均有约束力的裁决的解决纠纷的活动。

### (一) 仲裁的基本原则

(1) 自愿原则。当事人自愿选择仲裁方式，自愿选择仲裁委员会。

(2) 以事实为根据，以法律为准绳，公平合理地解决纠纷原则。

(3) 仲裁组织依法独立行使仲裁权原则。

(4) 一裁终局原则。仲裁裁决作出后，当事人就同一纠纷，不能再申请仲裁或者向人民法院起诉。但是，仲裁裁决被人民法院依法裁定“撤销或者不予执行”的，当事人可以重新达成仲裁协议申请仲裁，也可以向人民法院起诉。

### (二) 《仲裁法》的适用范围

根据《仲裁法》规定，平等主体的公民、法人和其他组织之间发生的合同纠纷和其他财产纠纷，可以仲裁。

**1. 属于《仲裁法》调整的争议**

(1) 合同纠纷。

(2) 其他财产纠纷。

**2. 不属于《仲裁法》调整的争议**

(1) 与人身有关的婚姻、收养、监护、扶养、继承纠纷。

(2) 行政争议。

(3) 劳动争议。

(4) 农业承包合同纠纷。

### (三) 仲裁协议

**1. 有效的仲裁协议**

仲裁协议包括合同中订立的仲裁条款和以其他书面方式在纠纷发生前或纠纷发生后达成的请求仲裁的协议。合法有效的仲裁协议对双方当事人诉权的行使产生一定的限制，仲裁协议具有排除诉讼管辖权的作用。

(1) 仲裁协议的内容。包括：请求仲裁的意思表示；仲裁事项；选定的仲裁委员会。

(2) 仲裁协议具有以下效力：仲裁协议中为当事人设定的义务，不能任意更改、终止或撤销；合法有效的仲裁协议对双方当事人诉权的行使产生一定的限制；对于仲裁组织来说，仲裁协议具有排除诉讼管辖权的作用；仲裁协议具有独立性。

**2. 仲裁协议的无效**

有下列情形之一者，仲裁协议无效。

(1) 约定的仲裁事项超过法律规定的仲裁范围。

(2) 无民事行为能力人或者限制民事行为能力人订立的仲裁协议。

(3) 一方采取胁迫手段，迫使对方订立的仲裁协议。

(4) 仲裁协议对仲裁事项或仲裁委员会没有约定或约定不明确的，当事人可以补充协议；达不成补充协议的，仲裁协议无效。

**3. 对仲裁协议的效力有异议时**

当事人对仲裁协议的效力有异议的，应当在仲裁庭“首次开庭前”请求仲裁委员会作出决定或者请求人民法院作出裁定。一方请求仲裁委员会作出决定，另一方请求人民法院作出裁定的，由“人民法院”裁定。

**【例 1-6】**甲乙签订的买卖合同中订有有效的仲裁条款，后因合同履行发生的纠纷，乙未声明有仲裁条款而向法院起诉，法院受理了该案，首次开庭后，甲提出应依合同中的仲裁条款解决纠纷，法院对该案没有管辖权，下列对该案的处理方式中，正确的是(　　)。(2013 年单选题)

A. 法院与仲裁机构协商解决该案管辖权事宜

B. 法院继续审理该案

C. 法院中止审理，待确定仲裁条款效力后再决定是否继续审理

D. 法院终止审理，由仲裁机构审理该案

**【解析】**B　如果甲在人民法院“首次开庭前”提交仲裁协议的，人民法院应驳回乙的起诉；如果甲在人民法院“开庭审理时”才提交仲裁协议的，视为放弃仲裁协议，人民法院应当继续审理，本题应选 B。

### (四) 仲裁程序

**1. 仲裁申请和受理**

申请仲裁必须符合以下条件：有仲裁协议，有具体的仲裁请求和事实、理由，属于仲裁委员会的受理范围。

仲裁委员会收到仲裁申请书之日起 5 日内，认为符合受理条件的，应当受理。被申请人未提交答辩书的，不影响仲裁程序的进行。

**2. 仲裁庭**

仲裁庭由 1 名或 3 名仲裁员组成，由 3 名仲裁员组成的，设首席仲裁员。仲裁应当开庭进行；当事人协议不开庭的，仲裁庭可以根据仲裁申请书、答辩书及其他材料作出裁决。

仲裁员有下列情况之一的，必须回避，当事人也有权提出回避申请：是本案当事人，或者当事人、代理人的近亲属；与本案有利害关系；与本案当事人、代理人有其他关系，可能影响公正仲裁的；私自会见当事人、代理人，或者接受当事人、代理人的请客送礼的。

**3. 当事人的和解**

申请仲裁后，当事人可以自行和解。达成和解协议的，可以请求仲裁庭根据和解协议作出裁决书，也可以撤回仲裁申请。当事人达成和解协议，撤回仲裁申请后又反悔的，可以根据仲裁协议申请仲裁。

#### 4. 仲裁庭的调解

仲裁庭在作出裁决前，可以先行调解。当事人自愿调解的，仲裁庭应当调解。调解不成的，仲裁庭应当及时作出裁决。调解达成协议的，仲裁庭应当制作调解书或者根据协议的结果制作裁决书，调解书经双方当事人“签收”后，即与裁决书具有同等的法律效力。当事人在调解书“签收前”反悔的，仲裁庭应当及时作出裁决。

#### 5. 仲裁裁决的作出

仲裁裁决应当按照多数仲裁员的意见作出；仲裁庭不能形成多数意见时，裁决应当按照首席仲裁员的意见作出。

### (五) 仲裁裁决

(1) 仲裁裁决书的生效。裁决书自“作出”之日起发生法律效力。

(2) 仲裁裁决的强制执行。如果一方当事人不履行仲裁裁决的，另一方当事人可以按照《民事诉讼法》的有关规定向人民法院申请执行。

(3) 仲裁裁决的撤销。当事人提出证据证明裁决有依法应撤销情形的，可以在“收到”裁决书之日起 6 个月内，向“仲裁委员会所在地的中级人民法院”申请撤销裁决。

## 考点九 诉讼

### (一) 诉讼的概念

诉讼是指人民法院根据纠纷当事人的请求，运用审判权确认争议各方权利义务关系，解决经济纠纷的活动。

### (二) 诉讼管辖

诉讼管辖是指各级人民法院之间以及不同地区的同级人民法院之间，受理第一审经济案件的分工和权限。管辖有许多种类，其中最重要的是地域管辖和级别管辖。

#### 1. 地域管辖

一般地域管辖实行原告就被告原则(由被告住所地人民法院管辖)。同一诉讼的几个被告住所地、经常居住地在两个以上人民法院辖区的，各该人民法院都有管辖权。

特殊地域管辖主要包括以下几种情况：

(1) 因合同纠纷提起的诉讼，由被告住所地或者合同履行地的人民法院管辖；

(2) 因保险合同纠纷提起的诉讼，由被告住所地或者保险标的物所在地的人民法院管辖；

(3) 因票据纠纷提起的诉讼，由票据支付地或者被告住所地的人民法院管辖；

(4) 因铁路、公路、水上和航空事故请求损害赔偿提起的诉讼，由事故发生地或者车辆、船舶最先到达地、航空器最先降落地或者被告住所地人民法院管辖。

两个以上人民法院都有管辖权的诉讼，原告可以向其中一个人民法院起诉；原告向两个以上有管辖权的人民法院起诉的，由“最先立案”的人民法院管辖。

#### 2. 级别管辖

我国人民法院分为四级：基层人民法院、中级人民法院、高级人民法院和最高人民法院。

### 3. 协议管辖

所谓协议管辖(又称约定管辖)，是指双方当事人在合同纠纷发生之前或者发生之后，以协议的方式选择解决他们之间纠纷的管辖法院。2012 年《民事诉讼法》修改了关于协议管辖的适用范围，在原有的“合同”纠纷的基础上，增加了“其他财产权益纠纷”(包括因物权、知识产权中的财产权而产生的民事纠纷)。

**【例 1-7】**A 的户籍地在甲市，经常居住地是乙市，2013 年 2 月，A 与 B 在丙市签订了买卖合同，合同中未约定纠纷管辖法院，后因 B 未将货物如约在乙市交付给 A 而发生纠纷，A 欲起诉 B，此时 B 已因诈骗被监禁于丁市监狱。下列对合同纠纷有管辖权的法院是(　　)。(2013 年单选题)

A. 甲市法院　　B. 乙市法院

C. 丙市法院　　D. 丁市法院

**【解析】**B　对被劳动教养的人提起的诉讼以及对被监禁的人提起的诉讼，由原告住所地人民法院管辖；原告住所地与经常居住地不一致的，由原告经常居住地(乙市)人民法院管辖。

**【例 1-8】**因票据纠纷提起的诉讼，应由特定地域的人民法院管辖。对该类纠纷享有管辖权的法院有(　　)。(2013 年多选题)

A. 原告住所地法院　　B. 被告住所地法院

C. 票据出票地法院　　D. 票据支付地法院

**【解析】**BD　因票据纠纷提起的诉讼，由票据支付地或者被告住所地的人民法院管辖。

**【例 1-9】**上级人民法院对下级人民法院已发生法律效力的判决，发现确有错误的，有权指令下级人民法院再审。(　　)(2013 年判断题)

**【解析】**✓　最高人民法院对各级人民法院已经发生法律效力的判决和裁定，上级人民法院对下级人民法院已经发生法律效力的判决和裁定，如果发现确有错误，有权提审或者指令下级人民法院再审。

### (三) 诉讼参加人

诉讼参加人包括当事人和诉讼代理人。

### (四) 审判程序

审判程序包括第一审程序、第二审程序和审判监督程序等。

(1) 第一审程序。第一审程序是指各级人民法院审理第一审经济案件适用的程序，分为普通程序、简易程序。

(2) 第二审程序。第二审程序又称上诉程序，是指上级人民法院审理当事人不服第一审人民法院尚未生效的判决和裁定而提起的上诉案件所适用的程序。我国实行两审终审制，当事人不服第一审人民法院判决、裁定的，有权向上一级人民法院提起上诉。当事人不服地方人民法院第一审判决的，有权在判决书送达之日起 15 日内向上一级人民法院提起上诉。当事人不服地方人民法院第一审裁定的，有权在裁定书送达之日起 10 日内向上一级人民法院提起上诉。

(3) 审判监督程序。审判监督程序是指有审判监督权的人员和机关，发现已经发生法律效力的判决、裁定确有错误的，依法提出对原案重新进行审理的一种特别程序，又称再审程序。

### (五) 执行程序

执行程序是人民法院依法对已经发生法律效力的判决、裁定及其他法律文书的规定，强制义务人履行义务的程序。

申请执行的期限从法律文书规定履行期间的最后一日起计算，双方或者一方当事人是公民的为 1 年，双方是法人或者其他组织的为 6 个月。

## 考点十 诉讼时效

### (一) 诉讼时效的基本理论

**1. 诉讼时效的概念**

诉讼时效是指“债权请求权”不行使达一定期间而失去国家强制力保护的制度。

**2. 诉讼时效的适用对象**

(1) 诉讼时效只适用于“债权请求权”，其他请求权不适用诉讼时效。

(2) 当事人可以对债权请求权提出诉讼时效抗辩，但是，对下列债权请求权提出诉讼时效抗辩的，人民法院不予支持：

① 支付存款本金及利息请求权。

② 兑付国债、金融债券以及向不特定对象发行的企业债券本息请求权。

③ 基于投资关系产生的缴付出资请求权。

④ 其他依法不适用诉讼时效规定的债权请求权。

**3. 诉讼时效的特征**

(1) 诉讼时效以权利人不行使法定权利的事实状态的存在为前提。

(2) 诉讼时效期间届满时消灭的是胜诉权，并不消灭实体权利。

(3) 诉讼时效具有普遍性和强制性，除法律有特殊规定外，当事人均应普遍适用，不得作任何变更。

**【例 1-10】**下列关于诉讼时效期间届满后法律后果的表述中，符合法律规定的是(　　)。(2013 年单选题)

A. 当事人在诉讼时效期间届满后起诉的，人民法院不予受理

B. 诉讼时效期间届满，义务人自愿履行了义务后，可以以诉讼时效期间届满为由主张恢复原状

C. 诉讼时效期间届满后，当事人自愿履行义务的，不受诉讼时效限制

D. 诉讼时效期间届满后，权利人的实体权利消灭

**【解析】**C　诉讼时效期间已过，不影响债权人提起诉讼，即不丧失起诉权(人民法院应当受理)，故选项 A 不正确。诉讼时效期间届满并不消灭实体权利(债权人的债权并不消灭)，故选项 B 不正确。诉讼时效期间届满后，当事人自愿履行义务的，不受诉讼时效的限制，故选项 C 正确。义务人履行了义务后，又以诉讼时效期间届满为由抗辩的，人民法院不予支持，故选项 D 不正确。

### (二) 诉讼时效的种类与起算

#### 1. 诉讼时效的种类

诉讼时效包括一般诉讼时效(2 年)和特殊诉讼时效。特殊诉讼时效包括：

(1) 1 年。下列诉讼时效为 1 年：

① 身体受到伤害要求赔偿的。

② 出售质量不合格的商品未声明的。

③ 延付或者拒付租金的。

④ 寄存财物被丢失或者毁损的。

(2) 3 年。下列诉讼时效为 3 年：

① 因环境污染损害赔偿提起诉讼的时效期间为 3 年，自当事人知道或者应当知道受到污染损害之日起计算。

② 有关船舶发生油污损害的请求权，时效期间为 3 年，自损害“发生”之日起计算；但是，在任何情况下时效期间不得超过从造成损害的事故“发生”之日起 6 年。

(3) 4 年。因国际货物买卖合同和技术进出口合同争议提起诉讼或者申请仲裁的期限为 4 年，自当事人知道或者应当知道其权利受到侵害之日起计算。

(4) 5 年。人寿保险的被保险人或者受益人向保险人请求给付保险金的诉讼时效期间为 5 年，自其知道或者应当知道保险事故发生之日起计算；人寿保险以外的其他保险的被保险人或者受益人，向保险人请求赔偿或者给付保险金的诉讼时效期间为 2 年，自其知道或者应当知道保险事故发生之日起计算。(见教材第四章之保险合同)

(5) 最长诉讼时效。从权利“被侵害”之日起超过 20 年的，人民法院不予保护。

#### 2. 诉讼时效期间的起算

(1) 诉讼时效期间从当事人知道或应当知道权利被侵害时起计算。其中人身损害赔偿的诉讼时效期间，伤势明显的，从受伤害之日起算；伤害当时未曾发现，后经检查确诊并能证明是由侵害引起的，从伤势确诊之日起算。

(2) 约定履行期限之债的诉讼时效，自履行期限届满之日开始计算。

(3) 未约定履行期限之债的诉讼时效，自权利人提出履行要求之日开始计算；债权人给予对方宽限期的，则该宽限期届满之日起开始计算。

(4) 附条件之债的诉讼时效，自该条件成就之日起计算。

(5) 附期限之债的诉讼时效，自该期限到达之日起计算。

(6) 国家赔偿的诉讼时效，自国家机关及其工作人员行使职权时的行为被依法确认为违法之日起计算。

(7) 其他法律对诉讼时效起算点有特别规定的，从其规定。

### (三) 诉讼时效的中止、中断与延长

#### 1. 诉讼时效的中止

诉讼时效的中止是在诉讼时效期间的最后 6 个月内，因不可抗力或者其他障碍致使权利人不能行使请求权的，诉讼时效期间暂时停止计算。从中止时效的原因消除之日起，诉讼时效期间继续计算。

诉讼时效中止的事由包括：不可抗力和其他障碍(如权利被侵害的无民事行为能力人、限制

民事行为能力人没有法定代理人，或者法定代理人死亡，或者法定代理人本人丧失行为能力)。

**2. 诉讼时效的中断**

诉讼时效的中断是在诉讼时效期间，当事人提起诉讼、当事人一方提出要求或者同意履行义务，而使已经过的时效期间全归于无效。从中断时起，诉讼时效期间重新计算。

诉讼时效中断的事由包括：权利人提起诉讼，当事人一方向义务人提出请求履行义务的要求，当事人一方同意履行义务。

**3. 诉讼时效的延长**

诉讼时效的延长是指人民法院对已经完成的诉讼时效期间，根据特殊情况而予以延长。特殊情况是指权利人由于客观的障碍在法定诉讼时效期间不能行使请求权，能够引起诉讼时效延长的事由，具体由人民法院判定；延长的期间，也由人民法院认定，这是法律赋予司法机关的一种自由裁量权。

# 同步过关测试

## 一、单项选择题

1. 下列法的形式中，属于国家的根本大法、具有最高法律效力的是(　　)。

A. 中华人民共和国全国人民代表大会组织法

B. 中华人民共和国立法

C. 中华人民共和国宪法

D. 中华人民共和国刑法

2. 下列各项中，属于附期限的法律行为的是(　　)。

A. 由于老张的工作表现出色，所以公司年终奖励给了他一台彩电

B. 老张对小王说，等老张的儿子结婚时，老张租给小王的房子要收回

C. 老张和某银行签订房屋抵押合同，双方约定将抵押物的登记作为抵押权设立的条件

D. 小张对他的父母许诺，在他父母 60 岁生日时由他出钱送父母出国旅游

3. 甲向首饰店购买钻石戒指 1 枚，标签标明该钻石为天然钻石，后经鉴定实为人造钻石。甲遂多次与首饰店交涉，历时 1 年零 6 个月，未果。现甲欲以欺诈为由诉至法院申请行使民事行为的撤销权。根据《民法通则》的规定判断，下列说法正确的是(　　)。

A. 甲不能行使撤销权，因已超过行使撤销权的 1 年期间

B. 甲可以行使撤销权，因首饰店主观上存在欺诈故意

C. 甲不能行使撤销权，因不属于可撤销的民事行为

D. 甲可以行使撤销权，因未过 2 年诉讼时效

4. 下列行为中，不构成代理的是(　　)。

A. 甲受公司委托，代为处理公司的民事诉讼纠纷

B. 乙受公司委托，以该公司名义与他人签订买卖合同

C. 丙受公司委托，代为申请专利

D. 丁受公司委托，代表公司在宴会上致辞

5. 下列情形中，构成无权代理的是(　　)。

A. 公民甲委托乙到某杂志社领取自己的稿酬，并出具了委托书

B. 某公司法定代表人甲以本公司名义为朋友乙提供担保

C. 大学生甲受乙之托，代替乙参加演出

D. 无业人员甲谎称某企业推销员，向乙推销该企业产品

6. 根据《仲裁法》的规定，在解决经济纠纷时，我国现在实行的是(　　)。

A. 先裁后审制度　　B. 或裁或审制度　　C. 只裁不审制度　　D. 只审不裁制度

7. 下列纠纷中，可以适用《仲裁法》解决的是(　　)。

A. 甲乙之间的土地承包合同纠纷　　B. 甲乙之间的货物买卖合同纠纷

C. 甲乙之间的遗产继承纠纷　　D. 甲乙之间的劳动争议纠纷

8. 下列争议中，可以适用《仲裁法》进行仲裁的是(　　)。

A. 某公司与职工李某因解除劳动合同发生的争议

B. 高某与其弟弟因财产继承发生的争议

C. 某学校因购买电脑的质量问题与某商场发生的争议

D. 王某因不服某公安局对其作出的罚款决定与该公安局发生的争议

9. 甲、乙因合同纠纷达成仲裁协议，甲选定 A 仲裁员，乙选定 B 仲裁员，另由仲裁委员会主任指定一名首席仲裁员，3 人组成仲裁庭。仲裁庭在作出裁决时产生了两种不同意见。根据《仲裁法》的规定，仲裁庭应当采取的做法是(　　)。

A. 按多数仲裁员的意见作出裁决　　B. 按首席仲裁员的意见作出裁决

C. 提请仲裁委员会作出裁决　　D. 提请仲裁委员会主任作出裁决

10. 根据《仲裁法》的规定，当事人提出证据证明仲裁裁决有法定应撤销情形的，可以在收到仲裁裁决书之日起 6 个月内向法定机构申请撤销裁决。该法定机构是(　　)。

A. 当事人所在地的基层人民法院　　B. 当事人所在地的中级人民法院

C. 仲裁委员会所在地的基层人民法院　　D. 仲裁委员会所在地的中级人民法院

11. 下列有关仲裁事项的表述中，不符合仲裁法律制度规定的是(　　)。

A. 申请仲裁的当事人必须有仲裁协议　　B. 仲裁庭由 1 名或 3 名仲裁员组成

C. 仲裁庭可以自行搜集证据　　D. 仲裁均公开进行

12. 2006 年 3 月 1 日，李某去某商场购物时，将自己携带的两件物品存放在存包处。当天取物时却只取到一件。存包员否认李某存了两件物品，双方争议未果，李某拟起诉至法院。根据《民法通则》的规定，李某向法院提起民事诉讼的有效期间是(　　)。

A. 2006 年 9 月 1 日前　　B. 2007 年 3 月 1 日前

C. 2008 年 3 月 1 日前　　D. 2026 年 3 月 1 日前

13. 甲将一工艺品寄存乙处。2012 年 2 月 10 日，乙告知甲寄存的工艺品丢失。2012 年 8 月 2 日，乙找到了丢失的工艺品并将其归还给甲，甲发现工艺品损毁严重。根据《民法通则》的规定，甲向人民法院请求保护其民事权利的诉讼时效期间为(　　)。

A. 自 2012 年 2 月 10 日至 2013 年 2 月 10 日

B. 自 2012 年 8 月 2 日至 2013 年 8 月 2 日

C. 自 2012 年 2 月 10 日至 2014 年 2 月 10 日

D. 自 2012 年 8 月 2 日至 2014 年 8 月 2 日

14. 根据《民法通则》的规定，在诉讼时效进行中的一定期间内，发生不可抗力或其他障碍致使权利人不能行使请求权的，诉讼时效中止。该一定期间为(　　)。

A. 最后 6 个月　　B. 最后 9 个月　　C. 最后 1 年　　D. 最后 2 年

15. 下列关于我国经济法律关系主体的表述，不正确的是(　　)。
A. 经济法律关系主体是依法享有权利或权力、承担相应义务者
B. 无国籍人不能成为我国经济法律关系的主体
C. 国家可以成为经济法律关系的主体
D. 非法人团体可以成为经济法律关系的主体

16. 经济法体系包括宏观调控法和市场规制法两大部分。其中，不属于宏观调控法的是(　　)。
A. 财税法　B. 金融法　C. 计划法　D. 消费法

17. 从行为对象角度出发，国家调整税率的立法行为，属于(　　)。
A. 非单方行为　B. 对策行为　C. 具体行为　D. 抽象行为

18. 下列选项中，属于行政法规的是(　　)。
A. 财政部制定的《会计从业资格管理办法》
B. 国务院制定的《中华人民共和国外汇管理条例》
C. 全国人民代表大会常务委员会制定的《中华人民共和国矿产资源法》
D. 河南省人民代表大会常务委员会制定的《河南省消费者权益保护条例》

19. 下列选项中，不属于特殊市场规制权的是(　　)。
A. 商业道德行为规制权　B. 金融市场规制权
C. 房地产市场规制权　D. 能源市场规制权

20. 在各类法律制度所涉及的赔偿责任中，经济法强调赔偿责任是(　　)。
A. 等额赔偿　B. 少额赔偿　C. 超额赔偿　D. 均额赔偿

21. 下列选项中，(　　)是调控主体和规制主体的基本职责。
A. 贯彻法定原则　B. 依法调控和规制
C. 不得滥用调制权和超越规制权　D. 不得放弃调制权

22. 从经济法主体行为效果角度出发，可以将经济法主体的行为分为(　　)。
A. 单方行为和双方行为　B. 抽象行为和具体行为
C. 积极行为和消极行为　D. 自为行为和代理行为

23. 下列经济法主体的行为中，不属于宏观调控行为的是(　　)。
A. 金融调控行为　B. 财税调控行为
C. 金融市场规制行为　D. 计划调控行为

24. 根据追究责任的目的不同，可以将经济法责任分为(　　)。
A. 赔偿责任和惩罚性责任　B. 经济性责任和非经济性责任
C. 财产性责任和非财产性责任　D. 调制主体的责任和受调制主体的责任

25. 下列各项中，表述不正确的是(　　)。
A. 经济法是一个新兴的法律部门
B. 经济法是市场经济进入垄断阶段以后产生的
C. 经济法为中国法律体系中的一个独立的法律部门
D. 与经济法有关的法都是经济法

26. 下列各项中，属于宏观调控法的是(　　)。
A. 反垄断法　B. 反不正当竞争法
C. 金融法　D. 消费者保护法

27. 下列各项中，关于经济法主体权利和义务的表述，不正确的是(　)。

A. 经济法主体的职权可以放弃　B. 经济法主体的权利可以放弃

C. 职权和权力都要依法行使　D. 职责和义务都要履行

## 二、多项选择题

1. 为购买货物，甲公司的会计张某签发一张汇票交给乙公司的会计李某，该票据关系的主体有(　)。

A. 甲公司　B. 张某　C. 乙公司　D. 李某

2. 下列各项中，可以成为经济法主体的有(　)。

A. 某市财政局　B. 某研究院　C. 某公司的子公司　D. 公民杨某

3. 下列各项中，可以成为经济法主体的有(　)。

A. 政府　B. 各类企业　C. 非营利组织　D. 外国人

4. 下列各项中，不属于法律行为的有(　)。

A. 小张给自己制订了复习《经济法》的计划

B. 小李向同学表示要参加《经济法》考试

C. 小王报名参加了某网校《经济法》的课程学习

D. 小赵请老师解答一道《经济法》的考题

5. 下列民事行为中，不发生法律效力的有(　)。

A. 8 岁的小明用家里的一张存折换了一件玩具

B. 某企业与某公司口头达成的技术开发合同

C. 张某未经妻子同意购买了一件昂贵的古玩

D. 16 岁的中学生订立遗嘱

6. 根据《民法通则》规定，下列选项中，属于无效民事行为的有(　)。

A. 某精神病患者在发病期间，将家中的一台电脑无偿赠送他人

B. 某公民在威胁下，写下一张欠他人 1 万元的字据

C. 某政府采购的业务人员收受贿赂，购买了 5 吨劣质原料

D. 某公司为逃避债务，将公司名下一辆价值 20 万元的汽车以 1 万元的价格转让给该公司经理

7. 根据《仲裁法》的规定，下列情形中的仲裁协议，属于无效的有(　)。

A. 甲、乙两公司在建设工程合同中依法约定有仲裁条款，其后，该建设工程合同被确认无效

B. 王某与李某在仲裁协议中约定，将他们之间的扶养合同纠纷交由某仲裁委员会仲裁

C. 郑某与甲企业在仲裁协议中对仲裁委员会约定不明确，且不能达成补充协议

D. 陈某在与高某发生融资租赁合同纠纷后，胁迫高某与其订立将该合同纠纷提交某仲裁委员会仲裁的协议

8. 根据《仲裁法》的规定，下列各项中，属于仲裁员必须回避的情形有(　)。

A. 仲裁员与本案有利害关系　B. 仲裁员私自会见当事人

C. 仲裁员是本案代理人的近亲属　D. 仲裁员接受当事人的请客送礼

9. 北京的甲公司和长沙的乙公司于 2006 年 6 月 1 日在上海签订一买卖合同。合同约定，甲公司向乙公司提供一批货物，双方应于 2006 年 12 月 1 日在厦门交货付款。双方就合同纠纷

管辖权未作约定。其后，甲公司依约交货，但乙公司拒绝付款。经交涉无效，甲公司准备对乙公司提起诉讼。根据民事诉讼法关于地域管辖的规定，下列各地方的人民法院中，对甲公司拟提起的诉讼有管辖权的有(　　)。

A. 北京　　B. 长沙　　C. 上海　　D. 厦门

10. 根据《民事诉讼法》的规定，下列法院中，对因保险合同纠纷引起的诉讼有管辖权的有(　　)。

A. 标的物所在地法院　　B. 被告住所地法院
C. 合同签订地法院　　D. 合同履行地法院

11. 第二审法院对上诉案件经过审理后所作出的下列裁判中，正确的有(　　)。

A. 原判决认定事实清楚，适用法律正确，判决驳回上诉，维持原判决
B. 原判决适用法律错误，裁定撤销原判决，发回原审法院重审
C. 原判决认定事实错误，裁定撤销原判决，发回原审法院重审
D. 原判决违反法定程序，可能影响案件正确判决，裁定撤销原判决，发回原审法院重审

12. 当事人对第二审人民法院作出的民事判决不服，拟选择的下列做法中，符合法律规定的有(　　)。

A. 执行判决，同时向原审人民法院申请再审
B. 执行判决，同时向上一级人民法院申请再审
C. 不执行判决，并向一级人民法院申请上诉
D. 不执行判决，并向最高人民法院提起申诉

13. 2012 年 4 月 1 日 A 企业与 B 银行签订一份借款合同，期限 1 年。如 A 企业在 2013 年 4 月 1 日借款期限届满时不能履行偿还借款，则以下可引起诉讼时效中断的事由有(　　)。

A. 2013 年 6 月 1 日 B 银行对 A 企业提起诉讼
B. 2013 年 5 月 10 日 B 银行向 A 企业提出偿还借款的要求
C. 2013 年 5 月 16 日 A 企业同意偿还借款
D. 2013 年 6 月 5 日 A 企业所在地发生强烈地震

14 . 根据《反不正当竞争法》的规定，经营者采用财物或者其他手段进行贿赂以销售或者购买商品，构成犯罪的，依法追究刑事责任；不构成犯罪的，监督检查部门可以根据情节处以 1 万元以上 20 万元以下的罚款，有违法所得的，予以没收。这体现了经济法(　　)。

A. 责任承担上的双重性　　B. 责任承担上的单一性
C. 责任承担上的非单一性　　D. 经济法责任的经济性

15. 市场规制权可以分为市场规制立法权和市场规制执法权两类。从具体领域来看，主要包括(　　)。

A. 对垄断行为的规制权　　B. 对不正当竞争行为的规制权
C. 对侵害消费者权利行为的规制权　　D. 对滥用优势地位行为的规制权

16. 经济法的责任形态，既可能是赔偿性责任(或称补偿性责任)，也可能是惩罚性责任；既可能是经济性责任(或称财产性责任)，也可能是非经济性责任(或称非财产性责任)。具体包括(　　)。

A. 国家赔偿　　B. 信用减等　　C. 资格减免　　D. 引咎辞职

17. 依据责任的性质，可以把经济法责任分为(　　)。

A. 经济责任和非经济责任

B. 财产性责任和非财产性责任

C. 赔偿性责任和惩罚性责任

D. 国家责任、企业责任、社团责任、个人责任

18. 依据法律主体的标准，根据违法主体的不同，可以将经济法责任分为(　　)。

A. 调控主体和规制主体的法律责任　　B. 违反宏观调控法的责任

C. 违反市场规制法的责任　　D. 接受调控和规制的主体的法律责任

19. 下列选项中，属于法律行为的主观要素的有(　　)。

A. 行为的目的　　B. 认知能力　　C. 行为的手段　　D. 行为对象

20. 经济法主体权利义务的特殊性包括(　　)。

A. 权利与义务配置上存在着“不均衡性”

B. 权利规范和义务规范在主体分布上的“倾斜性”

C. 权利义务具有“对等性”

D. 权利义务具有“不对等性”

21. 下列各项中，可以成为经济法主体的有(　　)。

A. 税务机关　　B. 超市　　C. 某大学　　D. 外国公民

22. 下列各项中，属于民事法律行为的有(　　)。

A. 甲商场与某电视生产企业签订购买一批彩电的合同

B. 乙捡到一台电脑

C. 丙放弃一项债权

D. 丁完成一项发明创造

23. 因票据纠纷提起的诉讼，应由特定地域的人民法院管辖。对该类纠纷享有管辖权的法院有(　　)。

A. 原告住所地法院　B. 被告住所地法院　C. 票据出票地法院　D. 票据支付地法院

24. 下列选项中，可以成为经济法律关系的客体的有(　　)。

A. 公民甲的著作权　B. 公民乙的隐私　　C. 企业丙的厂房　　D. 企业丁购买的证券

25. 下列各项中，属于法律事实中行为范围的有(　　)。

A. 订立协议　　B. 签订合同　　C. 山洪暴发　　D. 签发汇票

26. 下列选项中，属于无效民事行为的有(　　)。

A. 以合法形式掩盖非法目的的

B. 行为人对行为内容有重大误解的民事行为

C. 一方以欺诈、胁迫的手段或者乘人之危，使对方在违背真实意思的情况下所为的

D. 恶意串通，损害国家、集体或第三人利益的

27. 下列各项中，符合我国《仲裁法》规定的有(　　)。

A. 仲裁实行自愿原则　　B. 仲裁一律公开进行

C. 裁决书自作出之日起发生法律效力　　D. 当事人不服仲裁裁决可以向人民法院起诉

28. 下列各项中，可以申请行政复议的情形有(　　)。

A. 某交通部门作出的吊销驾驶执照的决定

B. 某市财政局作出的对其内部职工给予降级处分的决定

C. 某工商局作出的责令停业的决定

D. 某街道办事处作出的对邻居纠纷的调解意见

29. 关于我国人民法院对经济纠纷案件的审理，下列说法正确的有(　　)。

A. 我国人民法院审理经济纠纷案件实行两审终审制

B. 不经过一审，不能进入二审程序

C. 当事人不服一审判决、裁定而上诉，则进入二审程序

D. 当事人对生效的判决、裁定仍不服的，可申请再审，并应当暂停执行

三、判断题

1. 民族自治地方有关调整经济关系的自治条例和单行条例也是我国经济法的渊源之一。(　　)

2. 某书画店与著名书法家赵某签订了一份委托书法作品创作合同。双方约定，赵某交付书画店20副对联作品，书画店支付赵某5000元报酬。合同签订后，赵某因不慎跌倒致使右臂受伤，不能创作，于是他委托他儿子代为书写了全部对联。但是不久书画店请专家鉴定，结果发现不是赵某本人的作品。赵某辩解说，他可以委托他的儿子代理其创作。赵某的说法是错误的。(　　)

3. 甲委托乙代购一批木材，但委托书中对木材的规格没有详细的规定，如果所购木材规格不符合甲对规格的要求，甲不得拒收。(　　)

4. 被代理人甲曾对乙表示已将销售业务代理权授予丙，而实际上甲并未授权给丙，后丙以甲的名义与乙签订货物买卖合同，则甲应对丙签订该合同的行为承担法律责任。(　　)

5. 甲公司长期委托张某向乙公司购买原材料，后因张某有过错，甲公司解除了与张某的委托关系，但并未就此事通知乙公司，后张某仍以甲公司的名义向乙公司购买原材料，甲公司应对张某该行为产生的后果承担民事责任。(　　)

6. 仲裁协议对仲裁事项没有约定或约定不明确的，当事人可以补充协议；达不成补充协议的，仲裁协议无效。(　　)

7. 原告同时向两个以上有管辖权的人民法院提起诉讼的，由这些法院的共同上级法院指定管辖。(　　)

8. 某公司为一合同案件的当事人，因不服地方人民法院对案件的一审判决，在一审判决书送达之日起的15日内，通过原审人民法院向上一级人民法院提起了上诉。该公司的做法符合我国的法律规定。(　　)

9. 甲对乙享有一货款债权，但诉讼时效已届满。乙向甲支付了货款，其后以不知诉讼时效届满为由请求甲返还。法律应支持乙的请求。(　　)

10. 1993年3月1日晚，张某被人打伤。经长时间的访查，于2013年4月30日张某掌握确凿的证据证明将其打伤的是李某。经交涉无结果后，向法院提起诉讼，对此法院不予支持。(　　)

11. 在市场规制法领域，由于规制主体的责任一般是可以特定化的，因而可以通过司法途径来追究其责任。(　　)

12. 经济法主体的行为属于法律行为，因而同样具有法律行为的一般属性。(　　)

13. “市场对策权”的主体仅针对企业，不包括消费者。(　　)

14. 经济法主体的责任同其他部门法主体的责任基本相同。(　　)

15. 根据经济法调整领域的不同，还可以将经济法主体分为宏观调控法主体和市场规制法主体，这些主体的地位都是平等的。(　　)

16. 全国人民代表大会常务委员会制定《中华人民共和国反垄断法》，是行使市场规制立法权的行为。（ ）

17. 根据经济法主体行为的层级性，在金融法中，货币的发行行为是基础性的行为，而通过货币市场上货币供应量的变化而实施的调控行为则是高层次的行为。（ ）

18. 经济法主体的法律责任是民事责任、行政责任和刑事责任的简单相加。（ ）

19. 市场主体可以要求调控主体和规制主体依法进行宏观调控和市场规制。（ ）

20. 经济法主体不可能同时具有宏观调控和市场规制职能。（ ）

21. 个体工商户不能作为经济法律关系的主体。（ ）

22. 16 周岁以上不满 18 周岁但以自己的劳动收入为主要生活来源的公民，是完全民事行为能力人，可以独立地在其民事权利能力范围内进行民事活动。（ ）

23. 附条件的法律行为中，当事人恶意促使条件成就的，应当认定条件没有成就，当事人恶意阻止条件成就的，应当认定条件已经成就。（ ）

24. 代理人在代理权限内，以被代理人的名义与第三人进行法律行为，其法律后果由被代理人承担。（ ）

25. 代理人死亡或丧失民事行为能力，导致委托代理关系终止。（ ）

26. 企业与税务机关就税收担保财产发生的纠纷，因为是属于财产权益的纠纷，因此是可以适用仲裁的。（ ）

27. 仲裁裁决后，当事人就同一纠纷再申请仲裁或向法院起诉，仲裁委员会不受理，人民法院可以受理。（ ）

28. 当事人对仲裁协议的效力有异议的，一方请求仲裁委员会作出决定，另一方请求人民法院作出裁定的，由仲裁委员会裁定。（ ）

29. 当事人对已经发生法律效力的判决认为有错误的，可以向上一级人民法院申请再审，审理期间该判决暂停执行。（ ）

30. 甲公司与乙银行订立一份借款合同，甲公司到期未还本付息。乙银行于还本付息期届满后 1 年零 6 个月时向有管辖权的人民法院起诉，要求甲公司偿还本金、支付利息并承担违约责任。乙银行的行为引起诉讼时效中断。（ ）

## 四、简答题

1. 2013 年 1 月 10 日，甲请乙中介公司帮助寻找适当的出租房。双方在合同中约定：(1)该出租房应是位于城里的一居室，月租金不高于 3000 元，甲支付 1000 元作为中介费；(2)乙中介公司应在签订合同后 1 个月内找到符合要求的出租房，否则退还中介费并解除合同；(3)如双方发生争议，提请当地仲裁机构仲裁。

2013 年 1 月 20 日，乙中介公司通知甲找到了一处位置合适的两居室，但月租金为 3500 元，甲表示同意。甲准备入住时才发现，出租人出租的不是全部两居室，而是其中的一间。甲找到乙中介公司，要求退还中介费，乙中介公司拒绝，双方发生争议。

2013 年 3 月 10 日，在争议过程中，双方发生身体接触，造成甲受伤住院 1 个月。甲出院 3 个月后，再次找到乙中介公司，除继续要求退还中介费外，还要求支付医药费。此后经多次协商无法解决，2013 年 5 月 10 日甲向当地人民法院提起诉讼，要求乙中介公司退还中介费并支付医药费。

问题：

(1) 在甲与乙中介公司之间是否形成了经济法律关系？

(2) 如果形成了经济法律关系，指出该经济法律关系的主体、内容和客体。

2. 甲行政机关依法委托专门从事政府采购代理业务的乙公司代理采购一批专用设备，并授权乙公司与中标供应商签订采购合同。乙公司在与中标供应商签订采购合同时，双方秘密商定，乙公司在若干合同条款上对中标供应商予以照顾，中标供应商作为答谢提供给乙公司一批办公设备。

问题：

(1) 乙公司代理签订采购合同的行为是否有效？

(2) 由此给甲行政机关造成的损失应由谁承担责任？

3. 2013 年 1 月 1 日，C 县的某条河水污染严重，经相关部门调查，是由此地的甲公司随意地排放工业废水所致，就此 A 省 B 市下辖 C 县的环保部门于 2013 年 4 月 30 日作出了对甲公司罚款 50 000 元的决定并责令其停产，安装污水处理装置，甲公司于 2013 年 5 月 1 日得知后不服，向 B 市环保局申请行政复议。B 市环保局经过审查，在罚款中作出了“对甲公司罚款 30 000 元”的行政复议决定。

根据《行政复议法》、《行政诉讼法》的有关规定，回答下列问题：

(1) 甲公司应当在什么时间之前提出行政复议申请?简要说明理由。

(2) 甲公司除了向 B 市环保局提出行政复议申请，还可以向哪些机关提出行政复议申请?简要说明理由。

(3) 如甲公司对 B 市环保局的行政复议决定不服，还可以通过什么途径保护公司的权益?

4. 2011 年 6 月 13 日王某向某银行贷款 8 万元从事个体运输业，贷款期限为 1 年。贷款到期后，王某仅还 2 万元贷款。2012 年 9 月 13 日银行信贷员来到王某家，催还贷款，但王某已外出打工，只有王某妻子在家，王某妻子要求银行过 3 天再来。3 天后，银行信贷员再次来到王某家，王某妻子提出能否签个还款协议，银行表示同意。于是，王某妻子与银行签订了一份《还款协议》，协议约定 2012 年底还款 3 万元，2013 年 6 月 30 日前将剩余贷款 3 万元及利息全部还清。《还款协议》签订后，王某未按《还款协议》还款。2013 年 7 月银行以王某不还款为由，向法院提起诉讼。

问题：

(1) 王某妻子与银行签订的《还款协议》是否有效？为什么？

(2) 本案是否已经超过诉讼时效？为什么？

5. 2011 年 6 月，位于北京甲区的飞达商店与位于珠海乙区的恒昌公司签订购销合同。合同规定：由恒昌公司给飞达商店提供价值 16 万元的汽车配件，交货地是北京 C 区。合同签订后，因恒昌公司未按期发运汽车配件，双方发生纠纷。

结合案例回答下列问题：

(1) 在合同履行过程中发生的争议，依照民事诉讼法的规定应由哪一个法院管辖？

(2) 如果双方就合同管辖协议由原告所在地法院管辖是否符合法律规定，为什么？

## 五、综合题

1. 甲公司与乙公司于 2003 年 7 月 10 日签订一份合同，约定由甲向乙供应一套设备并负责送货、安装，货款总额 300 万元。同年 10 月 10 日，甲公司将设备运抵乙方，设备安装后，调试运转正常。乙公司即付货款 280 万元，双方同意剩余 20 万元待设备运转 3 个月后如果没有质量问题时再行支付。3 个月后，乙未向甲提出质量问题，甲去函要求乙支付余款 20 万元。乙以目前尚不能肯定设备有无质量问题为由，要求再等 3 个月。甲未允，去函要求乙方至迟到 2004 年 2 月 10 日前结清全部货款及迟延利息。乙未答复。此后 3 年内，双方未再就此事交涉。2007 年 5 月，甲公司清理合同时发现乙公司尚欠其 20 万元设备款，遂派人到乙公司追讨，经双方协商，于 2007 年 5 月 30 日达成书面协议，乙公司同意于 2007 年 6 月 30 日前付清所欠货款。至 6 月 30 日，乙公司仍未付清此款。甲公司遂起诉于法院。

问：

(1) 甲、乙于 2003 年 7 月 10 日所签买卖合同的诉讼时效应截止于何时？

(2) 一种意见认为，本案诉讼时效已过，乙公司有权拒付余款 20 万元，这种意见是否对？为什么？

(3) 如何看待甲、乙双方于 2007 年 5 月 30 日达成的协议？

2. 甲商场业务员乙到丙公司采购空调，见丙公司生产的浴室防水暖风机小巧实用，尤其在北方没有来暖气之前，以及停止供暖之后的一段时间内对普通家庭非常实用，遂自行决定购买一批该公司生产的暖风机。货运到后，甲商场即对外销售该暖风机。后因该市提前供应暖气，暖风机的销量大减。甲商场这时想到乙是自作主张购买暖风机，商场有权拒绝支付货款。丙公司因收不回货款而诉至法院。

问：本案中甲商场应否支付货款?为什么?

3. 2010 年 2 月，甲公司因业务需要，将原圆形合同专用章更换成方形合同专用章。但由于工作疏忽，当时未登记收回或销毁，由李某保管。两个月后，李某辞职。不久前，甲公司收到一份法院送达的诉状副本，才知道李某用甲公司作废公章，同一家商场订立了购销合同，李某在收到商场 30 万元的定金后，下落不明。商场遂以违约为由，要甲公司双倍返还定金 60 万元。

问：此案应当如何判决？法律依据是什么？

# 同步过关测试解析

## 一、单项选择题

1. 【解析】C　本题考核点是经济法的渊源。宪法是国家的根本大法，由全国人民代表大会制定和修改，具有最高的法律效力。

2. 【解析】D　本题考核点是附条件的法律行为。选项 A 所述条件为已经发生过的而不是将来有可能发生的；选项 B 所述为附解除条件的法律行为；选项 C 所述的合同生效条件是法定的，不是约定的；选项 D 所述为附期限的法律行为。

3. 【解析】A　本题考核点是可变更、可撤销民事行为。首饰店将人造钻石标为“天然钻石”，构成欺诈，属于可变更、可撤销民事行为。但甲的撤销权不能获得支持，因为自可撤销民事行为成立时起超过 1 年，当事人才请求变更或者撤销的，人民法院不予保护。

4. 【解析】D　本题考核点是代理。根据规定，代理是指代理人在代理权限内，以被代理人的名义与第三人实施法律行为，由此产生的法律后果直接由被代理人承担的一种法律制度。选项 ABC 均构成代理；选项 D 中，既没有独立地向第三人进行意思表示，也不会产生法律后果，所以不是代理。

5. 【解析】D　本题考核点是无权代理。所谓无权代理，就是没有代理权的代理。选项 A 中，乙是有权代理；选项 B 中，法定代表人从事的行为属于代表行为；选项 C 中的演出行为属于必须由本人亲自实施的民事法律行为，不得由代理人代理；选项 D 中，从“谎称某公司推销员”可以判断出没有得到授权，其推销行为属于无权代理。因此，D 项正确。

6. 【解析】B　本题考核点是仲裁的基本原则。在解决经济纠纷时，当事人可以选择仲裁，也可以选择向法院提起诉讼。

7. 【解析】B　本题考核点是仲裁的适用范围。根据规定，平等主体的公民、法人和其他组织之间发生的合同纠纷和其他财产纠纷，可以仲裁。与人身有关的婚姻、收养、监护、扶养、继承纠纷是不能进行仲裁的。其他选项中的纠纷由特殊的机构根据特殊的规定进行仲裁，不适用《仲裁法》。

8. 【解析】C　本题考核点是仲裁的适用范围。根据规定，下列纠纷不能仲裁：婚姻、收养、监护、扶养、继承纠纷；依法应当由行政机关处理的行政争议。另外，劳动争议也不适用于《仲裁法》。所以本题答案为 C。

9. 【解析】A　本题考核点是仲裁的裁决。裁决应按多数仲裁员的意见作出，少数仲裁员的不同意见可以记入笔录。本题中，如果 3 名仲裁员产生 3 种不同意见，按首席仲裁员的意见作出裁决。

10. 【解析】D　本题考核点是仲裁裁决的撤销。根据《仲裁法》的规定，当事人提出证据证明裁决有依法应撤销情况的，可以在收到裁决书之日起 6 个月内，向仲裁委员会所在地的中级人民法院申请撤销裁决。

11. 【解析】D　本题考核点是仲裁的有关规定。仲裁一般不公开进行。

12. 【解析】B　本题考核点是诉讼时效期间的规定。根据规定，身体受到伤害要求赔偿的、出售质量不合格的商品未声明的、延付或拒付租金的、寄存财物被丢失或毁损的，适用特别诉讼时效期间的规定，诉讼时效期间为 1 年。

13. 【解析】B　本题考核点是诉讼时效期间。甲的工艺品失而复得，所以甲请求保护的民事权利是针对工艺品的损毁。诉讼时效期间从知道或者应当知道权利被侵害(发现工艺品损毁严重)时起计算，即 2012 年 8 月 2 日。寄存财物被丢失或损毁的，属于特殊诉讼时效，诉讼时效期间为 1 年。

14. 【解析】A　本题考核点是诉讼时效的中止。只有在诉讼时效期间的最后 6 个月内发生不可抗力的情况和其他障碍，才能中止时效的进行。

15. 【解析】B　本题考核经济法主体的界定。经济法的主体，是指依据经济法而享有权力或权利，并承担相应义务的组织或个人。这里的个人，可以是本国公民、外国人等。

16. 【解析】D　本题考核点是经济法的体系。宏观调控法包括三个部门法，即财税调控法、金融调控法和计划调控法，分别简称财税法、金融法和计划法。

17. 【解析】D　本题考核经济法主体行为的分类。国家调整税率的立法行为属于抽象行为。抽象行为是针对不特定对象作出的，具有普遍法律效力的行为。

18. 【解析】B　行政法规的制定机关是我国最高行政机关国务院，因此答案是选项 B。选项 A 是部门规章；选项 C 是法律；选项 D 是地方性法规。

19. 【解析】A　本题考核点是经济法主体职权的分类。随着市场经济的发展，以及一些新型制度的产生，又出现了特殊市场规制权(或称特别市场规制权)，如金融市场规制权、房地产市场规制权、能源市场规制权，等等。

20. 【解析】C　本题考核经济法责任。在经济法上，主要强调超额赔偿，包括市场规制法中的双倍赔偿、三倍赔偿制度等。

21. 【解析】A　本题考核调控主体和规制主体的主要职责。贯彻法定原则是调控主体和规制主体的“基本职责”。

22. 【解析】C　本题考核经济法主体行为的分类， 从行为效果角度出发可以将经济法主体行为分为积极行为、消极行为；合法行为、非合法行为；有效行为和无效行为。

23. 【解析】C　本题考核宏观调控的内容。

24. 【解析】A　选项 B、C 划分依据为责任的性质不同，选项 D 划分依据为承担责任的主体不同。

25. 【解析】D　经济法是一个新兴的法律部门，与经济有关的法在古代社会就有，所以不能认为与经济有关的法就是经济法

26. 【解析】C　宏观调控法包括三个部门法，即财税调控法、金融调控法和计划调控法，分别简称财税法、金融法和计划法

27. 【解析】A　依据一般法理，经济法主体的职权，是经济法主体中的调控主体和规制主体依经济法所享有的调控或规制权利，是必须依法行使且不可放弃的。

**二、多项选择题**

1. 【解析】AC　本题考核点是法律关系主体。在本题的票据关系中，享有一定权利和承担一定义务的当事人是甲公司与乙公司。

2. 【解析】ABCD　本题考核点是经济法律关系主体。经济法律关系主体，主要包括作为经济管理者角色的国家机关、企业事业单位、社会团体等，以及具体进行生产经营活动的经济活动主体的企业事业单位、社会团体、个体工商户、农村承包经营户及公民个人等。

3. 【解析】ABCD　从人们通常所了解的主体形态，可以将经济法主体分为国家机关、企业事业单位、社会团体和个人等。

4. 【解析】ABD　本题考核点是法律行为。法律行为是指以意思表示为要素，设立、变更或终止权利义务的合法行为。本题中，选项 A 没有意思表示；选项 B 和选项 D 不是以设立、变更或终止权利义务为目的。

5. 【解析】ABD　本题考核点是法律行为的有效要件。本题选项 A 属于无行为能力人进行的行为；选项 B 属于形式要件不符合规定，根据《合同法》规定，技术开发合同应当采用书面形式；选项 D 属于限制行为能力人进行的超出相应的行为能力的行为。

6. 【解析】ABCD　本题考核点是民事法律行为的效力。选项 A 中的行为属于无民事行为能力人实施的民事行为；选项 B 的行为属于一方以欺诈、胁迫的手段或者乘人之危，使对方在违背真实意思的情况下所为的民事行为；选项 C 中的行为属于恶意串通，损害国家利益；选项 D 的行为属于以合法形式掩盖非法目的。

7. 【解析】BCD　本题考核点是仲裁协议的效力。仲裁协议独立存在，所以选项 A 的仲裁协议有效；扶养纠纷不属于仲裁范围，所以选项 B 的仲裁协议无效；仲裁协议对仲裁委员会没有约定或者约定不明确的，又达不成补充协议的，仲裁协议无效，所以选项 C 的仲裁协议无效；一方采取欺诈、胁迫手段，迫使对方订立仲裁协议的，仲裁协议无效，所以选项 D 的仲裁协议无效。

8. 【解析】ABCD　本题考核点是仲裁员回避的情形。根据规定，仲裁员有下列情况之一

的，必须回避，当事人也有权提出回避申请：是本案当事人，或者当事人、代理人的近亲属；与本案有利害关系；与本案当事人、代理人有其他关系，可能影响公正仲裁的；私自会见当事人、代理人，或者接受当事人、代理人的请客送礼的。以上四项均是需要回避的情形。

9. 【解析】BD 本题考核点是诉讼管辖。根据规定，因合同纠纷引起的诉讼，由被告住所地或合同履行地人民法院管辖。本题中，合同履行地(交货付款地)为厦门，被告住所地(乙公司所在地)为长沙。

10. 【解析】AB 本题考核点是保险合同的诉讼管辖。根据规定，因保险合同纠纷提起的诉讼，由被告住所地或保险标的物所在地人民法院管辖。

11. 【解析】ACD 本题考核点是审判程序。根据规定，原判决适用法律错误，依法改判。因此选项 B 说法错误。

12. 【解析】AB 本题考核点是审判程序。根据规定，当事人对已经发生法律效力的判决、裁定，认为有错误的，可以向原审法院或上一级法院申请再审；但是不停止判决、裁定的执行。

13. 【解析】ABC 本题考核点是诉讼时效的中断。引起诉讼时效中断的事由有：提起诉讼，当事人一方提出请求，义务人同意履行义务。待时效中断的法定事由消除后，诉讼时效期间重新计算。本题中，选项 D 可能引起诉讼时效中止而不是中断。

14. 【解析】ACD 本题考核经济法责任的特殊性。从题目所述的法律规定来看，违反经济法规范，经济法主体不仅要承担行政责任，构成犯罪的，还要承担刑事责任，这体现了经济法主体责任承担上的双重性和非单一性，而罚款和没收违法所得则体现了经济性。

15. 【解析】ABCD 本题考核点是经济法主体职权的分类。

16. 【解析】ABCD 本题考核点是经济法的责任形态。经济法的责任形态体现为立法规定中的一些具体责任形式，如国家赔偿、超额赔偿、实际履行、信用减等、资格减免、引咎辞职，等等。

17. 【解析】AB 本题考核经济法责任的具体类型。依据责任的性质，还可以把经济法责任分为经济性责任和非经济性责任，或称为财产性责任和非财产性责任。

18. 【解析】AD 本题考核经济法责任的分类。依据法律门类的标准，根据经济法主体违反的经济法的法律部门的不同，可以将经济法责任分为两类：违反宏观调控法的责任和违反市场规制法的责任。而题目中是依据“违法主体”，所以是分为：调控主体和规制主体的法律责任与接受调控和规制的主体的法律责任。

19. 【解析】AB 本题考核点是行为的相关要素。法律行为的相关要素是多方面的：在主观方面，涉及行为的目的、认知能力等要素；在客观方面，则涉及行为的手段、效果等要素。

20. 【解析】ABD 本题考核经济法主体权利义务的特殊性。从权利与义务的对应程度来看，经济法主体的权利义务具有“不对等性”。

21. 【解析】ABCD 经济法主体包括国家机关、企业、事业单位、社会团体、个体工商户、农村承包经营户和公民。税务机关属于国家机关，超市属于商业企业，某大学属于事业单位，公民包括本国公民和外国公民。

22. 【解析】AC 民事法律行为是指公民或者法人以设立、变更、终止民事权利和民事义务为目的，以意思表示为要素，依法产生民事法律效力的合法行为。选项 AC，债务的免除属于单方法律行为，签订合同属于双方法律行为；选项 BD 属于事实行为。

23. 【解析】BD 因票据纠纷提起的诉讼，由票据支付地或者被告住所地的人民法院管辖。

24. 【解析】ACD 本题考核点是经济法律关系的客体。根据规定，经济法律关系的客体包括物、经济行为和非物质财富。A 选项属于非物质财富，C、D 选项属于物。

25. 【解析】ABD　本题考核点是经济法律事实。经济法律事实中的行为是指以法律关系主体意志为转移，能够引起法律后果，即引起法律关系发生、变更和消灭的人们有意识的活动。山洪暴发属于事件。

26. 【解析】ACD　本题考核点是无效民事行为。无效民事行为是指欠缺法律行为的有效要件，即行为人设立、变更和终止权利义务的内容不发生法律效力的行为。本题中 B 选项属于可撤销民事行为。

27. 【解析】AC　本题考核点是仲裁的有关规定。当事人采用仲裁方式解决纠纷，应当双方自愿达成仲裁协议，所以 A 选项正确；仲裁不公开进行，所以 B 选项不正确；裁决书自作出之日起发生法律效力，所以 C 选项正确；裁决作出后，当事人就同一纠纷再申请仲裁或者向人民法院起诉的，仲裁委员会或者人民法院不予受理，所以 D 选项不正确。

28. 【解析】AC　本题考核点是申请行政复议的范围。B 选项属于行政机关作出的行政处分决定，可依照有关法律、行政法规的规定提出申诉。D 选项属于行政机关对民事纠纷作出的调解，可依法申请仲裁或者向人民法院提起诉讼。

29. 【解析】ABC　本题考核点是审判程序。当事人对生效的判决、裁定仍不服的，可在 2 年内申请再审，但不影响判决、裁定的执行。

## 三、判断题

1. 【解析】√　本题考核点是经济法的渊源。民族自治地方的自治条例和单行条例是指民族自治地方的人民代表大会依照当地民族的政治、经济和文化的特点，依法制定的自治条例和单行条例，是我国经济法的渊源之一。

2. 【解析】√　本题考核点是代理的适用范围。赵某不能委托他的儿子代理其书法创作，因为书法创作具有很强的人身属性，必须由本人亲自实施，是不得代理的行为。

3. 【解析】√　本题考核点是委托代理。授权委托书授权不明的，被代理人应当对第三人承担民事责任，代理人负连带责任。

4. 【解析】√　本题考核点是表见代理的规定。根据规定，被代理人对第三人表示已将代理权授予他人，但实际并未授权的，属于表见代理，被代理人应该承担代理的法律后果。

5. 【解析】√　本题考核点是表见代理的规定。无权代理人的代理行为，客观上使善意相对人有理由相信其有代理权的，被代理人应当承担代理的法律后果。本题张某属于无权代理，但由于甲公司解除了与张某的委托关系，但并未就此事通知乙公司，客观上使善意相对人乙公司有理由相信张某有代理权。

6. 【解析】√　本题考核点是仲裁协议的效力。

7. 【解析】×　本题考核点是诉讼地域管辖。根据规定，原告向两个以上有管辖权的人民法院起诉的，由最先立案的人民法院管辖。

8. 【解析】√　本题考核点是审判程序。当事人不服地方人民法院第一审判决的，有权在判决书送达之日起 15 日内向上一级人民法院提起上诉。

9. 【解析】×　本题考核点是诉讼时效。根据规定，时效届满后，当事人自愿履行义务的，不受诉讼时效限制。义务人履行了义务后，又以超过诉讼时效为由反悔的，法律不予支持。

10. 【解析】√　本题考核点是最长诉讼时效。从权利受到侵害起超过 20 年的，人民法院不予保护。

11. 【解析】√ 本题考核点是不同主体的责任差异。本题的表述是正确的。

12. 【解析】√ 本题考核经济法主体行为的属性。题目的表述是正确的。

13. 【解析】× 本题考核点是接受调控和规制的主体的权利。消费者权利，是消费者的“市场对策权”。

14. 【解析】× 本题考核点是经济法责任的独立性。经济法主体的责任同其他部门法主体的责任有着明显的不同。

15. 【解析】× 本题考核点是经济法主体。调控主体与受控主体，以及规制主体与受制主体的地位是非平等的，各类主体的权利、义务和责任等是不尽相同的。

16. 【解析】√ 市场规制行为，主要包括对垄断行为、不正当竞争行为、侵害消费者权利行为的规制权。而制定《中华人民共和国反垄断法》的行为，就属于行使市场规制立法权。

17. 【解析】√ 本题考核经济法主体行为的层级性。题目的表述是正确的。

18. 【解析】× 经济法主体的法律责任并不是民事责任、行政责任和刑事责任的简单相加，而是有其独立性。

19. 【解析】√ 本题表述正确。

20. 【解析】× 在我国，财政部、国家税务总局、中国人民银行、国家发改委等都是重要的调控主体，而商务部、国家工商总局、国家质量技术监督检验总局等则是重要的规制主体，并且上述的某些部委还同时具有宏观调控和市场规制的职能。

21. 【解析】× 本题考核点是经济法律关系主体。经济法律关系的主体是指在经济法律关系中享有权利、承担义务的当事人或参加人，包括个体经营者。

22. 【解析】√ 本题考核法律行为的有效要件。

23. 【解析】√ 本题考核附条件的法律行为。

24. 【解析】√ 本题考核点是代理的概念。代理是指代理人在代理权限内，以被代理人的名义与第三人进行法律行为，由此产生的法律后果直接由被代理人承担的一种法律制度。

25. 【解析】√ 本题考核代理。委托代理终止的法定情形有：代理期间届满或者代理事务完成，被代理人取消委托或代理人辞去委托，代理人死亡，代理人丧失民事行为能力，作为被代理人或代理人的法人终止。

26. 【解析】× 本题考核仲裁的适用范围。只有平等主体的公民、法人和其他组织之间发生的合同纠纷和其他财产权益纠纷才可以适用仲裁，对于依法应当由行政机关处理的行政争议则不能适用仲裁，企业与税务机关发生的争议属于行政争议，不适用仲裁。

27. 【解析】× 本题考核仲裁的基本原则。当事人就同一纠纷再申请仲裁或向法院起诉，仲裁委员会和人民法院均不予受理。

28. 【解析】× 本题考核点是仲裁协议的效力。当事人对仲裁协议的效力有异议的，一方请求仲裁委员会作出决定，另一方请求人民法院作出裁定的，由人民法院裁定。

29. 【解析】× 本题考核点是执行程序。当事人对已经发生法律效力的判决、裁定，认为有错误的，可以向原审人民法院或上一级人民法院申请再审，但不停止判决、裁定的执行。

30. 【解析】√ 本题考核诉讼时效的中断。引起诉讼时效中断的事由有：权利人提起诉讼，当事人一方向义务人提出请求履行义务的要求，当事人一方同意履行义务。本题中乙银行的行为属于权利人提起诉讼引起诉讼时效中断。

## 四、简答题

1. 【解析】(1) 在甲与乙中介公司之间已形成了经济法律关系。

(2) 甲与乙中介公司是该经济法律关系的主体；得到出租房信息是甲的经济权利，支付中介费是甲的经济义务；获得中介费是乙中介公司的经济权利，提供出租房信息是乙中介公司的经济义务，这些经济权利和经济义务共同构成双方经济法律关系的内容；经济法主体权利和义务指向的对象是寻找出租房的行为，为该经济法律关系的客体。

2. 【解析】(1) 乙公司代理签订采购合同的行为属于恶意串通，滥用了代理权，所以此采购合同无效。

(2) 由此给甲行政机关造成的损失应该由乙公司承担，并且该中标供应商承担连带责任。

3. 【解析】(1) 甲公司应当在 2013 年 7 月 1 日之前提出行政复议申请。根据《行政复议法》的规定，当事人认为具体行政行为侵犯其合法权益的，可以自知道该具体行政行为之日起 60 日内提出行政复议申请。

(2) 甲公司还可以向 C 县人民政府提出行政复议申请。根据《行政复议法》的规定，对县级以上人民政府工作部门的具体行政行为不服的，申请人既可以向该部门的本级人民政府申请行政复议，也可以向上一级主管部门申请行政复议。

(3) 甲公司还可以向人民法院提起行政诉讼。

4. 【解析】(1) 王某妻子与银行签订的《还款协议》虽非王某签订，但银行有理由认为王某妻子的行为具有代理权，应视同为王某的行为。所以王某妻子的行为，在法律上应定性为表见代理。因此，王某妻子与银行订立的《还款协议》具有法律效力。王某应当承担偿还所欠贷款及利息的责任。

(2) 本案并未超过两年诉讼时效，王某应按《还款协议》偿还银行贷款。本案的诉讼时效应从 2011 年 6 月 13 日到 2013 年 6 月 13 日，但是 2012 年 9 月 13 日银行信贷员来到王某家催还所欠贷款，视为权利人银行向义务人王某主张权利，引起诉讼时效的中断，因此从 2012 年 9 月 13 日本案诉讼时效重新计算。

2012 年 9 月 16 日银行信贷员再次来到王某家时，与王某的妻子签订了一份《还款协议》，约定 2013 年 6 月 30 日前还完拖欠贷款及利息，则视为债务人王某同意履行还款义务，因此引起诉讼时效的再一次中断，诉讼时效应当从 2013 年 6 月 30 日重新计算。

综上所述，2013 年 7 月银行以王某不还款为由，向法院提起诉讼并未过诉讼时效。

5. 【解析】(1) 双方在合同履行过程中发生争议，依照《民事诉讼法》的规定，由被告住所地或者合同履行地人民法院管辖。

(2) 如果双方就合同管辖协议由原告所在地法院管辖，这个协议是符合法律规定的。根据《民事诉讼法》的规定，合同双方的当事人可以在书面合同中协议选择被告住所地、合同履行地、合同签订地、原告住所地、标的物所在地人民法院管辖，但不得违反法律对级别管辖和专属管辖的规定。

## 五、综合题

1. 【解析】对于普通诉讼时效方面的案例，第一步先要确定时效期间开始计算的时间，一般从“权利人知道或者应当知道权利被侵害的时间”开始计算；第二步要看诉讼时效期间是否届满，如果权利人知道或者应当知道权利受到侵害，超过 2 年不行使权利的，时效期间届满，

权利人丧失胜诉权。如果发生了可以中止、中断或延长

处理。应当注意的是，诉讼时效为 1 年的特殊诉讼时效，也可以适

有关规定。

(1) 上述案例中，甲、乙双方签订合同约定的付清余款截止时间为 2004 年 1 月 10 日，此日期前，乙未向甲付款，诉讼时效开始计算为 2 年，截止时间应为 2006 年 1 月 10 日。

(2) 本案的诉讼时效在甲提起诉讼时已经超过，但是，作为权利人甲，丧失的仅仅是程度上的诉权，实体上的权利并不因此消灭，甲仍然有权要求乙清偿债权，乙也有义务清偿。

(3) 双方在诉讼时效之外的时间内达成还款协议，应视为是债权人给予债务人清偿债务的宽限，诉讼时效重新计算。

2. 【解析】乙自行决定购买丙公司生产的暖风机属于超越代理权限而为代理行为的情形，是狭义无权代理行为，所以乙与丙公司签订的购销合同属于效力待定的法律行为。但是，甲商场接收了该货物并实际对外销售该暖风机，甲商场以实际行为表明其对该效力未定合同进行了追认，追认后该行为即为有效的法律行为，甲商场应当履行合同支付货款。

3. 【解析】行为人没有代理权、超越代理权或者代理权终止以后以被代理人的名义订立合同，善意相对人有理由相信行为人有代理权的，该代理行为有效。本案中，由于印鉴已在工商行政管理机关登记备案，甲公司在更换合同专用章后，却并未由工商行政管理机关登记收回或销毁，说明该合同专用章对外仍具有法律效力。加之甲公司对该印鉴未妥善保管，表明甲公司存在明显过错。而商场并不知内情，当然有理由相信手持仍具有法律效力的合同专用章的李某具有代理权，所订代理行为当然有效，故甲公司应承担返还定金的责任。

# 第二章　公司法律制度

## 大纲研读

本章考试目的在于考查应试人员是否掌握了有限责任公司和股份有限公司设立条件，公司组织机构及其职权，股东大会和董事会的会议制度，股权转让的限制条件，公司法律制度与证券法律制度的结合(包括股票和债券的发行条件)等内容。本章几乎处处是考点，处处是重点。从近 3 年考题情况来看，本章的平均分值为 16 分，具体考试内容如下：

(1) **公司与公司法**。包括公司的概念和种类、公司法及其性质、公司法人财产权。

(2) **公司的登记管理**。包括登记管辖、登记事项、设立登记、变更登记、注销登记、分公司的登记、年度检验、证照和档案管理。

(3) **有限责任公司**。包括有限责任公司的设立、有限责任公司的组织机构、有限责任公司的股权转让、一人有限责任公司的特别规定、国有独资公司的特别规定。

(4) **股份有限公司**。包括股份有限公司的设立、股份有限公司的组织机构、上市公司组织机构的特别规定。

(5) **公司董事、监事、高级管理人员的资格和义务**。包括公司董事、监事、高级管理人员的资格，公司董事、监事、高级管理人员的义务，股东诉讼。

(6) **公司股票和公司债券**。包括股份发行、公司债券。

(7) **公司财务、会计**。包括公司财务、会计的基本要求、利润分配。

(8) **公司合并、分立、增资、减资**。包括公司合并、公司分立、公司注册资本的减少和增加。

(9) **公司的解散和清算**。包括公司解散的原因、公司解散时的清算。

(10) **违反公司法的法律责任**。包括公司发起人、股东的法律责任，公司的法律责任，清算组的法律责任，验证机构和公司登记机构的法律责任等。

## 考点剖析

# 一、公司法律制度概述

### 考点一　公司的概念和种类

#### (一) 公司的概念

根据我国《公司法》的规定，公司是指依法设立的，以营利为目的的，由股东投资形成的企业法人。

(1) 依法定条件、法定程序设立。

(2) 公司设立以经营并获取利润为目的。

(3) 以股东投资行为为基础设立，公司设立必须具备的法定条件之一是达到法定的注册资本。

(4) 具有法人资格。

公司是企业法人，主要是有独立的法人财产和独立承担民事责任。股东以其认缴的出资额或者认购的股份为限对公司承担有限责任，公司要以全部财产对公司的经营活动产生的债务承担责任。

### (二) 公司的种类

**1. 以公司资本结构和股东对公司债务承担责任的方式为标准**

(1) 有限责任公司。是指股东以其认缴的出资额为限对公司承担责任，公司以其全部财产对公司的债务承担责任的公司。

(2) 股份有限公司。是指将公司全部资本分为等额股份，股东以其认购的股份为限对公司承担责任，公司以其全部财产对公司的债务承担责任的公司。

(3) 无限公司。

(4) 两合公司。

我国《公司法》规定的公司形式仅为有限责任公司和股份有限公司。

**2. 以公司的信用基础为标准**

(1) 资合公司。是指以资本的结合作为信用基础的公司，其典型的形式为股份有限公司。

(2) 人合公司。是指以股东个人的财力、能力和信誉作为信用基础的公司，其典型的形式为无限公司。

(3) 资合兼人合的公司。

**3. 以公司组织关系为标准**

(1) 母公司和子公司。公司可以设立子公司，子公司具有法人资格，依法独立承担民事责任。

(2) 总公司与分公司。公司可以设立分公司，分公司不具有法人资格，其民事责任由总公司承担。

## 考点二　公司法人财产权

### (一) 法人财产权

法人财产权是指公司拥有由股东投资形成的法人财产，并依法对财产行使占有、使用、收益、处分的权利。在公司成立后股东不得抽逃投资，或者占用、支配公司的资金、财产。

### (二) 担保的限制

(1) 公司向其他企业投资或者为他人提供担保。按照公司章程的规定由董事会或者股东会、股东大会决议；公司章程对投资或者担保的总额及单项投资或者担保的数额有限额规定的，不得超过其规定的限额。

(2) 公司为公司股东或者实际控制人提供担保。必须经股东会或者股东大会决议，接受担保的股东或者受实际控制人支配的股东不得参加表决，该项表决由出席会议的其他股东所持表决权的过半数通过。

(3) 公司可以向其他企业投资。但除法律另有规定外，不得成为对所投资企业的债务承担连带责任的出资人。

# 二、公司的登记管理

## 考点三　登记管辖

我国的公司登记机关是工商行政管理机关。公司登记机关实行国家、省(自治区、直辖市) 、市(县) 三级管辖制度。

## 考点四　登记事项

(1) 名称。公司名称应当符合国家有关规定，并只能使用一个名称。有限责任公司必须在公司名称中标明“有限责任公司”或者“有限公司”字样；股份有限公司必须在公司名称中标明“股份有限公司”或者“股份公司”的字样。

(2) 住所。公司的住所是公司主要办事机构所在地。经公司登记机关登记的公司的住所只能有一个。公司的住所应当在其公司登记机关辖区内。

(3) 法定代表人。公司的法定代表人依照公司章程的规定，由董事长、执行董事或者经理担任。公司法定代表人变更的，应当办理变更登记。

(4) 公司类型。公司登记的类型包括有限责任公司和股份有限公司。一人有限责任公司应当在公司登记中注明自然人独资或者法人独资，并在公司营业执照中载明。

(5) 经营范围。经营范围是股东选择的公司生产和经营的商品类别、品种服务项目。公司的经营范围中属于法律、行政法规规定需经批准的项目，应当依法经过批准。

(6) 股东出资。股东不得以劳务、信用、自然人姓名、商誉、特许经营权或者设定担保的财产等作价出资。

## 考点五　设立登记

### (一) 公司名称预先核准

(1) 设立公司应当申请名称预先核准。

(2) 预先核准的公司名称保留期为 6 个月。预先核准的公司名称在保留期内，不得用于从事经营活动，也不得转让。

### (二) 公司的设立登记

依法设立的公司，由公司登记机关发给《企业法人营业执照》。公司营业执照的签发日期为公司成立日期。

## 考点六　变更登记

一般来说，公司设立时登记的事项发生变化，都应办理变更登记手续，根据变更内容的不同而分别有不同的规定，如下表所示。

变更项目及要求

| 变 更 项 目 | 要　求 |
| --- | --- |
| 名称、法定代表人、经营范围 | 自变更决议或者决定作出之日起 30 日内申请变更登记 |
| 注册资本 | 公司增加注册资本的，有限责任公司股东认缴新增资本的出资和股份有限公司的股东认购新股，应当分别依照《公司法》设立有限责任公司缴纳出资和设立股份有限公司缴纳股款的有关规定执行 |
|  | 公司减少注册资本的，应当自公告之日起 45 日后申请变更登记，并应当提交公司在报纸上登载公司减少注册资本公告的有关证明和公司债务清偿或者债务担保情况的说明。公司减资后的注册资本不得低于法定的最低限额 |
| 实收资本 | 提交依法设立的验资机构出具的验资证明，并应当按照公司章程载明的出资时间、出资方式缴纳出资。公司应当自足额缴纳出资或者股款之日起 30 日内申请变更登记 |
| 股东 | 自转让股权之日起 30 日内申请变更登记，并应当提交新股东的主体资格证明或者自然人身份证明 |
| 合并、分立 | 自公告之日起 45 日后申请登记，提交合并协议和合并、分立决议或者决定以及公司在报纸上登载公司合并、分立公告的有关证明和债务清偿或者债务担保情况的说明 |

公司章程修改未涉及登记事项的，公司应当将修改后的公司章程或者公司章程修正案送原公司登记机关备案。公司董事、监事、经理发生变动的，应当向原公司登记机关备案。

## 考点七　注销登记

公司解散应当申请注销登记，经公司登记机关注销登记，公司终止。公司解散有两种情况：一是不需要清算的，如因合并、分立而解散的公司，因其债权债务由合并、分立后继续存续的公司承继；其二是应当清算的，即公司债权债务无人承继的。

## 考点八　分公司的登记

(1) 分公司的登记事项，包括名称、营业场所、负责人、经营范围。分公司的名称应当符合国家有关规定。分公司的经营范围不得超出公司的经营范围。

(2) 公司设立分公司的，应当自决定作出之日起 30 日内向分公司所在地的公司登记机关申请登记。法律、行政法规或者国务院决定规定必须报经有关部门批准的，应当自批准之日起 30 日内向公司登记机关申请登记。

(3) 公司应当自分公司登记之日起 30 日内，持分公司的《营业执照》到公司登记机关办理备案。公司登记机关于每年 3 月 1 日至 6 月 30 日对公司进行年度检验。

### 考点九　证照和档案管理

(1) 《企业法人营业执照》《营业执照》分为正本和副本，正本和副本具有同等法律效力。《企业法人营业执照》正本或者《营业执照》正本应当置于公司住所或者分公司营业场所的醒目位置。

(2) 公司登记机关对需要认定的营业执照，可以临时扣留，扣留期限不得超过10天。

## 三、有限责任公司

### 考点十　有限责任公司的设立

#### (一) 有限责任公司设立的条件

**1. 股东符合法定人数**

有限责任公司由50个以下股东出资设立。股东既可以是自然人，也可以是法人。

**2. 股东出资达到注册资本最低限额**

(1) 注册资本最低限额。注册资本是指公司向公司登记机关登记的出资额，即经登记机关登记确认的资本。《公司法》规定，有限责任公司的注册资本为在公司登记机关登记的全体股东认缴的出资额，最低限额为人民币3万元。法律、行政法规有较高规定的，从其规定。

(2) 股东出资额和出资期限。公司全体股东的首次出资额不得低于注册资本的20%，也不得低于法定的注册资本最低限额，其余部分由股东自公司成立之日起2年内缴足；其中，投资公司可以在5年内缴足。

除一人有限责任公司不得分期缴付出资外，有限责任公司的注册资本可以分期缴纳。

**【例2-1】** 2010年7月8日，甲、乙、丙拟共同出资设立一有限责任公司，并制定了公司章程，其有关要点如下：(1)公司注册资本总额为400万元；(2)甲、丙各以货币100万元出资。首次出资均为50万元，其余出资均应在公司成立之日起2年内缴付；乙以房屋作价出资200万元，公司成立后一周内办理房屋产权转移手续。

2010年8月8日，甲、丙依约缴付了首次出资。10月8日，公司成立，10月12日，乙将房屋产权依约转移给公司。2011年8月5日，甲履行了后续出资义务。2011年底，公司取得可分配红利100万元。2012年1月10日，甲、乙、丙就100万元红利的分配发生争执，此时丙尚未缴付剩余出资。经查，乙作价出资的房屋实际价值仅为100万元。因公司的章程没有约定红利分配方法。甲、乙、丙分别提出了自己的主张：甲认为应按2:2:1的比例分配；乙认为应按1:2:1的比例分配；丙认为应按1:1:1的比例分配。(2012年简答题)

要求：根据《公司法》的规定，回答下列问题。

① 公司章程中约定的首次出资额是否符合法律规定？简要说明理由。

② 乙作价出资的房屋实际价值为100万元，低于公司章程所定的200万元，对此，甲、乙、丙应如何承担民事责任？

③ 对公司可分配的100万元红利，甲、乙、丙应按何种比例分配?简要说明理由。

**【解析】** ① 公司章程约定的首次出资额符合规定。根据规定，有限责任公司股东分期出资的，首次出资额不得低于注册资本的20%，也不得低于法定注册资本最低限额(3万元)。在本题中，仅甲、丙二人的首次货币出资总额即达100万元，已占公司注册资本的25%。

② 乙应补足出资，甲、丙承担连带责任。有限责任公司成立后，发现作为设立公司出资的非货币财产的实际份额显著低于公司章程所定价额的，应当由交付该出资的股东补足其差额，公司设立时的其他股东承担连带责任。

③ 甲、乙、丙应按照实缴出资比例(2:2:1)分配红利。根据规定，公司弥补亏损和提取公积金后所余税后利润，有限责任公司按照股东实缴的出资比例分配，但全体股东约定不按照出资比例分配的除外。

**【例2-2】**甲、乙、丙、丁四人拟共同出资设立一贸易有限责任公司，注册资本为100万元。其草拟的公司章程记载的下列事项中，不符合公司法律制度规定的是(　　)。(2013年单选题)

A. 公司由甲同时担任经理和法定代表人

B. 公司不设监事会，由乙担任监事

C. 股东向股东以外的人转让股权，应当经其他股东过半数同意

D. 甲、乙、丙、丁首次出资额各为5万元，其余部分出资自公司成立之日起3年内缴足

**【解析】**D　根据规定，有限责任公司全体股东首次出资额不得低于注册资本的20%，也不得低于法定的注册资本最低限额，其余部分由股东自公司成立之日起2年内缴足；其中，投资公司可以在5年内缴足。本题中，选项D的首次出资额正确，但是总的出资期限不符合规定。

(3) 股东出资方式。股东可以用货币出资，也可以用实物、知识产权、土地使用权等可以用货币估价并可以依法转让的非货币财产作价出资；但是，法律、行政法规规定不得作为出资的财产除外。

根据《〈公司法〉司法解释三》的规定，出资人以非货币财产出资，未依法评估作价，公司、其他股东或者公司债权人请求认定出资人未履行出资义务的，人民法院应当委托具有合法资格的评估机构对该财产评估作价。评估确定的价额显著低于公司章程所定价额的，人民法院应当认定出资人未依法全面履行出资义务。但是，出资人以符合法定条件的非货币财产出资后，因市场变化或者其他客观因素导致出资财产贬值，公司、其他股东或者公司债权人请求该出资人承担补足出资责任的，人民法院不予支持。但是，当事人另有约定的除外。

全体股东的货币出资金额不得低于有限责任公司注册资本的30%。

根据《〈公司法〉司法解释(三)》的规定，出资人以划拨土地使用权出资，或者以设定权利负担的土地使用权出资，公司、其他股东或者公司债权人主张认定出资人未履行出资义务的，人民法院应当责令当事人在指定的合理期间内办理土地变更手续或者解除权利负担；逾期未办理或者未解除的，人民法院应当认定出资人未依法全面履行出资义务。

根据《〈公司法〉司法解释(三)》的规定，出资人以房屋、土地使用权或者需要办理权属登记的知识产权等财产出资，已经交付公司使用但未办理权属变更手续，公司、其他股东或者公司债权人主张认定出资人未履行出资义务的，人民法院应当责令当事人在指定的合理期间内办理权属变更手续；在前述期间内办理了权属变更手续的，人民法院应当认定其已经履行了出资义务；出资人主张自其实际交付财产给公司使用时享有相应股东权利的，人民法院应予支持。

出资人已经就前述财产出资，办理权属变更手续但未交付给公司使用，公司或者其他股东主张其向公司交付，并在实际交付之前不享有相应股东权利的，人民法院应予支持。

**【例 2-3】**下列关于公司股东出资方式的表述中，不符合公司法律制度规定的是(　)。(2013 年单选题)

A. 股东可以用债权出资　　B. 股东可以用股权出资

C. 股东可以用非专利技术出资　　D. 股东可以用劳务出资

**【解析】**D　根据规定，劳务出资是普通合伙人特有的出资方式，因此选项 D 说法是错误的。

3. 股东共同制定公司章程

设立有限责任公司必须由股东共同依法制定公司章程。股东应当在公司章程上签名、盖章。公司章程对公司、股东、董事、监事、高级管理人员具有约束力。

根据《公司法》的规定，有限责任公司章程应当载明下列事项：公司名称和住所，公司经营范围，公司注册资本，股东的姓名或者名称，股东的出资方式、出资额和出资时间，公司的机构及其产生办法、职权、议事规则，公司法定代表人，股东会会议认为需要规定的其他事项。

**【例 2-4】**根据《公司法》的规定，公司章程对特定的人员或机构具有约束力。下列各项中，属于该特定人员或机构的有(　)。(2010 年多选题)

A. 公司财务负责人　　B. 公司股东

C. 市公司董事会秘书　　D. 公司实际控制人

**【解析】**ABC　根据规定，有限责任公司的章程由股东共同制定，所有股东应当在公司章程上签名、盖章。公司章程对公司、股东、董事、监事、高级管理人员具有约束力。公司实际控制人不属于股东，不受公司章程约束。

此外，设立有限责任公司，还须要有公司名称，建立符合有限责任公司要求的组织机构，以及有公司住所。

### (二) 有限责任公司设立的程序

1. 订立公司章程

股东设立有限责任公司，必须先订立公司章程，将要设立的公司基本情况以及各方面的权利义务加以明确规定。

2. 股东缴纳出资

(1) 股东应当按期足额缴纳公司章程中规定的各自所认缴的出资额。

(2) 股东以货币出资的，应当将货币出资足额存入为设立有限责任公司而在银行开设的账户；以非货币财产出资的，应当依法办理其财产权的转移手续，该转移手续一般在 6 个月内办理完毕。

(3) 股东不按照规定缴纳出资的，除应当向公司足额缴纳外，还应当向已按期足额缴纳出资的股东承担违约责任。该违约责任除出资部分外，还包括未出资的利息。

根据《〈公司法〉司法解释(三)》的规定，股东在公司设立时未履行或者未全面履行出资义务，发起人与被告股东承担连带责任；公司的发起人承担责任后，可以向被告股东追偿。此外，股东在公司增资时未履行或者未全面履行出资义务，未尽公司法规定的义务而使出资未缴足的董事、高级管理人员承担相应责任；董事、高级管理人员承担责任后，可以向被告股东追偿。

根据《〈公司法〉司法解释(三)》的规定，有限责任公司的股东未履行或者未全面履行出资义务即转让股权，受让人对此知道或者应当知道，公司请求该股东履行出资义务、受让人对此承担连带责任的，人民法院应予支持；公司债权人依照规定向该股东提起承担补充赔偿责任的诉讼，同时请求前述受让人对此承担连带责任的，人民法院应予支持。受让人根据上述规定承担责任后，向该未履行或者未全面履行出资义务的股东追偿的，人民法院应予支持。但是，当事人另有约定的除外。

根据《〈公司法〉司法解释(三)》的规定，以贪污、受贿、侵占、挪用等违法犯罪所得的货币出资后取得股权的，对违法犯罪行为予以追究、处罚时，应当采取拍卖或者变卖的方式处置其股权。这就是说，为维持公司资本，可采取将出资财产所形成的股权通过折价补偿受害人的损失，但不能直接将出资的财产从公司抽出。

股东缴纳出资后，必须经依法设立的验资机构验资并出具证明。依法设立的会计师事务所等，可以依法承担股东出资的验资工作。

**3. 申请设立登记**

股东的首次出资经依法设立的验资机构验资后，由全体股东指定的代表或者共同委托的代理人向公司登记机关申请设立登记。

有限责任公司成立后，发现作为设立公司出资的非货币财产的实际价额显著低于公司章程所定价额的，应当由交付该出资的股东补足其差额，公司设立时的其他股东承担连带责任。

《公司法》规定，有限责任公司成立后，股东不得抽逃出资。根据《〈公司法〉司法解释(三)》的规定，公司成立后，公司、股东或者公司债权人以相关股东的行为符合下列情形之一且损害公司权益为由，请求认定该股东抽逃出资的，人民法院应予支持：将出资款项转入公司账户验资后又转出，通过虚构债权债务关系将其出资转出，制作虚假财务会计报表虚增利润进行分配，利用关联交易将出资转出，其他未经法定程序将出资抽回的行为。

股东抽逃出资，公司或者其他股东请求其向公司返还出资本息、协助抽逃出资的其他股东、董事、高级管理人员或者实际控制人对此承担连带责任的，人民法院应予支持。公司债权人请求抽逃出资的股东在抽逃出资本息范围内对公司债务不能清偿的部分承担补充赔偿责任、协助抽逃出资的其他股东、董事、高级管理人员或者实际控制人对此承担连带责任的，人民法院应予支持；抽逃出资的股东已经承担上述责任，其他债权人提出相同请求的，人民法院不予支持。

《〈公司法〉司法解释(三)》规定，第三人代垫资金协助发起人设立公司，双方明确约定在公司验资后或者在公司成立后将该发起人的出资抽回以偿还该第三人，发起人依照前述约定抽回出资偿还第三人后又不能补足出资，相关权利人请求第三人连带承担发起人因抽回出资而产生的相应责任的，人民法院应予支持。

《〈公司法〉司法解释(三)》规定，股东未履行或者未全面履行出资义务或者抽逃出资，公司根据公司章程或者股东会决议对其利润分配请求权、新股优先认购权、剩余财产分配请求权等股东权利作出相应的合理限制，该股东请求认定该限制无效的，人民法院不予支持。有限责任公司的股东未履行出资义务或者抽逃全部出资，经公司催告缴纳或者返还，其在合理期间内仍未缴纳或者返还出资，公司以股东会决议解除该股东的股东资格，该股东请求确认该解除行为无效的，人民法院不予支持。

公司股东未履行或者未全面履行出资义务或者抽逃出资，公司或者其他股东请求其向公司全面履行出资义务或者返还出资，被告股东以诉讼时效为由进行抗辩的，人民法院不予支持。公司债权人的债权未过诉讼时效期间，其依照规定请求未履行或者未全面履行出资义务或者抽逃出资的股东承担赔偿责任，被告股东以出资义务或者返还出资义务超过诉讼时效期间为由进行抗辩的，人民法院不予支持。

有限责任公司成立后，应当向股东签发出资证明书。

有限责任公司应当置备股东名册。记载于股东名册的股东，可以依股东名册主张行使股东权利。公司应当将股东的姓名或者名称及其出资额向公司登记机关登记，登记事项发生变更的，应当办理变更登记。未经登记或者变更登记的，不得对抗第三人。

## 考点十一　有限责任公司的组织机构

### (一) 股东会

**1. 股东会的职权**

(1) 决定公司的经营方针和投资计划。

(2) 选举和更换非由职工代表担任的董事、监事，决定有关董事、监事的报酬事项。

(3) 审议批准董事会的报告。

(4) 审议批准监事会或者监事的报告。

(5) 审议批准公司的年度财务预算方案、决算方案。

(6) 审议批准公司的利润分配方案和弥补亏损方案。

(7) 对公司增加或者减少注册资本作出决议。

(8) 对发行公司债券作出决议。

(9) 对公司合并、分立、变更公司形式、解散和清算等事项作出决议。

(10) 修改公司章程。

(11) 公司章程规定的其他职权。

一人有限责任公司不设股东会。国有独资公司不设股东会，由国有资产监督管理机构行使股东会职权。

**2. 股东会的形式**

股东会会议分为定期会议和临时会议。定期会议应当按照公司章程的规定按时召开。代表1/10 以上表决权的股东，1/3 以上的董事，监事会或者不设监事会的公司的监事提议召开临时会议的，应当召开临时会议。

**3. 股东会的召开**

(1) 首次股东会会议由出资最多的股东召集和主持，依法行使职权。以后的股东会会议：①设立董事会的，由董事会召集，董事长主持；董事长不能履行职务或者不履行职务的，由副董事长主持；副董事长不能履行职务或者不履行职务的，由半数以上董事共同推举一名董事主持。②公司不设董事会的，股东会会议由执行董事召集和主持。

(2) 董事会或者执行董事不能履行或者不履行召集股东会会议职责的，由监事会或者不设监事会的公司的监事召集和主持；监事会或者监事不召集和主持的，代表 1/10 以上表决权的股东可以自行召集和主持。

(3) 召开股东会会议，应当于会议召开 15 日前通知全体股东；但是，公司章程另有规定或者全体股东另有约定的除外。股东会应当对所议事项的决定做成会议记录，出席会议的股东应当在会议记录上签名。

**4. 股东会的决议**

(1) 股东会会议由股东按照出资比例行使表决权；但是，公司章程另有规定的除外。股东会的议事方式和表决程序，除《公司法》有规定的外，由公司章程规定。

(2) 股东会会议作出修改公司章程、增加或者减少注册资本的决议，以及公司合并、分立、解散或者变更公司形式的决议，必须经代表 2/3 以上表决权的股东通过。

### (二) 董事会

董事会是公司股东会的执行机构，对股东会负责。

#### 1. 董事会的组成

(1) 有限责任公司设董事会(依法不设董事会的除外)，其成员为3人至13人。两个以上的国有企业或者其他两个以上的国有投资主体投资设立的有限责任公司，其董事会成员中应当有公司职工代表；其他有限责任公司董事会成员中也可以有公司职工代表。董事会中的职工代表由公司职工通过职工代表大会、职工大会或者其他形式民主选举产生。

(2) 董事会设董事长1人，可以设副董事长。董事长、副董事长的产生办法由公司章程规定。

(3) 董事任期由公司章程规定，但每届任期不得超过 3 年。董事任期届满，连选可以连任。

#### 2.董事会的职权

董事会对股东会负责，行使下列职权：

(1) 召集股东会会议，并向股东会报告工作。

(2) 执行股东会的决议。

(3) 决定公司的经营计划和投资方案。

(4) 制订公司的年度财务预算方案、决算方案。

(5) 制订公司的利润分配方案和弥补亏损方案。

(6) 制订公司增加或者减少注册资本以及发行公司债券的方案。

(7) 制订公司合并、分立、变更公司形式、解散的方案。

(8) 决定公司内部管理机构的设置。

(9) 决定聘任或者解聘公司经理及其报酬事项，并根据经理的提名决定聘任或者解聘公司副经理、财务负责人及其报酬事项。

(10) 制定公司的基本管理制度。

(11) 公司章程规定的其他职权。

#### 3. 董事会的召开

董事会会议由董事长召集和主持；董事长不能履行职务或者不履行职务的，由副董事长召集和主持；副董事长不能履行职务或者不履行职务的，由半数以上董事共同推举一名董事召集和主持。

#### 4. 董事会的决议

(1) 董事会的议事方式和表决程序，除《公司法》有规定的外，由公司章程规定。董事会应当对所议事项的决定做成会议记录，出席会议的董事应当在会议记录上签名。

(2) 董事会决议的表决，实行一人一票。

(3) 有限责任公司股东人数较少或者规模较小的，可以设 1 名执行董事，不设董事会。执行董事可以兼任公司经理。执行董事的职权由公司章程规定。

#### 5. 经理

有限责任公司可以设经理，由董事会决定聘任或者解聘。

### (三) 监事会

监事会是公司的监督机构。

**1. 监事会的组成**

(1) 有限责任公司设监事会，其成员不得少于 3 人。股东人数较少或者规模较小的有限责任公司，可以设 1～2 名监事，不设监事会。

(2) 监事会应当包括股东代表和不得低于 1/3 比例的公司职工代表，具体比例由公司章程规定。监事会中的职工代表由公司职工通过职工代表大会、职工大会或者其他形式民主选举产生。

(3) 董事、高级管理人员不得兼任监事。

(4) 监事会设主席 1 人，由全体监事过半数选举产生。监事会主席召集和主持监事会会议；监事会主席不能履行职务或者不履行职务的，由半数以上监事共同推举 1 名监事召集和主持监事会会议。

(5) 监事的任期每届为 3 年。监事任期届满，连选可以连任。监事任期届满未及时改选，或者监事在任期内辞职导致监事会成员低于法定人数的，在改选出的监事就任前，原监事仍应当依照法律、行政法规和公司章程的规定，履行监事职务。

**【例 2-5】**王某、刘某共同出资设立了甲有限责任公司，注册资本为 10 万元，下列关于甲公司组织机构设置的表述中，不符合公司法律制度规定的是(　　)。(2012 年单选题)

A. 甲公司决定不设董事会，由王某担任执行董事

B. 甲公司决定不设监事会，由刘某担任监事

C. 甲公司决定由执行董事王某兼任经理

D. 甲公司决定由执行董事王某兼任监事

**【解析】**D　选项 AB:“小公司”的特殊规定——可以不设董事会，设 1 名执行董事；可以不设监事会，设 1～2 名监事。选项 CD: 公司董事、高级管理人员不得兼任监事。

**【例 2-6】**甲、乙两个国有企业出资设立丙有限责任公司。下列关于丙有限公司组织机构的表述中，不符合公司法律制度规定的是(　　)。(2011 年单选题)

A. 丙公司监事会成员中应当有公司股东代表

B. 丙公司董事会成员中应当有公司职工代表

C. 丙公司董事长须由国有监督管理机构从董事会成员中指定

D. 丙公司监事会主席由全体监事过半数选举产生

**【解析】**C　本题考核点是有限责任公司的组织机构。监事会应当包括股东代表和适当比例的公司职工代表，监事会设主席 1 人，由全体监事过半数选举产生，因此选项 A、D 正确。两个以上的国有企业或者其他两个以上的国有投资主体投资设立的有限责任公司，其董事会成员中应当有公司职工代表，因此选项 B 正确。本题中的“丙”公司是一般有限责任公司，董事长、副董事长的产生办法由公司章程规定，因此选项 C 错误。

**2. 监事会的职权**

监事会、不设监事会的公司的监事行使下列职权：

(1) 检查公司财务。

(2) 对董事、高级管理人员执行公司职务的行为进行监督，对违反法律、行政法规、公司章程或者股东会决议的董事、高级管理人员提出罢免的建议。

(3) 当董事、高级管理人员的行为损害公司的利益时，要求董事、高级管理人员予以纠正。

(4) 提议召开临时股东会会议，在董事会不履行规定的召集和主持股东会会议职责时召集和主持股东会会议。

(5) 向股东会会议提出提案。

(6) 依照《公司法》的规定，对董事、高级管理人员提起诉讼。

(7) 公司章程规定的其他职权。

**3. 监事会的决议**

监事会每年度至少召开 1 次会议，监事可以提议召开临时监事会会议。监事会的议事方式和表决程序，除《公司法》有规定的外，由公司章程规定。监事会决议应当经半数以上监事通过。监事会应当对所议事项的决定做成会议记录，出席会议的监事应当在会议记录上签名。

## 考点十二 有限责任公司的股权转让

### (一) 股东

股东是公司成立、存续不可或缺的条件，可以为自然人，也可以为法人。有些自然人法律禁止其为股东，如国家公务员。法人作为股东应遵守法律、法规的相关规定，如公司不得自为股东。

(1) 有限责任公司的实际出资人与名义出资人订立合同，约定由实际出资人出资并享有投资权益，以名义出资人为名义股东，实际出资人与名义股东对该合同效力发生争议的，如无《合同法》第 52 条规定的情形，人民法院应当认定该合同有效。当实际出资人与名义股东因投资权益的归属发生争议，实际出资人以其实际履行了出资义务为由向名义股东主张权利的，人民法院应予支持。名义股东以公司股东名册记载、公司登记机关登记为由否认实际出资人权利的，人民法院不予支持。

(2) 如果实际出资人未经公司其他股东半数以上同意，请求公司变更股东、签发出资证明书、记载于股东名册、记载于公司章程并办理公司登记机关登记的，人民法院不予支持。这是因为实际出资人并非公司相关文件上登记的股东，如果实际出资人请求将自己变更为股东并记载于股东名册上，说明实际出资人将从非公司股东身份转变为公司股东身份，而按照我国《公司法》的规定，股东向股东以外的人转让股权的，须经其他股东过半数同意。

(3) 名义股东将登记于其名下的股权转让、质押或者以其他方式处分，实际出资人以其对于股权享有实际权利为由，请求认定处分股权行为无效的，人民法院可以参照《物权法》第 106 条的规定处理。这就是说，如果受让方符合善意取得的条件，受让方即可取得股权。当然，名义股东处分股权造成实际出资人损失，实际出资人请求名义股东承担赔偿责任的，人民法院应予支持。

此外，股权转让后尚未向公司登记机关办理变更登记，原股东将仍登记于其名下的股权转让、质押或者以其他方式处分，受让股东以其对于股权享有实际权利为由，请求认定处分股权行为无效的，人民法院可以参照《物权法》第 106 条的规定处理。

原股东处分股权造成受让股东损失，受让股东请求原股东承担赔偿责任、对于未及时办理变更登记有过错的董事、高级管理人员或者实际控制人承担相应责任的，人民法院应予支持；受让股东对于未及时办理变更登记也有过错的，可以适当减轻上述董事、高级管理人员或者实际控制人的责任。

(4) 公司债权人以登记于公司登记机关的股东未履行出资义务为由，请求其对公司债务不能清偿的部分在未出资本息范围内承担补充赔偿责任，股东以其仅为名义股东而非实际出资人为由进行抗辩的，人民法院不予支持。名义股东根据上述规定承担赔偿责任后，向实际出资人追偿的，人民法院应予支持。

(5) 冒用他人名义出资并将该他人作为股东在公司登记机关登记的，冒名登记行为人应当承担相应责任；公司、其他股东或者公司债取人以未履行出资义务为由，请求被冒名登记为股东的承担补足出资责任或者对公司债务不能清偿部分的赔偿责任的，人民法院不予支持。

### (二) 股东权及其分类

以股东权行使的目的是为股东个人利益还是涉及全体股东共同利益为标准，可以将股东权分为共益权和自益权。

(1) 共益权是指股东依法参加公司事务的决策和经营管理的权利，它是股东基于公司利益同时兼为自己的利益而行使的权利，包括股东会或股东大会参加权、提案权、质询权，在股东会或股东大会上的表决权、累积投票权，股东会或股东大会召集请求权和自行召集权，了解公司事务、查阅公司账簿和其他文件的知情权，提起诉讼权等权利。

(2) 自益权是指股东仅以个人利益为目的而行使的权利，即依法从公司取得收益、财产或处分自己股权的权利，包括股利分配请求权、剩余财产分配权、新股认购优先权、股份质押权和股份转让权等。

以股权行使的条件为标准划分，分为单独股东权和少数股东权。

(1) 单独股东权是指每一单独股份均享有的权利，即只持有一股股份的股东也可单独行使的权利，如自益权、表决权等。

(2) 少数股东权是指须单独或共同持有占股本总额一定比例以上股份方可行使的权利，如请求召开临时股东会或股东大会的权利等。

### (三) 股东滥用股东权的责任

(1) 公司股东滥用股东权利给公司或者其他股东造成损失的，应依法承担赔偿责任。

(2) 公司股东滥用公司法人独立地位和股东有限责任，逃避债务，严重损害公司债权人利益的，应当对公司债务承担连带责任。

这一规定表明在我国确立了公司法人人格否认原则。公司法人人格否认，是指为阻止公司独立人格的滥用和保护公司债权人利益及社会公共利益，就具体法律关系中的特定事实，否认公司与股东各自独立的人格及股东的有限责任，责令股东对公司债权人或公共利益直接负责，以实现公平、正义的法律制度。如果公司股东滥用公司法人独立地位和股东有限责任，转移公司资产，逃避债务，严重损害公司债权人利益，则公司债权人可以追究股东的连带责任。

(3) 公司的控股股东、实际控制人、董事、监事、高级管理人员。不得利用其关联关系损害公司利益，违反规定给公司造成损失的，应当承担赔偿责任，如下表所示。

**股东及其责任**

| 股东及管理人员 | 责　任 |
|---|---|
| 控股股东 | 是指其出资额占有限责任公司资本总额 50%以上或者其持有的股份占股份有限公司股本总额 50%以上的股东；出资额或者持有股份的比例虽然不足 50%，但依其出资额或者持有的股份所享有的表决权已足以对股东会、股东大会的决议产生重大影响的股东 |
| 实际控制人 | 是指虽不是公司的股东，但通过投资关系、协议或者其他安排，能够实际支配公司行为的人 |

(续表)

| | |
|---|---|
| 高级管理人员 | 是指公司的经理、副经理、财务负责人，上市公司董事会秘书等人员 |
| 关联关系 | 是指公司控股股东、实际控制人、董事、监事、高级管理人员与其直接或者间接控制的企业之间的关系，以及可能导致公司利益转移的其他关系。但是，国家控股的企业之间不因为同受国家控股而具有关联关系 |

### (四) 有限责任公司股东转让股权

#### 1. 股东之间转让股权

《公司法》对有限责任公司的股东之间转让股权没有作任何限制。

**【例 2-7】**有限责任公司的股东之间相互转让其全部或部分股权，应当经其他股东过半数同意。(　)(2012 年判断题)

**【解析】**× 本题考核点是有限责任公司股东转让股权。有限责任公司的股东之间可以相互转让其全部或者部分股权，无须经其他股东同意。

#### 2. 股东向股东以外的人转让股权

(1) 《公司法》规定，股东向股东以外的人转让股权，应当经其他股东过半数同意。

(2) 股东应就其股权转让事项书面通知其他股东征求同意，其他股东自接到书面通知之日起满 30 日未答复的，视为同意转让。

(3) 其他股东半数以上不同意转让的，不同意的股东应当购买该转让的股权；不购买的，视为同意转让。

(4) 经股东同意转让的股权，在同等条件下，其他股东有优先购买权。两个以上股东主张行使优先购买权的，协商确定各自的购买比例；协商不成的，按照转让时各自的出资比例行使优先购买权。但是，公司章程对股权转让另有规定的，从其规定。

#### 3. 人民法院强制转让股东股权

(1) 人民法院依照法律规定的强制执行程序转让股东的股权时，应当通知公司及全体股东，其他股东在同等条件下有优先购买权。

(2) 其他股东自人民法院通知之日起满 20 日不行使优先购买权的，视为放弃优先购买权。

### (五) 有限责任公司股东退出公司

#### 1. 股东退出公司的法定条件

《公司法》规定，有下列情形之一的，对股东会该项决议投反对票的股东可以请求公司按照合理的价格收购其股权，退出公司。

(1) 公司连续 5 年不向股东分配利润，而公司该 5 年连续盈利，并且符合公司法规定的分配利润条件的。

(2) 公司合并、分立、转让主要财产的。

(3) 公司章程规定的营业期限届满或者章程规定的其他解散事由出现，股东会会议通过决议修改章程使公司存续的。

根据上述规定，股东退出公司应当满足两个条件：一是具备上述三种情形之一，二是对股东会上述事项决议投了反对票，投赞成票的股东就不能以上述事项为由，要求退出公司。

**【例2-8】**根据《公司法》的规定，对有限责任公司股东会的有关决议投反对票的股东，可以请求公司按照合理的价格收购其股权。下列各项中，属于该有关决议的有(　　)。(2012年多选题)

A. 公司合并的决议　　　　　　　　　B. 公司分立的决议

C. 公司转让主要财产的决议　　　　　D. 公司增加注册资本的决议

**【解析】**ABC　本题考核点是股东退出公司。公司合并、分立、转让主要财产的，对股东会该项决议投反对票的股东可以请求公司按照合理的价格收购其股权，退出公司。

**2. 股东退出公司的法定程序**

(1) 请求公司收购其股权股东要求退出公司时，首先应当请求公司收购其股权。

(2) 依法向人民法院提起诉讼股东请求公司收购其股权，应当尽量通过协商的方式解决。但如果协商不成，根据《公司法》规定，自股东会会议决议通过之日起60日内，股东与公司不能达成股权收购协议的，股东可以自股东会会议决议通过之日起90日内向人民法院提起诉讼。

## 考点十三　一人有限责任公司的特别规定

### (一) 一人有限责任公司的概念

一人有限责任公司是指只有一个自然人股东或者一个法人股东的有限责任公司。

一人有限责任公司是独立的企业法人，具有完全的民事权利能力、民事行为能力和民事责任能力，是有限责任公司中的特殊类型。

### (二) 一人有限责任公司的特别规定

(1) 一人有限责任公司的注册资本最低限额为人民币10万元，股东应当一次足额缴纳公司章程规定的出资额，不允许分期缴付出资。

(2) 一个自然人只能投资设立一个一人有限责任公司，该一人有限责任公司不能投资设立新的一人有限责任公司。

(3) 一人有限责任公司应当在公司登记中注明自然人独资或者法人独资，并在公司营业执照中载明。

(4) 一人有限责任公司不设股东会。法律规定的股东会职权由股东行使，当股东行使相应职权作出决定时，应当采用书面形式，并由股东签字后置备于公司。

(5) 一人有限责任公司应当在每一会计年度终了时编制财务会计报告，并经会计师事务所审计。

(6) 一人有限责任公司的股东不能证明公司财产独立于股东自己财产的，应当对公司债务承担连带责任。

**【例2-9】**下列关于一人有限责任公司的表述中，符合《公司法》规定的有(　　)。(2012年多选题)

A. 一人有限责任公司的注册资本最低限额为10万元

B. 一人有限责任公司应当在公司登记中注明法人独资或自然人独资，并在公司营业执照中载明

C. 一人有限责任公司的股东可以分期缴纳出资，首次出资额不得低于注册资本的20%

D. 一人有限责任公司应当在每一会计年度终了时编制财务会计报告，并经会计师事务所审计

**【解析】**ABD 本题考核点是一人有限责任公司的特殊规定。一人有限责任公司股东应当一次足额缴纳公司章程规定的出资额，不允许分期缴付出资，所以选项 C 错误。

**【例2-10】**下列关于一人有限责任公司的表述中，符合《公司法》规定的是(　)。(2013年单选题)

A. 一人有限责任公司的股东只能是自然人

B. 一人有限责任公司的股东应当对公司债务承担无限连带责任

C. 一人有限责任公司的注册资本最低限额为 3 万元

D. 一人有限责任公司的股东不得分期缴付出资

**【解析】**D 根据规定，一人有限责任公司的股东可以是自然人，也可以是法人，因此选项 A 说法错误，一人有限责任公司的股东对公司的债务承担有限责任，因此选项 B 说法错误；一人有限责任公司的注册资本最低限额为 10 万元，因此选项 C 说法错误。

## 考点十四 国有独资公司的特别规定

### (一) 国有独资公司的概念

国有独资公司是指国家单独出资、由国务院或者地方人民政府委托本级人民政府国有资产监督管理机构履行出资人职责的有限责任公司。

与一般意义上的有限责任公司相比较，国有独资公司具有以下特征：

(1) 公司股东的单一性。国有独资公司的股东只有 1 个。

(2) 单一股东的特定性。国有独资公司的股东只能是国有资产监督管理机构。

### (二) 国有独资公司的特别规定

国有独资公司的设立和组织机构适用特别规定，没有特别规定的，适用有限责任公司的相关规定。

(1) 国有独资公司章程由国有资产监督管理机构制定，或者由董事会制定报国有资产监督管理机构批准。

(2) 国有独资公司不设股东会，由国有资产监督管理机构行使股东会职权。

① 国有资产监督管理机构可以授权公司董事会行使股东会的部分职权，决定公司的重大事项。

② 公司的合并、分立、解散、增减注册资本和发行公司债券，必须由国有资产监督管理机构决定；其中，重要的国有独资公司合并、分立、解散、申请破产的，应当由国有资产监督管理机构审核后，报本级人民政府批准。上述所称重要的国有独资公司，按照国务院的规定确定。

(3) 国有独资公司设立董事会，依照法律规定的有限责任公司董事会的职权和国有资产监督管理机构的授权行使职权。

① 董事会成员中应当有公司职工代表。

② 董事会成员由国有资产监督管理机构委派；但是，董事会成员中的职工代表由公司职工代表大会选举产生。董事每届任期不得超过 3 年。

③ 董事会设董事长1人，可以设副董事长。董事长、副董事长由国有资产监督管理机构从董事会成员中指定。

(4) 国有独资公司设经理，由董事会聘任或者解聘。国有独资公司经理的职权与一般有限责任公司经理的职权相同。经国有资产监督管理机构同意，董事会成员可以兼任经理。

(5) 国有独资公司的董事长、副董事长、董事、高级管理人员，未经国有资产监督管理机构同意，不得在其他有限责任公司、股份有限公司或者其他经济组织兼职。

**【例 2-11】**甲公司为国有独资公司，其董事会作出的下列决议中，符合《公司法》规定的是(　　)。(2011 年单选题)

A. 聘选张某为公司经理

B. 增选王某为公司董事

C. 批准董事林某兼任乙有限责任公司经理

D. 决定发行公司债券500万元

**【解析】**A　本题考核点是董事会的职权。国有独资公司设经理，由董事会聘任或者解聘，因此选项A正确。董事会成员由国有资产监督管理机构委派，但董事会成员中的职工代表由公司职工代表大会选举产生，因此选项B错误。国有独资公司的董事长、副董事长、董事、高级管理人员，未经国有资产监督管理机构同意，不得在其他有限责任公司、股份有限公司或者其他经济组织兼职，因此选项C错误。国有独资公司的合并、分立、解散、增加或者减少注册资本和发行公司债券，必须由国有资产监督管理机构决定；其中，重要的国有独资公司合并、分立、解散、申请破产的，应当由国有资产监督管理机构审核后，报本级人民政府批准，因此选项D错误。

(6) 国有独资公司设监事会，其成员不得少于5人，其中职工代表的比例不得低于1/3，具体比例由公司章程规定。监事会成员由国有资产监督管理机构委派；但是，监事会中的职工代表由公司职工代表大会选举产生。监事会主席由国有资产监督管理机构从监事会成员中指定。

# 四、股份有限公司

## 考点十五　股份有限公司的设立

### (一) 股份有限公司的设立方式

(1) 发起设立。发起设立是指由发起人认购公司应发行的全部股份而设立公司。以发起设立方式设立的股份有限公司，在其发行新股之前，其全部股份都由发起人持有，公司的全部股东都是设立公司的发起人。

(2) 募集设立。募集设立是指由发起人认购公司应发行股份的一部分，其余股份向社会公开募集或者向特定对象募集而设立公司。法律对采用募集设立方式设立公司规定了较为严格的程序。

### (二) 股份有限公司的设立条件

(1) 发起人符合法定人数。

① 发起人是指依法筹办创立股份有限公司事务的人。发起人既可以是自然人，也可以是法人；既可以是中国公民，也可以是外国公民。

② 设立股份有限公司，应当有 2 人以上 200 人以下为发起人，其中须有半数以上的发起人在中国境内有住所。

③ 股份有限公司发起人承担公司筹办事务。发起人应当签订发起人协议，明确各自在公司设立过程中的权利和义务。

(2) 发起人认购和募集的股本达到法定资本最低限额。

① 股份有限公司注册资本的最低限额为人民币 500 万元。法律、行政法规对股份有限公司注册资本的最低限额有较高规定的，从其规定。

- 股份有限公司采取发起设立方式设立的，注册资本为在公司登记机关登记的全体发起人认购的股本总额。公司全体发起人的首次出资额不得低于注册资本的 20%，其余部分由发起人自公司成立之日起 2 年内缴足；其中，投资公司可以在 5 年内缴足(发起方式、出资期限与有限公司相同)。在缴足前，不得向他人募集股份。
- 股份有限公司采取募集方式设立的，注册资本为在公司登记机关登记的实收股本总额。即公司的注册资本为公司实际收到作为公司股本的财产总额，已由股东认购但实际并未缴纳的部分，不得计入公司的注册资本额中(募集方式，必须是“实收”，不得分期缴纳)。

② 发起人可以用货币出资，也可以用实物、知识产权、土地使用权等可以用货币估价并可以依法转让的非货币财产作价出资。全体发起人的货币出资金额不得低于股份有限公司注册资本的 30%。

(3) 股份发行、筹办事项符合法律规定。

(4) 发起人制定公司章程，采用募集方式设立的须经创立大会通过。

① 对于以发起设立方式设立的股份有限公司，由全体发起人共同制定公司章程。

② 对于以募集设立方式设立的股份有限公司，发起人制定的公司章程，还应当经有其他认股人参加的创立大会通过。

(5) 有公司名称，建立符合股份有限公司要求的组织机构。

(6) 有公司住所。

### (三) 股份有限公司的设立程序

股份公司的设立程序根据不同的设立方式有不同的规定，如下表所示。

**股份有限公司的设立程序**

| 设立方式 | 相 关 规 定 |
|---|---|
| 发起设立 | (1) 发起人书面认足公司章程规定其认购的股份。<br>(2) 缴纳出资。发起人不按照规定缴纳出资的，应当按照发起人协议的约定承担违约责任。<br>(3) 选举董事会和监事会。<br>(4) 申请设立登记 |

(续表)

| 设立方式 | 相 关 规 定 |
|---|---|
| 募集设立 | (1) 发起人认购股份。发起人认购的股份不得少于公司股份总数的 35%；但是，法律、行政法规另有规定的，从其规定。<br>(2) 向社会公开募集股份。<br>(3) 召开创立大会。发起人应当在创立大会召开 15 日前将会议日期通知各认股人或者予以公告。创立大会应有代表股份总数过半数的发起人、认股人出席，方可举行。<br>(4) 申请设立登记。发起人在 30 日内未召开创立大会的，或创立大会作出不设立公司决议的，认股人可以按照所缴股款并加算银行同期存款利息，要求发起人返还。<br>发起人、认股人缴纳股款或者交付抵作股款的出资后，除上述情形外不得抽回其股本 |

【例 2-12】下列关于以募集方式设立的股份有限公司股份募集的表述中，符合《公司法》规定的有(　)。(2011 年多选题)

A. 发起人向社会公开募集股份，必须报经国务院证券监督管理机构核准

B. 发起人向社会公开募集股份，必须公告招股说明书，并制作认股书

C. 发起人向社会公开募集股份，应当由依法设立的证券公司承销，签订承销协议

D. 发起人向社会公开募集股份，应当同银行签订代收股款协议

【解析】ABCD　本题考核点是股份有限公司的设立程序。以募集方式设立股份有限公司公开发行股票的，应当报经国务院证券监督管理机构核准。发起人向社会公开募集股份，必须公告招股说明书，并制作认股书。发起人向社会公开募集股份，应当由依法设立的证券公司承销，签订承销协议。发起人向社会公开募集股份，应当同银行签订代收股款协议。

### (四) 股份有限公司发起人承担的责任

#### 1. 根据《公司法》的规定，股份有限公司的发起人应当承担下列责任

(1) 公司不能成立时，对设立行为所产生的债务和费用负连带责任。根据《〈公司法〉司法解释(三)》的规定，公司因故未成立，债权人请求全体或者部分发起人对设立公司行为所产生的费用和债务承担连带清偿责任的，人民法院应予支持。部分发起人依照前述规定承担责任后，请求其他发起人分担的，人民法院应当判令其他发起人按照约定的责任承担比例分担责任；没有约定责任承担比例的，按照约定的出资比例分担责任；没有约定出资比例的，按照均等份额分担责任。

(2) 公司不能成立时，对认股人已缴纳的股款，负返还股款并加算银行同期存款利息的连带责任。

(3) 在公司设立过程中，由于发起人的过失致使公司利益受到损害的，应当对公司承担赔偿责任。根据《〈公司法〉司法解释(三)》的规定，因部分发起人的过错导致公司未成立，其他发起人主张其承担设立行为所产生的费用和债务的，人民法院应当根据过错情况，确定过错一方的责任范围。发起人因履行公司设立职责造成他人损害，公司成立后受害人请求公司承担侵权赔偿责任的，人民法院应予支持；公司未成立，受害人请求全体发起人承担连带赔偿责任的，人民法院应予支持。公司或者无过错的发起人承担赔偿责任后，可以向有过错的发起人追偿。

**2. 《〈公司法〉司法解释(三)》还规定了公司设立阶段的合同责任**

(1) 发起人为设立公司以自己名义对外签订合同，合同相对人请求该发起人承担合同责任的，人民法院应予支持。公司成立后对前款规定的合同予以确认，或者已经实际享有合同权利或者履行合同义务，合同相对人请求公司承担合同责任的，人民法院应予支持。

(2) 发起人以设立中公司名义对外签订合同，公司成立后合同相对人请求公司承担合同责任的，人民法院应予支持。公司成立后有证据证明发起人利用设立中公司的名义为自己的利益与相对人签订合同，公司以此为由主张不承担合同责任的，人民法院应予支持，但相对人为善意的除外。

## 考点十六　股份有限公司的组织机构

### (一) 股份有限公司的股东大会

**1. 股东大会的性质和组成**

股份有限公司的股东大会是公司的权力机构。股份有限公司的股东大会由全体股东组成，公司的任何一个股东，无论其所持股份有多少，都是股东大会的成员。

**2. 股东大会的职权**

(1) 股份有限公司股东大会的职权与有限责任公司股东会的职权的规定基本相同。

(2) 上市公司的股东大会还有权对公司聘用、解聘会计师事务所作出决议；审议公司在一年内购买、出售重大资产超过公司最近一期经审计总资产 30%的事项；审议批准变更募集资金用途事项；审议代表公司发行在外有表决权股份总数的 5%以上的股东的提案；审议股权激励计划；审议批准下列担保行为：

① 本公司及本公司控股子公司的对外担保总额，达到或超过最近一期经审计总资产的50%以后提供的任何担保。

② 公司的对外担保总额，达到或超过最近一期经审计净资产的 30%以后提供的任何担保。

③ 为资产负债率超过 70%的担保对象提供的担保。

④ 单笔担保额超过最近一期经审计净资产 10%的担保。

⑤ 对股东、实际控制人及其关联方提供的担保。

**3. 股东大会的形式**

股东大会分为年会与临时大会。股东大会应当每年召开 1 次年会。上市公司的年度股东大会应当于上一会计年度结束后的 6 个月内举行。有下列情形之一的，应当在 2 个月内召开临时股东大会。

(1) 董事人数不足《公司法》规定人数或者公司章程所定人数的 2/3 时。

(2) 公司未弥补的亏损达实收股本总额 1/3 时。

(3) 单独或者合计持有公司 10%以上股份的股东请求时。

(4) 董事会认为必要时。

(5) 监事会提议召开时。

(6) 公司章程规定的其他情形。

**4. 股东大会的召开**

(1) 股东大会会议由董事会召集，董事长主持；董事长不能履行职务或者不履行职务的，由副董事长主持；副董事长不能履行职务或者不履行职务的，由半数以上董事共同推举一名董事主持。

(2) 董事会不能履行或者不履行召集股东大会会议职责的，监事会应当及时召集和主持；监事会不召集和主持的，连续 90 日以上单独或者合计持有公司 10%以上股份的股东可以自行召集和主持。

(3) 召开股东大会会议，应当将会议召开的时间、地点和审议的事项于会议召开 20 日前通知各股东；临时股东大会应当于会议召开 15 日前通知各股东；发行无记名股票的，应当于会议召开 30 日前公告会议召开的时间、地点和审议事项。

(4) 单独或者合计持有公司 3%以上股份的股东，可以在股东大会召开 10 日前提出临时提案并书面提交董事会；董事会应当在收到提案后 2 日内通知其他股东，并将该临时提案提交股东大会审议。临时提案的内容应当属于股东大会职权范围，并有明确议题和具体决议事项。

(5) 股东大会不得对召开会议的通知中未列明的事项作出决议。

**5. 股东大会的决议**

(1) 股东出席股东大会会议，所持每一股份有一表决权。股东可以委托代理人出席股东大会会议，代理人应当向公司提交股东授权委托书，并在授权范围内行使表决权。但是，公司持有的本公司股份没有表决权。

(2) 股东大会对普通事项作出决议，必须经出席会议的股东所持表决权过半数通过。

(3) 股东大会作出修改公司章程、增加或者减少注册资本的决议，以及公司合并、分立、解散或者变更公司形式的决议，必须经出席会议的股东所持表决权的 2/3 以上通过。

**【例2-13】**根据公司法律制度的规定，下列事项中，属于上市公司股东大会决议应经出席会议的股东所持表决权2/3以上通过的有(　　)。(2011年多选题)

A. 修改公司章程

B. 增加公司注册资本

C. 公司的内部管理机构设置

D. 公司在 1 年内担保金额超过公司资产总额 30%的事项

**【解析】**ABD　本题考核点是上市公司组织机构的特别规定。股东大会作出修改公司章程、增加或者减少注册资本的决议，以及公司合并、分立、解散或者变更公司形式的决议，必须经出席会议的股东所持表决权的 2/3 以上通过。上市公司在 1 年内购买、出售重大资产或者担保金额超过公司资产总额 30%的，应当由股东大会作出决议，并经出席会议的股东所持表决权的 2/3 以上通过。

(4) 《公司法》和公司章程规定公司转让、受让重大资产或者对外提供担保等事项必须经股东大会作出决议的，董事会应当及时召集股东大会会议，由股东大会就上述事项进行表决。

所谓“重大资产”，通常是指公司转让、受让的资产总额、资产净额、主营业务收入三项指标中的任意一项指标，占公司最近一个会计年度经审计的合并报表的相对应指标的 50%以上的资产。

(5) 股东大会选举董事、监事，可以根据公司章程的规定或者股东大会的决议，实行累积投票制。

### (二) 股份有限公司董事会、经理

**1. 董事会的性质和组成**

(1) 股份有限公司的董事会是股东大会的执行机构，对股东大会负责。

(2) 股份有限公司设董事会，其成员为 5 人至 19 人。董事会成员中可以有公司职工代表。董事会中的职工代表由公司职工通过职工代表大会、职工大会或者其他形式民主选举产生。

(3) 股份有限公司的董事任期由公司章程规定，但每届任期不得超过 3 年。董事任期届满，连选可以连任。

**2. 董事会的职权**

股份有限公司董事会的职权与有限责任公司董事会的职权的规定基本相同。

**3. 董事会的召开**

(1) 董事会设董事长 1 人，可以设副董事长。董事长和副董事长由董事会以全体董事的过半数选举产生。

(2) 董事长召集和主持董事会会议，检查董事会决议的实施情况。副董事长协助董事长工作，董事长不能履行职务或者不履行职务的，由副董事长履行职务；副董事长不能履行职务或者不履行职务的，由半数以上董事共同推举 1 名董事履行职务。

(3) 董事会每年度至少召开 2 次会议，每次会议应当于会议召开 10 日前通知全体董事和监事。代表 1/10 以上表决权的股东、1/3 以上董事或者监事会，可以提议召开董事会临时会议。董事长应当自接到提议后 10 日内，召集和主持董事会会议。董事会召开临时会议，可以另定召集董事会的通知方式和通知时限。

**4. 董事会的决议**

(1) 董事会会议应有过半数的董事出席方可举行。董事会作出决议，必须经全体董事的过半数通过。董事会决议的表决，实行一人一票，即每个董事只能享有一票表决权。

(2) 董事会会议，应由董事本人出席；董事因故不能出席，可以书面委托其他董事代为出席，委托书中应载明授权范围。董事会应当对会议所议事项的决定做成会议记录，出席会议的董事应当在会议记录上签名。

(3) 董事应当对董事会的决议承担责任。董事会的决议违反法律、行政法规或者公司章程、股东大会决议，致使公司遭受严重损失的，参与决议的董事对公司负赔偿责任。但经证明在表决时曾表明异议并记载于会议记录的，该董事可以免除责任。

**5. 经理**

股份有限公司设经理，由董事会决定聘任或者解聘。股份有限公司经理的职权与有限责任公司经理的职权的规定基本相同。公司董事会可以决定由董事会成员兼任公司经理。

### (三) 监事会

股份有限公司依法应当设立监事会，监事会为公司的监督机构。

**1. 监事会的组成**

(1) 股份有限公司监事会成员不得少于 3 人，应当包括股东代表和适当比例的公司职工代表，其中职工代表的比例不得低于 1/3，具体比例由公司章程规定。监事会中的职工代表由公司职工通过职工代表大会、职工大会或者其他形式民主选举产生。

(2) 董事、高级管理人员不得兼任监事。

(3) 监事的任期每届为 3 年。监事任期届满，连选可以连任。

**2. 监事会的职权**

股份有限公司监事会的职权与有限责任公司监事会的职权的规定基本相同。

3. 监事会的召开

(1) 监事会设主席 1 人，可以设副主席。监事会主席和副主席由全体监事过半数选举产生。

(2) 监事会每 6 个月至少召开 1 次会议。监事可以提议召开临时监事会会议。监事会的议事方式和表决程序，除《公司法》有规定的外，由公司章程规定。

(3) 监事会应当对所议事项的决定做成会议记录，出席会议的监事应当在会议记录上签名。

## 考点十七　上市公司组织机构的特别规定

上市公司，是指其股票在证券交易所上市交易的股份有限公司。

### (一) 增加股东大会特别决议事项

上市公司在 1 年内购买、出售重大资产或者担保金额超过公司资产总额 30%的，应当由股东大会作出决议，并经出席会议的股东所持表决权的 2/3 以上通过。

### (二) 上市公司设立独立董事

独立董事，是指既不是公司股东，又不在公司担任除董事外的其他职务，并与其受聘的上市公司及其主要股东不存在可能妨碍其进行独立客观判断的关系的董事。上市公司要建立独立董事制度。

担任独立董事应当符合下列基本条件：

(1) 根据法律、行政法规及其他有关规定，具备担任上市公司董事的资格。

(2) 具有所要求的独立性。

(3) 具备上市公司运作的基本知识，熟悉相关法律、行政法规、规章及规则。

(4) 具有 5 年以上法律、经济或者其他履行独立董事职责所必需的工作经验。

(5) 公司章程规定的其他条件。

下列人员不得担任独立董事：

(1) 在上市公司或者其附属企业任职的人员及其直系亲属、主要社会关系(直系亲属是指配偶、父母、子女等；主要社会关系是指兄弟姐妹、岳父母、儿媳女婿、兄弟姐妹的配偶、配偶的兄弟姐妹等)。

(2) 直接或间接持有上市公司已发行股份 1%以上或者是上市公司前 10 名股东中的自然人股东及其直系亲属。

(3) 在直接或间接持有上市公司已发行股份 5%以上的股东单位或者在上市公司前 5 名股东单位任职的人员及其直系亲属。

(4) 最近 1 年内曾经具有前三项所列举情形的人员。

(5) 为上市公司或者其附属企业提供财务、法律、咨询等服务的人员。

(6) 公司章程规定的其他人员。

(7) 中国证监会认定的其他人员。

**【例 2-14】**某上市公司拟聘请独立董事。根据公司法律制度的规定，下列人员中，不得担任该上市公司独立董事的有(　　)。(2011 年多选题)

A. 该上市公司的分公司的经理

B. 该上市公司董事会秘书配偶的弟弟

C. 持有该上市公司已发行股份2%的股东郑某的岳父

D. 持有该上市公司已发行股份10%的甲公司的某董事的配偶

【解析】ABD　本题考核点是独立董事的任职资格。

独立董事除依法行使股份有限公司董事的职权外，还行使下列职权：

(1) 对公司关联交易、聘用或者解聘会计师事务所等重大事项进行审核并发表独立意见；

(2) 就上市公司董事、高级管理人员的提名、任免、报酬、考核事项以及其认为可能损害中小股东权益的事项发表独立意见。

独立董事发表的独立意见应当做成记录，并经独立董事书面签字确认。股东有权查阅独立董事发表的独立意见。

### (三) 上市公司设立董事会秘书

董事会秘书是指掌管董事会文件并协助董事会成员处理日常事务的人员。

### (四) 增设关联关系董事的表决权排除制度

(1) 上市公司董事与董事会会议决议事项所涉及的企业有关联关系的，不得对该项决议行使表决权，也不得代理其他董事行使表决权。

(2) 该董事会会议由过半数的无关联关系董事出席即可举行，董事会会议所作决议须经无关联关系董事过半数通过。出席董事会的无关联关系董事人数不足3人的，应将该事项提交上市公司股东大会审议。这里所称关联关系，是指上市公司的董事与董事会决议事项所涉及的企业之间存在直接或者间接的利益关系。

【例 2-15】上市公司董事与董事会会议决议事项所涉及的企业有关联关系的，不得对该项决议行使表决权，也不得代理其他董事行使表决权，并且该董事会会议所作决议须经无关联关系董事过半数通过。(　　)(2011年判断题)

【解析】✓　本题考核点是关联关系董事的表决权排除制度。

# 五、公司董事、监事、高级管理人员的资格和义务

## 考点十八　公司董事、监事、高级管理人员的资格

有下列情形之一的，不得担任公司的董事、监事、高级管理人员：

(1) 无民事行为能力或者限制民事行为能力。无民事行为能力的人是指不满10周岁的未成年人和不能辨认自己行为的精神病人。限制民事行为能力的人是指10周岁以上的未成年人和不能完全辨认自己行为的精神病人。

(2) 因贪污、贿赂、侵占财产、挪用财产或者破坏社会主义市场经济秩序，被判处刑罚，执行期满未逾5年，或者因犯罪被剥夺政治权利，执行期满未逾5年。

(3) 担任破产清算的公司、企业的董事或者厂长、经理，对该公司、企业的破产负有个人责任的，自该公司、企业破产清算完结之日起未逾3年。

(4) 担任因违法被吊销营业执照、责令关闭的公司、企业的法定代表人，并负有个人责任的，自该公司、企业被吊销营业执照之日起未逾3年。

(5) 个人所负数额较大的债务到期未清偿。

公司违反《公司法》的上述规定选举、委派董事、监事或者聘任高级管理人员的，该选举、委派或者聘任无效。公司董事、监事、高级管理人员在任职期间出现上述所列情形的，公司应当解除其职务。

## 考点十九　公司董事、监事、高级管理人员的义务

《公司法》规定，公司董事、高级管理人员不得有下列行为：

(1) 挪用公司资金。

(2) 将公司资金以其个人名义或者以其他个人名义开立账户存储。

(3) 违反公司章程的规定，未经股东会、股东大会或者董事会同意，将公司资金借贷给他人或者以公司财产为他人提供担保。

(4) 违反公司章程的规定或者未经股东会、股东大会同意，与本公司订立合同或者进行交易。

(5) 未经股东会或者股东大会同意，利用职务便利为自己或者他人谋取属于公司的商业机会，自营或者为他人经营与所任职公司同类的业务。

(6) 接受他人与公司交易的佣金归为己有。

(7) 擅自披露公司秘密。

(8) 违反对公司忠实义务的其他行为。

公司董事、高级管理人员违反上述规定所得的收入应当归公司所有。

公司董事、监事、高级管理人员执行公司职务时违反法律、行政法规或者公司章程的规定，给公司造成损失的，应当承担赔偿责任。

## 考点二十　股东诉讼

股东诉讼分为股东代表诉讼和股东直接诉讼，如下表所示。

股 东 诉 讼

<table>
<tr><th>股 东 诉 讼</th><th colspan="2">诉 讼 方 式</th></tr>
<tr><td rowspan="4">股东代表诉讼</td><td rowspan="3">本公司懂事、监事、高级管理人员给公司造成损失的行为</td><td>股东通过监事会或者监事提起诉讼</td></tr>
<tr><td>股东通过董事会或者董事提起诉讼</td></tr>
<tr><td>股东直接提起诉讼</td></tr>
<tr><td>他人给公司造成损失的行为</td><td>请求监事会或者监事、董事会或者董事向人民法院提起诉讼，或者直接向人民法院提起诉讼</td></tr>
<tr><td>股东直接诉讼</td><td colspan="2">公司董事、高级管理人员违反法律、行政法规或者公司章程的规定，损害股东利益的，股东可以依法向人民法院提起诉讼</td></tr>
</table>

【例 2-16】甲公司、乙公司均为有限责任公司。甲公司经理张某违反公司章程规定将公司业务发包给不知情的乙公司，致使甲公司遭受损失。李某是甲公司股东，甲公司设董事会和监事会。下列关于李某保护甲公司利益和股东整体利益的途径的表述中，符合《公司法》规定的是(　　)。(2012 年单选题)

A. 李某可以书面请求甲公司监事会起诉张某

B. 李某可以书面请求甲公司董事会起诉张某

C. 李某可以书面请求甲公司监事会起诉乙公司

D. 李某可以书面请求甲公司董事会起诉乙公司

**【解析】**A　本题考核点是股东诉讼。公司董事、高级管理人员执行公司职务时违反法律、行政法规或者公司章程的规定的，股东通过"监事会或者监事"提起诉讼。故选项A正确，选项B错误。乙公司属于"不知情"，不应承担责任，故选项C、选项D错误。

**【例 2-17】**根据《公司法》的规定，股份有限公司董事、高级管理人员执行公司职务时因违法给公司造成损失的，在一定情形下，连续180日以上单独或合计持有公司1%以上股份的股不可以为了公司利益，以自己的名义直接向人民法院提起诉讼。下列各项中，属于该情形的有(　)。(2013年多选题)

A. 股东书面请求公司董事会向人民法院提起诉讼遭到拒绝

B. 股东书面请求公司董事会向人民法院提起诉讼，董事会自收到请求之日起30日内未提起诉讼

C. 股东书面请求公司监事会向人民法院提起诉讼遭到拒绝

D. 股东书面请求公司监事会向人民法院提起诉讼，监事会自收到请求之日起30日内未提起诉讼

**【解析】**CD　根据规定，董事、高级管理人员执行公司职务时违反法律、行政法规或者公司章程的规定，给公司造成损失的，有限责任公司的股东、股份有限公司连续180日以上单独或者合计持有公司1%以上股份的股东，可以书面请求监事会或者不设监事会的有限责任公司的监事向人民法院提起诉讼；不设监事会的有限责任公司的监事，或者董事会、执行董事收到前款规定的股东书面请求后拒绝提起诉讼，或者自收到请求之日起30日内未提起诉讼，前面所述的股东有权为了公司的利益以自己的名义直接向人民法院提起诉讼。

# 六、公司股票和公司债券

## 考点二十一　股份发行

### (一) 股份和股票的概念

(1) 股份是指将股份有限公司的注册资本按相同的金额或比例划分为相等的份额。

① 所有股东持有的股份加起来所代表的资本数额即为公司的资本总额。

② 每股金额相等，所表现出的股东权利和义务是相等的。

(2) 股票是指公司签发的证明股东所持股份的凭证，是股份的表现形式。

① 股票是有价证券。股票记载着股票种类、票面金额及代表的股份数。

② 股票是证权证券。任何人只要合法占有股票，其就可以依法向公司行使权利。

③ 股票是要式证券。股票应当采取纸面形式或者国务院证券监督管理机构规定的其他形式。

④ 股票是流通证券。股票可以在证券交易市场依法进行交易。

(二) 股票的种类

| 股票种类 | 说明 |
|---|---|
| 普通股和优先股 | 普通股是指享有普通权利、承担普通义务的股份，是股份的最基本形式。依照规定，普通股股东享有决策参与权、利润分配权、优先认股权和剩余资产分配权 |
| | 优先股是指享有优先权的股份。公司对优先股的股利须按约定的股利率支付，不受公司盈利大小的影响。在公司进行清算时，优先股股东先于普通股股东取得公司剩余财产。但是，优先股股东不参与公司决策，不参与公司红利分配 |
| 国有股、发起人股和社会公众股 | 国有股包括国家股和国有法人股，国家股是指有权代表国家投资的政府部门或机构以国有资产投入公司形成的股份或依法定程序取得的股份 |
| | 发起人股是指股份公司的发起人认购的股份 |
| | 社会公众股是指个人和机构以合法财产购买并可依法流通的股份 |
| 记名股票和无记名股票 | 记名股票是指在票面上记载股东姓名或名称的股票。公司向发起人、法人发行的股票，应当为记名股票 |
| | 无记名股票是指在票面上不记载股东姓名或名称的股票 |

(三) 股份的发行原则

1. 公平、公正的原则

(1) 同一次发行中的同一种股份应当具有同等的权利，享有同等的利益，同类股份必须同股同权、同股同利；

(2) 在同次股份发行中，相同种类的股份，每股的发行条件和发行价格应当相同；

(3) 不允许任何人进行内幕交易、价格操纵、价格欺诈等不正当行为获得超过其他人的利益。

2. 同股同价原则

同股同价，是指同次发行的同种类股票，每股的发行条件和价格应当是相同的。

【例 2-18】下列关于股份有限公司股票发行的表述中，符合《公司法》规定的是(　　)。(2013年单选题)

A. 公司历次发行股票的价格都必须相同

B. 公司发行的股票面额必须为每股 1 元

C. 公司发行的股票必须为无记名股票

D. 公司股票的发行价格不得低于票面金额

【解析】D　根据规定，“同次发行”的同种类股票，每股的发行条件和价格应当相同，因此选项 A 的说法是错误的；公司发行的股票，可以为记名股票，也可以为无记名股票，因此选项 C 的说法是错误的。

(四) 股票的发行价格

股票发行价格可以按票面金额，也可以超过票面金额，但不得低于票面金额。因为，低于票面金额发行股票，违背资本充实原则，使股票发行募集的资金低于公司相应的注册资本数额。

### (五) 公司发行新股

发行新股是指股份有限公司成立后再向社会募集股份的法律行为。股份有限公司发行新股是股份有限公司向社会募集股份，增加公司注册资本的行为。

公司发行新股，股东大会应当对下列事项作出决议：

(1) 新股种类及数额。

(2) 新股发行价格。

(3) 新股发行的起止日期。

(4) 向原有股东发行新股的种类及数额。

### (六) 股份转让

股份转让，是指股份有限公司的股份持有人依法自愿将自己所拥有的股份转让给他人，使他人取得股份成为股东或增加股份数额的法律行为。

**1. 股份转让的法律规定**

(1) 股份转让的地点。股东转让其股份，应当在依法设立的证券交易场所进行或者按照国务院规定的其他方式进行。

(2) 股份转让的方式。记名股票，由股东以背书方式或者法律、行政法规规定的其他方式转让，转让后由公司将受让人的姓名或者名称及住所记载于股东名册。股东大会召开前 20 日内或者公司决定分配股利的基准日前 5 日内，不得进行上述规定的股东名册的变更登记。但是，法律对上市公司股东名册变更登记另有规定的，从其规定。无记名股票的转让，由股东将该股票交付给受让人后即发生转让的效力。

**2. 股份转让的限制**

(1) 对发起人转让股份的限制：发起人持有的本公司股份，自公司成立之日起 1 年内不得转让。公司公开发行股份前已发行的股份，自公司股票在证券交易所上市交易之日起 1 年内不得转让。

(2) 对公司董事、监事、高级管理人员转让股份的限制：公司董事、监事、高级管理人员应当向公司申报所持有的本公司的股份及其变动情况，在任职期间每年转让的股份不得超过其所持有本公司股份总数的 25%；所持本公司股份自公司股票上市交易之日起 1 年内不得转让。

上述人员离职后半年内，不得转让其所持有的本公司股份。公司章程可以对公司董事、监事、高级管理人员转让其所持有的本公司股份作出其他限制性规定。

上市公司的董事、监事和高级管理人员除了遵守上述规定外，还应遵守《上市公司董事、监事和高级管理人员所持本公司股份及其变动管理规则》的规定。该《管理规则》规定，上市公司董事、监事和高级管理人员在任职期间，每年通过集中竞价、大宗交易、协议转让等方式转让的股份不得超过其所持本公司股份总数的 25%，因司法强制执行、继承、遗赠、依法分割财产等导致股份变动的除外。上市公司董事、监事和高级管理人员所持股份不超过 1000 股的，可一次全部转让，不受前款转让比例的限制。上市公司董事、监事和高级管理人员在下列期间不得买卖本公司股票：

① 上市公司定期报告公告前 30 日内。

② 上市公司业绩预告、业绩快报公告前 10 日内。

③ 自可能对本公司股票交易价格产生重大影响的重大事项发生之日或在决策过程中，至依

法披露后 2 个交易日内。

④ 证券交易所规定的其他期间。

【例 2-19】下列关于股份有限公司股份转让限制的表述中，符合《公司法》规定的有(　)。(2012 年多选题)

A. 公司发起人持有的本公司股份，自公司成立之日起 1 年内不得转让

B. 公司董事持有的本公司股份，自公司股票上市交易之日起 1 年内不得转让

C. 公司监事离职后 1 年内，不得转让其所持有的本公司股份

D. 公司经理在任职期间每年转让的股份不得超过其所持有本公司股份总数的 25%

【解析】C　本题考核点是股份转让的限制。

(3) 对公司收购自身股票的限制。根据《公司法》的规定，公司不得收购本公司股份。但是，有下列情形之一的除外：

① 减少公司注册资本。

② 与持有本公司股份的其他公司合并。

③ 将股份奖励给本公司职工。

④ 股东因对股东大会作出的公司合并、分立决议持异议，要求公司收购其股份的。

公司因上述第①项至第③项的原因收购本公司股份的，应当经股东大会决议。

公司依照上述规定收购本公司股份后，属于第①项情形的，应当自收购之日起 10 日内注销；属于第②项、第④项情形的，应当在 6 个月内转让或者注销。公司依照上述第③项规定收购的本公司股份，不得超过本公司已发行股份总额的 5%；用于收购的资金应当从公司的税后利润中支出；所收购的股份应当在 1 年内转让给职工。

(4) 对公司股票质押的限制。根据《公司法》的规定，公司不得接受本公司的股票作为质押权的标的。

【例 2-20】甲公司为股份有限公司。根据《公司法》的规定，下列各项中，属于甲公司可以收购本公司股份的情形有(　)。(2012 年多选题)

A. 甲公司减少注册资本

B. 甲公司与持有本公司股份的其他公司合并

C. 甲公司将股份奖励给本公司职工

D. 甲公司接受本公司的股票作为质押权的标的

【解析】ABC　本题考核点是股份转让。公司不得接受本公司的股票作为质押权的标的，选项 D 错误。

**3. 记名股票被盗、遗失或者灭失**

股东可以依照《民事诉讼法》规定的公示催告程序，请求人民法院宣告该股票失效。人民法院宣告该股票失效后，股东可以向公司申请补发股票。公示催告的期间，由人民法院根据情况决定，但不得少于 60 日。公示催告期间，转让票据权利的行为无效。

## 考点二十二　公司债券

### (一) 公司债券的概念

公司债券是指公司依照法定程序发行、约定在一定期限还本付息的有价证券。公司债券与

公司股票有如下不同的法律特征：

(1) 公司债券的持有人是公司的债权人，对于公司享有民法上规定的债权人的所有权利，而股票的持有人则是公司的股东，享有《公司法》所规定的股东权利。

(2) 公司债券的持有人，无论公司是否有盈利，对公司享有按照约定给付利息的请求权，而股票持有人，则必须在公司有盈利时才能依法获得股利分配。

(3) 公司债券到了约定期限，公司必须偿还债券本金，而股票持有人仅在公司解散时方可请求分配剩余财产。

(4) 公司债券的持有人享有优先于股票持有人获得清偿的权利，而股票持有人必须在公司全部债务清偿之后，方可就公司剩余财产请求分配。

(5) 公司债券的利率一般是固定不变的，风险较小，而股票股利分配的高低，与公司经营好坏密切相关，故常有变动，风险较大。

### (二) 公司债券的种类

公司债券按是否记名，可分为记名公司债券和无记名公司债券。

公司债券按是否能转换，可分为可转换公司债券和不可转换公司债券。

(1) 可转换公司债券是指可以转换成公司股票的公司债券。这种公司债券在发行时规定了转换为公司股票的条件与办法。当条件具备时，债券持有人拥有将公司债券转换为公司股票的选择权。

(2) 不可转换公司债券是指不能转换为公司股票的公司债券。凡在发行债券时未作出转换约定的，均为不可转换公司债券。

### (三) 公司债券的发行

(1) 公司债券发行的条件。公司发行公司债券应当符合《证券法》规定的发行条件与程序。具体内容见证券法律制度。

(2) 置备公司债券存根簿。公司债券可以为记名债券，也可以为无记名债券。公司发行公司债券应当置备公司债券存根簿。

### (四) 公司债券的转让

《公司法》规定，公司债券可以转让，转让价格由转让人与受让人约定。

# 七、公司财务、会计

## 考点二十三　公司财务、会计的基本要求

(1) 公司应当依法建立财务、会计制度。

(2) 公司应当依法编制财务会计报告。公司应当在每一会计年度终了时编制财务会计报告，并依法经会计师事务所审计。公司财务会计报告主要包括：资产负债表、利润表、现金流量表、所有者权益(或股东权益)变动表等报表及附注。

(3) 公司应当依法披露有关财务、会计资料。

① 有限责任公司应当按照公司章程规定的期限将财务会计报告送交各股东。

② 股份有限公司的财务会计报告应当在召开股东大会年会的20日前置备于本公司，供股东查阅。

(4) 公司应当依法建立账簿开立账户。公司除法定的会计账簿外，不得另立会计账簿。对公司资产，不得以任何个人名义开立账户存储。

(5) 公司应当依法聘用会计师事务所对财务会计报告审查验证。

## 考点二十四　利润分配

### (一) 公司利润分配顺序

(1) 弥补以前年度的亏损，但不得超过税法规定的弥补期限。

(2) 缴纳所得税。

(3) 弥补在税前利润弥补亏损之后仍存在的亏损。

(4) 提取法定公积金。

(5) 提取任意公积金。

(6) 向股东分配利润。

公司弥补亏损和提取公积金后所余税后利润，有限责任公司按照股东实缴的出资比例分配，但全体股东约定不按照出资比例分配的除外；股份有限公司按照股东持有的股份分配，但股份有限公司章程规定不按持股分配的除外。

公司股东会、股东大会或者董事会违反规定，在公司弥补亏损和提取法定公积金之前向股东分配利润的，股东必须将违反规定分配的利润退还公司。公司持有的本公司股份不得分配利润。

合营企业以前年度的亏损未弥补前不得分配利润。

### (二) 公积金

公积金是公司在资本之外所保留的资金金额，又称为附加资本或准备金。

**1. 公积金的种类**

公积金分为盈余公积金和资本公积金两类。

(1) 盈余公积金。盈余公积金是从公司税后利润中提取的公积金，分为法定公积金和任意公积金两种。

法定公积金按照公司税后利润的10%提取，当公司法定公积金累计额为公司注册资本的50%以上时可以不再提取。公司的法定公积金不足以弥补以前年度亏损的，在依照规定提取法定公积金之前，应当先用当年利润弥补亏损。任意公积金按照公司股东会或者股东大会决议，从公司税后利润中提取。

(2) 资本公积金。资本公积金是直接由资本原因等形成的公积金，股份有限公司以超过股票票面金额的发行价格发行股份所得的溢价款，以及国务院财政部门规定列入资本公积金的其他收入，应当列为公司资本公积金。

**2. 公积金的用途**

(1) 公积金用于弥补公司亏损。

(2) 公积金扩大公司生产经营所需的资金。

(3) 公积金转增为公司资本。对用任意公积金转增资本的，法律没有限制，但用法定公积金转增资本时，《公司法》规定，法定公积金转为资本时，所留存的该项公积金不得少于转增前公司注册资本的25%。

(4) 资本公积金不得用于弥补公司的亏损，公司亏损须先从上年税后利润中优先扣除，弥补亏损，不得用资本公积金直接弥补亏损。

**【例2-21】**下列关于法定公积金的表述中，符合公司法律制度规定的是(　)。(2012年单选题)

A. 法定公积金按照公司股东会或者股东大会决议，从公司税后利润中提取

B. 法定公积金按照公司税后利润的10%提取，当公司法定公积金累计额为公司注册资本的50%以上时可以不再提取

C. 股份有限公司以超过股票票面金额的发行价格发行股份所得的溢价款，应当列为公司法定公积金

D. 对用法定公积金转增资本的，法律没有限制

**【解析】**B　本题考核点是公积金。法定公积金依法强制提取，股东会或者股东大会决议无权决定是否提取，故A选项错误。法定公积金按照公司税后利润的10%提取，当公司法定公积金累计额为公司注册资本的50%以上时可以不再提取，故B选项正确。股份有限公司以超过股票票面金额的发行价格发行股份所得的溢价款，以及国务院财政部门规定列入资本公积金的其他收入，应当列为公司资本公积金，故C选项错误。法定公积金转为资本时，所留存的该项公积金不得少于转增前公司注册资本的25%，故D选项错误。

# 八、公司合并、分立、增资、减资

## 考点二十五　公司合并

公司合并是指两个以上的公司依照法定程序变为一个公司的行为。

合并形式有两种：一是吸收合并，二是新设合并。吸收合并是指一个公司吸收其他公司加入本公司，被吸收的公司解散。新设合并是指两个以上公司合并设立一个新的公司，合并各方解散。

公司合并应遵循以下程序：

(1) 签订合并协议。

(2) 编制资产负债表及财产清单。

(3) 作出合并决议。

(4) 通知债权人。公司应当自作出合并决议之日起10日内通知债权人，并于30日内在报纸上公告。债权人自接到通知书之日起30日内，未接到通知书的自公告之日起45日内，可以要求公司清偿债务或者提供相应的担保。

(5) 依法进行登记。

公司合并时，合并各方的债权、债务，应当由合并后存续的公司或者新设的公司承继。

注意，当事人订立合同后合并的，由合并后的法人或者其他组织行使合同权利，履行合同义务。

## 考点二十六　公司分立

公司分立是指一个公司依法分为两个以上的公司。

公司分立一般有两种：一是派生分立，即公司以其部分财产和业务另设一个新的公司，原公司存续。另一是新设分立，即公司以其全部财产设立两个以上的新公司，原公司解散。

公司分立的程序与公司合并的程序基本一样。

公司分立前的债务由分立后的公司承担连带责任。但是，公司在分立前与债权人就债务清偿达成的书面协议另有约定的除外。

## 考点二十七　公司注册资本的减少和增加

### (一) 公司注册资本的减少

(1) 公司需要减少注册资本时，必须编制资产负债表及财产清单。

(2) 公司减少注册资本时，应当自作出减少注册资本决议之日起 10 内通知债权人，并于 30 日内在报纸上公告。债权人自接到通知书之日起 30 日内，未接到通知书的自公告之日起 45 日内，有权要求公司清偿债务或者提供相应的担保。

(3) 公司减资后的注册资本不得低于法定的最低限额。

(4) 公司减少注册资本，应当依法向公司登记机关办理变更登记。

**【例 2-22】**下列关于公司减少注册资本的表述中，不符合公司法律制度规定的是(　　)。(2012 年单选题)

A. 公司需要减少注册资本时，必须编制资产负债和财产清单

B. 公司减少注册资本时，应当自作出减少注册资本决议之日起 10 日内通知债权人，并于 30 日内在报纸上公告

C. 公司减少注册资本的，应当自作出减少注册资本决议之日起 45 日后申请变更登记

D. 公司减资后的注册资本不得低于法定的最低限额

**【解析】**C　本题考核点是公司注册资本的减少。根据规定，公司需要减少注册资本时，必须编制资产负债表及财产清单，故 A 选项正确；公司减少注册资本时，应当自作出减少注册资本决议之日起 10 日内通知债权人，并于 30 日内在报纸上公告，故 B 选项正确；公司减少注册资本的，应当“自公告之日起”45 日后申请变更登记，故 C 选项错误；公司减资后的注册资本不得低于法定的最低限额，故 D 选项正确。

### (二) 公司注册资本的增加

公司增加注册资本，应当依法向公司登记机关办理变更登记。

# 九、公司解散和清算

## 考点二十八　公司解散的原因

《公司法》规定，公司解散的原因有以下情形：

(1) 公司章程规定的营业期限届满或者公司章程规定的其他解散事由出现。

(2) 股东会或者股东大会决议解散。

(3) 因公司合并或者分立需要解散。

(4) 依法被吊销营业执照、责令关闭或者被撤销。

(5) 人民法院依法予以解散。

《公司法》规定，公司经营管理发生严重困难，继续存续会使股东利益受到重大损失，通过其他途径不能解决的，持有公司全部股东表决权10%以上的股东，可以请求人民法院解散公司。

单独或者合计持有公司全部股东表决权10%以上的股东，以下列事由之一提起解散公司诉讼，并符合《公司法》有关规定的，人民法院应予受理：

(1) 公司持续两年以上无法召开股东会或者股东大会，公司经营管理发生严重困难的。

(2) 股东表决时无法达到法定或者公司章程规定的比例，持续两年以上不能做出有效的股东会或者股东大会决议，公司经营管理发生严重困难的。

(3) 公司董事长期冲突，且无法通过股东会或者股东大会解决，公司经营管理发生严重困难的。

(4) 经营管理发生其他严重困难，公司继续存续会使股东利益受到重大损失的情形。

股东以知情权、利润分配请求权等权益受到损害，或者公司亏损、财产不足以偿还全部债务，以及公司被吊销企业法人营业执照未进行清算等为由，提起解散公司诉讼的，人民法院不予受理。

股东提起解散公司诉讼应当以公司为被告。经人民法院调解公司收购原告股份的，公司应当自调解书生效之日起6个月内将股份转让或者注销。股份转让或者注销之前，原告不得以公司收购其股份为由对抗公司债权人。

公司被依法宣告破产的，依照有关企业破产的法律制度实施破产清算。

## 考点二十九 公司清算

### (一) 成立清算组

公司应当在解散事由出现之日起15日内成立清算组。有下列情形之一，债权人申请人民法院指定清算组进行清算的，人民法院应予受理：

(1) 公司解散逾期不成立清算组进行清算的。

(2) 虽然成立清算组但故意拖延清算的。

(3) 违法清算可能严重损害债权人或者股东利益的。

具有上述情形，而债权人未提起清算申请，公司股东申请人民法院指定清算组对公司进行清算的，人民法院应予受理。

**【例 2-23】**公司解散逾期不成立清算组进行清算，且债权人未提起清算申请的，根据《公司法》的规定，相关人员可以申请人民法院指定清算组对公司进行清算。下列各项中，属于该相关人员的是(　　)。(2011年单选题)

A. 公司股东　　B. 公司董事　　C. 公司监事　　D. 公司经理

**【解析】**A　本题考核点是公司解散时的清算。公司解散时，逾期不成立清算组进行清算的，且债权人未提起清算申请，公司股东申请法院指定清算组对公司进行清算的，法院应予支持。

有限责任公司的清算组由股东组成，股份有限公司的清算组由董事或者股东大会确定的人员组成。人民法院受理公司清算案件，应当及时指定有关人员组成清算组。清算组成员可以从下列人员或者机构中产生：

(1) 公司股东、董事、监事、高级管理人员。

(2) 依法设立的律师事务所、会计师事务所、破产清算事务所等社会中介机构。

(3) 依法设立的律师事务所、会计师事务所、破产清算事务所等社会中介机构中具备相关专业知识并取得执业资格的人员。

### (二) 清算组的职权

清算组在公司清算期间代表公司进行一系列民事活动，全权处理公司经济事务和民事诉讼活动。

### (三) 清算工作程序

#### 1. 登记债权

(1) 清算组应当自成立之日起 10 日内通知债权人，并于 60 日内在报纸上公告。债权人应当自接到通知书之日起 30 日内，未接到通知书的自公告之日起 45 日内，向清算组申报其债权。

(2) 债权人在规定的期限内未申报债权，在公司清算程序终结前补充申报的，清算组应予登记。债权人补充申报的债权，可以在公司尚未分配财产中依法清偿。

(3) 在申报债权期间，清算组不得对债权人进行清偿。

#### 2. 清理公司财产，制订清算方案

(1) 清算组应当对公司财产进行清理，编制资产负债表和财产清单，制订清算方案。清算方案应当报股东会、股东大会或者人民法院确认。

(2) 公司解散时，股东尚未缴纳的出资均应作为清算财产。股东尚未缴纳的出资，包括到期应缴未缴的出资，以及依照《公司法》的规定分期缴纳尚未届满缴纳期限的出资。

(3) 清算组在清理公司财产、编制资产负债表和财产清单后，发现公司财产不足清偿债务的，应当依法向人民法院申请宣告破产。

#### 3. 清偿债务

(1) 公司财产在分别支付清算费用、职工的工资、社会保险费用和法定补偿金，缴纳所欠税款，清偿公司债务后的剩余财产，有限责任公司按照股东的出资比例分配，股份有限公司按照股东持有的股份比例分配。

(2) 清算期间，公司存续，但不得开展与清算无关的经营活动。

(3) 公司财产在未按上述规定清偿前，不得分配给股东。

#### 4. 公告公司终止

公司清算结束后，清算组应当制作清算报告，报股东会、股东大会或者人民法院确认，并报送公司登记机关，申请注销公司登记，公告公司终止。

# 十、违反公司法的法律责任

## 考点三十　法律责任

公司应当承担民事赔偿责任和缴纳罚款、罚金的，其财产不足以支付时，先承担民事赔偿责任。

# 同步过关测试

### 一、单项选择题

1. 甲有限责任公司注册资本是 500 万元，甲公司对乙企业负有 1000 万元的合同债务。下列说法正确的是(　　)。

A. 甲公司仅以 500 万元注册资本为限对公司债务承担责任

B. 甲公司以其全部财产对公司的债务承担责任

C. 如果甲公司资产不足以清偿其债务，由全体股东清偿

D. 如果甲公司资产不足以清偿其债务，不再清偿

2. 甲公司的分公司在其经营范围内以自己的名义对外签订一份货物买卖合同。根据《公司法》的规定，下列关于该合同的效力及其责任承担的表述中，正确的是(　　)。

A. 该合同有效，其民事责任由甲公司承担

B. 该合同有效，其民事责任由分公司独立承担

C. 该合同有效，其民事责任由分公司承担，甲公司负补充责任

D. 该合同无效，甲公司和分公司均不承担民事责任

3. 甲、乙两公司与郑某、张某欲共同设立一有限公司，并在拟订公司章程时约定了各自的出资方式。下列有关各股东的部分出资方式中，符合公司法律制度规定的是(　　)。

A. 甲公司以其获得的某知名品牌特许经营权评估作价 20 万元出资

B. 乙公司以其企业商誉评估作价 30 万元出资

C. 郑某以其享有的某项专利权评估作价 40 万元出资

D. 张某以其设定了抵押权的某房产作价 50 万元出资

4. 甲、乙、丙三人准备成立一家有限责任公司，根据《公司法》的规定，每个人平均最低的首次出资额是(　　)。

A. 1000 元人民币　　B. 3000 元人民币　　C. 5000 元人民币　　D. 10 000 元人民币

5. 甲、乙、丙共同出资设立了一有限责任公司，其中甲以机器设备作价出资 20 万元。公司成立 6 个月后，吸收丁入股。1 年后，该公司因拖欠巨额债务被诉至法院。法院查明，甲作为出资的机器设备出资时仅值 10 万元，甲现有可执行的个人财产 8 万元。下列处理方式中，符合《公司法》规定的是(　　)。

A. 甲以现有财产补交差额，不足部分待有财产时再行补足

B. 甲以现有财产补交差额，不足部分由乙、丙补足

C. 甲以现有财产补交差额，不足部分由乙、丙、丁补足

D. 甲无须补交差额，其他股东也不负补交差额的责任

6. 甲、乙、丙、丁四人拟共同出资设立一贸易有限责任公司，注册资本为100万元。其草拟的公司章程记载的下列事项中，不符合公司法律制度规定的是(　　)。

A. 公司由甲同时担任经理和法定代表人

B. 公司不设监事会，由乙担任监事

C. 股东向股东以外的人转让股权，应当经其他股东过半数同意

D. 甲乙丙丁首次出资额各为5万元，其余部分出资自公司成立之日起3年内缴足

7. 下列关于一人有限责任公司的表述中，符合《公司法》规定的是(　　)。

A. 一人有限责任公司的股东只能是自然人

B. 一人有限责任公司的股东应当对公司债务承担无限连带责任

C. 一人有限责任公司的注册资本最低限额为3万元

D. 一人有限责任公司的股东不得分期缴付出资

8. 根据《公司法》的规定，国有独资公司的设立和组织机构适用特别规定，没有特别规定的，适用有限责任公司的相关规定。下列各项中，符合国有独资公司特别规定的是(　　)。

A. 国有独资公司的章程可由董事会制定并报国有资产监督管理机构批准

B. 国有独资公司合并事项由董事会决定

C. 董事会成员中可以有公司职工代表

D. 监事会主席由全体监事过半数选举产生

9. 下列各项中，符合《公司法》关于股份有限公司设立规定的是(　　)。

A. 甲公司注册资本拟为人民币300万元

B. 乙公司由一名发起人认购公司股份总额的35%，其余股份拟全部向特定对象募集

C. 丙公司的全部5名发起人均为外国人，其中3人长期定居北京

D. 丁公司采用募集方式设立，发起人认购的股份分期缴纳，拟在公司成立之日起2年内缴足

10. 甲、乙等八家企业筹划建立股份有限公司，发起人甲企业作为出资的厂房需要装修。于是，由乙企业负责成立股份有限公司筹建处，专门定做了一批装饰材料，价值140万元。如果公司无法成立，承担140万元装饰材料费的方案正确的是(　　)。

A. 甲企业承担　　　　B. 乙企业承担

C. 全体发起人连带承担　　　　D. 全体发起人按出资比例承担

11. 某股份有限公司共发行股份3000万股，每股享有平等的表决权。公司拟召开股东大会对与另一公司合并的事项作出决议。在股东大会表决时可能出现的下列情形中，能使决议得以通过的是(　　)。

A. 出席大会的股东共持有2700万股，其中持有1600万股的股东同意

B. 出席大会的股东共持有2400万股，其中持有1200万股的股东同意

C. 出席大会的股东共持有1800万股，其中持有1300万股的股东同意

D. 出席大会的股东共持有1500万股，其中持有800万股的股东同意

12. 下列公司组织机构中关于公司职工代表的表述中，不符合《公司法》规定的是(　　)。

A. 股份有限公司董事会成员中应当包括公司职工代表

B. 股份有限公司监事会成员中应当包括公司职工代表

C. 国有独资公司董事会成员中应当包括公司职工代表

D. 国有独资公司监事会成员中应当包括公司职工代表

13. 某上市公司董事会成员共 9 名，监事会成员共 3 名。下列关于该公司董事会召开的情形中，符合公司法律制度规定的是( )。

A. 经 2 名董事提议可召开董事会临时会议

B. 公司董事长、副董事长不能履行职务时，可由 4 名董事共同推举 1 名董事履行职务

C. 经 2 名监事提议可召开董事会临时会议

D. 董事会每年召开 2 次会议，并在会议召开 10 日前通知全体董事和监事

14. 某股份有限公司共有甲、乙、丙、丁、戊、己、庚七位董事。某次董事会会议，董事甲、乙、丙、丁、戊、己参加，庚因故未能出席，也未书面委托其他董事代为出席。该次会议通过一项违反法律规定的决议，给公司造成严重损失。该次会议的会议记录记载，董事戊在该项决议表决时表明了异议。根据《公司法》的规定，应对公司负赔偿责任的董事是( )。

A. 董事甲、乙、丙、丁、戊、己、庚

B. 董事甲、乙、丙、丁、戊、己

C. 董事甲、乙、丙、丁、己、庚

D. 董事甲、乙、丙、丁、己

15. 下列有关股份有限公司监事会组成的表述中，符合公司法律制度规定的是( )。

A. 监事会成员必须全部由股东大会选举产生

B. 监事会中必须有职工代表

C. 未担任公司行政管理职务的公司董事可以兼任监事

D. 监事会成员任期为 3 年，不得连选连任

16. 甲、乙、丙、丁拟任 A 上市公司独立董事。根据上市公司独立董事制度的规定，下列选项中，不影响当事人担任独立董事的情形是( )。

A. 甲之妻半年前卸任 A 上市公司之附属企业 B 公司总经理之职

B. 乙于 1 年前卸任 C 公司副董事长之职，C 公司持有 A 上市公司已发行股份的 7%

C. 丙正在担任 B 公司的法律顾问

D. 丁是持有 A 上市公司已发行股份 2%的自然人股东

17. 某有限责任公司于 2009 年 4 月 18 日召开股东会，选举公司的监事。下列人员中可以担任公司监事的是( )。

A. 在某国家机关任处长的王某

B. 曾因挪用公款罪被判处有期徒刑，2008 年 2 月 13 日刑满释放的李某

C. 曾担任某公司的法定代表人，该公司于 2007 年 7 月被宣告破产，对公司破产负有个人责任的赵某

D. 该公司业务员王某

18. 甲公司主要经营服装销售业务，方某系该公司的董事兼总经理。任职期间，方某利用职务便利代理乙公司与丙公司签订服装销售合同，将乙公司的一批服装卖给丙公司，方某从中获得一笔报酬。甲公司得知后提出异议。对此，下列表述正确的是( )。

A. 与甲公司无关，甲公司无权提出异议

B. 违反法定义务，其代理乙公司与丙公司签订的销售合同无效，该批服装应由甲公司优先购买

C. 违反法定义务，方某获得的报酬应当归甲公司所有

D. 违反法定义务，甲公司可依法定程序罢免方某，但方某获得的报酬归自己所有

19. 下列关于股份有限公司股票发行的表述中，符合《公司法》规定的是(　)。

A. 公司历次发行股票的价格都必须相同

B. 公司发行的股票面额必须为每股 1 元

C. 公司发行的股票必须为无记名股票

D. 公司股票的发行价格不得低于票面金额

20. 甲股份有限公司(简称“甲公司”)于 2010 年 1 月成立，张某作为发起人之一，在甲公司成立后持有甲公司股票 4000 股，并一直担任甲公司董事职务。对此，下列说法正确的是(　)。

A. 在 2011 年全年，张某只可以买进其他发起人转让的甲公司股份，不能卖出自己持有的甲公司股份

B. 张某无论买进还是卖出甲公司的股票，均应经董事会批准

C. 张某准备在担任甲公司董事的同时，从 2012 年开始减持自己持有的 4000 股甲公司股票且不再买进，最早可以在 2017 年全部卖出

D. 如果甲公司的股票于 2011 年 5 月在证券交易所上市，张某所持的甲公司股份在 2012 年不能卖出

21. 甲上市公司为奖励本公司职工，拟收购本公司部分股份。如果甲上市公司已发行的股份总额为 2.5 亿股，则该公司可以收购的股份数额最多为(　)万股。

A. 250　　B. 500　　C. 1250　　D. 2500

22. 根据公司法律制度的规定，股份有限公司的财务会计报告应在召开股东大会年会的一定期间以前置备于公司，供股东查阅。该期间为(　)。

A. 10 日　　B. 15 日　　C. 20 日　　D. 25 日

23. 甲公司是股份有限公司，注册资本 2 亿元，累计提取法定公积金余额 5000 万元。2006 年度税后利润为 3000 万元，该公司当年应当提取的法定公积金数额是(　)。

A. 150 万元　　B. 200 万元　　C. 300 万元　　D. 500 万元

24. 某股份有限公司注册资本为 4800 万元。公司现有法定公积金 1800 万元，任意公积金 800 万元。公司拟转增注册资本，进行增资派股。以下的方案中，符合《公司法》规定的是(　)。

A. 将法定公积金 1800 万元、任意公积金 800 万元转为公司资本

B. 将法定公积金 1200 万元、任意公积金 600 万元转为公司资本

C. 将法定公积金 800 万元、任意公积金 400 万元转为公司资本

D. 将法定公积金 600 万元、任意公积金 200 万元转为公司资本

25. 某有限责任公司的法律顾问在审查公司减少注册资本的方案时，提出以下意见，其中不符合《公司法》规定的是(　)。

A. 公司现有注册资本为人民币 15 万元，故减资 6 万元后，公司注册资本不低于法定的最低限额

B. 股东会同意本方案的决议，经 2/3 以上有表决权的股东通过即可

C. 公司自作出减资决议之日起，除了在 10 日内通知债权人外，还应在 30 日内在报纸上公告

D. 如果债权人在法定期限内要求公司清偿债务或者提供相应的担保，公司有义务予以满足

26. 某有限责任公司的股东会通过了解散公司的决议，并决定在 15 日内成立清算组。下列

有关该公司清算组的组成中，符合公司法律制度规定的是(　　)。

A. 由人民法院指定股东、有关机关及有关专业人员组成

B. 由公司的股东组成

C. 由公司股东会确定的人员组成

D. 由主管部门指定股东、有关机关及有关专业人员组成

27. 某有限责任公司股东会决定解散该公司，该公司下列行为符合法律规定的有(　　)。

A. 股东会选派股东甲、股东乙和股东丙组成清算组，未采纳股东丁提出吸收一名律师参加清算组的建议

B. 清算组成立 15 日后，将公司解散一事通知了全体债权人

C. 在清理公司财产过程中，清算组发现公司财产仅够清偿 80%的债务，遂通知债权人不再清偿

D. 清算组经职代会同意，决定清偿债务前将公司办公家具分给股东丁

28. 设立股份有限公司，向公司登记机关申请登记的是(　　)。

A. 任一股东　　B. 任一发起人

C. 发起人、认股人共同委托的代理人　　D. 董事会

29. 北京的甲公司准备在外地设立一家分公司，依照法律规定进行了登记并取得了《营业执照》，那么其在北京公司登记机关办理分公司备案的期限为(　　)。

A. 分公司登记之日起 30 日内

B. 分公司登记之日起 15 日内

C. 甲公司决定设立分公司之日起 60 日内

D. 甲公司决定设立分公司之日起 30 日内

30. 根据公司法律制度的规定，下列有关有限责任公司股东出资的表述中，正确的是(　　)。

A. 经全体股东同意，股东可以用劳务出资

B. 不按规定缴纳所认缴出资的股东，应对已足额缴纳出资的股东承担违约责任

C. 股东在认缴出资并经法定验资机构验资后，不得抽回出资

D. 股东向股东以外的人转让出资，须经全体股东 2/3 以上同意

## 二、多项选择题

1. 下列关于分公司法律地位的说法中，正确的有(　　)。

A. 分公司具有独立的法人资格

B. 分公司独立承担民事责任

C. 分公司可以依法独立从事生产经营活动

D. 分公司从事经营活动的民事责任由其总公司承担

2. 根据《公司法》规定，规模较小、不设董事会的有限责任公司，其法定代表人为(　　)。

A. 总经理　　B. 执行董事　　C. 监事　　D. 财务负责人

3. 某有限责任公司拟变更一些登记项目，下列变更需要办理变更登记的有(　　)。

A. 法定代表人由张某变更为李某

B. 总经理由王某变更为赵某

C. 注册资本由 200 万元变更为 180 万元

D. 公司名称由“甲有限责任公司”变更为“乙有限责任公司”

4. 甲股份有限公司经营电子产品，因业务规模不断扩大，公司决定在上海、深圳两地设立分公司。该股份有限公司下列做法正确的有( )。

A. 向分公司所在地的登记机关申请登记，由分公司登记机关核准登记，发给营业执照

B. 向公司所在地的登记机关申请法人登记，由公司登记机关核准登记，发给营业执照，取得法人资格

C. 分公司的经营范围与公司的经营范围一致，必须继续经营电子产品

D. 分公司的经营范围与公司的经营范围可以不一致，但必须向分公司登记机关备案

5. 根据《公司法》的规定，公司章程对特定的人员或机构具有约束力。下列各项中，属于该特定人员或机构的有( )。

A. 公司财务负责人　　B. 公司股东

C. 上市公司董事会秘书　　D. 公司实际控制人

6. 根据《公司法》的规定，有限责任公司下列人员中，可以提议召开股东会临时会议的有( )。

A. 总经理　　B. 董事长

C. 1/3 以上董事　　D. 代表 1/4 表决权的股东

7. 根据《公司法》的规定，有限责任公司股东会会议对下列事项作出的决议中，必须经代表 2/3 以上表决权的股东通过的有( )。

A. 修改公司章程　　B. 减少注册资本　　C. 更换公司董事　　D. 变更公司形式

8. 某有限责任公司由甲、乙、丙、丁四人出资设立，其中甲出资 10 万元、乙出资 20 万元、丙出资 60 万元、丁出资 10 万元。当股东会对与其他公司合并的议案表决时，下列情形不能通过的有( )。

A. 甲、乙同意，丙、丁反对　　B. 甲、乙反对，丙、丁同意

C. 甲、乙、丁同意，丙反对　　D. 乙、丙、丁反对，甲同意

9. 下列各项，属于有限责任公司董事会行使的职权有( )。

A. 决定公司的经营计划和投资方案　　B. 对发行公司债券作出决议

C. 制定公司的年度财务预算方案　　D. 对公司合并作出决议

10. 甲有限公司的控股股东李某拖欠银行巨额贷款，但是他不但不积极经营企业还贷，还以企业名义继续向银行借款，借新还旧，供自己挥霍，当银行起诉后，李某以企业为有限责任公司，属于有限责任为由，请求法院宣告自己的企业破产。下列说法正确的有( )。

A. 甲公司存在违法挪用公司资金的行为

B. 可以依法由法院否认该公司的人格

C. 李某和甲公司承担连带责任

D. 李某应当向甲公司承担赔偿责任

11. 甲、乙、丙共同出资设立了一有限责任公司，一年后，甲拟将其在公司的全部出资转让给丁，乙、丙不同意，下列解决方案中，符合《公司法》规定的有( )。

A. 由乙或丙购买甲拟转让给丁的出资

B. 乙和丙共同购买甲拟转让给丁的出资

C. 乙和丙均不愿意购买，甲无权将出资转让给丁

D. 乙和丙均不愿意购买，甲有权将出资转让给丁

12. 甲、乙、丙三个股东组建了A有限责任公司。后甲因为欠债，自身财产不足清偿其债务，在其债权人的请求下，法院决定强制执行甲在A公司的股权。下列说法正确的有(　　)。

A. 法院首先应该通知A公司及乙和丙两位股东

B. 法院可以直接拍卖甲在A公司的股份

C. 乙和丙在同等条件下有优先购买权

D. 如果乙和丙均不愿购买甲在A公司的股份，A公司以外的丁可以购买

13. 下列选项中，对股东会该项决议投反对票的股东能够请求公司按照合理的价格收购其股权的有(　　)。

A. 甲有限责任公司连续3年盈利，并且符合《公司法》规定的分配利润条件，但却一直不向股东分配利润

B. 乙有限责任公司与A有限责任公司合并

C. 丙农机有限责任公司将其生产农业机械的生产线出售给B公司

D. 丁有限责任公司章程规定的营业期限已经届满，但股东会会议作出决议修改了公司章程，延长营业期限10年

14. 甲、乙、丙准备注册成立一家股份有限公司，拟定的注册资本为5000万元，下列情形中，符合法律规定的有(　　)。

A. 采取发起设立方式，首次出资1500万元

B. 采取发起设立方式，首次出资1750万元

C. 采取募集方式设立，发起人认购1500万元

D. 采取募集方式设立，发起人认购1750万元

15. 甲公司是一家以募集方式设立的股份有限公司，其注册资本为人民币6000万元。董事会有7名成员。最大股东李某持有公司12%的股份。根据《公司法》的规定，下列各项中，属于甲公司应当在两个月内召开临时股东大会的情形有(　　)。

A. 董事人数减至4人

B. 监事陈某提议召开

C. 最大股东李某请求召开

D. 公司未弥补亏损达人民币1600万元

16. 股份有限公司的股份共有10 000股。股东甲发现公司经理滥用职权，给公司造成损失，甲先后分别向董事会和监事会反映，要求召开股东大会，一直没有得到答复。下列说法正确的有(　　)。

A. 甲持有公司股份1500股，甲可以自行召集和主持股东大会

B. 甲原持有公司股份1500股，后卖出其中的1000股，甲可以自行召集和主持股东大会

C. 甲持有公司股份800股，甲可以自行召集和主持股东大会

D. 甲持有公司股份800股，甲可以联合持有公司股份500股的乙自行召集和主持股东大会

17. 根据有关规定，上市公司的下列事项中，独立董事应当发表独立意见的有(　　)。

A. 公司董事的提名　　B. 公司监事的任免

C. 公司高级管理人员的薪酬　　D. 公司内部管理机构的设置

18. 根据《公司法》的规定，股份有限公司董事、高级管理人员执行公司职务时因违法给公司造成损失的，在一定情形下，连续180日以上单独或合计持有公司1%以上股份的股东可

以为了公司利益，以自己的名义直接向人民法院提起诉讼。下列各项中，属于该情形的有(　　)。

A. 股东书面请求公司董事会向人民法院提起诉讼遭到拒绝

B. 股东书面请求公司董事会向人民法院提起诉讼，董事会自收到请求之日起30日内未提起诉讼

C. 股东书面请求公司监事会向人民法院提起诉讼遭到拒绝

D. 股东书面请求公司监事会向人民法院提起诉讼，监事会自收到请求之日起30日内未提起诉讼

19. 某有限责任公司的股东甲拟向公司股东乙转让其出资。下列关于甲转让出资的表述中，不符合公司法律制度规定的表述是(　　)。

A. 甲可以将其出资转让给乙，无须通知和经其他股东同意

B. 甲可以将其出资转让给乙，但须通知其他股东

C. 甲可以将其出资转让给乙，但须经其他股东的过半数同意

D. 甲可以将其出资转让给乙，但须经全体股东的2/3以上同意

20.下列有关股份有限公司股份转让的行为中，符合《公司法》规定的有(　　)。

A. 公司在股市上收购本公司股票一批共3%，作为奖励派发给贡献突出的员工

B. 国家授权投资的机构依法将其持有的某公司股份全部转让给另一公司

C. 与持有本公司股份的其他公司合并时，回购本公司的股份

D. 公司成立3年后，某发起人将其持有的本公司股份卖给另一发起人

21. 甲乙设立一有限公司，甲出资著作权作价5万，乙出资下列财产合法的是(　　)

A. 货币3万，实物2万　　B. 货币2万，实物2万

C. 货币2.7万，实物1.3万　　D. 货币10万，实物5万

22. 我国《公司法》规定的有限责任公司和股份有限公司区别的表述中，正确的是(　　)。

A. 有限责任公司只能以募集方式设立；股份有限公司既可以发起设立，也可以募集设立

B. 有限责任公司的股东人数无下限规定，仅有上限规定；股份有限公司发起人的股东人数有上下限的规定

C. 有限责任公司股东以出资证明书作为股权表现形式；股份有限公司股东以股票作为股权表现形式

D. 有限责任公司的注册资本最低限额为人民币10万元；股份有限公司的注册资本最低限额为人民币500万元

23. 对有限责任公司和股份有限公司股东责任的表述，下列各选项中正确的有(　　)。

A. 有限责任公司股东以出资额为限对公司承担责任

B. 有限责任公司股东以其认缴的出资额为限对公司承担责任

C. 股份有限公司股东以其认购的股份为限对公司承担责任

D. 股份有限公司股东以其所持股份为限对公司承担责任

24. 某有限责任公司发生的下列情形中，应当向原公司登记机关申请注销登记的有(　　)。

A. 公司被依法宣告破产　　B. 公司章程规定的营业期限届满

C. 公司依法被吊销营业执照　　D. 公司董事会决议解散

25. 甲、乙、丙三人出资成立了一家有限责任公司。经营过程中，丙与丁达成协议，拟将其在该公司拥有的股份全部转让给丁。丙书面通知甲和乙时，甲和乙均表示同意，并愿意购买

丙的股份。有关此事的下列表述中，符合《公司法》规定的有(　　)。

A. 同等条件下，由丙决定优先购买人　　B. 同等条件下，甲和乙有优先购买权

C. 由甲和乙协商确定各自的购买比例　　D. 如果甲和乙协商不成，丁有优先购买权

26. 下列情形中，对股东大会决议投反对票的股东可以请求公司按照合理的价格收购其股权的有(　　)。

A. 公司连续 5 年不向股东分配利润

B. 公司转让主要财产

C. 公司章程规定的营业期限届满，股东会会议通过决议修改章程使公司存续

D. 公司与其他公司合并

27. 有限责任公司和股份有限公司的设立有一些相同之处，对此，下列说法正确的有(　　)。

A. 都允许分期缴纳出资　　B. 投资人均为 2 人以上

C. 投资人都可以用实物作价出资　　D. 公司成立日期都是营业执照签发之日

## 三、判断题

1. 某股份有限公司的股份共有 100 股，股东甲拥有 60 股，股东乙拥有 30 股，其他股东拥有其余 10 股。如果公司选举 3 名董事，股东甲和乙各提出 3 名候选人，股东乙提出的 3 名候选人中，有 1 名必然当选。(　　)

2. 公司董事从事与其所任职公司同类的营业或者损害公司利益的活动，所得收入应当归公司所有。(　　)

3. 无记名股票的转让，只要股东在依法设立的证券交易场所将股票交付给受让人后即发生转让法律效力。(　　)

4. 某股份有限公司发行了可转换公司债券，当转换为公司股票的条件具备时，债券持有人必须将公司债券转换为公司股票。(　　)

5. 甲公司与乙公司合并为丙公司，合并前甲公司的全部债权和债务均由丙公司承继。(　　)

6. 公司分立前的债务由分立后的公司承担连带责任，但公司在分立前与债权人就债务清偿达成的书面协议另有约定的除外。(　　)

7. 甲股东持有某股份有限公司全部股东表决权的 15%。甲股东以该公司被吊销营业执照未进行清算为由，向人民法院提起解散公司的诉讼，人民法院应予受理。(　　)

8. 根据《证券法》的规定，“证券的发行、交易活动，必须遵守法律、行政法规：禁止欺诈、内幕交易和操纵证券市场的行为。”体现的是遵守法律、行政法规原则。(　　)

9. 首次公开发行股票数量为 5 亿股的，发行人及其主承销商可以在发行方案中采用超额配售选择权。(　　)

10. 证券登记结算机构应当妥善保存登记、存管和结算的原始凭证及有关文件和资料。其保存期限不得少于 20 年。(　　)

11. 证券服务机构制作、出具的文件有虚假记载、误导性陈述或者重大遗漏，给他人造成损失的，无论是否有过错，均应当与发行人、上市公司承担连带赔偿责任。(　　)

12. 股票发行采用包销方式，包销期限届满，向投资者出售的股票数量未达到拟公开发行股票数量 70%的，为发行失败。(　　)

13. 公司最近两年连续亏损的，应由国务院证券监督管理机构决定暂停其公司债券上市交易。(　　)

14. 证券机构从业人员、证券监督管理机构工作人员在任职期内不得直接或者以化名、借他人名义持有、买卖股票，但他人赠送的股票除外。 （ ）

15. 采取要约收购方式的，收购人在收购期限内，可以卖出被收购公司的股票，但不得采取要约规定以外的形式和超出要约的条件买入被收购公司的股票。 （ ）

16. 违反法律、行政法规或者中国证监会有关规定，情节严重的，可以对有关责任人员采取 3 至 5 年的证券市场禁入措施。 （ ）

17. 公民甲持有乙公司 31%的股份，且与乙公司同时持有丙上市公司的股份。如果乙公司实施对丙上市公司的收购行为，公民甲与乙公司为一致行动人。 （ ）

18. 上市公司公告的年度报告有虚假记载，致使投资者在证券交易中遭受损失，上市公司的控股股东有过错的，应当与上市公司承担连带赔偿责任。 （ ）

19. 公司董事、高级管理人员违反法律、行政法规或者公司章程的规定，给公司造成损失的，这属于股东间接诉讼的范围，股东不可以直接向人民法院提起诉讼。 （ ）

20. 子公司具有法人资格，依法独立承担民事责任。分公司不具有法人资格，其民事责任由公司承担。 （ ）

21. 公司章程仅对公司和股东具有约束力，董事、监事、高级管理人员不受其限制。 （ ）

22. 根据规定，在正式申请办理公司设立之前，应当申请名称预先核准，预先核准的公司名称保留期为 3 个月。 （ ）

23. 除法律另有规定外，股东大会召开前 20 日内或者公司决定分配股利的基准日前 5 日内，不得进行股东名册的变更登记。 （ ）

24. 有限责任公司监事会设主席 1 人，由全体监事过半数选举产生。 （ ）

25. 人民法院依照法律规定的强制执行程序转让股东的股权时，应当通知公司及全体股东，其他股东在同等条件下有优先购买权，其他股东自人民法院通知之日起 30 日不行使优先购买权的，视为放弃优先购买权。 （ ）

26. 股份有限公司董事会会议应有过半数的董事出席方可举行。董事会作出决议必须经出席会议的董事过半数通过。 （ ）

27. 上市公司的监事在离职后三年内不得转让其持有的本公司股票。 （ ）

28. 公司在发行债券时未对是否可以转换作为约定的，一律视为可转换公司债券。 （ ）

29. 甲公司的董事王某经股东大会同意，为乙公司经营与甲公司同类的业务。王某的行为不违反《公司法》的规定。 （ ）

30. 某有限责任公司注册资本为人民币 200 万元，其累计已提取法定公积金 80 万元、任意公积金 100 万元。根据规定，该公司可以不再提取法定公积金和任意公积金。 （ ）

## 四、简答题

1. A 有限责任公司有甲、乙、丙、丁四位股东，没有设立董事会和监事会。股东甲持有 40%的股份，担任公司执行董事；股东乙持有 30%的股份，担任公司监事；股东丙持有 20%的股份；股东丁持有 10%的股份。2013 年 9 月 1 日，股东乙提议召开临时股东会，按照公司章程的规定，审议如下事项：为股东乙担任董事的 B 公司提供担保。全体股东出席了临时股东会，虽然股东丁反对，但是股东会还是通过了该项决议。为此，股东丁要求公司按照合理的价格收购其股权，退出公司。要求：根据以上事实，并结合相关法律规定，分别回答下列问题。

(1) 股东乙是否有权提议召开临时股东会？说明理由。

(2) 本题中由股东会对为 B 公司提供担保作出决议是否符合法律规定？说明理由。

(3) 股东丁要求退出公司是否符合法律规定？说明理由。

2. 2013 年 5 月 1 日，甲、乙、丙、丁四公司经协商签订了一份协议，该协议约定：四方共同出资改造甲所属的电视机厂，并把厂名定为荣和有限责任公司。公司注册资本为 4200 万元，其中：甲以厂房作价 1000 万元，并以红星牌电视机商标作价 200 万元作为出资；乙以现金 550 万元，并以电视机生产技术作价 450 万元作为出资；丙、丁各以现金 1000 万元作为出资。在协议生效后 10 日内四方资金必须到位，由甲负责办理公司登记手续。2013 年 5 月 5 日，甲、丙、丁都按照协议约定办理了出资手续和财产转移手续，但乙提出，因资金困难，要求退出。甲、丙、丁均表示同意，并重新签订了一份协议，将公司的注册资本改为 3200 万元。2013 年 6 月 1 日，经公司登记机关登记，荣和有限责任公司正式成立。2013 年 8 月 6 日，丙提出自己的公司因技术改造缺少资金，要求抽回自己的出资，同时愿意赔偿其他股东的经济损失各 50 万元，荣和公司的股东会经研究后没有同意丙的要求。2013 年 11 月 12 日，甲提出将自己所有的股权的 1/3 转让给戊公司。

要求：根据以上事实，回答下列问题。

(1) 甲、乙、丙、丁四公司协议约定的出资是否符合规定?并说明理由。

(2) 对乙退出行为，甲、丙、丁是否应当接受?并说明理由。

(3) 对丙的要求，荣和公司股东会的决议是否正确?并说明理由。

(4) 对甲的要求，应如何处理?

3. 甲股份有限公司(以下简称甲公司)于 2013 年 2 月 1 日召开董事会会议，该次会议召开，情况、讨论决议事项如下：

(1) 甲公司董事会的 7 名董事中有 6 名出席该次会议。其中，董事谢某因病不能出席会议，电话委托董事李某代为出席会议并行使表决权。

(2) 甲公司与乙公司有业务竞争关系，但甲公司总经理胡某于 2012 年下半年擅自为乙公司从事经营活动，损害甲公司的利益，故董事会作出如下决定：解聘公司总经理胡某；将胡某为乙公司从事经营活动所得的收益收归甲公司所有。

(3) 为完善公司经营管理制度，董事会会议通过了修改公司章程的决议，并决定从通过之日起执行。

要求：根据上述情况和《公司法》的有关规定，回答下列问题。

(1) 董事谢某电话委托董事李某代为出席董事会会议并行使表决权的做法是否符合法律规定?简要说明理由。

(2) 董事会作出解聘甲公司总经理的决定是否符合法律规定?简要说明理由。

(3) 董事会作出将胡某为乙公司从事经营活动所得的收益收归甲公司所有的决定是否符合法律规定?简要说明理由。

(4) 董事会作出修改公司章程的决议是否符合法律规定?简要说明理由。

4. 甲、乙、丙于 2010 年 3 月出资设立 A 有限责任公司。2011 年 4 月，该公司又吸收丁入股。2013 年 10 月，该公司因经营不善造成严重亏损，拖欠巨额债务，被依法宣告破产。人民法院在清算中查明：甲在公司设立时作为出资的机器设备，其实际价额为 120 万元，显著低于公司章程所定价额 300 万元，甲的个人财产仅为 20 万元。

要求：根据有关法律规定，分别回答以下问题。

(1) 对于股东甲出资不实的行为，在公司内部应承担何种法律责任?

(2) 当 A 公司被宣告破产时，对甲出资不实的问题应如何处理?

(3) 对甲出资不足的问题，股东丁是否应对其承担连带责任?并说明理由。

5. 2012 年 8 月 8 日，甲、乙、丙、丁共同出资设立了一家有限责任公司(下称公司)。公司未设董事会，仅设丙为执行董事。

2013 年 6 月 8 日，甲与戊订立合同，约定将其所持有的全部股权以 20 万元的价格转让给戊。甲于同日分别向乙、丙、丁发出拟转让股权给戊的通知书。乙、丙分别于同年 6 月 20 日和 24 日回复，均要求在同等条件下优先购买甲所持公司全部股权。丁于同年 6 月 9 日收到甲的通知后，至 7 月 15 日未就此项股权转让事项作出任何答复。戊在对公司进行调查的过程中，发现乙在公司设立时以机器设备折合 30 万元用于出资，而该机器设备现经资产评估机构评估，当时的实际价值仅为 10 万元。公司股东会于 2013 年 2 月就 2012 年度利润分配作出决议，决定将公司在该年度获得的可分配利润 68 万元全部用于分红，并由董事会在 4 月底之前实施完毕。至 7 月底丁尚未收到上述分红利润，在没有告知公司任何机构和人员的情况下，直接向人民法院提起诉讼，要求实施分红决议。

要求：根据上述事实及有关法律规定，回答下列问题。

(1) 丁未作答复将产生何种法律效果?并说明理由。

(2) 乙和丙均要求在同等条件下，优先受让甲所持公司全部股权，应当如何处理?

(3) 出资人以非货币资产出资，未依法评估作价，公司其他股东或者公司债权人有何种权利？如果乙出资不实的行为属实，应当如何处理?

(4) 丁直接向人民法院提起诉讼的行为是否符合法律程序?并说明理由。

## 五、综合题

1. 某年 10 月，甲融资租赁公司(以下称“甲公司”)与乙公司订立一份融资租赁合同。该合同约定：甲公司按乙公司要求，从国外购进一套玻璃生产线设备租赁给乙公司使用；租赁期限 10 年，从设备交付时起算；年租金 400 万元(每季支付 100 万元)，从设备交付时起算；租期届满后，租赁设备归乙公司所有。为了保证乙公司履行融资租赁合同规定的义务，丙公司所属的职能部门 A 在征得丙公司的口头同意后，与甲公司订立了保证合同，约定在乙公司不履行融资租赁合同规定的义务时，由丙公司的职能部门承担保证责任。

甲公司依约将采购的设备交付给乙公司使用，乙公司依约开始向甲公司支付租金。

合同履行期间，甲公司获悉：乙公司在融资租赁合同洽谈期间所提交的会计报表严重不实，隐瞒了逾期未还银行巨额贷款的事实。甲公司随即与乙公司协商，并达成了进一步加强担保责任的协议，即：乙公司将其所有的一栋厂房作抵押，作为其履行融资租赁合同项下义务的担保。为此，甲公司与乙公司订立了书面抵押合同，乙公司将用于抵押的厂房的所有权证书交甲公司收存。

尽管如此，乙公司还是继续停止向甲公司支付租金。经甲公司多次催告，乙公司一直未支付租金。甲公司调查的情况显示：乙公司实际已处于资不抵债的境地。

合同履行期间，承租物经过一段时期的维修，乙公司认为，既然租赁物的所有权归出租人所有，那么相应维修费应该由甲公司承担。

要求：根据本题所述内容，分别回答下列问题。

(1) 甲公司在乙公司停止支付租金后，可否以乙公司存在欺诈行为为由撤销融资租赁合同？并说明理由。

(2) 甲公司是否可以解除融资租赁合同？并说明理由。

(3) A 职能部门与甲公司签订的保证合同是否有效？并说明理由。

(4) 乙公司将房产抵押给甲的，该抵押权是否有效？并说明理由。

(5) 乙公司认为维修费应该由甲公司承担的观点是否正确？并说明理由。

2. 2010 年 6 月 15 日，北京某大型橡胶制品厂(以下简称“橡胶厂”)的采购代理人张某代表公司与华夏贸易有限公司(以下“贸易公司”)签订了购买贸易公司所进口的一批化工产品的合同。按照合同约定，贸易公司向橡胶厂交付 500 吨化工产品，每吨售价 5100 元，合同签订后 1 个月内由贸易公司负责将货物运至橡胶厂所在地，交货后 1 个月内以电汇方式付款。合同签订后，贸易公司的业务负责人通过查阅张某的代理授权委托书得知，橡胶厂给予其签订合同金额的权限为 200 万元，超过该金额必须经过本厂的确认。为此，合同签订当天，贸易公司即向橡胶厂发出确认合同通知，橡胶厂 6 月 16 日予以答复，同意履行合同。

由于订货量较大，6 月 17 日，在贸易公司的要求下，橡胶厂以自己的一台生产设备提供抵押担保，另外又请 A 企业为其提供连带责任保证，经查，债权人、保证人和债务人并未就实现债权的方式以及担保的金额作出约定。

贸易公司为了保证及时运回货物，又与运输公司签订了运输合同，按照合同约定，总运费为 40 万元，6 月 20 日，贸易公司向运输公司开出面值 10 万元的银行汇票作为定金。剩余运费待货物运到后付款。

该批化工原料有一定的腐蚀性，运输前，贸易公司未将防范措施书面提交给承运人，也未按照国家有关规定进行包装，运输公司起货时发现这一情况，随即按照国家有关危险物品运输的规定重新进行了包装后再运输，为此，运输公司要求贸易公司支付这一费用，贸易公司认为这是多此一举，而且重新包装未经过其同意，拒绝支付相关的费用。

7 月 1 日，橡胶厂接到该批化工原料，验收合格后入库。8 月 1 日，橡胶厂财务恶化，无法清偿到期对贸易公司的债务，随将橡胶厂所抵押的生产设备拍卖，拍卖价款为 150 万元，但是贸易公司因各种原因放弃了对该 150 万元价款的清偿，要求保证人 A 承担全部债务。

要求：根据上面所述事实并结合相关法律制度的规定，回答以下问题。

(1) 张某超出橡胶厂的授权范围与贸易公司签订的合同是否有效？并说明理由。

(2) 贸易公司向运输公司支付的定金数额是否符合规定？并说明理由。

(3) 运输公司要求贸易公司承担重新包装的费用是否符合规定？并说明理由。

(4) 贸易公司要求保证人 A 承担全部债务是否符合规定？并说明理由。

3. 甲、乙、丙、丁等 20 人拟共同出资设立一有限责任公司。股东共同制定了公司章程。在公司章程中，对董事任期、监事会组成、股权转让规则等事项作了如下规定：

(1) 公司董事任期为 4 年。

(2) 公司设立监事会，监事会成员为 7 人，其中包括 2 名职工代表。

(3) 股东向股东以外的人转让股权，必须经其他股东 2/3 以上同意。

要求：根据上述情况与《公司法》的有关规定，回答下列问题。

(1) 公司章程中关于董事任期的规定是否合法？简要说明理由。

(2) 公司章程中关于监事会职工代表人数的规定是否合法？简要说明理由。

(3) 公司章程中关于股权转让的规定是否合法？简要说明理由。(2008 年)

4. 甲公司向乙宾馆发出一封电报称：现有一批电器，其中电视机 80 台，每台售价 3400 元；电冰箱 100 台，每台售价 2800 元，总销售优惠价 52 万元。如有意购买，请告知。

乙宾馆接到该电报后，遂向甲公司回复称：只欲购买甲公司 50 台电视机，每台电视机付款 3200 元；60 台电冰箱，每台电冰箱付款 2500 元，共计支付总货款 31 万元，货到付款。

甲公司接到乙宾馆的电报后，决定接受乙宾馆的要求。甲乙签订了买卖合同，约定交货地点为乙宾馆，如双方发生纠纷，选择 A 仲裁机构仲裁解决。

甲公司同时与丙运输公司签订了合同，约定由丙公司将货物运至乙宾馆。丙公司在运输货物途中遭遇洪水，致使部分货物毁损。丙公司将剩余的未遭损失的货物运至乙宾馆，乙宾馆要求甲公司将货物补齐后一并付款。

甲公司迅速补齐了货物，但乙宾馆以资金周转困难为由，表示不能立即支付货款，甲公司同意乙宾馆推迟 1 个月付款。1 个月后经甲公司催告，乙宾馆仍未付款。于是，甲公司通知乙宾馆解除合同，乙宾馆不同意解除合同。甲公司拟向法院起诉，要求解除合同，并要求乙宾馆赔偿损失。

要求：根据上述情况并结合法律规定，回答下列问题。

(1) 甲公司向乙宾馆发出的电报是要约还是要约邀请？

(2) 乙宾馆的回复是承诺还是新的要约？说明理由。

(3) 丙公司是否应对运货途中的货物毁损承担损害赔偿责任？说明理由。

(4) 甲公司能否解除与乙宾馆的买卖合同？说明理由。

(5) 甲公司能否向法院起诉？说明理由。

5. 甲塑料制品公司(以下简称“甲公司”)与乙化工机械制造公司(以下简称“乙公司”)，于 2010 年 5 月 18 日签订了一份买卖注塑设备合同，甲公司为买方，乙公司为卖方。双方在合同中约定：

(1) 由乙公司于 10 月 30 日前分两批向甲公司提供注塑设备 10 套，每套价格为 15 万元，价款总计为 150 万元。

(2) 甲公司应向乙公司给付定金 25 万元。

(3) 如一方迟延履行，应向另一方支付违约金 20 万元。

(4) 因甲公司必须在 2010 年年底前全面开工投产，为保证该合同的按时履行，由丙生物医药公司(以下简称“丙公司”)作为乙公司的保证人与甲公司签订了保证合同。约定在乙公司不能履行债务时，由丙公司承担一般保证责任。

该买卖合同依法生效后，甲公司因故未实际向乙公司给付定金。7 月 1 日，乙公司向甲公司交付了 3 套注塑设备，甲公司按合同规定支付了 45 万元货款。9 月，该种注塑设备的市场价格因受供求关系的影响而大幅上涨，乙公司便向甲公司提出变更合同的主张，要求将剩余的 7 套注塑设备价格提高到每套 20 万元，甲公司不同意乙公司提出的涨价要求，随后乙公司于 10 月 4 日通知甲公司解除合同。11 月 1 日，甲公司仍未收到剩余的 7 套注塑设备，从而严重影响了其正常的生产，并因此遭受了 50 万元的经济损失。于是甲公司诉至法院，要求乙公司增加违约金数额并继续履行合同；同时要求丙公司对乙公司不履行合同的行为承担连带保证责任。

要求：根据上述事实及有关法律规定，分析回答下列问题。

(1) 合同约定甲公司向乙公司给付 25 万元定金是否合法？并说明理由。

(2) 乙公司通知甲公司解除合同是否合法？并说明理由。

(3) 甲公司要求增加违约金数额能否依法成立？并说明理由。

(4) 甲公司要求乙公司继续履行合同能否依法成立？并说明理由。

(5) 丙公司是否应对乙公司不履行合同的行为承担连带责任保证？ 并说明理由。

# 同步过关测试解析

## 一、单项选择题

1. 【解析】B　本题考核点是有限责任公司的性质。有限责任公司是指股东以其认缴的出资额为限对公司承担责任，公司以其“全部财产”对公司的债务承担责任。

2. 【解析】A　本题考核点是分公司的法律地位。分公司只是总公司管理的一个分支机构，不具备法人资格，但可以依法独立从事生产经营活动，其民事责任由总公司承担。

3. 【解析】C　本题考核点是公司股东的出资方式。根据规定，股东不得以劳务、信用、自然人姓名、商誉、特许经营权或者设定担保的财产等作价出资。

4. 【解析】D　本题考核点是公司设立出资。有限责任公司全体股东的首次出资额不得低于注册资本的20%，也不得低于法定的注册资本最低限额，所以对于一般有限责任公司首次出资额最低是不低于3万元人民币。甲、乙、丙三人每人平均最低的首次出资额是1万元人民币。

5. 【解析】B　本题考核点为有限责任公司股东的出资责任。有限责任公司成立后，发现作为设立公司出资的非货币财产的实际价额显著低于公司章程所定价额的，应当由交付该出资的股东补足其差额；公司设立时的其他股东承担连带责任。本题中，公司设立时丁不是出资人，不承担补交其差额的责任。

6. 【解析】D　本题考核点是有限公司的有关规定。有限责任公司全体股东的首次出资额不得低于注册资本的20%，也不得低于法定的注册资本最低限额，其余部分由股东自公司成立之日起2年内缴足；其中，投资公司可以在5年内缴足。本题中，选项D的首次出资额正确，但是总的出资期限不符合规定。

7. 【解析】D　本题考核点是一人有限责任公司的特殊规定。根据规定，一人有限责任公司的股东可以是自然人，也可以是法人，因此选项A的说法错误；一人有限责任公司的股东对公司的债务承担有限责任，因此选项B的说法错误；一人有限责任公司的注册资本最低限额为10万元，因此选项C的说法错误。一人有限责任公司的股东应当一次足额缴纳公司章程规定的出资额，不允许分期缴付出资。

8. 【解析】A　根据规定，国有独资公司的合并、分立、解散、增加或者减少注册资本和发行公司债券，必须由国有资产监督管理机构决定；其中，重要的国有独资公司合并、分立、解散、申请破产的，应当由国有资产监督管理机构审核后，报本级人民政府批准；因此，B选项表述错误。根据规定，董事会成员中“应当”有公司职工代表；因此，C选项表述错误。监事会成员由国有资产监督管理机构委派；但是，监事会成员中的职工代表由公司职工代表大会选举产生；因此，D选项表述错误。

9. 【解析】C　根据规定，股份有限公司注册资本最低限额为500万元，选项A错误。根据规定，股份有限公司的发起人为2～200人，选项B错误。募集设立的股份有限公司注册资本为实收股本总额，不得分期出资，选项D错误。

10. 【解析】C　本题考核点是股份有限公司发起人的责任。股份有限公司不能成立时，发起人对设立行为所产生的债务和费用负连带责任。

11. 【解析】C　本题考核点为股东大会会议制度。对公司合并、分立或者解散和修改公司章程所作的决议属于特别决议，特别决议必须经出席会议的股东所持表决权的2/3以上通过。本题只有C选项1300÷1800≈0.72＞2/3，可以通过特别决议。

12. 【解析】A　本题考核点是公司董事会的组成。根据规定，股份有限公司董事会成员中“可以”包括公司职工代表，因此选项 A 的说法错误。

13. 【解析】D　根据规定，代表 1/10 以上表决权的股东、1/3 以上董事或者监事会，可以提议召开董事会临时会议。董事长应当自接到提议后 10 日内，召集和主持董事会会议；因此，A 选项、C 选项表述错误。根据规定，董事长召集和主持董事会会议，检查董事会决议的实施情况；副董事长协助董事长工作，董事长不能履行职务或者不履行职务的，由副董事长履行职务；副董事长不能履行职务或者不履行职务的，由半数以上董事共同推举一名董事履行职务；因此，B 选项表述错误。

14. 【解析】D　本题考核点是股份有限公司董事会的会议制度。根据规定，董事会决议违反法律、行政法规或者公司章程，致使公司遭受严重损失时，参与决议的董事对公司负赔偿责任。但经证明在表决时曾表示异议并记载于会议记录的，该董事可以免除责任。本题董事戊在该次会议上曾就该项决议表决时表示了异议，并且在董事会会议记录中，因此戊不承担责任；庚因故未出席也未书面委托其他董事代为出席，并没有参与该事项的决议，因此也不承担责任。

15. 【解析】B　本题考核点为股份有限公司监事。监事会由股东代表和适当比例的公司职工代表组成，其中职工代表的比例不得低于 1/3，具体比例由公司章程规定。

16. 【解析】B　本题考核点是独立董事的任职资格。最近一年内曾经在上市公司或者其附属企业任职的人员及其直系亲属、主要社会关系(直系亲属是指配偶、父母、子女等；主要社会关系是指兄弟姐妹、岳父母、儿媳女婿、兄弟姐妹的配偶、配偶的兄弟姐妹等)，不得担任上市公司的独立董事，因此选项 A 不符合要求；为上市公司或者其附属企业提供财务、法律、咨询等服务的人员，不得担任该公司的独立董事，因此选项 C 不符合要求；直接或间接持有上市公司已发行股份 1%以上或者是上市公司前十名股东中的自然人股东及其直系亲属，不得担任上市公司独立董事，因此选项 D 不符合要求。

17. 【解析】D　本题考核点是公司的董事、监事、高级管理人员任职资格。《公司法》规定，因经济犯罪被判处刑罚，执行期满未逾 5 年的；担任破产清算的公司、企业的董事或厂长、经理，对该公司、企业的破产负有个人责任的，自该公司、企业破产清算完结之日起未逾 3 年以及国家工作人员都不得担任公司的董事、监事、高级管理人员。

18. 【解析】C　本题考核点是董事的义务。公司董事未经股东会或股东大会同意，利用职务便利为自己或者他人谋取属于公司的商业机会，其所得的收入应当归公司所有。

19. 【解析】D　本题考核点是股票发行的规定。根据规定，“同次发行”的同种类股票，每股的发行条件和价格应当相同，因此选项 A 的说法是错误的；我国《公司法》与《证券法》规定股票发行价格不得低于股票的面值，而对面值的多少并没作出具体的规定，从以往惯常的操作来看，我国股票市场的股票面值均定为 1 元。

但是上海证券交易所 2008 年 1 月 18 日的“关于做好非一元面值股票发行交易有关工作的提醒通知”，说明所谓的非一元面值的 A 股股票，就是股票的面值不一定是 1 元，即非一元面值的 A 股股票这一全新的情况已经出现，因此选项 B 的说法是错误的；公司发行的股票，可以为记名股票，也可以为无记名股票，因此选项 C 的说法是错误的；股票发行价格可以按票面金额，也可以超过票面金额，但不得低于票面金额，因此选项 D 的说法正确。

20. 【解析】C　本题考核点是股份转让的限制。

21. 【解析】C　本题考核点是收购的本公司股份的数额。根据规定，公司收购的本公司股份，不得超过本公司已发行股份总额的 5%。该公司可以收购的股份数额最多为

25000×5%=1250(万股)。

22. 【解析】C　本题考核点为股份有限公司的财务会计报告。股份有限公司的财务会计报告应当在召开股东大会年会的20日以前置备于本公司，供股东查阅。

23. 【解析】C　本题考核点是公积金提取的规定。根据《公司法》的规定，法定公积金按照公司税后利润的10%提取，当公司法定公积金累计额为公司注册资本的50%以上时可以不再提取。甲公司2006年利润3000万，按10%提取即300万元，加上原累计的法定公积金5000万元，提取后累计总额5300万元，未超过注册资本的50%。

24. 【解析】D　本题考核点是公积金用途。公司可以将公积金的一部分转为资本，但用法定公积金转增资本时，转增后所留存的该项公积金不得少于转增前公司注册资本的25%。本题选项D中，(1800−600)÷4800=25%，符合规定。任意公积金的投资没有法定的限额。

25. 【解析】B　本题考核点是公司减少注册资本。股东会会议作出修改公司章程、增加或者减少注册资本的决议，以及公司合并、分立、解散或者变更公司形式的决议，必须经代表2/3以上表决权的股东通过(“2/3以上有表决权的股东”和“代表2/3以上表决权的股东”是不一样的，前者是指“股东人数”，后者是指“表决权”)，所以B选项错误。

26. 【解析】B　本题考核点为公司解散时的清算。公司解散时，应当依法进行清算，有限责任公司的清算组由股东组成，股份有限公司的清算组由董事或股东大会确定的人员组成。

27. 【解析】A　本题考核点是公司解散清算。A选项正确，有限责任公司的清算组由股东组成；B选项错误，清算组应当自成立之日起10日内通知债权人；C选项错误，清算组发现公司财产不足清偿债务的，应当依法向人民法院申请宣告破产；D选项错误，公司财产在未按规定清偿债务前，不得分配给股东。

28. 【解析】D　本题考核股份有限公司的设立登记。股份有限公司应当由公司董事会办理公司设立登记手续，有限责任公司则由全体股东指定的代表或者共同委托的代理人办理公司设立登记手续。

29. 【解析】A　本题考核分公司的登记。根据规定，公司应当自分公司登记之日起30日内，持分公司的《营业执照》到公司登记机关办理备案。

30. 【解析】B　本题考核有限责任公司股东出资的相关规定。选项A，只有普通合伙人可以劳务出资；选项C，有限责任公司的股东在验资后、成立前，可以抽回出资；选项D，有限责任公司的股东向股东以外的人转让出资，须经其他股东“过半数”同意。

## 二、多项选择题

1. 【解析】CD　本题考核点是分公司的性质。分公司只是总公司管理的分支机构，不具有法人资格，但可以依法独立从事生产经营活动，其民事责任由设立分公司的总公司承担。因此选项A、B是错误的。

2. 【解析】AB　本题考核点是公司的法定代表人。公司的法定代表人依照公司章程的规定，由董事长、执行董事或者经理担任。

3. 【解析】ACD　本题考核点是公司的变更登记。公司经理发生变动不需要变更登记，所以选项B错误。

4. 【解析】AC　本题考核点是设立分公司。公司设立分公司的，应当自决定作出之日起30日内向分公司所在地的公司登记机关申请登记，所以选项A对，选项B错。分公司的经营范围不得超出公司的经营范围，所以选项C对，选项D错。

5.【解析】ABC 根据规定，有限责任公司的章程由股东共同制定，所有股东应当在公司章程上签名、盖章。公司章程对公司、股东、董事、监事、高级管理人员具有约束力。公司实际控制人不属于股东，不受公司章程约束。

6.【解析】CD 本题考核点是股东会的会议制度。根据《公司法》的规定，代表 1/10 以上表决权的股东、1/3 以上的董事、监事会或者不设监事会的公司的监事提议召开临时会议的，应当召开临时会议。

7.【解析】ABD 本题考核点是有限责任公司股东会的决议。股东会对公司增加或者减少注册资本、分立、合并、解散、变更公司形式或者修改公司章程作出决议，必须经代表 2/3 以上表决权的股东通过。

8.【解析】ACD 本题考核点是股东会特别决议。股东会会议作出修改公司章程、增加或者减少注册资本的决议，以及公司合并、分立、解散或者变更公司形式的决议，必须经代表 2/3 以上表决权的股东通过。本题表决的议案属于特别决议，丙与丁合计占 70%的表决权，大于 2/3，可以通过。

9.【解析】AC 本题考核点是有限责任公司股东会的职权。选项 BD 属于股东会职权。

10.【解析】ABCD 本题考核点是公司法人财产权与股东权利。以企业名义继续向银行借款，借新还旧，供自己挥霍，是典型的挪用企业资金的行为，所以选项 A 正确。公司股东滥用公司法人独立地位和股东有限责任，逃避债务，严重损害公司债权人利益的，应当对公司债务承担连带责任，所以选项 C 正确。连带责任就意味着公司的法人人格被否认了，因为有人格的主体责任是独立的，所以选项 B 正确。公司的控股股东、实际控制人、董事、监事、高级管理人员不得利用其关联关系损害公司利益。否则，给公司造成损失的，应当承担赔偿责任，所以选项 D 正确。

11.【解析】ABD 本题考核点为有限责任公司股份转让的限制。根据规定，有限责任公司的股东向股东以外的人转让出资时，必须经全体股东过半数同意；其他股东半数以上不同意转让的，不同意转让的股东应当购买该转让的出资，如果不购买该转让的出资，视为同意转让。经股东同意转让的出资，在同等条件下，其他股东对该出资有优先购买权。

12.【解析】ACD 本题考核点是有限责任公司股份转让。法院拍卖甲在 A 公司的股份时，应当通知公司及全体股东。

13.【解析】BCD 本题考核点是股东的股权回购请求权。本题 A 选项应为 5 年。

14.【解析】ABD 本题考核点是股份有限公司出资。采取发起设立方式设立的，公司全体发起人的首次出资额不得低于注册资本的 20%；采取募集方式设立的，发起人认购的股份不得少于公司股份总数的 35%。选项 C 发起人认购数额不足 35%。

15.【解析】AC 本题考核点是股东大会的会议制度。本题中，选项 A 由于董事人数不足法律规定的最低人数“5 人”，因此应该召开临时股东大会；选项 C 最大股东李某持有股份超过了 10%，因此可以单独提议召开临时股东大会。

16.【解析】AD 本题考核点是股份有限公司股东大会会议制度。董事会不能履行或者不履行召集股东大会会议职责的，监事会应当及时召集和主持；监事会不召集和主持的，连续 90 日以上单独或者合计持有公司 10%以上股份的股东可以自行召集和主持。

17.【解析】AC 本题考核点是独立董事的职责。独立董事应当就上市公司重大事项发表独立意见，这些事项包括：关联交易、聘用或者解聘会计师事务所；董事、高级管理人员的提名、任免、报酬、考核事项以及其认为可能损害中小股东权益的事项。

18. 【解析】CD 本题考核点是股东诉讼的相关规定。根据规定，董事、高级管理人员执行公司职务时违反法律、行政法规或者公司章程的规定，给公司造成损失的，有限责任公司的股东、股份有限公司连续 180 日以上单独或者合计持有公司 1%以上股份的股东，可以书面请求监事会或者不设监事会的有限责任公司的监事向人民法院提起诉讼；监事会或不设监事会的有限责任公司的监事收到前款规定的股东书面请求后拒绝提起诉讼，或者自收到请求之日起 30 日内未提起诉讼，前面所述的股东有权为了公司的利益以自己的名义直接向人民法院提起诉讼。

19. 【解析】BCD 本题考核有限责任公司出资额的转让。股东之间可以相互转让其全部出资或者部分出资。股东向股东以外的人转让其出资时，必须经其他股东的过半数同意。

20. 【解析】ABCD 本题考核股份有限公司的股份转让。根据《公司法》规定，公司将股份奖励给本公司职工的，可以回购本公司的股份，因此选项 A 正确；任何主体的股份都可以依法转让，也可以购买其他股东持有的股份，所以选项 B 正确；与持有本公司股份的其他公司合并时，可以回购本公司的股份，因此选项 C 正确；发起人持有的本公司的股份，自公司成立之日起 1 年内不得转让，因此选项 D 正确。

21. 【解析】ACD 本题考核货币的出资比例。《公司法》规定全体股东的货币出资金额不得低于有限责任公司注册资本的 30%。

22. 【解析】BC 本题考核我国《公司法》对有限责任公司和股份有限公司的不同规定。有限责任公司只能以发起方式设立，因此 A 不对；有限责任公司的注册资本最低限额为人民币 3 万元，因此 D 不对。

23. 【解析】BC 本题考核点是有限责任的概念。我国《公司法》规定的有限责任公司和股份有限公司都具有法人资格，股东以其认缴的出资额或者认购的股份为限对公司承担有限责任。即使股东出资不到位，也不影响其责任的承担。

24. 【解析】ABC 本题考核点是注销登记。只有外商投资公司的董事会可以决议公司解散。

25. 【解析】BC 本题考核点是有限责任公司股份转让。经股东同意转让的股权，在同等条件下，其他股东有优先购买权。两个以上股东主张行使优先购买权的，协商确定各自的购买比例；协商不成的，按照转让时各自的出资比例行使优先购买权。

26. 【解析】BCD 本题考核点是股东退出公司的法定条件。A 选项正确的说法是：公司连续 5 年不向股东分配利润，而公司该 5 年连续盈利，并且符合公司法规定的分配利润条件。

27. 【解析】CD 本题考核点是公司设立。股份有限公司采取募集方式设立的，不允许分期缴付出资，一人有限公司不允许分期缴付出资，所以 A 选项错误；允许设立一人有限责任公司，所以 B 选项错误。

三、判断题

1. 【解析】√ 本题考核点是累积投票制。

2. 【解析】√ 本题考核点为董事的职责。公司董事、经理不得擅自自营或者为他人经营与其所任职公司同类的营业或者从事损害本公司利益的活动，从事上述营业或者活动的，所得收入应当归公司所有。

3. 【解析】√ 本题考核点是股份有限公司的股份转让。

4. 【解析】× 本题考核点是可转换公司债券。可转换公司债券转股条件具备时，债券持有人拥有将公司债券转换给公司股票的选择权。

5. 【解析】√ 本题考核点是公司合并各方的债权债务。

6. 【解析】✓ 本题考核点是公司分立后的债务承担。

7. 【解析】× 根据规定，股东以公司被吊销企业法人营业执照未进行清算为由，提起解散公司诉讼的，人民法院不予受理。

8. 【解析】✓ 本题考核证券法的基本原则。本题的表述是正确的。

9. 【解析】✓ 本题考核超额配售选择权的规定。首次公开发行股票数量在 4 亿股以上的，发行人及其主承销商可以在发行方案中采用超额配售选择权。

10. 【解析】✓ 本题考核证券登记结算相关规定。证券登记结算机构应当妥善保存登记、存管和结算的原始凭证及有关文件和资料。其保存期限不得少于 20 年。

11. 【解析】✓ 本题考核点是证券服务机构从业要求。证券服务机构制作、出具的文件有虚假记载、误导性陈述或者重大遗漏，给他人造成损失的，应当与发行人、上市公司承担连带赔偿责任，但是能够证明自己没有过错的除外。

12. 【解析】× 本题考核承销方式。根据规定，股票发行采用代销方式，代销期限届满，向投资者出售的股票数量未达到拟公开发行股票数量 70%的，为发行失败。包销不存在发行失败的问题。

13. 【解析】× 本题考核公司债券上市暂时停止的情形。公司最近两年连续亏损的，应由证券交易所决定暂停其公司债券上市交易。

14. 【解析】× 本题考核证券转让的限制性规定。证券机构从业人员、证券监督管理机构工作人员在任职期内不得直接或者化名、借他人名义持有、买卖股票，也不得收受他人赠送的股票。

15. 【解析】× 本题考核收购要约的适用。采取要约收购方式的，收购人在收购期限内，不得卖出被收购公司的股票，也不得采取要约规定以外的形式和超出要约的条件买入被收购公司的股票。

16. 【解析】✓ 本题考核证券市场禁入的责任期限。根据规定，违反法律、行政法规或者中国证监会有关规定，情节严重的，可以对有关责任人员采取 3 至 5 年的证券市场禁入措施。

17. 【解析】✓ 本题考核点是一致行动人的界定。根据规定，持有投资者 30%以上股份的自然人，与投资者持有同一上市公司股份的，构成一致行动人。

18. 【解析】✓ 本题考核上市公司信息披露中的法律责任。

19. 【解析】✓ 本题考核股东诉讼的规定。公司董事、高级管理人员违反法律、行政法规或者公司章程的规定，给公司造成损失的，股东不能直接向人民法院提起诉讼，只能通过股东代表诉讼；只有损害股东利益的，股东才能直接向人民法院提起诉讼。

20. 【解析】✓ 本题考核点为子公司的法律地位。分公司不具备法人资格，不能独立承担民事责任；子公司具备法人资格，可以独立承担民事责任。

21. 【解析】× 本题考核公司章程的相关规定。根据规定，公司章程对公司、股东、董事、监事、高级管理人员具有约束力。

22. 【解析】× 本题考核公司名称的预先核准。根据规定，预先核准的公司名称保留期为 6 个月。

23. 【解析】✓ 本题考核股东名册变更的限制。根据规定，股东大会召开前 20 日内或者公司决定分配股利的基准日前 5 日内，不得进行股东名册的变更登记。

24. 【解析】✓ 本题考查有限责任公司的监事会主席的产生方式。本题的表述是正确的。

25. 【解析】× 本题考核股东的优先购买权。人民法院依照法律规定的强制执行程序转让股东的股权时，应当通知公司及全体股东，其他股东在同等条件下有优先购买权，其他股东自人民法院通知之日起 20 日不行使优先购买权的，视为放弃优先购买权。

26. 【解析】× 本题考核股份有限公司董事会的会议制度。根据规定，股份有限公司董事会会议应有过半数的董事出席方可举行。董事会作出决议必须经“全体”董事过半数通过。

27. 【解析】× 本题考核监事转让股份的限制。根据规定，上市公司的董事、监事、高级管理人员在离职后半年内不得转让其持有的本公司股票。

28. 【解析】× 本题考核可转换公司债券的规定。根据规定，凡在发行债券时未作出转换约定的，均为不可转换公司债券。

29. 【解析】✓ 根据规定，经股东大会同意，董事、高级管理人员可以自营或者为他人经营与所任职公司同类的业务。

30. 【解析】× 本题考核法定公积金的提取。当公司法定公积金累计额已达到注册资本 50%时可不再提取，而本题该公司法定公积金累计额未达到注册资本 50%，仍应按照规定提取。

## 四、简答题

1. 【解析】(1) 股东乙有权提议召开临时股东会。根据规定，代表 1/10 以上表决权的股东、1/3 以上的董事、监事会或者不设监事会的公司的监事提议召开临时会议的，应当召开临时会议。

(2) 股东会对为 B 公司提供担保作出决议符合法律规定。根据规定，公司向其他企业投资或者为他人提供担保，按照公司章程的规定由董事会、股东会或者股东大会作出决议。

(3) 股东丁要求退出公司不符合法律规定。根据规定，有下列情形之一的，对股东会该项决议投反对票的股东可以请求公司按照合理的价格收购其股权，退出公司：①公司连续 5 年不向股东分配利润，而公司该 5 年连续盈利，并且符合公司法规定的分配利润条件的；②公司合并、分立、转让主要财产的；③公司章程规定的营业期限届满或者章程规定的其他解散事由出现，股东会会议通过决议修改章程使公司存续的。本题中，A 公司不具有上述情形。

2. 【解析】(1) 甲、乙、丙、丁四公司协议约定的出资符合规定。根据《公司法》的规定，有限责任公司的股东可以用货币出资，也可以用实物、知识产权、土地使用权等作价出资。股东在认缴全部出资后，可以约定一次缴清出资，也可以约定分期缴付出资。全体股东的货币出资金额不得低于公司注册资本的 30%。本题中，甲、已、丙、丁的出资符合《公司法》的规定。

(2) 乙退出行为，属于违反合同规定的行为。但经甲、丙、丁同意，可以接受乙退出。但乙应赔偿因违约给甲、丙、丁造成的损失。荣和公司的注册资本为 4200 万元，也符合《公司法》的规定。

(3) 对丙的要求，荣和公司股东会的决议正确。根据《公司法》的规定，股东在公司登记后，不得抽回出资。

(4) 根据《公司法》的规定，有限责任公司的股东可以向股东以外的人转让其全部和部分出资。因此，甲提出将自己所有的股权的 1/3 转让给戊公司是可以的。但是，根据《公司法》的规定，甲转让其出资给戊公司，应当具备以下条件：第一，应当经其他股东过半数同意；第二，丙、丁均表示不购买甲欲转让的股权。

3. 【解析】(1) 不符合法律规定。根据规定，股份有限公司召开董事会，董事因故不能出席时，可以书面委托其他董事代为出席，但书面委托书中应载明授权范围。在本题中，董事谢某以电话方式委托董事李某代为出席会议行使表决权，委托方式不合法。

(2) 符合法律规定。根据规定，解聘公司经理属于董事会的职权。

(3) 符合法律规定。根据规定，董事、高级管理人员不得未经股东会或股东大会同意，利用职务便利为自己或者他人谋取属于公司的商业机会，自营或者为他人经营与所任职公司同类的业务，否则所得收入归公司所有。

(4) 不符合法律规定。根据规定，股份有限公司修改公司章程应由股东大会决定。

4.【解析】(1) 根据规定，股东不按规定缴纳所认缴的出资，应当向已足额缴纳出资的股东承担违约责任。

(2) 根据规定，破产企业的开办人注册资本投入不足的，应当由开办人予以补足，补足部分计入破产财产。在本题中，补足的 180 万元应计入破产财产。

(3) 丁不应承担连带责任。根据规定，有限责任公司成立后，发现作为出资的实物、工业产权、非专利技术、土地使用权的实际价值显著低于公司章程所定价额时，应当由交付出资的股东补缴其差额，公司“设立时”的其他股东对其承担连带责任。在本题中，对甲出资不实的问题，如果甲的个人财产不足以弥补其差额时，应当由公司设立时的其他股东“乙、丙”承担连带责任，与设立后加入的丁没有关系。

5.【解析】(1) 丁未作答复将视其同意甲转让股份。根据《公司法》规定，股东向股东以外的人转让股份时，转让的通知在股东收到后不作任何回应的，视为同意转让股份。

(2) 乙和丙均要求在同等条件下优先受让甲所持公司的全部股份，根据《公司法》规定，如果章程有规定的按规定，没有规定的可以协商，协商不成的，按各自的持股比例购买。

(3) 出资人以非货币资产出资，未依法评估作价的，在经评估作价后，确实属于不够其出资额的让其补足差额，如果其财产不足的成立时其他股东承担连带责任；如果在清算时财产不足以清偿责务的，债权人也可以让出资不足的股东承担连带责任。

(4) 丁直接向人民法院提起诉讼不符合法律程序。根据《公司法》规定，股东以公司不分红为理由向法院提起诉讼的，法院不予支持。

## 五、综合题

1.【解析】(1) 甲公司在乙公司停止支付租金后，不能以乙公司存在欺诈行为为由撤销融资租赁合同。根据规定，具有撤销权的当事人知道撤销事由后明确表示或者以自己的行为放弃撤销权的，撤销权消灭。这里甲公司在得知受到欺诈后，没有提出撤销合同，而是与乙公司协商后，同意继续履行合同，实质上就是以自己的行为放弃撤销权，因此，甲公司不能撤销融资租赁合同。

(2) 甲公司可以解除融资租赁合同。根据规定，当事人一方延迟履行主要债务，经催告后在合理期限内仍未履行的，对方当事人可以解除合同。在本题中，乙公司停止向甲公司支付租金，经甲公司多次催告，乙公司一直未支付租金，因此，甲公司可以解除融资租赁合同。且融资租赁合同中，承租人经销售后在合理期限内仍不支付租金的，出租人可要求支付全部租金；也可解除合同，收回租赁物。

(3) A 职能部门与甲公司签订的保证合同无效。根据规定，企业法人的职能部门不得担任保证人，提供保证的，保证合同无效。

(4) 乙公司将房产抵押给甲，该抵押权无效。根据《物权法》规定，当事人以建筑物设定抵押时，应当办理抵押物登记，抵押权自登记之日起设立。在本题中，乙公司以厂房向甲公司设定抵押时，未办理抵押物登记，因此，抵押权无效。

(5) 乙公司认为维修费应该由甲公司承担的观点是不正确的。根据规定，融资租赁合同中，承租人应当妥善保管、使用租赁物，履行占有租赁物期间的维修义务，因此，维修费应该由承租人乙公司承担。

2.【解析】(1) 张某超出橡胶厂的授权范围与贸易公司签订的合同有效。根据规定，行为人没有代理权、超越代理权或者代理权终止后以被代理人名义订立的合同，相对人可以催告被代理人在1个月内予以追认。本题中，张某与贸易公司签订的合同虽然超过了授权范围，但是经过了被代理人橡胶厂的追认，因此合同是有效的。

(2) 贸易公司向运输公司支付的定金数额不符合规定。根据规定，当事人约定的定金数额不得超过主合同标的额的20%。本题中，主体标的额为40万元，而支付的定金为10万元，超出了20%，超出的部分无效。

(3) 运输公司要求贸易公司承担重新包装的费用是符合规定的。根据规定，托运人托运易燃、易爆、有毒、有腐蚀性、有放射性等危险物品的，应当按照国家有关危险物品运输的规定对危险物品妥善包装，作出危险物标志和标签，并将有关危险物品的名称、性质和防范措施的书面材料提交承运人。托运人违反前款规定的，承运人可以拒绝运输，也可以采取相应措施以避免损失的发生，因此产生的费用由托运人承担。

(4) 贸易公司要求保证人A承担全部债务不符合规定。根据规定，债务人以自己的财产设定抵押，抵押权人放弃该抵押权、抵押权顺位或者变更抵押权的，其他担保人在抵押权人丧失优先受偿权益的范围内免除担保责任。本题中，贸易公司虽然放弃了抵押担保，但保证人仍然就抵押财产拍卖后未清偿的部分承担保证责任。

3.【解析】(1) 公司章程中关于董事任期的规定不符合规定。根据规定，董事任期由公司章程规定，但每届任期不得超过3年。本题中，规定公司董事任期为4年是不符合要求的。

(2) 公司章程中关于监事会职工代表人数的规定不合法。根据规定，监事会应当包括股东代表和适当比例的公司职工代表，其中职工代表的比例不得低于 1/3，具体比例由公司章程规定。本题中，监事会成员为7人，职工代表人数不得低于3人，因此公司章程中定为2名是不合法的。

(3) 公司章程中关于股权转让的规定合法。根据规定，公司章程对股权转让另有规定的，从其规定。本题中，公司章程虽然就股权转让作出了与《公司法》不同的规定，但也要按照公司章程的规定执行。

4.【解析】(1) 甲公司向乙宾馆发出的电报是要约。

(2) 乙宾馆的回复是新的要约。根据规定，受要约人对要约的内容作出实质性变更的，为新要约。在本题中，乙宾馆对要约中的价款和数量作出了变更，因此，乙宾馆的回复视为新要约。

(3) 丙公司可以不承担损害赔偿责任。根据规定，承运人对运输过程中货物的毁损、灭失承担损害赔偿责任，但承运人证明货物的毁损、灭失是因不可抗力、货物本身的自然性质或者合理损耗以及托运人、收货人的过错造成的，不承担损害赔偿责任。本题中，丙公司在运输货物途中遭遇洪水，致使部分货物毁损属于因不可抗力造成的损失，因此，可以不承担损害赔偿责任。

(4) 甲公司可以解除买卖合同。根据规定，当事人一方延迟履行主要债务，经催告后在合理期限内仍未履行的，一方当事人可以解除合同。在本题中，乙宾馆以资金周转困难为由不能立即支付货款，甲公司同意乙宾馆推迟1个月付款。1个月后经甲公司催告，乙宾馆仍未付款。因此，甲公司可以解除与乙宾馆的买卖合同。

(5) 甲公司不能向人民法院起诉。根据规定，合法有效的仲裁协议对双方当事人诉权的行使产生一定的限制，在当事人双方发生协议约定的争议时，任何一方只能将争议提交仲裁，而不能向法院起诉。在本题中，甲乙双方约定如双方发生纠纷，选择A仲裁机构仲裁解决。因此，甲公司不能向人民法院起诉。

5.【解析】(1) 合同约定甲公司向乙公司给付25万元定金合法。根据规定，当事人可以在合同中约定定金条款，定金数额由当事人约定，但不得超过主合同标的额的20%。因此，甲乙双方可以约定定金担保方式，约定的数额25万元，为主合同标的额的16.67%，未超过主合同标的额的20%。但由于定金合同从实际交付定金之日起生效，甲公司因故未向乙公司实际给付定金。因此，合同约定甲公司向乙公司给付25万元定金虽然合法，但该定金合同未生效。

(2) 乙公司通知甲公司解除合同不合法。根据《合同法》的规定，依法订立的合同成立后，即具有法律约束力，任何一方当事人都不得擅自变更或解除合同，当事人协商一致可以解除合同。当事人一方主张解除合同时，对方有异议的，应当请求人民法院或仲裁机构确认解除合同的效力。本案甲乙双方并未在合同中约定解除权，并且也未协商一致。因此，乙公司通知甲公司解除合同是没有法律依据的。

(3) 甲公司要求增加违约金数额能够依法成立。根据《合同法》规定，当事人双方约定的违约金低于造成损失的，当事人可以请求人民法院或仲裁机构予以增加。本案甲乙双方约定的违约金为20万元，而甲公司因此造成的损失达50万元，已超过了约定的违约金数额。因此，甲公司可以请求人民法院予以增加。

(4) 甲公司要求乙公司继续履行合同依法成立。根据《合同法》的规定，当事人一方不履行非金钱债务或者履行非金钱债务不符合约定的，对方当事人可以要求履行，违约方应当承担继续履行的违约责任。

(5) 丙公司不应对乙公司不履行合同的行为承担连带责任保证，而是承担一般保证责任。根据《担保法》的规定，当事人在合同中约定债务人不能履行债务时，才由保证人承担保证责任的为一般保证。一般保证的保证人享有先诉抗辩权，即在主合同纠纷未经审判或者仲裁，并就债务人财产依法强制执行仍不能履行债务前，对债权人可以拒绝承担保证责任。本案双方当事人在合同中约定的保证方式为一般保证，则丙公司应当履行一般保证责任，不应对乙公司不履行合同的行为承担连带责任保证。

# 第三章　其他主体法律制度

## 大纲研读

本章考试目的在于考查应试人员是否掌握了《个人投资企业法》《合伙企业法》和外商投资企业以及外国投资者并购境内企业的相关法律制度。从近3年考题情况来看，在主观题和客观题上均可能出现考题，且分值较高，重点应为合伙企业、中外合资企业和外国投资者并购境内企业的相关内容，平均分值是8分。具体考试内容如下。

**(1) 个人独资企业**。包括个人独资企业的概念和特征、个人独资企业的设立、个人独资企业的投资人及事务管理、个人独资企业的解散和清算。

**(2) 合伙企业法律制度**。包括普通合伙企业、有限合伙企业、合伙企业的解散和清算、违反合伙企业法的法律责任。

**(3) 外商投资企业法律制度**。包括外商投资企业的种类、外商投资企业的投资项目、外国投资者并购境内企业、中外合资经营企业的投资总额、中外合资经营企业合营各方的出资方式、出资期限、中外合资经营企业出资额的转让、中外合资经营企业的组织形式和组织机构、中外合资经营企业的期限、解散和清算、中外合作经营企业的设立、中外合作经营企业的注册资本与投资、合作条件、中外合作经营企业的组织形式和组织机构、中外合作经营企业的收益分配与回收投资、中外合作经营企业的期限、解散和清算、外资企业的设立、外资企业的注册资本与投资总额、外资企业的组织形式和组织机构。

## 考点剖析

# 一、个人独资企业法律制度

### 考点一　个人独资企业的概念和特征

#### (一)　个人独资企业的概念

个人独资企业，是指依照《个人独资企业法》在中国境内设立，由一个自然人投资，财产为投资人个人所有，投资人以其个人财产对企业债务承担无限责任的经营实体。

#### (二) 个人独资企业的特征

(1) 设立个人独资企业的只能是一个自然人，国家机关、国家授权投资的机构或者国家授权的部门、企业、事业单位等都不能作为个人独资企业的设立人。

(2) 个人独资企业的投资人对企业的债务承担无限责任。

(3) 个人独资企业的内部机构设置简单，经营管理方式灵活。

(4) 个人独资企业是非法人企业。个人独资企业虽不具有法人资格，但是独立的民事主体，可以自己的名义从事民事活动。

## 考点二　个人独资企业的设立

### (一) 个人独资企业的设立条件

(1) 投资人为一个自然人，且只能是中国公民。

(2) 有合法的企业名称。个人独资企业名称中不得使用“有限”、“有限责任”或者“公司”字样。

(3) 有投资人申报的出资。设立个人独资企业可以用货币出资，也可以用实物、土地使用权、知识产权或者其他财产权利出资。以家庭共有财产作为个人出资的，投资人应当在设立(变更)登记申请书上予以注明。

(4) 有固定的生产经营场所和必要的生产经营条件。

(5) 有必要的从业人员。

**【例 3-1】**根据《个人独资企业法》的规定，下列各项中，可以用作个人独资企业名称的有(　　)。(2011 年多选题)

A. 云滇针织品有限公司

B. 昆海化妆品经销公司

C. 樱园服装设计中心

D. 霞光婚纱摄影工作室

**【解析】**CD　本题考核点是个人独资企业的设立。企业名称应与其责任形式及从事的营业相符合，可以叫厂、店、部、中心、工作室等，个人独资企业名称中不得使用“有限”、“有限责任”或者“公司”字样。

### (二) 个人独资企业的设立程序

**1. 提出申请**

个人独资企业投资人以个人财产出资或者以其家庭共有财产作为个人出资的，应当在设立申请书上予以明确。

**2. 工商登记**

(1) 登记机关应当在收到设立申请文件之日起 15 日内，对符合《个人独资企业法》规定条件的予以登记，发给营业执照。

(2) 个人独资企业设立分支机构，应当由投资人或者其委托的代理人向分支机构所在地的登记机关申请，领取营业执照。

## 考点三　独资企业的投资人及事务管理

### (一) 个人独资企业的投资人

(1) 国家公务员、党政机关领导干部、警官、法官、检察官、商业银行工作人员等，不得作为投资人申请设立个人独资企业。

(2) 如果个人独资企业投资人在申请企业设立登记时明确以其家庭共有财产作为个人出资的，应当依法以家庭共有财产对企业债务承担无限责任。

### (二) 个人独资企业的事务管理

(1) 个人独资企业投资人可以自行管理企业事务，也可以委托或者聘用其他具有民事行为能力的人负责企业的事务管理。投资人委托或者聘用他人管理个人独资企业事务，应当与受托人或者被聘用的人签订书面合同。

(2) 投资人对受托人或者被聘用的人员职权的限制，不得对抗善意第三人。所谓善意第三人，是指第三人在有关经济业务事项交往中，没有与受托人或者被聘用的人员串通，故意损害投资人利益的人。

(3) 投资人委托或者聘用的管理个人独资企业事务的人员不得从事侵害该个人独资企业的行为，列举性的规定有 10 项。

## 考点四　个人独资企业的解散和清算

### (一) 个人独资企业的解散

个人独资企业的解散，是指个人独资企业终止活动使其民事主体资格消灭的行为。

个人独资企业有下列情形之一时，应当解散：

(1) 投资人决定解散。

(2) 投资人死亡或者被宣告死亡，无继承人或者继承人决定放弃继承。

(3) 被依法吊销营业执照。

(4) 法律、行政法规规定的其他情形。

### (二) 个人独资企业的清算

个人独资企业解散，由投资人自行清算或者由债权人申请人民法院指定清算人进行清算。

个人独资企业解散的，财产应当按照下列顺序清偿：

(1) 所欠职工工资和社会保险费用。

(2) 所欠税款。

(3) 其他债务。个人独资企业财产不足以清偿债务的，投资人应当以其个人的其他财产予以清偿。

清算期间，个人独资企业不得开展与清算目的无关的经营活动，在按前述财产清偿顺序清偿债务前，投资人不得转移、隐匿财产。

个人独资企业解散后，原投资人对个人独资企业存续期间的债务仍应承担偿还责任，但债权人在 5 年内未向债务人提出偿债请求的，该责任消灭。

个人独资企业清算结束后，投资人或者人民法院指定的清算人应当编制清算报告，并于 15 日内到登记机关办理注销登记。

**【例 3-2】**下列关于个人独资企业解散后原投资人责任的表述中，符合《个人独资企业法》规定的是(　　)。(2012 年单选题)

A. 原投资人对个人独资企业存续期间的债务不再承担责任

B. 原投资人对个人独资企业存续期间的债务承担责任，但责权人在1年内未向债务人提出偿债请求的，该责任消灭

C. 原投资人对个人独资企业存续期间的债务承担责任，但债权人在2年内未向债务人提出偿债请求的，该责任消灭

D. 原投资人对个人独资企业存续期间的债务承担责任，但债权人在5年内未向债务人提出偿债请求的，该责任消灭

**【解析】**D　本题考核点是个人独资企业投资人的持续清偿责任。个人独资企业解散后，原投资人对个人独资企业存续期间的债务仍应承担偿还责任，但债权人在5年内未向债务人提出偿债请求的，该责任消灭。

# 二、合伙企业法律制度

## 考点五　普通合伙企业

### (一) 普通合伙企业的概念

普通合伙企业，是指由普通合伙人组成，合伙人对合伙企业债务依照《合伙企业法》规定承担无限连带责任的一种合伙企业。普通合伙企业具有以下特点：

(1) 由普通合伙人组成。

(2) 合伙人对合伙企业债务依法承担无限连带责任，法律另有规定的除外。

① 连带责任。即所有的合伙人对合伙企业的债务都有责任向债权人偿还，不管自己在合伙协议中所承担的比例如何。一个合伙人不能清偿对外债务的，其他合伙人都有清偿的责任。

② 无限责任。即所有的合伙人不仅以自己投入合伙企业的资金和合伙企业的其他资金对债权人承担清偿责任，而且在不够清偿时还要以合伙人自己所有的财产对债权人承担清偿责任。

### (二) 合伙企业的设立

#### 1. 合伙企业的设立条件

(1) 有2个以上合伙人。

① 合伙人可以是自然人，也可以是法人或者其他组织。如何组成，除法律另有规定外不受限制。

② 合伙人为自然人的，应当具有完全民事行为能力。无民事行为能力人和限制民事行为能力人不得成为合伙企业的合伙人。

③ 国有独资公司、国有企业、上市公司以及公益性的事业单位、社会团体不得成为普通合伙人。

(2) 有书面合伙协议。合伙协议应当依法由全体合伙人协商一致，以书面形式订立。修改或者补充合伙协议，应当经全体合伙人一致同意；但是，合伙协议另有约定的除外。

(3) 有合伙人认缴或者实际缴付的出资。

① 合伙人可以用货币、实物、知识产权、土地使用权或者其他财产权利出资，也可以用劳务出资。合伙人的劳务出资形式是有别于公司出资形式的重要不同之处。

② 合伙人以劳务出资的，其评估办法由全体合伙人协商确定，并在合伙协议中载明。

③ 以非货币财产出资的，依照法律、行政法规的规定，需要办理财产权转移手续的，应当依法办理。

(4) 有合伙企业的名称和生产经营场所。普通合伙企业应当在其名称中标明“普通合伙”字样，其中，特殊的普通合伙企业应当在其名称中标明“特殊普通合伙”字样，合伙企业的名称必须和“合伙”联系起来，名称中必须有“合伙”二字。

(5) 法律、行政法规规定的其他条件。

**2. 合伙企业的设立登记**

合伙企业的营业执照签发日期，为合伙企业的成立日期。合伙企业领取营业执照前，合伙人不得以合伙企业名义从事合伙业务。

合伙企业登记事项发生变更的，执行合伙事务的合伙人应当自作出变更决定或者发生变更事由之日起 15 日内，向企业登记机关申请办理变更登记。

### (三) 合伙企业财产

**1. 合伙企业财产的构成**

(1) 合伙人的出资。合伙企业的原始财产是全体合伙人“认缴”的财产，而非各合伙人“实际缴纳”的财产。

(2) 以合伙企业名义取得的收益。

(3) 依法取得的其他财产。

**2. 合伙企业财产的性质**

(1) 合伙企业的财产具有独立性和完整性两方面的特征。

(2) 合伙人在合伙企业清算前，不得请求分割合伙企业的财产；但是，法律另有规定的除外。

(3) 合伙人在合伙企业清算前私自转移或者处分合伙企业财产的，合伙企业不得以此对抗善意第三人。

**3. 合伙人财产份额的转让**

合伙人财产份额的转让，是指合伙企业的合伙人向他人转让其在合伙企业中的全部或者部分财产份额的行为。

<table>
<tr><td rowspan="3">对外转让</td><td>除合伙协议另有约定外，合伙人向合伙人以外的人转让其在合伙企业中的全部或者部分财产份额时，须经其他合伙人一致同意</td></tr>
<tr><td>在同等条件下，其他合伙人有优先购买权；但是，合伙协议另有约定的除外</td></tr>
<tr><td>合伙人以外的人依法受让合伙人在合伙企业中的财产份额的，经修改合伙协议即成为合伙企业的合伙人</td></tr>
<tr><td>内部转让</td><td>合伙人之间转让在合伙企业中的全部或者部分财产份额时，应当通知其他合伙人</td></tr>
</table>

另外，合伙人以其在合伙企业中的财产份额出质的，须经其他合伙人一致同意；未经其他合伙人一致同意，其行为无效，由此给善意第三人造成损失的，由行为人依法承担赔偿责任。

### (四) 合伙事务执行

**1. 合伙事务执行的形式**

(1) 全体合伙人共同执行合伙事务。

(2) 委托一个或者数个合伙人执行合伙事务。

(3) 除合伙协议另有约定外，合伙企业的下列事项应当经全体合伙人一致同意：①改变合伙企业的名称；②改变合伙企业的经营范围、主要经营场所的地点；③处分合伙企业的不动产；④转让或者处分合伙企业的知识产权和其他财产权利；⑤以合伙企业名义为他人提供担保；⑥聘任合伙人以外的人担任合伙企业的经营管理人员。

**2. 合伙人在执行合伙事务中的权利和义务**

| | |
|---|---|
| 权利 | ①合伙人对执行合伙事务享有同等的权利。<br>②执行合伙事务的合伙人对外代表合伙企业。作为合伙人的法人、其他组织执行合伙企业事务的，由其委托的代表执行。<br>③不执行合伙事务的合伙人的监督权利。<br>④合伙人查阅合伙企业会计账簿等财务资料的权利。<br>⑤合伙人有提出异议的权利和撤销委托的权利 |
| 义务 | ①合伙事务执行人向不参加执行事务的合伙人报告企业经营状况和财务状况。由一个或者数个合伙人执行合伙事务的，其执行合伙事务所产生的收益归合伙企业，所产生的费用和亏损由合伙企业承担。<br>②合伙人不得自营或者同他人合作经营与本合伙企业相竞争的业务。<br>③除合伙协议另有约定或者经全体合伙人一致同意外，合伙人不得同本合伙企业进行交易。<br>④合伙人不得从事损害本合伙企业利益的活动 |

**【例 3-3】**甲是某普通合伙企业的合伙人，该合伙企业需要购买一批生产用原材料，甲正好有同样一批原材料想要出售，甲在其他合伙人一致同意的情况下，可以进行该笔交易。(　　)(2011年判断题)

**【解析】**√　本题考核点是普通合伙企业的事务执行。除合伙协议另有约定或者经全体合伙人一致同意外，合伙人不得同本合伙企业进行交易。本题中，“甲在其他合伙人一致同意的情况下”，可以进行该笔交易。

**【例 3-4】**甲为某普通合伙企业的合伙人，该合伙企业经营手机销售业务。甲拟再设立一家经营手机销售业务的个人独资企业。下列关于甲能否设立该个人独资企业的表述中，符合《合伙企业法》规定的是(　　)。(2012 年单选题)

A. 甲经其他合伙人一致同意，可以设立该个人独资企业

B. 甲可以设立该个人独资企业，除非合伙协议另有约定

C. 甲如不执行合伙企业事务，就可以设立该个人独资企业

D. 甲只要具有该合伙人的身份，就不可以设立该个人独资企业

**【解析】**D　本题考核点是合伙人在执行合伙事务中的义务。普通合伙人不得自营或者同他人合作经营与本合伙企业相竞争的业务，这一规定是“法定”的

**【例 3-5】**某普通合伙企业委托合伙人杨某执行合伙事务，根据《合伙企业法》的规定，下列关于杨某执行合伙事务的权利义务的表述中，正确的是(　　)。(2013 年单选题)

A. 只能由杨某对外代表该合伙企业

B. 除合伙协议另有约定外，杨某可以自行决定改变该合伙企业主要经营场所的地点

C. 除合伙协议另有约定外，杨某可以自行处分该合伙企业的不动产

D. 杨某可以自营与该合伙企业竞争的业务

**【解析】**A　本题考的知识点是合伙事务执行。(1)选项 A：按照合伙协议的约定或经全体合伙人决定，可以委托一个或者数个合伙人对外代表合伙企业，执行合伙事务；此时其他合伙人不再执行合伙事务，对外不代表合伙企业。(2)选项 BC：除合伙协议另有约定外，改变主要经营场所的地点、处分合伙企业的不动产，应当经全体合伙人一致同意，杨某不得自行决定或处分。(3)选项 D：普通合伙人不得自营或者同他人合作经营与本合伙企业相竞争的业务。

**3. 合伙事务执行的决议办法**

(1) 合伙人对合伙企业有关事项作出决议，按照合伙协议约定的表决办法办理。合伙协议未约定或者约定不明确的，实行合伙人一人一票并经全体合伙人过半数通过的表决办法。

(2) 《合伙企业法》对合伙企业的表决办法另有规定的，从其规定。

**4. 合伙企业的损益分配**

(1) 合伙损益。合伙损益包括合伙利润和合伙亏损。

(2) 合伙损益分配原则。

(3) 合伙协议不得约定将全部利润分配给部分合伙人或者由部分合伙人承担全部亏损。

| 合伙协议有约定 | 按约定的比例分配和分担 |
|---|---|
| 合伙协议未约定 | 首先由合伙人协商决定 |
| | 协商不成的，由合伙人按照实缴出资比例分配、分担 |
| | 无法确定出资比例的，由合伙人平均分配、分担 |

**5. 非合伙人参与经营管理**

除合伙协议另有约定外，经全体合伙人一致同意，可以聘任合伙人以外的人担任合伙企业的经营管理人员。被聘任的经营管理人员，仅是合伙企业的经营管理人员，不是合伙企业的合伙人，因而不具有合伙人的资格。

**【例 3-6】**普通合伙企业的合伙人在合伙协议中未对该合伙企业的利润分配、亏损分担进行约定的，应由合伙人平均分配、分担。(　　)(2013 年判断题)

**【解析】**×　合伙企业的利润分配、亏损分担，按照合伙协议的约定办理；合伙协议未约定或者约定不明确的，由“合伙人协商决定”；协商不成的，由合伙人按照实缴出资比例分配、分担；无法确定出资比例的，由合伙人平均分配、分担。

### (五) 合伙企业与第三人的关系

**1. 合伙企业对外代表权的效力**

(1) 合伙企业与第三人关系。指合伙企业的外部关系，即合伙企业与合伙企业的合伙人以外的第三人的关系。合伙企业与第三人关系也就是合伙企业与外部的关系。

(2) 合伙事务执行中的对外代表权。主要有三种情况：①全体合伙人都有权对外代表合伙企业；②委托一个或者数个合伙人对外代表合伙企业；③仅单项事务对外代表合伙企业。例如仅代表合伙企业对外签订某个具体合同。

(3) 合伙企业对外代表权的限制。无论合伙企业内部如何约定，合伙企业对合伙人执行合

伙事务以及对外代表合伙企业权利的限制，不得对抗善意第三人。

**2. 合伙企业和合伙人的债务清偿**

(1) 合伙企业的债务清偿与合伙人的关系。

① 合伙企业财产优先清偿。合伙企业对其债务，应先以其全部财产进行清偿。

② 合伙人的无限连带清偿责任。合伙企业不能清偿到期债务的，合伙人承担无限连带责任。合伙企业的债权人对合伙企业所负债务，可以向任何一个合伙人主张，该合伙人不得以其出资的份额大小、合伙协议有特别约定、合伙企业债务另有担保人或者自己已经偿付所承担的份额的债务等理由来拒绝。

③ 合伙人之间的债务分担和追偿。合伙人由于承担无限连带责任，清偿数额超过规定的其亏损分担比例的，有权向其他合伙人追偿

(2) 合伙人的债务清偿与合伙企业的关系。

① 合伙人发生与合伙企业无关的债务，相关债权人不得以其债权抵销其对合伙企业的债务；也不得代位行使合伙人在合伙企业中的权利。

② 合伙人的自有财产不足清偿其与合伙企业无关的债务的，该合伙人可以以其从合伙企业中分取的收益用于清偿；债权人也可以依法请求人民法院强制执行该合伙人在合伙企业中的财产份额用于清偿。

③ 人民法院强制执行合伙人的财产份额时，应当通知全体合伙人，其他合伙人有优先购买权；其他合伙人未购买，又不同意将该财产份额转让给他人的，依照《合伙企业法》的规定为该合伙人办理退伙结算，或者办理削减该合伙人相应财产份额的结算。

**【例 3-7】**甲普通合伙企业的合伙人赵某欠个体工商户王某 10 万元债务，王某欠甲合伙企业 5 万元债务已到期。赵某的债务到期后一直未清偿。王某的下列做法中，符合《合伙企业法》规定的是(　)。(2011 年单选题)

A. 代位行使赵某在甲合伙企业中的权利

B. 自行接管赵某在甲合伙企业中的财产份额

C. 请求人民法院强制执行赵某在甲合伙企业中的财产份额用于清偿

D. 主张以其债权抵销其对甲合伙企业的债务

**【解析】**C　本题考核点是合伙人的债务清偿与合伙企业的关系。合伙人发生与合伙企业无关的债务，相关债权人不得以其债权抵销其对合伙企业的债务；也不得代位行使合伙人在合伙企业中的权利。合伙人的自有财产不足清偿其与合伙企业无关的债务的，该合伙人可以以其从合伙企业中分取的收益用于清偿；债权人也可以依法请求人民法院强制执行该合伙人在合伙企业中的财产份额用于清偿。

### (六) 入伙与退伙

#### 1. 入伙

入伙，是指在合伙企业存续期间，合伙人以外的第三人加入合伙，从而取得合伙人资格。

(1) 入伙的条件和程序。新合伙人入伙，除合伙协议另有约定外，应当经全体合伙人一致同意，并依法订立书面入伙协议。订立入伙协议时，原合伙人应当向新合伙人如实告知原合伙企业的经营状况和财务状况。

(2) 新合伙人的权利和责任。新合伙人对入伙前合伙企业的债务承担无限连带责任。

### 2. 退伙

退伙是指合伙人退出合伙企业，从而丧失合伙人资格。

(1) 退伙的原因。合伙人退伙，一般有两种原因：一是自愿退伙；二是法定退伙。

| 自愿退伙 | |
|---|---|
| 协议退伙 | 通知退伙 |
| 合伙协议约定了合伙期限 | 合伙协议未约定合伙期限 |
| ①合伙协议约定的退伙事由出现；②经全体合伙人一致同意；③发生合伙人难以继续参加合伙的事由；④其他合伙人严重违反合伙协议约定的义务 | 合伙人在不给合伙企业事务执行造成不利影响的情况下，可以退伙，但应当提前30日通知其他合伙人 |
| 法定退伙 | |
| 当然退伙 | 除名退伙 |
| | 经其他合伙人一致同意 |
| ①自然人死亡或者被依法宣告死亡；②个人丧失偿债能力；③法人或者其他组织依法被吊销营业执照、责令关闭、撤销，或者被宣告破产；④必须具有相关资格而丧失该资格；⑤全部财产份额被强制执行 | ①未履行出资义务；②因故意或者重大过失给合伙企业造成损失；③执行合伙事务时有不正当行为；④发生合伙协议约定的事由 |

(2) 退伙的效果。退伙的效果，是指退伙时退伙人在合伙企业中的财产份额和民事责任的归属变动。分为两类情况：一是财产继承；二是退伙结算。

| 财产继承 |
|---|
| 合伙人死亡或者被依法宣告死亡的，对该合伙人在合伙企业中的财产份额享有合法继承权的继承人，按照合伙协议的约定或者经全体合伙人一致同意，从继承开始之日起，取得该合伙企业的合伙人资格。有下列情形之一的，合伙企业应当向合伙人的继承人退还被继承合伙人的财产份额：①继承人不愿意成为合伙人；②法律规定或者合伙协议约定合伙人必须具有相关资格，而该继承人未取得该资格；③合伙协议约定不能成为合伙人的其他情形 |
| 退伙结算 |
| ①合伙人退伙，其他合伙人应当与该退伙人按照退伙时的合伙企业财产状况进行结算，退还退伙人的财产份额。<br>②退伙人在合伙企业中财产份额的退还办法，由合伙协议约定或者由全体合伙人决定，可以退还货币，也可以退还实物。<br>③合伙人退伙时，合伙企业财产少于合伙企业债务的，退伙人应当依照法律规定分担亏损 |

合伙人退伙以后，并不能解除对于合伙企业既往债务的连带责任。根据《合伙企业法》的规定，退伙人对基于其退伙前的原因发生的合伙企业债务，承担无限连带责任。

**【例 3-8】** 根据《合伙企业法》的规定，下列各项中，不属于合伙人当然退伙的情形是(　　)。(2013 年多选题)

A. 作为合伙人的法人被宣告破产

B. 合伙人未履行出资义务

C. 合伙人个人丧失偿债能力

D. 合伙人在合伙企业中的全部财产份额被人民法院强制执行

【解析】B　根据规定，合伙人未履行出资义务的，属于除名的情形，因此选项B是正确的，A、C、D均属于当然退伙的情形。

### (七) 特殊的普通合伙企业

#### 1. 特殊的普通合伙企业的概念

特殊的普通合伙企业，是指以专业知识和专门技能为客户提供有偿服务的专业服务机构。特殊的普通合伙企业名称中应当标明“特殊普通合伙”字样。

#### 2. 特殊的普通合伙企业的责任形式

<table>
<tr><td rowspan="2">责任承担</td><td>有限责任与无限连带责任相结合</td><td>一个合伙人或者数个合伙人在执业活动中因故意或者重大过失造成合伙企业债务的，应当承担无限责任或者无限连带责任，其他合伙人以其在合伙企业中的财产份额为限承担责任</td></tr>
<tr><td>无限连带责任</td><td>合伙人在执业活动中非因故意或者重大过失造成的合伙企业债务以及合伙企业的其他债务，全体合伙人承担无限连带责任</td></tr>
<tr><td>责任追偿</td><td colspan="2">合伙人执业活动中因故意或者重大过失造成的合伙企业债务，以合伙企业财产对外承担责任后，该合伙人应当按照合伙协议的约定对给合伙企业造成的损失承担赔偿责任</td></tr>
</table>

【例3-9】甲、乙、丙三人成立一特殊普通合伙制会计师事务所。甲在为一客户提供审计业务服务过程中，因重大过失给客户造成损失200万元。下列关于对该损失承担责任的表述中，符合《合伙企业法》规定的有(　　)。(2011年多选题)

A. 甲、乙、丙对此损失承担无限连带责任

B. 甲对此损失承担无限责任

C. 乙、丙对此损失不承担责任

D. 乙、丙以其在会计师事务所中的财产份额为限承担责任

【解析】BD　本题考核点是特殊的普通合伙企业的债务承担。特殊的普通合伙企业中，一个合伙人或者数个合伙人在执业活动中因故意或者重大过失造成合伙企业债务的，应当承担无限责任或者无限连带责任(选项B正确)，其他合伙人以其在合伙企业中的财产份额为限承担责任(选项D正确)。

【例3-10】特殊的普通合伙企业的合伙人在执行行为中非因故意或者重大过失造成的合伙企业的债务，全体合伙人可以以其在合伙企业的财产份额为限承担责任。(　　)(2012年判断题)

【解析】×　本题考核点是特殊的普通合伙企业的责任形式。特殊普通合伙企业的合伙人在执业活动中非因故意或重大过失造成的合伙企业债务，由全体合伙人承担无限连带责任。

#### 3. 特殊的普通合伙企业的执业风险防范

特殊的普通合伙企业应当建立执业风险基金、办理职业保险。

## 考点六　有限合伙企业

### (一) 有限合伙企业的概念及法律适用

**1. 有限合伙企业的概念**

有限合伙企业，是指由有限合伙人和普通合伙人共同组成，普通合伙人对合伙企业债务承担无限连带责任，有限合伙人以其认缴的出资额为限对合伙企业债务承担责任的合伙组织。

**2. 有限合伙企业的法律适用**

凡是《合伙企业法》中对有限合伙企业有特殊规定的，应当适用有关特殊规定。无特殊规定的，适用有关普通合伙企业及其合伙人的一般规定。

### (二) 有限合伙企业设立的特殊规定

1. 有限合伙企业人数。

① 有限合伙企业由2个以上50个以下合伙人设立；但是，法律另有规定的除外。有限合伙企业至少应当有1个普通合伙人。国有独资公司、国有企业、上市公司以及公益性的事业单位、社会团体不得成为有限合伙企业的普通合伙人。

② 有限合伙企业仅剩有限合伙人的，应当解散；有限合伙企业仅剩普通合伙人的，应当转为普通合伙企业。

**【例3-11】**国有企业甲、合伙企业乙、自然人丙拟共同投资设立一合伙企业。根据《合伙企业法》的规定，下列关于该合伙企业设立及相关事项的表述中，不正确的是(　　)。(2011年单选题)

A. 拟设立的合伙企业可以是普通合伙企业，也可以是有限合伙企业

B. 乙既可以是有限合伙人，也可以是普通合伙人

C. 三方可以约定由丙执行合伙企业事务

D. 三方可以约定不经全体合伙人一致同意而吸收新的合伙人

**【解析】**A　本题考核点是合伙企业的有关规定。国有企业不能成为普通合伙人，因此题目中只能设立“有限合伙企业”，选项A表述错误。

**【例 3-12】**某社会团体与某私立学校共同出资设立一合伙企业，经营文具用品。两年后，因经营亏损，该合伙企业财产不足以清偿全部债务。下列关于各合伙人承担责任的表述中，符合《合伙企业法》规定的有(　　)。(2012 年多选题)

A. 该社会团体以其认缴的出资额为限对合伙企业债务承担责任

B. 该私立学校以其认缴的出资额为限对合伙企业债务承担责任

C. 该社会团体对合伙企业债务承担无限责任

D. 该私立学校对合伙企业债务承担无限责任

**【解析】**AD　本题考核点是合伙企业。①国有独资公司、国有企业、上市公司以及公益性的事业单位、社会团体不得成为普通合伙人；“某社会团体”只能作为有限合伙人，所以该合伙企业为有限合伙企业。②有限合伙企业应当至少有一名普通合伙人；在本题中，该有限合伙企业只有两个合伙人，“某私立学校”只能作为普通合伙人。③该社会团体作为有限合伙人，以其认缴的出资额为限对合伙企业债务承担责任；该私立学校作为普通合伙人，对合伙企业债务承

担无限责任。

2. 有限合伙企业名称。有限合伙企业名称中应当标明“有限合伙”字样。

3. 有限合伙企业协议。

4. 有限合伙人出资形式。有限合伙人可以用货币、实物、知识产权、土地使用权或者其他财产权利作价出资。有限合伙人不得以劳务出资。

**【例3-13】**根据《合伙企业法》的规定，下列关于合伙企业合伙人出资形式的表述中，正确的是(　　)。(2012年多选题)

A. 普通合伙人可以以知识产权出资

B. 有限合伙人可以以实物出资

C. 普通合伙人可以以土地使用权出资

D. 有限合伙人可以以劳务出资

**【解析】**ABC　本题考核点是合伙人出资形式。有限合伙人不得以劳务出资。

5. 有限合伙人出资义务。有限合伙人应当按照合伙协议的约定按期足额缴纳出资；未按期足额缴纳的，应当承担补缴义务，并对其他合伙人承担违约责任。

6. 有限合伙企业登记事项。

### (三) 有限合伙企业事务执行的特殊规定

**1. 有限合伙企业事务执行人**

有限合伙企业由普通合伙人执行合伙事务。如合伙协议约定数个普通合伙人执行合伙事务，这些普通合伙人均为合伙事务执行人。如合伙协议无约定，全体普通合伙人是合伙事务的共同执行人。

**2. 禁止有限合伙人执行合伙事务**

有限合伙人不执行合伙事务，不得对外代表有限合伙企业。有限合伙人的下列行为，不视为执行合伙事务：

(1) 参与决定普通合伙人入伙、退伙。

(2) 对企业的经营管理提出建议。

(3) 参与选择承办有限合伙企业审计业务的会计师事务所。

(4) 获取经审计的有限合伙企业财务会计报告。

(5) 对涉及自身利益的情况，查阅有限合伙企业财务会计账簿等财务资料。

(6) 在有限合伙企业中的利益受到侵害时，向有责任的合伙人主张权利或者提起诉讼。

(7) 执行事务合伙人怠于行使权利时，督促其行使权利或者为了本企业的利益以自己的名义提起诉讼。

(8) 依法为本企业提供担保。

另外，第三人有理由相信有限合伙人为普通合伙人并与其交易的，该有限合伙人对该笔交易承担与普通合伙人同样的责任。有限合伙人未经授权以有限合伙企业名义与他人进行交易，给有限合伙企业或者其他合伙人造成损失的，该有限合伙人应当承担赔偿责任。

**3. 有限合伙企业利润分配**

有限合伙企业不得将全部利润分配给部分合伙人；但是，合伙协议另有约定的除外。

**4. 有限合伙人权利**

(1) 有限合伙人可以同本有限合伙企业进行交易；但是，合伙协议另有约定的除外。

(2) 有限合伙人可以自营或者同他人合作经营与本有限合伙企业相竞争的业务；但是，合伙协议另有约定的除外。

### (四) 有限合伙企业财产出质与转让的特殊规定

**1. 有限合伙人财产份额出质**

有限合伙人可以将其在有限合伙企业中的财产份额出质；但是，合伙协议另有约定的除外。

**2. 有限合伙人财产份额转让**

有限合伙人可以按照合伙协议的约定向合伙人以外的人转让其在有限合伙企业中的财产份额，但应当提前30日通知其他合伙人。

**【例3-14】**下列有关合伙人财产份额转让及出质的表述中，符合《合伙企业法》规定的有(　　)。(2013年多选题)

A. 有限合伙人可以将其在合伙企业中的财产份额出质，合伙协议另有约定的除外

B. 有限合伙人按照合伙协议的约定向合伙人以外的人转让其在合伙企业中的财产份额，但应当提前30日通知其他合伙人

C. 有限合伙人可以向合伙人以外的转让其在合伙企业中的财产份额，但必须取得其他合伙人的一致同意

D. 有限合伙人对外转让其在合伙企业中的财产份额时，合伙企业的其他合伙人有优先购买权

**【解析】**AB (1)选项A：有限合伙人可以将其在有限合伙企业中的财产份额出质；但是，合伙协议另有约定的除外；(2)选项BC：有限合伙人可以按照合伙协议的约定向合伙人以外的人转让其在有限合伙企业中的财产份额，但应当提前30日通知其他合伙人；(3)选项D：普通合伙人向合伙人以外的人转让其在合伙企业中的财产份额的，在同等条件下，其他合伙人有优先购买权；但是，合伙协议另有约定的除外；该规定适用于普通合伙人，不适用于有限合伙人。

### (五) 有限合伙人债务清偿的特殊规定

(1) 有限合伙人的自有财产不足清偿其与合伙企业无关的债务的，该合伙人可以以其从有限合伙企业中分取的收益用于清偿；债权人也可以依法请求人民法院强制执行该合伙人在有限合伙企业中的财产份额用于清偿。

(2) 人民法院强制执行有限合伙人的财产份额时，应当通知全体合伙人。在同等条件下，其他合伙人有优先购买权。

### (六) 有限合伙企业入伙与退伙的特殊规定

**1. 入伙**

新入伙的有限合伙人对入伙前有限合伙企业的债务，以其认缴的出资额为限承担责任。

**2. 退伙**

(1) 有限合伙人有下列情形之一的，当然退伙：

① 作为合伙人的自然人死亡或者被依法宣告死亡。

② 作为合伙人的法人或者其他组织依法被吊销营业执照、责令关闭、撤销，或者被宣告破产。

③ 法律规定或者合伙协议约定合伙人必须具有相关资格而丧失该资格。

④ 合伙人在合伙企业中的全部财产份额被人民法院强制执行。

(2) 作为有限合伙人的自然人在有限合伙企业存续期间丧失民事行为能力的，其他合伙人不得因此要求其退伙。

(3) 作为有限合伙人的自然人死亡、被依法宣告死亡或者作为有限合伙人的法人及其他组织终止时，其继承人或者权利承受人可以依法取得该有限合伙人在有限合伙企业中的资格。

(4) 有限合伙人退伙后，对基于其退伙前的原因发生的有限合伙企业债务，以其退伙时从有限合伙企业中取回的财产承担责任。

**【例 3-15】**下列关于有限合伙企业中有限合伙人入伙与退伙的表述中，符合《合伙企业法》的规定的是(　　)。(2011 年单选题)

A. 新入伙的有限合伙人对入伙前有限合伙企业的债务，以其实缴的出资额为限承担责任

B. 作为有限合伙人的自然人，有限合伙企业存续期间丧失民事行为能力的，该有限合伙人当然退伙

C. 退伙后的有限合伙人对于基于其退伙前的原因发生的有限合伙企业的债务，以其退伙时从有限合伙企业中取回的财产为有限承担责任

D. 退伙后的有限合伙人对基于其退伙前的原因发生的有限合伙企业的债务，以其认缴的出资额为限承担责任

**【解析】**C　本题考核点是有限合伙人入伙与退伙。有限合伙人以其认缴的出资额为限对合伙企业债务承担责任；选项 A 错误。作为有限合伙人的自然人在有限合伙企业存续期间丧失民事行为能力的，其他合伙人不得因此要求其退伙；选项 B 错误。有限合伙人退伙后，对基于其退伙前的原因发生的有限合伙企业债务，以其退伙时从有限合伙企业中取回的财产承担责任；选项 D 错误。

**【例3-16】**根据《合伙企业法》的规定，有限合伙人出现一定情形时当然退伙，下列不属于有限合人当然退伙情形的是(　　)。

A. 有限合伙人丧失民事行为能力

B. 有限合伙人死亡

C. 有限合伙人被宣告破产

D. 有限合伙人在合伙企业中的全部财产份额被人民法院强制执行

**【解析】**A　本题考核的知识点是有限合伙人当然退伙。有限合伙人出现下列情形之一的，当然退伙：(1)作为合伙人的自然人死亡或者被依法宣告死亡(选项 B)；(2)作为合伙人的法人或者其他组织依法被吊销营业执照、责令关闭、撤销，或者被宣告破产(选项 C)；(3)法律规定或者合伙协议约定合伙人必须具有相关资格而丧失该资格；(4)合伙人在合伙企业中的全部财产份额被人民法院强制执行(选项 D)。选项 A：作为有限合伙人的自然人在有限合伙企业存续期间丧失民事行为能力的，其他合伙人不得因此要求其退伙。

**3. 普通合伙企业与有限合伙企业法律规定的对比**

| 项　目 | 普通合伙企业 | 有限合伙企业 |
|---|---|---|
| 投资人 | 投资人可以是自然人，也可以是法人。国有独资公司、国有企业、上市公司以及公益性的事业单位、社会团体不得成为普通合伙人 | |
| | 投资人都是普通合伙人 | 由普通合伙人和有限合伙人组成 |

(续表)

| | | |
|---|---|---|
| 企业名称 | 不得使用“公司”字样 | |
| 出资 | 可以用货币、实物、知识产权、土地使用权或者其他财产权利作价出资 | |
| | 合伙人都可以用劳务出资 | 普通合伙人可以用劳务出资 |
| 企业偿债责任 | 全体合伙人都对企业债务承担无限连带责任 | 普通合伙人对合伙企业债务承担无限连带责任；有限合伙人以其认缴的出资额为限对合伙企业债务承担责任 |
| | 特殊的普通合伙企业有限责任与无限连带责任相结合 | |
| 企业事务管理 | 可以自行管理企业事务，也可以委托或者聘用其他人负责企业的事务管理 | 由普通合伙人执行合伙事务，有限合伙人不执行合伙事务，不得对外代表有限合伙企业 |
| 入伙 | 新合伙人对入伙前合伙企业的债务承担无限连带责任 | 新入伙的有限合伙人对入伙前企业的债务，以其认缴的出资额为限承担责任 |
| 退伙 | 退伙人对基于其退伙前的原因发生的合伙企业债务，承担无限连带责任 | 有限合伙人退伙后，对基于其退伙前的原因发生的有限合伙企业债务，以其退伙时从有限合伙企业中取回的财产承担责任 |

### (七) 合伙人性质转变的特殊规定

(1) 除合伙协议另有约定外，普通合伙人转变为有限合伙人，或者有限合伙人转变为普通合伙人，应当经全体合伙人一致同意。

(2) 有限合伙人转变为普通合伙人的，对其作为有限合伙人期间有限合伙企业发生的债务承担无限连带责任。

(3) 普通合伙人转变为有限合伙人的，对其作为普通合伙人期间合伙企业发生的债务承担无限连带责任。

**【例 3-17】**2010 年 3 月，甲、乙、丙、丁成立一有限合伙企业，甲为普通合伙人，乙、丙、丁为有限合伙人。2011 年 3 月丙转为普通合伙人，2010 年 8 月该合伙企业欠银行 30 万元，直至 2012 年 3 月合伙企业被宣告破产仍未偿还。下列关于甲、乙、丙、丁对 30 万元银行债务承担责任的表述中，符合《合伙企业法》规定的是(　　)。(2012 年单选题)

A. 乙、丁应以其认缴的出资额为限对 30 万元债务承担清偿责任，甲、丙承担无限连带责任

B. 乙、丙、丁应以其认缴的出资额为限对 30 万元债务承担清偿责任，甲承担无限责任

C. 乙、丁应以其实缴的出资额为限对 30 万元债务承担清偿责任，甲、丙承担无限连带责任

D. 乙、丙、丁应以实缴的出资额为限对 30 万元债务承担清偿责任，甲承担无限责任

**【解析】**A　本题考核点是有限合伙人。(1)有限合伙人对有限合伙企业的债务，以其“认缴”的出资额为限承担责任，所以选项 C、D 错误。(2)有限合伙人转变为普通合伙人的，对其作为有限合伙人期间有限合伙企业发生的债务承担无限连带责任。丙由有限合伙人转为普通合伙人，对其转变性质前发生的合伙企业欠银行的 30 万元债务应与普通合伙人甲一起承担无限连带责任。所以选项 B 错误。

## 考点七　合伙企业的解散和清算

### (一) 合伙企业的解散

合伙企业有下列情形之一的，应当解散：(1)合伙期限届满，合伙人决定不再经营；(2)合伙协议约定的解散事由出现；(3)全体合伙人决定解散；(4)合伙人已不具备法定人数满 30 天；(5)合伙协议约定的合伙目的已经实现或者无法实现；(6)依法被吊销营业执照、责令关闭或者被撤销；(7)法律、行政法规规定的其他原因。

### (二) 合伙企业的清算

合伙企业解散的，应当进行清算。

(1) 确定清算人。合伙企业解散，应当由清算人进行清算。清算人由全体合伙人担任；经全体合伙人过半数同意，可以自合伙企业解散事由出现后 15 日内指定一个或者数个合伙人，或者委托第三人担任清算人。自合伙企业解散事由出现之日起 15 日内未确定清算人的，合伙人或者其他利害关系人可以申请人民法院指定清算人。

(2) 清算人职责。清算人在清算期间执行下列事务：①清理合伙企业财产，分别编制资产负债表和财产清单；②处理与清算有关的合伙企业未了结事务；③清缴所欠税款；④清理债权、债务；⑤处理合伙企业清偿债务后的剩余财产；⑥代表合伙企业参加诉讼或者仲裁活动。

(3) 通知和公告债权人。清算人自被确定之日起 10 日内将合伙企业解散事项通知债权人，并于 60 日内在报纸上公告。债权人应当自接到通知书之日起 30 日内，未接到通知书的自公告之日起 45 日内，向清算人申报债权。债权人申报债权，应当说明债权的有关事项并提供证明材料。清算人应当对债权进行登记。清算期间，合伙企业存续，但不得开展与清算无关的经营活动。

(4) 财产清偿顺序。合伙企业财产在支付清算费用和职工工资、社会保险费用、法定补偿金以及缴纳所欠税款、清偿债务后的剩余财产，依照《合伙企业法》关于利润分配和亏损分担的规定进行分配。

(5) 注销登记。清算结束，清算人应当编制清算报告，经全体合伙人签名、盖章后，在 15 日内向企业登记机关报送清算报告， 申请办理合伙企业注销登记。 经企业登记机关注销登记，合伙企业终止。合伙企业注销后，原普通合伙人对合伙企业存续期间的债务仍应承担无限连带责任。

(6) 合伙企业不能清偿到期债务的处理。合伙企业不能清偿到期债务的，债权人可以依法向人民法院提出破产清算申请，也可以要求普通合伙人清偿。合伙企业依法被宣告破产的，普通合伙人对合伙企业债务仍应承担无限连带责任。

## 考点八　违反合伙企业法的法律责任

违反《合伙企业法》规定，应当承担民事赔偿责任和缴纳罚款、罚金，其财产不足以同时支付的，先承担民事赔偿责任。

# 三、外商投资企业法律制度

## 考点九 外商投资企业法律制度概述

### (一) 外商投资企业的概念

外商投资企业，是指外国投资者经中国政府批准，在中国境内举办的企业。

### (二) 外商投资企业的种类

| | |
|---|---|
| 中外合资经营企业 | 股权式企业。由中外合营各方共同投资、共同经营，并按照投资比例共担风险、共负盈亏的企业 |
| 中外合作经营企业 | 契约式企业。中外合作各方通过合作企业合同约定各自的权利和义务的企业 |
| 外资企业 | 全部资本由外国投资者投资的企业。不包括外国公司、企业和其他经济组织在中国境内设立的分支机构 |
| 中外合资股份有限公司 | 中外股东共同持有公司股份的企业法人 |

### (三) 外商投资企业的投资项目

| | |
|---|---|
| 鼓励类 | (1)属于农业新技术、农业综合开发和能源、交通、重要原材料工业的；(2)属于高新技术、先进适用技术，能够改进产品性能、提高企业技术经济效益或者生产国内生产能力不足的新设备、新材料的；(3)适应市场需求，能够提高产品档次、开拓新兴市场或者增加产品国际竞争能力的；(4)属于新技术、新设备，能够节约能源和原材料、综合利用资源和再生资源以及防治环境污染的；(5)能够发挥中西部地区的人力和资源优势，并符合国家产业政策的；(6)法律、行政法规规定的其他情形 |
| 限制类 | (1)技术水平落后的；(2)不利于节约资源和改善生态环境的；(3)从事国家规定实行保护性开采的特定矿种勘探、开采的；(4)属于国家逐步开放的产业的；(5)法律、行政法规规定的其他情形 |
| 禁止类 | (1)危害国家安全或损害社会公共利益的；(2)对环境造成污染损害，破坏自然资源或者损害人体健康的；(3)占用大量耕地，不利于保护、开发土地资源的；(4)危害军事设施安全和使用效能的；(5)运用我国特有工艺或技术生产产品的；(6)其他情形 |
| 允许类 | 不属于鼓励类、限制类和禁止类的外商投资项目产品全部直接出口的允许类外商投资项目，视为鼓励类外商投资项目。<br>产品出口销售额占其产品销售总额70%以上的限制类外商投资项目，经省、自治区、直辖市及计划单列市人民政府或者国务院主管部门批准，可以视为允许类外商投资项目 |

### (四) 外国投资者并购境内企业

外国投资者并购境内企业，是指外国投资者购买境内非外商投资企业(以下称“境内公司”)的股东的股权或认购境内公司增资，使该境内公司变更设立为外商投资企业(以下称“股权并购”)；或者，外国投资者设立外商投资企业，并通过该企业协议购买境内企业资产且运营该资产，或，外国投资者协议购买境内企业资产，并以该资产投资设立外商投资企业运营该资产(以下称“资产并购”)。

| | |
|---|---|
| 股权并购 | 外国投资者协议购买境内非外商投资企业的股东的股权 |
| | 外国投资者认购境内公司增资 |
| 资产并购 | 外国投资者设立外商投资企业，并通过该企业协议购买境内企业资产且运营该资产 |
| | 外国投资者协议购买境内企业资产，并以该资产投资设立外商投资企业运营该资产 |

**1. 外国投资者并购境内企业的要求**

(1) 境内公司、企业或自然人以其在境外合法设立或控制的公司名义并购与其有关联关系的境内的公司，应报商务部审批。

(2) 外国投资者并购境内企业并取得实际控制权，涉及重点行业、存在影响或可能影响国家经济安全因素或者导致拥有驰名商标或中华老字号的境内企业实际控制权转移的，当事人应就此向商务部进行申报。

(3) 外国投资者股权并购的，并购后所设外商投资企业承继被并购境内公司的债权和债务。外国投资者资产并购的，出售资产的境内企业承担其原有的债权和债务。

**2. 外国投资者并购境内企业的注册资本与投资总额**

(1) 外国投资者并购境内企业的注册资本。

| | |
|---|---|
| 外国投资者协议购买境内公司股东的股权 | 境内公司变更设立为外商投资企业后，该外商投资企业的注册资本为原境内公司注册资本，外国投资者的出资比例为其所购买股权在原注册资本中所占比例 |
| | 注册资本数额不变 |
| 外国投资者认购境内有限责任公司增资 | 并购后所设外商投资企业的注册资本为原境内公司注册资本与增资额之和。外国投资者与被并购境内公司原其他股东，在境内公司资产评估的基础上，确定各自在外商投资企业注册资本中的出资比例 |
| | 注册资本数额增加 |

外国投资者在并购后所设外商投资企业注册资本中的出资比例一般不低于25%。外国投资者的出资比例低于25%的，审批机关在颁发外商投资企业批准证书时加注“外资比例低于25%”的字样。登记管理机关在颁发外商投资企业营业执照时加注“外资比例低于25%”的字样。

(2) 外国投资者并购境内企业的投资总额。

① 股权并购。

| 注 册 资 本 | 投 资 总 额 |
|---|---|
| 210万美元以下 | 不得超过注册资本的10/7 |
| 210万美元以上至500万美元 | 不得超过注册资本的2倍 |
| 500万美元以上至1200万美元 | 不得超过注册资本的2.5倍 |
| 1200万美元以上 | 不得超过注册资本的3倍 |

② 资产并购。应根据购买资产的交易价格和实际生产经营规模确定拟设立的外商投资企业的投资总额。拟设立的外商投资企业的注册资本与投资总额的比例应符合有关规定。

**3. 外国投资者并购境内企业的出资**

(1) 一般规定。

① 外国投资者并购境内企业设立外商投资企业，外国投资者应自外商投资企业营业执照颁发之日起 3 个月内向转让股权的股东，或出售资产的境内企业支付全部对价。

② 对特殊情况需要延长者，经审批机关批准后，应自外商投资企业营业执照颁发之日起 6 个月内支付全部对价的 60%以上，1 年内付清全部对价，并按实际缴付的出资比例分配收益。

(2) 增资的特殊规定。

① 有限责任公司和以发起方式设立的境内股份有限公司的股东应当在公司申请外商投资企业营业执照时缴付不低于 20%的新增注册资本，其余部分的出资时间应符合《公司法》、有关外商投资的法律和《公司登记管理条例》的规定。其他法律和行政法规另有规定的，从其规定。

② 股份有限公司为增加注册资本发行新股时，股东认购新股，依照设立股份有限公司缴纳股款的有关规定执行。

(3) 资产并购的特殊规定。外国投资者资产并购的，投资者应在拟设立的外商投资企业合同、章程中规定出资期限。

① 设立外商投资企业，并通过该企业协议购买境内企业资产且运营该资产的，对与资产对价等额部分的出资，投资者应自外商投资企业营业执照颁发之日起 3 个月内向境内企业支付全部对价，对特殊情况需要延长者，经审批机关批准后，应自外商投资企业营业执照颁发之日起 6 个月内支付全部对价的 60%以上，1 年内付清全部对价，并按实际缴付的出资比例分配收益；

② 其余部分的出资，合同、章程中规定一次缴清出资的，投资者应自外商投资企业营业执照颁发之日起 6 个月内缴清，合同、章程中规定分期缴付出资的，投资者第一期出资不得低于各自认缴出资额的 15%，并应自外商投资企业营业执照颁发之日起 3 个月内缴清。

(4) 低于 25%时支付对价期限的特殊要求。

外国投资者并购境内企业设立外商投资企业，如果外国投资者出资比例低于企业注册资本 25%的。

① 投资者以现金出资的，应自外商投资企业营业执照颁发之日起 3 个月内缴清；

② 投资者以实物、工业产权等出资的，应自外商投资企业营业执照颁发之日起 6 个月内缴清。

(5) 外商投资企业待遇。

① 外国投资者在并购后所设外商投资企业注册资本中的出资比例高于 25%的，该企业享受外商投资企业待遇。

② 外国投资者在并购后所设外商投资企业注册资本中的出资比例低于 25%的，除法律和行政法规另有规定外，该企业不享受外商投资企业待遇，其举借外债按照境内非外商投资企业举借外债的有关规定办理。审批机关向其颁发加注“外资比例低于 25%”字样的外商投资企业批准证书。登记管理机关、外汇管理机关分别向其颁发加注“外资比例低于 25%”字样的外商投资企业营业执照和外汇登记证。

(6) 假外资的排除。境内公司、企业或自然人以其在境外合法设立或控制的公司名义并购与其有关联关系的境内公司，所设立的外商投资企业不享受外商投资企业待遇，但该境外公司认购境内公司增资，或者该境外公司向并购后所设企业增资，增资额占所设企业注册资本比例达到 25%以上的除外。 根据上述方式设立的外商投资企业，其实际控制人以外的外国投资者在企业注册资本中的出资比例高于 25%的，享受外商投资企业待遇。

4. 外国投资者并购境内企业的审批与登记

| 报送文件 | 审批机关为商务部或省级商务主管部门 |
|---|---|
| 审批，领取批准证书 | 自收到规定报送的全部文件之日起30日内批准或不批准 |
| 领取外商投资企业营业执照 | 自收到外商投资企业批准证书之日起30日内<br>领取营业执照<br>登记管理机关为国家工商行政管理总局或其<br>授权的地方工商行政管理局 |
| 其他登记 | 自收到外商投资企业营业执照之日起30日内办理税务、海关、土地管理和外汇管理登记 |

## 考点十　中外合资经营企业法律制度

### (一) 中外合资经营企业的设立

**1. 设立合营企业的条件**

申请设立合营企业有下列情况之一的，不予批准：(1)有损中国主权的；(2)违反中国法律的；(3)不符合中国国民经济发展要求的；(4)造成环境污染的；(5)签订的协议、合同、章程显属不公平，损害合营一方权益的。

**2. 设立合营企业的法律程序**

(1) 由中外合营者共同向审批机关报送有关文件。

(2) 审批机关审批。审批机关应当在收到全部文件之日起 3 个月内决定批准或者不批准。合营企业经批准后由审批机关发给批准证书。

(3) 办理工商登记。合营企业应当自收到批准证书后 1 个月内按照国家有关规定，向工商行政管理机关办理登记手续，领取营业执照。

### (二) 中外合资经营企业的注册资本与投资总额

**1. 合营企业的注册资本**

合营企业的注册资本，是指为设立合营企业在工商行政管理机关登记注册的资本，应为合营各方认缴的出资额之和。

(1) 在合营企业的注册资本中，外国合营者的出资比例一般不得低于 25%，这是外国合营者认缴出资的最低限额。 对其最高限额法律没有明确规定。

(2) 合营企业在合营期限内，不得减少其注册资本。但因投资总额和生产经营规模等发生变化，确需减少注册资本的，须经审批机关批准。合营企业增加注册资本应当经合营各方协商一致，并由董事会会议通过，报经原审批机关核准。合营企业增加、减少注册资本，应当修改合营企业章程，并办理变更注册资本登记手续。

(3) 合营企业的注册资本应符合《公司法》规定的有限责任公司的注册资本的最低限额。

**2. 合营企业的投资总额**

合营企业的投资总额，是指按照合营企业的合同、章程规定的生产规模需要投入的基本建设资金和生产流动资金的总和，由注册资本与借款构成。

| 投资总额(美元) | 注册资金/投资总额 | 特 殊 规 定 |
| --- | --- | --- |
| ≤300 万 | ＞7/10 | |
| 300 万～1000 万 | ＞1/2 | 投资总额在 420 万美元以下的，注册资本不得低于 210 万美元 |
| 1000 万～3000 万 | ＞2/5 | 投资总额在 1250 万美元以下的，注册资本不得低于 500 万美元 |
| ＞3000 万 | ＞1/3 | 投资总额在 3600 万美元以下的，注册资本不得低于 1200 万美元 |

### (三) 中外合资经营企业合营各方的出资方式、出资期限

#### 1. 合营企业合营各方的出资方式

(1) 合营企业合营各方可以用货币出资， 也可以用建筑物、厂房、机器设备或者其他物料、工业产权、专有技术、场地使用权等作价出资。

(2) 外国合营者以货币出资时，只能以外币缴付出资，不能以人民币缴付出资。

(3) 作为外国合营者出资的机器设备或者其他物料，应当是合营企业生产所必需的，且出资的机器设备或者其他物料的作价，不得高于同类机器设备或者其他物料当时的国际市场价格。

(4) 作为外国合营者出资的工业产权或专有技术，必须符合下列条件之一：①能显著改进现有产品的性能、质量，提高生产效率的；②能显著节约原材料、燃料、动力的。

(5) 中国合营者可以用为合营企业经营期间提供的场地使用权作为出资， 其作价金额应当与取得同类场地使用权所应缴纳的使用费相同。

(6) 凡是以建筑物、厂房、机器设备或者其他物料、工业产权、专有技术作价出资的， 出资者应当出具拥有所有权和处置权的有效证明。

(7) 合营企业任何一方不得用以合营企业名义取得的贷款、租赁的设备或者其他财产以及合营者以外的他人财产作为自己的出资，也不得以合营企业的财产和权益或者合营他方的财产和权益为其出资担保。

#### 2. 合营企业合营各方的出资期限

(1) 合营各方应当在合营合同中订明出资期限，并且应当按照合营合同规定的期限缴清各自的出资。

① 合营合同规定一次缴清出资的，合营各方应当自营业执照签发之日起 6 个月内缴清；

② 合营合同规定分期缴付出资的，合营各方第一期出资，不得低于各自认缴出资额的 15%，并且应当在营业执照签发之日起 3 个月内缴清。

未按期缴纳出资的后果，有两种情形：第一，合营企业合营各方未能在规定的期限内缴付出资的，视同合营企业自动解散，合营企业批准证书自动失效。第二，合营企业合营一方未按照合同的规定如期缴付或者缴清其出资的， 即构成违约。守约方应当催告违约方在 1 个月内缴付或者缴清出资，逾期仍未缴付或者缴清的，视同违约方放弃在合同中的一切权利，自动退出合营企业。

(2) 并购国内企业的出资期限。通过收购国内企业资产或股权设立合营企业的外国投资者，应自合营企业营业执照颁发之日起 3 个月内支付全部购买金。对特殊情况需要延长支付者，经审批机关批准后，应自营业执照颁发之日起 6 个月内支付购买总金额的 60%以上，在 1 年内付清全部购买金，并按实际缴付的出资额的比例分配收益。控股投资者在付清全部购买金额之前，不能取得企业决策权，不得将其在企业中的权益、资产以合并报表的方式纳入该投资者的财务报表。

### (四) 中外合资经营企业出资额的转让

合营企业出资额的转让，是指在合营企业中合营一方将其全部或部分出资额转让给合营企业另一方或第三者。

**1. 合营企业出资额的转让条件**

(1) 合营企业出资额的转让须经合营各方同意。

(2) 合营企业出资额的转让须经董事会会议通过后，报原审批机关批准。

(3) 合营企业一方转让其全部或部分出资额时，合营他方有优先购买权。

**2. 合营企业出资额的转让程序**

(1) 申请出资额转让。

(2) 董事会审查决定。

(3) 报审批机关批准。

(4) 办理变更登记手续。

### (五) 中外合资经营企业的组织形式和组织机构

**1. 合营企业的组织形式**

合营企业的组织形式为有限责任公司。合营企业合营各方对合营企业的责任以各自认缴的出资额为限，合营企业以其全部资产对其债务承担责任。

**2. 合营企业的组织机构**

合营企业的组织机构是董事会和经营管理机构。

(1) 董事会。

① 董事会是合营企业的最高权力机构，决定合营企业的一切重大问题。合营企业的组织形式虽然是有限责任公司，但并不设立股东会。

② 董事会由董事长、副董事长及董事组成。董事会成员不得少于 3 人。董事长和副董事长由合营各方协商确定或者由董事会选举产生。中外合营者的一方担任董事长的，由他方担任副董事长。董事任期 4 年，可以连任。

③ 董事会会议由董事长召集，董事长不能召集时，可以由董事长委托副董事长或者其他董事召集。董事会每年至少召开一次董事会会议，经 1/3 以上董事提议，可以召开临时会议。董事会会议应有 2/3 以上董事出席，董事不能出席的，可出具委托书委托他人代表其出席和表决。

④ 董事会的职权包括：企业发展规划、生产经营活动方案、收支预算、利润分配；劳动工资计划、停业，以及总经理、副总经理、总工程师、总会计师、审计师的任命或聘请及其职权和待遇等。

⑤ 下列事项由出席董事会会议的董事一致通过方可作出决议：合营企业章程的修改；合营企业的中止、解散；合营企业注册资本的增加、减少；合营企业的合并、分立。

(2) 经营管理机构。经营管理机构负责合营企业的日常经营管理工作。经营管理机构设总经理 1 人，副总经理若干人，其他高级管理人员若干人。

### (六) 中外合资经营企业的期限、解散和清算

**1. 合营企业的期限**

(1) 举办的合营企业属于下列行业的，合营各方应当依照国家有关法律、行政法规的规定，

在合营合同中约定合营企业的合营期限。这些行业包括：①服务性行业的，如饭店、公寓、写字楼、娱乐、饮食、出租汽车、彩扩、洗像、维修、咨询等；②从事土地开发及经营房地产的；③从事资源勘查开发的；④国家规定限制投资项目的；⑤国家其他法律、法规规定需要约定合营期限的。

合营企业的合营期限，一般项目原则上为10年至30年。经国务院特别批准的，可以在50年以上。

(2) 对于属于国家规定鼓励投资和允许投资项目的合营企业，除上述行业外，合营各方可以在合营协议、合同中约定合营期限，也可以不约定合营期限。

(3) 约定合营期限的合营企业，合营各方同意延长合营期限的，应当在距合营期限届满6个月前向审批机关提出申请。审批机关应当在收到申请之日起1个月内决定批准或者不批准。

**2. 合营企业的解散**

合营企业在下列情况下解散：(1)合营期限届满；(2)合营企业发生严重亏损，无力继续经营；(3)合营一方不履行合营企业协议、合同、章程规定的义务，致使企业无法继续经营；(4)因自然灾害、战争等不可抗力遭受严重损失，无法继续经营；(5)合营企业未达到其经营目的，同时又无发展前途；(6)合营合同、章程所规定的其他解散原因已经出现。

【相关考点】公司解散的情形：(1)公司章程规定的营业期限届满或者公司章程规定的其他解散事由出现；(2)股东会或者股东大会决议解散；(3)因公司合并或者分立需要解散；(4)依法被吊销营业执照、责令关闭或者被撤销；(5)人民法院依法予以解散。

**3. 合营企业的清算**

(1) 清算委员会的成员一般应当在合营企业的董事中选任。董事不能担任或者不适合担任清算委员会成员时，合营企业可以聘请中国的注册会计师、律师担任。审批机关认为必要时，可以派人进行监督。

(2) 合营企业以其全部资产对其债务承担责任。合营企业清偿债务后的剩余财产按照合营各方的出资比例进行分配，但合营企业协议、合同、章程另有规定的除外。

**【例3-18】**下列关于中外合资经营企业非破产清算的表述中，符合中外合资经营企业法律制度规定的有(　　)。(2012年多选题)

A. 清算委员会的成员一般应当在合营企业的董事中选任

B. 清算期间，清算委员会代表该合营企业起诉或应诉

C. 合营企业清偿债务后的剩余财产按照合营各方的出资比例进行分配，但合营企业协议、合同、章程另有规定的除外

D. 合营企业解散时，其剩余财产超过实缴资本的部分为清算所得

**【解析】**ABC　本题考核点是合营企业的清算。合营企业解散时，其资产净额或剩余财产减除企业未分配利润、各项基金和清算费用后的余额，超过实缴资本的部分为清算所得，应当依法缴纳所得税。选项D错误。

## 考点十一　中外合作经营企业法律制度

### (一) 中外合作经营企业的设立

**1. 设立合作企业的条件**

国家鼓励举办的合作企业是：(1)产品出口的生产型合作企业；(2)技术先进的生产型合作

企业。

**2. 设立合作企业的法律程序**

(1) 由中国合作者向审查批准机关报送有关文件。

(2) 审查批准机关审批。

(3) 办理工商登记。

以上所称审查批准机关，是指商务部或者省级商务主管部门。

### (二) 中外合作经营企业的注册资本与投资、合作条件

**1. 合作企业的注册资本**

(1) 合作企业的注册资本，是指为设立合作企业，在工商行政管理机关登记的合作各方认缴的出资额之和。

(2) 合作企业的投资总额，是指按照合作企业合同、章程规定的生产经营规模，需要投入的资金总和。

(3) 合作企业的注册资本与投资总额的比例，参照中外合资经营企业注册资本与投资总额比例的有关规定执行。

**2. 合作企业的投资和合作条件**

(1) 合作各方的出资方式。合作各方向合作企业投资或者提供合作条件的方式可以是货币，也可以是实物或者工业产权、专有技术、土地使用权等财产权利。合作各方应当以其自有的财产或者财产权利作为投资或者提供合作条件，对该投资或者提供的合作条件不得设置抵押或者其他形式的担保。中国合作者的投资或者提供的合作条件，属于国有资产的，应当依照有关法律、行政法规的规定进行资产评估。

(2) 合作各方的出资比例。在依法取得中国法人资格的合作企业中，外国合作者的投资一般不低于合作企业注册资本的25%。在不具有法人资格的合作企业中，对合作各方向合作企业投资或者提供合作条件的具体要求，由国务院对外经济贸易主管部门确定。

(3) 合作各方的出资期限。

① 合作各方应当在合作企业合同中约定合作各方向合作企业投资或者提供合作条件的期限。

② 未按照合作企业合同约定缴纳投资或者提供合作条件的一方，应当向已缴纳投资或者提供合作条件的他方承担违约责任。

③ 合作各方缴纳投资或者提供合作条件后，应当由中国注册会计师验证并出具验资报告，由合作企业据以发给合作各方出资证明书。出资证明书应当抄送审查批准机关及工商行政管理机关。

(4) 合作各方的出资转让。合作各方之间相互转让或者合作一方向合作他方以外的他人转让属于其在合作企业合同中全部或者部分权利的，须经合作他方书面同意，并报审查批准机关批准。审查批准机关应当自收到有关转让文件之日起30日内决定批准或者不批准。

### (三) 中外合作经营企业的组织形式和组织机构

**1. 合作企业的组织形式**

合作企业可以申请为具有法人资格的合作企业，也可以申请为不具有法人资格的合作企业。

(1) 具有法人资格的合作企业，其组织形式为有限责任公司。

(2) 不具有法人资格的合作企业，合作各方的关系是一种合伙关系。

**2. 合作企业的组织机构**

具备法人资格的合作企业，一般设立董事会；不具备法人资格的合作企业，一般设立联合管理委员会。董事会或者联合管理委员会是合作企业的权力机构，按照合作企业章程的规定，决定合作企业的重大问题。

(1) 董事会或者联合管理委员会。

① 董事会或者联合管理委员会成员不得少于3人，其名额的分配由中外合作者参照其投资或者提供的合作条件协商确定。

② 董事会董事长、副董事长或者联合管理委员会主任、副主任的产生办法由合作企业章程规定；中外合作者一方担任董事长、主任的，副董事长、副主任由他方担任。

③ 董事或者委员的任期由合作企业章程规定，但是每届任期不得超过3年。董事或者委员任期届满，委派方继续委任的，可以连任。

(2) 会议制度。

① 董事会会议或者联合管理委员会会议每年至少召开1次，由董事长或者主任召集并主持。1/3以上董事或者委员可以提议召开董事会会议或者联合管理委员会会议。董事会会议或者联合管理委员会会议应当有2/3以上董事或者委员出席方能举行。不能出席董事会会议或者联合管理委员会会议的董事或者委员，应当书面委托他人代表其出席和表决。

② 董事会会议或者联合管理委员会会议作出决议，须经全体董事或者委员的过半数通过。

③ 董事或者委员无正当理由不参加又不委托他人代表其参加董事会会议或者联合管理委员会会议的，视为出席会议并在表决中弃权。

④ 下列事项由出席董事会会议或者联合管理委员会会议的董事或者委员一致通过，方可作出决议：合作企业章程的修改；合作企业注册资本的增加或者减少；合作企业的资产抵押；合作企业的解散；合作企业合并、分立和变更组织形式；合作各方约定由董事会会议或者联合管理委员会会议一致通过方可作出决议的其他事项。

(3) 合作企业设总经理1人，负责合作企业日常经营管理工作，对董事会或者联合管理委员会负责。合作企业的总经理由董事会或者联合管理委员会聘任、解聘。

(4) 合作企业成立后，经合作各方一致同意，可以委托合作一方进行经营管理，另一方不参加管理；也可以委托合作各方以外的第三人经营管理。合作企业成立后委托合作各方以外的他人经营管理的，必须经董事会或者联合管理委员会一致同意，并应当与被委托人签订经营管理合同。

**【例3-19】**某中外合作经营企业的董事会拟对企业资产抵押的事项作出决议。下列关于该董事会就该事项表决规则中，符合《中外合作经营企业法》规定的是(　　)。(2010年单选题)

A. 该事项须由全体董事过半数表决通过

B. 该事项须由出席会议董事的过半数通过

C. 该事项须由出席会议的董事一致表决通过

D. 该事项须由出席会议的2/3以上董事表决通过

**【解析】**C　根据规定，合作企业的资产抵押，属于特别事项，须经出席董事会会议的董事一致通过，方可作出决议。

### (四) 中外合作经营企业的收益分配与回收投资

**1. 合作企业的收益分配**

合作企业的中外合作者可以在合同中约定采用分配利润、分配产品或者其他方式分配收益。合作企业合作各方约定采用分配产品或者其他方式分配收益的，应当按照中国税法的有关规定，计算应纳税额。

**2. 合作企业外国合作者先行回收投资**

(1) 外国合作者先行回收投资的方式。

① 在按照投资或者提供合作条件进行分配的基础上，在合作企业合同中约定扩大外国合作者的收益分配比例。

② 经财政税务机关审查批准，外国合作者在合作企业缴纳所得税前回收投资。

③ 经财政税务机关和审查批准机关批准的其他回收投资方式。

(2) 外国合作者先行回收投资的条件。

① 中外合作者在合作企业合同中约定合作期满时，合作企业的全部固定资产无偿归中国合作者所有。

② 对于税前回收投资的，必须向财政税务机关提出申请，并由财政税务机关依法审查批准。

③ 中外合作者应当依照有关法律的规定和合作企业合同的约定，对合作企业的债务承担责任。

④ 外国合作者提出先行回收投资的申请，应当具体说明先行回收投资的总额、期限和方式，经财政税务机关审查同意后，报审查批准机关审批。

⑤ 外国合作者应当在合作企业的亏损弥补之后，才能先行回收投资。

### (五) 中外合作经营企业的期限、解散和清算

**1. 合作企业的期限**

(1) 合作企业的期限由中外合作者协商确定，并在合作企业合同中订明。

(2) 合作企业期限届满，合作各方协商同意要求延长合作期限的，应当在期限届满的 180 天前向审查批准机关提出申请。审查批准机关应当自接到申请之日起 30 日内，决定批准或者不批准。

(3) 合作企业合同约定外国合作者先行回收投资，并且投资已经回收完毕的，合作企业期限届满不再延长。但是，外国合作者增加投资的，经合作各方协商同意，可以向审查批准机关申请延长合作期限。

**2. 合作企业的解散**

合作企业出现下列情形之一时解散：(1)合作期限届满；(2)合作企业发生严重亏损，或者因不可抗力遭受严重损失，无力继续经营；(3)中外合作者一方或者数方不履行合作企业合同、章程规定的义务，致使合作企业无法继续经营；(4)合作企业合同、章程中规定的其他解散原因已经出现；(5)合作企业违反法律、行政法规，被依法责令关闭。

**3. 合作企业的清算**

合作企业期满或者提前终止时，应当依照法定程序对资产和债权、债务进行清算。中外合作者应当依照合作企业合同的约定确定合作企业财产的归属。

## 考点十二　外资企业法律制度

### (一) 外资企业的设立

**1. 设立外资企业的条件**

国家鼓励外资企业采用先进技术和设备，从事新产品开发，实现产品升级换代，节约能源和原材料，并鼓励举办产品出口的外资企业。

**2. 设立外资企业的法律程序**

(1) 提出申请。外国投资者应先向拟设立外资企业所在地的县级或者县级以上人民政府提交报告，收到报告的人民政府签署意见后，由外国投资者通过外资企业所在地的县级或者县级以上人民政府向审批机关提出申请。

(2) 审批机关审批。审批机关在收到申请文件之日起90日内决定批准或者不批准。

(3) 办理工商登记。外国投资者在收到批准证书之日起30日内向工商行政管理机关申请登记，领取营业执照。

### (二) 外资企业的注册资本与投资总额

(1) 外资企业的注册资本，是指为设立外资企业在工商行政管理机关登记的资本总额，即外国投资者认缴的全部出资额。

(2) 外资企业注册资本与投资总额的比例应当符合中国的有关规定，目前参照中外合资经营企业的有关规定执行。

(3) 外资企业在经营期限内不得减少其注册资本，但因投资总额和生产经营规模等发生变化，确需减少注册资本的，须经审批机关批准。外资企业注册资本的增加、转让，须经审批机关批准，并向工商行政管理机关办理变更登记手续。外资企业将其财产或者权益对外抵押、转让，须经审批机关批准，并向工商行政管理机关备案。

**【例3-20】**外资企业将其财产或者权益对外抵押、转让的，须经工商行政管理机关批准，并报审批机关备案。(　　)(2011年考判断题)

**【解析】**×　本题考核点是外资企业。外资企业将其财产或者权益对外抵押、转让，须经审批机关批准，并向工商行政管理机关备案。

### (三) 外资企业的组织形式和组织机构

**1. 外资企业的组织形式**

外资企业的组织形式为有限责任公司，经批准也可以为其他责任形式。

**2. 外资企业的组织机构**

(1) 外资企业的组织机构可以由外国投资者根据企业不同的经营内容、经营规模、经营方式自行设置。

(2) 外资企业应根据其组织形式设立董事会并推选出董事长，同时向审批机关备案。董事长是企业的法定代表人。

**(四) 外资企业的期限、终止和清算**

**1. 外资企业的期限**

外资企业的经营期限，由外国投资者在设立外资企业的申请书中拟订，经审批机关批准。

**2. 外资企业的终止**

外资企业有下列情形之一的，应予终止：

(1) 经营期限届满。

(2) 经营不善，严重亏损，外国投资者决定解散。

(3) 因自然灾害、战争等不可抗力而遭受严重损失，无法继续经营。

(4) 破产。

(5) 违反中国法律、法规，危害社会公共利益被依法撤销。

(6) 外资企业章程规定的其他解散事由已经出现。

**3. 外资企业的清算**

(1) 外资企业宣告终止时，应当进行清算。终止之日起 15 日内对外公告通知债权人，并提出清算委员会人选，报审批机关审核。

(2) 外资企业在清算结束之前，外国投资者不得将该企业的资金汇出或者携出境外，不得自行处理企业的财产。

# 同步过关测试

**一、单项选择题**

1. 根据个人独资企业法律制度的规定，下列关于个人独资企业投资人的表述中，正确的是(　　)。

A. 投资人只能以个人财产出资

B. 投资人可以是自然人、法人或其他组织

C. 投资人对企业债务承担无限责任

D. 投资人不得以土地使用权出资

2. 甲投资设立乙个人独资企业，委托丙管理企业事务，授权丙可以决定 10 万元以下的交易。丙以乙企业的名义向丁购买 15 万元的商品。丁不知甲对丙的授权限制，依约供货。乙企业未按期付款，由此发生争议。下列表述中，符合法律规定的是(　　)。

A. 乙企业向丁购买商品的行为有效

B. 丙仅对 10 万元以下的交易有决定权，乙企业向丁购买商品的行为无效

C. 甲向丁出示给丙的授权委托书后，可不履行付款义务

D. 甲向丁出示给丙的授权委托书后，付款 10 万元，其余款项丁只能要求丙支付

3. 林某以个人财产出资设立一个人独资企业，聘请陈某管理该企业事务。林某病故后因企业负债较多，林某的妻子作为唯一继承人明确表示不愿继承该企业，该企业只得解散。根据《个人独资企业法》的规定，关于该企业清算人的下列表述中，正确的是(　　)。

A. 由陈某进行清算

B. 由林某的妻子进行清算

C. 由债权人进行清算

D. 由债权人申请法院指定清算人进行清算

4. 甲、乙、丙开办一普通合伙企业，后甲与丁约定将合伙企业中甲的财产份额全部转让给丁，丁表示取得甲的财产份额后愿意入伙。下列说法正确的是(　　)。

A. 丁自然取得合伙企业中甲的财产份额

B. 如乙、丙同意，丁依法取得合伙人的地位

C. 如乙、丙不同意丁入伙，必须购买甲的财产份额

D. 合伙企业应清算，丁分得甲应得财产份额

5. 合伙企业的合伙人甲在单独执行企业事务时，未经其他合伙人同意，独自决定实施了下列行为，其中违反《合伙企业法》规定的是(　　)。

A. 为合伙企业的生产购置原料　　B. 对合伙企业的债务人提起诉讼

C. 以合伙企业所有的商标权出质　　D. 请合伙企业的律师吃饭

6. 甲、乙、丙、丁拟设立一普通合伙企业，四人签订的合伙协议的下列条款中，不符合合伙企业法律制度规定的是(　　)。

A. 甲、乙、丙、丁的出资比例为4:3:2:1

B. 合伙企业事务委托甲、乙两人执行

C. 乙、丙只以其各自的出资额为限对企业债务承担责任

D. 对合伙企业事项作出决议实行全体合伙人一致通过的表决办法

7. 2004年3月，刘、关、张三人分别出资2万元、2万元、1万元设立甲合伙企业，并约定按出资比例分配和分担损益。8月，甲合伙企业为乙企业的借款提供担保；12月因乙企业无偿债能力，甲合伙企业承担保证责任，为乙企业支付1万元。12月底，刘提出退伙要求，关、张同意。经结算，甲合伙企业净资产为3万元。根据《合伙企业法》的规定，应退还刘的财产数额是(　　)。

A. 2万元　　B. 1.2万元　　C. 1万元　　D. 0.8万元

8. 下列有关普通合伙企业合伙事务执行的表述中，符合《合伙企业法》规定的是(　　)。

A. 合伙人执行合伙企业事务享有同等的权利

B. 合伙人可以自营与合伙企业相竞争的业务

C. 不执行合伙企业事务的合伙人无权查阅合伙企业会计账簿

D. 聘用非合伙人担任经营管理人员的，其在被聘用期间具有合伙人资格

9. 根据《合伙企业法》的规定，普通合伙企业协议未约定合伙企业合伙期限的，合伙人在不给合伙企业事务执行造成不利影响的情况下，可以退伙，但应当提前一定期间通知其他合伙人。该期间是(　　)。

A. 10日　　B. 15日　　C. 30日　　D. 60日

10. 据《合伙企业法》的规定，下列各项中，不属于合伙人当然退伙的情形是(　　)。

A. 作为合伙人的法人被宣告破产

B. 合伙人未履行出资义务

C. 合伙人个人丧失偿债能力

D. 合伙人在合伙企业中的全部财产份额被人民法院强制执行

11. 下列有关有限合伙企业设立条件的表述中，不符合新颁布的《合伙企业法》规定的是(　　)。

A. 有限合伙企业至少应当有一个普通合伙人

B. 有限合伙企业名称中应当标明“特殊普通合伙”字样

C. 有限合伙人可以用知识产权作价出资

D. 有限合伙企业登记事项中应载明有限合伙人的姓名或名称

12. 李某为一有限合伙企业中的有限合伙人，根据新颁布的《合伙企业法》的规定，李某的下列行为中，不符合法律规定的是(　　)。

A. 对企业的经营管理提出建议

B. 对外代表有限合伙企业

C. 参与决定普通合伙人入伙

D. 依法为本企业提供担保

13. 甲、乙、丙、丁成立一家有限合伙企业，甲是唯一的普通合伙人，负责合伙事务执行。在合伙协议没有约定的情况下，下列行为不符合法律规定的是(　　)。

A. 甲以合伙企业的名义向 A 公司购买一批原材料

B. 乙代表合伙企业与 B 公司签订了一份代销合同

C. 丙将自有房屋租给合伙企业使用

D. 丁设立的一人有限公司经营与合伙企业相同的业务

14. 甲是某合伙企业中的有限合伙人，在该合伙企业经营过程中，甲共取得分配的利润 5 万元。后来，甲因故退伙，退伙清算时甲从该合伙企业分得财产价值 2 万元。甲对基于其退伙前的原因发生的合伙企业债务，承担清偿责任的数额是(　　)万元。

A. 0　　B. 2　　C. 5　　D. 7

15. 某普通合伙企业决定解散，经清算人确认：企业欠职工工资和社会保险费用 10 000 元，欠国家税款 8000 元，另外发生清算费用 3000 元。下列几种清偿顺序中，符合合伙企业法律制度规定的是(　　)。

A. 先支付职工工资和社会保险费用，再缴纳税款，然后支付清算费用

B. 先缴纳税款，再支付职工工资和社会保险费用，然后支付清算费用

C. 先支付清算费用，再缴纳税款，然后支付职工工资和社会保险费用

D. 先支付清算费用，再支付职工工资和社会保险费用，然后缴纳税款

16. 下列有关中外合资经营企业与中外合作经营企业共同特点的表述中，符合外商投资企业法律制度规定的是(　　)。

A. 二者的中外投资者均可以是公司、企业、其他经济组织或者个人

B. 二者的中外投资者均以其投资额为限对企业的债务承担有限责任

C. 二者的注册资本均为在工商行政管理机关登记的中外投资各方认缴的出资额之和

D. 二者均由中外投资各方共同投资、共同经营、按各自的出资比例共担风险、共负盈亏

17. 某中外合作经营企业的董事会拟对企业资产抵押的事项作出决议。下列关于该董事会就该事项表决规则中，符合《中外合作经营企业法》规定的是(　　)。(2010 年考题)

A. 该事项须由全体董事过半数表决通过

B. 该事项须由出席会议董事的过半数通过

C. 该事项须由出席会议的董事一致表决通过

D. 该事项须由出席会议的 2/3 以上董事表决通过

18. 甲公司为依《公司法》设立的有限责任公司，乙公司为依《中外合资经营企业法》设立的有限责任公司。下列有关甲乙两公司区别的表述中，符合法律规定的是(　　)。

A. 甲公司的股东按照投资比例分配利润和分担亏损，而乙公司的股东按照合同约定的

比例分配利润和分担亏损

B. 甲公司的最高权力机构为股东会，而乙公司的最高权力机构为董事会

C. 甲公司的最低注册资本为人民币 3 万元，而乙公司的注册资本可以低于人民币 3 万元

D. 甲公司股东的出资必须在公司成立时一次缴足，而乙公司股东的出资可以分期缴付

19. 下列关于合营企业合营各方出资的表述中，符合中外合资经营企业法律制度规定的是(　　)。

A. 合营合同规定一次缴清出资的，合营各方应自营业执照签发之日起 9 个月内缴清

B. 合营合同规定分期缴付出资的，合营各方第一期出资不得低于投资总额的 15%

C. 合营一方未按合同规定如期缴清出资的，即为自动退出合营企业

D. 合营各方未能在规定的期限内缴付出资的，视同合营企业自动解散

20. 下列可以成为个人独资企业投资人的是(　　)。

A. 美国公民甲　　B. 中国公民乙

C. 中国企业的分支机构　　D. 美国公司在中国的分公司

21. 甲普通合伙企业中，全体合伙人约定：对合伙企业对外签订合同作出决议，实行合伙人一人一票，并且应当经过全体合伙人的 2/3 以上通过，那么 2008 年 12 月 12 日合伙人对签订一个合同进行表决，如下符合《合伙企业法》规定的表决办法是(　　)。

A. 实行合伙人一人一票并经全体合伙人半数以上通过

B. 实行合伙人一人一票并经全体合伙人过半数通过

C. 实行合伙人一人一票并经全体合伙人 2/3 以上通过

D. 实行合伙人一人一票并经全体合伙人一致通过

22. 在普通合伙企业设立时，下列可以成为普通合伙企业合伙人的是(　　)。

A. 自然人张某　　B. 国有独资公司 A

C. 国有企业 B　　D. 公益性的社会团体 C

23. 某有限合伙企业由甲、乙、丙、丁四人出资设立，其中，甲、乙为普通合伙人，丙、丁为有限合伙人。后丙因故退伙。对于在丙退伙前有限合伙企业既有的债务，丙应承担责任的正确表述是(　　)。

A. 丙以其认缴的出资额为限承担责任

B. 丙以其实缴的出资额为限承担责任

C. 丙以其退伙时从有限合伙企业中取回的财产承担责任

D. 丙不承担责任

24. 根据中外合资经营企业法律制度的规定，下列关于合资企业注册资本的表述中，正确的是(　　)。

A. 注册资本是合营各方的投资额之和

B. 注册资本是合营各方实缴的货币额之和

C. 注册资本是合营各方实缴的出资额之和

D. 注册资本是合营各方认缴的出资额之和

25. 下列规定中，符合《中外合资经营企业法》规定的是(　　)。

A. 董事会中董事名额的分配由各方参照出资比例协商确定

B. 总经理是合营企业的法定代表人

C. 合营各方应平均分配利润

D. 合营一方转让其出资的，须经半数以上股东同意

26. 对与该资产对价等额部分的出资，投资者应当自外商投资企业营业执照颁发之日起 3 个月内向境内企业支付全部对价；对特殊情况需要延长者，经审批机关批准后，应当自外商投资企业营业执照颁发之日起(　　)内支付全部价款的(　　)以上，1 年内付清全部价款，并按实际缴付的出资比例分配收益。

A. 6 个月 60%　　B. 3 个月 60%　　C. 3 个月 15%　　D. 4 个月 30%

27. A 外国投资者收购 B 境内企业 51%的股权，使 B 企业变更为 C 中外合资经营企业。对于 B 企业在被并购前既有债权债务的享有和承担，正确的表述是(　　)。

A. 由 A 外国投资者享有和承担

B. 由 B 境内企业享有和承担

C. 由 C 中外合资经营企业享有和承担

D. 由 A 外国投资者按 51%的比例享有和承担，B 境内企业按 49%的比例享有和承担

28. 关于中外合作经营企业的合作期限，下列表述中，不正确的是(　　)。

A. 合作企业合作期限届满，若继续经营，则应在距合作期限届满的 180 天前向审批机关提出申请

B. 审批机关应当在接到申请之日起 30 日内，决定是否批准

C. 经批准延长合作期限的，延长的期限从期限届满后第一天计算

D. 外国合作者已经先行回收投资完毕，合作企业期限届满，也应当在距合作期限届满的 180 天前向审批机关提出申请

## 二、多项选择题

1. 根据个人独资企业法律制度的规定，下列关于个人独资企业法律特征的表述中，正确的有(　　)。

A. 个人独资企业虽然不具有法人资格，但具有独立承担民事责任的能力

B. 个人独资企业是由一个自然人投资的企业，并且自然人只能是中国公民

C. 个人独资企业的投资人对企业的债务承担无限责任

D. 个人独资企业是独立的民事主体，可以自己的名义从事民事活动

2. 根据《个人独资企业法》的规定，下列各项中，属于个人独资企业应当解散的情形有(　　)。

A. 投资人死亡，继承人决定继承　　B. 投资人决定解散

C. 投资人被宣告死亡，无继承人　　D. 被依法吊销营业执照

3. 某普通合伙企业成立时，下列人员不能成为合伙人的有(　　)。

A. 甲声明对企业的债务最多只承担 1 万元

B. 乙是国家公务员，以自己 8 岁的儿子的名义入伙

C. 丙是 1 年前被开除的警察

D. 丁于 3 个月前刚被刑满释放

4. 甲、乙、丙共同出资设立一合伙企业，在合伙企业存续期间，甲拟以其在合伙企业中的财产份额出质借款。根据合伙企业法律制度的规定，下列表述中正确的有(　　)。

A. 无须经乙、丙同意，甲可以出质

B. 经乙、丙同意，甲可以出质

C. 未经乙、丙同意，甲私自出质的，其行为无效

D. 未经乙、丙同意，甲私自出质的，按退伙处理

5. 下列关于普通合伙企业事务执行的表述中，符合《合伙企业法》规定的有( )。

A. 除合伙协议另有约定外，处分合伙企业的不动产须经全体合伙人一致同意

B. 除合伙协议另有约定外，合伙人不得自营与本合伙企业相竞争的业务

C. 除合伙协议另有约定外，改变合伙企业的名称须经全体合伙人一致同意

D. 除合伙协议另有约定外，合伙人不得同本合伙企业进行交易

6. 甲、乙、丙设立一(普通)合伙企业，约定损益的分配和分担比例为4:3:3。该企业欠丁5万元，无力清偿。债权人丁的下列做法中，正确的有( )。

A. 要求甲、乙、丙分别清偿2万元、1.5万元、1.5万元

B. 要求甲、乙、丙分别清偿2万元、2万元、1万元

C. 要求甲、乙分别清偿2万元、3万元

D. 要求甲清偿5万元

7. 甲是合伙企业合伙人，因病身亡，其继承人只有乙。关于乙继承甲的合伙财产份额的下列表述中，符合《合伙企业法》规定的有( )。

A. 乙可以要求退还甲在合伙企业的财产份额

B. 乙只能要求退还甲在合伙企业的财产份额

C. 乙因继承而当然成为合伙企业的合伙人

D. 经其他合伙人同意，乙因继承而成为合伙企业的合伙人

8. 根据《合伙企业法》的规定，下列各项中，属于合伙企业应当解散的情形有( )。

A. 合伙人因决策失误合伙企业造成重大损失

B. 合伙企业被依法吊销营业执照

C. 合伙企业的合伙人已有2个月低于法定人数

D. 合伙协议约定的合伙目的无法实现

9. 根据外商投资企业法律制度的规定，外商投资企业的投资项目分为鼓励、允许、限制和禁止四类。下列各项中，属于鼓励类外商投资项目的有( )。

A. 适应市场需求，能够提高产品档次的项目

B. 属于国家逐步开放的产业的项目

C. 产品全部直接出口的允许类外商投资项目

D. 从事国家规定实行保护性开采的特定矿种勘探的项目

10. 根据外商投资企业的有关法律规定，下列关于中外合资经营企业(下称合营企业)与中外合作经营企业(下称合作企业)区别的正确表述有( )。

A. 合营企业外方投资比例不得低于注册资本的25%，而合作企业外方投资比例没有限制

B. 合营企业按照出资比例分配收益，而合作企业按照合同约定分配收益

C. 合营企业必须是依法取得法人资格的企业，而合作企业可以不具备法人资格

D. 合营企业在经营期间外方不得先行回收投资，而合作企业在经营期间内外方在一定条件下可以先行回收投资

11. 中外合作经营企业的外国合作者在合作期限内先行回收投资，应符合的条件有( )。

A. 中外合作经营者在合作企业合同中约定合作期满时，合作企业的全部固定资产无偿

归中国合作者所有

B. 对于税前回收投资的，必须向财政部税务机关提出申请，并由财政税务机关依法审查批准

C. 外国合作者提出先行回收投资的申请，报工商机关审批

D. 外国合作者应在合作企业的亏损弥补之后，才能够进行回收投资

12. 根据中外合作经营企业法律制度的规定，某一具有法人资格的中外合作经营企业发生的下列事项中，须经审查批准机关批准的有(　　)。

A. 合作企业委托第三人经营管理

B. 合作企业由中方合作者担任董事长

C. 合作企业减少注册资本

D. 合作企业延长合作期限

13. 关于中外合作经营企业合作各方的出资转让，下列说法正确的有(　　)。

A. 合作各方之间相互转让部分权利的，无须审查批准机关批准

B. 合作各方之间相互转让全部或者部分权利的，须经合作他方书面同意，并报审查批准机关批准

C. 合作一方不得向合作他方以外的他人转让属于其在合作企业合同中的权利

D. 合作一方向合作他方以外的他人转让属于其在合作企业合同中全部或者部分权利的，须经合作他方书面同意，并报审查批准机关批准

14. 根据中外合作经营企业法律制度的规定，合作各方的下列出资方式中，正确的有(　　)。

A. 外国投资者以可自由兑换的外币出资

B. 中国投资者以其所有的工业产权作价出资

C. 外国投资者以已设定抵押的机器设备作价出资

D. 中国投资者以土地使用权作价出资

15. 下列有关合营企业注册资本的表述中，符合中外合资经营企业法律制度规定的有(　　)。

A. 合营企业在合营期限内，未经批准不得减少其注册资本

B. 合营企业增加注册资本经营事会通过即可

C. 合营企业的注册资本中，外国合营者的出资比例一般不得低于25%

D. 合营企业的投资总额在420万美元以下的，注册资本不得低于210万美元

16. 合营企业的合营期限，一般原则上为10年至30年，但是，其合营期限可以延长到50年的有(　　)。

A. 外国合营者提供先进技术生产尖端产品的项目

B. 在国际上有竞争能力的产品的项目

C. 投资大、建设周期长、资金利润率高的项目

D. 中方提供关键技术生产尖端产品的项目

17. 外商投资项目分为(　　)。

A. 鼓励类　　B. 限制类　　C. 禁止类　　D. 允许类

18. 有限合伙企业中的合伙人身份可能会发生变化，对此下列说法正确的有(　　)。

A. 有限合伙企业仅剩有限合伙人的，应当转为有限公司

B. 有限合伙企业仅剩普通合伙人的，应当转为普通合伙企业

C. 除合伙协议另有约定外，普通合伙人转变为有限合伙人，应当经全体合伙人一致同意

D. 除合伙协议另有约定外，有限合伙人转变为普通合伙人，应当经全体合伙人一致同意

19. 甲、乙、丙三人成立一特殊普通合伙制会计师事务所。甲在为一客户提供审计业务服务过程中，因重大过失给客户造成损失 200 万元。下列关于对该损失承担责任的表述中，符合《合伙企业法》规定的有(　　)。

A. 甲、乙、丙对此损失承担无限连带责任

B. 甲对此损失承担无限责任

C. 乙、丙对此损失不承担责任

D. 乙、丙以其在会计师事务所中的财产份额为限承担责任

20. 根据《合伙企业法》的规定，除合伙协议另有约定外，合伙企业的下列事项中，应当经全体合伙人一致同意的有(　　)。

A. 普通合伙企业的合伙人向合伙人以外的人转让其在合伙企业中的全部或者部分财产份额

B. 普通合伙企业的合伙人之间转让其在合伙企业中的全部或者部分财产份额

C. 有限合伙企业的普通合伙人转变为有限合伙人

D. 有限合伙企业的有限合伙人转变为普通合伙人

21. 根据中外合资经营企业法律制度的规定，下列各项中，属于合营企业解散原因的有(　　)。

A. 合营期限届满

B. 合营企业未达到经营目的，又无发展前途

C. 合营企业发生严重亏损，无力继续经营

D. 合营企业因不可抗力遭受严重损失，无法继续经营

22. 某社会团体与某私立学校共同出资设立一合伙企业，经营文具用品。两年后，因经营亏损，该合伙企业财产不足以清偿全部债务。下列关于各合伙人承担责任的表述中，符合《合伙企业法》规定的有(　　)。

A. 该社会团体以其认缴的出资额为限对合伙企业债务承担责任

B. 该私立学校以其认缴的出资额为限对合伙企业债务承担责任

C. 该社会团体对合伙企业债务承担无限责任

D. 该私立学校对合伙企业债务承担无限责任

23. 根据《合伙企业法》的规定，下列关于合伙企业合伙人出资形式的表述中，正确的是(　　)。

A. 普通合伙人可以以知识产权出资

B. 有限合伙人可以以实物出资

C. 普通合伙人可以以土地使用权出资

D. 有限合伙人可以以劳务出资

## 三、判断题

1. 个人独资企业投资人在申请企业设立登记时，未明确以其家庭共有财产作为个人出资的，在个人独资企业财产不足以清偿债务时，可不以其家庭共有财产对企业债务承担无限责任。(　　)

2. 甲、乙、丙开办一普通合伙企业，合伙企业存续期间，由于合伙人之间意见不合，甲私自运走作为出资的机器设备，并出卖给不知情的丁。合伙企业可以向丁追讨，要求其返还机器设备。 ( )

3. 甲、乙等6人设立了一普通合伙企业，并委托甲和乙执行合伙企业事务，甲对乙执行的事务提出异议，其他合伙人对如何解决此问题也产生了争议，由于合伙协议未约定争议解决的表决办法，合伙人实行了一人一票的表决办法，后经全体合伙人过半数表决通过了同意甲意见的决定。上述解决争议的做法不符合法律规定。 ( )

4. 甲、乙、丙三人共同投资设立一合伙企业，合伙企业在存续期间，甲擅自以合伙企业的名义与善意第三人丁公司签订了代销合同。乙合伙人获知后，认为该合同不符合合伙企业利益，经与丙商议后，即向丁公司表示对该合同不予承认，因为该合伙企业规定任何合伙人不得单独与第三人签订代销合同，所以该代销合同无效。 ( )

5. 李某于2006年加入某合伙企业，入伙时与原合伙人签订合伙协议，约定其对入伙前的合伙债务不承担责任。2007年，合伙企业外的赵某向该合伙企业追讨2005年的一笔货款，要求李某承担连带偿债责任。李某应该承担连带偿债责任。 ( )

6. 所有不属于鼓励类和限制类的外商投资项目均为禁止类的外商投资项目。 ( )

7. 中外合作经营企业的合作一方向合作他方以外的他人转让属于其合作企业合同中部分权利的，须经合作他方书面同意，并报审查批准机关批准。 ( )

8. 某普通合伙企业欠付货款，该笔债务到期后，其债权人可以直接要求该合伙企业的任何一个合伙人清偿债务。 ( )

9. 甲、乙、丙三人设立一家普通合伙企业，后甲将其在合伙企业中的全部财产份额转让给乙，仅仅通知了丙，但是没有征得丙的同意，那么甲、乙之间的财产份额转让不符合合伙企业法的规定。 ( )

10. 除合伙协议另有约定外，经全体合伙人一致同意，可以修改或者补充合伙协议；合伙人享有的权利、承担的义务，依照合伙协议确定。 ( )

11. 《合伙企业法》赋予了合伙人对事务执行提出异议的权利，合伙人分别执行合伙事务的，执行事务合伙人可以对其他合伙人执行的事务提出异议。提出异议时，应当终止该项事务的执行。 ( )

12. 投资人委托或者聘用的人员管理个人独资企业事务时违反双方订立的合同，给投资人造成损失的，应当承担民事赔偿责任。 ( )

13. 普通合伙人和有限合伙人都可以将其在有限合伙企业中的财产份额出质；但是，合伙协议另有约定的除外。 ( )

14. 有限合伙企业的有限合伙人不得自营或者同他人合作经营与本有限合伙企业相竞争的业务。 ( )

15. 三个上市公司甲、乙、丙合伙成立了一个有限合伙企业，这是符合规定的。 ( )

16. 中外合资经营企业的中国合营者可以场地使用权作为合营企业经营期间的出资，其作价金额应该与取得同类场地使用权所应缴纳的使用费相同。 ( )

17. 申请者应当自收到批准证书之日起60日内，按照国家有关规定，向工商行政管理机关办理登记手续。合营企业的营业执照签发日期，即为该合营企业的成立日期。 ( )

18. A有限责任公司为中外合资经营企业。某日，该公司召开董事会会议，董事甲因故不能出席会议，便书面委托乙代表其出席会议并表决。经查，乙为该公司市场开发部经理，并不是

该公司的董事。因此，甲委托乙代表其出席会议和表决是不符合规定的。（ ）

19. 受托人或者被聘用的人员超出投资人的限制与善意第三人的有关业务交往是无效的。（ ）

20. 上市公司公告的年度报告有虚假记载，致使投资者在证券交易中遭受损失，上市公司的控股股东有过错的，应当与上市公司承担连带赔偿责任。（ ）

21. 甲是某普通合伙企业的合伙人，该合伙企业需要购买一批生产用原材料，甲正好有同样一批原材料想要出售，甲在其他合伙人一致同意的情况下，可以进行该笔交易。（ ）

22. 普通合伙企业的合伙人在合伙协议中未对该合伙企业的利润分配、亏损分担进行约定的，应由合伙人平均分配、分担。（ ）

23. 特殊的普通合伙企业的合伙人在执行行为中非因故意或者重大过失造成的合伙企业的债务，全体合伙人可以以其在合伙企业的财产份额为限承担责任。（ ）

24. 外资企业将其财产或者权益对外抵押、转让的，须经工商行政管理机关批准，并报审批机关备案。（ ）

25. 有限合伙人转变为普通合伙人的，对其作为有限合伙人有限合伙企业发生的债务，以其认缴的出资额为限承担责任。（ ）

26. 中外合作经营企业成立后，经合作各方一致同意，可以委托合作一方进行经营管理，另一方不参加管理。（ ）

27. 破产费用和共益债务由债务人财产随时清偿，债务人财产不足以清偿所有破产费用和共益债务的，应先行清偿破产费用。（ ）

28. 不执行合伙企业事务的合伙人无权查阅合伙企业会计账簿。（ ）

## 四、简答题

1. 2013 年 1 月 15 日，甲出资 5 万元设立 A 个人独资企业(以下简称 A 企业)。甲聘请乙管理企业事务，同时规定，凡乙对外签订标的额超过 1 万元以上的合同，须经甲同意。2 月 10 日乙未经甲同意，以 A 企业名义向善意第三人丙购买价值 2 万元的货物。

2013 年 7 月 4 日，A 企业亏损，不能支付到期的丁的债务，甲决定解散该企业，并请求人民法院指定清算人。7 月 10 日，人民法院指定戊作为清算人对 A 企业进行清算。经查，A 企业和甲的资产及债权债务关系情况如下：

(1) A 企业欠缴税款 2000 元，欠乙工资 5000 元，欠社会保险费用 5000 元，欠丁 10 万元；(2)A 企业的银行存款 1 万元，实物折价 8 万元；(3)甲在 B 合伙企业出资 6 万元，占 50%的出资额，B 合伙企业每年可向合伙人分配利润；(4)甲个人其他可执行的财产价值 2 万元。

问：

(1) 乙于 2 月 10 日以 A 企业名义向丙购入价值 2 万元货物的行为是否有效？

(2) 试述 A 企业的财产清偿顺序。

(3) 如何满足丁的债权请求？

2. 某西方跨国公司(以下简称西方公司)拟向中国内地的有关领域进行投资，并拟定了一份投资计划。该计划在论及投资方式时，主张采用灵活多样的形式进行投资，其有关计划要点如下：

(1) 在中国上海寻求一位中国合营者，共同投资举办一家生产电话交换系统设备的中外合资经营企业(以下简称合营企业)。合营企业投资总额拟定为 3000 万美元，注册资本为 1200 万美元。西方公司在合营企业中占60%的股权，并依据合营项目的进展情况分期缴纳出资，且第一期出资不低于105万美元。合营企业采用有限责任公司的组织形式，拟建立股东会、董事会、监事会的组织机构；股东会为合营企业的最高权力机构、董事会为合营企业的执行机构、监事会为合营企业的监督机构。

(2) 在中国北京寻求一位中国合作者，共同成立一家生产净水设备的中外合作经营企业(以下简称合作企业)。合作期限为8年。合作企业注册资本总额拟定为250万美元，西方公司出资额占注册资本总额的70%，中方合作者出资额占注册资本总额的30%。西方公司除以机器设备、工业产权折合125万美元出资外，还由合作企业作担保向中国的外资金融机构贷款50万美元作为其出资；中方合作者可用场地使用权、房屋及辅助设备出资75万美元。西方公司可与中方合作者在合作企业合同中规定：西方公司在合作企业正式投产之后的头5年分别先行回收投资，每年先行回收投资的支出部分可计入合作企业当年的成本；合作企业的税后利润以各占50%的方式分配；在合作期限届满时，合作企业的全部固定资产归中国合作者所有，但中国合作者应按其残余价值的30%给予西方公司适当的补偿。

根据上述各点，请分别回答以下六个问题，并说明理由。

(1) 西方公司拟在中国上海与中方合营者共同举办的合营企业的投资总额与注册资本的比例是否符合有关规定?

(2) 西方公司的第一期出资的数额是否符合有关规定?

(3) 拟设立的合营企业组织机构是否符合有关规定?

(4) 西方公司拟在中国北京与中方合作者共同举办的合作企业的出资方式、利润分配比例是否有不符合规定的地方?

(5) 西方公司拟约定每年先行回收投资的支出部分计入合作企业当年成本是否有不符合规定的地方?

(6) 合作期限届满后的全部固定资产的处理方式是否符合有关规定?

3. 张某、赵某和李某三人合伙，李某以劳务出资，由张某执行合伙企业事务。张某对外与丁签订了30万的合同，丁未履行，致使合伙企业损失了30万。

问：

(1) 李某能否以劳务出资?

(2) 赵某拒绝承担合同责任，可否?

(3) 成立合伙企业应如何登记?

4. 中国某厂与美国某商人，有意建立一个中外合资经营企业，双方签订了一份企业合同，其部分条款如下：

(1) 合营企业注册资本为900万美元，其中中方出资680万美元，美方出资220万美元；

(2) 合营企业的董事长只能由中方担任，副董事长由美方担任；

(3) 合营企业注册资本在合资期间内既可增加也可减少；

(4) 经董事会聘请，企业的总经理可以由中方担任；

(5) 中方合资企业应向美方支付技术转让费，美方应向中方缴纳场地使用费；

(6) 合同履行过程中发生争议时，应提交外国的仲裁院裁决，并适用所在国的法律。

请依据上述案例回答以上六条是否合法。

5. 中日两个企业，双方签署了一份合营企业合同，请指出条款中的错误：

(1) 双方根据《中华人民共和国中外合资经营企业法》和中国其他法律以及日本的法律，

同意在中国境内设立中外合资经营企业；

(2) 公司中的名称为“中日某某印染公司”；

(3) 甲乙双方对合营企业的债务承担连带无限责任；

(4) 双方出资方式如下：甲方现金200万元，厂房折合30万元，场地使用权为20万元；乙方现金100万元，工业产权100万元，双方出资额在营业执照签发之日前一次交清；

(5) 乙方从企业获利后的第二年，每年从企业利润中提取10%的出资额；

(6) 总经理是公司的法定代表人；

(7) 本合同从签字起生效，中方上级总管批准之日为企业成立之日；

(8) 对本合同及其附件的修改，经甲、乙双方签署书面协议后即告生效。

**五、综合题**

1. 中国公民田某、张某、宫某和朱某四人，于2010年11月11日投资设立A有限合伙企业，朱某为有限合伙人，其余三人均为普通合伙人，合伙企业事务由田某、张某和宫某共同执行，朱某不执行合伙企业事务，也不对外代表合伙企业。A企业主要经营咖啡店，随着业务的扩大，A企业又分别设立了2家分店，田某和宫某分别负责分店经营。因分店是以总店名义开展经营活动，故分店未再行办理任何登记手续。A企业经营过程中，陆续出现下列问题：(1)甲分店店长宫某设立了另外一家从事贸易的个人独资企业，宫某在张某、田某和朱某均不知情的情况下，以自己的名义与分店签订了一年的咖啡豆供应合同。经查，合伙协议中也未对该种交易作出约定。(2)乙分店店长田某擅自与亲戚合开了一家咖啡店，并任经理，主要工作精力转移。乙分店经营状况不佳。(3)朱某另外经营一家从事工艺品生产的个人独资企业。某日，A企业因急需更新餐具，张某与朱某协商，代表A企业与朱某个人签订了购买工艺品餐具的合同，田某和宫某对此交易均不知情。经查，合伙协议中也未对该种交易作出约定。(4)朱某、田某分别以个人在A企业中的财产份额为自己向银行的贷款提供质押担保，由于忙于经营，张某和宫某对两笔担保事项均不知情，经查，合伙协议中也未对该种担保事项作出约定。

要求：根据以上资料及有关规定，回答下列问题。

(1) A企业设立两家分店时未再行办理任何登记手续的做法是否符合规定？并说明理由。

(2) 甲分店店长宫某的行为是否违反法律规定？并说明理由。

(3) 乙分店店长田某是否可以另外设立一家咖啡店？并说明理由。

(4) 朱某与A企业进行交易是否合法？并说明理由。

(5) 朱某和田某以个人在A企业中的财产份额为自己向银行的贷款提供质押担保的行为是否有效？分别说明理由。

2. 甲、乙、丙共同投资设立一普通合伙企业。合伙协议约定：甲以人民币5万元出资，乙以房屋作价人民币8万元出资，丙以劳务作价人民币4万元出资；各合伙人按相同比例分配盈利、分担亏损。合伙企业成立后，为扩大经营，向银行贷款人民币5万元，期限为1年。甲提出退伙，鉴于当时合伙企业盈利，乙、丙表示同意。于是，甲办理了退伙结算手续。此后丁入伙。丁入伙后，因经营环境变化，企业发生严重亏损。乙、丙、丁决定解散合伙企业，并将合伙企业现有财产价值人民币3万元予以分配，但对未到期的银行贷款未予清偿。在银行贷款到期后，银行要求合伙企业清偿债务，发现该企业已经解散，遂向甲要求偿还全部贷款，甲称自己早已退伙，不负责清偿债务。银行向丁要求偿还全部贷款，丁称该笔贷款是在自己入伙前发生的，不负责清偿。银行向乙要求偿还全部贷款，乙表示只按照合伙协议约定的比例清偿相应数额。银行向丙要求偿还全部贷款，丙则表示自己是以劳务出资的，不承担偿还贷款义务。

要求：根据以上事实，回答下列问题。

(1) 甲、乙、丙、丁各自的主张能否成立？并说明理由。

(2) 合伙企业所欠银行贷款应如何清偿？

(3) 在银行贷款清偿后，甲、乙、丙、丁内部之间应如何分担清偿责任？

3. 甲、乙、丙、丁四人出资设立A有限合伙企业，其中甲、乙为普通合伙人，丙、丁为有限合伙人。合伙企业存续期间，发生以下事项：

(1) 6月，合伙人丙同A合伙企业进行了120万元的交易，合伙人甲认为，由于合伙协议对此没有约定，因此，有限合伙人丙不得同本合伙企业进行交易。

(2) 6月，合伙人丁自营同A合伙企业相竞争的业务，获利150万元。合伙人乙认为，由于合伙协议对此没有约定，因此，丁不得自营同本合伙企业相竞争的业务，其获利150万元应当归A合伙企业所有。

(3) 7月，A合伙企业向B银行贷款100万元。

(4) 8月，经全体合伙人一致同意，普通合伙人乙转变为有限合伙人，有限合伙人丙转变为普通合伙人。

(5) 9月，甲、丁提出退伙。经结算，甲从合伙企业分回10万元，丁从合伙企业分回20万元。

(6) 10月，戊、庚新入伙，戊为有限合伙人，庚为普通合伙人。其中，戊、庚的出资均为30万元。

(7) 12月，B银行100万元的贷款到期，A合伙企业的全部财产只有40万元。

要求：根据《合伙企业法》的规定，分别回答以下问题。

(1) 根据本题要点(1)所提示的内容，指出甲的主张是否符合法律规定？并说明理由。

(2) 根据本题要点(2)所提示的内容，指出乙的主张是否符合法律规定？并说明理由。

(3) 对于不足的60万元,债权人B银行能否要求退伙人甲清偿全部的60万元？并说明理由。

(4) 对于不足的60万元,债权人B银行能否要求合伙人乙清偿全部的60万元？并说明理由。

(5) 对于不足的60万元,债权人B银行能否要求合伙人丙清偿全部的60万元？并说明理由。

(6) 对于不足的60万元,债权人B银行能否要求退伙人丁清偿全部的60万元？并说明理由。

(7) 对于不足的60万元,债权人B银行能否要求合伙人戊清偿全部的60万元？并说明理由。

(8) 对于不足的60万元,债权人B银行能否要求合伙人庚清偿全部的60万元？并说明理由。

4. 甲、乙、丙、丁四人决定投资设立一普通合伙企业，并签订了书面合伙协议。合伙协议的部分内容如下：

(1) 甲、乙、丙以货币出资；

(2) 丁以劳务折价出资，但丁不得过问企业事务，也不承担企业亏损的民事责任。

(3) 由甲执行合伙企业事务，对外代表合伙企业，但签订标的1万元以上的合同应经其他合伙人同意。

合伙企业在存续期间，发生下列事实：

(1) 甲擅自以合伙企业的名义与善意第三人A公司签订标的2万元合同，乙合伙人获知后，认为该合同不符合合伙企业利益，经与丙、丁商议后，即向A公司表示对该合同不予承认。

(2) 合伙人丁提出退伙，合伙企业又接纳戊新入伙。后合伙企业的债权人A公司就合伙人丁退伙前发生的债务24万元要求合伙企业的现合伙人甲、乙、丙、戊及退伙人丁共同承担连带清偿责任。丁以自己已经退伙为由，拒绝承担清偿责任。戊以自己新入伙为由，拒绝对其入伙前的债务承担清偿责任。

问题：

(1) 合伙协议中是否有不合法之处？并说明理由。

(2) 甲以合伙企业名义与A公司所签的代销合同是否有效？并说明理由。

(3) 丁和戊拒绝承担清偿责任的主张是否成立？并说明理由。

# 同步过关测试解析

## 一、单项选择题

1. 【解析】C　本题考核点是个人独资企业的相关规定。根据规定，设立个人独资企业时，投资人可以以个人财产出资，也可以以家庭共有财产作为个人出资，因此选项A错误；个人独资企业，是指依照本法在中国境内设立，由一个自然人投资，财产为投资人个人所有，投资人以其个人财产对企业债务承担无限责任的经营实体，因此选项B错误；投资人可以土地使用权和其他非货币财产出资，因此选项D错误。

2. 【解析】A　本题的考核点为个人独资企业的事务管理。个人独资企业的投资人与受托人或者被聘用的人员之间有关权利义务的限制只对受托人或者被聘用的人员有效，对第三人并无约束力，受托人或者被聘用的人员超出投资人的限制与善意第三人的有关业务交往应当有效。

3. 【解析】D　本题考核点是个人独资企业的清算。个人独资企业解散，由投资人自行清算或者由债权人申请人民法院指定清算人进行清算。

4. 【解析】B　本题考核点是合伙人财产份额的转让。除合伙协议另有约定外，合伙人向合伙人以外的人(本题中的丁)转让其在合伙企业中的全部或者部分财产份额时，须经其他合伙人一致同意。

5. 【解析】C　本题考核点是合伙企业事务执行。除合伙协议另有约定外，转让或者处分合伙企业的知识产权和其他财产权利，应当经全体合伙人一致同意。

6. 【解析】C　本题考核点是普通合伙企业的相关规定。根据规定，普通合伙企业由普通合伙人组成，合伙人对合伙企业债务承担无限连带责任。因此选项C是错误的。

7. 【解析】B　本题考核点是合伙损益分配。本题刘、关、张三人约定按出资比例(2:2:1)分配和分担损益，则应退还刘的财产数额是3÷5×2=1.2万元。

8. 【解析】A　本题考核点是普通合伙人执行合伙企业事务的权利。根据规定，合伙人不得自营或者同他人合作经营与本合伙企业相竞争的业务，因此选项B的说法是错误的；不执行合伙企业事务的合伙人有监督权，有权查阅合伙企业会计账簿，因此选项C的说法是错误的；合伙企业聘用的经营管理人员不是企业的合伙人，选项D的说法是错误的。

9. 【解析】C　本题考核点是普通合伙企业通知退伙。根据规定，合伙协议未约定合伙期限的，合伙人在不给合伙企业事务造成不利影响的情况下，可以退伙，但应当提前30日通知其他合伙人。

10. 【解析】B　本题考核点是合伙人当然退伙的情形。根据规定，合伙人未履行出资义务的，属于除名的情形，因此选项B当选。选项A、C、D均属于当然退伙的情形。

11. 【解析】B　本题考核点是有限合伙企业的设立。根据规定，有限合伙企业的名称中应当标明“有限合伙”的字样，而不能标明“普通合伙”、“特殊的普通合伙”、“有限公司”、“有限责任公司”等字样。

12. 【解析】B 本题考核点是有限合伙企业的事务执行。根据规定，有限合伙人不执行企业事务，不对外代表合伙企业，因此选项B的说法不符合规定。

13. 【解析】B 本题考核点是有限合伙企业的事务执行。有限合伙人不执行合伙事务，不得对外代表有限合伙企业。

14. 【解析】B 本题考核点是有限合伙企业的退伙。对基于其退伙前的原因发生的有限合伙企业债务，以其退伙时从有限合伙企业中取回的财产(2万元)承担责任。

15. 【解析】D 本题考核点是合伙企业解散时的清算。根据规定，合伙企业的财产支付合伙企业的清算费用后的清偿顺序如下：合伙企业职工工资、社会保险费用和法定补偿金；缴纳所欠税款；清偿债务。

16. 【解析】C 本题考核点是中外合资经营企业和中外合作经营企业的区别。根据规定，合营企业和合作企业的外方可以是个人，但是中方必须是公司、企业或者其他组织，因此选项A的说法错误；合作企业不具有法人资格的，出资人之间是合伙关系，是承担无限连带责任，因此选项B的说法是错误的；盈亏分配上，合作企业属于契约式企业，通过签订合同具体确定各方的权利和义务，因此选项D的说法是错误的。

17. 【解析】C 根据规定，合作企业的资产抵押，属于特别事项，须经出席董事会会议的董事一致通过，方可作出决议。

18. 【解析】B 中外合资经营企业的股东按照投资比例分配利润和分担亏损；中外合资经营企业的注册资本应符合《公司法》规定的有限责任公司的注册资本的最低限额。根据公司法的规定，有限责任公司的股东可以分期缴付出资。因此，只有B项正确。

19. 【解析】D 本题考核点是中外合资经营企业出资的相关规定。根据规定，合营合同规定一次缴清出资的，合营各方应自营业执照签发之日起6个月内缴清，因此选项A不正确。合营合同规定分期缴付出资的，合营各方第一期出资不得低于“各自认缴出资额”的15%，并且在3个月内缴清，因此选项B不正确。合营企业合营一方未按照合同的规定如期缴付或者缴清其出资的，即构成违约，守约方应当催告违约方在1个月内缴付或者缴清出资，逾期仍未缴付或者缴清的，视同违约方放弃在合同中的一切权利，自动退出合营企业，守约方应当在逾期1个月内，向原审批机关申请批准解散合营企业或者申请批准另找合营者承担违约方在合同中的权利义务，故选项C不正确。合营企业合营各方未能在规定的期限内缴付出资的，视同合营企业自动解散，合营企业批准证书自动失效，故选项D正确。

20. 【解析】B 本题考核个人独资企业的设立条件。根据规定，设立个人独资企业投资人为一个自然人，且只能是中国公民。

21. 【解析】C 本题考核普通合伙企业表决的规定。根据规定，合伙人对合伙企业有关事项作出决议，按照合伙协议约定的表决办法办理。合伙协议未约定或者约定不明确的，实行合伙人一人一票并经全体合伙人过半数通过的表决办法。

22. 【解析】A 本题考核普通合伙人的组成。普通合伙人是指对合伙企业债务承担无限连带责任的自然人、法人和其他组织；根据规定，国有独资企业、国有企业、上市公司以及公益性的事业单位、社会团体不得成为普通合伙人。

23. 【解析】C 本题考核有限合伙企业有限合伙人退伙时应承担的责任。根据规定，有限合伙人退伙后，对基于其退伙前的原因发生的有限合伙企业债务，以其退伙时从有限合伙企业中取回的财产承担责任。

24.【解析】D　本题考核合营企业的注册资本。合营企业的注册资本，是指为设立合营企业在工商行政管理机关登记注册的资本，应为合营各方认缴的出资额之和。

25.【解析】A　本题考核中外合资经营企业的相关规定。根据规定，董事长是合营企业的法定代表人。合营各方是按照出资比例分配损益的，不是平均分配。合营一方转让其出资的，应该经过合营他方的同意。

26.【解析】A　本题考核外商投资企业的出资期限。对通过收购国内企业资产或股权设立外商投资企业的外国投资者，应自营业执照颁发之日起 3 个月内支付全部购买金。对特殊情况需延长支付者，经审批机关批准后，应自营业执照颁发之日起 6 个月内支付购买总金额的 60%以上，在 1 年内付清全部购买金。

27.【解析】C　本题考核境内企业并购后债权债务的承担。根据规定，外国投资者股权并购的，并购后所设外商投资企业承继被并购境内企业的债权债务。

28.【解析】D　本题考核合作企业的合作期限。根据规定，合作企业合同约定外国合作者先行回收投资，并且投资已经回收完毕的，合作企业期限届满不再延长；但是，外国合作者增加投资的，经合作各方协商同意，可以依法向审查批准机关申请延长合作期限。

## 二、多项选择题

1.【解析】BCD　本题考核点是个人独资企业的特征。根据规定，个人独资企业不能独立承担民事责任，因此选项 A 的说法是错误的。

2.【解析】BCD　本题考核点是个人独资企业解散的情形。根据《个人独资企业法》的规定，个人独资企业有下列情形之一时，应当解散：投资人决定解散；投资人死亡或者被宣告死亡，无继承人或者继承人决定放弃继承；被依法吊销营业执照；法律、行政法规规定的其他情形。

3.【解析】AB　本题考核点是关于合伙人的资格。(1)普通合伙企业的合伙人对合伙企业债务承担无限连带责任；(2)普通合伙人应当为具有完全民事行为能力的人。

4.【解析】BC　本题考核点是合伙企业财产。合伙人以其在合伙企业中的财产份额出质的，须经其他合伙人一致同意；未经其他合伙人一致同意，其行为无效，由此给善意第三人造成损失的，由行为人依法承担赔偿责任。

5.【解析】AC　根据规定，普通合伙人不得自营或者同他人合作经营与本合伙企业相竞争的业务；该规定是法律的强制性规定，不得由合伙协议另行约定。另外，根据规定，除合伙协议另有约定或者经全体合伙人一致同意外，合伙人不得同本合伙企业进行交易；选项 D 排除了“经全体合伙人一致同意”的情况，所以不对。

6.【解析】ABCD　本题考核点是合伙企业的债务清偿。债权人可以请求全体合伙人中的一人或者数人承担全部清偿责任，也可以按照自己确定的比例向各合伙人分别追索。

7.【解析】AD　本题考核点是退伙的效果。合伙人死亡或者被依法宣告死亡的，该合伙人的继承人，依照合伙协议的约定或者经全体合伙人同意，取得该合伙企业的合伙人资格。如果合法继承人不愿意成为该合伙企业的合伙人的，合伙企业应退还其依法继承的财产份额。

8.【解析】BCD　本题考核点是合伙企业应当解散的情形。根据规定，合伙企业有下列情形之一的，应当解散：合伙期限届满，合伙人决定不再经营；合伙协议约定的解散事由出现；全体合伙人决定解散；合伙人已不具备法定人数满“30 天”；合伙协议约定的合伙目的已经实现或者无法实现；依法被吊销营业执照、责令关闭或者被撤销；法律、行政法规规定的其他原

因。所以本题答案为 BCD

9. 【解析】AC　本题考核点是外商投资企业的投资项目。选项 A 属于鼓励类外商投资项目。产品全部直接出口的允许类外商投资项目，视为鼓励类外商投资项目，所以选项 C 正确。选项 B 和选项 D 属于限制类外商投资项目。

10. 【解析】BCD　本题考核点是合营企业与合作企业的区别。根据有关法律规定，中外合资经营企业与具有法人资格的中外合作经营企业，外国投资者的出资比例一般都不得低于企业注册资本的 25%，所以选项 A 不正确。

11. 【解析】ABD　本题考核点是中外合作企业外国合作者的投资回收。本题 C 选项正确的表述是外国合作者提出先行回收投资的申请，并具体说明先行回收投资的金额、期限和方式，经财政部税务机关审查同意后，报审查批准机关审批。

12. 【解析】ACD　本题考核点是合作企业须经批准的事项。根据规定，合作企业委托第三人经营管理、合作企业减少注册资本和合作企业延长合作期限，均需要经过审查批准机关批准。董事会董事长、副董事长或者联合管理委员会主任、副主任的产生办法由合作企业章程规定。

13. 【解析】BD　本题考核点是合作各方的出资转让。合作各方之间相互转让或者合作一方向合作他方以外的他人转让属于其在合作企业合同中全部或者部分权利的，须经合作他方书面同意，并报审查批准机关批准。

14. 【解析】ABD　本题考核点是合作企业的出资方式。根据外商投资企业法律相关规定，外国投资者可以用可自由兑换的外币出资，也可以用机器设备、工业产权、专有技术等作价出资。合作各方向合作企业投资或者提供合作条件的方式可以是货币，也可以是实物或者工业产权、专有技术、土地使用权等财产权利。但是不能以已经设定担保的财产作为出资。

15. 【解析】BCD　本题考核点是合营企业的出资期限。对通过收购国内企业资产或股权设立外商投资企业的外国投资者，应自外商投资企业营业执照颁发之日起 3 个月内支付全部购买金。对特殊情况需延长支付者，经审批机关批准后，应自营业执照颁发之日起 6 个月内支付购买总金额的 60%以上，在 1 年内付清全部购买金。

16. 【解析】AB　本题考核点是中外合资经营企业的期限。投资大、建设周期长、资金利润率低的项目以及外国合营者提供先进技术或者关键技术生产尖端产品的项目，或者在国际上有竞争能力的产品的项目，其合营期限可以延长到 50 年。经国务院特别批准的，可以在 50 年以上。

17. 【解析】ABCD　本题考核外商投资企业投资项目的种类。外商投资项目分为鼓励、允许、限制和禁止四类。

18. 【解析】BCD　本题考核点是有限合伙企业。(1)有限合伙企业仅剩有限合伙人的，应当解散；有限合伙企业仅剩普通合伙人的，转为普通合伙企业。(2)除合伙协议另有约定外，普通合伙人转变为有限合伙人，或者有限合伙人转变为普通合伙人，应当经全体合伙人一致同意。

19. 【解析】BD　特殊的普通合伙企业中，一个合伙人或者数个合伙人在执业活动中因故意或者重大过失造成合伙企业债务的，应当承担无限责任或者无限连带责任，其他合伙人以其在合伙企业中的财产份额为限承担责任。

20. 【解析】ACD　本题考核合伙企业事务执行的相关规定。(1)选项 A：除合伙协议另有约定外，普通合伙人向合伙人以外的人转让其在合伙企业中的全部或者部分财产份额时，须经其他合伙人一致同意；(2)选项 B：普通合伙企业的合伙人之间转让财产份额，只需通知；

(3)选项 C、D：除合伙协议另有约定外，普通合伙人转变为有限合伙人，或者有限合伙人转变为普通合伙人，应当经全体合伙人一致同意。

21. 【解析】ABCD 根据规定，合营企业在下列情况下解散：合营期限届满；企业发生严重亏损，无力继续经营；合营一方不履行合营企业协议、合同、章程规定的义务，致使企业无法继续经营；因自然灾害、战争等不可抗力遭受严重损失，无法继续经营；合营企业未达到其经营目的，同时又无发展前途；合营企业合同、章程所规定的其他解散原因已经出现。

22. 【解析】AD 本题考核点是合伙企业。(1)国有独资公司、国有企业、上市公司以及公益性的事业单位、社会团体不得成为普通合伙人；“某社会团体”只能作为有限合伙人，所以该合伙企业为有限合伙企业。(2)有限合伙企业应当至少有一名普通合伙人；在本题中，该有限合伙企业只有两个合伙人，“某私立学校”只能作为普通合伙人。(3)该社会团体作为有限合伙人，以其认缴的出资额为限对合伙企业债务承担责任；该私立学校作为普通合伙人，对合伙企业债务承担无限责任。

23. 【解析】ABC 本题考核点是合伙人出资形式。有限合伙人不得以劳务出资。

三、判断题

1. 【解析】√ 本题考核点是个人独资企业承担责任的方式。根据规定，个人独资企业投资人在申请企业设立登记时明确以其家庭共有财产作为个人出资的，应当依法以家庭共有财产对企业债务承当无限责任。

2. 【解析】× 本题考核点是合伙企业财产。合伙人在合伙企业清算前私自转移或者处分合伙企业财产的，合伙企业不得以此对抗善意第三人(内部“问题”不得对抗善意第三人)。

3. 【解析】× 本题考核点是合伙企业事务执行。根据规定：合伙人对合伙企业有关事项作出决议，按照合伙协议约定的表决办法办理。合伙协议未约定或者约定不明确的，实行合伙人一人一票并经全体合伙人过半数通过的表决办法。本题中解决争议的做法是符合法律规定的。

4. 【解析】× 本题考核点是合伙企业事务管理。合伙企业对合伙人执行合伙企业事务以及对外代表合伙企业权利的限制，不得对抗不知情的善意第三人。在本题中，尽管合伙人甲超越了合伙企业的内部限制，但丁公司为善意第三人，因此甲以合伙企业名义与丁公司所签的代销合同有效。

5. 【解析】√ 本题考核点是合伙企业入伙的规定。如果入伙人与原合伙人约定其对入伙前的合伙债务不承担责任，这种约定不能对抗第三人(债权人)，但对内有效。李某承担偿债责任后，可以依据合伙协议向其他合伙人追偿。

6. 【解析】× 本题考核点是外商投资企业投资项目。根据规定，外商投资企业的投资项目分为鼓励、允许、限制和禁止四类。那么不属于鼓励类和限制类的外商投资项目有可能是属于禁止类或者允许类的。因此本题应当判断为错误。

7. 【解析】√ 本题考核点是合作企业出资额的转让。根据规定，合作各方之间相互转让“或者”合作一方向合作他方以外的他人转让属于其合作企业合同中部分权利的，须经合作他方书面同意，并报审查批准机关批准。

8. 【解析】× 本题考核合伙企业的债务清偿。合伙企业的债务，应先由合伙企业的财产来承担，即在合伙企业存在自己的财产时，合伙企业的债权人应首先从合伙企业的全部财产中求偿，而不应当向合伙人个人直接请求债权。

9. 【解析】× 本题考核普通合伙企业财产的转让。合伙企业合伙人之间转让其在合伙企业中的全部或者部分财产份额时，无须征得其他合伙人的同意，但应当通知其他合伙人。

10. 【解析】✓ 本题考核合伙协议的性质。根据《合伙企业法》，合伙协议应当依法由全体合伙人协商一致，以书面形式订立。合伙协议经全体合伙人签名、盖章后生效。合伙人依照合伙协议享有权利，承担责任。修改或者补充合伙协议，应当经全体合伙人一致同意；但是，合伙协议另有约定的除外。

11. 【解析】× 本题考核合伙人提出异议的权利。根据规定，合伙人分别执行合伙事务的，执行事务合伙人可以对其他合伙人执行的事务提出异议。提出异议时，应当“暂停”该项事务的执行。

12. 【解析】✓ 本题考核违反《个人独资企业法》的法律责任。根据《个人独资企业法》的规定，投资人委托或者聘用的人员管理个人独资企业事务时违反双方订立的合同，给投资人造成损害的，承担民事赔偿责任。

13. 【解析】× 本题考核合伙人财产份额的出质规定。根据规定，有限合伙人可以将其在有限合伙企业中的财产份额出质；但是，合伙协议另有约定的除外；普通合伙人以财产份额出质的，须经其他合伙人一致同意；未经其他合伙人一致同意，其行为无效，由此给善意第三人造成损失的，由行为人依法承担赔偿责任。

14. 【解析】× 本题考核有限合伙企业的相关规定。有限合伙企业的有限合伙人可以自营或者同他人合作经营与本有限合伙企业相竞争的业务；但是，合伙协议另有约定的除外。

15. 【解析】× 本题考核有限合伙企业的组成。有限合伙由普通合伙人和有限合伙人组成，上市公司不能够成为普通合伙人，所以该合伙企业中没有普通合伙人，这是不符合法律规定的。

16. 【解析】✓ 本题考核中外合资经营企业场地使用权的作价。中国合营者以场地使用权作为合营企业经营期间的出资，其作价金额应当与取得同类场地使用权所应缴纳的使用费相同。

17. 【解析】× 本题考核办理登记的期限问题。申请者应当自收到批准证书之日起 1 个月内，按照国家有关规定，向工商行政管理机关办理登记手续。合营企业的营业执照签发日期，即为该合营企业的成立日期。

18. 【解析】× 本题考核中外合资经营企业董事会会议制度。根据规定，中外合资经营企业的董事不能出席董事会会议，可出具委托书委托他人代表其出席会议和表决。即董事委托的人员，法律并没有规定必须是董事。

19. 【解析】× 本题考核个人独资企业事务执行。个人独资企业的投资人与受托人或者被聘用的人员之间有关权利义务的限制只对受托人或者被聘用的人员有效，对善意第三人并无约束力，受托人或者被聘用的人员超出投资人的限制与善意第三人的有关业务交往应当有效。

20. 【解析】✓ 本题考核上市公司信息披露中的法律责任。

21. 【解析】✓ 本题考核点是普通合伙企业的事务执行。除合伙协议另有约定或者经全体合伙人一致同意外，合伙人不得同本合伙企业进行交易。本题中，“甲在其他合伙人一致同意的情况下”，可以进行该笔交易。

22. 【解析】× 合伙企业的利润分配、亏损分担，按照合伙协议的约定办理；合伙协议未约定或者约定不明确的，由“合伙人协商决定”；协商不成的，由合伙人按照实缴出资比例分配、分担；无法确定出资比例的，由合伙人平均分配、分担。

23. 【解析】× 本题考核点是特殊的普通合伙企业的责任形式。特殊普通合伙企业的合伙人在执业活动中非因故意或重大过失造成的合伙企业债务，由全体合伙人承担无限连带责任

24. 【解析】× 本题考核点是外资企业。外资企业将其财产或者权益对外抵押、转让，须经审批机关批准并向工商行政管理机关备案。

25. 【解析】× 本题考核合伙人身份性质转变后的责任承担。根据规定，有限合伙人转变为普通合伙人，对其作为有限合伙人期间有限合伙企业发生的债务承担无限连带责任。

26. 【解析】√ 本题考核中外合作经营企业的组织机构。

27. 【解析】√ 本题考核破产财产和共益债务的清偿。

28. 【解析】× 不执行合伙企业事务的合伙人有监督权，有权查阅合伙企业会计账簿。

## 四、简答题

1. 【解析】(1) 乙于 2 月 10 日以 A 企业名义向丙购入价值 2 万元货物的行为有效。尽管从内部管理的角度看，乙的行为已经越权了。根据《个人独资企业法》的规定，投资人对被聘用的人员职权的限制，不得对抗善意第三人。所以，尽管乙向丙购买货物的行为超越其职权，但丙为善意第三人，该行为有效。

(2) 首先应该用企业的存款清偿拖欠职工的工资、社保费，然后是拖欠国家的税款，所以用 A 企业的银行存款和实物折价共计 9 万元清偿所欠乙的工资、社会保险费用、税款后，剩余 78 000 元用于清偿所欠丁的债务；其次，A 企业剩余财产全部用于清偿后，仍欠丁 22 000 元，可用甲个人财产清偿。

(3) 在用甲个人财产清偿时，可用甲个人其他可执行的财产 2 万元清偿，不足部分，可用甲从B合伙企业分取的收益予以清偿或由丁依法请求人民法院强制执行甲在B合伙企业中的财产份额用于清偿(或先用甲从 B 合伙企业分取的收益予以清偿或由丁依法请求人民法院强制执行甲在 B 合伙企业中的财产份额用于清偿，如有不足部分，可用甲个人其他可执行的财产 2 万元清偿)。

2. 【解析】(1) 西方公司拟在中国上海与中方合营者共同举办的合营企业的投资总额与注册资本的比例符合国家的有关规定。因为，根据有关规定，投资总额在 1000 万美元以上至 3000 万美元的，注册资本至少应占投资总额的 2/5，该合营企业的注册资本达到其投资总额的 2/5。

(2) 西方公司的第一期出资的数额不符合有关规定，因为，根据有关规定，合营各方第一期出资不得低于各自认缴出资额的 15%，按西方公司认缴的出资额计算，其第一期出资应不低于 108 万美元。

(3) 拟设立的合营企业的组织机构不符合有关规定，因为，根据有关规定，合营企业的组织机构应为董事会和经营管理机构，并且董事会是合营企业的最高权力机构，合营企业无须设立股东会和监事会。

(4) 西方公司拟在中国北京与中方合作者共同举办的合作企业的出资方式有不符合规定，因为，根据有关规定，合作企业的任何一方都不得由合作企业为其出资做担保，西方公司由合作企业担保向中国的外资金融机构贷款 50 万美元作为其出资，违反了有关规定，合作企业的合作各方可以自行约定利润分配比例。

(5) 西方公司拟约定每年先行回收投资的支出部分计入合作企业当年成本不符合有关规定，因为，根据有关规定，外国合作者只有在合作企业的亏损弥补之后，才能先行回收投资，这表明，合作企业只能以其利润用于先行回收投资，因此，先行回收投资不能计入合作企业

的成本。

(6) 西方公司拟约定合作期限届满时的全部固定资产的处理方式不符合有关规定，因为，根据有关规定，凡是外方合作者在合作期间内先行回收投资的，应约定在合作期限届满时，合作企业的全部固定资产无偿归中国合作者所有，因此，西方公司拟约定在合作期限届满时中国合作者应按固定资产残余价值的30%给予其补偿，不符合有关规定。

3. 【解析】(1) 可以。合伙人的出资方式可以是货币、实物、土地使用权、知识使用权或其他财产权利，经全体合伙人一致同意，也可以用劳务出资。

(2) 不行。经授权执行合伙企业事务的合伙人对外代表企业。事务执行人执行合伙事务产生的收益归全体合伙人，产生的亏损或民事责任也有全体合伙人承担。

(3) 办理设立登记的步骤。

4. 【解析】(1) 美方出资比例未达到注册资本的25%以上。

(2) 合资企业的董事长、副董事长由合营双方协商担任或由董事会选举产生，只由中方担任是不合法的。

(3) 法律规定，合营企业在合营期间内，合营资本只能增加不能减少。

(4) 合营企业的总经理经董事会聘请可以由中方担任，是合法的。

(5) 合营企业为股权式企业，双方投资和合资条件已折换成股份了，不存在一方向另一方交任何费用的问题。

(6) 合营企业的合同履行发生争议时，应该按中国法律解决，不能使用外国法律。

5. 【解析】(1) 因为中外合资经营企业是在中国境内设立的，只能遵循中国的法律。

(2) 名称应为“中日某某印染有限责任公司”或“有限责任公司”，必须写清“有限责任”。

(3) 甲、乙双方承担有限责任。

(4) 乙方工业产权出资额超过双方投资总额(450万)的法定规定的20%。

(5) 中外合资与中外合作不同无此规定，不能提前收回投资，应删除此规定。

(6) 法定代表人应为董事长。

(7) 本合同自审批机会批准后生效，自营业执照签发之日起为企业成立之日。

(8) 应改为：对本合同及其附页的修改，经甲、乙双方签署书面协议，并报审批机关批准后即告生效。

**五、综合题**

1. 【解析】(1) A企业设立两家分店时未再行办理任何登记手续的做法不符合规定。根据规定，合伙企业设立分支机构，应当向分支机构所在地的企业登记机关申请登记，领取营业执照。

(2) 甲分店店长宫某的行为不符合规定。根据规定，除合伙协议另有约定或者经全体合伙人一致同意外，普通合伙人不得同本合伙企业进行交易。宫某为普通合伙人，在合伙协议未约定，并在未经全体合伙人一致同意的情况下，是不能与A企业签订合同进行交易的。

(3) 乙分店店长田某不得另外再设立咖啡店。根据规定，普通合伙人不得自营或者同他人合作经营与本合伙企业相竞争的业务。田某为普通合伙人，因此不能开展与A企业相竞争的经营业务。

(4) 朱某与A企业进行交易合法。根据规定，有限合伙人可以同本有限合伙企业进行交易；但是，合伙协议另有约定的除外。由于合伙协议中并未对此类业务进行约定，因此，朱某作为有限合伙人是可以与本企业进行交易的。

(5) ①朱某以个人在 A 企业中的财产份额为自己向银行的贷款提供质押担保的行为是有效的。根据规定，有限合伙人可以将其在有限合伙企业中的财产份额出质；但是，合伙协议另有约定的除外。由于 A 企业的合伙协议中未约定，因此，作为有限合伙人的朱某可以用自己在合伙企业中的财产份额进行出质。

②田某以个人在 A 企业中的财产份额为自己向银行的贷款提供质押担保的行为无效。根据规定，普通合伙人以其在合伙企业中的财产份额出质的，须经其他合伙人一致同意；未经其他合伙人一致同意，其行为无效，由此给善意第三人造成损失的，由行为人依法承担赔偿责任。因此，作为普通合伙人的田某在未经其他合伙人一致同意情况下提供的质押是无效的。

2. 【解析】(1)①甲的主张不能成立。根据《合伙企业法》的规定，退伙人对其退伙前已发生的债务与其他合伙人承担连带责任，故甲对其退伙前发生的银行贷款应负连带清偿责任。

②乙的主张不能成立。根据《合伙企业法》的规定，合伙人之间对债务承担份额的约定对债权人没有约束力，故乙提出应按约定比例清偿债务的主张不能成立，其应对银行贷款承担连带清偿责任。

③丙的主张不能成立。根据《合伙企业法》的规定，以劳务出资成为合伙人，也应承担合伙人的法律责任，故丙也应对银行贷款承担连带清偿责任。

④丁的主张不能成立。根据《合伙企业法》的规定，入伙的新合伙人对入伙前的债务承担连带清偿责任，故丁对其入伙前发生的银行贷款应负连带清偿责任。

(2) 根据《合伙企业法》的规定，合伙企业所欠银行贷款首先应用合伙企业的财产清偿，合伙企业财产不足清偿时，由各合伙人承担无限连带责任。乙、丙、丁在合伙企业解散时，未清偿债务便分配财产，是违法无效的，应全部退还已分得的财产；退还的财产应首先用于清偿银行贷款，不足清偿的部分，由甲、乙、丙、丁承担无限连带清偿责任。

(3) 根据《合伙企业法》的规定，合伙企业各合伙人在其内部是依合伙协议约定承担按份责任的。据此，甲因已办理退伙结算手续，结清了对合伙企业的财产债务关系，故不再承担内部清偿份额；如在银行的要求下承担了对外部债务的连带清偿责任，则可向乙、丙、丁追偿。乙、丙、丁应按合伙协议的约定分担清偿责任；乙、丙、丁任何一人实际支付的清偿数额超过其应承担的份额时，有权就其超过的部分，向其他未支付或未足额支付应承担份额的合伙人追偿。

3. 【解析】(1) 甲的主张不符合规定。根据规定，有限合伙人可以同本有限合伙企业进行交易；但是，合伙协议另有约定的除外。

(2) 乙的主张不符合规定。根据规定，有限合伙人可以自营或者同他人合作经营与本有限合伙企业相竞争的业务；但是，合伙协议另有约定的除外。

(3) 债权人 B 银行可以要求甲清偿全部的 60 万元。根据规定，普通退伙人对基于其退伙前的原因发生的合伙企业债务，承担无限连带责任。

(4) 债权人 B 银行可以要求乙清偿全部的 60 万元。根据规定，普通合伙人转变为有限合伙人的，对其作为普通合伙人期间合伙企业发生的债务承担无限连带责任。在本题中，乙应当对其作为普通合伙人期间合伙企业发生的债务承担无限连带责任。

(5) 债权人 B 银行可以要求丙清偿全部的 60 万元。根据规定，有限合伙人转变为普通合伙人的，对其作为有限合伙人期间有限合伙企业发生的债务承担无限连带责任。

(6) 债权人 B 银行不能要求丁清偿全部的 60 万元。根据规定，有限合伙人退伙后，对基于其退伙前的原因发生的有限合伙企业债务，以其退伙时从有限合伙企业中取回的财产承担责任。

在本题中，由于有限合伙人丁在退伙时，从合伙企业分回 20 万元，因此，债权人 B 银行只能要求丁清偿 20 万元。

(7) 债权人 B 银行不能要求戊清偿全部的 60 万元。根据规定，新入伙的有限合伙人对入伙前有限合伙企业的债务，以其认缴的出资额为限承担责任。

(8) 债权人 B 银行可以要求庚清偿全部的 60 万元。根据规定，新入伙的“普通合伙人”对入伙前合伙企业的债务承担无限连带责任。

4.【解析】(1) 合伙协议中丁不承担企业亏损的民事责任的约定违反了法律规定。根据《合伙企业法》的规定、各合伙人均应依法承担无限责任，不允许有承担有限责任的合伙人。

(2) 甲以合伙企业名义与 A 公司所签的代销合同有效。根据《合伙企业法》的规定，合伙企业对合伙人执行合伙企业事务以及对外代表合伙企业权利的限制，不得对抗不知情的善意第三人。在本题中，尽管合伙人甲超越了合伙企业的内部限制，但 A 公司为善意第三人，因此甲以合伙企业名义与 A 公司所签的代销合同有效。

(3) 丁和戊的主张均不成立。根据《合伙企业法》的规定，退伙人对其退伙前已发生的合伙企业债务，与其他合伙人承担连带责任。入伙的新合伙人对入伙前合伙企业的债务承担连带责任。

# 第四章　金融法律制度

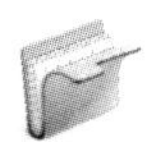

## 大纲研读

本章考试目的在于考查应试人员是否掌握了商业银行的经营原则、商业银行的设立、变更、接管和终止、商业银行的存款业务规则、商业银行的贷款业务规则；证券的发行、证券的交易、上市公司收购；保险的分类、保险法的基本原则、保险公司、保险代理人、保险经纪人、保监会、保险合同；票据法上的关系和票据基础关系、票据行为、票据权利与抗辩、汇票、本票、支票；外汇管理体制、经常项目外汇管理制度、资本项目外汇管理制度、人民币汇率和外汇市场管理等基本理论。从近 3 年考题情况来看，证券法律制度和票据法律制度的有关规定是考试的重点内容，平均分值是 10 分，具体考试内容如下。

(1) **商业银行法律制度**。包括商业银行的经营原则；商业银行的设立、变更、接管和终止；商业银行的存款业务规则；商业银行的贷款业务规则。

(2) **证券法律制度**。包括证券的发行；证券的交易；上市公司收购。

(3) **保险法律制度**。包括保险的分类；保险法的基本原则；保险公司、保险代理人、保险经纪人；保险监督机构；保险合同。

(4) **票据法律制度**。包括票据法上的关系和票据基础关系、票据行为、票据权利与抗辩；汇票的出票、背书、保证、承兑和付款；本票的出票和见票付款；支票的出票和付款。

(5) **外汇管理法律制度**。包括外汇管理体制；经常项目外汇管理制度；资本项目外汇管理制度；人民币汇率和外汇市场管理。

## 考点剖析

# 一、商业银行法律制度

### 考点一　商业银行法律制度概述

#### (一)　商业银行的概念

《商业银行法》第 2 条规定：“商业银行是指依照本法和《中华人民共和国公司法》设立的吸收公众存款、发放贷款、办理结算等业务的企业法人。”由此可见，我国商业银行是依法成立，经营货币金融业务，以营利为目的金融企业法人。

(1) 商业银行实行自主经营，自担风险，自负盈亏，自我约束。

(2) 商业银行依法开展业务，不受任何单位和个人的干涉。

(3) 商业银行以其全部法人财产独立承担民事责任。

(4) 商业银行具有信用中介职能、支付中介职能、信用创造职能和金融服务职能。

### (二) 商业银行的经营原则

根据《商业银行法》规定，商业银行以安全性、流动性、效益性为经营原则。

### (三) 商业银行的设立、变更、接管和终止

#### 1. 商业银行的设立

(1) 商业银行的设立条件。包括以下内容：①有符合《商业银行法》和《公司法》规定的章程。②有符合《商业银行法》规定的注册资本最低限额：设立全国性商业银行的注册资本最低限额为10亿元人民币；设立城市商业银行的注册资本最低限额为1亿元人民币；设立农村商业银行的注册资本最低限额为5000万人民币。注册资本应当是实缴资本。③有具备任职专业知识和业务工作经验的董事、高级管理人员。④有健全的组织机构和管理制度。⑤有符合要求的营业场所、安全防范措施和与业务有关的其他设施。⑥其他审慎性条件。

(2) 商业银行的设立程序。设立商业银行，应当经国务院银行业监督管理机构审查批准。未经国务院银行业监督管理机构批准，任何单位和个人不得从事吸收公众存款等商业银行业务，任何单位不得在名称中使用“银行”字样。

(3) 商业银行分支机构的设立。商业银行根据业务需要可以在中国境内外设立分支机构。设立分支机构必须经国务院银行业监督管理机构审查批准。在中国境内设立的分支机构，不按行政区划设立。

① 商业银行在中国境内设立分支机构，拨付各分支机构营运资金额的总和，不得超过总行资本金总额的60%。

② 商业银行对其分支机构实行全行统一核算，统一调度资金，分级管理的财务制度。

③ 商业银行分支机构不具有法人资格，在总行授权范围内依法开展业务，其民事责任由总行承担。

#### 2. 商业银行的变更

(1) 商业银行有下列变更事项之一的，应当经国务院银行业监督管理机构批准：①变更名称；②变更注册资本；③变更总行或者分支行所在地；④调整业务范围；⑤变更持有资本总额或者股份总额 5%以上的股东；⑥修改章程；⑦国务院银行业监督管理机构规定的其他变更事项。更换董事、高级管理人员时，应当报经国务院银行业监督管理机构审查其任职资格。

(2) 商业银行的分立、合并，适用《中华人民共和国公司法》的规定。商业银行的分立、合并，应当经国务院银行业监督管理机构审查批准。

#### 3. 商业银行的接管

(1) 接管的条件与法律后果。根据《商业银行法》的规定，商业银行已经或者可能发生信用危机，严重影响存款人的利益时，国务院银行业监督管理机构可以对该银行实行接管。被接管的商业银行的债权债务关系不因接管而变化。

信用危机主要表现为：商业银行不能应付存款人的借款；不能清偿到期的债务；同业拒绝拆借资金以及原客户普遍拒绝其服务。

(2) 接管的实施与终止。自接管开始之日起，由接管组织行使商业银行的经营管理权力。接管期限届满，国务院银行业监督管理机构可以决定延期，但接管期限最长不得超过2年。接管终止的情形：①接管决定规定的期限届满或者国务院银行业监督管理机构决定的接管延期届满；②接管期限届满前，该商业银行已恢复正常经营能力；③接管期限届满前，该商业银行被合并或被依法宣告破产。

**4. 商业银行的终止**

商业银行的终止是指商业银行法人资格的丧失，也即从法律上消灭了其独立的人格。根据我国《商业银行法》的规定，商业银行因解散、被撤销和被宣告破产而终止。

商业银行因被撤销而终止。商业银行因吊销经营许可证被撤销的，国务院银行业监督管理机构应当依法及时组织成立清算组，进行清算，按照清偿计划及时偿还存款本金和利息等债务。商业银行及其分支机构自取得营业执照之日起无正当理由超过6个月未开业的，或者开业后自行停业连续6个月以上的，由国务院银行业监督管理机构吊销其经营许可证，并予以公告。

商业银行因被宣告破产而终止。商业银行不能支付到期债务，经国务院银行业监督管理机构同意，由人民法院依法宣告其破产。商业银行破产清算时，在支付清算费用、所欠职工工资和劳动保险费后，应当优先支付个人储蓄的本金和利息。

## 考点二　商业银行存款业务规则

根据我国《商业银行法》的规定，商业银行可以经营下列部分或全部业务：(1)吸收公众存款；(2)发放短期、中期和长期贷款；(3)办理国内外结算；(4)办理票据承兑与贴现；(5)发行金融债券；(6)代理发行、代理兑付、承销政府债券；(7)买卖政府债券、金融债券；(8)从事同业拆借；(9)买卖、代理买卖外汇；(10)从事银行卡业务；　(11)提供信用证服务及担保；(12)代理收付款项及代理保险业务；(13)提供保管箱服务；(14)经国务院银行业监督管理机构批准的其他业务。

### (一) 存款的概念及其种类

存款是机关、团体、企事业单位和个人把货币资金存入银行或其他可吸收存款的金融机构并获取存款利息的一种信用活动形式。

(1) 根据期限不同，存款可分为活期存款、定期存款和定活两便存款。

(2) 根据存款人主体的不同，存款可分为单位存款和个人储蓄存款。

(3) 按照存款的币种不同，存款可分为人民币存款和外币存款。

(4) 按照支取的形式不同，存款可分为支票存款、存单(折)存款、通知存款、透支存款、存贷合一存款和特种存款等。其中，通知存款是指存款人在存款时不约定存款期限，支取时需提前通知银行，约定支取存款日期和金额方能支取的存款。个人通知存款有1天通知存款和7天通知存款两个品种。

### (二) 存款业务基本原则

**1. 存款业务经营特许制**

我国《商业银行法》规定，未经国务院银行业监督管理机构批准，任何单位和个人不得从事吸收公众存款等商业银行业务，任何单位不得在名称中使用“银行”字样。目前，我国能够从事吸收公众存款业务的金融机构有商业银行、信用合作社和邮政储蓄机构等。

**2. 存款机构依法交存存款准备金**

存款准备金是商业银行依照法律和中国人民银行的规定，按吸收存款的一定比例交存于中国人民银行的存款，目的是为了保障存款机构支付存款的能力。

**3. 存款机构依法留足备付金**

备付金是商业银行和其他金融机构为保证存款支付和资金清算的清偿资金，主要表现为商业银行的库存现金和在中央银行的存款。

**4. 依法确定并公告存款利率**

中国人民银行是国家利率管理的唯一机构，它有权负责制定、调整各种利率。我国《商业银行法》规定，商业银行应当按照中国人民银行规定的存款利率的上下限，确定存款利率，并予以公告。

**5. 财政性存款专营**

财政性存款由中国人民银行专营，不计利息。

**6. 合法正当吸收存款**

我国《商业银行法》规定，商业银行不得违反规定提高或者降低利率以及采用其他不正当手段，吸收存款，发放贷款。

### (三) 储蓄存款业务规则

储蓄是指个人将其所有或合法持有的人民币或外币，自愿存入中国境内储蓄机构，储蓄机构开具存折或者存单作为凭证，个人凭此支取存款本息的信用活动。储蓄是居民个人与银行之间发生的一种信用关系。

**1. 储蓄存款原则**

(1) 存款自愿、取款自由、存款有息、为存款人保密的原则。

(2) 个人存款实名制原则。下列身份证件作为实名证件：①居住在中国境内的中国公民，为居民身份证或者临时居民身份证。②居住在境内的16周岁以下的中国公民为户口簿。③中国人民解放军军人，为军人身份证件；中国人民武装警察，为武装警察身份证件。④香港、澳门居民，为港澳居民往来内地通行证；台湾居民，为台湾居民来往大陆通行证或其他有效旅行证件。⑤外国公民，为护照。上述未规定的，依照有关法律、行政法规和国家有关规定执行。

个人在金融机构开立个人存款账户时，金融机构应当要求其出示本人身份证件进行核对，并登记其身份证件上的姓名和号码。代理他人在金融机构开立个人存款账户时，金融机构应当要求其出示被代理人和代理人的身份证件进行核对，并登记被代理人和代理人的身份证件上的姓名和号码。

**2. 储蓄存款业务规则**

(1) 储蓄存款利率计息、结息规则。我国实行法定储蓄存款及利率制度。储蓄存款利率由中国人民银行拟订，经国务院批准后公布，或者由国务院授权中国人民银行制定、公布。储蓄机构必须挂牌公告储蓄存款利率，不得擅自变动。

| | |
|---|---|
| 定期 | 未到期的定期储蓄存款，全部提前支取的，按支取日挂牌公告的活期储蓄存款利率计付利息；部分提前支取的，提前支取的部分按支取日挂牌公告的活期储蓄存款利率计付利息，其余部分到期时按存单开户日挂牌公告的定期储蓄存款利率计付利息 |
| | 逾期支取的定期储蓄存款，其超过原定存期的部分，除约定自动转存的外，按支取日挂牌公告的活期储蓄存款利率计付利息 |
| | 定期储蓄存款在存期内遇有利率调整，按存单开户日挂牌公告的相应的定期储蓄存款利率计付利息 |
| | 定期存款的支取日为结息日 |
| 活期 | 活期储蓄存款在存入期间遇有利率调整，按结息日挂牌公告的活期储蓄存款利率计付利息 |
| | 全部支取活期储蓄存款，按清户日挂牌公告的活期储蓄存款利率计付利息 |
| | 活期储蓄存款每年 6 月 30 日为结息日，结算利息一次，并入本金起息，元以下尾数不计利息 |

(2) 存款支取规则。一般情况下，储户可依法随时支取存款。对未到期的定期储蓄存款，储户提前支取的，必须持存单和本人居民身份证明办理。代他人支取未到期定期存款的，代支取人还必须出具其居民身份证明。

(3) 挂失规则。记名式的存单、存折可以挂失，不记名式的存单、存折不能挂失。储蓄机构在确认该笔存款未被支取的前提下，方可受理挂失手续。挂失 7 天后，储户需与储蓄机构约定时间，办理补领新存单(折)或支取存款手续。储蓄机构受理挂失后，必须立即停止支付该储蓄存款；若存款在挂失前或挂失失效后已被他人支取，储蓄机构不负责任。

(4) 协助查询、冻结、扣划个人储蓄存款规则。

| | |
|---|---|
| 有权查询、冻结和扣划 | 人民法院、税务机关和海关 |
| 有权查询和冻结 | 人民检察院、公安机关、国家安全机关、军队保卫部门、中国证监会、反洗钱行政主管部门、监狱、走私犯罪侦查机关 |
| 有权查询 | 审计机关、监察机关、价格主管部门、反垄断执法机构、银监会、保监会、财政部门、外汇管理机关、期货监督管理机构、工商行政管理部门 |

(5) 存款人死亡后存款的过户与支取规则。包括以下几个方面：

① 存款人死亡后，合法继承人为证明自己的身份和有权提取该项存款，应向储蓄机构所在地的公证处(未设公证处的地方向县、市人民法院——下同)申请办理继承权证明书，储蓄机构凭以办理过户或支付手续。该项存款的继承权发生争执时，由人民法院判处。储蓄机构凭人民法院的判决书、裁定书或调解书办理过户或支付手续。

② 存款人已死亡，但存单持有人没有向储蓄机构申明遗产继承过程，也没有持存款所在地法院判决书，直接去储蓄机构支取或转存存款人生前的存款，储蓄机构都视为正常支取或转存，事后而引起的存款继承争执，储蓄机构不负责任。

③ 在国外的华侨和港澳台同胞等在国内储蓄机构的存款或委托银行代为保管的存款，原存款人死亡，其合法继承人在国内者，凭原存款人的死亡证明向储蓄机构所在地的公证处申请办理继承权证明书，储蓄机构凭以办理存款的过户或支付手续。

④ 在我国定居的外国公民(包括无国籍者)死亡，存入我国储蓄机构的存款，其存款过户或提取手续，与我国公民存款处理手续相同，照上述规定办理。与我国订有双边领事协定的外国侨民应按协定的具体规定办理。

⑤ 继承人在国外者，可凭原存款人的死亡证明和经我国驻该国使、领馆认证的亲属证明，向我国公证机关申请办理继承权证明书，储蓄机构凭以办理存款的过户或支付手续。

⑥ 存款人死亡后，无法定继承人又无遗嘱的，经当地公证机关证明，按财政部门规定，全民所有制企事业单位、国家机关、群众团体的职工存款，上缴国库收归国有。集体所有制企事业单位的职工，可转归集体所有。此项上缴国库或转归集体所有的存款都不计利息。

(6) 储蓄业务禁止规则：

① 禁止公款私存。

② 禁止使用不正当手段吸收储蓄存款，下列做法属于“使用不正当手段吸收存款”：以散发有价馈赠品为条件吸收储蓄存款；发放各种名目的揽储费；利用不确切的广告宣传；利用汇款、贷款或其他业务手段强迫储户存款；利用各种名目多付利息、奖品或其他费用。

### (四) 单位存款业务规则

#### 1. 单位存款的基本原则

(1) 财政存款专营原则。

(2) 强制存入原则。按照《现金管理暂行条例》的规定，开户单位的现金收入，除核定的库存现金限额外，必须存入开户银行，不得自行保存。开户单位支付现金，可以从本单位库存现金限额中支付或从开户银行提取，不得从本单位的现金收入中直接支付(即坐支)。

(3) 限制支出原则。根据《人民币单位存款管理办法》规定，存款单位支取定期存款只能以转账方式将存款转入其基本存款账户，不得将定期存款用于结算或从定期存款账户中提取现金。单位定期存款可以全部或部分提前支取，但只能提前支取一次。

(4) 禁止公款私存、私款公存原则。

此外，财政拨款、预算内资金及银行贷款不得作为单位定期存款存入金融机构。

#### 2. 单位存款业务规则

| | |
|---|---|
| 存款、利率及计息 | 单位定期存款的期限分 3 个月、半年、1 年三个档次。起存金额 1 万元，多存不限 |
| | 单位定期存款在存期内按存款存入日挂牌公告的定期存款利率计付利息，遇利率调整，不分段计息。单位定期存款全部提前支取的，按支取日挂牌公告的活期存款利率计息；部分提前支取的，提前支取的部分按支取日挂牌公告的活期存款利率计息，其余部分如不低于起存金额由金融机构按原存期开具新的证实书，按原存款开户日挂牌公告的同档次定期存款利率计息；不足起存金额则予以清户。单位定期存款到期不取，逾期部分按支取日挂牌公告的活期存款利率计付利息 |
| | 单位活期存款按结息日挂牌公告的活期存款利率计息，遇利率调整不分段计息。通知存款按支取日挂牌公告的同期同档次通知存款利率计息。协定存款利率由中国人民银行确定并公布 |
| 变更、挂失及查询 | ①因存款单位人事变动，需要更换单位法定代表人章(或单位负责人章)或财会人员印章时，必须持单位公函及经办人身份证件向存款所在金融机构办理更换印鉴手续，如为单位定期存款，应同时出示金融机构为其开具的证实书。<br>②因存款单位机构合并或分立，其定期存款需要过户或分户，必须持原单位公函、工商部门的变更、注销或设立登记证明及新印鉴(分户时还须提供双方同意的存款分户协定)等有关证件向存款所在金融机构办理过户或分户手续，由金融机构换发新证实书。 |

(续表)

| | |
|---|---|
| 变更、挂失及查询 | ③存款单位的密码失密或印鉴遗失、损毁，必须持单位公函，向存款所在金融机构申请挂失。金融机构受理挂失后，挂失生效。如存款在挂失生效前已被人按规定手续支取，金融机构不负赔偿责任。<br>④存款单位迁移时，其定期存款如未到期转移，应办理提前支取手续，按支取日挂牌公告的活期利率一次性结清。<br>⑤金融机构应对存款单位的存款保密，有权拒绝除法律、行政法规另有规定以外的查询、冻结、扣划 |

**【例 4-1】**根据商业银行法律制度的规定，单位定期存款到期不取，逾期部分支取的计息规则是(　　)。(2013 年单选题)

A. 按存款存入日挂牌公告的定期存款利率计息

B. 按存款存入日挂牌公告的活期存款利率计息

C. 按存款支取日挂牌公告的定期存款利率计息

D. 按存款支取日挂牌公告的活期存款利率计息

**【解析】**D　本题考核的知识点是单位存款业务规则。单位定期存款到期不取，逾期部分按“支取日”挂牌公告的活期存款利率计付利息。

**【例 4-2】**限制支出原则是单位存款的基本原则，下列关于单位定期存款限制支出行为的表述中，符合商业银行法律制度规定的有(　　)。(2013 年多选题)

A. 单位支取定期存款应以转账方式将存款转入其一般存款账户

B. 定期存款不得运用于结算

C. 定期存款账户不得提取现金

D. 定期存款可以全部或部分提前支取，但只能提前支取一次

**【解析】**BCD　本题考核的知识点是商业银行存款业务规则。选项 A：存款单位支取定期存款只能以转账方式将存款转入其“基本存款账户”(而非一般存款账户)，不得将定期存款用于结算或从定期存款账户中提取现金。

## 考点三　商业银行贷款业务规则

### (一) 贷款的概念及其种类

贷款是指金融机构依法把货币资金按约定的利率贷放给客户，并约定期限由客户偿还本息的一种信用活动。贷款是商业银行的传统核心业务，它反映的是贷款人与借款人之间的债权债务关系。

(1) 按照贷款人是否承担风险划分，贷款可分为自营贷款、委托贷款和特定贷款。

(2) 按照期限划分，可将贷款分为短期贷款、中期贷款和长期贷款。

① 短期贷款，是指贷款期限在 1 年以内(含 1 年)的贷款。

② 中期贷款，是指贷款期限在 1 年以上(不含 1 年)5 年以下(含 5 年)的贷款。

③ 长期贷款，是指贷款期限在 5 年(不含 5 年)以上的贷款。

(3) 按照有无担保及担保方式划分，贷款可分，为信用贷款、担保贷款和票据贴现。

(4) 贷款按其资产质量即风险程度划分，可分为正常、关注、次级、可疑和损失五类。

(5) 根据贷款资金用途的不同，可将贷款分为固定资产贷款和流动资金贷款。

(6) 根据参与贷款的银行数量，可将贷款分为单独贷款和银团贷款。

### (二) 贷款人的资格、权利、义务及其限制

| 资格 | 贷款人是指经批准设立的具有经营贷款业务资格的金融机构 |
|---|---|
| 权利 | (1) 要求借款人提供与借款有关的资料。<br>(2) 根据借款人的条件，有权决定贷与不贷、贷款金额、期限和利率等。<br>(3) 贷款人有权要求借款人在合同中对与贷款相关的重要内容作出承诺。<br>(4) 依合同约定从借款人账户上划收贷款本金和利息。<br>(5) 借款人未能履行合同规定义务的，贷款人有权要求借款人提前归还贷款或停止支付借款人尚未使用的借款。<br>(6) 有权对借款人的贷款使用情况进行监督检查。<br>(7) 在贷款将受或已受损失时，贷款人有权依据法律规定或合同约定采取使贷款免受损失的措施。<br>(8) 贷款人有权拒绝借款合同约定以外的附加条件 |
| 义务 | (1) 应当公布所经营的贷款种类、期限和利率，并向借款人提供咨询。<br>(2) 应当公开贷款审查的资信内容和发放贷款的条件。<br>(3) 审议借款人的借款申请，与借款人约定明确、合法的贷款用途，并及时答复贷与不贷。短期贷款的答复时间不得超过 1 个月，长期贷款的答复时间不得超过 6 个月，国家另有规定的除外。<br>(4) 按照合同约定对借款人借款使用情况进行监督检查。<br>(5) 对借款人账户、资产、财务状况等商业秘密以及个人隐私等情况保密，但法律另有规定或当事人另有约定的除外。<br>(6) 在对个人贷款时，贷款人应建立贷款面谈制度。<br>(7) 个人贷款资金应采用贷款人受托支付方式。<br>(8) 在实现抵押权、质权时，必须采取合法的方式和程序进行。<br>(9) 对流动资金贷款，贷款人应关注大额及异常资金流入流出情况，加强对资金回笼账户的监控 |
| 限制 | (1) 资本充足率不得低于 8%；对同一借款人的贷款余额与商业银行资本余额的比例不得超过 10%。<br>(2) 商业银行贷款，借款人应当提供担保。但经商业银行审查、评估，确认借款人资信良好，确能偿还贷款的，可以不提供担保。<br>(3) 商业银行不得向关系人发放信用贷款，但可以发放担保贷款，向关系人发放担保贷款的条件应与非关系人的条件相同。此处“关系人”是指：商业银行的董事、监事、管理人员、信贷人员及其近亲属；上述人员投资或者担任高级管理职务的公司、企业和其他经济组织<br>(4) 借款人有下列情形之一的，不得对其发放贷款：①不具备法律法规规定的借款人资质和条件的；②生产、经营或投资国家明文禁止的产品、项目的；③建设项目贷款按国家规定应当报经有关部门批准而未取得批准文件的；④生产、经营或投资项目贷款按照国家规定应取得环境保护部门许可而未取得许可的；⑤借款人实行承包、租赁、联营、合并(兼并)、合作、分立、股权转让、股份制改造过程中，未清偿或落实贷款人原有贷款债务的；⑥不具有法人资格的分支机构未经借款授权的；⑦国家明确规定不得贷款的。 |

(续表)

| | |
|---|---|
| 限制 | (5) 自营贷款除按照中国人民银行规定计收利息外，不得收取其他任何费用；委托贷款除中国人民银行规定计收手续费外，不得收取其他任何费用。<br>(6) 不得给委托人垫付资金，国家另有规定的除外。<br>(7) 贷款人不得制订不合理的贷款规模指标，不得恶性竞争和突击放贷 |

### (三) 借款人的资格、权利、义务及其限制

#### 1. 借款人的资格

借款人应当是经工商行政管理机关(或主管机关)核准登记的企(事)业法人、其他组织或具有中华人民共和国国籍的具有完全民事行为能力或符合规定的境外的自然人。机关法人及其分支机构不得申请贷款。

#### 2. 借款人的权利

借款人的权利包括：

(1) 有权自主选择向主办银行或其他银行的经办机构申请贷款并以条件取得贷款。

(2) 有权按合同约定提取和使用全部贷款。

(3) 有权拒绝借款合同以外的附加条件。

(4) 在征得贷款人同意后，有权向第三人转让债务。

(5) 有权向贷款人的上级行、银行业监督管理机构和中国人民银行反映、举报有关情况。

#### 3. 借款人的义务

借款人的义务包括：

(1) 依法向贷款人及时提供贷款人要求的有关材料，不得隐瞒，不得提供虚假材料。

(2) 依法接受贷款人对其使用信贷资金情况和有关生产经营、财务活动进行监督检查，并予以配合。

(3) 应当按照借款合同约定用途使用贷款。

(4) 应当按照借款合同约定的期限清偿贷款本息，未按约定期限归还贷款的，应当按照有关规定支付逾期利息。

(5) 将贷款(债务)全部或部分转让给第三人的，应当取得贷款人的同意。

(6) 有危及贷款人债权安全时，应当及时通知贷款人，并采取保全措施。

#### 4. 对借款人的限制

(1) 不得在一个贷款人同一辖区内的两个或两个以上同级分支机构取得贷款。

(2) 不得向贷款人提供虚假的或隐瞒重要事实的资产负债表、损益表等。

(3) 流动资金贷款不得用于固定资产、股权等投资，不得用于国家禁止生产、经营的领域和用途。同时，流动资金贷款不得违规挪用。

(4) 不得用贷款从事股本权益性投资，国家另有规定的除外。

(5) 不得用贷款在有价证券、期货等方面从事投机经营。

(6) 除依法取得经营房地产资格的借款人以外，不得用贷款从事房地产投机。

(7) 不得套取贷款用于借贷牟取非法收入。

(8) 不得违反国家外汇管理规定使用外币贷款。

(9) 不得采取欺诈手段骗取贷款。

### (四) 贷款发放程序规则

(1) 贷款的申请与审批。

(2) 对借款人的信用等级进行评估。

(3) 贷款调查。

(4) 风险评价与贷款审批。

(5) 签订借款合同。

(6) 贷款发放。单笔金额超过项目总投资 5%或超过 500 万元人民币的贷款资金支付，应采用贷款人受托支付方式。

(7) 贷后检查。

(8) 贷款归还。贷款人在短期贷款到期 1 个星期之前、中长期贷款到期 1 个月之前，应当向借款人发送还本付息通知单；借款人应及时筹备资金，按时还本付息。

### (五) 贷款期限规则

#### 1. 贷款期限的设定

自营贷款期限一般不超过 10 年，超过 10 年的应当报中国人民银行备案。票据贴现最长不超过 6 个月，贴现期限为从贴现之日起到票据到期日止。

#### 2. 贷款展期

短期贷款展期期限累计不得超过原贷款期限；中期贷款展期期限累计不得超过原贷款期限的一半；长期贷款展期期限累计不得超过 3 年。

### (六) 贷款利率规则

#### 1. 贷款利率的确定

贷款人应按照中国人民银行规定的贷款利率的上下限，确定每笔贷款利率，并在借款合同中载明。

#### 2. 贷款利息的计收

人民币各项贷款(不含个人住房贷款)的计息和结息方式，由借贷双方协商确定。人民币中、长期贷款利率由借贷双方按市场原则确定，可在合同期间按月、按季、按年调整，也可采用固定利率的方式确定；5 年期以上档次贷款利率，由贷款人参照中国人民银行公布的 5 年期以上贷款利率自主确定。

#### 3. 贷款的贴息

根据国家政策，为了促进某些产业和地区经济的发展，有关部门可以对贷款补贴利息。对有关部门贴息的贷款，承办银行应自主审查发放，并根据有关规定严格管理。

#### 4. 贷款停息、减息、缓息和免息

除国务院决定外，任何单位和个人无权决定贷款停息、减息、缓息和免息。

**【例 4-3】**商业银行可以向符合发放信用贷款条件的关系人发放信用贷款，但发放信用贷款的条件不得优于其借贷人同类贷款的条件。(　)

**【解析】**× 本题考核的是商业银行贷款业务规则。商业银行不得向关系人发放信用贷款；

向关系人发放担保贷款的条件不得优于其他借款人同类贷款的条件。

# 二、证券法律制度

## 考点四　证券法律制度概述

### (一) 证券的概念与分类

**1. 证券的概念**

证券是以证明或设定权利为目的所做成的一种书面凭证。

**2. 证券的分类**

| | |
|---|---|
| 股票 | 股票是股份有限公司签发的，证明股东所持股份的凭证。我国证券市场上流通的股票有人民币普通股(A 股)和境内上市外资股(B 股)。另外，中国境内注册的公司还可以发行境外上市外资股，包括 H 股(香港上市)、N 股(纽约上市)、S 股(新加坡上市)等 |
| 债券 | 债券是政府、金融机构、公司企业等单位依照法定程序发行的、约定在一定期限还本付息的有价证券。债券按发行主体不同可分为企业、公司债券(含可转换公司债券)、金融债券和政府债券 |
| 证券投资基金份额 | 证券投资基金份额是基金投资人持有基金单位的权利凭证 |
| 认股权证 | 认股权证是股份有限公司给予持证人的无限期或在一定期限内，以确定价格购买一定数量普通股份的权利凭证 |
| 期货 | 期货是一种跨越时间的交易方式。买卖双方通过签订标准化合约，同意按指定的时间、价格与其他交易条件，交收指定数量的现货 |

### (二) 证券市场

**1. 证券市场的概念和分类**

证券市场是指证券发行与交易的场所。它由金融工具、交易场所以及市场参与主体等要素构成。证券市场依据不同的划分标准，可以有不同的分类。

(1) 发行市场和流通市场。发行市场又称一级市场或初级市场；流通市场又称二级市场或次级市场。投资者在一级市场取得的证券可以在二级市场进行交易。

(2) 场内交易市场和场外交易市场。

(3) 股票市场、债券市场、基金市场和衍生证券市场。

此外，还可以将证券市场分为主板市场、中小板市场、创业板市场、二板市场等，我国股票发行和交易的主板市场在上海证券交易所，中小板市场和创业板市场在深圳证券交易所；也可以将证券市场分为国内证券市场和国外证券市场。

**2. 证券市场的主体**

证券市场的主体是指参与证券市场的各类法律主体，包括证券发行人、投资者、中介机构、交易场所以及自律性组织和监管机构等。

### (三) 证券活动和证券管理原则

(1) 公开、公平、公正原则。
(2) 自愿、有偿、诚实信用原则。
(3) 守法原则。
(4) 分业经营、分业管理原则。
(5) 保护投资者合法权益原则。
(6) 监督管理与自律管理相结合原则。

### (四) 证券法

广义的证券法是指一切与证券有关的法律规范的总称。狭义的证券法专指《中华人民共和国证券法》(以下简称《证券法》)。

## 考点五　证券的发行

### (一) 证券发行概述

#### 1. 证券发行的概念

证券发行是指符合发行条件的商业组织或政府组织(发行人)，以筹集资金为目的，依照法律规定的程序向公众投资者出售代表一定权利的资本证券的行为。

#### 2. 证券发行的分类

根据不同标准，证券发行可以分为不同的类型。

| | |
|---|---|
| 公开发行和非公开发行 | 公开发行又称公募发行，是指发行人面向社会公众，即不特定的公众投资者进行的证券发行。非公开发行又称私募发行，是指向少数特定的投资者进行的证券发行。有下列情形之一的，为公开发行：①向不特定对象发行证券；②向累计超过 200 人的特定对象发行证券；③法律、行政法规规定的其他发行行为。非公开发行证券，不得采用广告、公开劝诱和变相公开方式 |
| 设立发行和增资发行 | 设立发行是为成立新的股份有限公司而发行股票；增资发行是为增加已有公司的资本总额或改变其股本结构而发行新股。增发新股，既可以公开发行，也可以采取配股或赠股的形式 |
| 直接发行和间接发行 | 直接发行是指证券发行人不通过证券承销机构，而自行承担证券发行风险，办理证券发行事宜的发行方式。间接发行是指证券发行人委托证券承销机构发行证券，并由证券承销机构办理证券发行事宜，承担证券发行风险的发行方式 |
| 平价发行、溢价发行和折价发行 | 股票发行价格可以按票面金额，也可以超过票面金额，但不得低于票面金额。股票发行采取溢价发行的，其发行价格由发行人与承销的证券公司协商确定 |

### (二) 股票的发行

#### 1. 首次公开发行股票的条件

(1) 发行人应当是依法设立且合法存续的股份有限公司。该股份有限公司应自成立后，持续经营时间在 3 年以上。经国务院批准，有限责任公司在依法变更为股份有限公司时，可以采取募集设立方式公开发行股票。

(2) 发行人应当具有完整的业务体系和直接面向市场独立经营的能力。发行人的资产完整、人员独立、财务独立、机构独立、业务独立，在独立性方面不得有其他严重缺陷。

(3) 发行人已经依法建立健全股东大会、董事会、监事会、独立董事、董事会秘书制度，相关机构和人员能够依法履行职责。

(4) 发行人资产质量良好，资产负债结构合理，盈利能力较强，现金流量正常。

(5) 募集资金应当有明确的使用方向，原则上应当用于主营业务。

**2. 上市公司公开发行新股的条件**

上市公司公开发行新股，应当符合《证券法》、《公司法》规定的发行条件和经国务院批准的国务院证券监督管理机构规定的其他发行条件，包括中国证监会《上市公司证券发行管理办法》等规定的发行条件。

| | |
|---|---|
| 《证券法》的规定 | 上市公司公开发行新股的条件：①具备健全且运行良好的组织机构；②具有持续盈利能力，财务状况良好；③最近 3 年财务会计文件无虚假记载，无其他重大违法行为；④经国务院批准的国务院证券监督管理机构规定的其他条件 |
| 《上市公司证券发行管理办法》的规定 | 公开发行证券的条件有：①上市公司的组织机构健全、运行良好；②上市公司的盈利能力具有可持续性；③上市公司的财务状况良好；④上市公司最近 36 个月内财务会计文件无虚假记载，且不存在重大违法行为；⑤上市公司募集资金的数额和使用应当符合规定；⑥上市公司不存在不得公开发行证券的情形 |
| 《上市公司证券发行管理办法》的规定 | 向原股东配售股份(简称配股)，除符合上述公开发行证券的条件外，还应当符合下列条件：①拟配售股份数量不超过本次配售股份前股本总额的 30%；②控股股东应当在股东大会召开前公开承诺认配股份的数量；③采用证券法规定的代销方式发行。<br>控股股东不履行认配股份的承诺，或者代销期限届满，原股东认购股票的数量未达到拟配售数量 70%的，发行人应当按照发行价并加算银行同期存款利息返还已经认购的股东 |
| 《上市公司证券发行管理办法》的规定 | 向不特定对象公开募集股份(简称增发)，除符合上述公开发行证券的条件外，还应符合下列条件：①最近 3 个会计年度加权平均净资产收益率平均不低于 6%。扣除非经常性损益后的净利润与扣除前的净利润相比，以低者作为加权平均净资产收益率的计算依据；②除金融类企业外，最近一期末不存在持有金额较大的交易性金融资产和可供出售的金融资产、借予他人款项、委托理财等财务性投资的情形；③发行价格应不低于公告招股意向书前 20 个交易日公司股票均价或前 1 个交易日的均价 |

**3. 上市公司非公开发行股票的条件**

(1) 特定对象条件。包括：①特定对象符合股东大会决议规定的条件；②发行对象不超过 10 名。发行对象为境外战略投资者的，应当经国务院相关部门事先批准。

(2) 上市公司条件。包括：①发行价格不低于定价基准日前 20 个交易日公司股票均价的 90%；②本次发行的股份自发行结束之日起，12 个月内不得转让；控股股东、实际控制人及其控制的企业认购的股份，36 个月内不得转让；③募集资金使用符合法律规定；④本次发行将导致上市公司控制权发生变化的，还应当符合中国证监会的其他规定。

【例 4-4】下列关于上市公司非公开发行股票的表述中，不符合证券法律制度规定的有(　　)。(2011 年多选题)

A. 某次发行的股份自发行结束之日起，36 个月内不得转让

B. 发行价格应不低于定价基准日前 20 个交易日公司股票的均价

C. 募集资金须存放于公司董事会决定的专项账户

D. 除金融类企业外，不得将募集资金直接或间接投资于以买卖证券为主要业务的公司

【解析】AB　本题考核上市公司非公开发行股票的条件。上市公司非公开发行股票，发行价格不低于定价基准日前 20 个交易日公司股票均价的 90%；因此选项 A 不符合规定。本次发行的股份自发行结束之日起，12 个月内不得转让，控股股东、实际控制人及其控制的企业认购的股份，36 个月内不得转让；因此选项 B 表述不符合规定。

**4. 上市公司不得非公开发行股票的情形**

上市公司有下列法定情形之一的，不得非公开发行新股：

(1) 本次发行申请文件有虚假记载、误导性陈述或重大遗漏。

(2) 上市公司的权益被控股股东或实际控制人严重损害且尚未消除。

(3) 上市公司及其附属公司违规对外提供担保且尚未解除。

(4) 现任董事、高级管理人员最近 36 个月内受到过中国证监会的行政处罚，或者最近 12 个月内受到过证券交易所公开谴责。

(5) 上市公司或其现任董事、高级管理人员因涉嫌犯罪正被司法机关立案侦查或涉嫌违法违规正被中国证监会立案调查。

(6) 最近 1 年及 1 期财务报表被注册会计师出具保留意见、否定意见或无法表示意见的审计报告。保留意见、否定意见或无法表示意见所涉及事项的重大影响已经消除或者本次发行涉及重大重组的除外。

(7) 严重损害投资者合法权益和社会公共利益的其他情形。

【例 4-5】根据证券法律制度的规定，下列情形中，属于上市公司不得非公开发行股票的有(　　)。(2012 年多选题)

A. 上市公司及其附属公司曾违规对外提供担保，但已消除

B. 上市人现任董事最近 36 个月内受到过中国证监会的行政处罚

C. 最近 1 年及 1 期财务报表被注册会计师出具保留意见的审计报告，但保留意见所涉及事项的重大影响已消除

D. 上市公司的权益被控股股东或实际控制人严重损害且尚未消除

【解析】BD　本题考核股票发行。(1)选项 A 不选。上市公司及其附属公司违规对外提供担保“且尚未消除”的，不得非公开发行股票。(2)选项 C 不选。上市公司最近 1 年及 1 期财务报表被注册会计师出具保留意见、否定意见或无法表示意见的审计报告的，不得非公开发行股票；但保留意见、否定意见或无法表示意见所涉及事项的重大影响已经消除或者本次发行涉及重大重组的除外。

### (三) 公司债券的发行

**1. 公司债券发行的条件**

发行公司债券，应当符合下列条件：

(1) 股份有限公司的净资产不低于人民币 3000 万元，有限责任公司的净资产不低于人民币

6000 万元。

(2) 累计债券余额不超过公司净资产的 40%。

(3) 最近 3 年平均可分配利润足以支付公司债券 1 年的利息。

(4) 筹集的资金投向符合国家产业政策。

(5) 债券的利率不超过国务院限定的利率水平。

(6) 国务院规定的其他条件。

公开发行公司债券筹集的资金，必须用于核准的用途，不得用于弥补亏损和非生产性支出。

**2. 再次发行公司债券的限制性规定**

有下列情形之一的，不得再次公开发行公司债券：

(1) 前一次公开发行的公司债券尚未募足。

(2) 对已公开发行的公司债券或者其他债务有违约或者延迟支付本息的事实，仍处于继续状态。

(3) 违反《证券法》规定，改变公开发行公司债券所募资金的用途。

### (四) 证券投资基金的发行

**1. 证券投资基金的概念**

证券投资基金是指通过公开或者非公开方式募集投资者资金，由基金管理人管理，基金托管人托管，从事股票、债券等金融工具组合方式进行的一种利益共享、风险共担的集合证券投资方式。

(1) 封闭式基金。封闭式基金是指基金份额总额在基金合同期限内固定不变，基金份额持有人不得申请赎回的基金。

(2) 开放式基金。开放式基金是指基金份额总额不固定，基金份额可以在基金合同约定的时间和场所申购或者赎回的基金。

**2. 基金的公开募集**

(1) 公开募集基金，应当经国务院证券监督管理机构注册。

(2) 国务院证券监督管理机构应当自受理公开募集基金的募集注册申请之日起 6 个月内进行审查，作出注册或者不予注册的决定。

(3) 基金管理人应当在基金份额发售的 3 日前公布招募说明书、基金合同及其他有关文件。

(4) 基金管理人应当自收到准予注册文件之日起 6 个月内进行基金募集。超过 6 个月开始募集，原注册的事项未发生实质性变化的，应当报国务院证券监督管理机构备案；发生实质性变化的，应当向国务院证券监督管理机构重新提交注册申请。

(5) 基金募集期限届满，封闭式基金募集的基金份额总额达到准予注册规模的 80%以上，开放式基金募集的基金份额总额超过准予注册的最低募集份额总额，并且基金份额持有人人数符合国务院证券监督管理机构规定的，基金管理人应当自募集期限届满之日起 10 日内聘请法定验资机构验资，自收到验资报告之日起 10 日内，向国务院证券监督管理机构提交验资报告，办理基金备案手续，并予以公告。

**3. 非公开募集基金**

(1) 非公开募集基金应当向合格投资者募集，合格投资者累计不得超过 200 人。

(2) 非公开募集基金，不得向合格投资者之外的单位和个人募集资金，不得通过报刊、电台、电视台、互联网等公众传播媒体或者讲座、报告会、分析会等方式向不特定对象宣传推介。

(3) 除基金合同另有约定外，非公开募集基金应当由基金托管人托管。

(4) 按照基金合同约定，非公开募集基金可以由部分基金份额持有人作为基金管理人负责基金的投资管理活动，并在基金财产不足以清偿其债务时对基金财产的债务承担无限连带责任。

**【例 4-6】**根据《证券投资基金法》的规定，申请上市的封闭式基金应具备的条件有(　　)。(2013 年多选题)

A. 基金合同期限为 5 年以上

B. 基金持有人不少于 1000 人

C. 基金募集金额不低于 2 亿元

D. 基金募集期限届满，基金募集的基金价额总额达到核准规模的 80%以上

**【解析】**ABCD　根据规定，基金份额上市交易，应当符合下列条件：基金的募集符合本法规定；基金合同期限为 5 年以上；基金募集金额不低于 2 亿元人民币；基金份额持有人不少于 1000 人。

**【例 4-7】**非公开募集基金可以按照基金合同约定，由部分基金份额持有人作为基金管理人员负责基金的投资管理活动，并在基金财产不足以清偿其债务时对基金财产的债务承担无限连带责任(　　)。(2013 年判断题)

**【解析】**✓　本题考核的知识点是证券发行。按照基金合同约定，非公开募集基金可以由部分基金份额持有人作为基金管理人员负责基金的投资管理活动，并在基金财产不足以清偿其债务时对基金财产的债务承担无限连带责任。

### (五) 证券发行的程序

| | |
|---|---|
| 作出发行决议 | 发行人发行证券一般先由其董事会就有关发行事项作出决议，并提请股东大会批准 |
| 提出发行申请 | 发行人应按照规定制作和报送证券发行申请文件。其发行证券属于保荐范围依法应予保荐的，应由保荐人保荐并向中国证监会申报；属于特定行业的，发行人还应提供管理部门的批准文件或相关意见 |
| | 如果发行人申请首次公开发行股票，在提交申请文件后，还应按国务院证券监督管理机构的规定预先披露有关申请文件 |
| 依法核准申请 | 未经依法核准，任何单位和个人不得公开发行证券。国务院证券监督管理机构或者国务院授权的部门应当自受理证券发行申请文件之日起 3 个月内，依法作出予以核准或不予核准的决定 |
| 公开发行信息 | 证券发行申请经核准后，发行人应当在证券公开发行前，公告公开发行募集文件，并将该文件置备于指定场所供公众查阅。发行证券的信息依法公开前，任何知情人不得公开或者泄露该信息。发行人不得在公告公开发行募集文件前发行证券 |
| 撤销核准决定 | 对已作出的核准证券发行的决定，发现不符合法定条件或法定程序，尚未发行证券的，应当予以撤销，停止发行。已经发行尚未上市的，撤销发行核准决定，发行人应按发行价并加算银行同期存款利息返还证券持有人；保荐人应当与发行人承担连带责任，但是能够证明自己没有过错的除外；发行人的控股股东、实际控制人有过错的，应当与发行人承担连带责任 |

(续表)

| | |
|---|---|
| 签订承销协议，进行证券销售 | 发行人向不特定对象发行的证券，法律、行政法规规定应当由证券公司承销(包括代销或包销)的，发行人应当同证券公司签订承销协议 |
| | 向不特定对象公开发行的证券票面总值超过人民币 5000 万元的，应当由承销团承销。承销团应当由主承销和参与承销的证券公司组成。证券的代销、包销期限最长不得超过 90 日 |
| | 采用代销方式，代销期限届满，出售的股票数量未达到公开发行股票数量的 70%的，为发行失败，发行人应当按照发行价并加算银行同期存款利息返还股票认购人 |
| 备案 | 公开发行股票，代销、包销期限届满，发行人应当在规定的期限内将股票发行情况报国务院证券监督管理机构备案 |

**【例 4-8】**下列关于证券发行承销团承销证券的表述中，不符合证券法律制度规定的是(　　)。(2011 年单选题)

A. 承销团承销适用于不特定对象公开发行的证券

B. 发行证券的票面总值必须超过人民币 1 万元

C. 承销团由主承销和参与承销的证券公司组成

D. 承销团代销、包销期最长不得超过 90 日

**【解析】**B　本题考核承销团承销证券。向不特定对象公开发行的证券票面总值超过人民币 5000 万元的，应当由承销团承销，选项 B 错误。

## 考点六　证券交易

### (一) 证券交易概述

#### 1. 证券交易的概念

证券交易，主要指证券买卖，即证券持有人依照证券交易规则，将已依法发行的证券转让给其他证券投资者的行为。

#### 2. 证券交易的一般规定

(1) 证券交易的标的与主体必须合法。主要内容包括：

① 发行人持有的本公司股份，自公司成立之日起 1 年内不得转让。公司公开发行股份前已发行的股份，自公司股票在证券交易所上市交易之日起 1 年内不得转让。

② 公司董事、监事、高级管理人员在任职期间每年转让的股份不得超过其所持有本公司股份的 25%；所持本公司股份自公司股票上市交易之日起 1 年内不得转让。上述人员离职后半年内，不得转让其所持有的本公司股份。

③ 证券交易所、证券公司和证券登记结算机构的从业人员、证券监督管理机构的工作人员以及法律、行政法规禁止参与股票交易的其他人员，在任期或者法定限期内，不得直接或者以化名、借他人名义持有、买卖股票，也不得收受他人赠送的股票。任何人在成为上述所列人员时，其原已持有的股票，必须依法转让。

④ 为股票发行出具审计报告、资产评估报告或者法律意见书等文件的证券服务机构和人员，在该股票承销期内和期满后 6 个月内，不得买卖该种股票。为上市公司出具审计报告、资产评估报告或者法律意见书等文件的证券服务机构和人员，自接受上市公司委托之日起至上述文件公开后 5 日内，不得买卖该种股票。

⑤ 上市公司董事、监事、高级管理人员、持有上市公司股份5%以上的股东，将其持有的该公司的股票在买入后6个月内卖出，或者在卖出后6个月内又买入，由此所得收益归该公司所有，公司董事会应当收回其所得收益。但是，证券公司因包销购入售后剩余股票而持有5%以上股份的，卖出该股票不受6个月时间限制。公司董事会不按照上述规定执行的，股东有权要求董事会在30日内执行。公司董事会未在上述期限内执行的，股东有权为了公司的利益以自己的名义直接向人民法院提起诉讼。公司董事会不按照上述规定执行的，负有责任的董事依法承担连带责任。

⑥ 通过证券交易所的证券交易，投资者持有或者通过协议、其他安排与他人共同持有一个上市公司已发行的股份达到5%时，应当在该事实发生之日起3日内，向国务院证券监督管理机构、证券交易所作出书面报告，通知该上市公司，并予以公告；在上述期间内，不得再行买卖该上市公司的股票。投资者持有或者通过协议、其他安排与他人共同持有一个上市公司已发行的股份达到5%后，其所持该上市公司已发行的股份比例每增加或者减少5%，应当依照前款规定进行报告和公告。在报告期内和作出报告、公告后2日内，不得再行买卖该上市公司的股票。

⑦ 通过证券交易所的证券交易，投资者持有发行人已发行的可转换公司债券达到20%时，应在该事实发生之日起3日内，向中国证监会、证券交易所作出书面报告，通知发行人并予以公告；在上述规定的期限内，不得再行买卖该发行人的可转换公司债券，也不得买卖该发行人的股票。投资者持有发行人已发行的可转换公司债券达到20%后，其所持该发行人已发行可转换公司债券比例每增加或者减少10%时，应按上述规定进行书面报告和公告。在报告期内和作出报告、公告后2日内，不得再行买卖该发行人的可转换公司债券，也不得买卖该发行人的股票。

(2) 在合法的证券交易场所交易。

(3) 以合法方式交易。

(4) 规范交易服务。

**【例4-9】**根据证券法律制度的规定，凡发生可能对上市公司证券及其衍生品种交易价格产生较大影响的重大事件，投资者尚未得知时，上市公司应当立即提出临时报告。下列各项中，属于重大事件的有(　)。(2013年多选题)

A. 甲上市公司董事会就股权激励方案形成相关决议

B. 乙上市公司的股东王某持有公司10%的股份被司法冻结

C. 丙上市公司因国家产业政策调整致使该公司主要业务陷入停顿

D. 丁上市公司变更会计政策

**【解析】**ABCD　本题考核的知识点是证券交易。重大事件包括：(1)公司的经营方针和经营范围的重大变化；(2)公司的重大投资行为和重大购置财产的决定；(3)公司订立重要合同，可能对公司的资产、负债、权益和经营成果产生重要影响；(4)公司发生重大债务和未能清偿到期重大债务的违约情况，或者发生大额赔偿责任；(5)公司发生重大亏损或者重大损失；(6)公司生产经营的外部条件发生重大变化；(7)公司的董事、1/3以上监事或者经理发生变动，董事长或者经理无法履行职责；(8)持有公司5%以上股份的股东或者实际控制人，其持有股份或者控制公司的情况发生较大变化；(9)公司减资、合并、分立、解散及申请破产的决定，或者依法进入破产程序、被责令关闭；(10)涉及公司的重大诉讼、仲裁，股东大会、董事会决议被依法撤销或者宣告无效；(11)公司涉嫌违法违规被司法机关调查，或者受到刑事处罚、重大行政处罚；公司董事、监事、高级管理人员涉嫌违法违纪被司法机关调查或者采取强制措施；(12)新公布的法律、法规、规章、行业政策可能对公司产生重大影响(选项C正确)；(13)董事会就发行新股或者其他再融资方案、股权激励方案形成相关决议(选项A正确)；(14)法院裁决禁止控股股东转让其所持股份；任一个股东所持公司5%以上股份被质押、冻结、司法拍卖、托管、设定信托或者被依法限制表决权(选项B正确)；(15)主要资产被查封、扣押、冻结或者被抵押、质押；(16)主要或者全部业务陷入停顿；(17)对外提供重大担保；(18)获得大额政府补贴等可能对公司资产、负债、权益或者经营成果产生重大影响的额外收益；(19)变更会计政策、会计估计(选项D正确)；(20)因前期已披露的信息存在差错、未按规定披露或者虚假记载，被有关机关责令改正或者经董事会决定进行更正；(21)中国证监会规定的其他情形。

### (二) 证券上市

#### 1. 股票上市

申请股票上市交易，应当向证券交易所提出申请，由证券交易所依法审核同意，并由双方签订上市协议。同时应聘请有保荐资格的机构担任保荐人，依法进行保荐。

| | |
|---|---|
| 上市条件 | ①股票经国务院证券监督管理机构核准已公开发行；②公司股本总额不少于人民币3000万元；③公开发行的股份达到公司股份总数的25%以上；公司股本总额超过人民币4亿元的，公开发行股份的比例为10%以上；④公司最近3年无重大违法行为，财务会计报告无虚假记载 |
| 暂停上市 | ①公司股本总额、股权分布等发生变化不再具备上市条件；②公司不按照规定公开其财务状况，或者对财务会计报告作虚假记载，可能误导投资者；③公司有重大违法行为；④公司最近3年连续亏损；⑤证券交易所上市规则规定的其他情形 |
| 终止上市 | ①公司股本总额、股权分布等发生变化不再具备上市条件，在证券交易所规定的期限内仍不能达到上市条件；②公司不按照规定公开其财务状况，或者对财务会计报告作虚假记载，且拒绝纠正；③公司最近3年连续亏损，在其后1个年度内未能恢复盈利；④公司解散或者被宣告破产；⑤证券交易所上市规则规定的其他情形 |

**【例4-10】**根据《证券法》的规定，股份有限公司申请证券上市交易，应当向特定机构申请，由该机构依法审核同意，并由双方签订上市协议后方可上市，该特定机构是(　　)。

A. 国务院证券监督管理机构　　　　B. 证券交易所

C. 国务院授权的部门　　　　　　　D. 省级人民政府

**【解析】**B　根据规定，申请证券上市交易，应当向“证券交易所”提出申请，由证券交易所审核同意，并由双方签订上市协议。

#### 2. 公司债券的上市

| | |
|---|---|
| 上市条件 | ①公司债券的期限为1年以上；②公司债券实际发行额不少于人民币5000万元；③公司申请债券上市时应符合法定的公司债券发行条件 |
| | 上述条件既适用于普通公司债券，也适用于上市公司可转换公司债券 |
| 暂停上市 | ①公司有重大违法行为；②公司情况发生重大变化不符合公司债券上市条件；③公司债券所募集资金不按照核准的用途使用；④未按照公司债券募集办法履行义务；⑤公司最近2年连续亏损 |
| 终止上市 | 有上述第1项、第4项所列情形之一经查实后果严重的，或者有上述第2项、第3项、第5项所列情形之一，在限期内未能消除的，由证券交易所决定终止其公司债券上市交易。公司解散或者被宣告破产的，由证券交易所终止其公司债券上市交易 |

### 3. 证券投资基金上市

| | |
|---|---|
| 上市条件 | ①基金的募集符合《证券投资基金法》的规定；②基金合同期限为5年以上；③基金募集金额不低于2亿元人民币；④基金份额持有人不少于1000人；⑤基金份额上市交易规则规定的其他条件 |
| 终止上市 | ①不再具备《证券投资基金法》规定的上市交易条件；②基金合同期限届满；③基金份额持有人大会决定提前终止上市交易；④基金合同约定的或者基金份额上市交易规则规定的终止上市交易的其他情形 |

### 4. 持续信息公开

(1) 首次信息披露。首次信息披露，也称发行信息披露，是指证券公开发行时对发行人、拟发行的证券以及与发行证券有关的信息进行披露。该类信息披露文件主要有招股说明书、债券募集说明书、上市公告书等。

(2) 持续信息披露。

| | |
|---|---|
| 定期报告 | 年度报告应当在每一会计年度结束之日起4个月内，中期报告应当在每一会计年度的上半年结束之日起2个月内，季度报告应当在每个会计年度第3个月、第9个月结束后的1个月内编制完成并披露 |
| 临时报告 | 凡发生可能对上市公司证券及其衍生品种交易价格产生较大影响的重大事件，投资者尚未得知时，上市公司应当立即提出临时报告，披露事件内容，说明事件的起因、目前的状态和可能产生的影响 |
| | 这里所说的重大事件包括：①公司的经营方针和经营范围的重大变化；②公司的重大投资行为和重大购置财产的决定；③公司订立重要合同，可能对公司的资产、负债、权益和经营成果产生重要影响；④公司发生重大债务和未能清偿到期重大债务的违约情况，或者发生大额赔偿责任；⑤公司发生重大亏损或者重大损失；⑥公司生产经营的外部条件发生重大变化；⑦公司的董事、1/3以上监事或者经理发生变动；董事长或者经理无法履行职责；⑧持有公司5%以上股份的股东或者实际控制人，其持有股份或者控制公司的情况发生较大变化；⑨公司减资、合并、分立、解散及申请破产的决定，或者依法进入破产程序、被责令关闭；⑩涉及公司的重大诉讼、仲裁，股东大会、董事会决议被依法撤销或者宣告无效；⑪公司涉嫌违法违规被司法机关调查或者受到刑事处罚、重大行政处罚，公司董事、监事和高级管理人员涉嫌违法违纪被司法机关调查或者采取强制措施；⑫新发布的法律、法规、规章和行业政策可能对公司产生重大影响；⑬董事会就发行新股或者其他再融资方案、股权激励方案形成相关决议；⑭法院裁决禁止控股股东转让其所持股份，任一股东所持公司5%以上股份被质押、冻结、司法拍卖、托管、设定信托或者被依法限制表决权；⑮主要资产被查封、扣押、冻结或者被抵押、质押；⑯主要或者全部业务陷入停顿；⑰对外提供重大担保；⑱获得大额政府补贴等可能对公司资产、负债、权益或者经营成果产生重大影响的额外收益；⑲变更会计政策、会计估计；⑳因前期已披露的信息存在差错、未按规定披露或者虚假记载，被有关机关责令改正或者经董事会决定进行更正 |

(续表)

| | |
|---|---|
| 临时报告 | 上市公司应当在最先发生的以下任一时点，及时履行重大事件的信息披露义务：①董事会或者监事会就该重大事件形成决议时；②有关各方就该重大事件签署意向书或者协议时；③董事、监事或者高级管理人员知悉该重大事件发生并报告时。这里说的及时是指自起算日起或者触及披露时点的两个交易日内。<br>在上述规定的时点之前出现下列情形之一的，上市公司应当及时披露相关事项的现状、可能影响事件进展的风险因素：①该重大事件难以保密；②该重大事件已经泄露或者市场出现传闻；③公司证券及其衍生品种出现异常交易情况 |

**【例 4-11】**某上市公司监事会有 5 名监事，其中监事赵某、张某为职工代表，监事任期届满，该公司职工代表大会在选举监事时，认为赵某、张某未能认真履行职责，故一致决议改选陈某、王某为监事会成员。按照《证券法》的规定，该上市公司应通过一定的方式将该信息予以披露，该信息披露的方式是(　　)。(2012 年单选题)

A. 中期报告

B. 季度报告

C. 年度报告

D. 临时报告

**【解析】**D　本题考核点是重大事件。公司董事、1/3 以上监事或者经理发生变动属于重大事件，应提交临时报告。

**【例 4-12】**根据《证券法》的规定，下列有关上市公司信息披露的表述中，不正确的是(　　)。(2013 年单选题)

A. 上市公司应当在每一会计年度的上半年结束之日起 2 个月内，向国务院证券监督管理机构和证券交易所报送中期报告，并予以公告

B. 上市公司应当在每一会计年度结束之日起 4 个月内，向国务院证券监督管理机构和证券交易所报送上一年的年度报告，并予以公告

C. 上市公司的中期报告和年度报告均须记载公司财务会计报告和经营情况

D. 上市公司董事、监事和高级管理人员均须对公司中期报告和年度报告签署书面确认意见

**【解析】**D　根据规定，上市公司董事、高级管理人员应当对公司定期报告签署书面确认意见。上市公司监事会应当对董事会编制的公司定期报告进行审核并提出书面审核意见。因此选项 D 的说法是错误的。

(3) 信息的发布与监督。

① 定期报告的编制、审议和披露程序。上市公司应当制定定期报告的编制、审议、披露程序。经理、财务负责人、董事会秘书等高级管理人员应当及时编制定期报告草案，提请董事会审议；董事会秘书负责送达董事审阅；董事长负责召集和主持董事会会议审议定期报告；监事会负责审核董事会编制的定期报告；董事会秘书负责组织定期报告的披露工作。

② 重大事件的报告、传递、审核和披露程序。上市公司应当制定重大事件的报告、传递、审核、披露程序。董事、监事、高级管理人员知悉重大事件发生时，应当按照公司规定立即履行报告义务；董事长在接到报告后，应当立即向董事会报告，并敦促董事会秘书组织临时报告的披露工作。

③ 信息披露的方式。依法必须披露的信息，应当在国务院证券监督管理机构指定的媒体发布，同时将其置备于公司住所、证券交易所，供社会公众查阅。

④ 信息披露的监督管理。中国证监会对上市公司年度报告、中期报告、临时报告以及公告的情况进行监督，对上市公司分派或者配售新股的情况进行监督，对上市公司控股股东及其他信息披露义务人的行为进行监督。证券交易所依据与上市公司签订的上市协议，对上市公司的信息披露进行监督管理。

**5. 禁止的交易行为**

(1) 内幕交易行为。内幕交易是指证券交易内幕信息的知情人员利用内幕信息进行证券交易的行为。内部交易的主体是内幕信息知情人员，行为特征是利用自己掌握的内幕信息买卖证券，或者建议他人买卖证券。内幕信息知情人员自己未买卖证券，也未建议他人买卖证券，但将内幕信息泄露给他人，接受内幕信息的人依此买卖证券的，也属内幕交易行为。

证券交易内幕信息的知情人包括：①发行人的董事、监事、高级管理人员；②持有公司5%以上股份的股东及其董事、监事、高级管理人员，公司的实际控制人及其董事、监事、高级管理人员；③发行人控股的公司及其董事、监事、高级管理人员；④由于所任公司职务可以获取公司有关内幕信息的人员；⑤证券监督管理机构工作人员以及由于法定职责对证券的发行、交易进行管理的其他人员；⑥保荐人、承销的证券公司、证券交易所、证券登记结算机构、证券服务机构的有关人员；⑦国务院证券监督管理机构规定的其他人员。

下列信息均属于内幕信息：①临时报告涉及的重大事件；②公司分配股利或者增资的计划；③公司股权结构的重大变化；④公司债务担保的重大变更；⑤公司营业用主要资产的抵押、出售或者报废一次超过该资产的30%；⑥公司的董事、监事、高级管理人员的行为可能依法承担重大损害赔偿责任；⑦上市公司收购的有关方案；⑧国务院证券监督管理机构认定的对证券交易价格有显著影响的其他重要信息。

**【例 4-13】**根据《证券法》的规定，某上市公司的下列事项中，不属于证券交易内幕信息的是(　　)。(2011年单选题)

A. 增加注册资本的计划

B. 股权结构的重大变化

C. 财务总监发生变动

D. 监事会共5名监事，其中2名发生变动

**【解析】**C　本题考核点是内幕信息。公司的董事、1/3以上监事或经理发生变动(不包括财务总监)，是内幕信息。

证券交易内幕信息的知情人和非法获取内幕信息的人，在内幕信息公开前，不得买卖该公司的证券，或者泄露该信息，或者建议他人买卖该证券。内幕交易行为给投资者造成损失的，行为人应当依法承担赔偿责任。

(2) 操纵市场行为。操纵证券市场的行为主要有以下情形：①单独或者通过合谋，集中资金优势、持股优势或者利用信息优势联合或者连续买卖，操纵证券交易价格或者证券交易量；②与他人串通，以事先约定的时间、价格和方式相互进行证券交易，影响证券交易价格或者证券交易量；③在自己实际控制的账户之间进行证券交易，影响证券交易价格或者证券交易量；④以其他手段操纵证券市场。操纵证券市场行为给投资者造成损失的，行为人应当依法承担赔偿责任。

(3) 虚假陈述行为。主要包括：①发行人、上市公司和证券经营机构在招股说明书、债券

募集说明书、上市公告书、公司报告及其他文件中作出的虚假陈述；②专业证券服务机构出具的法律意见书、审计报告、资产评估报告及参与制作的其他文件中作出的虚假陈述；③证券交易所、证券业协会或其他证券自律性组织作出的对证券市场产生影响的虚假陈述；④前述机构向证券监督管理机构提交的各种文件、报告和说明中作出的虚假陈述；⑤其他证券发行、交易及相关活动中的其他虚假陈述。

(4) 欺诈客户行为。主要包括：①违背客户的委托为其买卖证券；②不在规定时间内向客户提供交易的书面确认文件；③挪用客户所委托买卖的证券或者客户账户上的资金；④未经客户的委托，擅自为客户买卖证券，或者假借客户的名义买卖证券；⑤为牟取佣金收入，诱使客户进行不必要的证券买卖；⑥利用传播媒介或者通过其他方式提供、传播虚假或者误导投资者的信息；⑦其他违背客户真实意思表示，损害客户利益的行为。欺诈客户行为给客户造成损失的，行为人应当依法承担赔偿责任。

(5) 其他禁止的交易行为。主要包括：①禁止法人非法利用他人账户从事证券交易；②禁止法人出借自己或者他人的证券账户，禁止任何人挪用公款买卖证券；③禁止国家工作人员、传播媒介从业人员和有关人员编造、传播虚假信息，扰乱证券市场；④禁止证券交易所、证券公司、证券登记结算机构、证券服务机构及其从业人员，证券业协会、证券监督管理机构及其工作人员，在证券交易活动中作出虚假陈述或者信息误导。

## 考点七　上市公司收购

### (一) 上市公司收购概述

#### 1. 上市公司收购的概念

上市公司收购，是指收购人通过在证券交易所的股份转让活动持有一个上市公司的股份达到一定比例或通过证券交易所股份转让活动以外的其他合法方式控制一个上市公司的股份达到一定程度，导致其获得或者可能获得对该公司的实际控制权的行为。

上市公司收购的投资者的目的在于获得对上市公司的实际控制权，不以达到对上市公司实际控制权而受让上市公司股票的行为，不能称之为收购。这里所指的实际控制权是指：

(1) 投资者为上市公司持股50%以上的控股股东。

(2) 投资者可以实际支配上市公司股份表决权超过30%。

(3) 投资者通过实际支配上市公司股份表决权能够决定公司董事会半数以上成员选任。

(4) 投资者依其可实际支配的上市公司股份表决权足以对公司股东大会的决议产生重大影响。

(5) 中国证监会认定的其他情形。收购人可以通过取得股份的方式成为一个上市公司的控股股东，或通过投资关系、协议和其他安排的途径成为一个上市公司的实际控制人，也可以同时采取上述方式和途径取得上市公司控制权。

【例 4-14】根据上市公司收购法律制度的规定，下列情形中，属于表明投资者获得或拥有上市公司控制权的有(　　)。(2011 年多选题)

A. 投资者为上市公司持股 50%以上的控股股东

B. 投资者可实际支配上市公司股份表决权超过 30%

C. 投资者通过实际支配上市公司股份表决权能够决定公司董事会 1/3 成员选任

D. 投资者依其可实际支配的上市公司股份表决权足以对公司股东大会的决议产生重大影响

【解析】ABD 本题考核点是上市公司控制权。选项 C 正确的是：投资者通过实际支配上市公司股份表决权能够决定公司董事会“半数以上”成员选任。

**2. 上市公司收购人**

收购人包括投资者及与其一致行动的他人。一致行动，是指投资者通过协议、其他安排，与其他投资者共同扩大其所能够支配的一个上市公司股份表决权数量的行为或者事实。在上市公司的收购及相关股份权益变动活动中有一致行动情形的投资者，互为一致行动人。如果没有相反证据，投资者有下列情形之一的，为一致行动人：

(1) 投资者之间有股权控制关系。

(2) 投资者受同一主体控制。

(3) 投资者的董事、监事或者高级管理人员中的主要成员，同时在另一个投资者担任董事、监事或者高级管理人员。

(4) 投资者参股另一投资者，可以对参股公司的重大决策产生重大影响。

(5) 银行以外的其他法人、其他组织和自然人为投资者取得相关股份提供融资安排。

(6) 投资者之间存在合伙、合作、联营等其他经济利益关系。

(7) 持有投资者 30%以上股份的自然人，与投资者持有同一上市公司股份。

(8) 在投资者任职的董事、监事及高级管理人员，与投资者持有同一上市公司股份。

(9) 持有投资者 30%以上股份的自然人和在投资者任职的董事、监事及高级管理人员，其父母、配偶、子女及其配偶、配偶的父母、兄弟姐妹及其配偶、配偶的兄弟姐妹及其配偶等亲属，与投资者持有同一上市公司股份。

(10) 在上市公司任职的董事、监事、高级管理人员及其前项所述亲属同时持有本公司股份的，或者与其自己或者其前项所述亲属直接或者间接控制的企业同时持有本公司股份。

(11) 上市公司董事、监事、高级管理人员和员工与其所控制或者委托的法人或者其他组织持有本公司股份。

(12) 投资者之间具有其他关联关系。

有下列情形之一的，不得收购上市公司：

(1) 收购人负有数额较大债务，到期未清偿，且处于持续状态。

(2) 收购人最近 3 年有重大违法行为或者涉嫌有重大违法行为。

(3) 收购人最近 3 年有严重的证券市场失信行为。

(4) 收购人为自然人的，存在《公司法》规定的依法不得担任公司董事、监事、高级管理人员的情形。

(5) 法律、行政法规规定以及中国证监会认定的不得收购上市公司的其他情形。

**3. 上市公司收购中有关当事人的义务**

(1) 收购人的义务。

① 报告义务。实施要约收购的收购人必须事先向中国证监会报送上市公司收购报告书。在收购过程中要约收购完成后，收购人应当在 15 日内将收购情况报告中国证监会和证券交易所。

② 禁售义务。收购人在要约收购期内，不得卖出被收购公司的股票。

③ 锁定义务。收购人持有的被收购的上市公司的股票，在收购行为完成后的 12 个月内不

得转让。但是，收购人在被收购公司中拥有权益的股份在同一实际控制人控制的不同主体之间进行转让不受前述 12 个月的限制，但应当遵守《上市公司收购管理办法》有关豁免申请的有关规定。

此外，在一个上市公司中拥有权益的股份达到或者超过该公司已发行股份的 30%的，自上述事实发生之日起 1 年后，每 12 个月内增持不超过该公司已发行的 2%的股份，该增持不超过 2%的股份锁定期为增持行为完成之日起 6 个月。

(2) 被收购公司的控股股东或者实际控制人不得滥用股东权利，损害被收购公司或者其他股东的合法权益。

(3) 被收购公司的董事、监事和高级管理人员对公司负有忠实义务和勤勉义务，应当公平对待收购本公司的所有收购人。

**4. 上市公司收购的支付方式**

上市公司收购可以采用现金、依法可以转让的证券以及法律、行政法规规定的其他支付方式进行。

### (二) 上市公司收购的权益披露

**1. 进行权益披露的情形**

(1) 通过证券交易所的证券交易，投资者及其一致行动人拥有权益的股份达到一个上市公司已发行的股份 5%时，应当在该事实发生之日起 3 日内编制权益变动报告书，向中国证监会、证券交易所提交书面报告，抄报该上市公司所在地的中国证监会派出机构，通知该上市公司，并予公告；在上述期限内，不得再行买卖该上市公司的股票。

投资者及其一致行动人拥有权益的股份达到一个上市公司已发行股份的 5%后，通过证券交易所的证券交易，其拥有权益的股份占该上市公司已发行股份的比例每增加或者减少 5%，应当依照上述规定进行报告和公告。在报告期限内和作出报告、公告后 2 日内，不得再行买卖该上市公司的股票。

(2) 通过协议转让方式，投资者及其一致行动人在一个上市公司中拥有权益的股份拟达到或者超过一个上市公司已发行股份的 5%时，应当在该事实发生之日起 3 日内编制权益变动报告书，向中国证监会、证券交易所提交书面报告，抄报派出机构，通知该上市公司，并予公告。

投资者及其一致行动人拥有权益的股份达到一个上市公司已发行股份的 5%后，其拥有权益的股份占该上市公司已发行股份的比例每增加或者减少达到或者超过 5%的，应当依照前述规定履行报告、公告义务。投资者及其一致行动人在作出报告、公告前，不得再行买卖该上市公司的股票。

(3) 投资者及其一致行动人通过行政划转或者变更、执行法院裁定、继承、赠与等方式拥有权益的股份变动达到一个上市公司已发行股份的 5%时，同样应当按照上述规定履行报告、公告义务，并参照上述规定办理股份过户登记手续。

**2. 权益变动的披露方式**

(1) 简式权益变动报告书。投资者及其一致行动人不是上市公司的第一大股东或者实际控制人，其拥有权益的股份达到或者超过该公司已发行股份的 5%但未达到 20%的，应当编制简式权益变动报告书。

(2) 详式权益变动报告书。投资者及其一致行动人拥有权益的股份达到或者超过一个上市公司已发行股份的 20%但未超过 30%的，应当编制详式权益变动报告书。详式权益变动报告书除须披露简式权益变动报告书规定的信息外，还增加了部分披露内容。

### (三) 要约收购

#### 1. 要约收购的概念

要约收购是指收购人通过证券交易所的证券交易，投资者持有或通过协议、其他安排与他人共同持有一个上市公司的股份达到该公司已发行股份的30%时，继续增持股份的，应当采取向被收购公司的股东发出收购要约的方式进行收购的收购。

投资者选择向被收购公司的所有股东发出收购其所持有的全部股份要约的，称之为全面要约；投资者选择向被收购公司所有股东发出收购其所持有的部分股份要约的，称之为部分要约。

#### 2. 要约收购的适用条件

(1) 持股比例达到 30%。投资者通过证券交易所的证券交易，或者协议、其他安排持有或与他人共同持有一个上市公司的股份达到30%(含直接持有和间接持有)。

(2) 继续增持股份。在前一个条件下，投资者继续增持股份时，即触发依法向上市公司所有股东发出收购上市公司全部或者部分股份的要约的义务。

只有在上述两个条件同时具备时，才适用要约收购。

收购人应当公平对待被收购公司的所有股东。持有同一种类股份的股东应当得到同等对待。

#### 3. 收购要约的期限

收购要约约定的收购期限不得少于30日，并不得超过60日。

#### 4. 收购要约的撤销

在收购要约确定的承诺期限内，收购人不得撤销其收购要约。

#### 5. 收购要约的变更

收购人需要变更收购要约的，必须事先向中国证监会提出书面报告，经批准后，予以公告。收购要约期限届满前15日内，收购人不得变更收购要约，但是出现竞争要约的除外。在要约收购期间，被收购公司董事不得辞职。

**【例4-15】**下列关于上市公司要约收购的表述中，符合证券法律制度规定的有(　　)。(2013年多选题)

A. 收购要约约定的收购期限不得少于30天

B. 在收购要约确定的承诺期内，收购人不得变更其收购要约

C. 收购要约提出的各项收购条件，应当适用于被收购公司的全体股东

D. 被收购公司股东承诺出售的股份数额超过预定收购的股份数额的，收购人应当按照承诺的先后顺序收购

**【解析】**AC　根据规定，在收购要约确定的承诺期限内，收购人不得“撤销”其收购要约，因此选项B的说法错误；被收购公司股东承诺出售的股份数量超过预定收购的股份数额的，收购人按比例进行收购，因此选项D的说法错误。

### (四) 协议收购

协议收购是指收购人在证券交易所之外，通过与被收购公司的股东协商一致达成协议，受让其持有的上市公司的股份而进行的收购。

(1) 以协议方式收购上市公司时，收购协议的各方应当获得相应的内部批准(如股东大会、

董事会等)。收购协议达成后，收购人必须在3日内将该收购协议向国务院证券监督管理机构及证券交易所作出书面报告，并予公告。在公告前不得履行收购协议。

(2) 采取协议收购方式的，协议双方可以临时委托证券登记结算机构保管协议转让的股票，并将资金存放于指定的银行。

(3) 采取协议收购方式的，收购人收购或者通过协议、其他安排与他人共同收购一个上市公司已发行的股份达到30%时，继续进行收购的，应当向该上市公司所有股东发出收购上市公司全部或者部分股份的要约，转化为要约收购。但是，经国务院证券监督管理机构免除发出要约的除外。

如果收购人依照上述规定触发以要约方式收购上市公司股份，应当能够遵守前述有关要约收购的规定。

### (五) 上市公司收购的法律后果

(1) 收购期限届满，被收购公司股权分布不符合上市条件的，该上市公司的股票应当由证券交易所依法终止上市交易；其余仍持有被收购公司股票的股东，有权向收购人以收购要约的同等条件出售其股票，收购人应当收购。收购行为完成后，被收购公司不再具备股份有限公司条件的，应当依法变更企业形式。

(2) 在上市公司收购中，收购人持有的被收购的上市公司的股票，在收购行为完成后的12个月内不得转让。

(3) 收购行为完成后，收购人应当在15日内将收购情况报告国务院证券监督管理机构和证券交易所，并予公告。

**【例4-16】**甲投资者收购一家股本总额为4.5亿元人民币的上市公司。下列关于该上市公司收购的法律后果的表述中，符合证券法律制度规定的有(　　)。(2012年多选题)

A. 收购期限届满，该上市公司公开发行的股份占公司股份总数的8%，该上市公司的股票应由证券交易所终止上市交易

B. 收购期限届满，持有该上市公司股份2%的股东，要求以收购要约的同等条件向甲投资者出售其股票的，甲投资者可拒绝收购

C. 甲投资者持有该上市公司股票，在收购完成后的36个月内不得转让

D. 收购行为完成后，甲投资者应当在15日内将收购情况报告国务院证券监督管理机构和证券交易所，并予公告

**【解析】**AD　本题考核点是上市公司收购。(1)选项A正确。公司股本总额超过人民币4亿元的，公开发行股份的比例应为10%以上；收购期满，被收购公司股权分布不符合上市条件的，该上市公司的股票应当由证券交易所依法终止上市交易；在本题中，该上市公司股本总额为4.5亿元人民币，收购期限届满时，公开发行的股份仅占公司股份总数的8%，应终止上市交易；(2)选项B错误。收购完成，该上市公司的股票被依法终止上市交易的，其余仍持有被收购股票的股东，有权向收购人以收购要约的同等条件出售其股票，收购人应当收购；(3)选项C错误。收购人持有的被收购的上市公司的股票，在收购行为完成后的“12个月内”不得转让；(4)选项D正确。收购行为完成后，收购人应当在15日内将收购情况报告国务院证券监督管理机构和证券交易所，并予公告。

# 三、保险法律制度

## 考点八　保险法律制度概述

### (一) 保险的概念及分类

**1. 保险的概念**

保险是指投保人根据合同约定，向保险人支付保险费，保险人对于合同约定的可能发生的事故因其发生所造成的财产损失承担赔偿保险金责任，或者当被保险人死亡、伤残、疾病或者达到合同约定的年龄、期限等条件时承担给付保险金责任的商业保险行为。

**2. 保险的本质**

保险的本质并不是保证危险不发生，或不遭受损失，而是对危险发生后遭受的损失予以经济补偿。

**3. 保险的构成要素**

(1) 是可保危险的存在。无危险则无保险。其特征包括：①危险发生与否很难确定，不可能或不会发生的危险投保人不会投保，可能或肯定会发生的危险保险人也不会承保；②危险何时发生很难确定；③危险发生的原因与后果很难确定；④危险的发生必须是对于投保人或被保险人来说，是非故意的。

(2) 以多数人参加保险并建立基金为基础。保险是一种集合危险，分散损失的经济制度，参加保险的人越多，积聚的保险基金就越多，损失补偿的能力就越强。

(3) 以损失赔付为目的。

**4. 保险的分类**

| | |
|---|---|
| 根据保险责任发生的效力依据划分 | 强制保险又称法定保险，是指国家法律、法规直接规定必须进行的保险 |
| | 自愿保险是投保人与保险人双方平等协商，自愿签订保险合同而产生的一种保险 |
| 根据保险设立是否以营利为目的划分 | 社会保险是指国家基于社会保障政策的需要，不以营利为目的而举办的一种福利保险 |
| | 商业保险是指社会保险以外的普通保险，是以营利为目的的，其费用主要来源于投保人缴纳的保险费 |
| 根据保险标的的不同划分 | 财产保险是以财产及其有关利益为保险标的的保险 |
| | 人身保险是以人的寿命和身体为保险标的的保险 |
| 根据保险人是否转移保险责任划分 | 原保险也称第一次保险，是指保险人对被保险人因保险事故所致损害直接由自己承担赔偿责任的保险 |
| | 再保险又称第二次保险，或称分保，是指将原保险人为减轻或避免所负风险把原保险责任的一部分或全部转移给其他保险人的保险 |
| 根据保险人的人数划分 | 单保险是指投保人对同一保险标的、同一保险利益、同一保险事故与一个保险人订立保险合同的行为 |
| | 复保险又称重复保险，是指投保人对同一保险标的、同一保险利益、同一保险事故分别与两个以上保险人订立保险合同的行为 |

### (二) 保险法的基本原则

#### 1. 最大诚信原则

(1) 告知。告知是指投保人在订立保险合同时应当将与保险标的有关的重要事实如实向保险人陈述。投保人的告知义务仅限于订立合同之时，投保人不履行如实告知义务的法律后果，是产生保险合同的解除权而并不导致保险合同的无效。

① 投保人故意或者因重大过失未履行如实告知义务，足以影响保险人决定是否同意承保或者提高保险费率的，保险人有权解除合同。

② 对投保人故意不履行如实告知义务的，保险人对于解除合同前发生的保险事故，不承担赔偿或给付保险金的责任，并不退还保费。

(2) 保证。保证是指投保人在保险合同中向保险人作出的履行某种特定义务的承诺，或担保某一事项的真实性。如人身保险合同中投保人保证在一定时间内不去某个发生战争的国家；财产保险合同的投保人承诺在保险合同有效期限内不改变保险标的的用途等。

如果投保人违反保证义务，保险人即可取得解除合同的权利或不负赔偿责任。

(3) 弃权和禁止反言。弃权是指保险人放弃因投保人或被保险人违反告知义务或保证而产生的保险合同解除权。禁止反言是指保险人既然放弃自己的权利，将来不得反悔再向对方主张已经放弃的权利。

#### 2. 保险利益原则

我国《保险法》规定，人身保险的投保人在保险合同订立时，对被保险人应当具有保险利益。投保人对被保险人不具有保险利益的，保险合同无效。

保险利益是指投保人或者被保险人对保险标的具有的法律上承认的利益。其构成要件包括：保险利益必须是法律上承认的利益；保险利益必须具有经济性；保险利益必须具有确定性。

#### 3. 损失补偿原则

其基本含义包括：被保险人只有遭受约定的保险危险所造成的损失才能获得赔偿，如果有险无损或者有损但并非约定的保险事故所造成，被保险人都无权要求保险人给予赔偿；补偿的金额等于实际损失的金额。

应当注意的是，保险人的赔付以投保时约定的保险金额为限，而且保险金额不得超过保险标的的实际价值，超过保险金额的损失，保险人不予赔偿。

#### 4. 近因原则

近因原则是指保险人对承保范围内的保险事故作为直接的、最接近的原因所引起的损失，承担保险责任。也就是说，保险事故与损害后果之间应具有因果关系。此处的近因并非是指时间上最接近损失的原因，而是指有支配力或一直有效的原因。

### (三) 保险公司

我国对保险实行专营原则。对此，我国《保险法》规定，保险业务由依照《保险法》设立的保险公司以及法律、行政法规规定的其他保险组织经营，其他单位和个人不得经营保险业务。

#### 1. 保险公司的设立

(1) 保险公司的设立条件。设立保险公司应当具备下列条件：①主要股东具有持续盈利能力，信誉良好，最近三年内无重大违法违规记录，净资产不低于人民币 2 亿元；②有符合《保险法》和《公司法》规定的章程；③有符合《保险法》规定的注册资本。《保险法》规定，设立保险公司，其注册资本的最低限额为人民币2亿元。国务院保险监督管理机构根据保险公司的业务范围、经营规模，可以调整其注册资本的最低限额，但不得低于2亿元人民币。保险公司的注册资本必须为实缴货币资本；④有具备任职专业知识和业务工作经验的董事、监事和高级管理人员；⑤有健全的组织机构和管理制度；⑥有符合要求的营业场所和与经营有关的其他设施；⑦法律、行政法规和国务院保险监督管理机构规定的其他条件。

(2) 申请、批准和登记。设立保险公司应当经国务院保险监督管理机构批准。国务院保险监督管理机构应当自受理申请之日起6个月内作出批准或者不批准筹建的决定，并书面通知申请人。申请人应自收到批准筹建通知之日起1年内完成筹建工作；筹建期间不得从事保险经营活动。

筹建工作完成后，申请人可向国务院保险监督管理机构提出开业申请，国务院保险监督管理机构应自受理开业申请之日起60日内，作出批准或者不批准开业的决定。决定批准的，颁发经营保险业务许可证，并凭许可证办理工商登记。保险公司及其分支机构自取得经营许可证之日起6个月内，无正当理由未办理工商登记的，其经营业务许可证失效。

(3) 分支机构。保险公司在中国境内、境外设立分支机构，应当经国务院保险业监督管理机构批准。保险公司分支机构不具有法人资格，其民事责任由保险公司承担。

**2. 保险公司的变更**

险公司变更有下列情形之一的，应当经国务院保险监督管理机构批准：变更名称、变更注册资本、变更公司或者分支机构的营业场所、撤销分支机构、公司分立或者合并、修改公司章程、变更出资额占有限责任公司资本总额5%以上的股东；或者变更持有股份有限公司股份5%以上的股东以及国务院保险监督管理机构规定的其他情形。

**3. 保险公司的终止**

保险公司被终止的原因有：

(1) 解散。经营有人寿保险业务的保险公司，除因合并、分立或者被依法撤销外，不得解散。

(2) 被撤销。

(3) 破产。经营有人寿保险业务的保险公司被依法撤销或者被依法宣告破产的，其持有的人寿保险合同及责任准备金，必须转让给其他经营有人寿保险业务的保险公司；不能同其他保险公司达成转让协议的，由国务院保险监督管理机构指定经营有人寿保险业务的保险公司接受转让。

**4. 保险公司的业务范围**

保险公司的业务范围有：人身保险业务(包括人寿保险、健康保险、意外伤害保险等)；财产保险业务(包括财产损失保险、责任保险、信用保险、保证保险等)以及国务院保险监督管理机构批准的与保险有关的其他业务。

保险人不得兼营人身保险业务和财产保险业务。但是，经营财产保险业务的保险公司经国务院保险监督管理机构批准，可以经营短期健康保险业务和意外伤害保险业务。

### (四) 保险代理人

保险代理人是指根据保险人的委托，向保险人收取佣金，并在保险人授权的范围内代为办理保险业务的机构或者个人。

**1. 保险代理人是保险人的代理人**

保险代理人接受保险人的委托，代表保险人的利益，以保险人的名义，在保险人授权范围内代理保险人进行保险业务。保险代理人的保险代理活动所产生的法律后果，由保险人承担。

**2. 保险代理人必须与保险人签订委托代理合同**

如果保险代理人没有代理权、超越代理权或者代理权终止后以保险人的名义订立合同，使投保人有理由相信其有代理权的，该代理行为有效。可见，保险代理也适用表见代理的规定。

**3. 保险代理人以保险人的名义，在保险人授权范围内代为保险业务的行为，由保险人承担责任**

如果保险代理人存在表见代理的情形，保险人可以依法追究越权的保险代理人的责任。

**4. 保险代理人可以是单位，也可以是个人**

保险代理机构包括专门从事保险代理业务的保险专业代理机构和兼营保险代理业务的保险兼业代理机构。保险代理人个人，应当具备国务院保险监督管理机构规定的资格条件，并取得保险监督管理机构颁发的资格证书。

应当注意的是，个人保险代理人在代为办理人寿保险业务时，不得同时接受两个以上保险人的委托。

### (五) 保险经纪人

保险经纪人是指基于投保人的利益，为投保人与保险人订立保险合同提供中介服务，并依法收取佣金的机构。可从以下几个方面加以理解：

(1) 保险经纪人是以自己的名义独立实施保险经纪行为。保险经纪人既不是保险合同的当事人，也不是任何一方的代理人，它是具有独立法律地位的经营组织，在从事保险经纪行为时是以自己的名义与保险人进行活动的，且自行承担由此产生的法律后果。

(2) 保险经纪人代表投保人的利益从事保险经纪行为。与保险代理人不同的是，保险经纪人是接受投保人的委托，代表的是投保人的利益，因此，在选择保险人并与保险人进行洽谈时，应当按照投保人的指示和要求行事，维护投保人、被保险人的利益。

(3) 保险经纪人可以依法收取佣金。保险经纪机构不得同时向投保人和保险人双方收取佣金。

(4) 保险经纪人是专门从事保险经纪活动的单位，而不能是个人。

### (六) 保监会

**1. 保险业监管机构**

我国《保险法》规定，国务院保险监督管理机构依法对保险业实施监管。国务院保险监督管理机构(简称中国保监会)根据履行职责的需要设立派出机构。

**2. 主要监管职责**

(1) 依照法律、行政法规制定并发布有关保险业监督管理的规章。

(2) 审批关系到社会公众利益的保险险种、依法实行强制保险的险种和新开发的人寿保险险种等的保险条款和保险费率。

(3) 依法监管保险公司的偿付能力。

(4) 对保险公司的整顿监管。

(5) 对保险公司的接管监管。保险公司有下列情形之一的，中国保监会可对其进行接管：①公司的偿付能力严重不足的；②违反《保险法》规定，损害社会公共利益，可能严重危及或已经严重危及公司的偿付能力的。

(6) 对保险公司的股东的监管。

## 考点九　保险合同

### (一) 保险合同的特征

根据我国《保险法》的规定，保险合同是指投保人与保险人约定保险权利义务关系的协议。其特征主要表现为以下几个方面。

**1. 保险合同是双务有偿合同**

保险合同的当事人按照合同的约定互相负有义务，保险人在合同约定的保险事故发生时或者在保险期限届满时，向投保人(或被保险人、或受益人)支付赔偿金或保险金；投保人按照合同约定向保险人缴纳保险费，并以此为代价将一定范围内的危险转移给保险人。

**2. 保险合同是射幸合同**

射幸合同，即为碰运气的机会性合同。在保险合同中，投保人缴纳保险费的义务是确定的，而合同约定的保险事故是否发生是不确定的，即保险人是否承担保险责任是机会性的，具有偶然性。

**3. 保险合同是诺成合同**

投保人提出保险要求，经保险人同意承保，保险合同成立。保险合同的成立条件是投保人和保险人就投保和承保事宜达成一致。

**4. 保险合同是格式合同或附和合同**

保险合同的内容或主要条款或保险单一般是由保险人一方根据相关规定拟订和提供的，投保人在投保时，通常只能决定是否接受保险人制定的保险条款，一般没有拟定、磋商或更改保险合同条款的自由。我国《保险法》规定了对格式条款的制约机制。

(1) 订立保险合同，采用保险人提供的格式条款的，保险人向投保人提供的投保单应当附格式条款，保险人应当向投保人说明合同的内容。未作提示或者明确说明的，该条款不产生效力。

(2) 采用保险人提供的格式条款订立的保险合同中的下列条款无效：①免除保险人依法应承担的义务或者加重投保人、被保险人责任的；②排除投保人、被保险人或者受益人依法享有的权利的。

(3) 采用保险人提供的格式条款订立的保险合同，保险人与投保人、被保险人或者受益人对合同条款有争议的，应当按照通常理解予以解释。对合同条款有两种以上解释的，人民法院或仲裁机构应当作出有利于被保险人和受益人的解释。

**5. 保险合同是最大诚信合同**

### (二) 保险合同的分类

保险合同依据不同标准，可作如下分类：

(1) 根据保险合同中的保险价值是否先与确定，可将保险合同分为定值保险合同与不定值保险合同。

① 定值保险合同是指投保人和保险人约定保险标的的保险价值并在合同中载明的，保险标的发生损失时，以约定的保险价值为赔偿计算标准的保险合同。

② 不定值保险合同是指投保人和保险人未约定保险标的的保险价值，保险标的发生损失时，以保险事故发生时保险标的的实际价值为赔偿计算标准的保险合同。由于人身保险不存在保险价值问题，这种分类只适用于财产保险合同。

(2) 根据保险价值与保险金额的关系，可将保险合同分为足额保险合同、不足额保险合同和超额保险合同。

① 足额保险合同是指保险金额等于保险价值的保险合同，即以保险标的的全部价值投保所签订的保险合同。如果保险标的遭受全部损失，保险人即按保险金额赔偿；如为部分损失，则按实际损失赔偿。

② 不足额保险合同，又称低额保险，是指保险金额小于保险价值的保险合同，即以保险标的的部分投保。这意味着保险财产的实际价值与保险金额的差额部分，由被保险人自行承担。根据我国《保险法》规定，保险金额低于保险价值的，除合同另有约定外，保险人按照保险金额与保险价值的比例承担赔偿保险金的责任。

③ 超额保险合同是指保险金额高于保险价值的保险合同，即超额保险。根据我国《保险法》规定，保险金额不得超过保险价值。超过保险价值的，超过部分无效，保险人应当退还相应的保险费。

### (三) 保险合同的当事人及关系人

#### 1. 保险合同的当事人

保险合同的当事人是指投保人和保险人，即订立保险合同的双方当事人。保险人是指与投保人订立保险合同，并按照合同约定承担赔偿或者给付保险金责任的保险公司。投保人可以是自然人，也可以是法人。其应具备的条件是：

(1) 具有相应的民事权利能力和民事行为能力。

(2) 对保险标的具有保险利益。

#### 2. 保险合同的关系人

| | |
|---|---|
| 被保险人 | 被保险人是指其财产或者人身受保险合同保障，享有保险金请求权的人 |
| | 投保人可以为被保险人。一般来讲，财产保险中自然人和法人均可以作为被保险人，但人身保险的被保险人只能是自然人 |
| | 投保人不得为无民事行为能力人投保以死亡为给付保险金条件的人身保险，保险人也不得承保。父母为其未成年子女投保的人身保险，不受此限 |
| 受益人 | 受益人是指人身保险合同中由被保险人或者投保人指定的享有保险金请求权的人 |
| | 投保人、被保险人可以为受益人。受益人的资格一般没有限制，自然人、法人均可为受益人，胎儿作为受益人应以活着出生为限。已经死亡的人不得作为受益人 |
| | 被保险人或者投保人可以指定一人或数人为受益人。受益人为数人的，被保险人或者投保人可以确定受益顺序和受益份额；未确定受益份额的，受益人按照相等份额享有受益权 |
| | 受益人故意造成被保险人死亡、伤残、疾病的，或者故意杀害被保险人未遂的，该受益人丧失受益权 |

### (四) 保险合同的订立

#### 1. 保险合同的订立程序

与其他合同一样，保险合同的订立有要约与承诺两个程序。具体到保险合同中，就是投保人投保与保险人承保的过程。

(1) 投保。投保是指投保人向保险人提出的要求保险的意思表示。由于保险合同条款一般是统一的和公开的，故投保人填写投保单，就意味着投保人已确认保险人事先制定好的保险合同条款。

(2) 承保。承保是指保险人同意投保人提出的保险要求的意思表示，亦即保险人接受投保人在投保单中提出的全部条件，同意在发生保险事故或者在约定的保险事件到来时承担保险责任。

#### 2. 保险合同成立的时间

我国《保险法》规定，投保人提出保险要求，经保险人同意承保，保险合同成立。

**【例 4-17】**根据《保险法》的规定，下列关于保险合同成立时间的表述中，正确的是(　　)。(2013 年单选题)

A. 投保人支付保险费时，保险合同成立

B. 保险人签发保险单时，保险合同成立

C. 保险代理人签发暂保单时，保险合同成立

D. 投保人提出保险要求，保险人同意承保时，保险合同成立

**【解析】**D　本题考核点是保险合同。投保人提出保险要求，经保险人同意承保，保险合同成立。

### (五) 保险合同的条款

根据我国《保险法》规定，保险合同应当包括下列事项：

(1) 保险人的名称和住所。

(2) 投保人、被保险人的姓名或者名称、住所，以及人身保险标的的受益人的姓名或者名称、住所。

(3) 保险标的。保险标的是指保险合同所要保障的对象。财产保险合同的保险标的是被保险的财产及其有关利益。人身保险合同的保险标的是被保险人的寿命、身体和健康。

(4) 保险责任和责任免除。保险责任是指保险合同约定的保险事故的发生造成被保险人财产损失或在约定的人身事件到来时，保险人所应承担的责任。对保险人的免责条款，保险人在订立合同时应以书面或口头形式向投保人说明，未作提示或未明确说明的，该条款不产生效力。

(5) 保险期间和保险责任开始期间。

① 保险期间是指保险合同的有效期间，是保险合同从生效到终止的期间。在保险期间内发生的保险事故造成的损害，保险人承担保险责任。

② 保险责任开始的时间是指从确定的某一时刻起保险人承担保险责任。保险责任开始的时间一般与保险合同生效的时间不一致，我国《保险法》规定，依法成立的保险合同，自成立时生效。保险合同成立后，投保人按照约定交付保险费，保险人按照约定的时间开始承担保险责任。因此，保险合同中确定保险责任开始的时间十分重要。

保险责任期间的计算一般有两种方法：一是按年、月、日计算，如财产保险合同多为 1 年，

从起保日 0 时始至终保日 24 时止；二是按特定事项的存续期确定，如货物运输保险合同是以运输期作为保险责任期间。

(6) 保险金额。保险金额是指保险人承担赔偿或者给付保险金责任的最高限额，也是保险人计算保险费的依据之一。财产保险合同中保险金额与保险价值关系密切，保险金额可以等于或少于保险价值，但不得超过保险价值，超过的部分无效。人身保险的保险金额是根据投保人的投保要求，由双方协商确定的。

(7) 保险费以及支付办法。保险费是投保人依合同约定向保险人支付的费用，是投保人为获得保险保障应支付的对价。投保人缴纳的保费为保险金额与保险费率之乘积。投保人缴纳的保险费的数量与保险金额、保险危险、保险费率及保险期间的长短等因素有关。投保人缴纳保险费可一次性支付，也可以分期分批支付。

(8) 保险金赔偿或者给付办法。保险金是指保险合同约定的保险事故发生或者在约定的保险事件到来后，保险人实际支付的赔款。保险人在保险事故发生后，应依约定的标准和方法及时向被保险人或受益人支付保险金。保险金的数额、支付方式及支付时间涉及双方当事人的权利和义务的实现等重要问题，因此，保险合同必须确定保险金的计算及支付办法。

(9) 违约责任和争议处理。

(10) 订立合同的年、月、日。

此外，投保人和保险人还可以约定与保险有关的其他事项。

### (六) 保险合同的形式

| | |
|---|---|
| 保险单 | 保险单是保险人签发的关于保险合同的正式的书面凭证。当保险标的遭受损失时，保险单就成为被保险人向保险人索赔的主要凭证，是保险人向被保险人理赔的主要依据 |
| | 保险单具有以下作用：(1)保险单是证明保险合同成立的书面凭证，并非保险合同本身；(2)保险单是双方当事人履约的依据；(3)在某些情况下，保险单具有有价证券的效用。如人身保险单可转让或质押 |
| 保险凭证 | 俗称“小保单”，是一种内容简化了的保险单，一般不列明具体的保险条款，只记载投保人和保险人约定的主要内容，但与保险单具有同等的法律效力 |
| 暂保单 | 暂保单是在保险单发出以前由保险人出具给投保人的一种临时保险凭证。暂保单不同于保险单，在保险人正式签发保险单之前，与保险单具有同等法律效力。暂保单的有限期限较短，可由保险人具体规定，一般 15 日至 30 日不等。若保险人出具正式保险单或暂保单的有效期限届满，暂保单的法律效力自动终止 |
| 投保单 | 投保单是保险人事先制定的供投保人提出保险要约时使用的格式文件。投保单本身不是保险合同，但投保单经投保人填具后，如果其内容被保险人完全接受，并在投保单上加盖承保印章时，就成为保险合同的组成部分，补充保险单的不清或遗漏。投保人在其填写的投保单中如有告知不实，又不声明修正的，投保单就会成为保险人解除保险合同或者拒绝承担保险责任的依据 |
| 其他书面形式 | 除上述四种形式外，当事人可约定采用其他的书面形式 |

### (七) 保险合同的履行

#### 1. 投保人的义务

(1) 支付保险费的义务。合同约定分期支付保险费，投保人支付首期保险费后，除合同另有约定外，投保人自保险人催告之日起超过 30 日未支付当期保险费，或者超过约定的期限 60 日未支付当期保险费的，合同效力中止，或者由保险人按照合同约定的条件减少保险金额。

(2) 危险增加的通知义务。"危险增加"是指订立保险合同时双方当事人未曾估计到危险发生的可能性增大，其后果是保险人有权要求提高保险费或解除合同。被保险人未履行危险增加的通知义务的，因保险标的危险显著增加而发生的保险事故，保险人不承担赔偿保险金的责任。

(3) 保险事故发生后的通知义务。投保人、被保险人或者受益人知道保险事故发生后，应当及时通知保险人。故意或者因重大过失未及时通知，致使保险事故的性质、原因、损失程度等难以确定的部分，不承担赔偿或者给付保险金的责任，但保险人通过其他途径已经及时知道或者应当及时知道保险事故发生的除外。

(4) 接受保险人检查，维护保险标的安全义务。投保人、被保险人未按照约定履行其对保险标的的安全应尽责任的，保险人有权要求增加保险费或者解除合同。

(5) 积极施救义务。保险事故发生时，被保险人应当尽力采取必要的措施，防止或者减少损失。

#### 2. 保险人的义务

(1) 给付保险赔偿金或保险金的义务。

① 保险人收到被保险人或受益人的赔偿或者给付保险金的请求后，应当及时作出核定；情形复杂的，应当在 30 日内作出核定，但合同另有约定的除外。

② 保险人应当将核定结果通知被保险人或者受益人；对属于保险责任的，在与被保险人或者受益人达成赔偿或者给付保险金的协议后 10 日内，履行赔偿或给付保险金义务。

③ 对不属于保险责任的，应当自作出核定之日起 3 日内向被保险人或者受益人发出拒绝赔偿或者拒绝给付保险金通知书，并说明理由。

④ 保险人自收到赔偿或者给付保险金的请求和有关证明、资料之日起 60 日内，对其赔偿或者给付保险金的数额不能确定的，应当根据已有证明和资料可以确定的数额先予支付；保险人最终确定赔偿或者给付保险金的数额后，应当支付相应的差额。

(2) 支付其他合理、必要费用的义务。包括：

① 为防止或者减少保险标的损失所支付的合理、必要的费用，如施救费用等。

② 为查明和确定保险事故的性质、原因和保险标的的损失程度所支付的合理、必要的费用。

③ 责任保险中被保险人被提起诉讼或仲裁的费用及其他合理、必要的费用。

#### 3. 索赔

(1) 索赔的时效。索赔是法律所赋予的被保险人(投保人)或受益人的一项权利。财产保险合同的索赔权利人是被保险人，且其在保险事故发生时对保险标的应具有保险利益；人身保险合同的索赔权利人是被保险人或受益人。保险事故发生后，索赔权利人应在规定的时间内向保险人索赔。

① 人寿保险的被保险人或者受益人向保险人请求给付保险金的诉讼时效期间为 5 年，自其知道或者应当知道保险事故发生之日起计算。

② 人寿保险以外的其他保险的被保险人或者受益人，向保险人请求赔偿或者给付保险金的诉讼时效期间为 2 年，自其知道或者应当知道保险事故发生之日起计算。

(2) 索赔的程序。投保人、被保险人或者受益人知道保险事故发生后，应当及时通知保险人，并有义务保护现场，接受保险人的检验与勘查，进而提出索赔请求，提供索赔证据，领取保险赔偿金或保险金。

**4. 理赔**

理赔是指保险人接受索赔权利人的索赔要求后所进行的检验损失、调查原因、搜集证据、确定责任范围直至赔偿、给付的全部工作和过程。

**【例 4-18】**下列关于保险代位求偿权的表述中，符合《保险法》规定的有(　　)。(2013 年多选题)

A. 保险人未赔偿保险金之前，被保险人放弃对第三人请求赔偿的权利的，保险人不承担赔偿保险金的责任

B. 保险人向被保险人赔偿保险金后，被保险人未经保险人同意放弃对第三人请求赔偿的权利的，该放弃行为无效

C. 因被保险人故意致使保险人不能行使代为请求赔偿的权利的，保险人可以扣减或者要求返还相应的保险金

D. 即使被保险人的家庭成员故意损害保险标的而造成保险事故，保险人也不得对被保险人的家庭成员行使代位求偿权

**【解析】**ABC　本题考核点是保险合同。选项D：除被保险人的家庭成员或者其组成人员“故意”对保险标的损害而造成保险事故外，保险人不得对被保险人的“家庭成员或者其组成人员”行使代位请求赔偿的权利。即故意造成保险事故的，有权行使代位请求赔偿的权利。

### (八) 保险合同的变更

保险合同的变更包括主体变更、内容变更和效力变更。

| | |
|---|---|
| 投保人、被保险人的变更 | 投保人、被保险人的变更又称为保险合同的转让，是指保险人、保险标的和保险内容均不改变，而投保人或被保险人发生变更的行为 |
| | 在财产保险合同中，保险标的转让的，保险标的的受让人承继被保险人的权利和义务。保险标的转让，被保险人或者受让人应当及时通知保险人，但货物运输保险合同和另有约定的合同除外。货物运输合同允许保险单随货物所有权的转移而转移，只须投保方背书即可转让 |
| 保险合同内容的变更 | 投保人和保险人可以协商变更合同内容 |
| | 一般情况下，变更保险合同的内容需要取得保险人的同意，但是，在人身保险合同中，被保险人或者投保人可以变更受益人并书面通知保险人 |
| 保险合同效力的变更 | 保险合同效力的变更是指人身保险合同失效后又复效的情况 |
| | 因投保人未按照规定支付保费而导致合同效力中止的，经保险人与投保人协商并达成协议，在投保人补交保险费后，合同效力恢复。但是，自合同效力中止之日起满 2 年未达成协议的，保险人有权解除合同 |

### (九) 保险合同的解除

#### 1. 投保人单方解除合同权

(1) 除《保险法》另有规定或者保险合同另有约定外，保险合同成立后，投保人可以解除合同，保险人不得解除合同。投保人解除合同的，保险人应当自收到解除通知之日起 30 日内，按照合同约定退还保险单的现金价值。

(2) 财产保险合同中，保险责任开始前，投保人要求解除合同的，应当按照合同约定向保险人支付手续费，保险人应当退还保险费。保险责任开始后，投保人要求解除合同的，保险人应当将已收取的保险费，按照合同约定扣除自保险责任开始之日起至合同解除之日止应收的部分后，退还投保人。

#### 2. 保险人单方解除合同权

(1) 投保人故意或者因重大过失未履行如实告知义务，足以影响保险人决定是否同意承保或者提高保险费率的，保险人有权解除合同。

(2) 被保险人或者受益人未发生保险事故，谎称发生了保险事故，向保险人提出赔偿或者给付保险金请求的，保险人有权解除合同，并不退还保险费。投保人、被保险人故意制造保险事故的，保险人有权解除合同，不承担赔偿或者给付保险金的责任。

(3) 投保人、被保险人未按照合同约定履行其对保险标的的安全应尽责任的，保险人有权解除合同。

(4) 在合同有效期内，保险标的的危险程度显著增加，被保险人未按合同约定及时通知保险人的或者保险人要求增加保险费被拒绝的，保险人有权解除合同。

(5) 投保人申报的被保险人年龄不真实，并且其真实年龄不符合合同约定的年龄限制的，保险人可以解除合同。

(6) 人身保险合同效力中止后两年保险合同双方当事人未达成协议恢复合同效力的，保险人有权解除合同。

### (十) 财产保险合同中的代位求偿制度

#### 1. 代位求偿的概念

代位求偿是指保险人在向被保险人赔偿损失后，取得了该被保险人享有的依法向负有民事赔偿责任的第三人追偿的权利，并据此权利予以追偿的制度。

#### 2. 代位求偿的成立要件

(1) 保险事故的发生是由第三者的行为引起的，也就是说，保险事故的发生与第三人的过错行为须有因果关系。

(2) 被保险人未放弃向第三者的赔偿请求权。保险人向被保险人赔偿保险金后，被保险人未经保险人同意放弃对第三者请求赔偿权利的，该行为无效。如果因被保险人故意或重大过失致使保险人不能行使代位请求赔偿的权利的，保险人可以扣减或者要求返还相应的保险金。

(3) 代位权的产生须在保险人支付保险金之后。

#### 3. 代位求偿权的行使

保险事务中，代位求偿权的行使是以被保险人的名义进行，向对保险财产的损失负有民事赔偿责任的第三者行使。除被保险人的家庭成员或者其组成人员故意对保险标的损害而造成保险事故外，保险人不得对被保险人的家庭成员或者其组成人员行使代位请求赔偿的权利。

### (十一) 人身保险合同的特殊条款

(1) 迟交宽限条款。前已述及。

(2) 中止、复效条款。前已述及。

(3) 不丧失价值条款。如果投保人不愿意继续投保而要求退保时，保险金所具有的现金价值并不因此而丧失。

① 投保人申报的被保险人年龄不真实，并且其真实年龄不符合合同约定的年龄限制的，保险人可以解除合同，并按照合同约定退还保险单的现金价值。

② 即使投保人故意造成被保险人死亡、伤残或者疾病的，保险人虽不承担给付保险金的责任，但若投保人已交足 2 年以上保险费的，保险人就应当按照合同约定向其他权利人退还保险单的现金价值。

③ 投保人故意犯罪或者抗拒依法采取的刑事强制措施导致其伤残或者死亡的，保险人不承担给付保险金的责任。投保人已交足 2 年以上保险费的，保险人应当按照合同约定退还保险单的现金价值。

(4) 误告年龄条款。若投保人申报的被保险人的年龄不真实，致使投保人支付的保险费少于应付保险费的，保险人有权更正并要求投保人补交保险费，或在给付保险金时按照实付保险费与应付保险费的比例支付。但若投保人为此支付的保险费多于应交的保险费，保险人应当将多收的保险费退还投保人。

(5) 自杀条款。以被保险人死亡为给付保险金条件的合同，自合同成立或者合同效力恢复之日起 2 年内，被保险人自杀的，保险人不承担给付保险金的责任，但被保险人自杀时为无民事行为能力人的除外。也就是说，如果保险合同届满 2 年后，被保险人自杀的，保险人应按合同约定给付保险金。

# 四、票据法律制度

## 考点十　票据基础理论

### (一) 票据的概念

我国《票据法》中规定的“票据”，包括汇票、本票和支票，是指由出票人依法签发的，约定自己或委托付款人在见票时或指定的日期向收款人或持票人无条件支付一定金额的有价证券。

### (二) 票据法的概念

我国的票据法律制度主要包括：《中华人民共和国票据法》(以下简称《票据法》)；《票据管理实施办法》；《支付结算办法》；《关于审理票据纠纷案件若干问题的规定》等。

### (三) 票据法上的关系和票据基础关系

#### 1. 票据法上的关系

(1) 票据法上的票据关系。票据法上的票据关系，是指当事人基于票据行为而产生的票据权利义务关系。票据关系当事人较复杂，一般包括出票人、收款人、付款人、持票人、承兑人、背书人、被背书人、保证人等。在各种票据关系中，出票人、持票人、付款人三者之间的关系是票据的基本关系。

(2) 票据法上的非票据关系。票据法上的非票据关系，是指由《票据法》直接规定的，不基于票据行为而发生的票据当事人之间与票据有关的法律关系，如票据上的正当权利人对于因恶意而取得票据的人行使票据返还请求权而发生的关系，因时效届满或手续欠缺而丧失票据上权利的持票人对于出票人或承兑人行使利益偿还请求权而发生的关系，票据付款人付款后请求持票人交还票据而发生的关系等。

**2. 票据基础关系**

(1) 票据关系的发生是基于票据的授受行为，当事人之间授受票据，是基于一定的原因或前提，这种授受票据的原因或前提关系即是票据的基础关系，如基于购买货物或返还资金而授受票据，该购货关系和返还资金关系即是票据的基础关系。在法理上，票据的基础关系往往都是民法上的法律关系。

(2) 票据关系与票据的基础关系具有密切的联系。一般来说，票据关系的发生总是以票据的基础关系为原则和前提的，但是，票据关系一经形成，就与基础关系相分离，基础关系是否存在，是否有效，对票据关系都不起影响作用。

(3) 如果票据当事人违反《票据法》的上述规定而签发、取得和转让了没有真实交易关系和债权债务关系的票据，该票据只要符合法定的形式要件，票据关系就是有效的，该票据关系的债务人就必须依票据上的记载事项对票据债权人承担票据责任，而不得以该票据没有真实的交易和债权债务关系为由进行抗辩。除非持票人是不履行约定义务的与自己有直接债权债务关系的人，票据债务人才可进行抗辩。

(4) 票据关系因一定原因失效，亦不影响基础关系的效力。《票据法》明确规定："持票人因超过票据权利时效或者因票据记载事项欠缺而丧失票据权利的，仍享有民事权利，可以请求出票人或者承兑人返还其与未支付的票据金额相当的利益。"因此，票据关系与票据的基础关系不容混淆。

### (四) 票据行为

**1. 票据行为的概念**

票据行为是指票据当事人以发生票据债务为目的的、以在票据上签名或盖章为权利义务成立要件的法律行为。

**2. 票据行为成立的有效条件**

(1) 行为人必须具有从事票据行为的能力。只要具备民事主体资格，公民(自然人)、法人和其他组织，都具有票据权利能力。《票据法》规定，无民事行为能力人或者限制民事行为能力人在票据上签章的，其签章无效。

(2) 行为人的意思表示必须真实或无缺陷。《票据法》规定，以欺诈、偷盗或者胁迫等手段取得票据的，或者明知有前列情形，出于恶意取得票据的，不得享有票据权利。

(3) 票据行为的内容必须符合法律、法规的规定。《票据法》规定，票据活动应当遵守法律、行政法规，不得损害社会公共利益。这里所指的合法主要是指票据行为本身必须合法，即票据行为的进行程序、记载的内容等合法，至于票据的基础关系涉及的行为是否合法，则与此无关。例如当事人发出票据是基于买卖关系，如果该买卖关系违反法律、法规而无效，则不影响票据行为的有效性。

(4) 票据行为必须符合法定形式。

| | |
|---|---|
| 关于签章 | 票据上的签章是票据行为表现形式中绝对应记载的事项，如无该项内容，票据行为即为无效 |
| | 法人和其他使用票据的单位在票据上的签章，为该法人或者该单位的盖章加其法定代表人或者其授权的代理人的签章 |
| | ①银行汇票的出票人在票据上的签章和银行承兑汇票的承兑人的签章，应为经中国人民银行批准使用的该银行汇票专用章加其法定代表人或其授权的代理人的签名或者盖章；<br>②商业汇票的出票人在票据上的签章，为该法人或者该单位的财务专用章或者公章加其法定代表人、单位负责人或者其授权的代理人的签名或者盖章；<br>③银行本票的出票人在票据上的签章，应为经中国人民银行批准使用的该银行本票专用章加其法定代表人或者授权的代理人的签名或者盖章；<br>④单位在票据上的签章，应为该单位的财务专用章或者公章加其法定代表人或其授权的代理人的签名或者盖章；<br>⑤个人在票据上的签章，应为该个人的签名或者盖章；<br>⑥支票的出票人和商业承兑汇票的承兑人在票据上的签章，应为其预留银行的签章 |
| | 银行汇票、银行本票的出票人以及银行承兑汇票的承兑人在票据上未加盖规定的专用章而加盖该银行的公章，支票的出票人在票据上未加盖与该单位在银行预留签章一致的财务专用章而加盖该出票人公章的，签章人应当承担票据责任 |
| | 在票据上的签名，应当为该当事人的本名。这一规定主要是强调公民在票据上签名时只能使用本名 |
| | 出票人在票据上的签章不符合规定的，票据无效；<br>承兑人、保证人在票据上的签章不符合规定的，或者无民事行为能力人、限制民事行为能力人在票据上签章的，其签章无效，但不影响其他符合规定签章的效力；<br>背书人在票据上的签章不符合规定的，其签章无效，但不影响其前手符合规定签章的效力 |
| 关于票据记载事项 | 票据记载事项一般分为绝对记载事项、相对记载事项、非法定记载事项等。<br>绝对记载事项是指《票据法》明文规定必须记载的，如无记载，票据即为无效的事项；<br>相对记载事项是指某些应该记载而未记载，适用法律的有关规定而不使票据失效的事项；<br>非法定记载事项是指《票据法》规定由当事人任意记载的事项 |
| | 票据上可以记载《票据法》及《支付结算办法》规定事项以外的其他出票事项，但是该记载事项不具有票据上的效力 |
| | 票据金额以中文大写和数码同时记载，两者必须一致，两者不一致的，票据无效 |
| | 票据金额、日期、收款人名称不得更改，更改的票据无效。如果确属记载错误或需要重新记载，只能由出票人重新签发票据 |

**3. 票据行为的代理**

(1) 代理概述。票据行为作为一种法律行为，可以由代理人代理进行。票据行为的代理必须具备以下条件：第一，票据当事人必须有委托代理的意思表示；第二，代理人必须按被代理人的委托在票据上签章；第三，代理人应在票据上表明代理关系，即注明“代理”字样或类似的文句。

(2) 无权代理。没有代理权而以代理人名义在票据上签章的，应当由签章人承担票据责任，即签章人应承担向持票人支付票据金额的义务。

(3) 越权代理。代理人超越代理权限的，应当就其超越权限的部分承担票据责任。

**【例4-19】**甲没有代理权而以代理人名义在票据上签章，应由票面上显示的本人和甲连带承担票据责任。(　　)(2012年判断题)

**【解析】**× 根据规定，没有代理权而以代理人名义在票据上签章的，应当由签章人承担票据责任。

### (五) 票据权利与抗辩

#### 1. 票据权利

票据权利是指持票人向票据债务人请求支付票据金额的权利。根据我国《票据法》的规定，票据权利包括付款请求权和追索权。

(1) 票据权利的取得。当事人取得票据的情形主要有：第一，出票取得。出票是创设票据权利的票据行为，从出票人处取得票据，即取得票据权利。第二，转让取得。票据通过背书或交付等方式可以转让他人，以此取得票据即获得票据权利。第三，通过税收、继承、赠与、企业合并等方式取得票据。

行为人依法取得票据权利，必须注意以下几个问题：

一是票据的取得，必须给付对价，即应当给付票据双方当事人认可的相对应的代价。无对价或无相当对价取得票据的，如果属于善意取得，即票据取得人取得票据不存在欺诈、偷盗、胁迫等情形，没有主观恶意，仍然享有票据权利，但票据持有人必须承担其前手的权利瑕疵，即该票据权利不得优于其前手。

二是因税收、继承、赠与可以依法无偿取得票据的，不受给付对价的限制。但是，所享有的票据权利不得优于其前手。

三是因欺诈、偷盗、胁迫、恶意取得票据或因重大过失取得不符合法律规定的票据的，不得享有票据权利。

(2) 票据权利的行使与保全。票据权利的行使，是指票据权利人向票据债务人提示票据，请求实现票据权利的行为。票据权利的保全，是指票据权利人为防止票据权利的丧失而实施的行为。

票据权利人为了防止票据权利丧失，在人民法院审理、执行票据纠纷案件时，可以请求人民法院依法对票据采取保全措施或者执行措施。根据《票据法司法解释》的规定，经当事人申请并提供担保，对具有下列情形之一的票据，可以依法采取保全措施和执行措施：

① 不履行约定义务，与票据债务人有直接债权债务关系的票据当事人所持有的票据；

② 持票人恶意取得的票据；

③ 应付对价而未付对价的持票人持有的票据；

④ 记载有“不得转让”字样而用于贴现的票据；

⑤ 记载有“不得转让”字样而用于质押的票据；

⑥ 法律或者司法解释规定有其他情形的票据。

(3) 票据权利的补救。票据权利与票据紧密相连，如果票据丧失，票据权利的实现就会受到影响。

| 挂失止付 | 挂失止付，是指失票人将票据丧失的情况通知付款人并由接受通知的付款人暂停支付的一种方法 |
|---|---|
| | 未记载付款人或者无法确定付款人及其代理付款人的票据不能挂失止付。<br>已承兑的商业汇票、支票、填明“现金”字样和代理付款人的银行汇票以及填明“现金”字样的银行本票丧失，可以由失票人通知付款人或者代理付款人挂失止付 |
| | 挂失止付并不是票据丧失后票据权利补救的必经程序，而只是一种暂时的预防措施，最终要通过申请公示催告或提起普通诉讼来补救票据权利 |
| 公示催告 | 公示催告，是指在票据丧失后，由失票人向人民法院提出申请，请求人民法院以公告方法通知不确定的利害关系人限期申报权利，逾期未申报者，由人民法院通过除权判决宣告所丧失票据无效的一种制度 |
| | 失票人应当在通知挂失止付后3日内，也可以在票据丧失后，依法向票据支付地的基层人民法院申请公示催告 |
| 普通诉讼 | 普通诉讼，是指丧失票据的失票人向人民法院提起民事诉讼，要求法院判定付款人向其支付票据金额的活动 |
| | 第一，票据丧失后的诉讼被告一般是付款人，但在找不到付款人或付款人不能付款时，也可将其他票据债务人(出票人、背书人、保证人等)作为被告；<br>第二，诉讼请求的内容是要求付款人或其他票据债务人在票据的到期日或判决生效后支付或清偿票据金额；<br>第三，失票人在向法院起诉时，应提供所丧失票据的有关书面证明；<br>第四，失票人向法院起诉时，应当提供担保，以防由于付款人支付已丧失票据票款后可能出现的损失。担保的数额相当于票据载明的金额；<br>第五，在判决前，丧失的票据出现时，付款人应以该票据正处于诉讼阶段为由暂不付款，而将情况迅速通知失票人和人民法院，法院应终结诉讼程序 |

**【例 4-20】**根据《票据法》的规定，下列关于票据挂失止付制度的表述中，不正确的是(　　)。(2011 年单选题)

A. 挂失止付是暂时保全失票人票据权利的补救措施

B. 挂失止付是公示催告的必经程序

C. 付款人在收到挂失止付通知之前已经依法向持票人付款的，不再承担付款责任

D. 失票人应在通知挂失止付后 3 日内向人民法院申请公示催告

**【解析】**B　根据规定，失票人应当在通知挂失止付后 3 日内，也可以在票据丧失后，依法向人民法院申请公示催告。挂失止付并不是公示催告的必经程序，因此选项 B 的说法错误。

(4) 票据权利的消灭。票据权利的消灭，是指因发生一定的法律事实而使票据权利不复存在。票据权利消灭之后，票据上的债权债务关系也随之消灭。票据权利在下列期限内不行使而消灭：

① 持票人对票据的出票人和承兑人的权利(包括付款请求权和追索权)，自票据到期日起 2 年。见票即付的汇票、本票，自出票日起 2 年。

② 持票人对支票出票人的权利(包括付款请求权和追索权)，自出票日起 6 个月。

③ 持票人对前手(不包括出票人)的追索权，自被拒绝承兑或者被拒绝付款之日起 6 个月。

④ 持票人对前手(不包括出票人)的再追索权，自清偿日或者被提起诉讼之日起 3 个月。

2. 票据抗辩

(1) 票据抗辩的概念。票据抗辩是指票据债务人依照《票据法》的规定，对票据债权人拒绝履行义务的行为。票据抗辩是票据债务人的一种权利，是债务人保护自己的一种手段。

(2) 票据抗辩的种类。

| | |
|---|---|
| 对物抗辩 | 基于票据本身存在的事由而发生的抗辩。这一抗辩可以对任何持票人提出 |
| | 主要包括以下情形：<br>①票据行为不成立而为的抗辩。如票据应记载的内容有欠缺；票据债务人无行为能力；无权代理或超越代理权进行票据行为；票据上有禁止记载的事项(如付款附有条件，记载到期日不合法)；背书不连续；持票人的票据权利有瑕疵(如因欺诈、偷盗、胁迫、恶意、重大过失取得票据)等。<br>②依票据记载不能提出请求而为的抗辩。如票据未到期、付款地不符等。<br>③票据载明的权利已消灭或已失效而为的抗辩。如票据债权因付款、抵销、提存、免除、除权判决、时效届满而消灭等。<br>④票据权利的保全手续欠缺而为的抗辩。如应做成拒绝证书而未做等。<br>⑤票据上有伪造、变造情形而为的抗辩。 |
| 对人抗辩 | 票据债务人对抗特定债权人的抗辩。这一抗辩多与票据的基础关系有关 |
| | 票据债务人只能对基础关系中的直接相对人不履行约定义务的行为进行抗辩，该基础关系必须是该票据赖以产生的民事法律关系，而不是其他的民事法律关系；如果该票据已被不履行约定义务的持票人转让给第三人，而该第三人属善意、已对价取得票据的持票人，则票据债务人不能对其进行抗辩 |
| 抗辩的限制 | ①票据债务人不得以自己与出票人之间的抗辩事由对抗持票人。<br>②票据债务人不得以自己与持票人的前手之间的抗辩事由对抗持票人。<br>③凡是善意的、已付对价的正当持票人可以向票据上的一切债务人请求付款，不受前手权利瑕疵和前手相互间抗辩的影响。<br>④持票人取得的票据是无对价或不相当对价的，由于其享有的权利不能优于其前手，故票据债务人可以对抗持票人前手的抗辩事由对抗该持票人 |

3. 票据的伪造和变造

| | |
|---|---|
| 票据的伪造 | 票据的伪造是指假冒他人名义或虚构人的名义而进行的票据行为，包括票据的伪造和票据上签章的伪造 |
| | 票据的伪造行为由于其自始无效，故持票人即使是善意取得，对被伪造人也不能行使票据权利。对伪造人而言，由于票据上没有以自己名义所作的签章，因此也不承担票据责任。但是，如果伪造人的行为给他人造成损害的，应承担民事责任，构成犯罪的，还应承担刑事责任 |
| | 根据《票据法》的规定，票据上有伪造签章的，不影响票据上其他真实签章的效力。持票人依法提示承兑、提示付款或行使追索权时，在票据上真实签章人不能以票据伪造为由进行抗辩 |
| 票据的变造 | 票据的变造是指无权更改票据内容的人，对票据上签章以外的记载事项加以变更的行为 |
| | 构成票据的变造，须符合以下条件：<br>①变造的票据是合法成立的有效票据；<br>②变造的内容是票据上所记载的除签章以外的事项；<br>③变造人无权变更票据的内容 |

(续表)

| | |
|---|---|
| 票据的变造 | 有些行为与票据的变造相似，但不属于票据的变造：<br>①有变更权限的人依法对票据进行的变更，这属于有效变更，不属于票据的变造；<br>②在空白票据上经授权进行补记的，由于该空白票据欠缺有效成立的条件，此等补记只是使票据符合有效票据的条件，不属于票据的变造；<br>③变更票据上的签章的，属于票据的伪造，而不属于票据的变造 |
| | 票据的变造应依照签章是在变造之前或之后来承担责任。如果当事人签章在变造之前，应按原记载的内容负责；如果当事人签章在变造之后，则应按变造后的记载内容负责；如果无法辨别是在票据被变造之前或之后签章的，视同在变造之前签章。同时，尽管被变造的票据仍为有效，但是，票据的变造是一种违法行为，所以变造人的变造行为给他人造成经济损失的，应对此承担赔偿责任，构成犯罪的，应承担刑事责任 |

**【例4-21】**一张汇票的出票人是甲，乙、丙、丁依次是背书人，戊是持票人。戊在行使票据权利时发现该汇票的金额被变造。经查，乙是在变造之前签章，丁是在变造之后签章，但不能确定丙是在变造之前或之后签章。根据《票据法》的规定，下列关于甲、乙、丙、丁对汇票金额承担责任的表述中，正确的是(　　)。(2013年单选题)

A. 甲、乙、丙、丁均只就变造前的汇票金额对戊负责

B. 甲、乙、丙、丁均需就变造后的汇票金额对戊负责

C. 甲、乙就变造前的汇票金额对戊负责，丙、丁就变造后的汇票金额对戊负责

D. 甲、乙、丙就变造前的汇票金额对戊负责，丁就变造后的汇票金额对戊负责

**【解析】**D　根据规定，如果当事人签章在变造之前，应按原记载的内容负责；如果当事人签章在变造之后，则应按变造后的记载内容负责；如果无法辨别是在票据被变造之前或之后签章的，视同在变造之前签章。本题中，甲、乙都是在变造之前签章，丙无法辨别变造前还是变造后，视同变造前签章，因此甲、乙、丙对变造之前的金额承担责任，丁是在变造后签章，对变造后的金额承担责任。

## 考点十一　汇票

### (一) 汇票的概念

汇票是出票人签发的、委托付款人在见票时或者在指定日期无条件支付确定的金额给收款人或者持票人的票据。

**1. 依出票人身份的不同，可分为银行汇票和商业汇票**

(1) 银行汇票是出票银行签发的，由其在见票时按照实际结算金额无条件支付给收款人或者持票人的票据。银行汇票的出票银行为银行汇票的付款人。银行汇票一般由汇款人将款项交存当地银行，由银行签发给汇款人持往异地办理转账结算或支取现金。单位、个体经济户和个人需要使用各种款项，均可使用银行汇票。银行汇票可以用于转账，填明“现金”字样的银行汇票也可以用于支取现金。银行汇票的提示付款期限自出票日起 1 个月。

(2) 商业汇票是出票人签发的，委托付款人在指定日期无条件支付确定的金额给收款人或者持票人的票据。商业汇票的出票人为银行以外的企业或其他组织；其付款人可以是银行，也

可以是银行以外的企业或其他组织。凡由银行承兑的，称为银行承兑汇票；凡由银行以外的付款人承兑的，称为商业承兑汇票。商业汇票的付款期限，最长不得超过 6 个月；商业汇票的提示付款期限，自汇票到期日起 10 日。

**2. 依汇票到期日的不同，汇票分为即期汇票和远期汇票**

(1) 即期汇票是指见票即行付款的汇票，包括注明：见票即付的汇票、到期日与出票日相同的汇票以及未记载到期日的汇票(以提示日为到期日)。

(2) 远期汇票是指约定一定的到期日付款的汇票，包括定期付款汇票、出票后定期付款汇票(也叫计期汇票)和见票后定期付款汇票。

另外，以记载收款人的方式不同为标准，汇票可分为记名式汇票和无记名式汇票。以签发和支付地点不同，汇票可分为国内汇票和国际汇票。以银行对付款的要求不同，汇票可分为跟单汇票和原票。

### (二) 汇票的出票

出票亦称发票，是指出票人签发票据并将其交付给收款人的票据行为。出票包括两个行为：一是出票人依照《票据法》的规定做成票据，即在原始票据上记载法定事项并签章；二是交付票据，即将做成的票据交付给他人占有。这两者缺一不可。

**1. 出票的记载事项**

(1) 绝对应记载事项。汇票的绝对应记载事项包括七个方面的内容，如果汇票上未记载下述内容之一的，汇票无效。

① 表明“汇票”的字样。

② 无条件支付的委托。如果汇票附有条件(如收货后付款)，则汇票无效。

③ 确定的金额。在实践中，银行汇票记载的金额有汇票金额和实际结算金额。汇票金额是指出票时汇票上应该记载的确定金额；实际结算金额是指不超过汇票金额，而另外记载的具体结算的金额。汇票上记载有实际结算金额的，以实际结算金额为汇票金额。如果银行汇票记载汇票金额而未记载实际结算金额，并不影响该汇票的效力，而以汇票金额为实际结算金额。

实际结算金额只能小于或等于汇票金额，如果实际结算金额大于汇票金额的，实际结算金额无效，以汇票金额为付款金额。收款人受理申请人交付的银行汇票时，应在出票金额以内，根据实际需要的款项办理结算，并将实际结算金额和多余金额准确、清晰地填入银行汇票解讫通知的有关栏内。未填明实际结算金额和多余金额或实际结算金额超过出票金额的，银行不予受理。

④ 付款人名称。

⑤ 收款人名称。

⑥ 出票日期。

⑦ 出票人签章。

(2) 相对应记载事项。相对应记载事项是指在出票时应当予以记载，但如果未作记载，可以通过法律的直接规定来补充确定的事项。未记载该事项并不影响汇票本身的效力，汇票仍然有效。

① 付款日期。如果汇票上未记载付款日期，为见票即付。

关于付款日期，《票据法》规定了四种形式，即见票即付、定日付款、出票后定期付款、见票后定期付款。付款日期为汇票到期日。出票人签发汇票时，只能在这四种法定形式中选定，而不能选用法定形式以外的其他任何形式。

② 付款地。汇票上未记载付款地的，付款地为付款人的营业场所、住所或者经常居住地。付款人的营业场所为其从事生产经营活动的固定场所，付款人没有经营场所的，以其住所为付款地，住所与经常居住地不一致的，则以其经常居住地为付款地。

③ 出票地。如果汇票上未记载出票地的，出票人的营业场所、住所或者经常居住地为出票地。

(3) 非法定记载事项。非法定记载事项是指法律规定以外的记载事项。《票据法》规定，汇票上可以记载《票据法》规定事项以外的其他出票事项，但是该记载事项不具有汇票上的效力。法律规定以外的事项主要是指与汇票的基础关系有关的事项，如签发票据的原因或用途、该票据项下交易的合同号码等。

**2. 出票的效力**

出票是以创设票据权利为目的的票据行为。出票人依照《票据法》的规定完成出票行为之后，即对汇票当事人产生票据法上的效力。

(1) 对出票人的效力。出票人签发汇票后，即承担保证该汇票承兑和付款的责任。出票人在汇票得不到承兑和付款时，应当向持票人清偿法律规定的金额和费用。

(2) 对付款人的效力。出票行为是单方行为，付款人并不因此而有付款义务。只是基于出票人的付款委托而使其具有承兑人的地位，只有在其对汇票进行承兑后，付款人才成为汇票上的主债务人。

(3) 对收款人的效力。收款人取得出票人发出的汇票后，即取得票据权利，一方面就票据金额享有付款请求权；另一方面，在该请求权不能满足时，享有追索权。同时，收款人享有依法转让票据的权利。

### (三) 汇票的背书

**1. 背书概述**

背书是指持票人以转让汇票权利或授予他人一定的票据权利为目的，按法定的事项和方式在票据背面或者粘单上记载有关事项并签章的票据行为。

**2. 背书的形式**

背书是一种要式行为，必须符合法定的形式，即其必须做成背书并交付，才能有效成立。根据《票据法》的有关规定，背书应记载的事项内容包括：

(1) 背书签章和背书日期的记载。背书由背书人签章并记载背书日期。背书未记载日期的，视为在汇票到期日前背书。

(2) 被背书人名称的记载。汇票以背书转让或者以背书将一定的票据权利授予他人行使时，必须记载被背书人名称。如果背书人不做成记名背书，即不记载被背书人名称，而将票据交付他人的，持票人在票据被背书人栏内记载自己的名称与背书人记载具有同等法律效力。

(3) 禁止背书的记载。背书人在汇票上记载“不得转让”字样，其后手再背书转让的，原背书人对其后手的被背书人不承担保证责任。背书人的禁止背书是背书行为的一项任意记载事项，如果背书人不愿意对其后手以后的当事人承担票据责任，即可在背书时记载禁止背书。

(4) 粘单的使用。票据凭证不能满足背书人记载事项的需要，可以加附粘单，粘附于票据凭证上。粘单上的第一记载人，应当在汇票和粘单的粘接处签章。

(5) 背书不得记载的内容。背书不得记载的内容有两项：一是附有条件的背书；二是部分背书。附有条件的背书是指背书人在背书时，记载一定的条件，以限制或者影响背书效力。背书时附有条件的，所附条件不具有汇票上的效力。部分背书是指背书人在背书时，将汇票金额的一部分或者将汇票金额分别转让给两人以上的背书。将汇票金额的一部分或者将汇票金额分别转让给两人以上的背书无效。

**【例4-22】**甲将一汇票背书转让给乙，但该汇票上未记载乙的名称。其后，乙在该汇票被背书人栏内记载了自己的名称。根据《票据法》的规定，下列有关该汇票背书与记载效力的表述中，正确的是( )。(2013年单选题)

A. 甲的背书无效，因为甲未记载被背书人乙的名称

B. 甲的背书无效，且将导致该票据无效

C. 乙的记载无效，应由背书人甲补记

D. 乙的记载有效，其记载与背书人甲记载具有同等法律效力

**【解析】**D 根据规定，如果背书人未记载被背书人名称而将票据交付他人的，持票人在票据被背书人栏内记载自己的名称与背书人记载具有同等法律效力。

**3. 背书连续**

背书连续是指在票据转让中，转让汇票的背书人与受让汇票的被背书人在汇票上的签章依次前后衔接。也就是说，票据上记载的多次背书，从第一次到最后一次在形式上都是连续而无间断。以背书转让的汇票，背书应当连续。如果背书不连续，付款人可以拒绝向持票人付款，否则付款人自行承担责任。

背书连续主要是指背书在形式上连续，如果背书在实质上不连续，如有伪造签章等，付款人仍应对持票人付款。但是，如果付款人明知持票人不是真正票据权利人，则不得向持票人付款，否则应自行承担责任。

对于非经背书转让，而以其他合法方式取得汇票的，不涉及背书连续的问题。该其他合法方式主要是指因税收、继承、赠与等方式而取得票据的形式，这些都不是依背书而取得的票据。只要取得票据的人依法举证，表现其合法取得票据的方式，证明其汇票权利，就能享有票据上的权利。

**4. 委托收款背书和质押背书**

(1) 委托收款背书。委托收款背书是指持票人以行使票据上的权利为目的，而授予被背书人以代理权的背书。该背书方式不以转让票据权利为目的，而是以授予他人一定的代理权为目的，其确立的法律关系不属于票据上的权利转让与被转让关系，而是背书人(原持票人)与被背书人(代理人)之间在民法上的代理关系，该关系形成后，被背书人可以代理行使票据上的一切权利。在此情形下，被背书人只是代理人，而未取得票据权利，背书人仍是票据权利人。

《票据法》规定，背书记载“委托收款”字样的，被背书人有权代背书人行使被委托的汇票权利。但是，被背书人不得再以背书转让汇票权利。否则，原背书人对后手的被背书人不承担票据责任，但不影响出票人、承兑人以及原背书人的前手的票据责任。

(2) 质押背书。质押背书是指持票人以票据权利设定质权为目的而在票据上做成的背书。背书人是原持票人，也是出质人，被背书人则是质权人。质押背书确立的是一种担保关系，即在背书人(原持票人)与被背书人之间产生一种质押关系，而不是一种票据权利的转让与被转让关系。

因此质押背书成立后，即背书人做成背书并交付，背书人仍然是票据权利人，被背书人并不因此而取得票据权利。但是，被背书人取得质权人地位后，在背书人不履行其债务的情况下，

可以行使票据权利，并从票据金额中按担保债权的数额优先得到偿还。如果背书人履行了所担保的债务，被背书人则必须将票据返还背书人。

质押背书与其他背书一样，也必须依照法定的形式做成背书并交付。《票据法》规定，质押时应当以背书记载“质押”字样。但如果在票据上记载质押文句表明了质押意思的，如“为担保”、“为设质”等，也应视为其有效。

以汇票设定质押时，出质人在汇票上只记载了“质押”字样而未在票据上签章的，或者出质人未在汇票、粘单上记载“质押”字样而另行签订质押合同、质押条款的，不构成票据质押。此外，贷款人恶意或者有重大过失从事票据质押贷款的，质押行为无效。

如果记载“质押”文句的，其后手再背书转让或者质押的，原背书人对后手的被背书人不承担票据责任，但不影响出票人、承兑人以及原背书人的前手的票据责任。被背书人依法实现其质权时，可以行使汇票权利。这里所指的汇票权利包括付款请求权和追索权以及为实现这些权利而进行的一切行为，如提示票据、请求付款、受领票款、请求做成拒绝证明、进行诉讼等。

**5. 法定禁止背书**

根据《票据法》规定，汇票被拒绝承兑、被拒绝付款或者超过付款提示期限的，不得背书转让；背书转让的，背书人应当承担汇票责任。

**【例 4-23】**根据《票据法》的规定，下列情形中，属于汇票背书行为无效的有(　　)。

A. 附有条件的背书

B. 只将汇票金额的一部分进行转让的背书

C. 将汇票金额分别转让给二人或二人以上的背书

D. 背书人在汇票上记载“不得转让”，其后手又进行背书转让的

**【解析】**BC　根据规定，附有条件的背书，条件无效，背书有效，因此选项 A 不选；背书人在汇票上记载“不得转让”，其后手又进行背书转让的，原背书人对后手的被背书人不承担票据责任，背书本身还是有效的，因此选项 D 不选。

### (四) 汇票的承兑

**1. 承兑的概念**

承兑是指汇票付款人承诺在汇票到期日支付汇票金额的票据行为。承兑是汇票特有的制度。付款人承兑汇票后，作为汇票承兑人，便成为汇票的主债务人，应当承担到期付款的责任。

**2. 承兑的程序**

(1) 提示承兑。提示承兑是指持票人向付款人出示汇票，并要求付款人承兑付款的行为。因汇票付款日期的形式不同，提示承兑的期限亦不一样。

① 定日付款和出票后定期付款汇票的提示承兑期限。定日付款或者出票后定期付款的汇票，持票人应当在汇票到期日前向付款人提示承兑。上述两类汇票的提示承兑期限是从出票人出票日起至汇票到期日止。在此期间，持票人应当向付款人提示承兑，否则，丧失对其前手的追索权。

② 见票后定期付款汇票的提示承兑期限。见票后定期付款的汇票，持票人应当自出票日起 1 个月内向付款人提示承兑。汇票未按照规定期限提示承兑的，持票人丧失对其前手的追索权。见票后定期付款汇票的付款日期，是以见票日为起算日期来确定的，汇票不经提示承兑，就无法确定见票日，也就无法确定付款日期，持票人便无法行使票据权利，因此，该种汇票属于必须提示承兑的汇票。

③ 见票即付汇票的提示承兑问题。见票即付的汇票无须提示承兑。这种汇票主要包括两种：一是汇票上明确记载有“见票即付”的汇票；二是汇票上没有记载付款日期，根据法律规定视为见票即付的汇票。我国的银行汇票，未记载付款日期，属于见票即付的汇票，该汇票无须提示承兑。

(2) 承兑成立。

① 承兑时间。付款人对向其提示承兑的汇票，应当自收到提示承兑的汇票之日起 3 日内承兑或者拒绝承兑。如果付款人在3日内不作承兑与否表示的，应视为拒绝承兑，持票人可以请求其作出拒绝承兑证明，向其前手行使追索权。

② 接受承兑。付款人收到持票人提示承兑的汇票时，应当向持票人签发收到汇票的回单。

③ 承兑的格式。付款人承兑汇票的，应当在汇票正面记载“承兑”字样和承兑日期并签章；见票后定期付款的汇票，应当在承兑时记载付款日期。汇票上未记载承兑日期的，以持票人提示承兑之日起的第3日，即付款人3天承兑期的最后一日为承兑日期。

④ 退回已承兑的汇票。付款人依承兑格式填写完毕应记载事项后，并不意味着承兑生效，只有在其将已承兑的汇票退回持票人时才产生承兑的效力。付款人承兑汇票，不得附有条件；承兑附有条件的，视同拒绝承兑。

(3) 承兑的效力。付款人承兑汇票后，应当承担到期付款的责任。到期付款的责任是一种绝对责任，具体表现在：①承兑人于汇票到期日必须向持票人无条件地支付汇票上的金额，否则其必须承担延迟付款责任；②承兑人必须对汇票上的一切权利人承担责任，这些权利人包括付款请求权人和追索人；③承兑人不得以其与出票人之间的资金关系来对抗持票人，拒绝支付汇票金额；④承兑人的票据责任不因持票人未在法定期限提示付款而解除。

**【例 4-24】**根据《票据法》的规定，下列关于汇票提示承兑的表述中，正确的有(　　)。

A. 见票后定期付款汇票的持票人应当自出票日起3个月内向付款人提示承兑

B. 汇票上没有记载付款日期的，无须提示承兑汇票

C. 付款人自收到提示承兑的汇票之日起3日内不作出承兑与否表示的，视为承兑

D. 承兑附有条件的，视为拒绝承兑

**【解析】**BD　根据规定，见票后定期付款的汇票，持票人应当自“出票日起1个月”内向付款人提示承兑，因此选项A的说法错误；汇票上未记载付款日期的，视为见票即付，无须提示承兑，因此选项B的说法正确；如果付款人在3日内不作承兑与否表示的，应视为拒绝承兑，因此选项C的说法错误；付款人承兑汇票，不得附有条件；承兑附有条件的，视为拒绝承兑，因此选项D的说法正确。

### (五) 汇票的保证

#### 1. 保证的概念

保证是指票据债务人以外的他人充当保证人，担保票据债务履行的票据行为。保证的作用在于加强持票人票据权利的实现，确保票据付款义务的履行，促进票据流通。

#### 2. 保证的当事人与格式

(1) 保证的当事人。保证的当事人为保证人与被保证人。保证人必须是由汇票债务人以外的他人担当。已成为票据债务人的，不得再充当票据上的保证人。国家机关、以公益为目的的事业单位、社会团体、企业法人的分支机构和职能部门不得为保证人；但是经国务院批准为使用外国政府或者国际经济组织贷款进行转贷，国家机关提供票据保证的，以及企业法人的分支

机构在法人书面授权范围内提供票据保证的除外。

(2) 保证的格式。在办理保证手续时，保证人必须在汇票或粘单上记载下列事项：①标明“保证”的字样；②保证人名称和住所；③被保证人的名称；④保证日期；⑤保证人签章。保证不得附有条件；附有条件的，不影响对汇票的保证责任。

**3. 保证的效力**

保证一旦成立，即在保证人与被保证人之间产生法律效力，保证人必须对保证行为承担相应的责任。

(1) 保证人的责任。保证人对合法取得汇票的持票人所享有的汇票权利，承担保证责任。但是，被保证人的债务因票据记载事项欠缺而无效的除外。被保证的汇票，保证人应当与被保证人对持票人承担连带责任。汇票到期后得不到付款的，持票人有权向保证人请求付款，保证人应当足额付款。

(2) 共同保证人的责任。共同保证是指保证人为两人以上的保证。保证人为两人以上的，保证人之间承担连带责任。

(3) 保证人的追索权。保证人清偿汇票债务后，可以行使持票人对被保证人及其前手的追索权。

### (六) 汇票的付款

**1. 付款的概念**

付款是指付款人依据票据文义支付票据金额，以消灭票据关系的行为。

**2. 付款的程序**

付款的程序包括付款提示与支付票款。

(1) 付款提示。①见票即付的汇票，自出票日起 1 个月内向付款人提示付款；②定日付款、出票后定期付款或者见票后定期付款的汇票，自到期日起 10 日内向承兑人提示付款。持票人未按照上述规定期限内提示付款的，在作出说明后，承兑人或者付款人仍应当继续对持票人承担付款责任。通过委托收款银行或者通过票据交换系统向付款人提示付款的，视同持票人提示付款。

(2) 支付票款。持票人向付款人进行付款提示后，付款人无条件地在当日按票据金额足额支付给持票人。

**3. 付款的效力**

付款人依法足额付款后，全体汇票债务人的责任解除。但是，如果付款人付款存在瑕疵，即未尽审查义务而对不符合法定形式的票据付款，或其存在恶意或者重大过失而付款的，则不发生上述法律效力，付款人的义务不能免除，其他债务人也不能免除责任。

### (七) 汇票的追索权

**1. 追索权的概念**

追索权是指持票人在票据到期后不获付款或期前不获承兑或有其他法定原因，并在实施行使或保全票据上权利的行为后，可以向其前手请求偿还票据金额、利息及其他法定款项的一种票据权利。

2. 追索权发生的原因

<table>
<tr><td rowspan="2">实质条件</td><td>①汇票到期被拒绝付款；②汇票在到期日前被拒绝承兑；③在汇票到期日前，承兑人或付款人死亡、逃匿的；④在汇票到期日前，承兑人或付款人被依法宣告破产或因违法被责令终止业务活动</td></tr>
<tr><td>发生上述情形之一的，持票人可以对背书人、出票人以及汇票的其他债务人行使追索权</td></tr>
<tr><td rowspan="2">形式要件</td><td>持票人行使追索权必须履行一定的保全手续而不致使追索权丧失</td></tr>
<tr><td>第一，在法定提示期限提示承兑或提示付款；第二，在不获承兑或不获付款时，在法定期限内作成拒绝证明。拒绝证明主要有：<br>①拒绝证书。拒绝证书是公证机关制作的公证书，有一定的格式要求。②退票理由书。③承兑人、付款人或者代理付款银行直接在汇票上记载提示日期、拒绝事由、拒绝日期并盖章。这也是拒绝证明的形式之一，可代替拒绝证书。④持票人因承兑人或者付款人死亡、逃匿或者其他原因，不能取得拒绝证明的，可以依法取得其他有关证明。⑤人民法院的有关司法文件。⑥有关行政主管部门的处罚决定</td></tr>
</table>

3. 追索权的行使

(1) 发出追索通知。

① 追索通知的当事人。持票人是最初的通知人，但收到持票人发来追索通知的债务人，如果在其前手还存在债务人，必须向其前手发出该追索通知。

② 通知的期限。持票人应当自收到被拒绝承兑或者被拒绝付款的有关证明之日起 3 日内，将被拒绝事由书面通知其前手；其前手应当自收到通知之日起 3 日内书面通知其再前手。持票人也可以同时向各汇票债务人发出书面通知。

③ 通知的方式和通知应记载的内容。通知应当以书面形式发出。

④ 未在规定期限内发出追索通知的后果。如果持票人未按规定期限发出追索通知或其前手收到通知未按规定期限再通知其前手，持票人仍可以行使追索权，因延期通知给其前手或者出票人造成损失的，由没有按照规定期限通知的汇票当事人，承担对该损失的赔偿责任，但是所赔偿的金额以汇票金额为限。

(2) 确定追索对象。

① 确定追索对象。被追索人包括出票人、背书人、承兑人和保证人。持票人可以不按照汇票债务人的先后顺序，对其中任何一人、数人或者全体行使追索权。持票人对票据债务人中的一人或者数人已经进行追索的，对其他票据债务人仍可以行使追索权。但是，持票人为出票人的，对其前手无追索权。持票人为背书人的，对其后手无追索权。

② 被追索人的责任承担。出票人、背书人、承兑人和保证人均为被追索人。被追索人对持票人承担连带责任。持票人对汇票债务人中的一人或者数人已经进行追索的，对其他汇票债务人仍可以行使追索权。被追索人清偿债务后，与持票人享有同一权利。

(3) 请求偿还金额和受领。

① 请求偿还金额。该金额和费用包括：被拒绝付款的汇票金额；汇票金额自到期日或者提示付款日起至清偿日止，按照中国人民银行规定的同档次流动资金贷款利率计算的利息；取得有关拒绝证明和发出通知书的费用。

被追索人在依前述内容向持票人支付清偿金额及费用后，可以向其他汇票债务人行使再追索权，请求其他汇票债务人支付相应的金额和费用，包括：已清偿的全部金额，即为满足其后手(包括持票人或者其他追索权人)的追索权而支付的全部金额；前项金额自清偿日起至再追索日止，按照中国人民银行规定的同档次流动资金贷款利率计算的利息；发出通知书的费用，即指被追索人在追索过程中发生的费用。

② 受领清偿金额。这是指持票人或行使再追索权的被追索人接受被追索人的清偿金额。

③ 被追索人清偿债务后的效力。被追索人清偿债务后，其票据责任解除。同时，被追索人清偿债务后，与持票人享有同一票据权利，可以向其他汇票债务人行使再追索权，请求其他汇票债务人支付相应的金额和费用。

**【例 4-25】**根据《票据法》的规定，在汇票到期日前的下列情形中，持票人可以行使追索权的有(　　)。(2013 年多选题)

A. 承兑人或付款人死亡

B. 汇票被拒绝承兑

C. 承兑人或付款人被宣告破产

D. 承兑人或付款人因违法被责令终止业务活动

**【解析】**ABCD　根据规定，汇票到期日前，有下列情形之一的，持票人可以行使追索权：汇票被拒绝承兑的；承兑人或者付款人死亡、逃匿的；承兑人或者付款人被依法宣告破产的或者因违法被责令终止业务活动的。

## 考点十二　本票

### (一) 本票概述

#### 1. 本票的概念

本票是出票人签发的，承诺自己在见票时无条件支付确定的金额给收款人或者持票人的票据。我国《票据法》规定的本票，是指银行本票。

与汇票相比，本票具有下列特征：(1)本票是自付证券。本票基本当事人有两个，即出票人和收款人。(2)本票无须承兑。

#### 2. 本票的种类

银行本票可以用于转账，注明“现金”字样的银行本票可以用于支取现金。银行本票分为定额银行本票和不定额银行本票。定额银行本票面额为 1000 元、5000 元、1 万元和 5 万元。

#### 3. 本票适用汇票的有关规定

除特别规定外，本票的背书、保证、付款行为和追索权的行使，适用汇票的有关规定。

### (二) 出票

本票的出票与汇票一样，包括做成票据和交付票据。本票的出票行为是以自己负担支付本票金额的债务为目的的票据行为。

#### 1. 本票的出票人

本票的出票人必须具有支付本票金额的可靠资金来源，并保证支付。银行本票的出票人，为经中国人民银行当地分支行批准办理银行本票业务的银行机构。

#### 2. 本票的记载事项

本票与汇票一样，本票的记载事项也包括绝对应记载事项和相对应记载事项。

(1) 本票的绝对应记载事项。本票的绝对应记载事项包括以下六个方面的内容：①标明“本票”字样。这是本票文句记载事项。②无条件支付的承诺。这是有关支付文句，表明出票人无条件支付票据金额，而不附加任何条件。③确定的金额。④收款人名称。⑤出票日期。⑥出票人签章。

(2) 本票的相对应记载事项。本票的相对应记载事项包括两项内容：①付款地。本票上未记载付款地的，出票人的营业场所为付款地。②出票地。本票上未记载出票地的，出票人的营业场所为出票地。

### (三) 见票付款

根据《票据法》的规定，银行本票是见票付款的票据，收款人或持票人在取得银行本票后，随时可以向出票人请求付款。

本票自出票日起，付款期限最长不得超过 2 个月。持票人在规定的期限提示本票的，出票人必须承担付款的责任。如果持票人超过提示付款期限未获付款的，在票据权利时效内向出票银行作出说明，并提供本人身份证或单位证明，可持银行本票向出票银行请求付款。

如果本票的持票人未按照规定期限提示本票的，丧失对出票人以外的前手的追索权。由于本票的出票人是票据上的主债务人，对持票人负有绝对付款责任，除票据时效届满而使票据权利消灭或者要式欠缺而使票据无效外，并不因持票人未在规定期限内向其行使付款请求权而使其责任得以解除。因此，持票人仍对出票人享有付款请求权和追索权，只是丧失对背书人及其保证人的追索权。

## 考点十三　支票

### (一) 支票概述

#### 1. 支票的概念

支票是出票人签发的，委托银行或者其他金融机构在见票时无条件支付一定金额给收款人或者持票人的票据。支票的基本当事人有三个：出票人、付款人和收款人。支票是一种委付证券，与汇票相同，与本票不同。支票与汇票和本票相比，有两个显著特征：第一，以银行或者其他金融机构作为付款人；第二，见票即付。

#### 2. 支票的种类

(1) 现金支票。支票正面印有“现金”字样的为现金支票，现金支票只能用于支取现金。

(2) 转账支票。支票正面印有“转账”字样的为转账支票，转账支票只能用于转账，不得支取现金。

(3) 普通支票。支票上未印有“现金”或“转账”字样的为普通支票，普通支票可以用于支取现金，也可用于转账。普通支票用于转账时，应当在支票正面注明，即在普通支票左上角划两条平行线。有该划线标志的支票，也称为划线支票，划线支票只能用于转账，不得支取现金。

#### 3. 支票适用汇票的有关规定

除特别规定外，支票的背书、付款行为和追索权的行使，适用汇票的有关规定。

### (二) 支票的出票

#### 1. 支票出票的概念

支票出票人为在经中国人民银行当地分支行批准办理支票业务的银行机构开立可以使用支票的存款账户的单位和个人。其签发支票必须具备一定的条件：(1)开立账户。开立支票存款账户，申请人必须使用其本名，并提交证明其身份的合法证件。(2)存入足够支付的款项。开立支票存款账户和领用支票，应当有可靠的资信，并存入一定的资金。(3)预留印鉴。开立支票存款账户，申请人应当预留其本名的签名式样和印鉴。

#### 2. 支票的记载事项

(1) 绝对应记载事项。签发支票必须记载下列事项：标明“支票”字样，这是支票文句的记载事项；无条件支付的委托；确定的金额；付款人名称，支票的付款人为支票上记载的出票人开户银行；出票日期；出票人签章。

为了发挥支票灵活便利的特点，《票据法》规定了可以通过授权补记的方式记载两项绝对应记载事项：一是支票上的金额可以由出票人授权补记，未补记前的支票，不得使用。二是支票上未记载收款人名称的，经出票人授权，可以补记。未补记前，支票不得背书转让和提示付款。此外，出票人可以在支票上记载自己为收款人。

(2) 相对应记载事项。相对应记载事项包括两项内容：一是付款地。支票上未记载付款地的，付款人的营业场所为付款地。二是出票地。支票上未记载出票地的，出票人的营业场所、住所或者经常居住地为出票地。

#### 3. 出票的其他法定条件

(1) 禁止签发空头支票。

(2) 支票的出票人不得签发与其预留本名的签名式样或者印鉴不符的支票，使用支付密码的，出票人不得签发支付密码错误的支票。

(3) 签发现金支票和用于支取现金的普通支票，必须符合国家现金管理的规定。

#### 4. 出票的效力

出票人必须按照签发的支票金额承担保证向该持票人付款的责任。这一责任包括两项：一是出票人必须在付款人处存有足够可处分的资金，以保证支票票款的支付；二是当付款人对支票拒绝付款或者超过支票付款提示期限的，出票人应向持票人承担付款责任。

### (三) 支票的付款

支票属见票即付的票据，因此，《票据法》规定，支票限于见票即付，不得另行记载付款日期。另行记载付款日期的，该记载无效。

#### 1. 支票的提示付款期限

持票人在请求付款时，必须为付款提示。支票的持票人应当自出票日起 10 日内提示付款；异地使用的支票，其提示付款的期限由中国人民银行另行规定。

超过提示付款期限提示付款的，付款人可以不予付款。付款人不予付款的，出票人仍应当对持票人承担票据责任。持票人超过提示付款期限的，并不丧失对出票人的追索权，出票人仍应当对持票人承担支付票款的责任。

#### 2. 付款

持票人在提示期间内向付款人提示票据，付款人在对支票进行审查之后，如未发现有不符规定之处，即应向持票人付款。出票人在付款人处的存款足以支付支票金额时，付款人应当在当日足额付款。

3. 付款责任的解除

付款人依法支付支票金额的，对出票人不再承担受委托付款的责任，对持票人不再承担付款的责任。但是，付款人以恶意或者有重大过失付款的除外。

【例4-26】根据《票据法》的规定，下列情形中，将导致支票无效的有(　　)。(2013年多选题)

A. 支票上未记载付款地

B. 支票上未记载付款日期

C. 支票金额中文大写与数码记载不一致

D. 支票的出票日期被更改

【解析】CD　根据规定，支票上未记载付款地的，付款人的营业场所为付款地，因此选项A不选；支票属于见票即付票据，无须记载付款日期，因此选项B不选；票据中文大写与数码记载不一致的，票据无效，因此选项C应选；票据的金额、收款人和出票或签发日期不得更改，更改的票据无效，因此选项D应选。

【例4-27】甲公司购买乙公司价值30万元的办公用品，向乙公司出具了一张A银行为付款人、票面金额为30万元的定日付款汇票。乙公司收到汇票后，向A银行提示承兑，A银行予以承兑。后乙公司为偿付所欠丙公司30万元贷款，将该汇票背书转让给丙公司，并在背书时记载“禁止转让”字样。丙公司购买原材料时，又该汇票背书转让给债权人丁。丁于该汇票付款期限届满时，向A银行提示付款，A银行以甲公司账户资金不足为由拒绝付款，并做成拒绝付款证明交给丁。(2013年简答题)

要求：根据《票据法》的规定，回答下列问题。

(1) A银行拒绝付款的理由是否成立?简要说明理由。

(2) 丁可以向哪些人行使追索权?简要说明理由。

【解析】(1) A银行拒绝付款的理由不成立。根据票据法律制度的规定，票据债务人不得以自己与出票人之间的抗辩事由(如出票人存入票据债务人的资金不够等)对抗持票人。本题中，A银行作为票据主债务人，不得以甲公司账户资金不足为由拒绝向丁付款。

(2) 丁可以向甲公司(出票人)、A银行(承兑人)、丙公司(前手)行使追索权。根据票据法律制度的规定，被追索人包括出票人、背书人、承兑人和保证人；但背书人在汇票上记载“不得转让”字样，其后手再背书转让的，原背书人对其后手的被背书人不承担保证责任。因此，乙公司对丙公司的被背书人(丁)不承担保证责任。

# 五、外汇管理法律制度

## 考点十四　外汇和外汇管理法律制度概述

### (一) 外汇

外汇，是指以外币表示的可以用作国际清偿的支付手段和资产，包括：(1)外币现钞，包括纸币、铸币；(2)外币支付凭证或者支付工具，包括票据、银行存款凭证、银行卡等；(3)外币有价证券，包括债券、股票等；(4)特别提款权；(5)其他外汇资产。

### (二) 外汇管理法律制度概述

外汇管理法律制度又称外汇管制法律制度，是规范外汇管理行为的法律制度的总称。外汇管理，是一个国家或地区对外汇的买卖、借贷、转让、收支、国际清偿、外汇汇率和外汇市场的控制和规范的行为。

## 考点十五　我国外汇管理制度的基本框架

### (一) 外汇管理体制

我国外汇管理的机关是国家外汇管理局及其分局、支局。

外汇管理的对象是境内机构、境内个人的外汇收支或者外汇经营活动，以及境外机构、境外个人在境内的外汇收支或者外汇经营活动。境内机构，是指中华人民共和国境内的国家机关、企业、事业单位、社会团体、部队等，外国驻华外交领事机构和国际组织驻华代表机构除外。境内个人，是指中国公民和在中华人民共和国境内连续居住满 1 年的外国人，外国驻华外交人员和国际组织驻华代表除外。

**【例4-28】**根据外汇管理法律制度的规定，外汇管理的对象是境内机构、境内个人的外汇收支或者外汇经营活动，以及境外机构、境外个人在境内的外汇收支或者外汇经营活动。下列机构或人员中，属于外汇管理对象的境内机构或境内个人的有(　　)。(2011年多选题)

A. 中华人民共和国境内的国家机关

B. 国际组织驻华代表机构

C. 外国驻华外交人员

D. 在中华人民共和国境内连续居住满 1 年的外国人

**【解析】**AD　本题考核点是外汇管理体制。境内机构，是指中华人民共和国境内的国家机关、企业、事业单位、社会团体、部队等，外国驻华外交领事机构和国际组织驻华代表机构除外。境内个人，是指中国公民和在中华人民共和国境内连续居住满 1 年的外国人，外国驻华外交人员和国际组织驻华代表除外。

**【例4-29】**根据外汇管理法律制度的规定，以欺骗手段将境内资本转移至境外的行为是(　　)。(2013年单选题)

A. 套汇

B. 非法携汇

C. 逃汇

D. 非法汇汇

**【解析】**C　逃汇是指违反规定将境内外汇转移境外，或者以欺骗手段将境内资本转移境外。套汇是指违反规定以外汇收付应当以人民币收付的款项，或者以虚假、无效的交易单证等向经营结汇、售汇业务的金融机构骗购外汇等非法行为；非法携汇是指违反规定携带外汇出入境；非法汇汇是指违反规定将外汇汇入境内。

### (二) 经常项目外汇管理制度

**1. 经常项目的概念**

经常项目，是指国际收支中涉及货物、服务、收益及经常转移的交易项目等。经常项目外汇收支，包括贸易收支、劳务收支和单方面转移等。

**2. 经常性国际支付和转移不予限制**

经常项目外汇收入，可以(并非必须)按照国家有关规定保留或者卖给经营结汇、售汇业务的金融机构。但经常项目外汇支出，应当按照国务院外汇管理部门关于付汇与购汇的管理规定，凭有效单证以自有外汇支付或者向经营结汇、售汇业务的金融机构购汇支付。

**3. 外汇收支真实合法性审查制度**

经营结汇、售汇业务的金融机构应当按照国务院外汇管理部门的规定，对交易单证的真实性及其与外汇收支的一致性进行合理审查。外汇管理机关有权对上述事项进行监督检查。

### (三) 资本项目外汇管理制度

**1. 资本项目的概念**

资本项目，是指国际收支中引起对外资产和负债水平发生变化的交易项目，包括资本转移、直接投资、证券投资、衍生产品及贷款等。

**2. 跨境投资登记、许可制度**

(1) 境外机构、境外个人在境内直接投资，经有关主管部门批准后，应当到外汇管理机关办理登记。境外机构、境外个人在境内从事有价证券或者衍生产品发行、交易，应当遵守国家关于市场准入的规定，并按照国务院外汇管理部门的规定办理登记。

(2) 境内机构、境内个人向境外直接投资或者从事境外有价证券、衍生产品发行、交易，应当按照国务院外汇管理部门的规定办理登记。国家规定需要事先经有关主管部门批准或者备案的，应当在外汇登记前办理批准或者备案手续。

**3. 外债规模管理制度**

国家对外债实行规模管理。借用外债应当按照国家有关规定办理，并到外汇管理机关办理外债登记。

**4. 对外担保许可制度**

提供对外担保，应当向外汇管理机关提出申请。申请人签订对外担保合同后，应当到外汇管理机关办理对外担保登记。但是，经国务院批准为使用外国政府或者国际金融组织贷款进行转贷提供对外担保的，不适用上述规定。

**5. 向境外提供商业贷款登记制度**

银行业金融机构在经批准的经营范围内可以直接向境外提供商业贷款。向境外提供商业贷款，应当按照国务院外汇管理部门的规定办理登记。

**6. 资本项目外汇收支结售汇制度**

资本项目外汇收入保留或者卖给经营结汇、售汇业务的金融机构，应当经外汇管理机关批准，但国家规定无须批准的除外。

依法终止的外商投资企业，按照国家有关规定进行清算、纳税后，属于外方投资者所有的人民币，可以向经营结汇、售汇业务的金融机构购汇汇出。

### (四) 金融机构外汇业务管理制度

金融机构经营或者终止经营结汇、售汇业务，应当经外汇管理机关批准；经营或者终止经营其他外汇业务，应当按照职责分工经外汇管理机关或者金融业监督管理机构批准。

### (五) 人民币汇率和外汇市场管理制度

#### 1. 汇率管理制度

人民币汇率实行以市场供求为基础的、有管理的浮动汇率制度。

#### 2. 外汇市场管理制度

经营结汇、售汇业务的金融机构和符合国务院外汇管理部门规定条件的其他机构，可以按照国务院外汇管理部门的规定在银行间外汇市场进行外汇交易。

## 同步过关测试

### 一、单项选择题

1. 根据我国《商业银行法》规定，以下关于商业银行分支机构的设立正确的是(　　)。

   A. 商业银行不可以在中国境外设立分支机构

   B. 在中国境内设立的分支机构按行政区划设立

   C. 商业银行分支机构不具有法人资格，在总行授权范围内依法开展业务，其民事责任由总行承担。

   D. 商业银行在中国境内设立分支机构拨付各分支机构营运资金额的总和不得超过总行资本金总额的 50%

2. 甲在乙的陪同下在一金融机构内为丙开立个人存款账户，甲需要出具的身份证件是(　　)。

   A. 甲的身份证件　　B. 丙的身份证件

   C. 甲和乙的身份证件　　D. 甲和丙的身份证件

3. 根据《商业银行法》规定，以下关于对贷款人限制的说法中，错误的是(　　)。

   A. 资本充足率不得低于 8%

   B. 对同一借款人的贷款余额与商业银行资本余额的比例不得超过 15%

   C. 不得给委托人垫付资金，国家另有规定的除外

   D. 不得向关系人发放信用贷款；向关系人发放担保贷款的条件不得优于其他借款人同类贷款的条件

4. 某股份有限公司现有净资产 5000 万元。该公司于 2007 年 1 月发行一年期公司债券 500 万元。2007 年 11 月，该公司又发行三年期公司债券 600 万元。2008 年 7 月，该公司拟再次发行公司债券。根据《证券法》的规定，该公司此次发行公司债券的最高限额为(　　)万元。

   A. 2000　　B. 1500　　C. 1400　　D. 900

5. 某股份有限公司申请公开发行公司债券。下列关于该公司公开发行公司债券条件的表述中，不符合《证券法》规定的是(　　)。

   A. 净资产为人民币 5000 万元

   B. 累计债券余额是公司净资产的 50%

C. 最近 3 年平均可分配利润足以支付公司债券 1 年的利息

D. 筹集的资金投向符合国家产业政策

6. 根据《证券法》的规定，股份有限公司申请证券上市交易，应当向特定机构申请，由该机构依法审核同意，并由双方签订上市协议后方可上市，该特定机构是( )。

A. 国务院证券监督管理机构　　B. 证券交易所

C. 国务院授权的部门　　D. 省级人民政府

7. 根据证券法律制度的规定，国务院证券监督管理机构可以暂停上市公司债券上市交易的情形是( )。

A. 公司因经济纠纷被起诉

B. 公司前一年发生亏损

C. 公司未按公司债券募集办法履行义务

D. 公司董事会成员组成发生重大变化

8. 根据《证券法》的规定，下列有关上市公司信息披露的表述中，不正确的是( )。

A. 上市公司应当在每一会计年度的上半年结束之日起 2 个月内，向国务院证券监督管理机构和证券交易所报送中期报告，并予以公告

B. 上市公司应当在每一会计年度结束之日起 4 个月内，向国务院证券监督管理机构和证券交易所报送上一年的年度报告，并予以公告

C. 上市公司的中期报告和年度报告均须记载公司财务会计报告和经营情况

D. 上市公司董事、监事和高级管理人员均须对公司中期报告和年度报告签署书面确认意见

9. 下列人员中，不属于《证券法》规定的证券交易内幕信息的知情人员的是( )。

A. 上市公司的总会计师　　B. 持有上市公司 3%股份的股东

C. 上市公司控股的公司的董事　　D. 上市公司的监事

10. 某证券公司利用资金优势，在 3 个交易日内连续对某一上市公司的股票进行买卖，使该股票从每股 10 元上升至 13 元，然后在此价位大量卖出获利。根据《证券法》的规定，下列关于该证券公司行为效力的表述中，正确的是( )。

A. 合法，因该行为不违反平等自愿、等价有偿的原则

B. 合法，因该行为不违反交易自由、风险自担的原则

C. 不合法，因该行为属于操纵市场的行为

D. 不合法，因该行为属于欺诈客户的行为

11. 甲公司拟收购乙上市公司，张某(男)持有甲公司 35%的股份(或董事、监事及高级管理人员)。如无相反证据，下列人员如果与甲公司同时持有乙上市公司的股份，其中不属于甲公司一致行动人的是( )。

A. 张某　　B. 张某的父亲　　C. 张某的老婆　　D. 张某的儿子

E. 张某的女婿　　F. 张某的岳母　　G. 张某的姐姐　　H. 张某的弟妹

I. 张某的小舅子　　J. 张某小姨子的老公　　K. 张某的叔叔

12. 甲公司是一家上市公司，已发行股份为 1 亿股。2012 年 3 月，乙公司经过法定程序收购了甲公司已发行股份 1000 万股，此前乙公司不持有甲公司的股份。2012 年 4 月，乙公司经过法定程序收购了甲公司已发行股份 2000 万股。2012 年 5 月，乙公司经过法定程序收购了甲公司已发行股份 200 万股。已知甲公司和乙公司不属于同一控制人，下列说法正确的是( )。

A. 2012 年 4 月以后，乙公司每次增持甲公司的股份不超过 200 万股的，锁定期为 6 个月

B. 2012 年 12 月，乙公司最多可以减持 200 万股甲公司的股份

C. 2013 年 2 月以前，乙公司不可以减持甲公司的股份

D. 2013 年 6 月，乙公司最多可以减持 2200 万股甲公司的股份

13. 根据我国《保险法》规定，保险合同中的最大诚信原则基本内容是(　　)。

A. 告知、保证、履行　　　　　　　B. 告知、保证、弃权

C. 告知、保证、履行与禁止反言　　D. 告知、保证、弃权与禁止反言

14. 甲、乙签订买卖合同后，甲向乙背书转让 3 万元的汇票作为价款，后乙又将该汇票背书转让给丙。如果在乙履行合同前，甲、乙协议解除合同。甲的下列行为中，符合票据法律制度规定的是(　　)。

A. 请求乙返还汇票　　　　　　　B. 请求乙返还 3 万元价款

C. 请求丙返还汇票　　　　　　　D. 请求付款人停止支付汇票上的款项

15. 在票据权利补救的普通诉讼中，丧失的票据在判决前出现时，付款人应以该票据正处于诉讼阶段为由暂不付款，并将情况迅速通知失票人和人民法院。人民法院正确的处理方式是(　　)。

A. 终结诉讼程序

B. 中止诉讼程序

C. 判决付款人付款，其他争议另案审理

D. 追加持票人作为第三人，诉讼程序继续进行

16. 根据《票据法》的规定，下列各项中，属于汇票债务人可以对持票人行使抗辩权的事由是(　　)。

A. 汇票债务人与出票人之间存在合同纠纷

B. 汇票债务人与持票人前手之间存在抵销关系

C. 汇票背书不连续

D. 出票人存入汇票债务人的资金不够

17. 根据票据法律制度的规定，下列各项中，不属于票据债务人可以对任何持票人行使票据抗辩的情形是(　　)。

A. 票据未记载绝对必要记载事项　　B. 票据未记载相对必要记载事项

C. 票据债务人的签章被伪造　　　　D. 票据债务人为无行为能力人

18. 一张汇票的出票人是甲，乙、丙、丁依次是背书人，戊是持票人。戊在行使票据权利时发现该汇票的金额被变造。经查，乙是在变造之前签章，丁是在变造之后签章，但不能确定丙是在变造之前或之后签章。根据《票据法》的规定，下列关于甲、乙、丙、丁对汇票金额承担责任的表述中，正确的是(　　)。

A. 甲、乙、丙、丁均只就变造前的汇票金额对戊负责

B. 甲、乙、丙、丁均需就变造后的汇票金额对戊负责

C. 甲、乙就变造前的汇票金额对戊负责，丙、丁就变造后的汇票金额对戊负责

D. 甲、乙、丙就变造前的汇票金额对戊负责；丁就变造后的汇票金额对戊负责

19. 根据《票据法》的规定，汇票上可以记载非法定事项。下列各项中，属于非法定记载事项的是(　　)。

A. 出票人签章　　B. 出票地　　C. 付款地　　D. 签发票据的用途

20. 甲将一汇票背书转让给乙，但该汇票上未记载乙的名称。其后，乙在该汇票被背书人栏内记载了自己的名称。根据《票据法》的规定，下列有关该汇票背书与记载效力的表述中，正确的是(　　)。

A. 甲的背书无效，因为甲未记载被背书人乙的名称

B. 甲的背书无效，且将导致该票据无效

C. 乙的记载无效，应由背书人甲补记

D. 乙的记载有效，其记载与背书人甲记载具有同等法律效力

21. 下列情形中，属于背书不连续，付款人可以拒绝向持票人付款的是(　　)。

A. 甲将一张汇票转让给乙，注明背书日期为 2013 年 3 月 10 日，乙将该汇票背书转让给丙，注明背书日期为 2013 年 3 月 2 日

B. 甲将一张汇票转让给乙，丙偷得该汇票并盗盖乙的签章背书转让给丁

C. 甲将一张汇票转让给中国农业银行北京市分行，注明被背书人为“农行北京分行”

D. 甲将一张汇票转让给乙，乙被丙吸收合并，丙将该汇票背书转让给丁

22. 甲签发一张汇票，经乙承兑后交给丙支付货款，丙将该汇票记载“委托收款”后背书给丁，丁又将该汇票背书转让给戊。如果戊在汇票到期后被拒绝付款，戊不可以追索票款的对象有(　　)。

A. 甲　　B. 乙　　C. 丙　　D. 丁

23. 根据票据法律制度的规定，汇票承兑生效后，承兑人应当承担到期付款的责任。下列关于该责任的表述中，不正确的有(　　)。

A. 承兑人在汇票到期日必须向持票人无条件地支付汇票上的金额

B. 承兑人必须对汇票上的付款请求权人承担责任

C. 承兑人必须对汇票上的追索权人承担责任

D. 承兑人的票据责任因持票人未在法定期限提示付款而解除

24. 根据《票据法》的规定，被追索人在向持票人支付有关金额及费用后，可以向其他汇票债务人行使再追索权。下列各项中，不属于被追索人可请求其他汇票债务人清偿的款项有(　　)。

A. 被追索人已清偿的全部金额及利息

B. 被追索人发出追索通知书的费用

C. 持票人取得有关拒绝证明的费用

D. 持票人因票据金额被拒绝支付而导致的利润损失

25. 根据《票据法》的规定，下列关于本票的表述中，正确的是(　　)。

A. 本票的基本当事人为出票人、付款人和收款人

B. 未记载付款地的本票无效

C. 本票包括银行本票和商业本票

D. 本票无须承兑

26. 根据《票据法》的规定，如果本票的持票人未在法定付款提示期限内提示见票的，则丧失对特定票据债务人以外的其他债务人的追索权。该特定票据债务人是(　　)。

A. 出票人　　B. 保证人　　C. 背书人　　D. 被背书人

27. 下列有关公开发行股票的说法正确的是(　　)。

A. 必须是向特定对象发行股票

B. 向累计超过 150 人的特定对象发行证券为公开发行股票

C. 向累计超过 100 人的特定对象发行证券为公开发行股票

D. 公开发行股票，依法采取承销方式的，应当聘请具有保荐资格的机构担任保荐人

28. 下列属于证券投资基金上市的条件是(　　)。

A. 基金合同期限为 3 年以上

B. 基金募集金额不低于 1 亿元人民币

C. 基金持有人不少于 2000 人

D. 基金的募集符合《证券投资基金法》的规定

29. 王某委托证券公司进行证券买卖，证券公司为了谋取佣金收入，诱使王某进行了一些不必要的证券买卖，该证券公司的行为属于(　　)。

A. 欺诈客户行为　　B. 内幕交易行为　　C. 操纵市场行为　　D. 信用交易行为

30. 收购要约的期限不得少于(　　)日，并不得超过(　　)日。

A. 20　60　　B. 30　60　　C.10　30　　D. 30　90

## 二、多项选择题

1. 根据《证券法》规定，下列属于公开发行的有(　　)。

A. 向累计超过 100 人的社会公众发行证券

B. 向累计超过 100 人的本公司股东发行证券

C. 向累计超过 200 人的社会公众发行证券

D. 向累计超过 200 人的本公司股东发行证券

2. 根据《证券法》的规定，某上市公司的下列人员中，不得将其持有的该公司的股票在买入后 6 个月内卖出，或者在卖出后 6 个月内又买入的有(　　)。

A. 董事会秘书　　B. 监事会主席　　C. 财务负责人　　D. 副总经理

3. 根据《证券法》的规定，上市公司的下列情形中，属于应当由证券交易所决定终止其股票上市交易的有(　　)。

A. 不按规定公开其财务状况，且拒绝纠正

B. 股本总额减至人民币 5000 万元

C. 最近 3 年连续亏损，在其后一个年度内未能恢复盈利

D. 对财务会计报告作虚假记载，且拒绝纠正

4. 根据《证券投资基金法》的规定，申请上市的封闭式基金应具备的条件有(　　)。

A. 基金合同期限为 5 年以上

B. 基金持有人不少于 1000 人

C. 基金募集金额不低于 2 亿元

D. 基金募集期限届满，基金募集的基金价额总额达到核准规模的 80%以上

5. 根据《证券法》的规定，上市公司发生可能对上市公司股票交易价格产生较大影响而投资者尚未得知的重大事件时，应当立即将有关该重大事件的情况向国务院证券监督管理机构和证券交易所报送临时报告，并予以公告。下列各项中，属于重大事件的有(　　)。

A. 公司董事因涉嫌职务犯罪被公安机关刑事拘留

B. 公司 1/3 以上监事辞职

C. 公司董事会的决议被依法撤销

D. 公司经理被撤换

6. 根据证券法律制度的规定，下列各项中，属于禁止的证券交易行为的有(　　)。

A. 甲证券公司在证券交易活动中编造并传播虚假信息，严重影响证券交易

B. 乙证券公司不在规定的时间内向客户提供交易的书面确认文件

C. 丙证券公司利用资金优势，连续买卖某上市公司股票，操纵该股票交易价格

D. 上市公司董事王某知悉该公司近期未能清偿到期重大债务，在该信息公开前将自己所持有的股份全部转让给他人

7. 根据证券法律制度的规定，在特定情形下，如无相反证据，投资者将会被视为一致行动人。下列各项中，属于该特定情形的有(　　)。

A. 投资者之间存在股权控制关系　　B. 投资者之间为同学、战友关系

C. 投资者之间存在合伙关系　　D. 投资者之间存在联营关系

8. 根据上市公司收购法律制度的规定，下列各项中，属于不得收购上市公司的情形有(　　)。

A. 收购人负有数额较大债务，到期未清偿，且处于持续状态

B. 收购人最近 3 年涉嫌有重大违法行为

C. 收购人最近 3 年有严重的证券市场失信行为

D. 收购人为限制行为能力人

9. A 上市公司已发行股份 100 万股。以下是 2012 年某证券交易所发生的四起买卖 A 上市公司股票的事件，其中违反了《证券法》规定的有(　　)。

A. 甲在持有该股票 3 万股的情况下，于 6 月 8 日购进 1 万股；同日，再次购进 5000 股

B. 乙在持有该股票 3.5 万股的情况下，于 6 月 8 日购进 1.5 万股；次日，卖出 1 万股

C. 丙在持有该股票 4 万股的情况下，于 6 月 8 日购进 1 万股。6 月 10 日，购进 5000 股

D. 丁在持有该股票 2.5 万股的情况下，于 6 月 8 日购进 1.5 万股。次日，卖出 1 万股

10. 下列关于上市公司要约收购的表述中，符合证券法律制度规定的有(　　)。

A. 收购要约约定的收购期限不得少于 30 天

B. 在收购要约确定的承诺期内，收购人不得变更其收购要约

C. 收购要约提出的各项收购条件，应当适用于被收购公司的全体股东

D. 被收购公司股东承诺出售的股份数额超过预定收购的股份数额的，收购人应当按照承诺的先后顺序收购

11. 根据我国《保险法》规定，设立保险公司应该具备的条件有(　　)。

A. 净资产不低于人民币 3 亿元

B. 主要股东具有持续盈利能力，信誉良好，最近三年内无重大违法违规记录

C. 设立保险公司，其注册资本的最低限额为人民币 3 亿元

D. 有具备任职专业知识和业务工作经验的董事、监事和高级管理人员

12. 一般来说，在一家经营财产保险业务的保险公司，可以同时办理的保险业务有(　　)。

A. 人寿保险业务　　B. 保证保险业务

C. 意外伤害保险业务　　D. 短期健康保险业务

13. 保险单是保险人向被保险人理赔的主要依据，保险单的作用有(　　)。

A. 可作为保险合同本身　　B. 是双方当事人履约的依据

C. 是证明保险合同成立的书面凭证　　D. 在某些情况下保险单具有有价证券的效用

14. 以下选项中对于保险合同变更描述，正确的有(　　)。

A. 自合同效力中止之日起满 2 年未达成协议的，保险人有权解除合同

B. 在人身保险合同中，被保险人或者投保人可以变更受益人并书面通知保险人

C. 在无另外约定的情况下，货物运输保险合同中保险标的转让，被保险人或者受让人应当及时通知保险人办理保险合同变更

D. 自合同效力中止之日起满 2 年未达成协议的，保险人有权解除合同

15. 下列各种票据中，属于《票据法》调整范围的有(　　)。

A. 汇票　　B. 本票　　C. 发票　　D. 支票

16. 下列有关票据行为有效要件的表述中，符合《票据法》规定的有(　　)。

A. 保证人在票据上的签章不符合规定，其签章无效，但不影响其他符合规定签章的效力

B. 持票人明知转让的是盗窃的票据，仍受让票据的，不得享有票据权利

C. 票据的基础关系涉及的不合法，则票据行为也不合法

D. 银行汇票未加盖规定的专用章，而加盖该银行的公章，则签章人应承担责任

17. 下列选项中，可以不支付对价而取得票据权利的有(　　)。

A. 甲公司因退税从税务机关取得的支票

B. 乙公司接受购买货物一方开出的用于支付定金的支票

C. 丙公司因与其他公司合并取得的支票

D. 丁公司因接受赠与取得的支票

18. 根据《票据法》的规定，下列选项中，属于因时效而致使票据权利消灭的情形有(　　)。

A. 甲持有一张本票，出票日期为 2012 年 5 月 20 日，于 2013 年 5 月 27 日行使票据的付款请求权

B. 乙持一张为期 30 天的汇票，出票日期为 2011 年 5 月 20 日，于 2013 年 5 月 27 日行使票据的付款请求权

C. 丙持一张见票即付的汇票，出票日期为 2011 年 5 月 20 日，于 2013 年 5 月 27 日行使票据的付款请求权

D. 丁持一张支票，出票日期为 2012 年 5 月 20 日，于 2013 年 4 月 27 日行使票据的付款请求权

19. 下列有关票据伪造的表述中，不符合票据法律制度规定的有(　　)。

A. 票据的伪造仅指假冒他人名义签章的行为

B. 票据上有伪造签章的，不影响票据上其他真实签章的效力

C. 善意的且支付相当对价的合法持票人有权要求被伪造人承担票据责任

D. 票据伪造人的伪造行为即使给他人造成损害，也不承担票据责任

20. 根据《票据法》的规定，下列各项中，可以导致汇票无效的情形有(　　)。

A. 汇票上未记载付款日期

B. 汇票上未记载出票日期

C. 汇票上未记载收款人名称

D. 汇票金额的中文大写和数码记载不一致

21. 根据《票据法》的规定，下列情形中，属于汇票背书行为无效的有(　　)。

A. 附有条件的背书

B. 只将汇票金额的一部分进行转让的背书

C. 将汇票金额分别转让给二人或二人以上的背书

D. 背书人在汇票上记载“不得转让”，其后手又进行背书转让的

22. 根据《票据法》的规定，下列情形中，将导致支票无效的有(　　)。
A. 支票上未记载付款地
B. 支票上未记载付款日期
C. 支票金额中文大写与数码记载不一致
D. 支票的出票日期被更改

23. 根据《票据法》的规定，下列关于汇票提示承兑的表述中，正确的有(　　)。
A. 见票后定期付款汇票的持票人应当自出票日起 3 个月内向付款人提示承兑
B. 汇票上没有记载付款日期的，无须提示承兑汇票
C. 付款人自收到提示承兑的汇票之日起 3 日内不作出承兑与否表示的，视为承兑
D. 承兑附有条件的，视为拒绝承兑

24. 根据《票据法》的规定，在汇票到期日前的下列情形中，持票人可以行使追索权的有(　　)。
A. 承兑人或付款人死亡
B. 汇票被拒绝承兑
C. 承兑人或付款人被宣告破产
D. 承兑人或付款人因违法被责令终止业务活动

25. 甲银行与乙公司签订一份借款合同，合同签订后，甲银行依约发放了部分贷款，乙公司未按照约定的用途使用借款，根据《合同法》的规定，甲银行因此可以行使的权利有(　　)。
A. 停止发放后续贷款
B. 提前收回已发放贷款
C. 解除借款合同
D. 对乙公司罚款

26. 根据外汇管理法律制度的规定，外汇管理的对象是境内机构、境内个人的外汇收支或者外汇经营活动，以及境外机构、境外个人在境内的外汇收支或者外汇经营活动。下列机构或人员中，属于外汇管理对象的境内机构或境内个人的有(　　)。
A. 中华人民共和国境内的国家机关
B. 国际组织驻华代表机构
C. 外国驻华外交人员
D. 在中华人民共和国境内连续居住满 1 年的外国人

## 三、判断题

1. 某上市公司近年财务资料如下(单位：万元)。

| 年　　度 | 2012 年 | 2011 年 | 2010 年 |
| --- | --- | --- | --- |
| 净资产 | 27 000 | 22 000 | 20 000 |
| 扣除非经常性损益前净利润 | 1810 | 1380 | 2100 |
| 扣除非经常性损益后净利润 | 2630 | 1760 | 1680 |

根据上述资料，如果没有其他违反法律规定的情形，该公司 2013 年可以发行新股。(　　)

2. 为股票发行出具审计报告、资产评估报告或者法律意见书等文件的证券服务机构人员，在该股票承销期内和期满后 6 个月内，不得买卖该种股票。此说法符合法律规定。(　　)

3. 上市公司最近 3 年连续亏损，在其后 1 个年度内未能恢复盈利的，由证券交易所决定终止其股票上市交易。（ ）

4. 甲并未取得乙的票据代理授权，却以代理人的名义在票据上签章的，应当由甲承担票据责任。（ ）

5. 甲没有代理权而以代理人名义在票据上签章，应由票面上显示的本人和甲连带承担票据责任。（ ）

6. 甲以背书方式将票据赠与乙，乙可以取得优于甲的票据权利。（ ）

7. 票据债务人不得以自己与持票人的前手之间抗辩事由对抗持票人，但持票人明知存在抗辩事由而取得票据的除外。（ ）

8. 银行汇票记载的金额可以有汇票金额和实际结算金额，如果实际结算金额大于汇票金额的，以实际结算金额为付款金额。（ ）

9. 如果持票人转让出票人记载了“不得转让”字样的汇票，则该转让不发生票据法上的效力，而只具有普通债权让与的效力。（ ）

10. 以下为某银行转账支票背面背书签章的示意图。该转账支票背书连续，背书有效。（ ）

| 被背书人：甲公司 | 被背书人：乙公司 | 被背书人：丙公司 |
| --- | --- | --- |
| A公司财务专用章 张三印章 | 甲公司财务专用章 李四印章 | 乙公司财务专用章 王五印章 |

11. 汇票的持票人未在法定期限内提示付款的，则承兑人的票据责任解除。（ ）

12. 持票人对汇票债务人中的一人或数人已经进行追索的，对其他汇票债务人仍可以行使追索权。（ ）

13. 公司债券所募集资金不按照核准的用途使用的，应由证券交易所决定终止其公司债券上市交易。（ ）

14. 基金募集金额不低于 1 亿元人民币是申请上市的基金必须符合的条件之一。（ ）

15. 为上市公司年度会计报表出具审计报告的人员，自接受上市公司委托之日起至审计报告公开后 5 日内，不得买卖该上市公司股票。（ ）

16. 某上市公司高级管理人员于 2010 年 1 月卖出其所持有的本公司股票，又于 2010 年 5 月买进本公司股票并获得收益，根据《证券法》的规定，该所得收益可以归其个人所有。（ ）

17. 会计师事务所在其出具的审计报告中作出虚假陈述，属于制造虚假信息的行为。（ ）

18. 甲 2003 年 1 月 1 日因贿赂被判处刑罚，2006 年 1 月 1 日执行期限届满，2009 年 2 月 1 日，甲进行上市公司收购活动。甲的做法符合规定。（ ）

19. 证券市场中的发行市场，又称“二级市场”或“次级市场”，是已发行的证券通过买卖、转让交易实现流通转让的场所。（ ）

20. 采取要约收购方式的，收购人在收购期限内，可以卖出被收购公司的股票，但不得采取要约规定以外的形式和超出要约的条件买入被收购公司的股票。（ ）

21. 人民币汇率实行以市场供求为基础的、有管理的固定汇率制度。（ ）

22. 外国政府、公司发行的债券和股票也属于我国外汇的范畴。（ ）

23. 经常项目，是指国际收支中涉及货物、服务、收益及对外负债的交易项目等。（ ）

24. 非公开募集基金可以按照基金合同约定，由部分基金份额持有人作为基金管理人员负

责基金的投资管理活动，并在基金财产不足以清偿其债务时对基金财产的债务承担无限连带责任。（ ）

25. 商业银行可以向符合发放信用贷款条件的关系人发放信用贷款，但发放信用贷款的条件不得优于其借贷人同类贷款的条件。（ ）

## 四、简答题

1. 某天，A 签发一张商业汇票给收款人 B，汇票记载的金额为人民币 8 万元，B 依法承兑后将该汇票背书转让给 C，C 获得该汇票的第 2 天，因车祸而死亡，该汇票由其唯一的继承人 D 获得。D 又将该汇票背书转让给 E，并依法提供了继承该票据的有效证明，E 获得该汇票之后，将汇票金额改为人民币 18 万元，并背书转让给 F，F 又将该汇票背书转让给 G。G 在法定期限内向付款人请求付款，付款人在审查该汇票后拒绝付款，理由是：①该汇票背书不连续。因为，C 受让该汇票时，是该转让行为的被背书人，而在下一次背书转让中，背书人不是 C，而是 D。②该汇票金额已被变造。随即，付款人做成退票理由书，即为退票。

要求：根据上述事实及有关规定，请回答下列问题。

(1) 付款人可否以背书不连续作为拒绝付款的理由?为什么?

(2) G 可以向本例中的哪些当事人行使追索权?

(3) 对此因变造而退票的行为，如何界定当事人应承担的民事责任?

2. 天辉公司于 2007 年 2 月 10 日向李某签发一张金额为 10 万元的转账支票，付款人为甲银行。天辉公司的财务人员在出票时，未记载收款人名称，授权李某补记。李某补记后向其开户银行乙银行委托收款，将款项转入其个人银行结算账户。在提示付款时，甲银行发现该支票账户余额为 8 万元，遂予以退票，并对天辉公司处以 10 000 元罚款，李某要求天辉公司赔偿 2000 元赔偿金。

要求：根据支付结算法律制度的规定，分别回答下列问题。

(1) 李某能使用该支票支取现金吗？并说明理由。

(2) 天辉公司在出票时，出票日期 2 月 10 日应如何记载？

(3) 天辉公司在出票时，未记载收款人名称，授权李某补记。该支票是否有效？并说明理由。

(4) 甲银行对天辉公司签发空头支票处以 10 000 元罚款是否符合法律规定？简要说明理由。

(5) 李某能否以天辉公司签发空头支票为由要求其支付 2000 元赔偿金？简要说明理由。

3. 2013 年 3 月 25 日，甲公司通过证交所的证券交易收购股票上市的乙公司 3.5%的股份。同日，甲公司的关联企业丙公司和丁公司分别持有乙公司股份的 1.3%和 1.2%。此后，甲公司通过证券交易所的证券交易继续收购乙公司的股份，直至 3 月 28 日，甲公司才向中国证监会、证券交易所提交书面报告并作出公告，公告其所持乙公司股份比例超过 5%。此时，甲、丙、丁三家共持有乙公司的股份数已达到 11%。

要求：根据以上事实和有关规定，分别回答下列问题。

(1) 按照《证券法》的规定，在 3 月 25 日后，甲公司继续收购的行为是否合法?说明理由。

(2) 假如甲公司持乙公司股份比例超过 30%后继续收购，并向乙公司的股东发出收购要约，在要约有效期内，乙公司被其担保公司 A 公司诉至人民法院，那么甲公司能否撤回其收购要约?说明理由。

(3) 假如甲公司以乙公司被起诉为由，对乙公司的股东 B 公司持有的股票以要约中规定价格的 70%压价收购，这种做法是否正确？说明理由。

4. 李某2013年6月10日购买一栋别墅，价值120万元，同月15日，李某向A保险公司购买了房屋火灾保险，保险期限为1年，保险金额为120万元，并于当日交清了保险费。2014年2月10日，李某将该别墅以125万元的价格卖给周某，李某并没有经A保险公司办理批单手续。2014年3月10日，因意外发生巨大火灾，房屋全部被烧毁。

问题：

(1) 若李某向A保险公司索赔，保险公司是否赔偿？为什么？

(2) 若周某向A保险公司索赔，保险公司是否赔偿？为什么？

5. 甲、乙同为丙公司的子公司。甲、乙通过证券交易所的证券交易分别持有丁上市公司(该公司股本总额为3.8亿元，国家授权投资机构未持有该公司股份)2%、3%的股份。甲、乙在法定期间内向中国证监会和证券交易所报告并公告其持股比例后，继续在证券交易所进行交易。当分别持有丁上市公司股份10%、20%时，甲、乙决定继续对丁上市公司进行收购，在向中国证监会报送上市公司收购报告书之日起15日后，即向丁上市公司的所有股东发出并公告收购该公司全部股份的要约，收购要约约定的收购期限为60天。

收购要约期满，甲、乙持有丁上市公司的股份达到85%。持有其余15%股份的股东要求甲、乙继续以收购要约的同等条件收购其股票，遭到拒绝。

收购行为完成后，甲、乙在15日内将收购情况报告中国证监会和证券交易所，并予以公告。

根据上述内容，分别回答下列问题：

(1) 甲、乙是否为一致行动人?并说明理由。

(2) 收购要约期满后，丁上市公司的股票是否还具备上市条件?并说明理由。

(3) 甲、乙拒绝收购其余15%股份的做法是否合法?并说明理由。

## 五、综合题

1. 1996年2月某商业银行与某房地产开发公司共同开发某经济特区的房地产项目，并成立项目公司，因该行副行长兼任房地产公司副董事长，商业银行向该项目公司投资1亿元人民币。同年6月房地产开发公司以该公司的房地产作抵押，向商业银行提出贷款申请，商业银行经审核后，向其发放了2亿元抵押贷款。该行当月资本余额为17.9亿元人民币。1997年7月房地产开发公司因经营亏损濒临破产，商业银行的贷款已无法收回。1997年底该商业银行被人民银行决定接管。

问题：

(1) 商业银行能否向项目公司投资？为什么？

(2) 商业银行能否向房地产开发公司发放抵押贷款？为什么？

(3) 商业银行向房地产开发公司发放2亿元人民币贷款是否合法？为什么？

(4) 人民银行对该商业银行的接管决定是否正确？如果商业银行支付不能的情况发生在2004年5月，接管决定应由谁作出？为什么？

2. 1999年8月，甲商业银行因行使对某公司的抵押权而折价500万元取得作为抵押物的一幢大楼，过户手续已经办理完毕。2001年3月，该银行将大楼以800万元的价格出售给乙公司。见房地产业利润丰厚，该银行立即斥资5000万元收购了丙房地产股份公司的51%的股份，成为其第一大股东。同时，证券市场正处于牛市，该银行为获取高额收益，也将1亿元资金投入股市。

问题：请结合《商业银行法》的有关规定，指出上述案例中的违法之处。

3. 天益公司采购员万某需携带5万元金额的支票到A市采购原料。该支票由天益公司刘某负责填写，由该公司财务主管加盖了财务章及财务人员的印鉴，收款人一栏则授权万某填写。以上记载均有支票存根记录为证。万某携该支票到A市某私营企业购买了价值5万元的原料，该私营企业老板董某是万某的朋友，其见该支票上的笔迹为万某所为，以自己最近资金周转陷入困境为由，请求万某帮忙将支票上的金额改为15万元以渡难关。万某碍于朋友情面而应允，使用董某提供的涂改剂将金额改成了15万元，因此，从外观上看不出涂改的痕迹。其后，董某为支付货款将该支票背书转让给了某化工厂。此事败露后，天益公司起诉某化工厂和董某，要求返还多占用的10万元票款。

问题：

(1) 本案中万某的行为在票据法上属于什么性质的行为？为什么？

(2) 本案应如何处理？为什么？

4. 某厂女工王某于2006年6月22日为贺某投保(贺某与王某为婆媳关系)。经贺某同意后购买10年期简易人身保险15份，指定受益人为贺某之孙、王某之子甲，时年12岁。保险费按月从王某的工资中扣交。交费一年零八个月后，王某与被保险人之子乙离婚，法院判决甲随乙共同生活。离婚后王仍自愿每月从自己工资中扣交这笔保险费，从未间断。2009年2月20日被保险人贺某病故，4月王向保险公司申请给付保险金。与此同时，乙提出被保险人是其母亲，指定受益人甲又随自己共同生活，应由他作为监护人领取这笔保险金。王则认为投保人是她，交费人也是她，而且她是受益人甲的母亲，也是甲合法的监护人，这笔保险金应由她领取。保险公司则以王某因离婚而对贺某无保险利益为由拒绝给付保险金。

问题：

(1) 王某要求给付保险金的请求是否合理?为什么?

(2) 乙要求给付保险金的请求是否合理?为什么?

(3) 保险公司拒付理由是否成立?为什么?

(4) 本案应当如何处理?为什么?

# 同步过关测试解析

## 一、单项选择题

1. 【解析】C　本题考核点是商业银行分支机构设立的概念。商业银行根据业务需要可以在中国境内外设立分支机构，选项A错误；在中国境内设立的分支机构，不按行政区划设立，选项B错误；商业银行拨付各分支机构营运资金额的总和，不得超过总行资本金总额的60%，选项D错误；商业银行分支机构不具有法人资格，在总行授权范围内依法开展业务，其民事责任由总行承担，选项C正确。

2. 【解析】D　本题考核点是储蓄存款原则。代理他人在金融机构开立个人存款账户时，金融机构应当要求其出示被代理人和代理人的身份证件进行核对，并登记被代理人和代理人的身份证件上的姓名和号码。

3. 【解析】B　本题考核点是贷款人的限制。《商业银行法》规定，对同一借款人的贷款余额与商业银行资本余额的比例不得超过10%。

4. 【解析】C　本题考核公司债券的发行条件。根据规定，公开发行公司债券，累计债券余额不超过公司净资产的 40%。本题中，一年期的公司债券截至 2008 年 7 月已经偿还完毕，因此发行前累计债券余额为 600 万元，发行后的累计债券余额不得超过净资产的 40%，因此本次最多发行的公司债券数额为 5000×40%−600=1400(万元)。

5. 【解析】B 本题考核公司债券的发行条件。根据规定，公开发行公司债券，累计债券余额不超过公司净资产的 40%。本题中，B 选项累计债券余额是公司净资产的 50%，不符合规定。

6. 【解析】B 本题考核点是申请证券上市交易的一般规定。根据规定，申请证券上市交易，应当向“证券交易所”提出申请，由证券交易所审核同意，并由双方签订上市协议。

7. 【解析】C 本题考核点是公司债券暂停交易的情形。其中包括：公司未按照公司债券募集办法履行义务。

8. 【解析】D 本题考核点是上市公司信息披露的相关规定。根据规定，上市公司董事、高级管理人员应当对公司定期报告签署书面确认意见。上市公司监事会应当对董事会编制的公司定期报告进行审核并提出书面审核意见。因此选项 D 的说法是错误的。

9. 【解析】B 本题考核点是证券交易内幕信息的知情人。根据《证券法》规定，证券交易内幕信息的知情人包括：(1)发行人的董事、监事、高级管理人员；(2)持有公司 5%以上股份的股东及其董事、监事、高级管理人员，公司的实际控制人及其董事、监事、高级管理人员；(3)发行人控股的公司及其董事、监事、高级管理人员；(4)由于所任公司职务可以获取公司有关内幕信息的人员；(5)证券监督管理机构工作人员以及由于法定职责对证券的发行、交易进行管理的其他人员；(6)保荐人、承销的证券公司、证券交易所、证券登记结算机构、证券服务机构的有关人员；(7)国务院证券监督管理机构规定的其他人。本题 B 选项持股比例未达到 5%，不属于内幕信息的知情人。

10. 【解析】C 本题考核操纵市场行为。根据规定，单独或者通过合谋，集中资金优势、持股优势或者利用信息优势联合或者连续买卖，操纵证券交易价格或者证券交易量，属于操纵证券市场的行为。

11. 【解析】K 本题考核点是上市公司收购中一致行动人的界定。

12. 【解析】C 本题考核点是上市公司收购的锁定义务。(1)选项 A 错，应当是自 2013 年 4 月以后，即达到或超过 30%之日起一年后，锁定期为 6 个月。(2)选项 B 错，乙公司持有股份 30%不足一年。(3)选项 C 对，收购人持有的被收购的上市公司的股票，在收购行为完成后的 12 个月内不得转让。(4)选项 D 错，2013 年 6 月，乙公司持有的 3200 万股全部可以减持。

13. 【解析】D 本题考核点是保险法的最大诚信原则。保险合同中的最大诚信原则，其基本内容有三：即告知、保证、弃权与禁止反言。

14. 【解析】B 本题考核点是票据法律关系。甲、乙解除合同，不影响持票人丙的票据权利，票据基础关系的存在与否、有效与否，与票据权利原则上互不影响。这里甲支付给丙票据款后，还可以请求乙返还 3 万元价款。

15. 【解析】A 本题考核点是票据丧失后的补救措施。根据规定，在判决前，丧失的票据出现时，付款人应以该票据正处于诉讼阶段为由暂不付款，而将情况迅速通知失票人和人民法院。法院应“终结”诉讼程序。

16. 【解析】C 本题考核点是票据抗辩权。根据规定，背书不连续的情况下，属于形式上的不连续，此时票据债务人可以行使对物的抗辩。其他选项均属于不得行使抗辩权的情形。

17. 【解析】B 本题考核点是票据抗辩中对物抗辩的情形。根据规定，绝对必要记载事项不得欠缺，如果未记载导致票据无效；相对必要记载事项如果没有记载，适用法律的有关规定而不会使票据失效。所以票据上未记载相对必要记载事项不是抗辩事由。

18.【解析】D 本题考核点是票据变造后责任的承担。根据规定，如果当事人签章在变造之前，应按原记载的内容负责；如果当事人签章在变造之后，则应按变造后的记载内容负责；如果无法辨别是在票据被变造之前或之后签章的，视同在变造之前签章。本题中，甲、乙都是在变造之前签章，丙无法辨别变造前还是变造后，视同变造前签章，因此甲、乙、丙对变造之前的金额承担责任，丁是在变造后签章，对变造后的金额承担责任。

19.【解析】D 本题考核点是汇票的记载事项。汇票上可以记载《票据法》规定事项以外的其他出票事项，但是该记载事项不具有汇票上的效力。如签发票据的原因或用途。出票人签章属于绝对应记载事项；出票地和付款地属于相对应记载事项。

20.【解析】D 本题考核点是汇票背书的相关规定。根据规定，如果背书人未记载被背书人名称而将票据交付他人的，持票人在票据被背书人栏内记载自己的名称与背书人记载具有同等法律效力。

21.【解析】A 本题考核点是背书连续。选项 A 背书日期前后不能衔接；选项 B 实质上不连续，不影响背书的连续；选项 C 可以根据实际情况确定当事人；选项 D 属于以其他合法方式取得汇票。

22.【解析】C 本题考核点是委托收款背书。委托收款的原背书人(丙)对后手(丁)的被背书人(戊)不承担票据责任，但不影响出票人(甲)、承兑人(乙)以及原背书人之前手的票据责任。丁属于越权代理，应当就其超越权限的部分承担票据责任。

23.【解析】D 本题考核点是票据承兑的效力。承兑人的票据责任不因持票人未在法定期限提示付款而解除。

24.【解析】D 本题考核点是票据追索权。根据规定，被追索人行使再追索权，可以请求其他汇票债务人支付下列金额和费用：已清偿的全部金额及其自清偿日起至再追索清偿日止，按照中国人民银行规定的流动资金贷款利率计算的利息；发出通知书的费用。因此，选项 D 中所说的利润损失是不包括的。

25.【解析】D 本题考核点是本票的规定。本票的出票人就是付款人，所以选项 A 错误。本票上未记载付款地的，出票人的营业场所为付款地，所以选项 B 错误。根据《票据法》的规定，本票即银行本票，所以选项 C 错误。

26.【解析】A 本题考核点是本票的相关规定。根据规定，本票的持票人未在规定期间提示见票的，丧失对“出票人之外”的前手的追索权。

27.【解析】D 本题考核公开发行证券的规定。根据规定，有下列情形之一的，为公开发行：(1)向不特定对象发行证券；(2)向累计超过 200 的特定对象发行证券，因此选项 A、B、C 均不正确。发行人申请公开发行股票、可转换为股票的公司债券，依法采取承销方式的，或者公开发行法律、行政法规规定实行保荐制度的其他证券的，应当聘请具有保荐资格的机构担任保荐人，因此选项 D 是正确的。

28.【解析】D 本题考核证券投资基金上市的条件。根据规定，证券投资基金上市的，基金合同期限为 5 年以上，因此选项 A 是错误的。基金募集金额不低于 2 亿元人民币，因此选项 B 错误。基金持有人不少于 1000 人，因此选项 C 错误。

29.【解析】A 本题考核禁止交易的行为。根据规定，证券经营机构及其从业人员为了谋取佣金收入，诱使客户进行不必要的证券买卖的行为属于欺诈客户的行为。

30.【解析】B　本题考核收购要约的期限。根据《证券法》的规定，收购要约的期限不得少于 30 日，并不得超过 60 日。

## 二、多项选择题

1.【解析】ACD　本题考核公开发行证券。(1)无论发行对象人数多少，只要是不特定的社会公众，都属于公开发行。(2)向特定对象发行证券累计超过 200 人的属于公开发行。

2.【解析】ABCD　本题考核证券交易的规定。根据规定，上市公司董事、监事、高级管理人员，持有上市公司股份 5%以上的股东，不得将其持有的该公司的股票买入后 6 个月内卖出，或者在卖出后 6 个月内买入，否则由此所得收益归该公司所有。本题中，选项 ACD 均属于高级管理人员。

3.【解析】ACD　本题考核点是股票终止上市的情形。根据《证券法》的规定，上市公司有下列情形之一的，由证券交易所决定终止其股票上市交易：公司股本总额、股权分布等发生变化不再具备上市条件，在证券交易所规定的期限内仍不能达到上市条件；公司不按照规定公开其财务状况，或者对财务会计报告作虚假记载，且拒绝纠正；公司最近 3 年连续亏损，在其后一个年度内未能恢复盈利；公司解散或者被宣告破产；证券交易所上市规则规定的其他情形。另外，公司股票上市的条件之一是公司股本总额不少于 3000 万元，因此选项 B 所述情形不会导致股票终止上市。

4.【解析】ABCD　本题考核点是封闭式基金上市的规定。根据规定，基金份额上市交易，应当符合下列条件：基金的募集符合本法规定；基金合同期限为 5 年以上；基金募集金额不低于 2 亿元人民币；基金份额持有人不少于 1000 人。

5.【解析】ABCD　本题考核点是重大事件。以上四项均是属于重大事件的范围。

6.【解析】ABCD　本题考核点是禁止的证券交易行为。选项 A 属于虚假陈述；选项 B 属于欺诈客户；选项 C 属于操纵市场；选项 D 属于内幕交易。

7.【解析】ACD　本题考核点是上市公司收购中一致行动人的界定。根据规定，投资者之间有股权控制关系，投资者之间存在合伙、合作、联营等其他经济利益关系的，除非有相反证据，否则均可视为一致行动人。本题 B 选项投资者之间为同学、战友，并不存在经济利益关系，不构成一致行动人。

8.【解析】ABCD　本题考核点是不得收购上市公司的情形。根据规定，有下列情形之一的，不得收购上市公司：收购人负有数额较大债务，到期未清偿，且处于持续状态；收购人最近 3 年有重大违法行为或者涉嫌有重大违法行为；收购人最近 3 年有严重的证券市场失信行为；收购人为自然人的，存在《公司法》第 147 条规定情形，即依法不得担任公司董事、监事、高级管理人员的五种情形。其中，限制民事行为能力人是不能担任董事、监事和高级管理人员的，同样也不能作为收购人收购上市公司。

9.【解析】BC　本题考核点是上市公司收购。通过证券交易所的证券交易，投资者及其一致行动人拥有权益的股份达到一个上市公司已发行股份的 5%时，应当在该事实发生之日起 3 日内公告；在上述期限内，不得再行买卖该上市公司的股票。

10.【解析】AC　本题考核点是上市公司要约收购的相关规定。根据规定，在收购要约确定的承诺期限内，收购人不得“撤销”其收购要约，因此选项 B 的说法错误；被收购公司股东承诺出售的股份数量超过预定收购的股份数额的，收购人按比例进行收购，因此选项 D 的说法错误。

11. 【解析】BD　本题考核点是保险公司的设立条件。设立保险公司，净资产不低于人民币 2 亿元；其注册资本的最低限额为人民币 2 亿元。

12. 【解析】BCD　本题考核点是保险公司的业务范围。保险人不得兼营人身保险业务和财产保险业务。但是，经营财产保险业务的保险公司经国务院保险监督管理机构批准，可以经营短期健康保险业务和意外伤害保险业务。

13. 【解析】BCD　本题考核点是保险单的作用。保险单是证明保险合同成立的书面凭证，并非保险合同本身；是双方当事人履约的依据；在某些情况下，保险单具有有价证券的效用。

14. 【解析】ABD　本题考核点是保险合同的变更。货物运输合同允许保险单随货物所有权的转移而转移，只须投保方背书即可转让。

15. 【解析】ABD　本题考核点是票据的种类。我国的票据包括汇票、本票和支票三种。

16. 【解析】ABCD　本题考核点是票据行为。以上四项表述均符合法律规定。

17. 【解析】ACD　本题考核点是票据行为。票据的取得，必须给付对价，但如果是因税收、继承、赠与可以依法无偿取得票据的，不受给付对价之限制。

18. 【解析】CD　本题考核点是票据时效。票据权利在下列期限内不行使而消灭：(1)持票人对票据的出票人和承兑人的权利，自票据到期日起 2 年；因此，选项 B 中乙的票据权利有效。见票即付的汇票、本票，自出票日起 2 年；因此，选项 A 中甲的票据权利有效，而选项 C 中丙的票据权利消灭。(2)持票人对支票出票人的权利，自出票日起 6 个月；因此，选项 D 中丁的票据权利消灭。(3)持票人对前手的追索权，在被拒绝承兑或者被拒绝付款之日起 6 个月。(4)持票人对前手的再追索权，自清偿日或者被提起诉讼之日起 3 个月。

19. 【解析】AC　本题考核点是票据伪造。票据的伪造，是指无权限人假冒他人名义或以虚构人名义签章的行为，因此选项 A 的说法错误；由于票据伪造行为自始无效，持票人即使善意取得，对被伪造人也不能行使票据权利，因此选项 C 的说法错误。

20. 【解析】BCD　本题考核点是汇票的记载事项。出票日期和收款人名称属于绝对应记载事项，缺一则票据无效。票据金额以中文和数码同时记载，两者必须一致，不一致时，票据无效。付款日期属于相对应记载事项，未记载付款日期的，视为见票即付。

21. 【解析】BC　根据规定，附有条件的背书，条件无效，背书有效，因此选项 A 不选；背书人在汇票上记载“不得转让”，其后手又进行背书转让的，原背书人对后手的被背书人不承担票据责任，背书本身还是有效的，因此选项 D 不选。

22. 【解析】CD　根据规定，支票上未记载付款地的，付款人的营业场所为付款地，因此选项 A 不选；支票属于见票即付票据，无须记载付款日期，因此选项 B 不选；票据中文大写与数码记载不一致的，票据无效，因此选项 C 应选；票据的金额、收款人和出票或签发日期不得更改，更改的票据无效，因此选项 D 应选。

23. 【解析】BD　根据规定，见票后定期付款的汇票，持票人应当自“出票日起 1 个月”内向付款人提示承兑，因此选项 A 的说法错误；汇票上未记载付款日期的，视为见票即付，无须提示承兑，因此选项 B 的说法正确；如果付款人在 3 日内不作承兑与否表示的，应视为拒绝承兑，因此选项 C 的说法错误；付款人承兑汇票，不得附有条件；承兑附有条件的，视为拒绝承兑，因此选项 D 的说法正确。

24. 【解析】ABCD　根据规定，汇票到期日前，有下列情形之一的，持票人可以行使追索权：汇票被拒绝承兑的；承兑人或者付款人死亡、逃匿的；承兑人或者付款人被依法宣告破产的或者因违法被责令终止业务活动的。

25. 【解析】ABC　根据规定，借款人未按照约定的借款用途使用借款的，贷款人可以停止发放借款、提前收回借款或者解除合同。

26. 【解析】AD　本题考核点是外汇管理体制。境内机构，是指中华人民共和国境内的国家机关、企业、事业单位、社会团体、部队等，外国驻华外交领事机构和国际组织驻华代表机构除外。境内个人，是指中国公民和在中华人民共和国境内连续居住满 1 年的外国人，外国驻华外交人员和国际组织驻华代表除外。

三、判断题

1. 【解析】✓　本题考核上市公司公开发行新股。根据财务数据，可以分别计算出该公司最近 3 个会计年度的净资产收益率(净资产收益率=净利润÷净资产)，2010 年为 8.4%(即 1680÷20 000)；2011 年为 6.3%(即 1380÷22 000)；2012 年为 6.7%(即 1810÷27 000)，净资产收益率均大于 6%，符合规定。

2. 【解析】✓　本题考核证券交易规定。题目表述正确。

3. 【解析】✓　本题考核股票终止上市的情形。本题的表述是正确的，注意是由“证券交易所决定终止”。

4. 【解析】✓　本题考核点是票据行为的代理。根据规定，没有代理权而以代理人名义在票据上签章的，应当由签章人承担票据责任。本题的表述是正确的。

5. 【解析】×　本题考核点是票据代理的规定。根据规定，没有代理权而以代理人名义在票据上签章的，应当由签章人承担票据责任。

6. 【解析】×　本题考核点是票据权利的取得。根据规定，因税收、继承、赠与可以依法无偿取得票据的，不受给付对价的限制。但是，所享有的票据权利不得优于其前手的权利。

7. 【解析】✓　本题考核点是票据抗辩的限制。根据规定，票据债务人不得以自己与出票人或者与持票人的前手之间的抗辩事由，对抗持票人。但是，持票人明知存在抗辩事由而取得票据的除外。

8. 【解析】×　本题考核点是汇票金额。汇票上记载有实际结算金额的，以实际结算金额为汇票金额。如果实际结算金额大于汇票金额的，实际结算金额无效，以汇票金额为付款金额。

9. 【解析】✓　本题考核点是禁止背书的法律效力。

10. 【解析】✓　本题考核点是背书。以背书转让的票据，背书应当连续。背书连续，是指在票据转让中，转让票据的背书人与受让票据的被背书人在票据上的签章依次前后衔接。

11. 【解析】×　本题考核点是承兑的效力。承兑人的票据责任不因持票人未在法定期限提示付款而解除。

12. 【解析】✓　本题考核点是票据追索对象。根据规定，持票人对汇票债务人中的一人或数人已经进行追索的，对其他汇票债务人仍可以行使追索权。

13. 【解析】×　本题考核公司债券的终止上市。公司债券所募集资金不按照核准的用途使用的，在限期内未能消除的，应由证券交易所决定终止其公司债券上市交易。

14. 【解析】×　本题考核证券投资基金上市的条件。根据规定，申请上市的基金，募集金额不低于 2 亿元人民币。

15. 【解析】✓　本题考核点是证券交易一般规定。为上市公司出具审计报告、资产评估报告或者法律意见书等文件的证券服务机构和人员，自接受上市公司委托之日起至上述文件公开后 5 日内，不得买卖该种股票。

16. 【解析】× 本题考核证券交易的一般规则。根据《证券法》规定，上市公司董事、监事、高级管理人员、持有上市公司股份5%以上的股东，将其持有的该公司的股票在买入后6个月内卖出，或者在卖出后6个月内买入，由此所得收益应归公司所有。

17. 【解析】✓ 本题考核点是制造虚假信息的行为。制造虚假信息的行为包括：律师事务所、会计师事务所、资产评估机构等专业性证券服务机构在其出具的法律意见书、审计报告、资产评估报告及参与制作的其他文件中作出虚假陈述。

18. 【解析】× 本题考核不得收购上市公司的情形。根据规定，属于依法不得担任董事、监事、高级管理人员的五种情形的，不得收购上市公司。本题甲某因贿赂被判处刑罚，执行期满未逾5年，不得担任公司董事、监事和高级管理人员，同时也不得收购上市公司。

19. 【解析】× 本题考核证券市场的分类。发行市场，又称“一级市场”或“初级市场”，是发行人以筹集资金为目的，按照一定的发行条件和程序，向投资者出售证券所形成的市场；流通市场，又称“二级市场”或“次级市场”，是已发行的证券通过买卖、转让交易的市场。

20. 【解析】× 本题考核收购要约的适用。采取要约收购方式的，收购人在收购期限内，不得卖出被收购公司的股票，也不得采取要约规定以外的形式和超出要约的条件买入被收购公司的股票。

21. 【解析】× 本题考核人民币和外汇市场管理。人民币汇率实行以市场供求为基础的、有管理的浮动汇率制度。

22. 【解析】✓ 本题考核外汇的概念。外汇是指可以用作国际清偿的支付手段和资产。我国的外汇包括外国货币、外汇支付凭证、外币有价证券、特别提款权以及其他外汇资产。外币有价证券包括政府债券、公司债券和股票等。

23. 【解析】× 该题针对“经常项目外汇管理制度”知识点进行考核。经常项目，是指国际收支中涉及货物、服务、收益及经常转移的交易项目等。资本项目，是指国际收支中引起对外资产和负债水平发生变化的交易项目。

24. 【解析】✓ 本题考核的知识点是证券发行。按照基金合同约定，非公开募集基金可以由部分基金份额持有人作为基金管理人员负责基金的投资管理活动，并在基金财产不足以清偿其债务时对基金财产的债务承担无限连带责任。

25. 【解析】× 本题考核的是商业银行贷款业务规则。商业银行不得向关系人发放信用贷款；向关系人发放担保贷款的条件不得优于其他借款人同类贷款的条件。

## 四、简答题

1. 【解析】(1) 付款人不得以背书不连续作为拒绝付款的理由。因为，尽管C受让该汇票时，是该行为的被背书人，而在下一次背书转让中，背书人不是C，而是D，但是，D系以继承方式从C处合法获得该汇票，是该汇票的权利人，只要其提供了有效证明，便可行使相应的权利，将该汇票转让给他人。因此，付款人不能以该汇票背书不连续作为拒绝付款的理由。

(2) 依照《票据法》的有关规定，G可向其一切前手及付款人(因付款人已承兑该汇票)行使追索权，故G可以向A、B、D、E、F及付款人之一或数人或全部行使追索权。

(3) 根据《票据法》的有关规定，票据的变造应依照签章是在变造之前或之后判定当事人的责任。A、B、D的签章是在变造之前，故应就该汇票当时记载的人民币8万元承担责任，付款人亦应对此承担责任；E为变造人，应对所造文义负责，即人民币 18万元承担责任；F签章在变造之后，亦应对人民币18万元负责。

2. 【解析】(1) 李某不能支取现金。根据规定，转账支票只能用于转账，不能支取现金。

(2) 出票日期应当使用中文大写。为防止变造票据的出票日期，在填写月、日时，月为壹、贰和壹拾的，日为壹至玖和壹拾、贰拾、叁拾的，应在其前加“零”；日为拾壹至拾玖的，应在其前加“壹”。2 月 10 日，应写成零贰月零壹拾日。

(3) 该支票有效。根据规定，支票的金额、收款人名称，可以由出票人授权补记。

(4) 根据《支付结算办法》的规定，出票人签发空头支票的，银行应予退票，按票面金额处以 5%但不低于 1000 元的罚款。本题中，应给予天辉公司 100 000×5%=5000 元罚款，所以，甲银行对天辉公司签发空头支票处以 10 000 元罚款是不符合规定的。

(5) 根据支付结算法律制度的规定，出票人签发空头支票，持票人有权要求出票人赔偿支票金额 2%的赔偿金。所以，李某可以以天辉公司签发空头支票为由要求其支付 2000 元赔偿金。

3. 【解析】(1) 甲公司继续收购的行为不合法。根据《证券法》的规定，持有股份达到 5%时必须在该事实发生之日起 3 日内报告并公告，在上述期限内，不得再行买卖该上市公司的股票。同时投资者及其一致行动人在一个上市公司中拥有的权益应当合并计算。本题中，甲及其关联企业丙和丁属于一致行动人，其拥有的权益应当合并计算。在 3 月 25 日，甲及其关联企业丙公司和丁公司持有的股份已达到 6%，所以甲在 3 月 25 日后的继续收购行为不合法。

(2) 甲不得撤回其收购要约。根据《证券法》的规定，在收购要约确定的承诺期限内，收购人不得撤销其收购要约。

(3) 甲公司压价收购的做法不正确。根据《证券法》的规定，收购要约提出的各项收购条件，适用于被收购公司的所有股东。

4. 【解析】(1) 保险公司不应赔偿。因为《保险法》第 34 条规定，保险标的的转让应当通知保险人，经保险人同意继续承保后，依法变更合同。本案中，一方面，李某违反了最大诚信原则，别墅转让时没有向保险公司告知，没办理批单手续，保险合同失效；另一方面，别墅转让后，被保险人李某对该别墅已经不存在保险利益，则保险合同自别墅转让时起失效。

(2) 保险公司不应赔偿。因为周某同 A 保险公司没有保险关系，不是被保险人。

5. 【解析】(1) 甲、乙是一致行动人。根据规定，无相反证据时，投资者受同一主体控制的属于一致行动人。在本题中，甲、乙同为丙公司的子公司，因此，甲、乙是一致行动人。

(2) 丁上市公司的股票已不具备上市条件。根据规定，股份有限公司应具备的上市条件之一是公开发行的股份达到股份总数的 25%以上。在本题中，丁上市公司的股票已达不到该上市条件。

(3) 甲、乙拒绝收购其余 15%股份的做法不合法。根据规定，被收购上市公司的股票被证券交易所终止上市交易后，其余仍持有被收购公司股票的股东，有权向收购人以收购要约的同等条件出售其股票，收购人应当收购。

## 五、综合题

1. 【解析】(1) 商业银行不能向项目公司投资。因为我国实行分业经营体制，商业银行法明确规定，商业银行不得向企业投资。案例中的商业银行向企业投资是错误的。

(2) 能。商业银行法禁止向关系人发放信用贷款，并不禁止向关系人发放担保贷款。只是发放担保贷款的条件不得优于其他借款人同类贷款的条件。这里的关键是要认识到案中的房地产开发公司是该商业银行的关系人，因为该商业银行的副行长兼任房地产公司副董事长，商业银行向该项目公司投资 1 亿元人民币，属于典型的关系人。如果向其提供信用贷款违法、但提供平等的担保贷款合法。

(3) 不合法。因为商业银行法关于资产负债比例管理的规定中明确规定，对同一借款人的贷款余案与商业银行资本余额的比例不得超过 10%。该商业银行向房地产开发公司发放 2 亿元人民币，其当月资本余额为 17.9 亿元人民币，2 除以 17.9，贷款已超过其资本余额的 10%。属违法放贷。

(4) 人民银行对该商业银行的接管决定是正确。因为该家商业银行巨额贷款无法收回，可能发生信用危机，在此情况下人民银行可以依法(当时的人民银行法)对该银行实行接管。值得注意的是，如果商业银行支付不能的情况发生在 2004 年 5 月，接管决定则应由银监会作出。因为 2003 年 12 月修改后的《商业银行法》规定，接管决定权应由银监会作出，并由银监会组织实施。

2. 【解析】本案中甲商业银行的违法之处有：

(1) 逾期出售大楼。《商业银行法》规定，商业银行因行使抵押权而取得的不动产，应当自取得之日起 1 年内予以处分。

(2) 向丙房地产股份公司投资。《商业银行法》规定，商业银行在我国境内不得向非银行金融机构和企业投资。

(3) 投资于股市。《商业银行法》规定，商业银行在我国境内不得从事股票业务。

3. 【解析】(1) 万某的行为属于变造票据。他超越特别授权范围，与董某串通篡改票据金额，属无权更改之人篡改签章以外事项，是典型的票据变造行为。

(2) 首先，根据在变造之前签章的人对原记载事项负责，在变造之后签章的人对变造之后记载事项负责的原理，天益公司对某化工厂只应承担支付 5 万元的票据责任。故化工厂应返还其余额票款给天益公司。其次，董某应对建筑工程公司承担被追索 10 万元的义务。再次，应建议金融主管机关依法追究万某和董某的行政责任，如果其行为已构成犯罪，应依法律程序追究刑事责任。

4. 【解析】(1) 合理，孩子是受益人，保险金归孩子所有，但是因为甲没有成年，所以应该由甲的监护人来帮孩子行使权利。父母离异，不影响父母和子女之间的关系，任何一方仍有监护权。

(2) 合理，孩子和乙生活，父亲是监护人之一，主抚养人也是父亲。

(3) 不成立。人身保险规定在投保的时候具有保险利益就可以。

(4) 监护人是对无民事行为能力和限制民事行为能力的人的人身、财产和其他合法权益负有监督和保护责任的人。不管是王某，还是乙替孩子行使权利，都无权处理该笔保险金。

# 第五章　合同法律制度

## 大纲研读

本章考试目的在于考查应试人员是否掌握了合同订立的形式、合同订立方式、合同成立时间地点、合同的生效、效力待定合同、合同履行的规则、抗辩权的行使、保全措施，以及保证、抵押、质押、留置、定金合同担保方式，合同的变更、合同的转让、合同权利义务终止的具体情形、合同权利义务终止的法律后果、违约责任的主要形式等合同法总论中的内容，同时考查应试人员是否掌握了合同法分论具体合同中的买卖合同、借款合同、租赁合同、融资租赁合同、技术合同等内容。从近3年的考题看，本章主要考查合同的订立、合同的履行与合同的担保、合同权利义务的终止以及买卖合同、租赁合同、运输合同、委托合同等具体合同，平均分值是20分，具体考试内容如下。

**(1) 合同的订立**。包括合同订立的形式和方式、格式条款、合同成立的时间和地点等。

**(2) 合同的履行与合同的担保**。合同履行中抗辩权的行使与保全措施，合同担保包括保证、抵押、留置、定金等。

**(3) 合同权利义务的转让与终止**。包括合同权利与义务的转让，合同权利义务终止的情形及违约责任。

**(4) 具体合同**。包括买卖合同、租赁合同、赠予合同、运输合同、委托合同、行纪合同、融资租赁合同等。

## 考点剖析

## 一、合同的订立

### 考点一　合同订立的形式

根据《合同法》的规定，当事人订立合同有书面形式、口头形式和其他形式。

(1) 书面形式。指合同书、信件和数据电文等可以有形地表现所载内容的形式。

(2) 口头形式。指当事人双方就合同内容面对面或以通讯设备交谈达成的协议。

(3) 其他形式。

## 考点二 格式条款

### (一) 格式条款的概念

当事人为了重复使用而预先拟定，并在订立合同时未与对方协商的条款。

### (二) 《合同法》对格式条款适用的限制

**1. 提供格式条款一方的义务**

提供格式条款的一方应当遵循公平原则确定当事人之间的权利和义务，并采取合理的方式提请对方注意免除或者限制其责任的条款，按照对方的要求，对该条款予以说明。

**2. 格式条款无效的情形**

(1) 提供格式条款的一方免除其责任，加重对方责任，排除对方主要权利的条款无效。

(2) 具有《合同法》第 52 条规定的情形时无效。即一方以欺诈、胁迫的手段订立合同，损害国家利益；恶意串通、损害国家、集体或者第三人利益；以合法形式掩盖非法目的；损害社会公共利益；违反法律、行政法规的强制性规定。

(3) 具有《合同法》第 53 条规定的情形时无效。即造成对方人身伤害的；因故意或者重大过失造成对方财产损失的。

**3. 对格式条款的解释**

对格式条款的理解发生争议的，应当按照通常理解予以解释。对格式条款有两种以上解释的，应当作出不利于提供格式条款一方的解释；格式条款和非格式条款不一致的，应当采用非格式条款。

**【例 5-1】**根据《合同法》的规定，提供格式条款一方拟订的下列格式条款中，属于无效的有(　)。(2012 年多选题)

A. 内容理解发生争议的格式条款

B. 排除对方主要权利的格式条款

C. 以合法形式掩盖非法目的格式条款

D. 造成对方人身伤害得以免责的格式条款

**【解析】**BCD (1)选项A：对格式条款的理解发生争议的，应当按照通常理解予以解释；对格式条款有两种以上解释的，应当作出不利于提供格式条款一方的解释(只是需要解释，而非直接导致无效)。(2)选项B：提供格式条款的一方免除其责任，加重对方责任，排除对方主要权利的条款无效。(3)选项C：格式条款具有《合同法》第 52 条规定的合同无效的情形(如以合法形式掩盖非法目的)时无效。(4)选项D：格式条款具有《合同法》第 53 条规定的免责条款无效的情形(包括造成对方人身伤害免责、因故意或重大过失造成对方财产损失免责)时无效。

## 考点三 合同订立的方式

### (一) 要约

要约是希望和他人订立合同的意思表示。

**1. 要约应具备的条件**

(1) 内容具体确定。具有足以使合同成立的主要条件，包括主要条款，如标的、数量、质量、价款或者报酬、履行期限、地点和方式等。

(2) 必须是特定人所为的意思表示。

(3) 要约必须向相对人发出。

(4) 表明经受要约人承诺，要约人即受该意思表示约束。

**2. 要约邀请**

要约邀请是希望他人向自己发出要约的意思表示。

(1) 要约邀请处于合同的准备阶段，没有法律约束力。

(2) 寄送的价目表、拍卖公告、招标公告、招股说明书等都属于要约邀请。

**【例 5-2】**要约邀请是希望他人向自己发出要约的意思表示。根据《合同法》的规定，下列情形中，不属于发出要约邀请的是(　　)。(2012 年单选题)

A. 甲公司向数家贸易公司寄送价目表

B. 乙公司通过报刊发布招标公告

C. 丙公司在其运营中的咖啡自动售货机上载明“每杯一元”

D. 丁公司向社会公众发布招股说明书

**【解析】**C　(1)寄送的价目表、拍卖公告、招标公告、招股说明书等一般应界定为要约邀请。(2)自动售货装置出售商品明码实价且正在出售，符合要约的两个条件(内容具体确定，一经接受即受约束)，属于要约。

**3. 要约的生效时间**

要约到达受要约人时生效。采用数据电文形式订立合同，收件人指定特定系统接收数据电文的，该数据电文进入该特定系统的时间，视为到达时间；未指定特定系统的，该数据电文进入收件人的任何系统的首次时间，视为到达时间。

**4. 要约的效力**

要约一经生效，要约人即受到要约的约束，不得随意撤销或对要约加以限制、变更和扩张。

**5. 要约的撤回、撤销与失效**

(1) 要约撤回。要约在发出后、生效前，要约人使要约不发生法律效力的意思表示。撤回要约的通知应当在要约达到受要约人之前或者与要约同时到达受要约人。

(2) 要约撤销。要约人在发出要约生效后、受要约人承诺前，是要约丧失法律效力的意思表示。撤销要约的通知应当在受要约人发出承诺通知之前到达受要约人。法律规定了两种不得撤销要约的情形：一是要约人确定了承诺期限或者以其他形式明示要约不可撤销；二是受要约人有理由认为要约是不可撤销，并已经为履行合同做了准备工作。

(3) 要约失效。根据《合同法》的规定要约失效的情形：一是拒绝要约的通知到达要约人；二是要约人依法撤销要约；三是承诺期限届满，受要约人未作出承诺；四是受要约人对要约的内容作出实质性变更，即为反要约。

**【例 5-3】**甲公司于 4 月 1 日向乙公司发出订购一批实木沙发的要约，要求乙公司于 4 月 8 日前答复。4 月 2 日乙公司收到该要约。4 月 3 日，甲公司欲改向丙公司订购实木沙发，遂向乙公司发出撤销要约的信件，该信件于 4 月 4 日到达乙公司。4 月 5 日，甲公司收到乙公司的回复，乙公司表示暂无实木沙发，问甲公司是否愿意选购布艺沙发，根据《合同法》的规定，甲公司要约失效的时间是(　　)。(2011 年单选题)

A. 4 月 3 日　　B. 4 月 4 日　　C. 4 月 5 日　　D. 4 月 8 日

**【解析】**C　甲公司发出的要约属于不可撤销要约，因此 4 月 4 日撤销要约的通知到达时，不产生撤销要约的效力，直到4月5日乙公司拒绝要约的通知到达要约人甲时，要约才失去效力。

**【例5-4】**甲公司以招标方式采购一套设备，向包括乙公司在内的十余家厂商发出招标书，招标书中包含设备性能、规格、品质、交货日期等内容。乙公司向甲公司发出了投标书。甲公司在接到乙公司及其他公司的投标书后，通过决标，最后决定乙公司中标，并向乙公司发出了中标通知书，根据《公司法》的规定，下列各项中，属于发出要约的行为是(　)。(2013年单选题)

A. 甲公司发出招标书　　B. 乙公司向甲公司发出投标书

C. 甲公司对所有标书进行决标　　D. 甲公司向乙公司发出中标通知书

**【解析】**B　招标属于要约邀请，投标属于要约，决标属于承诺。

### (二) 承诺

承诺是受要约人同意要约的意思表示。

**1. 承诺应当具备的条件**

① 承诺必须由受要约人做出。

② 承诺必须向要约人做出。

③ 承诺的内容必须与要约的内容一致。

④ 承诺必须在有效期限内做出。

**2. 承诺的方式**

承诺应当以通知的方式做出，通知的方式可以是口头的，也可以是书面的。

**3. 承诺的期限**

承诺应当在要约确定的期限内到达要约人。

**4. 承诺的生效**

承诺通知到达要约人时生效。承诺可以撤回。撤回承诺的通知应当在承诺通知到达要约人之前或者与承诺通知同时到达要约人。

受要约人对要约的内容做出实质性变更的，为新要约。承诺对要约的内容做出非实质性变更的，除要约人及时表示反对或者要约表明承诺不得对要约的内容做出任何变更的以外，该承诺有效，合同的内容以承诺的内容为准。

## 考点四　合同成立的时间和地点

### (一) 合同成立的时间

一般情况下，承诺做出生效后合同即告成立。但在一些特殊情况下，合同成立的具体时间依不同情况而定：

(1) 当事人采用合同书形式订立合同的，自双方当事人签字或者盖章时合同成立，在签字或者盖章之前，当事人一方已经履行主要义务并且对方接受的，该合同成立。

(2) 当事人采用信件、数据电文等形式订立合同的，可以在合同成立之前要求签订确认书，签订确认书时合同成立。

(3) 当事人以直接对话方式订立的合同，承诺人的承诺生效时合同成立；法律、行政法规规定或者当事人约定采用书面形式订立合同，当事人未采用书面形式但一方已经履行主要义务并且对方接受的，该合同成立。

(4) 当事人签订要式合同的，以法律、法规规定的特殊形式要求完成的时间为合同成立时间。

### (二) 合同成立的地点

一般来说，承诺生效的地点为合同成立地点，但在特殊情况下，合同可以有不同的成立地点：

(1) 采用数据电文形式订立合同的，收件人的主营业地为合同成立的地点，没有主营业地的，其经常居住地为合同成立的地点。

(2) 当事人采用合同书、确认书形式订立合同的，双方当事人签字或者盖章的地点为合同成立的地点。

(3) 合同需要完成特殊的约定或法律形式才能成立的，以完成合同的约定形式或法定形式的地点为合同的成立地点。

(4) 当事人对合同的成立地点另有约定的，按照其约定。

**【例 5-5】**郑某和张某拟订一份书面合同。双方在甲地谈妥合同的主要条款，郑某于乙地在合同上签字，其后，张某于丙地在合同上盖章，合同的履行地为丁地。根据《合同法》的规定，该合同成立的地点是(　　)。(2011 年单选题)

A. 甲地　　B. 乙地　　C. 丙地　　D. 丁地

**【解析】**C　当事人采用合同书、确认书形式订立合同的，双方当事人签字或者盖章的地点为合同成立的地点。

## 考点五　缔约过失责任

《合同法》规定，当事人在订立合同过程中有下列情形之一，给对方造成损失的，应当承担损害赔偿责任：

(1) 假借订立合同，恶意进行磋商。

(2) 故意隐瞒与订立合同有关的重要事实或者提供虚假情况。

(3) 当事人泄露或不正当使用在订立合同过程中知悉的商业秘密。

(4) 有其他违背诚实信用原则的行为。

# 二、合同的效力

## 考点六　合同的生效

依法成立的合同自成立时生效。合同生效后，即在当事人之间产生法律效力，同时对当事人以外的第三人产生法律约束力。《合同法》根据合同类型的不同，分别规定了合同不同的生效时间。

## 考点七　效力待定合同

下列情形下订立的合同为效力待定合同：(1)限制民事行为能力人订立的合同；(2)行为人没有代理权、超越代理权或者代理权终止后以被代理人名义订立的合同；(3)无处分权的人处分他人财产而订立的合同。

# 三、合同的履行

## 考点八　合同履行的规则

### (一) 当事人就有关合同内容约定不明确时的履行规则

合同生效后，当事人就质量、价款或者报酬、履行地点等内容没有约定或者约定不明确的，可以协议补充；不能达成补充协议的，按照合同有关条款或者交易习惯确定；仍不能确定的，适用《合同法》的规定。

### (二) 涉及第三人的合同履行

(1) 向第三人履行的合同。指双方当事人约定，由债务人向第三人履行债务，第三人直接取得债权的合同。

(2) 由第三人履行的合同。指双方当事人约定债务由第三人履行的合同，该合同必须征得第三人同意。

## 考点九　抗辩权的行使

### (一) 同时履行抗辩权

合同当事人互负债务，没有先后履行顺序的，应当同时履行。一方在对方履行之前有权拒绝其履行要求；一方在对方履行债务不符合约定时，有权拒绝其相应的履行要求。

同时履行抗辩权只是暂时阻止对方当事人请求权的行使，而不是永久地终止合同。

### (二) 后履行抗辩权

合同当事人互负债务，有先后履行顺序，先履行一方未履行的，后履行一方有权拒绝其履行要求。先履行一方履行不符合约定的，后履行一方有权拒绝其相应的履行要求。

后履行抗辩权不是永久性的，它的行使只是暂时阻止了当事人请求权的行使。

### (三) 不安抗辩权

先履行方有确切证据证明对方有下列情形之一的，可以中止履行，要求提供担保：(1)对方经营状况严重恶化；(2)对方有转移财产、抽逃资金，以逃避债务的情形；(3)对方丧失商业信誉；(4)对方有丧失或可能丧失履行债务能力的其他情形。

不安抗辩权的效力：(1)中止合同，先履行合同的当事人停止履行或者延期履行合同。(2)解除合同。中止履行合同后，如果对方在合理期限内未恢复履行能力并且提供适当担保的，中止履行合同的一方可以解除合同。

## 考点十　保全措施

### (一) 代位权

代位权的行使需满足以下条件：(1)债务人对第三人享有合法债权；(2)债务人怠于行使其债权；(3)债务人的债权已到期；(4)因债务人怠于行使权利已害及债权人的债权；(5)债务人的债权不是专属于债务人自身的债权。专属于债务人自身的债权是指，基于扶养关系、抚养关系、赡养关系、继承关系产生的给付请求权和劳动报酬、退休金、养老金、抚恤金、安置费、人寿保险、人身伤害赔偿请求权等权利。

代位权的行使范围以债权人的债权为限。债权人行使代位权的必要费用，由债务人负担。

**【例 5-6】**甲对乙享有 50 000 元债权，已到清偿期限，但乙一直宣称无能力清偿欠款。甲调查发现，乙对丁享有 3 个月后到期的 7000 元债权，戊因赌博欠乙 8000 元；另外，乙在半年前发生交通事故，因事故中的人身伤害对丙享有 10 000 元债权，因事故中的财产损失对丙享有 5000 元债权。乙无其他可供执行的财产，乙对其享有的债权都怠于行使。根据《合同法》的规定，下列各项中，甲不可以代位行使的债权有(　　)。(2011 年多选题)

A. 乙对丁的 7000 元债权

B. 乙对戊的 8000 元债权

C. 乙对丙的 10 000 债权

D. 乙对丙的 5000 元债权

**【解析】**ABC　(1)选项A：如果债务人的债务未到履行期或履行期间未届满的，债权人不能行使代位权；(2)选项B：赌债不受法律保护；(3)选项C：专属于债务人自身的债权，债权人不得行使代位权。

### (二) 撤销权

撤销权行使的情形：(1)债务人放弃到期债权；(2)债务人无偿转让财产；(3)债务人以明显不合理的低价转让财产，对债权人造成损害，并且受让人知道该情形的(转让价格达不到市场交易价 70%的，视为明显不合理的低价)；(4)放弃债权担保，或者恶意延长到期债权的履行期。

撤销权的行使范围以债权人的债权为限。债权人行使撤销权的必要费用，由债务人负担。

撤销权自债权人知道或者应当知道撤销事由之日起 1 年内行使。自债务人的行为发生之日起 5 年内没有行使撤销权的，该撤销权消灭。

# 四、合同的担保

## 考点十一　合同担保概述

合同担保的方式包括保证、抵押、质押、留置和定金五种方式。

### (一) 担保合同的性质

担保合同是主债权债务合同的从合同，主债权债务合同无效，担保合同无效，但法律另有规定的除外。

### (二) 担保合同的无效

(1) 国家机关和以公益为目的的事业单位、社会团体违反法律规定提供担保的，担保合同无效。

(2) 董事、经理违反《中华人民共和国公司法》的有关规定，以公司资产为本公司的股东或者其他个人债务提供担保的，担保合同无效。

(3) 以法律、法规禁止流通的财产或者不可转让的财产设定担保的，担保合同无效。

### (三) 合同担保无效的法律责任

《担保法》规定，担保合同被确认无效后，债务人、担保人、债权人有过错的，应当根据其过错各自承担相应的民事责任。

## 考点十二　保证

### (一) 保证和保证人

#### 1. 保证

保证是指第三人为债务人的债务履行作担保，由保证人和债权人约定，当债务人不履行债务时，保证人按照约定履行债务或者承担责任的行为。

#### 2. 保证人

根据《担保法》的规定，具有代为清偿债务能力的法人、其他组织或者公民，可以作保证人。

国家机关、学校、幼儿园、医院等以公益为目的的事业单位、社会团体，企业法人的分支机构、职能部门，不得作保证人。但是，在经国务院批准为使用外国政府或者国际经济组织贷款进行转贷的情况下，国家机关可以作保证人；企业法人的分支机构有法人书面授权的，可以在授权范围内提供保证。

### (二) 保证合同和保证方式

#### 1. 保征合同

保证人与债权人应当以书面形式订立保证合同。

在以下两种情况下，保证合同也成立：第三人单方以书面形式向债权人出具担保书，债权人接受并未提出异议的；主合同中虽然没有保证条款，但是保证人在主合同上以保证人的身份签字或者盖章的。

#### 2. 保证方式

保证的方式有一般保证和连带责任保证两种。

(1) 一般保证。当事人在保证合同中约定，在债务人不能履行债务时，由保证人承担保证责任的，为一般保证。

一般保证的保证人享有先诉抗辩权；但是有下列情形之一的，保证人不得行使先诉抗辩权：一是债务人下落不明、移居境外，且无财产可供执行；二是人民法院受理债务人破产案件，中止执行程序的；三是保证人以书面形式放弃先诉抗辩权的。

(2) 连带责任保证。当事人在保证合同中约定保证人与债务人对债务承担连带责任的，为连带责任保证。

当事人对保证方式没有约定或者约定不明确的，按照连带责任保证承担保证责任。

### (三) 保证责任

#### 1. 保证责任的范围

保证担保的范围包括主债权及利息、违约金、损害赔偿金和实现债权的费用。保证合同另有约定的，按照约定。

#### 2. 主合同变更与保证责任承担

保证期间，债权人依法将主债权转让给第三人的，保证债权同时转让，保证人在原保证担保的范围内对受让人承担保证责任。

保证期间，债权人许可债务人转让债务的，应当取得保证人书面同意，保证人对未经同意转让的债务部分，不再承担保证责任。

保证期间，债权人与债务人对主合同数量、价款、币种等内容做了变动，未经保证人同意的，如果减轻债务人债务的，保证人仍应对变更后的合同承担保证责任；如果加重债务人债务的，保证人对加重部分不承担保证责任。

#### 3. 保证担保与物的担保并存的保证责任

同一债权既有保证又有物的担保的，债务人不履行到期债务或发生当事人约定的实现担保物权的情形的，债权人应当按照约定实现债权；没有约定或约定不明确的，债务人自己提供物的担保的，债权人应当先就该物的担保实现债权；第三人提供物的担保的，债权人可以就物的担保实现债权，也可以要求保证人承担保证责任。提供担保的第三人承担担保责任后，有权向债务人追偿。

#### 4. 其他情形下的保证责任

不具有完全代偿能力的法人、其他组织或者自然人，以保证人身份订立保证合同后，又以自己没有代偿能力要求免除保证责任的，人民法院不予支持。

#### 5. 保证人的追偿权

保证人承担保证责任后，有权向债务人追偿。

#### 6. 保证责任的免除

有下列情形之一的，保证人不承担民事责任：

(1) 主合同当事人双方串通，骗取保证人提供保证的。

(2) 主合同债务人采取欺诈、胁迫等手段，使保证人在违背真实意思的情况下提供保证。

(3) 主合同债务人采取欺诈、胁迫等手段，使保证人在违背真实意思的情况下提供保证，债权人知道或者应当知道欺诈、胁迫事实的。

### (四) 保证期间

保证期间，是指当事人约定或者法律规定的保证人承担保证责任的时间期限。保证人在与债权人约定的保证期间或者法律规定的保证期间内承担保证责任。

保证人与债权人约定保证期间的，按照约定执行。未约定保证期间的，保证期间为6个月。

### (五) 保证合同的诉讼时效

一般保证的债权人在保证期间届满前对债务人提起诉讼或者申请仲裁的，从判决或者仲裁裁决生效之日起，开始计算保证合同的诉讼时效。连带责任保证的债权人在保证期间届满前要求保证人承担保证责任的，从债权人要求保证人承担保证责任之日起，开始计算保证合同的诉讼时效。

一般保证中，主债务诉讼时效中断，保证债务诉讼时效中断；连带责任保证中，主债务诉讼时效中断，保证债务诉讼时效不中断。一般保证和连带责任保证中，主债务诉讼时效中止的，保证债务的诉讼时效同时中止。

保证人对债务人行使追偿权的诉讼时效，自保证人向债权人承担责任之日起开始计算。

**【例 5-7】**陈某向李某借款 10 万元，并签订了借款合同。张某向李某单方面提交了签名的保证书，其中仅载明“若陈某不清偿到期借款本息，张某将代为履行”。借款到期后，陈某未清偿借款本息，经查，张某并不具有代偿能力，根据担保法律制度的规定，下列关于保证合同效力及张某承担保证责任的表述中，不正确的有(　　)。(2012 年多选题)

A. 张某可以以自己不具有代偿能力为由主张保证合同无效

B. 张某可以以自己未与李某签订保证合同为由主张保证合同不成立

C. 张某须向李某承担一般保证责任

D. 张某须向李某承担连带保证责任

**【解析】**ABC　(1)选项A：不具有完全代偿能力的法人、其他组织或者自然人，以保证人身份订立保证合同后，又以自己没有代偿能力要求免除保证责任的，人民法院不予支持；(2)选项B：第三人单方以书面形式向债权人出具担保书，债权人接受且未提出异议的，保证合同成立；(3)选项CD：当事人对保证方式没有约定或者约定不明确的，按照连带责任保证承担保证责任。

## 考点十三　抵押

抵押是指为担保债务的履行，债务人或者第三人不转移财产的占有，将该财产抵押给债权人的，债务人不履行到期债务或者发生当每人约定的实现抵押权的情形，债权人有权就该财产优先受偿。

债务人或者第三人为抵押人，债权人为抵押权人，提供担保的财产为抵押财产。

### (一) 抵押合同

设立抵押权，当事人应当采取书面形式订立抵押合同。

抵押权人在债务履行期届满前，不得与抵押人约定债务人不履行到期债务时抵押财产归债权人所有(流押条款)。如果合同中存在这样的条款，该条款无效，但不影响抵押合同其他部分内容的效力。

**【例 5-8】**甲向乙借款，将自己的房屋抵押给乙，甲、乙在抵押合同中的约定：若甲到期不返还借款本息，该房屋所有权归乙，该约定条款无效。(　　)(2013 年判断题)

**【解析】**✓　抵押权人在债务履行期届满前，不得与抵押人约定债务人不履行到期债务时抵押财产归债权人所有；如果当事人在抵押合同中有这样的条款，该条款无效。该条款的无效不影响抵押合同其他条款的效力。

### (二) 抵押财产

抵押人只能以法律规定可以抵押的财产提供担保；法律规定不可以抵押的财产，抵押人不得用于提供担保。

作为抵押物的财产，是指抵押人用以设定抵押权的财产，必须是能够转让的财产，且具备法定条件的财产。

**1. 可以设立抵押权的财产**

(1) 建筑物和其他土地附着物；

(2) 建设用地使用权；

(3) 以招标、拍卖、公开协商等方式取得的荒地等土地承包经营权；

(4) 生产设备、原材料、半成品、产品；

(5) 正在建造的建筑物、船舶、航空器；

(6) 交通运输工具；

(7) 法律、行政法规未禁止抵押的其他财产。

**2. 不得设立抵押权的财产**

(1) 土地所有权；

(2) 耕地、宅基地、自留地、自留山等集体所有的土地使用权，但法律规定可以抵押的除外；

(3) 学校、幼儿园、医院等以公益为目的的事业单位、社会团体的教育设施、医疗卫生设施和其他社会公益设施；

(4) 所有权、使用权不明或者有争议的财产；

(5) 依法被查封、扣押、监管的财产；

(6) 法律、行政法规规定不得抵押的其他财产。

### (三) 抵押权登记

**1. 登记是抵押权的设立条件**

根据《物权法》的规定，以建筑物和其他土地附着物，建设用地使用权，以招标、拍卖、公开协商等方式取得的荒地等土地承包经营权，正在建造的建筑物这四种财产设定抵押的，应当办理抵押物登记，抵押权自登记之日起设立。

**2. 登记为对抗第三人的效力**

当事人以《物权法》规定的生产设备、原材料、半成品、产品、交通运输工具和正在建造的船舶、航空器抵押的，或者以《物权法》规定的动产设定抵押，抵押权自抵押合同生效时设立；未经登记，不得对抗善意第三人。

### (四) 抵押的效力

抵押担保的范围包括主债权及利息、违约金、损害赔偿金和实现抵押权的费用。抵押合同另有约定的，按照约定。

(1) 抵押权对抵押物所生孳息及已存在租赁权的效力。孳息的清偿顺序：充抵收取孳息的费用；主债权的利息；主债权。

如果出租在先，抵押在后：原租赁关系不受抵押权影响

如果抵押在先，出租在后：租赁关系不得对抗已登记的抵押权

① 抵押人未书面告知承租人该财产已抵押的，抵押人对出租抵押物造成承租人的损失承担赔偿责任。

② 抵押人已书面告知承租人该财产已抵押的，抵押权实现造成承租人的损失，由承租人自己承担。

(2) 抵押期间抵押物的转让。

① 抵押期间，抵押人经抵押权人同意转让抵押财产的，应当将转让所得价款向抵押权人提前清偿或者提存；转让价款超过债权数额的部分归抵押人所有，不足部分由债务人清偿。

② 抵押期间，抵押人未经抵押权人同意，不得转让抵押财产，但受让人代为清偿债务消灭抵押权的除外。

(3) 抵押权转移及消灭的从属性。抵押权不得与债权分离而单独转让或者作为其他债权的担保。

(4) 抵押财产价值减少或毁损的处理。在抵押物灭失、毁损或者被征用的情况下，抵押权人可以就该抵押物的保险金、赔偿金或者补偿金优先受偿。

(5) 其他情况下的抵押权效力。

### (五) 抵押权的实现

**1. 抵押权实现的条件、方式和程序**

债务人不履行到期债务或者发生当事人约定的实现抵押权的情形，抵押权人可以与抵押人协议以抵押财产折价或者以拍卖、变卖该抵押财产所得的价款优先受偿。

抵押物折价或者拍卖、变卖所得的价款，当事人没有约定的，清偿顺序如下：实现抵押权的费用；主债权的利息；主债权。

抵押权人应当在主债权诉讼时效期间行使抵押权；未行使的，人民法院不予保护。

**2. 抵押权的顺位及确定抵押权次序的规则**

(1) 同一财产上多个抵押权并存时的清偿顺序。

① 抵押权已登记的，按照登记的先后顺序清偿；顺序相同的，按照债权比例清偿。

② 抵押权已登记的先于未登记的受偿。

③ 抵押权未登记的，按照债权比例清偿。

(2) 顺序在后的抵押权所担保的债权先到期的，抵押权人只能就抵押物价值超出顺序在先的抵押担保债权的部分受偿。顺序在先的抵押权所担保的债权先到期的，抵押权实现后的剩余价款应予提存，留待清偿顺序在后的抵押担保债权。

### (六) 最高额抵押

最高额抵押，是指为担保债务的履行，债务人或者第三人对一定期间内将要连续发生的债权提供担保财产的，债务人不履行到期债务或者发生当事人约定的实现抵押权的情形，抵押权人有权在最高债权额限度内就该担保财产优先受偿。

最高额抵押权设立前已经存在的债权，经当事人同意，可以转入最高额抵押担保的债权范围。

**1. 最高额抵押权的转让及变更**

最高额抵押担保的债权确定前，部分债权转让的，最高额抵押权不得转让，但当事人另有约定的除外。

**2. 最高额抵押权所担保的债权在下列情况下确定**

(1) 约定的债权确定期间届满；

(2) 没有约定债权确定期间或者约定不明确，抵押权人或者抵押人自最高额抵押权设立之日起满2年后请求确定债权；

(3) 新的债权不可能发生；

(4) 抵押财产被查封、扣押；

(5) 债务人、抵押人被宣告破产或者被撤销。

### (七) 动产浮动抵押

动产浮动抵押是一种特别抵押，指抵押人以其现在和将来所有的全部财产为债权提供担保，在行使抵押权之前，该抵押财产可以自由流转经营，在约定或法定事由发生时，其价值才能确定的一种抵押。

动产浮动抵押不得对抗正常经营活动中已支付合理价款并取得抵押财产的买受人。

抵押人应当向抵押人住所地的工商行政管理部门办理登记。抵押权自抵押合同生效时设立；未经登记，不得对抗善意第三人。

**【例 5-9】**甲企业向乙银行贷款时，以其现有的以及将有的生产设备、原材料、半成品、产品一并抵押给乙银行，双方签订了书面抵押合同，但未办理抵押登记，抵押期间，甲企业未经乙银行同意，以合理价格将一台生产设备出卖给知道该设备已抵押的丙公司，并已交付。后甲企业到期无力偿还贷款，根据担保法律制度的规定，下列关于乙银行能否对已出卖的生产设备主张抵押权的表述中，正确的是(　　)。(2013 年单选题)

A. 不能主张，乙银行的抵押权不能对抗正常经营活动中已支付合理价款并取得抵押财产的买受人

B. 不能主张，乙银行的抵押权因未办理抵押登记而未设立

C. 不能主张，因甲企业未经乙银行同意处分抵押物，属于无效行为

D. 可以主张，乙银行的抵押权虽未经登记，但已设立，只是不得对抗善意第三人

**【解析】**D　浮动抵押的抵押权自抵押合同生效时设立，未经登记，不得对抗善意第三人。在本题中，丙公司对抵押的事实已经知情，不属于善意第三人，乙银行可以对抗丙公司，行使抵押权。

## 考点十四　质押

质押分为动产质押和权利质押。

### (一) 动产质押

动产质押是以动产作为标的物的质押。指为担保债务的履行，债务人或者第三人将其动产出质给债权人占有的，债务人不履行到期债务或者发生当事人约定的实现质权的情形，债权人有权就该动产优先受偿。

**1. 质押合同**

当事人应当采取书面形式订立质押合同，质押合同自成立时生效，质权自出质人交付质押财产时设立。

2. 动产质押的效力

(1) 债务人或者第三人未按合同约定的时间移交质物的，因此给质权人造成损失的，出质人应当根据其过错承担赔偿责任。

(2) 出质人带质权人占有质物的，质押合同不生效；质权人将质物返还于出质人后，以其质权对抗第三人的，人民法院不予支持。

(3) 出质人以间接占有的财产出质的，质押合同自书面通知送达占有人时视为移交。占有人收到出质通知后，仍接受出质人的指示处分出质财产的，该行为无效。

(4) 质押合同对质押的财产约定不明，或者约定的出质财产与实际移交的财产不一致的，以实际交付占有的财产为准。

(5) 质物有隐藏瑕疵造成质权人其他财产损害的，应由出质人承担赔偿责任。但是，质权人在质物移交时明知质物有瑕疵而予以接受的除外。

(6) 债务人以自己的财产出质，质权人放弃该质权的，其他担保人在质权人丧失优先受偿权益的范围内免除担保责任，但其他担保人承诺仍然提供担保的除外。

3. 质权人对质物的权利和责任

(1) 质权人有权收取质押财产的孳息，但合同另有约定的除外。

(2) 质押期间，质权人并不享有质物处分权。

① 质权人在质权存续期间，未经出质人同意，擅自使用、处分质押财产，给出质人造成损害的，应当承担赔偿责任。

② 质权人在质权存续期间，未经出质人同意转质，造成质押财产毁损、灭失的，应当向出质人承担赔偿责任。

(3) 保管义务。

① 质权人负有妥善保管质押财产的义务；因保管不善致使质押财产毁损、灭失的，应当承担赔偿责任。

② 质权人的行为可能使质押财产毁损、灭失的，出质人可以要求质权人将质押财产提存，或者要求提前清偿债务并返还质押财产。

③ 因不能归责于质权人的事由可能使质押财产毁损或者价值明显减少，足以危害质权人权利的，质权人有权要求出质人提供相应的担保；出质人不提供的，质权人可以拍卖、变卖质押财产，并与出质人通过协议将拍卖、变卖所得的价款提前清偿债务或者提存。

4. 质权的实现

债务人履行债务或者出质人提前清偿所担保的债权的，质权人应当返还质押财产。

### (二) 权利质押

以汇票、支票、本票、债券、存款单、仓单、提单出质的，当事人应当订立书面合同。质权自权利凭证交付质权人之日起设立；没有权利凭证的，质权自有关部门办理出质登记时设立。

**【例 5-10】**甲从乙银行贷款 200 万元，双方于 8 月 1 日签订贷款合同，丙以保证人身份在贷款合同上签字，因担心丙的资信状况，乙银行又要求甲提供担保，为此双方于 8 月 3 日签订书面质押合同，质物为甲的一辆轿车，但甲未将轿车交付给乙银行。甲到期无力偿还贷款。根据担保法律制度的规定，下列乙银行主张担保权利的表述中，正确的是(　　)。(2013 年单选题)

A. 乙银行只能主张保证债权，因为甲未将该轿车交付给乙银行，质权未设立

B. 乙银行只能主张质权，因为丙与乙银行未签订保证合同，保证债券不成立

C. 乙银行应先主张保证债权，因为保证债权先于质权成立

D. 乙银行应先主张质权，因为质权担保是债务人甲自己提供的。

【解析】A　(1)主合同中虽然没有保证条款，但是，保证人在主合同上以保证人的身份签字或者盖章的，保证合同成立，本题中保证合同已经成立，有权主张保证债权；(2)以动产质押，质押合同自成立时生效，质权自出质人交付质押财产时设立。本题中，并未交付轿车，故质权未设立，不能主张质权(选项BCD错误)。

## 考点十五　留置

### (一) 留置与留置权

留置是指债权人按照合同约定占有债务人的动产，是一种合同的担保方式。留置权是指债务人不履行到期债务，债权人可以留置已经合法占有的债务人的动产，并有权就该动产优先受偿。其中债权人为留置权人，占有的动产为留置财产。

### (二) 留置权的实现

留置权人与债务人应当约定留置财产后的债务履行期间；没有约定或者约定不明确的，留置权人应当给债务人2个月以上的履行债务期间，但鲜活、易腐等不易保管的动产除外。

债务人逾期未履行的，留置权人可以与债务人协议以留置财产折价，也可以就拍卖、变卖留置财产所得的价款优先受偿。

债务人可以请求留置权人在债务履行期届满后行使留置权；留置权人不行使的，债务人可以请求人民法院拍卖、变卖留置财产。

同一动产上已设立抵押权或者质权，该动产又被留置的，留置权人优先受偿。

即：留置权>登记的抵押权>质权>未登记的抵押权。

## 考点十六　定金

定金是指合同当事人约定一方向对方给付一定数额的货币(即定金)作为债权的担保。债务人履行债务后，定金抵作价款或者收回。

定金罚则：给付定金的一方不履行约定的债务的，无权要求返还定金；收受定金的一方不履行约定的债务的，应当双倍返还定金。

当事人约定以交付定金作为主合同成立或者生效要件的，给付定金的一方未支付定金，但主合同已经履行或者已经履行主要部分的，不影响主合同的成立或者生效。

定金应当以书面形式约定。

因不可抗力、意外事件致使主合同不能履行，不适用定金罚则，因合同以外的第三人的过错，致使主合同不能履行的，使用定金罚则。

定金的数额由当事人约定，但不得超过主合同标的额的20%。

【例5-11】甲、乙签订一买卖合同。合同约定：甲将100吨大米卖给乙，合同签订后3天内交货，交货后10天内付货款；合同签订后乙应向甲交付5万元定金，合同在交付定金时生效。合同订立后，乙未交付定金，甲按期向乙交付了货物，乙收货后无异议。付款期限届满后，乙

以定金未交付合同不生效为由拒绝付款。乙不付款的理由成立。(　) (2011 年判断题)

**【解析】**× 当事人约定以交付定金作为主合同成立或者生效要件的，给付定金的一方未支付定金，但主合同已经履行或者已经履行主要部分的，不影响主合同的成立或者生效。

**【例 5-12】**陈某租住王某的房屋，租赁至 2010 年 8 月。王某欠陈某 10 万元货款，应于 2010 年 7 月偿付。至 2010 年 8 月，王某尚未清偿货款，但要求收回房屋并请求陈某支付 1 万元租金，根据《合同法》与担保法律制度的规定，下列关于陈某的权利的表述中，不正确的有(　)。(2012 年多选题)

A. 陈某可以留置该房屋作为担保　　B. 陈某可以出售房屋并优先受偿

C. 陈某可以应付租金抵销 1 万元货款　D. 陈某可以行使同时履行抗辩权而不交还房屋

**【解析】**ABD (1)选项 A：不动产不适用留置制度；(2)选项 B：在陈某与王某的货款债务中，并未将王某的房屋设为担保物，陈某不享有任何优先受偿权；(3)选项 C：当事人互负到期债务，该债务的标的物种类、品质相同的，任何一方可以将自己的债务与对方的债务抵销，但依照法律规定或者按照合同性质不得抵销的除外；(4)选项 D：同时履行抗辩权应在同一双务合同中行使，本题"租金"和"货款"分属两个不同合同。

**【例 5-13】**甲公司与乙公司签订一买卖合同，合同约定，甲公司须在 1 个月内向乙公司提供 200 台电视机，总价款 100 万元。合同签订后，乙公司按约定向甲公司交付了定金 20 万元。甲公司依约分两批发运电视机，不料，第一批 100 台电视机在运输过程中遭遇泥石流，致使电视机全部毁损；第二批 100 台电视机在运输过程中被甲公司的债权人丙强行扣押、变卖，最终，乙公司未能收到电视机，欲向甲公司主张定金责任。根据担保法律制度规定，下列关于甲公司定金责任承担的表述中，正确的是(　)。(2011 年单选题)

A. 甲公司无须承担定金责任，因为没有交付电视机是不可抗力和第三人原因导致的，甲公司没有过错

B. 甲公司须承担全部定金责任，因为甲公司违反合同约定，未将电视机交付给乙公司

C. 甲公司只须承担一半定金责任，因为不可抗力导致的第一批 100 台电视机未能交付，不适用定金罚则

D. 甲公司只承担一半定金责任，因为第三人原因造成的第二批 100 台电视机未能交付，不适用定金罚则。

**【解析】**C 因不可抗力、意外事件致使主合同不能履行的，不适用定金罚则；因合同关系以外第三人的过错，致使主合同不能履行的，适用定金罚则。在本题中，第一批货物因泥石流全部毁损，属于不可抗力原因，不适用定金法则；第二批货物因甲公司的债权人丙对该批货物实行强行扣押、变卖而未能交付，属于第三人过错致使主合同不能履行，适用定金罚则。

**【例 5-14】**甲企业与乙银行签订一借款合同。合同约定：甲企业向乙银行借款 500 万元，借款期限自 2009 年 8 月 1 日至 2011 年 7 月 31 日，以及利息支付等事项。张某在借款合同保证人一栏签字。甲企业将其现有的以及将有的生产设备、原材料、半成品、产品一并抵押给乙银行，双方签订了抵押合同并办理了抵押登记。当事人之间未约定担保权实现的顺序。

借款期限届满后，甲企业因经营不善，亏损严重，无力清偿到期借款。乙银行经调查发现：(1)甲企业可供偿债的财产不足 100 万元；(2)在借款期间，甲企业将一台生产设备以市价 40 万元出卖给丙公司，并已交付；(3)甲企业另有一台生产设备，价值 50 万元，因操作失误而严重受损，1 个月前被送交丁公司修理，但因甲企业未交付 10 万元维修费，该生产设备被丁公司留置。

查明情况后，乙银行于 2011 年 8 月 20 日要求张某承担保证责任。张某主张：借款债权既有保证担保，又有甲企业的抵押担保，乙银行应先实现抵押权。同日，乙银行分别向丙公司与丁公司主张，就丙公司所购买的生产设备及丁公司所留置的生产设备实现抵押权。丁公司则认为自己有权优先实现留置权。（2012 年简答题）

要求：根据担保法律制度的规定，回答下列问题。

(1) 张某提出乙银行应先实现抵押权的主张是否符合法律规定?简要说明理由。

(2) 乙银行是否有权向丙公司就其购买的生产设备主张抵押权?简要说明理由。

(3) 丁公司提出自己有权优先实现留置权的主张是否符合法律规定?简要说明理由。

**【解析】**(1) 张某提出乙银行应先实现抵押权的主张符合规定。根据规定，被担保的债权既有物的担保又有人的担保的，债务人不履行到期债务或者发生当事人约定的实现担保物权的情形，债权人应当按照约定实现债权；没有约定或者约定不明确，“债务人自己提供”物的担保的，债权人应当先就该物的担保实现债权。

(2) 乙银行无权向丙公司就其购买的生产设备主张抵押权。根据规定，经当事人书面协议，企业、个体工商户、农业生产经营者可以将现有的以及将有的生产设备、原材料、半成品、产品抵押，债务人不履行到期债务或者发生当事人约定的实现抵押权的情形，债权人有权就实现抵押权时的动产优先受偿；但不得对抗正常经营活动中已支付合理价款并取得抵押财产的买受人。

(3) 丁公司的主张符合规定。根据规定，同一动产上已设立抵押权或者质权，该动产又被留置的，留置权人优先受偿。

# 五、合同的变更和转让

## 考点十七　合同的变更

### (一) 合同变更的要件

(1) 当事人之间已存在合同关系。

(2) 合同内容发生了变化。

(3) 必须遵守法律的规定和当事人的约定。

### (二) 合同变更的形式和程序

合同变更除法律规定的变更和人民法院依法变更外，主要是当事人协议变更。

## 考点十八　合同的转让

### (一) 合同权利转让

根据《合同法》的规定，债权人可以将合同的权利全部或者部分转让给第三人。但下列三种情况，债权人不得转让合同权利：

(1) 根据合同性质不得转让。

(2) 根据当事人约定不得转让。

(3) 依照法律规定不得转让。

债权人转让权利不需要经债务人同意，但应当通知债务人。未经通知，该转让对债务人不发生效力。

### (二) 合同义务转移

合同义务转移是指在不改变合同义务的前提下，经债权人同意，债务人将合同的义务全部或者部分转移给第三人。

### (三) 合同权利义务的一并转让

合同关系的一方当事人将权利和义务一并转让时，除了应当征得另一方当事人的同意外，还应当遵守《合同法》有关转让权利和义务转移的其他规定。

### (四) 法人或其他组织合并或分立后债权债务关系的处理

当事人订立合同后合并的，由合并后的法人或者其他组织行使合同权利，履行合同义务。当事人订立合同后分立的，除债权人和债务人另有约定的以外，由分立的法人或者其他组织对合同的权利和义务享有连带债权，承担连带债务。

**【例 5-15】**甲公司将两个业务部门分出设立乙公司和丙公司，并在公司分立决议中明确，甲公司以前所负的债务由新设的乙公司承担。分立前甲公司欠丁企业贷款 12 万元，现丁企业要求偿还。根据《合同法》的规定，下列关于该 12 万元债务承担的表述中，正确的是(　 )。(2011 年单选题)

A. 由甲公司承担　　　　B. 由乙公司承担

C. 由甲、乙、丙三个公司平均承担　　　　D. 由甲、乙、丙三个公司连带承担

**【解析】**D　当事人订立合同后分立的，除债权人和债务人另有约定的以外，由分立的法人或者其他组织对合同的权利和义务享有连带债权，承担连带债务。

# 六、合同权利义务的终止

## 考点十九　合同权利义务终止的具体情形

### (一) 债务已经按照约定履行

债务已经按照约定履行是指债务人按照约定的标的、质量、数量、价款或报酬、履行期限、履行地点和方式全面履行。

以下情况也属于合同按照约定履行：

(1) 当事人约定的第三人按照合同内容履行，产生债务消灭的后果。

(2) 债权人同意以他种给付代替合同原定给付。

(3) 当事人以外的第三人接受履行。

### (二) 合同解除

**1. 约定解除**

根据合同自愿原则，当事人在法律规定范围内享有自愿解除合同的权利。包括协商解除、约定解除权。

**2. 法定解除**

有下列情形之一的，当事人可以解除合同：

(1) 因不可抗力致使不能实现合同目的。

(2) 因预期违约解除合同。

(3) 当事人一方迟延履行主要债务，经催告后在合理期限内仍未履行。

(4) 当事人一方迟延履行债务或者有其他违约行为致使不能实现合同目的。

(5) 法律规定的其他情形。

**【例 5-16】**甲小学为了“六一”儿童节学生表演节目的需要，向乙服装厂订购了 100 套童装，约定在“六一”儿童节前一周交付。5 月 28 日，甲小学向乙服装厂催要童装，却被告知，因布匹供应问题 6 月 3 日才能交付童装，甲小学因此欲解除合同。根据《合同法》的规定，下列关于该合同解除的表述中，正确的是(　　)。(2011 年单选题)

A. 甲小学应先催告乙服装厂履行，乙服装厂在合理期限内未履行的，甲小学才可以解除合同

B. 甲小学可以解除合同，无须催告

C. 甲小学无权解除合同，只能要求乙服装厂承担违约责任

D. 甲小学无权自行解除合同，但可以请求法院解除合同

**【解析】**B　当事人一方迟延履行债务或者有其他违约行为致使不能实现合同目的的，可以单方面解除合同。

**【例 5-17】**根据《合同法》的规定，下列情形中，属于合同解除法定事由的有(　　)。(2013 年多选题)

A. 合同当事人一方的法定代表人变更

B. 作为合同当事人一方的法人分立

C. 由于不可抗力致使合同目的不能实现

D. 合同当事人一方迟延履行债务致使合同目的不能实现

**【解析】**CD　《合同法》规定，有下列情形之一的，当事人可以解除合同：(1)因不可抗力致使不能实现合同目的(选项 C 正确)；(2)在履行期限届满之前，当事人一方明确表示或者以自己的行为表明不履行主要债务；(3)当事人一方延迟履行主要债务，经催告后在合理期限内仍未履行；(4)当事人一方延迟履行债务或者有其他违约行为致使不能实现合同目的(选项 D 正确)；(5)法律规定的其他情形。

### (三) 债务相互抵销

当事人互负到期债务，该债务的标的物种类、品质相同的，任何一方可以将自己的债务与对方的债务抵销，但依照法律规定或者按照合同性质不得抵销的除外。当事人主张抵销的，应当通知对方。通知自到达对方时生效。抵销不得附条件或者附期限。

### (四) 提存

提存是指由于债权人的原因，债务人无法向其交付合同标的物而将该标的物交给提存机关，

从而消灭债务、终止合同的制度。

提存期间，标的物的孳息归债权人所有。提存费用由债权人负担。标的物提存后，毁损、灭失的风险由债权人承担。

债权人领取提存物的权利，自提存之日起5年内不行使而消灭，提存扣除提存物费用后归国家所有。

【例 5-18】债权人甲下落不明，致使债务人乙难以履行债务，乙依法将标的物提存。提存期间，该标的物发生意外毁损。根据《合同法》的规定，下列关于对该标的物损失承担的表述中，正确的是(　)。(2011 年单选题)

A. 应由甲承担

B. 应由乙承担

C. 应由甲、乙共同承担

D. 应由提存机关承担

【解析】A　标的物提存后，毁损、灭失的风险由债权人承担。

#### (五) 债权人依法免除债务

债务的免除是指合同没有履行或未完全履行，权利人放弃自己的全部或部分权利，从而使合同义务减轻或使合同终止的一种形式。

债务免除分为单方免除和协议免除两种。

#### (六) 混同

混同，即债权债务同归于一人。

债权和债务同归于一人的，合同的权利义务终止，但涉及第三人利益的除外。

合同权利义务终止还包括法律规定或者当事人约定终止的其他情形。

### 考点二十　合同权利义务终止的法律后果

(1) 负债字据的返还。

(2) 在合同当事人之间发生后合同义务。

(3) 合同中关于解决争议的方法、结算和清理条款继续有效，直至结算和清理完毕。

## 七、违 约 责 任

### 考点二十一　承担违约责任的形式

(1) 继续履行。

(2) 采取补救措施。

(3) 赔偿损失。

(4) 支付违约金。

① 约定的违约金过分低于或者过分高于造成的损失的 ，可以请求增加或适当减少。

② 当事人就迟延履行约定违约金的，违约方支付违约金后，还应当履行债务。

③ 当事人既约定违约金，又约定定金的，一方违约时，不可以同时适用。

**【例 5-19】**根据《合同法》的规定，下列关于不同种类违约责任相互关系的表述中，正确的有(　　)。(2011 年多选题)

A. 当事人就迟延履行约定违约金的，违约方支付违约金后，还应当履行债务

B. 当事人依法请求人民法院增加违约金后，又请求对方赔偿损失的，人民法院不予支持

C. 当事人既约定违约金，又约定定金的，一方违约时，对方可以同时适用违约金和定金条款

D. 当事人执行定金条款后不足以弥补所受损害的，仍可以请求赔偿损失

**【解析】**ABD　选项 C：当事人既约定违约金，又约定定金的，一方违约时，对方可以选择适用违约金或者定金条款。

### 考点二十二　违约责任的免除

(1) 法定事由。因不可抗力不能履行合同的，根据不可抗力的影响，部分或者全部免除责任，但法律另有规定除外。

(2) 免责条款。合同双方当事人在合同中约定，当出现一定的事由或者条件时，可免除违约方的违约责任。

(3) 法律的特别规定。

## 八、具体合同

### 考点二十三　买卖合同

#### (一) 买卖合同的效力

(1) 如果当事人之间没有书面合同，一方以送货单、收货单、结算单、发票等主张存在买卖合同关系，则人民法院应当结合其他相关证据，对买卖合同是否成立作出认定。对账确认函、债权确认书等函件、凭证没有记载债权人名称，买卖合同当事人一方以此证明存在买卖合同关系的，人民法院应予支持。

(2) 当事人签订认购书、订购书、预订书、意向书、备忘录等预约合同，约定在将来一定期限内订立买卖合同，一方不履行订立买卖合同的义务，对方请求其承担预约合同违约责任或者要求解除预约合同并主张损害赔偿的，人民法院应予支持。

(3) 当事人一方以出卖人在缔约时对标的物没有所有权或者处分权为由主张合同无效的，人民法院不予支持。

(4) 人民法院在按照《合同法》的规定认定电子交易合同的成立及效力的同时，还应该适用《中华人民共和国电子签名法》的相关规定。

#### (二) 买卖合同的标的物

在买卖合同中，买和卖的物就是标的，称为标的物。

1. 标的物交付和所有权转移

(1) 标的物为动产的，所有权自标的物交付时起转移；标的物为不动产的所有权自标的物登记时起转移。

(2) 标的物为数物，其中一物不符合约定的，买受人可以就该物解除，但该物与他物分离使标的物的价值显受损害的，当事人可以就数物解除合同。

(3) 因标的物的主物不符合约定而解除合同的，解除合同的效力及于从物。因标的物的从物不符合约定被解除的，解除的效力不及于主物。

(4) 出卖人分批交付标的物的，出卖人对其中一批标的物不交付或者交付不符合约定，买受人可以就该批标的物解除。

(5) 一物多卖。动产：先行受领＞先行付款＞成立在先。

船舶、航空器、机动车等特殊动产：先行受领＞先行登记＞成立在先。

2. 标的物毁损、灭失风险的承担

(1) 标的物毁损、灭失的风险，在标的物交付之前由出卖人承担，交付之后由买受人承担。因买受人的原因致使标的物不能按照约定的期限交付的，买受人应当自违反约定之日起承担标的物毁损、灭失的风险。

(2) 在标的物由出卖人负责办理托运，如买卖双方当事人没有约定交付地点或者约定不明确，出卖人将标的物交付给第一承运人后，标的物毁损、灭失的风险由买受人承担。

(3) 出卖人根据合同约定将标的物运送至买受人指定地点并交付给承运人后，标的物毁损、灭失的风险由买受人负担。

(4) 出卖人出卖交由承运人运输的在途标的物，在合同成立时，买受人负担标的物毁损、灭失的风险。

(5) 出卖人按照约定未交付有关标的物的单证和资料的，不影响标的物毁损、灭失风险的转移。

3. 标的物检验

(1) 当事人对标的物的检验期间未作约定，买受人签收了送货单、确认单的，人民法院应当认定买受人已对数量和外观瑕疵进行了检验。

(2) 出卖人交付标的物后，在“检验期间”、“合理期间”、“两年期间”经过后，买受人主张标的物的数量或者质量不符合约定的，人民法院不予支持。

(3) 出卖人自愿承担违约责任后，又以上述期间经过为由反悔的，人民法院不予支持。

【例 5-20】根据《合同法》的规定，下列情形中，买受人应承担标的物损毁、灭失风险的有(　)。(2013 年多选题)

A. 标的物已运抵交付地点，买受人因标的物质量不合格而拒绝接受

B. 买受人已受领标的物，但出卖人按照约定未交付标的物的单证

C. 出卖人按照约定将标的物置于交付地点，约定时间已过，买受人未前往提货

D. 因买受人下落不明，出卖人无法向其交付标的物而将标的物提存

【解析】BCD　选项 A 由出卖人承担。

(三) 买卖双方当事人的权责

1. 出卖人的权责

(1) 出卖人应当履行向买受人交付标的物或者交付提取标的物的单证，并转移标的物所有权。

(2) 出卖人应当按照约定的期限、地点、质量、包装方式、交付标的物。

(3) 出卖人应保证标的物的价值或使用效果。

(4) 买受人在检验期间、质量保证期间、合理期间提出质量异议，出卖人未按要求予以修理或者情况紧急，买受人自行或者通过第三人修理标的物后，主张出卖人负担因此发生的合理费用的，人民法院应予以支持。

**2. 买受人的权责**

(1) 买受人应当按照约定的数额、地点、时间支付价款。对支付时间没有约定或者约定不明确同时达不成补充协议的，买受人应当在收到标的物或者提取标的物单证的同时支付。

(2) 分期付款的买受人未支付到期价款的金额达到全部价款的1/5的，出卖人可以要求买受人支付全部价款或者解除合同。出卖人解除合同的，可以向买受人要求支付该标的物的使用费。

### (四) 所有权保留

《合同法》规定，当事人可以在买卖合同中约定买受人未履行支付价款或者其他义务的，标的物的所有权属于出卖人。

当事人约定所有权保留，在标的物所有权转移前，买受人有下列情形之一，对出卖人造成损害，出卖人主张取回标的物的，人民法院应予支持：(1)未按约定支付价款的；(2)未按约定完成特定条件的；(3)标的物出卖、出质或者作出其他不当处分的。

所有权保留的规定只适用于动产，买卖合同当事人主张将标的物所有权保留的规定适用于不动产的，人民法院不予支持。

买受人已经支付标的物总价款的75%以上，出卖人主张取回标的物的，人民法院不予支持。

### (五) 试用买卖

在试用期内人民法院应当认定买受人同意购买：(1)买受人在试用期内已经支付一部分价款的；(2)买受人对标的物实施了出卖、出租、设定担保物权等非试用行为的。

买卖合同存在下列约定内容之一的，不属于试用买卖：(1)约定标的物经过试用或者检验符合一定要求时，买受人应当购买标的物；(2)约定第三人经试验对标的物认可时，买受人应当购买标的物；(3)约定买受人在一定期间内可以调换标的物；(4)约定买受人在一定期间内可以退还标的物。

**【例 5-21】**甲、乙签订一买卖合同，甲向乙购买机器 5 台及附带的维修工具，机器编号分别为 E、F、G、X、Y，拟分别用于不同厂区。乙向甲如期交付 5 台机器及附带的维修工具，经验收，E 机器存在重大质量瑕疵而无法使用，F 机器附带的维修工具亦属不合格品，其他机器及维修工具不存在质量问题。根据《合同法》的规定，下列关于甲如何解除合同的表述中，正确的是(　　)。(2011 年单选题)

A. 甲可以解除 5 台机器及维修工具的买卖合同

B. 甲只能就买卖合同中 E 机器的部分解除

C. 甲可以就买卖合同中 E 机器与 F 机器的部分解除

D. 甲可以就买卖合同中 F 机器的维修工具与 E 机器的部分解除

**【解析】**D　标的物为数物，其中一物不符合约定的，买受人可以就该物解除合同，但该物与他物分离使标的物的价值显受损害的，当事人可以就数物解除合同。在本题中，甲、乙间的买卖合同标的物为数物，且分离不影响标的物的价值，所以，甲可以就买卖合同中F机器的维修工具与E机器的部分解除合同。

## 考点二十四 供用电、水、气、热力合同

### (一) 供电人的义务

供电人应当按照国家规定的供电质量标准和约定安全供电。

供电人因供电设施计划检修、临时检修、依法限电或者用电人违法用电等原因，需要中断供电时，应当按照国家有关规定事先通知用电人。

因自然灾害等原因断电，供电人应当按照国家有关规定及时抢修。

### (二) 用电人的义务

用电人应当按照国家有关规定和当事人的约定及时交付电费。

用电人应当按照国家有关规定和当事人的约定安全用电。

供用水、供用气、供用热力合同，参照供用电合同的有关规定。

## 考点二十五 赠与合同

赠与合同是赠与人将自己的财产无偿给予受赠人，受赠人表示接受赠与的合同。

### (一) 当事人的权利义务

如果赠与合同具有救灾、扶贫等社会公益、道德义务的性质，或者经过公证的赠与合同，赠与人不交付赠与的财产的，受赠人可以要求交付。

因赠与人故意或者重大过失致使赠与的财产毁损、灭失的，赠与人应当承担损害赔偿责任。

赠与的财产有瑕疵的，赠与人不承担责任。但附义务的赠与除外。

赠与可以附义务。 赠与附义务的，受赠人应当按照约定履行义务。

赠与人的经济状况显著恶化，严重影响其生产经营或者家庭生活的，可以不再履行赠与义务。

### (二) 赠与的撤销

| 方　式 | 任意撤销 | 法定撤销 | |
|---|---|---|---|
| 撤销权人 | 赠与人 | 赠与人 | 赠与人的继承人、法定代理人 |
| 情　形 | ①不具有救灾、扶贫等社会公益、道德义务性质的赠与合同；<br>② 非经公证的赠与合同 | ① 受赠人严重侵害赠与人或其近亲属；<br>②受赠人对赠与人有扶养义务而不履行；<br>③ 受赠人不履行赠与合同约定的义务 | 因受赠人的违法行为致使赠与人死亡或者丧失民事行为能力 |
| 时间限制 | 赠与财产的权利转移之前 | 自知道或者应当知道撤销原因之日起 1 年内行使 | 自知道或应当知道撤销原因之日起6个月内行使 |

【例 5-22】根据《合同法》的规定，下列情形中，赠与人不得主张撤销赠与的有(　　)。(2012年多选题)

A. 张某将 1 辆小轿车赠与李某，且已交付

B. 甲公司与某地震灾区小学签订赠与合同，将赠与 50 万元用于修复教学楼

C. 乙公司表示将赠与某大学 3 辆校车，双方签订了赠与合同，且对该赠与合同进行了公证

D. 陈某将 1 块钟表赠与王某，且已交付，但王某不履行赠与合同约定的义务

【解析】ABC　(1)选项A：赠与人在赠与财产的“权利转移之前”可以撤销赠与；张某已将轿车交付李某，不能再行使任意撤销权。(2)选项BC：救灾、扶贫等社会公益、道德义务性质的赠与合同或者经过公证的赠与合同，不得撤销。(3)选项D：受赠人不履行赠与合同约定的义务的，赠与人可以撤销赠与(赠与人的法定撤销权)。

## 考点二十六　借款合同

借款合同是借款人向贷款人借款，到期返还借款并支付利息的合同。

借款合同采用书面形式，但自然人之间借款另有约定的除外。

### (一) 当事人的权利义务

订立借款合同，借款人应当按照要求提供相应的担保及财务资料。借款人还应当按照约定的期限返还借款。

### (二) 借款利息的规定

(1) 对支付利息的期限没有约定或者约定不明确的，当事人可以协议补充；不能达成补充协议时，借款期间不满1年的，应当在返还借款时一并支付；借款期间1年以上的，应当在每届满1年时支付，剩余期间不满1年的，应当在返还借款时一并支付。

(2) 自然人之间的借款合同对支付利息没有约定或者约定不明确的，视为不支付利息；但是逾期的应支付逾期利息。

借款的利息不得预先在本金中扣除。利息预先在本金中扣除的，应当按照实际借款数额返还借款并计算利息。

【例 5-23】陈某向张某借款 5 万元，没有约定利息，一年后，张某获知陈某经营个体企业获利，在陈某还款时要求其支付利息 1800 元，陈某表示反对。根据《合同法》的规定。下列关于陈某应否支付利息的表述中，正确的是(　　)。(2013 年单选题)

A. 陈某应该按银行同期贷款利率支付利息

B. 陈某应按当地民间惯例支付利息

C. 陈某无须支付利息

D. 陈某应支付 1800 元利息

【解析】C　自然人之间的借款合同对支付利息没有约定或者约定不明确的，视为不支付利息。

## 考点二十七　租赁合同

租赁合同是出租人将租赁物交付承租人使用、收益，承租人支付租金的合同。

### (一) 租赁期限

租赁期限6个月以上的，应当采用书面形式。当事人未采用书面形式的，视为不定期租赁。租赁期限不得超过20年。超过20年的，超过部分无效。当事人对租赁期限没有约定或者约定不明确，可以协议补充；达不成补充协议的，按照有关条款或交易习惯确定；仍不能确定的，视为不定期租赁。

### (二) 当事人的权利义务规定

(1) 合同解除。承租人未经出租人同意转租的，出租人可以解除合同。租赁物危及承租人的安全或者健康的，即使承租人订立合同时明知该租赁物质量不合格，承租人仍然可以随时解除合同。不定期租赁双方可以随时解除合同。

(2) 维修义务。出租人应当履行租赁物的维修义务，出租人未履行维修义务的，承租人可以自行维修，维修费用由出租人负担。出租人出卖租赁房屋的，应当在出卖之前的合理期限内通知承租人，承租人享有以同等条件优先购买的权利。

(3) 转租。承租人经出租人同意，可以将租赁物转租给第三人，承租人与出租人之间的租赁合同继续有效，第三人对租赁物造成损失的，承租人应当赔偿损失。承租人未经出租人同意转租的，出租人可以解除合同。

(4) 买卖不破租赁。租赁物在租赁期间发生所有权变动的，不影响租赁合同的效力。

**【例 5-24】**甲公司将一套设备租赁给乙公司使用，租赁期间，经询问确认乙公司无购买意向后，甲公司将该设备卖给丙公司。根据《公司法》的规定，下列关于买卖合同与租赁合同效力的表述中，正确的是(　　)。(2012 年单选题)

A. 买卖合同无效，租赁合同继续有效

B. 买卖合同有效，租赁合同继续有效

C. 买卖合同有效，租赁合同自买卖合同生效之日起终止

D. 买卖合同有效，租赁合同须经丙公司同意后才继续有效

**【解析】**B　租赁物在租赁期间发生所有权变动的，不影响租赁合同的效力，即“买卖不破租赁”。

**【例 5-25】**李某与赵某口头约定，李某将其房屋出租给赵某，租期为 1 年，租金为每月 100 元，每月的第一天交付该月租金。根据《合同法》的规定，下列关于该租赁合同效力的表述中，正确的是(　　)。(2012 年单选题)

A. 该租赁合同无效

B. 该租赁合同为可撤销合同

C. 该租赁合同有效，租期为 1 年

D. 该租赁合同有效，但视为不定期租赁合同

**【解析】**D　租赁合同期限在 6 个月以上的，应当采用书面形式订立合同，当事人未采用书面形式的，视为不定期租赁。

## 考点二十八　融资租赁合同

### (一) 融资租赁合同概述

融资租赁合同是出租人根据承租人对出卖人、租赁物的选择，向出卖人购买租赁物，提供

给承租人使用，承租人支付租金的合同。

融资租赁合同应当采用书面形式。

### (二) 当事人的权利义务

(1) 在融资租赁合同中，承租人承担占有租赁物期间的维修义务。

(2) 租赁物不符合约定或者不符合使用目的的，出租人不承担责任；但承租人依赖出租人的技能确定租赁物或者出租人干预选择租赁物的除外。

(3) 出租人、出卖人、承租人可以约定，出卖人不履行买卖合同义务的，由承租人行使索赔的权利。

(4) 承租人占有租赁物期间，租赁物造成第三人的人身伤害或者财产损害的，出租人对第三人不承担赔偿责任。

(5) 租赁物的权属。

① 在租赁期间，承租人破产的，租赁物不属于承租人的破产财产。

② 租赁期间届满，出租人和承租人对租赁物的归属没有约定或者约定不明确，依照《合同法》有关规定仍不能确定的，租赁物的所有权归出租人。

**【例 5-26】**甲公司根据乙公司的选择，向丙公司购买了 1 台大型设备，出租给乙公司使用，甲、乙公司为此签订了融资租赁合同，合同未就设备的维修事项作特别约定，该设备在使用过程中发生部件磨损，须维修。甲公司应承担维修义务。(　　) (2012 年判断题)

**【解析】**× 在融资租赁合同中，“承租人”应当履行占有租赁物期间的维修义务。

## 考点二十九　承揽合同

### (一) 承揽人的权利义务

承揽人将其承揽的“主要工作”交由第三人完成的，应当就该第三人完成的工作成果向定作人负责；未经定作人同意的，定作人可以解除合同。

承揽人可以将其承揽的“辅助工作”交由第三人完成，并就该第三人完成的工作成果向定作人负责。

### (二) 定作人的权利义务

定作人可以随时解除承揽合同，但定作人因此造成承揽人损失的，应当赔偿损失。

定作人未向承揽人支付报酬或者材料费等价款的，承揽人有留置权。

## 考点三十　建设工程合同

建设工程合同是承包人进行工程建设，发包人支付价款的合同。建设工程合同包括工程勘察、设计、施工合同。

建设工程合同应当采用书面形式。

### (一) 发包人的权利义务

发包人未按照约定支付工程价款的，承包人可以催告发包人在合理期限内支付价款。发包人逾期不支付的，除按照建设工程的性质不宜折价、拍卖的外，承包人可以与发包人协议将该工程折价，也可以申请人民法院将该工程依法拍卖，建设工程的价款享有优先受偿权。

### (二) 承包人的权利义务

总承包人经发包人同意，可以将自己承包的部分工作交由第三人完成。第三人就其完成的工作成果与总承包人向发包人承担连带责任。

禁止承包人将工程分包给不具备相应资质条件的单位。禁止分包单位将其承包的工程再分包。建设工程主体结构的施工必须由承包人自行完成。

**【例 5-27】**2009 年 8 月 5 日，经发包人甲公司同意，总承包人乙公司将自己承包的部分建设工程分包给丙公司。因丙公司完成的工程质量出现问题，给甲公司造成 100 万元的经济损失。根据《合同法》的规定，下列关于对甲公司损失承担责任的表述中，正确的是(　　)。(2011 年单选题)

A. 由乙公司承担赔偿责任

B. 由丙公司承担赔偿责任

C. 先由丙公司承担赔偿责任，不足部分由乙公司承担

D. 由乙公司和丙公司承担连带赔偿责任

**【解析】**D　总承包人经发包人同意，可以将自己承包的部分工作交由第三人完成。第三人就其完成的工作成果与总承包人向发包人承担连带责任。

## 考点三十一　运输合同

运输合同是承运人将旅客或者货物从起运地点运输到约定地点，旅客、托运人或者收货人支付票款或者运输费用的合同。

### (一) 客运合同

客运合同自承运人向旅客交付客票时成立，但当事人另有约定或者另有交易习惯的除外。

**1. 旅客的权利义务**

旅客应当支付票款，旅客应当持有效客票乘运；旅客因自己的原因不能按照客票记载的时间乘坐的，应当在约定的时间内办理退票或者变更手续；旅客在运输中应当按照约定的限量携带行李。

**2. 承运人的权利义务**

承运人在运输过程中，应当尽力救助患有急病、分娩、遇险的旅客。承运人应当对运输过程中旅客的伤亡承担损害赔偿责任，但伤亡是旅客自身健康原因造成的或者承运人证明伤亡是旅客故意、重大过失造成的除外。

在运输过程中旅客自带物品毁损、灭失，承运人有过错的，应当承担损害赔偿责任。

### (二) 货运合同

**1. 托运人、收货人的权利义务**

在承运人将货物交付收货人之前，托运人可以要求承运人中止运输、返还货物、变更到达地或者将货物交给其他收货人，但应当赔偿承运人因此受到的损失。

**2. 承运人的权利义务**

承运人对运输过程中货物的毁损、灭失承担损害赔偿责任。但承运人证明货物的毁损、灭失是因不可抗力、货物本身的自然性质或者合理损耗以及托运人、收货人的过错造成的，不承担损害赔偿责任。

货物在运输过程中因不可抗力灭失，未收取运费的，承运人不得要求支付运费；已经收取运费的，托运人可以要求返还。

货物毁损、灭失的赔偿额，当事人没有约定或者约定不明确，根据《合同法》的有关规定仍不能确定的，按照交付或者应当交付时货物到达地的市场价格计算。

**【例 5-28】**甲委托乙用货车将一批水果运往 A 地，不料途中遭遇山洪，水果全部毁损。甲委托乙运输时已向乙支付运费。根据《合同法》的规定，下列关于水果损失与运费承担的表述中，正确的有(　　)。(2011 年多选题)

A. 乙应当赔偿因水果毁损给甲造成的损失

B. 甲自行承担因水果毁损造成的损失

C. 甲有权要求乙返还运费

D. 甲无权要求乙返还运费

**【解析】**BC　(1)选项 AB: 承运人对运输过程中货物的毁损、灭失承担损害赔偿责任，但承运人证明货物的毁损、灭失是因不可抗力、货物本身的自然性质或者合理损耗以及托运人、收货人的过错造成的，不承担损害赔偿责任；在本题中，遭遇山洪属于不可抗力，承运人乙不承担损害赔偿责任。(2)选项 CD: 货物在运输过程中因可抗力灭失，未收取运费的，承运人不得要求支付运费；已收取运费的，托运人可以要求返还；在本题中，甲在办理托运时已经向乙支付运费，后因不可抗力(山洪)导致货物灭失，甲有权要求乙返还运费。

### (三) 多式联运合同

多式联运经营人可以与参加多式联运的各区段承运人就多式联运合同的各区段运输约定相互之间的责任，但该约定不影响多式联运经营人对全程运输承担的义务。

## 考点三十二　技术合同

### (一) 技术开发合同

技术开发合同是指当事人之间就新技术、新产品、新工艺或者新材料及其系统的研究开发所订立的合同。技术开发合同应当采用书面形式。

技术开发合同包括委托开发合同和合作开发合同。

**1. 技术开发合同的解除与风险承担**

技术开发合同签订后，因作为技术开发合同标的的技术已经由他人公开，致使技术开发合同的履行没有意义的，当事人可以解除合同。

在技术开发合同履行的过程中，因出现无法克服的技术困难致使研究开发失败或者部分失败的，该风险由当事人约定。没有约定或者约定不明确，依法仍不能确定的，风险由当事人合理分担。

**2. 技术成果的权利归属**

委托开发完成的发明创造，除当事人另有约定的以外，申请专利的权利属于研究开发人。

合作开发完成的发明创造，除当事人另有约定的以外，申请专利的权利属于合作开发的当事人共有。

合作开发的当事人一方声明放弃其共有的专利申请权的，可以由另一方单独申请或者由其他各方共同申请。合作开发的当事人一方不同意申请专利的，另一方或者其他各方不得申请专利。

### (二) 技术转让合同

技术转让合同是当事人就技术转让订立的确立相互之间权利和义务的合同。技术转让合同应当采用书面形式。

### (三) 技术咨询合同和技术服务合同

**1. 技术咨询合同**

技术咨询合同是指科技人员作为受托人，运用自己的科学技术知识和科技手段，对委托人提出的特定技术项目进行可行性论证等活动，委托人支付咨询费的合同。

**2. 技术成果的权利归属**

在技术咨询合同、技术服务合同履行过程中，受托人利用委托人提供的技术资料和工作条件完成的新的技术成果，属于受托人。委托人利用受托人的工作成果完成的新的技术成果，属于委托人。当事人另有约定的，按照其约定。

## 考点三十三　保管合同

保管合同是保管人保管寄存人交付的保管物，并返还该物的合同。保管合同自保管物交付时成立，但当事人另有约定的除外。

### (一) 寄存人的权利义务

寄存人应当按照约定向保管人支付保管费。当事人对保管费没有约定或者约定不明确，依照《合同法》的规定仍不能确定的，保管是无偿的。

### (二) 保管人的权利义务

因保管人保管不善造成保管物毁损、灭失的，保管人应当承担损害赔偿责任；但无偿保管的，保管人证明自己没有重大过失的，不承担损害赔偿责任。

寄存人寄存货币、有价证券或者其他贵重物品的，应当向保管人声明，由保管人验收或者封存；寄存人未声明的，该物品毁损、灭失后，保管人可以按照一般物品予以赔偿。

当事人对保管期间没有约定或者约定不明确的，保管人可以随时要求寄存人领取保管物；

约定保管期间的，保管人无特别事由，不得要求寄存人提前领取保管物。

## 考点三十四 仓储合同

仓储合同是保管人储存存货人交付的仓储物，存货人支付仓储费的合同。仓储合同自成立时生效。

### (一) 仓储合同的仓单

仓单是保管人收到仓储物后给存货人开具的提取仓储物的凭证。仓单是提取仓储物的凭证。保管人应当在仓单上签字或者盖章。存货人或者仓单持有人在仓单上背书并经保管人签字或者盖章的，可以转让提取仓储物的权利。

### (二) 当事人的权利义务

储存期间届满，仓单持有人逾期提取的，应当加收仓储费；提前提取的，“不减收”仓储费。

储存期间，因保管人保管不善造成仓储物毁损、灭失的，保管人应当承担损害赔偿责任。因仓储物的性质、包装不符合约定或者超过有效储存期造成仓储物变质、损坏的，保管人不承担损害赔偿责任。

## 考点三十五 委托合同

委托合同是委托人和受托人约定，由受托人处理委托人事务的合同。

### (一) 委托人的权利义务

#### 1. 费用和报酬

受托人为处理委托事务垫付的必要费用，委托人应当偿还该费用及其利息。受托人完成委托事务的，委托人应当向其支付报酬。因不可归责于受托人的事由，委托合同解除或者委托事务不能完成的，委托人应当向受托人支付相应的报酬，当事人另有约定的除外。

#### 2. 损失赔偿

有偿的委托合同，因受托人的过错给委托人造成损失的，委托人可以要求赔偿损失。无偿的委托合同，因受托人的故意或重大过失给委托人造成损失的，委托人可以要求赔偿损失。

### (二) 受托人的权利义务

转委托经同意的，委托人可以就委托事务直接指示第三人，受托人仅就第三人的选任及其对第三人的指示承担责任。

转委托未经同意的，受托人应当对第三人的行为承担责任，但在紧急情况下受托人为维护委托人的利益需要转委托的除外。

### (三) 委托合同的解除和终止

委托人或者受托人可以随时解除委托合同。因解除合同给对方造成损失的，除不可归责于该当事人的事由以外，应当赔偿损失。

委托人或者受托人死亡、丧失民事行为能力或者破产的，委托合同终止，但当事人另有约定或者根据委托事务的性质不宜终止的除外。

**【例 5-29】**根据《合同法》的规定，下列关于合同解除的表述中，正确的有(　　)。(2011年多选题)

A. 租赁物危及承租人安全的，无论承租人订立合同时是否知道租赁物质量不合格，承租人都可以随时解除合同

B. 承揽合同的定作人可以随时解除承揽合同

C. 委托合同的委托人可以随时解除委托合同

D. 委托合同的受托人可以随时解除委托合同

**【解析】**ABCD　(1)选项 A：租赁物危及承租人的安全或者健康的，即使承租人订立合同时明知该租赁物质量合格，承租人仍然可以随时解除合同；(2)选项 B：定作人可以随时解除承揽合同，造成承揽人损失的，应当赔偿损失；(3)选项 CD：委托人或者受托人可以随时解除委托合同，因解除合同给对方造成损失的，除可归责于该当事人的事由以外，应当赔偿损失。

**【例 5-30】**甲委托乙到 A 公司购买某型号机器 1 台，双方约定报酬为 1000 元。乙到 A 公司处协商购买机器事宜，但因 A 公司要价过高，尽管乙再三努力，机器价格仍超过了甲可以承受的限度，乙只好无功而返。乙向甲请求支付相应报酬，甲可以以委托事务未能完成为由拒绝支付报酬。(　　) (2011 年判断题)

**【解析】**×　受托人完成委托事务的，委托人应当向其支付报酬；因不可归责于受托人的事由，委托合同解除或者委托事务不能完成的，委托人应当向受托人支付相应的报酬。在本题中，受托人乙未能完成委托事务是由于对方不降价造成的，受托人乙自身并没有过错，委托人甲不得拒绝向乙支付相应的报酬。

## 考点三十六　行纪合同

行纪合同是行纪人以自己的名义为委托人从事贸易活动，委托人支付报酬的合同。在行纪合同中，行纪人处理委托事务支出的费用，一般由行纪人自行负担。

### (一) 行纪人的权利义务

行纪人低于委托人指定的价格卖出或者高于委托人指定的价格买入的，应当经委托人同意。未经委托人同意，行纪人补偿其差额的，该买卖对委托人发生效力。行纪人高于委托人指定的价格卖出或者低于委托人指定的价格买入的，可以按照约定增加报酬。没有约定 ，该利益属于委托人。

行纪人与第三人以自己的名义订立合同的，行纪人对该合同直接享有权利、承担义务。第三人不履行义务致使委托人受到损害的，行纪人应当承担损害赔偿责任。

### (二) 委托人的权利义务

行纪人完成或者部分完成委托事务的，委托人应当向其支付相应的报酬。委托人逾期不支付报酬的，行纪人对委托物享有留置权，但当事人另有约定的除外。

## 考点三十七　居间合同

居间合同是居间人向委托人报告订立合同的机会或者提供订立合同的媒介服务，委托人支付报酬的合同。

居间人必须是经过有关国家机关登记核准的从事居间营业的法人或公民。居间人应当就有关订立合同的事项向委托人如实报告。

居间人促成合同成立的，委托人应当按照约定支付报酬。居间人促成合同成立的，居间活动的费用，由居间人负担。

居间人未促成合同成立的，不得要求支付报酬，但可以要求委托人支付从事居间活动支出的必要费用。

**【例 5-31】**甲公司委托乙公司购买 1 台机器，双方约定：乙公司以自己的名义购买机器，机器购买价格为 20 万元，乙公司的报酬为 8000 元。双方未约定其他事项。乙公司接受委托后，积极与丙公司交涉协商，最终乙公司以自己的名义从丙公司处购得该种机器 1 台，价款为 19.5 万元，乙公司为此支出了 4000 元费用。乙公司依约将机器交付给甲公司，但向甲公司提出，双方约定的购买机器价格与实际购买机器价格之间的差额 5000 元归乙公司所有，或者由甲公司承担处理委托事务而支出的 4000 元费用。甲公司表示拒绝，乙公司因此提起诉讼。在诉讼过程中，甲公司提起反诉，主张机器存在瑕疵，要求乙公司承担损害赔偿责任。经查，该机器确实存在质量瑕疵。(2011 年简答题)

要求：根据《合同法》的规定，回答下列问题。

(1) 甲公司与乙公司签订的是何种合同?

(2) 乙公司主张取得购买机器差价款 5000 元是否符合法律规定?简要说明理由。

(3) 乙公司主张由甲公司承担处理委托事务而支出的 4000 元是否符合法律规定?简要说明理由。

(4) 甲公司要求乙公司承担损害赔偿责任是否符合法律规定?简要说明理由。

**【解析】**(1) 甲公司与乙公司签订的是行纪合同。

(2) 乙公司主张取得差价款不符合规定。根据规定，行纪人低于委托人指定价格买入的，可以按照约定增加报酬，没有约定或约定不明确的，依照《合同法》的规定仍不能确定的，该利益属于委托人。在本题中，乙公司以低于甲公司指定价格 5000 元买入，双方对该利益的归属未在合同中作出明确约定，该利益属于委托人甲公司，乙公司不能主张取得差价款。

(3) 乙公司主张甲公司承担处理委托事务而支出的 4000 元不合法。根据规定，在行纪合同中，行纪人处理委托事务支出的费用，一般由行纪人自行负担。

(4) 甲公司要求乙公司承担损害赔偿责任符合法律规定。根据规定，行纪人与第三人订立合同的，行纪人对该合同直接享有权利、承担义务。第三人不履行义务致使委托人受到损害的，行纪人应当承担损害赔偿责任，但行纪人与委托人另有约定的除外。在本题中，丙公司交付的机器设备存在瑕疵，甲公司和乙公司的合同中并未作出特别约定，乙公司应当对甲公司承担损害赔偿责任。

**【例 5-32】**A 市甲公司向 B 市乙公司购买 10 台专用设备，双方于 7 月 1 日签订了购买合同。买卖合同约定：专用设备每台 10 万元，总价 100 万元；乙公司于 7 月 31 日交货，甲公司在收货 10 日内付清款项；甲公司在合同签订后 5 日内向乙公司交付定金 5 万元；上方因合同违约而发生的纠纷，提交 C 市仲裁委员会仲裁。

7月3日，甲公司向乙公司交付了5万元定金。

7月20日，甲公司告知乙公司，因向甲公司订购该批专业设备的丙公司明确拒绝购买该批货物，甲公司一时找不到新的买家，将不能履行合同。

7月22日，乙公司通知甲公司解除合同，定金不予返还，并要求甲公司赔偿定金未能弥补的损失。甲公司不同意赔偿损失，乙公司遂向C市仲裁委员会申请仲裁。

对于乙公司的仲裁，甲公司认为：(1)只有当合同履行期满甲公司未履行合同，乙公司才可以解除合同，所以，乙公司于7月22日主张解除合同不合法，应承担相应法律责任；(2)即使合同可以解除，那么合同被解除后，合同中的仲裁条款即失去效力。所以，乙公司应向A市法院提起诉讼；(3)甲公司愿意承担定金责任，但乙公司不能再要求甲公司赔偿损失。

据查，甲公司不履行合同给乙公司造成了10万元损失。(2013年简答题)

要求：根据合同、担保、仲裁法律制度的规定，回答下列问题。

(1) 乙公司7月22日通知解除合同是否符合法律规定？简要说明理由。

(2) 甲公司主张乙公司应向A市法院提起诉讼是否符合法律规定？简要说明理由。

(3) 甲公司认为乙公司不能要求赔偿损失是否符合法律规定？简要说明理由。

**【解析】**

(1) 乙公司7月22日通知解除合同符合法律规定。根据合同法律制度的规定，在履行期限届满之前，当事人一方明确表示或者以自己的行为表明不履行主要债务的，对方当事人可以解除合同。本题中，甲公司于7月22日明确表示将不能履行合同，属于预期违约，乙公司有权解除合同。

(2) 甲公司主张乙公司应向A市法院提起诉讼不符合法律规定。根据合同法律制度的规定，合同无效、被撤销或者终止的，不影响合同中独立存在的有关解决争议方法的条款的效力。

(3) 甲公司认为乙公司不能要求赔偿损失不符合法律规定。根据《最高人民法院关于审理买卖合同纠纷案件适用法律问题的解释》规定，买卖合同约定的定金不足以弥补一方违约造成的损失，对方请求赔偿超过定金部分的损失的，人民法院可以并处，但定金和损失赔偿的数额总和不应高于因违约造成的损失。本题中，甲公司支付的5万元定金不足以弥补乙公司的损失10万元，因此，乙公司有权要求甲公司赔偿超过定金部分的损失，甲公司的观点不符合法律规定。

# 同步过关测试

## 一、单项选择题

1. 根据《合同法》的规定，下列各项中，不属于无效合同的是(　)。

A. 违反国家限制经营规定而订立的合同　B. 恶意串通，损害第三人利益的合同

C. 显失公平的合同　D. 损害社会公共利益的合同

2. 甲与乙签订借款合同，并约定由乙将自己的钻戒出质给甲。但其后乙并未将钻戒如约交付给甲，而是把该钻戒卖给了丙。丙取得钻戒后，与甲因该钻戒的权利归属发生纠纷。根据《物权法》与《合同法》的规定，下列关于该钻戒权利归属的表述中，正确的是(　)。

A. 丙不能取得该钻戒的所有权，因为该钻戒已质押给甲

B. 丙能取得该钻戒的所有权，但甲可依其质权向丙追偿

C. 丙能取得该钻戒的所有权，甲不能向丙要求返还该钻戒

D. 丙能否取得该钻戒的所有权，取决于甲同意与否

3. 甲向乙借款 50 万元，约定以甲的 A 幢房屋抵押给乙，双方为此签订了抵押合同，但在抵押登记时，登记为以甲的 B 幢房屋抵押给乙。后甲未能按约还款，乙欲行使抵押权。根据《物权法》的规定，下列关于乙行使抵押权的表述中，正确的是(　)。

A. 乙只能对甲的 A 幢房屋行使抵押权

B. 乙只能对甲的 B 幢房屋行使抵押权

C. 乙可选择对甲的 A 幢房屋或者 B 幢房屋行使抵押权

D. 乙不能行使抵押权，因为登记机关记载的抵押物与抵押合同约定的抵押物不一致，抵押无效

4. 同一财产向两人以上债权人抵押的，拍卖、变卖抵押财产所得价款应当依照有关担保法律制度的规定清偿。下列各项中，不符合《物权法》规定的是(　)。

A. 抵押权已登记的，按照登记的先后顺序清偿

B. 抵押权已登记且登记顺序相同的，按照债权比例清偿

C. 抵押权已登记的先于未登记的受偿

D. 抵押权未登记的，按照抵押合同生效时间的先后顺序清偿

5. 李某为资助 15 岁的王某上学，与王某订立赠与合同，赠与王某 10 万元，并就该赠与合同办理了公证。后李某无正当理由，在交付给王某 6 万元后就表示不再赠与了。根据《合同法》的规定，下列表述中，正确的是(　)。

A. 李某应当再给付王某 4 万元，因该赠与合同不可撤销

B. 李某可不再给付王某 4 万元，因王某属于限制行为能力人，该赠与合同效力未定

C. 李某可向王某要求返还 6 万元，因该赠与合同可撤销

D. 李某可不再给付王某 4 万元，因该赠与合同可撤销

6. 甲、乙、丙三方合作研发一项新技术，合作开发合同中未约定该技术成果的权利归属。新技术研发成功后，乙、丙提出申请专利，甲不同意。根据《合同法》的规定，下列关于专利申请的表述中，正确的是(　)。

A. 乙、丙不得去申请专利

B. 甲应当把专利申请权转让给乙、丙

C. 乙、丙可以去申请专利，取得专利权后，归乙、丙共同享有

D. 乙、丙可以去申请专利，取得专利权后，归甲、乙、丙共同享有

7. 陈某将装有2万元现金的行李箱寄存在车站寄存处，但在寄存时未告知行李箱内有现金。陈某凭取物单取行李箱时发现该行李箱已被人取走，陈某要求寄存处赔偿。根据《合同法》的规定，下列关于寄存处承担赔偿责任的表述中，正确的是(　)。

A. 按寄存物品的全部价值赔偿　　B. 不予赔偿

C. 按一般物品的价值赔偿　　D. 按寄存物品的一半价值赔偿

8. 王某向赵某借款 10 万元，以其卡车抵押并办理了抵押登记。后因发生交通事故，王某将该卡车送到甲修理厂修理。修理完毕，王某因无支付 1 万元维修费，该卡车被甲修理厂留置。后王某欠赵某的借款到期，赵某要求对该卡车行使抵押权，甲修理厂以王某欠修理费为由拒绝，双方发生争议。根据合同法律制度的规定，下列关于如何处理该争议的表述中，正确的是(　)。

A. 甲修理厂应同意赵某对该卡车行使抵押权，所欠修理费只能向王某要求清偿

B. 赵某应向甲修理厂支付修理费，之后甲修理厂向赵某交付该卡车

C. 如果经甲修理厂催告，王某两个月后仍不支付修理费，甲修理厂有权行使留置权，所得价款偿付修理费后，剩余部分赵某有优先受偿权

D. 甲修理厂应将该卡车交给赵某先行使抵押权，所得价款偿付借款后，剩余部分甲修理厂有优先受偿权

9. 根据《合同法》的规定，下列关于赠与人享有撤销赠与权利的表述中，不正确的是(　　)。

A. 赠与人对经过公证的赠与合同，可以撤销赠与

B. 受赠人对赠与人有扶养义务而不履行，赠与人可以撤销赠与

C. 受赠人不履行赠与合同约定的义务，赠与人可以撤销赠与

D. 受赠人严重侵害赠与人的近亲属，赠与人可以撤销赠与

10. 下列选项中，可以任意撤销的赠与合同是(　　)。

A. 所有类型的赠与合同　　B. 一般的赠与合同

C. 经过公证的赠与合同　　D. 具有道德义务性质的赠与合同

11. 甲公司承建乙公司的一栋商品楼，施工期间甲公司的下列行为不符合法律规定的是(　　)。

A. 乙公司未按照约定的时间和要求提供场地，甲公司要求顺延工程日期

B. 经乙公司同意，甲公司将自己承包的部分工作交由第三人完成

C. 甲公司允许分包单位将其承包的工程再分包

D. 因发包人变更计划，甲公司要求增付返工费用

12. 根据《合同法》的规定，下列情形中，要约自始没有发生法律效力的是(　　)。

A. 撤回要约的通知与要约同时到达受要约人

B. 撤销要约的通知在受要约人发出承诺通知之前到达

C. 同意要约的通知到达要约人

D. 受要约人对要约的内容作出实质性变更

13. 甲与乙两人之间存在房屋租赁合同关系。租赁合同期满后，承租人乙仍然使用该房并按照原合同如数交纳租金，甲也收取该租金，那么在原租赁合同期满后(　　)。

A. 甲乙之间存在债权债务关系但不存在租赁合同关系

B. 甲乙双方都有违约行为

C. 承租人乙侵犯了甲的所有权

D. 甲乙双方都以积极的行为建立不定期租赁关系

14. 2月1日，甲、乙双方签订了一份购销合同。合同约定甲方在6月底前将货物运至乙方，乙方于接到货物后15天内将货款付给甲方。甲方按期将货物通过火车发运给乙方，但迟至9月底仍未收到乙方的货款，后诉至法院。乙方在法庭上辩称，由于8月份本地发洪水，致使自己无法履行合同义务，请求免除违约责任。以下说法正确的是(　　)。

A. 乙方的理由可以成立，法院应予支持

B. 乙方的理由不成立，该情况是由于乙延迟履行义务而造成的

C. 乙方的理由可以成立，该情况属于合同法规定的免责事由，可以免除乙的责任

D. 乙方的理由可以成立，该货物的损失由甲自行承担

15. 2012年8月10日，甲公司与乙公司签订一份货物买卖合同。合同约定，乙公司于8月20日到甲公司的库房提取所购全部货物。乙公司由于自身原因至8月30日才去提取该批货物，但8月25日甲公司的库房因雷击发生火灾，致使乙公司应提取的部分货物毁损。根据《合同法》的规定，乙公司承担该批货物毁损、灭失风险的起始时间是(　　)。

A. 8 月 10 日　　B. 8 月 20 日　　C. 8 月 25 日　　D. 8 月 30 日

16. 甲欠乙 10 000 元借款，甲到期不能清偿。乙打听到丙欠甲 15 000 元钱。甲一直没有向丙催要，乙准备要求丙清偿甲的欠款。乙的下列行为中符合代位权行使的有关法律规定的是(　　)。

A. 乙以自己的名义向法院起诉要求丙偿还债务

B. 乙要求丙将 15 000 元全部偿还

C. 在丙的债务未到期的情况下，乙要求丙提前偿还

D. 乙向丙许诺，只要丙偿还 10 000 元钱就可免除其余 5000 元

17. 14 岁的学生小杰名下有一处继承的房产，市场价值 300 万元，在 2012 年的 12 月 25 日，小杰将该房产以 200 万元的价格出售给了张某，签署了相关的房屋买卖合同，并且已经办理了过户手续，但是该出售行为事先未经过小杰的监护人的签字同意。那么关于该房屋买卖合同，以下说法正确的是(　　)。

A. 该房屋买卖合同是无效的，因为签订合同的当事人双方必须是完全民事行为能力人

B. 该房屋买卖合同属于效力待定的合同，经过小杰的监护人追认后合同生效

C. 该房屋买卖合同属于可撤销的合同，张某可以随时行使撤销权

D. 该房屋买卖合同属于有效合同，因为该合同是与小杰的年龄、智力相适应而订立的合同

18. 下列关于买卖合同标的物风险负担的说法正确的是(　　)。

A. 所有权转移与否不是确定买卖合同风险转移的标准

B. 标的物毁损、灭失的风险由买受人承担的，因出卖人履行债务不符合约定的，买受人不能再要求出卖人承担违约责任

C. 出卖人出卖交由承运人运输的在途标的物，除当事人另有约定的以外，毁损、灭失的风险自合同成立时起由出卖人承担

D. 出卖人未按照约定交付有关标的物的单证和资料的，标的物毁损、灭失的风险不转移

19. A 公司向 B 银行借款 10 万元，还款期限 1 年，C 公司为保证人，保证合同约定 C 公司承担保证责任直至 A 向 B 还清本息为止。C 公司的保证期间是(　　)。

A. 主债务履行期届满之日起 6 个月　　B. 借款发生之日起 2 年

C. 视为与还款期限等同，即 1 年　　D. 主债务履行期届满之日起 2 年

20. 甲家具厂与乙木材公司签订一份长期供货合同，合同约定：甲家具厂以自有的加工设备作为货款的抵押物，担保金额最高为 50 万元。在合同期限内，乙木材公司总计供货 10 次，货款总额为 80 万元；甲家具厂总计支付货款 20 万元，其余 60 万元无力偿还。乙木材公司享有优先受偿的数额是(　　)。

A. 20 万元　　B. 30 万元　　C. 50 万元　　D. 60 万元

21. 甲企业与乙银行签订借款合同，借款金额为 100 万元人民币，借款期限为 1 年，由丙企业作为借款保证人。合同签订 3 个月后，甲企业因扩大生产规模急需追加资金，遂与乙银行私下协商，将贷款金额增加到 150 万元。后甲企业到期不能偿还债务，根据《担保法解释》的规定，下列关于丙企业保证责任的说法正确的是(　　)。

A. 丙企业不再承担保证责任，因为甲与乙变更合同条款未得到丙的同意

B. 丙企业对 100 万元应承担保证责任，增加的 50 万元不承担保证责任

C. 丙企业应承担 150 万元的保证责任，因为保证合同是从合同

D. 丙企业不再承担保证责任，因为保证合同因甲、乙变更了合同的数额条款而致保证合同无效

22. 甲公司欠乙公司 500 万元货款未付，丙公司是甲公司的母公司。甲公司与丙公司订立协议，约定将甲公司欠乙公司的该笔债务转移给丙公司承担。下列关于甲公司和丙公司之间债务转让行为的表述中，正确的是(　　)。

A. 经乙公司同意才能生效

B. 通知乙公司即可生效

C. 直接生效

D. 直接生效，且甲公司和丙公司对乙公司承担连带清偿责任

23. 2011 年 5 月 1 日甲和乙签订了一批家具的买卖合同，约定：“乙先交钱，甲后交货”。乙交付货款之后，甲于同年 6 月 1 日向乙交付家具。双方对该批家具没有约定验货期间，乙收到家具后没有及时检验，后发现该批家具存在质量问题，但一直未通知甲该事宜，2013 年 8 月 1 日，甲从丙处听说该批家具有质量问题，甲十分注重声誉，于是主动要求向乙承担违约责任，并给付违约金。对此，下列表述错误的是(　　)。

A. 乙应当对该批家具及时检验

B. 由于乙没有及时通知甲家具有质量问题，因此，视为该批家具的质量符合约定

C. 乙收到家具后，两年内没有通知甲，视为该批家具的质量符合约定。该两年为可变期间，适用诉讼时效中断、中止和延长的规定

D. 甲向乙承担违约责任后如果反悔的，认为两年的时间已经经过，要求乙返还甲因承担违约责任所给付的违约金，对此人民法院应不予支持

24. 田某因治病而急需用钱，但又求借无门。薛某知道后表示愿借给田某 3000 元，但半年后须加倍偿还，否则以田某的两头耕牛代偿。万般无奈下，田某表示同意。根据规定，田某与薛某之间的合同行为(　　)。

A. 因存在欺诈而可撤销

B. 因存在欺诈而无效

C. 因存在乘人之危而无效

D. 因存在乘人之危而可撤销

25. 甲公司与乙公司签订了一份承揽合同，由乙公司为甲公司制造一批家具。合同签订后，甲公司不再需要这批货物，遂要求解除合同，解除合同会给乙公司造成 5 万元损失。根据《合同法》的规定，下列表述中正确的是(　　)。

A. 甲公司无权解除合同

B. 经乙公司同意，甲公司有权解除合同

C. 甲公司应当赔偿乙公司的损失

D. 乙公司的损失应自行承担

26. 赵某向张某借款，以自己的一台便携式电脑作为抵押，并在抵押合同中约定到期不清偿该便携式电脑即归张某所有，但未办理登记手续。对此，下列说法符合规定的是(　　)。

A. 因该便携式电脑未办理登记，该抵押合同不生效

B. 因约定流押条款，该抵押合同不生效

C. 因约定流押条款，该抵押合同的流押条款无效，但该抵押合同有效

D. 因约定流押条款，该抵押合同的流押条款无效，但该抵押合同的效力处于不确定状态

27. 依据合同法的规定，下列关于合同效力和履行的论述中，错误的是(　　)。

A. 甲和乙签订了一份商品房买卖合同，双方约定该合同以登记为生效条件，甲乙没有

去相关部门办理登记手续的，该合同不生效

B. 丙是限制民事行为能力人，其订立的所有合同必须经法定代理人追认后方为有效

C. 丁和戊签订了一份设备买卖合同，丁为卖方。如果该合同没有约定货物履行地点，依据相关规则仍不能确定，则应当在丁方所在地履行

D. 己和庚签订一份原材料买卖合同，己提出其中部分货物由辛向庚交付，庚同意了。当辛违约未向庚交付货物时，应当由己向庚承担违约责任

28. 甲于2月14日向乙发出签订合同的要约，乙于2月18日收到要约，甲、乙双方约定采用合同书形式并在3月13日在合同上签字，合同中约定该合同于3月25日生效。根据《合同法》的规定，该合同的成立时间是(　　)。

A. 2月14日　　B. 2月18日　　C. 3月13日　　D. 3月25日

29. 王某与李某订立房屋租赁合同，约定租期5年。半年后，王某与不知情的刘某签订房屋买卖合同，将该房转让给刘某并办理了过户登记手续，但未通知李某。不久，李某以其优先购买权受到侵害为由，请求法院判决王某与刘某之间的房屋买卖合同无效。根据合同法律制度的规定，下列说法正确的是(　　)。

A. 王某有权自主出售房屋，无须通知李某

B. 王某与刘某之间的房屋买卖合同有效，但刘某不能取得该房屋的所有权

C. 王某与刘某之间的房屋买卖合同无效，但刘某已经取得该房屋的所有权

D. 刘某取得该房屋的所有权，但无权要求李某腾退房屋

30. 8月1日，王某与张某签订合同，将其拥有的一件罕见宝石以10万元的价格转让给张某，双方约定10日后交货付款；8月2日，不知情的李某见该宝石，十分喜爱，表示愿以15万元的价格购买，王某遂与之签订合同，李某当场支付了10万元，约定8月5日付清余款并交货；8月3日，王某又与不知情的陈某订立合同，以20万元的价格将该宝石售予陈某，并当场交付，陈某仅支付了8万元，承诺余款8月15日付清。后张某、李某均要求王某履行合同，各方诉至法院。根据相关法律制度的规定，下列说法正确的是(　　)。

A. 应认定陈某取得了宝石的所有权

B. 应支持李某要求王某交付宝石的请求

C. 应支持张某要求王某交付宝石的请求

D. 王某与张某的合同有效，王某与李某、王某与陈某的合同均无效

31. 张某以分期付款的方式在某超市购买了洗衣机一台，价款为4000元。后因付款问题与超市产生纠纷，对此，下列说法正确的是(　　)。

A. 若张某未支付到期价款的金额达到800元，则超市可以要求买受人一并支付剩余全部价款或者解除合同

B. 如果解除合同，超市不可以向张某要求支付该标的物的使用费

C. 双方约定张某在3个月内分两次向超市支付合同价款，可被认定为合同法上的“分期付款”

D. 因付款方式为分期付款，应同时适用所有权保留的规定

32. 根据担保法律制度的规定，下列情形中，甲享有留置权的是(　　)。

A. 甲为乙修理汽车，乙拒付修理费，待乙前来提车时，甲将该汽车扣留

B. 甲为了迫使丙偿还欠款，强行将丙的一辆汽车拉走

C. 甲为丁有偿保管某物，保管期满，丁取走保管物却未付保管费。于是，甲谎称丁取

走的保管物有误，要求丁送回调换。待丁送回该物，甲即予以扣留，要求丁支付保管费

D. 甲为了确保对戊的一项未到期债权能够顺利实现，扣留戊交其保管的某物不还

33. 某工程的总承包人乙公司经发包人甲公司同意，将自己承包的部分建设工程分包给丙公司。因丙公司完成的工程质量出现问题，给甲公司造成200万元的经济损失。根据合同法律制度的规定，下列选项中，正确的是(　　)。

A. 由丙公司承担赔偿责任

B. 由乙公司承担赔偿责任

C. 首先由丙公司承担赔偿责任，不足部分由乙公司承担

D. 由乙公司和丙公司承担连带赔偿责任

34. 甲建筑公司承揽了乙单位家属楼的电梯维修工作。因为工期紧，经乙单位同意，甲公司将主要维修任务委托给丙公司来完成。由于丙公司雇用的部分新员工缺乏经验，使得维修后的电梯房出现质量问题。根据《合同法》的规定，对该质量问题承担责任的是(　　)。

A. 丙装饰公司　　B. 甲建筑公司

C. 甲建筑公司和丙装饰公司　　D. 甲建筑公司、丙装饰公司和乙单位

## 二、多项选择题

1. 甲银行与乙公司签订一份借款合同，合同签订后，甲银行依约发放了部分贷款，乙公司未按照约定的用途使用借款。根据《合同法》的规定，甲银行可以行使的权利有(　　)。

A. 停止发放后续贷款　　B. 提前收回已发放贷款

C. 解除借款合同　　D. 对乙公司罚款

2. 根据《合同法》的规定，下列情形中，应由买受人承担标的物毁损、灭失风险的有(　　)。

A. 买受人下落不明，出卖人将标的物提存的

B. 标的物已运抵交付地点，买受人因标的物质量瑕疵而拒收货物的

C. 合同约定在标的物所在地交货，买受人违反约定未前往提货的

D. 出卖人出卖交由承运人运输的在途标的物，买卖双方未就标的物损毁、灭失的风险做特别约定的

3. 甲公司向乙公司购买一台大型设备，由于疏忽未在合同中约定检验期。该设备运回后，甲公司即组织人员进行检验，未发现质量问题，于是投入使用。至第3年，该设备出现故障，经反复查找，发现该设备关键部位存在隐蔽瑕疵。该设备说明书表明质量保证期为4年。根据《合同法》的规定，下列关于乙公司是否承担责任的表述中，不正确的是(　　)。

A. 乙公司在合理期限内，未收到甲公司有关设备质量不合格的通知，故该设备质量应视为合格，乙公司不承担责任

B. 乙公司在两年内未收到甲公司有关设备存在瑕疵的通知，故该设备质量应视为合格，乙公司不承担责任

C. 该设备说明书标明质量保证期为4年，故乙公司应承担责任

D. 甲公司与乙公司双方未约定质量检验期间，都存在过错，应分担责任

4. 陈某用自己的轿车作抵押向银行借款40万元，并办理抵押登记手续。陈某驾驶该车出行时，不慎发生交通事故。经鉴定，该车的价值损失了30%。保险公司赔偿了该车损失。根据

合同法律制度的规定，下列关于该抵押担保的表述中，正确的有(　　)。

A. 该轿车不在担保银行债权　　B. 该轿车应担保银行债权

C. 保险赔款不应担保银行债权　　D. 保险赔款应担保银行债权

5. 甲、乙合作开发完成一项发明，但双方未就专利申请权相关事项作任何约定。根据《合同法》的规定，下列关于该项发明的专利申请权的表述中，正确的有(　　)。

A. 对该项发明申请专利的权利属于甲乙共有

B. 如果甲放弃其专利申请权，乙可以单独申请

C. 如果甲不同意申请专利，乙可以自行申请

D. 如果甲准备转让其专利申请权，乙在同等条件下有优先受让的权利

6. 根据《合同法》规定，下列属于承担缔约过失责任的情形的有(　　)。

A. 假借订立合同，恶意进行磋商

B. 故意隐瞒与订立合同有关的重要事实

C. 故意提供与订立合同有关的虚假信息

D. 通过订立合同正当使用对方的商业机密内容

7. 根据《合同法》规定，下列情况属于合同的变更的有(　　)。

A. 标的物数量的变更　　B. 质量标准的提高

C. 违约金的增加　　D. 合同当事人的变更

8. 张某将自己拥有的一艘商用船同时卖给李某和贾某两人，张某于 2 月 1 日与贾某依法签订了买卖合同，于 2 月 5 日与李某依法签订了买卖合同，均未办理交付手续，但与李某办理了船舶登记转移手续。下列说法正确的有(　　)。

A. 李某请求张某履行交付标的物义务的，人民法院应予支持

B. 张某与贾某和李某分别就同一标的物签订的买卖合同均无效

C. 张某与贾某的合同成立在先，应确认为有效；与李某签订的合同在后，应确认为无效

D. 贾某请求张某履行交付标的物义务的，人民法院不予支持

9. 债权人甲认为债务人乙怠于行使其债权给自己造成损害，欲提起代位诉讼。下列各项债权中，不得提起代位诉讼的有(　　)。

A. 赡养关系产生的给付请求权　　B. 安置费请求权

C. 人身伤害赔偿请求权　　D. 因继承关系产生的给付请求权

10. 下列关于不安抗辩权的说法，符合我国《合同法》规定的有(　　)。

A. 不安抗辩权的行使需基于履行有先后顺序的同一双务合同

B. 应当先履行债务的一方当事人如果有确切证据证明对方有丧失或者可能丧失债务履行能力的情形即可终止履行合同

C. 在诉讼或者仲裁中，主张不安抗辩权一方应负举证义务

D. 不安抗辩权的行使需要征得对方同意

11. 关于合同的书面形式，下列说法正确的有(　　)。

A. 当事人订立合同可以采用书面形式、口头形式和其他形式

B. 当事人在合同书上摁手印的，具有与签字或者盖章同等的法律效力

C. 当事人采用合同书形式订立合同的，自双方当事人签字或盖章时合同成立

D. 应采用书面形式订立的合同，当事人未采用书面形式但一方已履行主要义务，对方

接受的，该合同成立

12. 关于保证合同，下列表述正确的有(　　)。

A. 保证合同是单务、无偿、诺成、要式合同

B. 不具有完全代偿能力的法人，以保证人身份订立保证合同后，又以自己没有代偿能力要求免除保证责任的，人民法院可以支持

C. 从事经营活动的事业单位、社会团体为保证人的，如无其他导致保证合同无效的情况，其所签订的保证合同应当认定为有效

D. 当事人没有在主合同中约定保证条款，保证人即便在主合同上以保证人的身份签字的，该保证合同也不成立

13. X 市甲厂因购买 Y 市乙公司的一批木材与乙公司签订了一份买卖合同，但合同中未约定交货地与付款地，双方就此未达成补充协议，按照合同有关条款或者交易习惯也不能确定。根据合同法律制度的规定，下列关于交货地及付款地的表述中，正确的有(　　)。

A. X 市为交货地　　B. Y 市为交货地　　C. X 市为付款地　　D. Y 市为付款地

14. 下列情形中，合同非违约人只能要求违约人损害赔偿而不能要求其实际履行的有(　　)。

A. 甲公司与乙公司签订买卖大豆的合同，合同生效后大豆市场价上涨，甲公司拟单方面提高价格遭到拒绝，甲公司拒绝交付大豆

B. 张某将家传的一块鸡血石请著名雕刻家代刻成名章，然该雕刻家顽皮的小孙子不慎将此石打碎

C. 甲、乙为准备婚事在某大饭店定下 20 桌结婚酒席，然结婚那天，饭店竟忘记准备此 20 桌结婚酒席

D. 双方订立以某物为标的之买卖合同，买方迟延交货，不久国家法令禁止再行买卖此物

15. 下列关于融资租赁合同的说法正确的有(　　)。

A. 融资租赁合同是出租人将租赁物交付承租人使用、收益，承租人支付租金的合同

B. 融资租赁合同可以约定租赁期间届满租赁物的归属

C. 融资租赁合同的租金，除当事人另有约定的以外，应当根据购买租赁物的大部分或者全部成本以及出租人的合理利润确定

D. 融资租赁合同应当采用书面形式

16. 2012 年 10 月 1 日，甲有一批货物正在由北京运往上海准备销售的途中，10 月 5 日，甲与上海的乙就这批货物洽谈并签订了买卖合同，约定甲将货物卖给乙。签订合同时该标的物仍在运输途中，此时关于标的物的风险的承担表述正确的有(　　)。

A. 标的物的风险自合同成立时由买受人乙承担

B. 标的物的风险在实际交付买受人乙之前是出卖人甲承担

C. 如果甲在 10 月 5 日已知该批货物毁损但未告知乙，则应当是甲承担货物毁损的风险

D. 如果甲在 10 月 5 日已知该批货物毁损但未告知乙，则仍应是乙承担货物毁损的风险

17. 下列财产用于抵押时，抵押权自抵押合同生效时设立的有(　　)。

A. 正在建造的船舶　　B. 半成品

C. 建设用地使用权　　D. 房屋

18. 张某租赁李某小型抽水机一台，租期 8 个月，下列表述正确的有(　　)。

A. 该租赁合同应采用书面形式，未采用书面形式合同无效

B. 该抽水机在正常使用下自然磨损，张某无须承担损害赔偿责任

C. 在租赁期内，抽水机发生故障，需要维修，该费用由李某承担

D. 张某无须李某同意，可将抽水机转租给农民赵某

19. 下列关于技术服务合同的说法中，正确的有(　　)。

A. 当事人对技术服务合同受托人提供服务所需费用的负担没有约定或者约定不明确的，由受托人承担

B. 技术服务合同的受托人未按照合同约定完成服务工作的，应当承担免收报酬等违约责任

C. 当事人一方不得以技术转让的名义提供已进入公有领域的技术

D. 技术服务合同受托人发现委托人提供的资料、数据、样品、材料、场地等工作条件不符合约定，未在合理期限内通知委托人的，视为其对委托人提供的工作条件予以认可

20. 2013 年 2 月 14 日，张某向李某购买了一台价值 10 万元的健身器，合同签订后张某向李某支付货款 10 万元。2 月 15 日张某因车祸死亡，李某 2 月 16 日依约向张某交货时，张某的继承人尚未确定，健身器无人接收，李某遂将健身器提存。2 月 20 日张某的继承人确定为小张。下列表述中，不正确的有(　　)。

A. 如果提存的费用过高，李某可以将健身器拍卖或者变卖，提存所得价款

B. 提存后李某没有通知小张的义务

C. 小张可以随时向提存机关领取健身器

D. 提存的费用应由李某支付

21. 李某向张某借款 1000 元，李某以母牛做抵押，母牛价值 1200 元。李某到期未还款，法院依法扣押了母牛，扣押期间母牛生了个小牛。若张某未通知李某，根据合同法律制度的规定，下列表述中，不正确的有(　　)。

A. 李某是小牛的所有权人

B. 张某是小牛的所有权人

C. 为实现抵押权，依法将母牛、小牛卖掉，价款分别为 800 元、300 元，则张某只能就 1000 元优先受偿，剩余的 100 元归李某

D. 为实现抵押权，依法将母牛、小牛卖掉，价款为 600 元、200 元，则不足的 200 元不能向李某追偿

22. 根据合同法律制度的规定，下列表述中，正确的有(　　)。

A. 合同订立后，经当事人协商一致，可以解除合同

B. 当事人一方延迟履行债务，即使不影响合同目的的实现，对方当事人也可以解除合同

C. 在履行期限届满之前，当事人一方以自己的行为表明不履行主要债务的，对方当事人可解除合同

D. 一般情况下，在订立合同时，当事人事先约定了解除合同的条件；一旦该条件成就，当事人就可以解除合同

## 三、判断题

1. 个体户郑某向林某借款10万元，以自有的生产机器一台抵押于林某，且办理了抵押登记。

其后，郑某因违规操作致使该机器损坏，送至甲修理厂修理，后因郑某无力向林某偿还借款和向甲修理厂支付修理费而发生纠纷，由于抵押权办理了登记且先于甲修理厂的留置权成立。所以，林某认为，抵押权应优先于留置权受偿，林某的观点是正确的。（ ）

2. 在一份保险公司合同履行过程中，当事人对合同所规定的“意外伤害”条款的含义产生了不同理解，投保人认为其所受伤害应属于赔付范围，保险公司则认为不属于赔付范围，双方争执不下，诉至法院。法院认为当事人的观点都有合理性，但还是采用了对投保人有利的解释。法院的做法是正确的。（ ）

3. 甲企业向乙企业购买了一批总价款100万的建筑材料，甲企业支付了60万元，约定其余的40万元在3个月内付清。后甲企业将一台价值30万元的施工设备交由乙企业代为保管。3个月后，几经催告，甲企业仍未支付乙企业40万元贷款。则甲企业要求提取该设备时，乙企业可以将该设备留置以担保货款债权的实现。（ ）

4. 甲企业与乙企业公司签订一买卖合同。合同约定：若发生合同纠纷，须交A市仲裁委员会仲裁。后因乙公司违约，甲公司依法解除合同，并要求乙公司赔偿损失。双方对赔偿数额发生争议，甲公司就该争议向A市仲裁委员会申请仲裁。乙公司认为，因合同被解除，合同中的仲裁条款已失效，故甲公司不能向A市仲裁委员会申请仲裁。乙公司的观点是正确的。（ ）

5. 居间人促成合同成立的，居间活动的费用，由居间人负担。居间人未促成合同成立的，不得要求支付报酬，但可以要求委托人支付从事居间活动支出的必须费用。（ ）

6. 抵押物登记记载的内容与抵押合同约定的内容不一致的，以抵押合同约定的内容为准。（ ）

7. 采用数据电文形式订立合同，收件人未指定特定系统的，该数据电文进入收件人的任何系统的首次时间，视为要约或者承诺到达时间。（ ）

8. 合同当事人延迟履行后发生不可抗力的，不能免除责任。（ ）

9. 租赁合同的期限不得超过 20 年，超过 20 年的，租赁合同无效。（ ）

10. 合同约定由债务人甲向第三人乙履行交货义务，甲在所交货物的质量不符合合同约定时，应当向乙承担违约责任。（ ）

11. 用人单位和劳动者之间建立劳动关系，订立、履行、变更、解除或者终止劳动合同，属于《合同法》的调整范围。（ ）

12. 负有缔约过失责任的当事人，应当赔偿受损害的当事人，但是只赔偿受损害当事人直接利益的减少即可，间接利益的损害由受损害的当事人自行承担。（ ）

13. 甲于11月1日向乙发出签订合同的要约，乙于11月10日承诺同意，甲、乙双方在11月13日签订合同，合同中约定该合同于3月25日生效。根据合同法律制度的规定，该合同的生效时间是3月25日。（ ）

14. 合同的变更是在合同主体不改变的前提下对合同内容的变更，合同性质并不改变。而合同的转让指合同主体的变更。（ ）

15. 赠与人的撤销权，自知道或者应当知道撤销原因之日起1年内行使；赠与人的继承人或者法定代理人的撤销权，自知道或者应当知道撤销原因之日起6个月内行使。（ ）

16. 所有权保留的规定只适用于动产，当事人主张适用于不动产的，人民法院不予支持。（ ）

17. 甲与乙订立买卖合同，按照约定甲交付定金后，乙向甲发货。一周后，乙在交货前有确切证据表明甲经营状况严重恶化。乙得知该情况后，可以中止合同履行并要求甲提供适当

担保。（　）

18. 保管期间届满或者寄存人提前领取保管物的，保管物的孳息归保管人所有。（　）

19. 甲向乙发出一封电报称：现有白糖100吨，每吨售价2000元，如果有意购买，请于6月1日前到我厂提货。该电报属于要约。（　）

20. 承揽人将其承揽的辅助工作交由第三人完成，但承揽人就该第三人完成的工作成果向定作人负责。（　）

## 四、简答题

1. 甲公司将一幢自有二层楼房租赁给乙公司作为经营用房，双方签订租赁合同，合同约定：租赁期限自2006年1月1日至2009年12月31日，租金为每月5000元，在每月初的前3天支付上月的租金。合同未约定房屋维修责任的承担以及是否可以转租等问题。2007年3月，甲公司有意出售该租赁楼房，因乙公司无意购买，甲公司遂将租赁楼房卖给丙企业，丙企业取得租赁楼房的所有权后，以自己不是租赁合同的当事人为由向乙公司表示要解除租赁合同，乙公司不同意解除合同，但愿意每月增加租金1000元，丙企业表示同意。2007年8月，租赁楼房的部分门窗自然损坏，乙公司要求丙企业修理，丙企业一直未予理睬，乙公司自行找某装修企业维修，为此支付维修费用4000元。2007年10月，乙公司另购买了一个办公大楼，遂将其所租赁楼房转租给丁企业。丙企业于2008年1月3日得知转租事实后，以不得转租为由向乙公司主张解除租赁合同并要求乙公司支付上月未交付租金6000元，乙公司表示，维修费用可以抵销4000元租金，只愿意再支付2000元，但不同意解除租赁合同。(2009年)

要求：根据《合同法》的有关规定，回答下列问题。

(1) 丙企业取得租赁楼房的所有权后，可否以自己不是租赁合同的当事人为由解除租赁合同？简要说明理由。

(2) 丙企业可否以不得转租为由向乙公司主张解除租赁合同？简要说明理由。

(3) 乙公司可否以维修费用抵销4000元租金？简要说明理由。

2. 2007年7月1日，甲钢铁公司(以下简称甲公司)向乙建筑公司(以下简称乙公司)发函，其中有甲公司生产的各种型号钢材的数量、价格表和一份订货单，订货单表明：各型号钢材符合行业质量标准，若乙公司在8月15日前按价格表购货，甲公司将满足供应，并负责运送至乙公司所在地，交货后付款。7月10日，乙公司复函称：如果A型号钢材每吨价格下降200元，我公司愿购买3000吨A型号钢材，贵公司如同意，须在7月31日前函告。7月25日，甲公司决定接受乙公司的购买价格，在甲公司作出决定后同日收到乙公司的撤销函件，表示不再需要购买A型号钢材。7月26日时，甲公司正式发出确认函告知乙公司，表示接受乙公司就A型号钢材的购买数量及价格，并要求乙公司按约定履行合同，乙公司于当日收到甲公司的该确认函。乙公司认为其已给甲公司发出撤销函件，故买卖合同未成立，双方因此发生争议。(2009年)

要求：根据《合同法》的有关规定，回答下列问题。

(1) 2007年7月1日，甲公司向乙公司发出的函件是要约还是要约邀请？简要说明理由。

(2) 2007年7月10日，乙公司向甲公司回复的函件是否构成承诺？简要说明理由。

(3) 乙公司主张买卖合同未成立的理由是否成立？简要说明理由。

3. 2008年3月，甲合伙企业(以下简称甲企业)向乙银行借款100万元，期限为2年，由王某和陈某与乙银行签订保证合同，为甲企业借款提供共同保证，保证方式为一般保证。后甲企业经营业绩不佳，亏损严重。王某遂与陈某约定，以3:2的比例分担保证责任。

2009年6月，因甲企业提出破产申请，人民法院受理了该破产案件，故乙银行要求王某与陈某承担连带保证责任。王某认为：保证合同约定的保证方式为一般保证，乙银行应先要求甲企业承担责任；陈某则宣称自己没有财产，自认为自己与王某已有约定，只需承担40%的责任。

经查，陈某对自己的远亲林某还享有10万元的到期借款债权，一直没有要求林某返还。

乙银行最后决定分别对王某、陈某和林某提起诉讼，请求法院判定由王某和陈某承担连带责任，由林某代替陈某向自己偿还10万元借款。(2010年)

要求：根据上述情况和合同法律制度的规定，回答下列问题。

(1) 王某提出的乙银行应先要求甲企业承担责任的主张是否成立?简要说明理由。

(2) 陈某提出自己对银行的保证责任只需承担40%的主张是否成立?简要说明理由。

(3) 乙银行请求法院判定林某代替陈某偿还10万元借款能否得到法律支持?简要说明理由。

4. 甲公司专营A地至B地的旅客运输业务。2013年11月1日，由于正值客运淡季， 甲公司将一使用空调车的班次取消，购买了该班次车票的旅客被合并至没有空调的普通客车中。该批旅客认为甲公司的做法不合理，要求退还部分票款，但甲公司以近期多雨雾、路不好走、两种票价金额相差不大为由，不同意退还相差部分的票款。

当车行至某段山路时，司机因故采取了急刹车措施。乘客乙被甩到车内地板上摔伤。乘客乙经医院诊断鉴定为腰椎压缩性骨折，要求甲公司承担医药费及其他相关损失。

要求：根据合同法律制度的规定，分别回答下列问题。

(1)甲公司不退还部分旅客票款的行为是否符合法律规定？简要说明理由。

(2)甲公司应否对乘客乙受伤承担损害赔偿责任？简要说明理由。

5. 甲公司与乙公司于2013年12月1日签订一份互联网电视机购销合同，约定甲公司向乙公司购买100台互联网电视机，乙公司于12月11日前交货，每台电视机单价5000元，乙公司负责送货，甲公司于货到后立即付款。乙公司于12月8日发出了该100台电视机。甲公司由于发生资金周转困难，于12月10日传真告知乙公司自己将不能履行合同。乙公司收到传真后，努力寻找新的买家，于12月15日与丙公司签订了该100台电视机的购销合同。合同约定：丙公司购买100台托运中的电视机，每台单价4900元，丙公司于订立合同时向乙公司支付5万元定金，在收到货物后20天内付清全部货款；在丙公司付清全部货款前，乙公司保留对电视机的所有权；如有违约，违约方应承担合同总价款20%的违约金。乙公司同时于当日传真通知甲公司解除与甲公司签订的合同。12月20日，运输公司在运输该批电视机的过程中遇上泥石流，其中有30台电视机毁损。丙公司于12月25日收到70台完好无损的电视机后，又与丁公司签订合同准备将这70台电视机全部卖与丁公司。同时丙公司以其未能如约收到100台电视机为由拒绝向乙公司付款。乙公司认为丙公司拒绝付款构成违约，决定不返还其定金，同时要求其按合同约定给付违约金。

要求：根据上述情况和合同法律制度的有关规定，回答下列问题。

(1) 乙公司可否在与甲公司的合同履行期届满前解除合同？并说明理由。

(2) 遭遇泥石流而毁损的电视机的风险应由谁承担？并说明理由。

(3) 乙公司不返还定金并要求丙公司支付违约金的主张能否得到支持？并说明理由。

(4) 丙公司与丁公司所签合同的效力如何？并说明理由。

6. 2013年6月15日，北京某大型橡胶制品厂(以下简称“橡胶厂”)的采购代理人张某代表公司与华夏贸易有限公司(以下“贸易公司”)签订了购买贸易公司所进口的一批化工产品的合同。按照合同约定，贸易公司向橡胶厂交付500吨化工产品，每吨售价5100元，合同签订后1

个月内由贸易公司负责将货物运至橡胶厂所在地，交货后 1 个月内以电汇方式付款。合同签订后，贸易公司的业务负责人通过查阅张某的代理授权委托书得知，橡胶厂给予其签订合同金额的权限为 200 万元，超过该金额必须经过本厂的确认。为此，合同签订当天，贸易公司即向橡胶厂发出确认合同通知，橡胶厂 6 月 16 日予以答复，同意履行合同。 由于订货量较大，6 月 17 日，在贸易公司的要求下，橡胶厂以自己的一台生产设备提供抵押担保，另外又请 A 企业为其提供连带责任保证，经查，债权人、保证人和债务人并未就实现债权的方式以及担保的金额作出约定。 贸易公司为了保证及时运送货物，又与运输公司签订了运输合同，按照合同约定，总运费为 40 万元，6 月 20 日，贸易公司向运输公司开出面值 10 万元的银行汇票作为定金。剩余运费待货物运到后付款。 7 月 1 日，橡胶厂接到该批化工原料，验收合格后入库。8 月 1 日，橡胶厂财务恶化，无法清偿到期对贸易公司的债务，随将橡胶厂所抵押的生产设备拍卖，拍卖价款为 150 万元，但是贸易公司因各种原因放弃了对该 150 万元价款的清偿，要求保证人 A 承担全部债务。

要求：根据上面所述事实并结合相关法律制度的规定，回答以下问题。

(1) 张某超出橡胶厂的授权范围与贸易公司签订的合同是否有效？并说明理由。

(2) 贸易公司向运输公司支付的定金数额是否符合规定？并说明理由。

(3) 抵押的设备拍卖后，保证人 A 企业所确定的保证责任为多少？并说明理由。

(4) 贸易公司要求保证人 A 企业承担全部债务是否符合规定？并说明理由。

## 五、综合题

1. 甲公司向乙宾馆发出一封电报称：现有一批电器，其中电视机80台，每台售价3400元；电冰箱100台，每台售价2800元，总销售优惠价52万元。如有意购买，请告知。

乙宾馆接到该电报后，遂向甲公司回复称：只欲购买甲公司50台电视机，每台电视机付款3200元；60台电冰箱，每台电冰箱付款2500元，共计支付总货款31万元，货到付款。

甲公司接到乙宾馆的电报后，决定接受乙宾馆的要求。甲、乙签订了买卖合同，约定交货地点为乙宾馆，如双方发生纠纷，选择A仲裁机构仲裁解决。

甲公司同时与丙运输公司签订了合同，约定由丙公司将货物运至乙宾馆。丙公司在运输货物途中遭遇洪水，致使部分货物毁损。丙公司将剩余的未遭损失的货物运至乙宾馆，乙宾馆要求甲公司将货物补齐后一并付款。

甲公司迅速补齐了货物，但乙宾馆以资金周转困难为由，表示不能立即支付货款，甲公司同意乙宾馆推迟1个月付款。1个月后经甲公司催告，乙宾馆仍未付款。于是，甲公司通知乙宾馆解除合同，乙宾馆不同意解除合同。

要求：根据上述内容，分别回答下列问题。

(1) 甲公司向乙宾馆发出的电报是要约还是要约邀请？

(2) 乙宾馆的回复是承诺还是新的要约？并说明理由。

(3) 丙公司是否应对运货途中的货物毁损承担损害赔偿责任？并说明理由。

(4) 甲公司能否解除与乙宾馆的买卖合同？并说明理由。

2. 2013年6月，甲公司将一台价值900万元的机床委托乙仓库保管，双方签订的保管合同约定：保管期限从6月21日至10月20日，保管费用2万元，由甲公司在保管到期提取机床时一次付清。

8月，甲公司急需向丙公司购进一批原材料，但因资金紧张，暂时无法付款。经丙公司同意，甲公司以机床做抵押，购入丙公司原料。双方约定：至12月8日，如甲公司不能偿付全部原材料款，丙公司有权将机床变卖，以其价款抵偿原材料款。

10月10日，甲公司与丁公司签订了转让机床合同(丙公司已经同意)，双方约定：甲公司将该机床作价860万元卖给丁公司，甲公司于10月31日前交货，丁公司在收货后10日内付清货款。

10月下旬，甲公司发现丁公司经营状况恶化(有证据证明)，于是通知丁公司中止交货并要求丁公司提供担保，丁公司没有给予任何答复。11月上旬，甲公司发现丁公司经营状况进一步恶化，于是向丁公司提出解除合同。丁公司遂向法院提起诉讼，要求甲公司履行合同并赔偿损失。

要求：根据合同法律制度的规定，分别回答下列问题。

(1) 如果甲公司到期不支付机床保管费，乙仓库可以行使什么权利？

(2) 甲公司向丁公司转让已抵押的机床，甲、丁之间的转让行为是否有效？为什么？

(3) 甲公司能否中止履行与丁公司订立的转让机床合同？为什么？

(4) 甲公司能否解除与丁公司订立的转让机床合同？为什么？

3. 2013年4月1日，A公司与B银行签订借款合同。该借款合同约定：(1)借款总额为1000万元；(2)借款期限为2年6个月；(3)借款利率为年利率5.8%，2年6个月应付利息在发放借款之日预先一次从借款本金中扣除；(4)借款用途为用于S房地产项目开发建设；(5)A公司应当每季度向B银行提供有关财务会计报表和借款资金使用情况。

2009年4月1日，B银行与C公司签订了抵押合同。根据约定，C公司以其生产设备为A公司的债务提供抵押担保。2009年4月10日，办理了抵押登记手续。

2009年9月1日，B银行将其对A公司的债权全部转让给F银行，同时通知了A公司和C公司。

要求：根据上述内容，分别回答下列问题：

(1) 借款合同约定借款利息预先从借款本金中扣除是否符合法律规定？如何处理？

(2) A公司应当如何向B银行支付利息？

(3) 如果A公司未按照借款合同约定的用途使用银行贷款，B银行可以采取哪些措施？

(4) B银行的抵押权何时设立？并说明理由。

(5) 如A公司不能偿还银行贷款，F银行能否向C公司行使抵押权？并说明理由。

# 同步过关测试解析

## 一、单项选择题

1. 【解析】C　(1)选项A：当事人超越经营范围的，人民法院不因此认定合同无效，但违反国家限制经营、特许经营以及法律、行政法规禁止经营规定的除外；(2)选项B：双方恶意串通，不管损害国家利益，还是集体或者第三人利益，均属于无效合同；(3)选项C：属于可撤销合同。

2. 【解析】C　(1)动产质权自出质人“交付”质押财产时设立，在本题中，乙未向甲交付钻戒，质权并未设立；(2)动产物权的设立和转让，自“交付时”发生效力，但法律另有规定的除外，在本题中，乙将钻戒交付给丙，丙依法取得了该钻戒的所有权。

3. 【解析】B　抵押登记记载的内容与抵押合同约定的内容不一致的，以登记记载的内容为准。

4. 【解析】D　同一财产向两个以上债权人抵押时，抵押权未登记的，按照债权比例清偿。

5. 【解析】A　(1)选项ACD：经过公证的赠与合同不得撤销；(2)选项B：限制民事行为能力人订立的纯获利益的合同，当然有效。

6. 【解析】A　(1)合作开发的当事人一方“不同意”申请专利的，另一方或者其他各方不得申请专利；(2)合作开发的当事人一方声明“放弃”其共有的专利申请权的，可以由另一方单独申请，申请人取得专利权的，放弃专利申请权的一方可以免费实施该专利。

7. 【解析】C　考查保管合同中寄存人寄存货币、有价证券或者其他贵重物品的，应当向保管人声明，由保管人验收或者封存；寄存人未声明的，该物品毁损、灭失后，保管人可以按照“一般物品”予以赔偿。

8. 【解析】C　(1)选项AD：同一动产上已设立抵押权或者质权，该动产又被留置的，留置权人优先受偿；(2)选项B：法律未规定抵押权人应当代债务人清偿留置权人的债权，因此，赵某“可以”(而不是应当)通过向甲修理厂支付修理费取回抵押物，就抵押物行使优先受偿权。

9. 【解析】A　经过公证的赠与合同，不得撤销，赠与人不交付赠与财产的，受赠人可以要求交付。

10. 【解析】B　本题考核赠与合同。赠与人在赠与财产的权利转移之前可以撤销赠与。但具有救灾、扶贫等社会公益、道德义务性质的赠与合同或者经过公证的赠与合同，不适用前述规定。

11. 【解析】C　本题考核点是建筑工程合同。禁止分包单位将其承包的工程再分包。

12. 【解析】A　本题考核要约的效力。(1)要约自“到达”受要约人时生效，要约的撤回是指“不让要约生效”，因此撤回要约的通知应当比要约先到，至少同时到达。因此选项 A 是正确的；(2)要约的撤销是指“让生效的要约失效”，因此撤销要约的通知应当在要约生效后、对方承诺之前到达。尽管选项 B 可以依法撤销要约、使之失效，但要约生效在先，因此选项 B 是错误的；(3)选项 C 意味着“承诺生效、合同成立”，因此选项 C 是错误的；(4)选项 D 意味着“使原要约失效”，但原要约生效在先，因此选项 D 是错误的。

13. 【解析】D　本题考核租赁期限届满后继续使用租赁物的规定。根据规定，租赁期间届满，承租人继续使用租赁物，出租人没有提出异议的，原租赁合同继续有效，但租赁期限为不定期。

14. 【解析】B　本题考核点是免责事由。根据《合同法》的规定，当事人迟延履行后发生不可抗力的，不能免除责任。

15. 【解析】B　本题考核买卖合同风险的转移。根据《合同法》的规定，出卖人按照约定或者依照《合同法》的有关规定将标的物置于交付地点的，买受人违反约定没有收取的，标的物毁损、灭失的风险自违反约定之日起由买受人承担。本题由于乙公司自身的原因在约定之日 8 月 20 日没有提取标的物，根据该规定，应当自 8 月 20 日起，对货物毁损、灭失的风险承担责任。

16. 【解析】A　本题考核点是代位权。债务人企业怠于行使其到期债权，损害债权人利益的，债权人可向法院请求以自己的名义代位行使债务人的债权。

17. 【解析】B　本题考核合同的效力。限制民事行为能力人签订的与其年龄、智力、精神状况不相适应的合同是属于效力待定的合同，经过法定的代理人追认以后，该合同有效。

18. 【解析】A　本题考核买卖合同标的物的风险负担。标的物毁损、灭失的风险由买受人承担的，不影响因出卖人履行债务不符合约定，买受人要求其承担违约责任的权利。因此 B 项错误；出卖人出卖交由承运人运输的在途标的物，除当事人另有约定的以外，毁损、灭失的风险自合同成立时起由买受人承担。因此 C 项错误；出卖人未按照约定交付有关标的物的单证和资料的，不影响标的物毁损、灭失风险的转移。因此 D 选项错误。

19. 【解析】D　本题考核点是保证期间。保证合同约定保证人承担保证责任直至主债务本息还清时为止等类似内容的，视为约定不明，保证期间为主债务履行期届满之日起 2 年。

20. 【解析】C　本题考核点是最高额抵押。抵押权人实现最高额抵押权时，如果实际发生的债权余额高于最高限额的，以最高限额为限，超过部分不具有优先受偿的效力。

21. 【解析】B　本题考核点是保证责任。根据《担保法解释》的规定，未经保证人同意的主合同变更，加重债务人的债务的，保证人对加重的部分(增加的 50 万元)不承担保证责任。

22. 【解析】A　本题考核合同债务的转移。债务人(甲公司)将合同的义务全部或者部分转移给第三人(丙公司)的，应当经债权人(乙公司)同意。

23. 【解析】C　本题考核标的物的检验。没有约定检验期间的，应当及时检验，因此 A 选项的说法正确；当事人没有约定检验期间的，买受人应当在发现或者应当发现标的物的数量或者质量不符合约定的合理期间内通知出卖人，买受人怠于通知的，视为标的物的数量或者质量符合约定。因此 B 选项的说法正确；“两年”是最长的合理期间。该期间为不变期间，不适用诉讼时效中止、中断或者延长的规定。因此 C 选项的说法错误。在超过合理期间或者两年期间后，出卖人自愿承担违约责任后，又以上述期间经过为由翻悔的，人民法院不予支持。因此 D 选项的说法正确。

24. 【解析】D　本题考核“乘人之危”的认定和效力。乘人之危是指行为人利用对方当事人的急迫需要和危难处境，迫使其作出违背本意而接受与其非常不利的意思表示。乘人之危的民事行为依《民法通则》的规定为无效民事行为，但依《合同法》的规定为可撤销的民事行为。依据特别法优于一般法的原则，在合同领域，乘人之危属于可撤销的民事合同。本题中，田某与薛某之间的借贷行为属于乘人之危的民事行为应无疑问，借贷行为属于合同行为，故该合同属于可变更、可撤销合同。

25. 【解析】C　本题考核承揽合同的解除。《合同法》规定，定作人可以随时解除承揽合同，造成承揽人损失的，应当赔偿损失。

26. 【解析】C　本题考核流押条款与抵押合同。当事人在签订抵押合同时，在合同中约定债务履行期满抵押权人未受清偿时，抵押物的所有权转移为债权人所有的条款，为“流押条款”。流押条款无效，并不影响抵押合同其他条款的效力。

27. 【解析】B　本题考核合同效力与合同履行的规定。根据规定，当事人对合同的效力可以附条件，附生效条件的合同，自条件成就时生效，选项 A 中甲和乙约定了合同生效条件，条件未成就的，合同不生效；限制民事行为能力人独立订立与其年龄、智力、精神状况不相适应的合同，属于效力待定合同，选项 B 的说法错误；合同履行地点不明确的，交付货物的，在履行义务一方所在地履行，丁是卖方，为履行义务的一方，因此选项 C 的说法正确；当事人约定由第三人(辛)向债权人(庚)履行债务的，第三人不履行债务或者履行债务不符合约定，债务人(己)应当向债权人(庚)承担违约责任，因此选项 D 的说法正确。

28. 【解析】C　本题考核点是合同成立的时间。根据规定，当事人采用合同书形式订立合同的，自双方当事人签字或者盖章时合同成立。注意合同成立与合同生效的区别。

29. 【解析】D　(1)选项A：出租人出卖租赁房屋的，应当在出卖之前的合理期限内通知承租人，承租人享有以同等条件优先购买的权利。(2)选项BC：出租人出卖租赁房屋未在合理期限内通知承租人或者存在其他侵害承租人优先购买权的情形，承租人可以请求出租人承担赔偿责任，但不得主张出租人与第三人签订的房屋买卖合同无效；第三人善意购买租赁房屋并已经办理登记手续的，承租人不得主张优先购买权，刘某对王某出售房屋未通知承租人一事并不知情，且房屋产权转移手续已经办理完毕，有权取得该房屋的所有权。(3)选项D：租赁物在租赁期间发生所有权变动的，不影响租赁合同的效力。

30.【解析】A　(1)选项D：如果出卖人就同一标的物订立多重买卖合同，原则上各个买卖合同均有效。(2)选项ABC：出卖人就同一普通动产订立多重买卖合同，在买卖合同均有效的情况下，买受人均要求实际履行合同的，应当按照以下情形分别处理：①先行受领交付的买受人(陈某)有权请求确认所有权已经转移；②各买受人均未受领交付，先行支付价款的买受人有权请求出卖人履行交付标的物等合同义务；③各买受人均未受领交付，也未支付价款，依法成立在先合同的买受人有权请求出卖人履行交付标的物等合同义务。

31.【解析】A　本题考核分期付款买卖合同。分期付款的买受人未支付到期价款的金额达到全部价款的 1/5 的，出卖人可以要求买受人一并支付到期与未到期的全部价款或者解除合同。所以 A 正确。出卖人解除合同的，双方应互相返还财产，出卖人可以向买受人要求支付该标的物的使用费，所以 B 选项的说法错误。分期付款要求买受人将应付的总价款在一定期间内至少分三次向出卖人支付，所以 C 选项的说法错误。当事人对标的物的使用费没有约定的，人民法院可以参照当地同类标的物的租金标准确定。当事人可以在买卖合同中约定买受人未履行支付价款或者其他义务的，标的物的所有权属于出卖人。因此，适用所有权保留条款必须存在事先约定，不能直接适用，所以 D 选项的说法错误。

32.【解析】A　本题考核留置权。留置权是指债权人合法占有债务人的动产，在债务人不履行到期债务时，债权人有权依法留置该财产，并有权就该财产享有优先受偿的权利。选项 B、C 中不是“债权人合法占有债务人的动产”，不构成留置权。留置权的行使条件之一是“债务已届清偿期且债务人未按规定期限履行义务”，选项 D 中是“未到期”，不构成留置权。

33.【解析】D　本题考核点是建筑工程合同中分包的规定。经发包人同意，总承包人可以将自己承包的“部分工作”交由第三人完成。第三人就其完成的工作成果与总承包人向发包人承担“连带责任”。

34.【解析】B　本题考核点是承揽合同当事人的权利义务。承揽人将其承揽的主要工作交由第三人完成的，应当就该第三人完成的工作成果向定作人负责。

## 二、多项选择题

1.【解析】ABC　借款人未按照约定的借款用途使用借款的，贷款人可以停止发放借款、提前收回借款或者解除合同。

2.【解析】ACD　(1)选项A：出卖人将标的物提存后，毁损、灭失的风险由买受人承担；(2)选项B：因标的物不符合质量要求，致使不能实现合同目的的，买受人可以拒绝接受标的物或者解除合同，买受人拒绝接受标的物或者解除合同的，标的物毁损、灭失的风险由出卖人承担；(3)选项C：出卖人按照约定或者依照《合同法》有关规定将标的物置于交付地点，买受人违反约定没有收取的，标的物毁损、灭失的风险自违反约定之日起由买受人承担；(4)选项D：出卖人出卖交由承运人运输的在途标的物，除当事人另有约定的以外，毁损、灭失的风险自合同成立时起由买受人承担。

3.【解析】ABD　出卖人交付标的物后，买受人应当对收到的标的物及时进行检验，买受人在合理期间内未通知或者自标的物收到之日起两年内未通知出卖人的，视为标的物的数量或者质量符合约定；但对标的物有质量保证期的，适用质量保证期，不适用该两年的规定。在本题中，该设备说明书明确表明质量保证期为4年。

4.【解析】BD (1)选项AB：在所担保的债权未受全部清偿前，担保权人可就担保物的全部行使权利，担保物部分灭失，残存部分仍担保债权全部；(2)选项CD：在抵押物灭失、毁损或者被征用的情况下，抵押权人可以就该抵押物的保险金、赔偿金或者补偿金优先受偿。

5.【解析】ABD (1)选项A：合作开发完成的发明创造，除当事人另有约定外，申请专利的权利属于合作开发的当事人共有；(2)选项B：合作开发当事人一方声明放弃其共有的专利申请权的，可以由另一方单独申请或者由其他各方共同申请；(3)选项C：合作开发的当事人一方不同意申请专利的，另一方或者其他各方不得申请专利；(4)选项D：合作开发的当事人一方转让其共有的专利申请权的，其他各方享有以同等条件优先受让的权利。

6.【解析】ABC 本题考核缔约过失责任的情形。《合同法》规定当事人泄露或者不正当地使用在订立合同过程中知悉的商业秘密，如果是通过正当途径签约使用是允许的，并不构成缔约过失责任。

7.【解析】ABC 本题考核点是合同变更。在《合同法》中的合同变更仅指合同内容的变更。合同当事人的变更即主体的变更。合同主体的变更，在《合同法》中称为合同的转让。

8.【解析】AD 本题考核特殊动产订立多重买卖合同的规定。根据规定，如果出卖人就同一标的物订立多重买卖合同，原则上各个买卖合同均属有效。出卖人就同一船舶、航空器、机动车等特殊动产订立多重买卖合同，在买卖合同均有效的情况下，均未受领交付，先行办理所有权转移登记手续的买受人请求出卖人履行交付标的物等合同义务的，人民法院应予支持。本题选项 A、D 的表述正确。

9.【解析】ABCD 本题考核点是提起代位诉讼的限制条件。本题四个选项都是专属于债务人自身的债权，不得提起代位诉讼。

10.【解析】AC 本题考核是合同履行中的不安抗辩权。B 选项错误的原因是“中止”而不是“终止”，前者的意思是“中间停止”，就是“暂停”；后者的意思是“终点停止”，就是“结束”。两者不一样。D 选项中，当事人行使不安抗辩权中止履行的，应当及时通知对方，无须对方同意。

11.【解析】ABCD 本题考核合同的订立。题目四个选项表述均正确。

12.【解析】AC 本题考核保证合同。不具有完全代偿能力的法人、其他组织或者自然人，以保证人身份订立保证合同后，又以自己没有代偿能力要求免除保证责任的，人民法院不予支持，选项 B 的说法错误；当事人没有在主合同中约定保证条款，保证人在主合同上以保证人的身份签字，该保证合同成立；选项 D 的说法错误。

13.【解析】BD 本题考核点是合同履行的规则。合同履行地点不明确，给付货币的，在接受货币一方所在地履行；交付不动产的，在不动产所在地履行；其他标的在履行义务一方所在地履行。

14.【解析】BCD 本题考核合同的违约责任。当事人一方不履行非金钱债务或者履行非金钱债务不符合约定的，对方可以要求履行，但有下列情形之一的除外：(1)法律上或者事实上不能履行；(2)债务的标的不适于强制履行或者履行费用过高；(3)债权人在合理期限内未要求履行。A 选项中甲公司应当按照“合同的约定”交付大豆，所以乙公司可以要求实际履行。B、C 选项是事实上不能履行；D 选项是法律上不能履行。

15. 【解析】BCD　本题考核融资租赁合同的有关规定。选项 A 的说法指的是租赁合同，融资租赁合同是出租人根据承租人对出卖人、租赁物的选择，向出卖人购买租赁物，提供给承租人使用，承租人支付租金的合同。

16. 【解析】AC　本题考核买卖在途标的物风险的转移。出卖人出卖交由承运人运输的在途标的物，除当事人另有约定的以外，毁损、灭失的风险自合同成立时起由买受人承担。但如果出卖人出卖交由承运人运输的在途标的物，在合同成立时知道或者应当知道标的物已经毁损、灭失却未告知买受人，买受人主张出卖人负担标的物毁损、灭失的风险的，人民法院应予支持。

17. 【解析】AB　本题考核抵押权的设立时间。以生产设备、原材料、半成品、产品、交通运输工具或者以正在建造的船舶、航空器抵押的，抵押权自抵押合同生效时设立。以房屋、建设用地使用权等进行抵押的，抵押权自办理抵押登记时设立。

18. 【解析】BC　本题考核点是租赁合同。租赁合同租期为8个月，应当以书面形式订立，否则视为不定期租赁；张某在正常使用抽水机时，其自然磨损应由李某承担；如抽水机在租赁期间发生故障，李某应负责维修；张某只有在征得李某同意时方可转租，否则即为违约。

19. 【解析】ABD　本题考核技术服务合同的相关规定。根据规定，当事人一方以技术转让的名义提供已进入公有领域的技术，或者在技术转让合同履行过程中合同标的技术进入公有领域，但是技术提供方进行技术指导、传授技术知识，为对方解决特定技术问题符合约定条件的，按照技术服务合同处理，约定的技术转让费可以视为提供技术服务的报酬和费用

20. 【解析】BD　(1)选项A：如果提存的费用过高，债务人依法可以拍卖或者变卖标的物，提存所得价款；(2)选项B：提存成立后，除债权人下落不明的以外，债务人应当及时通知债权人或者债权人的继承人、监护人；(3)选项C：债权人可以随时领取提存物；(4)选项D：提存费用由债权人负担。

21. 【解析】BD　(1)选项AB：债务人不履行到期债务或者发生当事人约定的实现抵押权的情形，致使抵押财产被人民法院依法扣押的，自扣押之日起抵押权人有权收取该抵押财产的天然孳息或者法定孳息，而不是取得孳息的所有权的；(2)选项CD：抵押财产折价或拍卖、变卖后，其价款超过债权数额的部分归抵押人，不足部分由债务人清偿。

22. 【解析】ACD　当事人一方延迟履行债务或者有其他违约行为致使不能实现合同目的，才可以法定解除合同。

## 三、判断题

1. 【解析】×　本题考核抵押权和留置权优先顺序的规定。同一动产上已设立抵押权或质权，该动产又被留置的，留置权人优先受偿。

2. 【解析】√　对格式条款的理解发生争议的，应当按照通常理解予以解释；对格式条款有两种以上解释的，应当作出不利于提供格式条款一方的解释。

3. 【解析】√　债权人留置的动产，应当与债权属于同一法律关系，但企业之间留置的除外。

4. 【解析】×　合同无效、被撤销或解除的，不影响合同中独立存在的有关解决争议方法的条款的效力；在本题中，虽然合同已经解除，但是争议解决条款——仲裁条款仍然有效，甲公司可以向A市仲裁委员会申请仲裁。

5. 【解析】√　本题表述正确。

6. 【解析】×　抵押物登记记载的内容与抵押合同约定的内容不一致的，以登记记载的内

容为准。

7. 【解析】✓ 采用数据电文形式订立合同，收件人指定特定系统接受数据电文的，该数据电文进入该特定系统的时间，视为到达时间；未指定特定系统的，该数据电文进入收件人的任何系统的首次时间，视为到达时间。

8. 【解析】✓ 根据合同法的规定，因不可抗力不能履行合同的，根据不可抗力的影响，部分或者全部免除责任。当事人延迟履行后发生不可抗力的，不能免除责任。

9. 【解析】× 租赁合同的期限不得超过20年，超过20年的，超过部分无效。

10. 【解析】× 当事人约定由债务人向第三人履行债务的，债务人未向第三人履行债务或者履行债务不符合约定，应当由债惫人向“债权人”(而非第三人)承担违约责任。

11. 【解析】× 用人单位和劳动者之间建立劳动关系，订立、履行、变更、解除或者终止劳动合同，适用《劳动合同法》，不属于《合同法》的调整范围。

12. 【解析】× 负有缔约过失责任的当事人，应当赔偿受损害的当事人，赔偿以受损害的当事人的损失为限，包括直接利益的减少和间接利益的损害。

13. 【解析】✓ 该合同属于附期限的合同，所附期限为合同生效时间，合同的“生效时间”为3月25日。

14. 【解析】✓ 本题考查合同变更与合同转让的区别。

15. 【解析】✓ 本题考查赠予合同撤销权的行使时间。

16. 【解析】✓ 本题考查所有权保留的适用条件。

17. 【解析】✓ 本题考查不安抗辩权。

18. 【解析】× 保管期间届满或者寄存人提前领取保管物的，保管人应当将原物及其孳息归还寄存人。

19. 【解析】✓ 本题考查要约的判断。甲发出的电报，内容具体明确，向特定人乙发出，因此属于要约。

20. 【解析】✓ 本题考查承揽人的权利与义务。

## 四、简答题

1. 【解析】(1) 丙企业不能解除租赁合同。根据规定，租赁物在租赁期间发生所有权变动的，不影响租赁合同的效力。在本题中，原租赁合同在有效期限内(2009年12月31日之前)对受让人丙继续有效，丙不能以自己不是租赁合同的当事人为由解除租赁合同。

(2) 丙企业可以主张解除租赁合同。根据规定，承租人未经出租人同意转租的，出租人可以解除合同。在本题中，由于乙企业转租时未经出租人丙企业同意，因此，丙企业可以主张解除租赁合同。

(3) 乙公司可以维修费用抵销4000元租金。根据规定，出租人应当履行租赁物的维修义务，但当事人另有约定的除外。出租人未履行维修义务的，承租人可以自行维修，维修费用由出租人负担。在本题中，4000元的维修费用应当由出租人丙企业负担，同时，乙公司欠付丙企业租金6000元，因此，乙公司可以维修费用抵销4000元租金。

2. 【解析】(1) 甲公司向乙公司发出的函件是要约。根据规定，要约应当具备两个条件：一是内容具体明确；二是表明经受要约人承诺，要约人即受该意思表示约束。在本题中，该信函内容具体明确，且甲公司明确表示如果乙公司在8月15日前按价格表购货，甲公司将满足供应，该函件符合要约的条件。

(2) 乙公司向甲公司回复的函件不构成承诺。根据规定，受要约人对要约的内容作出实质性变更的，为新要约。在本题中，乙公司对价格进行了实质性变更，其回复函件属于新要约。

(3) 乙公司主张买卖合同未成立的理由不成立。根据规定，要约人确定了承诺期限的，要约不得撤销。在本题中，乙公司在要约中确定了承诺期限，乙公司不得撤销要约。甲公司在承诺期限内作出承诺，该买卖合同成立。

3. 【解析】(1) 王某的主张不成立。根据规定，人民法院受理债务人破产案件，中止执行程序的，一般保证的保证人不得行使先诉抗辩权。在本题中，王某和陈某与乙银行的保证合同中虽然将保证方式约定为一般保证，但是甲企业的破产申请已为人民法院受理，保证人王某不再享有先诉抗辩权。

(2) 陈某的主张不成立。根据规定，按份共同保证是保证人“与债权人约定”按份额对主债务承担保证义务的共同保证；各保证人“与债权人”没有约定保证份额的，应当认定为连带共同保证；连带共同保证人承担保证责任后，向债务人不能追偿的部分，由各连带保证人按其内部约定的比例分担。在本题中，王某与陈某并未与债权人乙银行就份额作出约定，属于连带共同保证，陈某不得以其内部份额对抗乙银行，王某与陈某向债权人乙银行承担保证责任后，向债务人甲公司不能追偿的部分，由王某和陈某按其约定的比例分担。

(3) 乙银行的请求可以得到法律的支持。根据规定，因债务人怠于行使到期债权，对债权人造成损害的，债权人可以向人民法院请求以自己的名义代位行使债务人的债权，但该债权专属于债务人自身的除外。在本题中，陈某怠于行使自己对林某的借款债权(非专属于人身)，且宣称自己没有财产，陈某怠于行使债权的行为已经危害到乙银行的债权，乙银行有权行使代位权。

4. 【解析】(1) 甲公司不退还部分旅客票款的行为不符合法律规定。根据规定，承运人擅自变更运输工具而降低服务标准的，应当根据旅客的要求退票或者减收票款。

(2) 甲公司应当对乘客乙受伤承担损害赔偿责任。根据规定，承运人应当对运输过程中旅客的伤亡承担损害赔偿责任；但伤亡是旅客自身健康原因造成的或者承运人证明伤亡是旅客故意、重大过失造成的除外。

5. 【解析】(1) 乙公司可以在与甲公司的合同履行期届满前解除合同。根据规定，因预期违约解除合同，即在履行期限届满之前，当事人一方明确表示或者以自己的行为表明不履行主要债务的，对方当事人可以解除合同。在乙公司12月11日交货前，甲公司明确表示自己资金周转困难，不能履行合同，乙公司可以因此解除与甲公司的购销合同。

(2) 遭遇泥石流而毁损的电视机的风险应由丙公司承担。根据规定，出卖人出卖交由承运人运输的在途标的物，除当事人另有约定的以外，毁损、灭失的风险自合同成立时起由买受人承担。在本题中，乙公司出卖给丙公司的货物是在途运输的货物，货物的风险自合同成立时起转移给丙公司，因此风险应由丙公司承担。

(3) 乙公司的主张不能得到支持。根据规定，当事人既约定违约金，又约定定金的，一方违约时，对方可以选择适用违约金或者定金条款，但是二者不能并用。在本题中，乙公司和丙公司既约定了违约金又约定了定金条款，二者只能择其一适用，不能并用。

(4) 丙公司与丁公司订立的合同效力待定。因为根据乙公司和丙公司的合同约定，丙公司在付清全部货款前并未取得电视机的所有权，在这种情况下，其与丁公司签订买卖合同出售电视机属于无权处分行为，合同效力待定。

6. 【解析】(1) 张某超出橡胶厂的授权范围与贸易公司签订的合同有效。根据规定，行为人没有代理权，超越代理权或者代理权终止后以被代理人名义订立的合同，相对人可以催告被代理人在1个月内予以追认。本题中，张某与贸易公司签订的合同虽然超过了授权范围，但是经过了被代理人橡胶厂的追认，因此合同是有效的。

(2) 贸易公司向运输公司支付的定金数额不符合规定。根据规定，当事人约定的定金数额不得超过主合同标的额的20%。本题中，主体标的额为40万元，而支付的定金为10万元，超出20%，是不符合规定的。

(3) 抵押的设备买卖后，保证人A企业所确定的保证责任为105万元(0.51×500−150)。当债权人与保证人、债务人就担保清偿没有约定或者约定不明的，如果保证与债务人提供的物的担保并存，则债权人先就债务人的物的担保求偿。保证在物的担保不足清偿时承担补充清偿责任。本题中，设备拍卖价款为150万元，保证人A应该就剩余的部分承担责任。

(4) 贸易公司要求保证人A企业承担全部债务不符合规定。根据规定，债务人以自己的财产设定抵押，抵押权人放弃该抵押权、抵押权顺位或者变更抵押权的，其他担保人在抵押权人丧失优先受偿权益的范围内免除担保责任。本题中，贸易公司虽然放弃了抵押担保，但保证人仍然就抵押财产拍卖后未清偿的部分承担保证责任。

## 五、综合题

1. 【解析】(1) 甲公司向乙宾馆发出的电报是要约。

(2) 乙宾馆的回复是新的要约。根据规定，受要约人对要约的内容作出实质性变更的，为新要约。在本题中，乙宾馆对要约中的价款和数量作出了变更，因此，乙宾馆的回复视为新要约。

(3) 丙公司可以不承担损害赔偿责任。根据规定，承运人对运输过程中货物的毁损、灭失承担损害赔偿责任，但承运人证明货物的毁损、灭失是因不可抗力、货物 本身的自然性质或者合理损耗以及托运人、收货人的过错造成的，不承担损害赔偿责任。本题中，丙公司在运输货物途中遭遇洪水，致使部分货物毁损属于因不可抗力造成的损失，因此，可以不承担损害赔偿责任。

(4) 甲公司可以解除买卖合同。根据规定，当事人一方延迟履行主要债务，经催告后在合理期限内仍未履行的，一方当事人可以解除合同。在本题中，乙宾馆以资 金周转困难为由不能立即支付货款，甲公司同意乙宾馆推迟1个月付款。1个月后经甲公司催告，乙宾馆仍未付款。因此，甲公司可以解除与乙宾馆的买卖合同。

2. 【解析】(1) 乙仓库可以行使留置权。

(2) 甲、丁之间的转让行为有效。根据规定，抵押期间，抵押人经抵押权人同意转让抵押财产的，应当将转让所得的价款向抵押权人提前清偿债务或者提存。在本题中，该转让已经得到抵押权人丙公司的同意，因此甲、丁之间的转让行为有效。

(3) 甲公司可以中止履行合同。根据规定，应当先履行债务的当事人，有确切证据证明对方经营状况严重恶化的，可以行使不安抗辩权，中止合同履行。在本题中，作为应当先履行债务的当事人，甲公司有确切证据证明丁公司经营状况恶化，因此甲公司可以中止履行合同。

(4) 甲公司可以解除合同。根据规定，当事人在中止履行合同后，如果对方在合理期限内未恢复履行能力并且未提供适当担保的，可以解除合同。在本题中，由于丁公司不能提供担保，且经营状况进一步恶化，因此甲公司可以解除合同。

3.【解析】(1) 借款合同约定借款利息预先从借款本金中扣除不符合规定。根据规定，借款的利息不得预先在本金中扣除。利息预先在本金中扣除的，应当按照实际借款数额返还借款并计算利息。

(2) 借款合同对支付利息的期限没有约定或者约定不明确的，当事人可以协议补充；不能达成补充协议的，借款期间1年以上的，应当在每届满1年时支付，剩余期间不满1年的，应当在返还借款时一并支付。在本题中，由于借款期间为2年6个月，所以A公司应当每届满1年时向B银行支付利息，最后6个月的利息在返还 借款时一并支付。

(3) B银行可以停止发放借款、提前收回借款或者解除合同。

(4) B银行的抵押权于4月1日设立。根据规定，当事人以生产设备设定抵押的，抵押权自抵押合同生效时设立。

(5) F银行可以向C公司行使抵押权。根据规定，债权人转让主权利时，附属于主权利的从权利也一并转让，受让人在取得主债权时，也取得与主债权有关的从权 利。在本题中，B银行向F银行转让其对A公司的主债权时，从权利(即B银行对C公司生产设备的抵押权)也一并转让，因此F银行在取得对A公司的主债权时， 也取得对C公司生产设备的抵押权。

# 第六章　增值税法律制度

## 大纲研读

本章的考试目的在于考查应试人员是否掌握了增值税法律制度的主要内容，对于增值税的计税方法及出口退税的有关规定是否熟悉，是否对营改增有一定的了解。从近3年考题情况来看，本章主要考查增值税的征税范围、应纳税额的计算、出口退税及纳税申报等的有关内容，平均分值为10分左右，具体考试内容如下。

(1) **增值税概述**。包括增值税的概念、类型及计税方法。

(2) **增值税法律制度规定**。包括增值税纳税人、征税范围、应纳税额的计算、税收征管及出口退税等。

(3) **营改增的有关内容**。包括营改增纳税人的认定、征税范围及应纳税额的计算等。

## 考点剖析

## 一、增值税法律制度概述

### 考点一　增值税的类型

根据税基和购进固定资产的进项税额是否扣除及如何扣除的不同，分为：生产型增值税、收入型增值税、消费型增值税。

### 考点二　增值税的计税方法

各国最常用的计税方法为购进扣税法。 购进扣税法，又称进项税额扣除法、税额扣减法，简称扣税法。其基本步骤是先用销售额乘以税率，得出销项税额，然后再减去同期各项外购项目的已纳税额，从而得出应纳税额。

应纳税额=增值额×税率=(产出-投入)×税率

=销售额×税率-同期外购项目已纳税额

=当期销项税额-当期进项税额

# 二、增值税法律制度规定

## 考点三　增值税纳税人

### (一) 小规模纳税人

小规模纳税人，是指年应纳增值税销售额(以下简称“年应税销售额”)在规定的标准以下，并且会计核算不健全，不能按规定报送有关税务资料的增值税纳税人。

### (二) 一般纳税人

一般纳税人是年税销售额超过财政部规定的小规模纳税人标准的企业和企业性单位。

凡一般纳税人，均应依照《增值税一般纳税人申请认定办法》(国税发[1994]59号)等规定，向其企业所在地主管税务机关申请办理一般纳税人认定手续，以取得法定资格。

## 考点四　增值税征税范围

增值税的征收范围的一般规定是：销售或进口货物、提供加工、修理修配劳务。此外，还有些特殊规定。

### (一) 增值税征税范围的一般规定

一般销售(进口)货物、提供的加工、修理修配劳务

(1) “货物”是指有形动产，包括电力、热力、气体，不包括不动产和无形资产。

(2) 劳务仅仅指加工和修理修配劳务。

### (二) 增值税征税范围的特殊规定

#### 1. 视同销售货物

单位或者个体工商户的下列行为，虽然没有取得销售收入，也视同销售货物，依法应当缴纳增值税：

(1) 将货物交付其他单位或者个人代销；

(2) 销售代销货物(手续费缴纳营业税)；

(3) 设有两个以上机构并实行统一核算的纳税人，将货物从一个机构移送其他机构用于销售，但相关机构设在同一县(市)的除外；

(4) 将自产或者委托加工的货物用于非增值税应税项目；

(5) 将自产、委托加工的货物用于集体福利或者个人消费；

(6) 将自产、委托加工或者购进的货物作为投资，提供给其他单位或者个体工商户；

(7) 将自产、委托加工或者购进的货物分配给股东或者投资者；

(8) 将自产、委托加工或者购进的货物无偿赠送其他单位或者个人。

#### 2. 混合销售行为

(1) 混合销售：是指一项销售行为如果既涉及货物又涉及非增值税应税劳务的情形。

税务处理：从事货物的生产、批发或者零售的企业、企业性单位和个体工商户的混合销售行为，视为销售货物，应当缴纳增值税；其他单位和个人的混合销售行为，视为销售非增值税应税劳务，不缴纳增值税。

(2) 特殊情况——销售自产货物并同时提供建筑业劳务的行为。

税务处理：应当分别核算货物的销售额和非增值税应税劳务的营业额，并根据其销售货物的销售额计算缴纳增值税，非增值税应税劳务的营业额不缴纳增值税；未分别核算的，由主管税务机关核定其货物的销售额。

**3. 增值税特殊应税项目**

(1) 货物期货(包括商品期货和贵金属期货)，应当征收增值税，在期货的实物交割环节纳税。

(2) 银行销售金银的业务，应当征收增值税。

(3) 典当业的死当物品销售业务和寄售业代委托人销售寄售物品的业务，均应征收增值税。

(4) 集邮商品(如邮票、首日封、邮折等)的生产以及邮政部门以外的其他单位和个人销售的，均征收增值税。

(5) 邮政部门以外其他单位和个人发行报刊，征收增值税。

(6) 电信单位单独销售无线寻呼机、移动电话，不提供有关的电信劳务服务的，应征收增值税。

(7) 缝纫业务，应征收增值税。

(8) 基本建设单位和从事建筑安装业务的企业附设的工厂、车间生产的水泥预制构件、其他构件或建筑材料，用于本单位或本企业建筑工程的，在移送使用时，征收增值税。

(9) 对从事热力、电力、燃气、自来水等公用事业的纳税人收取的一次性费用，与货物的销售数量有直接关系的，征收增值税。

(10) 印刷企业接受出版单位委托，自行购买纸张，印刷有统一刊号(CN)以及采用国际标准书号编序的图书、报纸和杂志，按货物销售征收增值税。

(11) 纳税人受托开发软件产品，著作权属于受托方的，征收增值税。

(12) 电力公司向发电企业收取的过网费，应当征收增值税。

**4. 非增值税应税项目**

(1) 邮政部门销售集邮商品，不征收增值税。

(2) 邮政部门发行报刊，不征收增值税。

(3) 供应或开采未经加工的天然水，不征收增值税。

(4) 体育彩票的发行收入，不征收增值税。

(5) 对从事热力、电力、燃气、自来水等公用事业的纳税人收取的一次性费用，与货物的销售数量有无直接关系的，不征收增值税。

(6) 对增值税纳税人收取的会员费收入，不征收增值税。

(7) 基本建设单位和从事建筑安装业务的企业附设的工厂、车间在建筑现场制造的预制构件，凡直接用于本单位或本企业建筑工程的，在移送使用时，不征收增值税。

(8) 纳税人受托开发软件产品，著作权属于委托方或者属于双方共同拥有的不征收增值税。对于经过国家版权局注册登记，纳税人在销售时一并转让著作权、所有权的，不征收增值税。

**【例 6-1】**根据增值税法律制度的规定，增值税一般纳税人的下列行为中，不应视同销售的是(　　)。(2013 年单选题)

A. 将购进的货物用于本单位的办公楼建设　　　B. 将自产的货物捐赠给贫困地区的儿童

C. 将委托加工收回的货物用于个人消费　　　　D. 将自产的货物分配给投资者

**【解析】**A　选项 A：将购进的货物用于本单位的办公楼建设，属于不得抵扣进项项税额的情形，不视同销售；选项 BCD 属于增值税混合销售行为。

**【例 6-2】**根据增值税法律制度的规定，下列各项中，属于增值税混合销售行为的是(　　)。(2013 年单选题)

A. 邮政部门提供邮政服务的同时销售集邮商品

B. 电信企业提供通讯服务的同时销售手机

C. 银行提供金融服务的同时销售金银

D. 冰箱生产企业销售冰箱并送货上门

**【解析】**D　本题考核增值税混合销售的规定。选项 D：冰箱生产企业销售冰箱并送货上门，属于增值税的混合销售行为，一并征收增值税。选项 ABC 均属于营业税混合销售行为。

**【例6-3】**根据增值税法律制度及消费税法律制度的规定，下列行为中，应同时缴纳增值税和消费税的有(　　)。(2012年多选题)

A. 酒厂将自产的白酒赠送给协作单位

B. 卷烟厂将自产的烟丝移送用于生产卷烟

C. 日化厂将自产的香水移送用于生产普通护肤品

D. 汽车厂将生产的应税小轿车赞助给某艺术节组委会

**【解析】**AD　(1)选项 B：卷烟厂将自产的烟丝移送用于生产卷烟，既不缴纳增值税，也不缴纳消费税；(2)选项 C：日化厂将自产的香水移送用于生产普通护肤品，消费税视同销售，但是增值税不视同销售，只缴纳消费税，不缴纳增值税。

**【例6-4】**根据增值税法律制度的规定，企业发生的下列行为中，属于视同销售货物的有(　　)。(2011年多选题)

A. 将购进的货物用于扩建职工食堂　　B. 将本企业生产的货物分配给投资者

C. 将委托加工的货物用于集体福利　　D. 将购进的货物作为投资提供给其他单位

**【解析】**BCD　选项A：将自产或者委托加工的货物用于非增值税应税项目，应当视同销售；将外购货物用于非增值税应税项目，不视同销售。

## 考点五　增值税的税率

税率与征收率及适用范围

| 按纳税人划分 | 税率或征收率 | 适 用 范 围 |
|---|---|---|
| 一般纳税人(税率) | 基本税率为 17% | (1) 销售或进口货物；<br>(2) 纳税人提供加工、修理修配劳务；<br>(3) 油气田企业提供的生产性劳务 |
| | 低税率为 13% | 销售或进口税法列举的货物 |
| | 零税率 | 出口货物 |
| | 4%或 6%的征收率 | 一般纳税人采用简易办法征税 |
| 小规模纳税人(征收率) | 基本征收率为 3% | 销售货物、提供应税劳务 |
| | 征收率为 2% | 销售自己使用过的固定资产 |

### (一) 适用 13%低税率的货物

(1) 粮食、食用植物油(淀粉不属于农产品按17%)；
(2) 自来水、暖气、冷气、热水、煤气、石油液化气、天然气、沼气、居民用煤炭制品；
(3) 图书、报纸、杂志；
(4) 饲料、化肥、农药、农机、农膜；
(5) 农产品：是指种植业、养殖业、林业、牧业、水产业生产的各种植物、动物的初级产品；
(6) 音像制品；
(7) 电子出版物；
(8) 二甲醚；
(9) 食用盐(工业盐的增值税税率为17%)。

### (二) 征收率

(1) 纳税人销售自己使用过的物品

<table>
<tr><th>纳税人</th><th>销售情形</th><th>征收率</th><th>计税公式</th></tr>
<tr><td rowspan="3">一般纳税人</td><td>2008年以前购进或者自制的固定资产(未抵扣进项税额)</td><td>依 4%征收率减半征收增值税</td><td>增值税=售价÷(1+4%)×4%÷2</td></tr>
<tr><td>销售自己使用过的 2009 年 1 月1日以后购进或者自制的固定资产</td><td rowspan="2">按正常销售货物适用税率征收增值税<br>【提示】该固定资产的进项税额在购进当期已抵扣</td><td rowspan="2">增值税=售价÷(1+17%)×17%</td></tr>
<tr><td>销售自己使用过的除固定资产以外的物品</td></tr>
<tr><td rowspan="2">小规模纳税人(除其他个人外)</td><td>销售自己使用过的固定资产</td><td>减按 2%征收率征收增值税</td><td>增值税=售价÷(1+3%)×2%</td></tr>
<tr><td>销售自己使用过的除固定资产以外的物品</td><td>按 3%的征收率征收增值税</td><td>增值税=售价÷(1+3%)×3%</td></tr>
</table>

(2) 纳税人销售旧货：按照简易办法依照 4%征收率减半征收增值税。

旧货是指进入二次流通的具有部分使用价值的货物(含旧汽车、旧摩托车和旧游艇)。

(3) 一般纳税人销售自产的特殊货物，可选择按照简易办法依照6%(6项)、4%(3项)征收率计算缴纳增值税。

**【例 6-5】**某增值税一般纳税人销售从农业生产者处购进的自产谷物，其缴纳增值税时适用零税率。(　　) (2011 年判断题)

**【解析】**× 某增值税一般纳税人销售从农业生产者处购进的自产谷物，其缴纳增值税时适用 13%低税率。零税率仅适用于法律不限制或不禁止的报送出口的货物，以及输往海关管理的保税工厂、保税仓库和保税区的货物。

## 考点六　增值税应纳税额

### (一) 一般纳税人应纳税额的计算——扣税法

计算公式为：

应纳税额=当期销项税额-当期进项税额

**1. 当期销项税额的确定**

销项税额：当期销售货物或提供应税劳务的纳税人，依其销售额和法定税率计算并向购买方收取的增值税税款。其计算公式为：

当期销项税额=销售额×税率

或

当期销项税额=组成计税价格×税率

(1) 销售额的范围：向购买方所收取的全部价款和价外费用(如手续费、违约金、包装费、包装物租金、运输装卸费、代收款项、代垫款项等)。

价外费用不包括：

① 受托加工应征消费税的消费品所代收代缴的消费税。

② 同时符合以下条件的代垫运费：承运者的运费发票开具给购货方的；纳税人将该项发票转交给购货方的。

③ 符合条件的代为收取的政府性基金或者行政事业性收费。

④ 销售货物的同时代办保险等而向购买方收取的保险费，以及向购买方收取的代购买方缴纳的车辆购置税、车辆牌照费。

(2) 销售额不含增值税销项税额。含税收入包括普通发票的价款、零售收入、价外收入、非应税劳务，这些销售收入应转换为不含税收入。

不含税销售额=含税销售额÷(1+税率)

(3) 核定销售额：纳税人销售货物或者提供应税劳务的价格明显偏低且无正当理由的，或视同销售行为无销售额的，税务机关依下列顺序确定销售额：

① 按纳税人最近时期同类货物的平均销售价格确定；

② 按其他纳税人最近时期同类货物的平均销售价格确定；

③ 组成计税价格，公式如下：

组成计税价格=成本×(1+成本利润率)

如果该货物属于消费税征税范围，其组成计税价格中应加计消费税税额。公式为：

组成计税价格=成本×(1+成本利润率)+消费税税额

或

组成计税价格=成本×(1+成本利润率)÷(1-消费税税率)

(4) 包装物押金。

注意，押金不应混同于包装物租金，包装物租金在销货时，应作为价外费用并入销售额计算销项税额。押金收取时，一般不用缴税。即：单独记账核算的，且时间在1年以内，又未过期的，不并入销售额，税法另有规定的除外(如酒类产品包装物押金)。押金逾期时，需要换算为不含税价再并入销售额征税。

(5) 特殊销售方式的销售额。

① 折扣销售：商业折扣，如果销售额和折扣额在同一张发票上，按打折以后的实际售价来计算；否则按折扣之前的价格计税。

② 以旧换新方式销售货物：一般应按新货物的同期销售价格确定销售额。但对金银首饰以旧换新业务，可以按照销售方实际收取的不含增值税的全部价款征收增值税。

③ 以物易物方式销售货物：以物易物双方都应作购销处理，以各自发出的货物核算销售额并计算销项税额，以各自收到的货物按规定核算购货额并计算进项税额。

(6) 油气田企业。油气田企业跨省、自治区、直辖市提供生产性劳务，应当在劳务发生地按 3%预征率计算缴纳增值税。在劳务发生地预缴的税款可以从其应纳增值税税额中递减。

**【例 6-6】**某金店是增值税的一般纳税人，2012 年 3 月采取以旧换新方式销售纯金项链 10 条，每条新项链的不含税销售额为 4000 元，收购旧项链的不含税金额为每条 2000 元，该笔业务的销项税额为(　　)元。 (2012 年单选题)

A. 6800　　B. 5200　　C. 3400　　D. 2600

**【解析】**C　纳税人采用以旧换新方式销售的金银首饰，应按“实际收取”的不含增值税的全部价款确定计税依据征收消费税；该笔业务的销项税额=(4000−2000)×10×17%=3400(元)。

**2. 当期进项税额的确定**

进项税额是指纳税人购进货物或接受应税劳务所支付或负担的增值税额。

(1) 准予抵扣的进项税额。

| 抵扣方式 | 具体内容 |
|---|---|
| 以票抵税 | (1)从销售方取得的“增值税专用发票”上注明的增值税额<br>(2)从海关取得的进口增值税缴款书上注明的增值税额 |
| 凭票计算抵税 | (1)外购免税农产品：进项税额=收购发票注明买价×13%<br>(2)购进或者销售货物以及在生产经营过程中支付运输费用：<br>进项税额=运费单据上注明的(运输费用+建设基金)×7%<br>★运输费用：不包括装卸费、保险费等其他杂费 |

(2) 不得抵扣的进项税额。

① 用于非增值税应税项目、免征增值税项目、集体福利或者个人消费的购进货物或者应税劳务。

② 非正常损失的购进货物及相关的应税劳务。

注意，非正常损失，是指因管理不善造成被盗、丢失、霉烂变质的损失。

③ 非正常损失的在产品、产成品所耗用的购进货物或者应税劳务。

④ 国务院财政、税务主管部门规定的纳税人自用消费品(自用的汽车、摩托车、游艇的进行税额不得抵扣)。

⑤ 前4项规定的货物的运输费用和销售免税货物的运输费用。

⑥ 小规模纳税人不得抵扣进项税额。

⑦ 简易办法征收增值税。

⑧ 因进货退出或折让而收回的进项税额。

**【例 6-7】**根据增值税法律制度的规定，增值税一般纳税人的下列行为中涉及的进项税额，不得从销项税额中抵扣的是(　)。(2013 年单选题)

A. 食品厂将自产的月饼发给职工作为中秋节的福利

B. 商场将购进的服装发给职工用于运动会入场式

C. 电脑生产企业将自产的电脑分配给投资者

D. 纺织厂将自产的窗帘用于职工活动中心

**【解析】**B　选项 ACD：属于增值税视同销售情形，应征收销项税额，其对应的进项税额准予抵扣。

**【例 6-8】**根据增值税法律制度的规定，企业下列项目的进项税额不得从销项税额中抵扣的有(　)。(2012 年多选题)

A. 不动产在建工程适用的外购物资　　B. 生产应税产品购入的原材料

C. 因管理不善变质的库存购进商品　　D. 因管理不善被盗的产成品所耗用的购进原材料

**【解析】**ACD　(1)选项 A 属于将外购的货物用于非增值税应税项目，不得抵扣进项税；

(2) 选项 CD 属于因管理不善丢失、被盗、霉烂变质产生的损失，其对应的进项税额不得抵扣。

**【例 6-9】**根据增值税法律制度的规定，下列各项中，可以作为增值税进项税额抵扣凭证的有(　)。(2011 年多选题)

A. 从销售方取得的注明增值税税额的增值税专用发票

B. 从海关取得的注明进口增值税税额的海关进口增值税专用缴款书

C. 购进农产品取得的注明买价的农产品收购发票

D. 销售货物过程中支付运输费用而取得的注明运费金额的运输费用结算单据

**【解析】**ABCD　准予从销项税额中抵扣进项税额的情形，主要包括以下几类：(1)从销售方取得的增值税专用发票上注明的增值税额。(2)从海关取得的海关进口增值税专用缴款书上注明的增值税额。(3)购进农产品，除取得增值税专用发票或者海关进口增值税专用缴款书外，按照农产品收购发票或者销售发票上注明的农产品买价和 13%的扣除率计算的进项税额。(4)购进或者销售货物以及在生产经营过程中支付运输费用的，按照运输费用结算单据上注明的运输费用金额和 7%的扣除率计算的进项税额。

(3) 进项税额抵扣期限的规定。一般纳税人取得以下 3 种抵扣凭证，应在开具之日起 180 日内到税务机关办理认证，并在认证通过的次月申报期内，向主管税务机关申报抵扣进项税额：①增值税专用发票；②公路内河货物运输业统一发票；③机动车销售统一发票。

海关缴款书先比对后抵扣，应在开具之日起180内申请稽核比对，未稽核比对的应在开具之日起180天后的第一个纳税申报期结束前，向税务机关申报抵扣。

### (二) 小规模纳税人应纳税额的计算

$$应纳税额=销售额\times征收率$$

对销售货物或提供应税劳务采取销售额和增值税销项税额合并定价方法的，要分离出不含税销售额，其计算公式为：

$$销售额=含税销售额\div(1+征收率)\times征收率$$

小规模纳税人销售自己使用过的固定资产和旧货，应纳税额的计算公式为：

$$应纳税额=含税销售额\div(1+3\%)\times2\%$$

**(三) 进口货物应纳税额的计算**

$$应纳税额=组成计税价格\times税率$$

(1) 如果进口的货物不征消费税，则上述公式中的组成计税价格的计算公式为：

$$组成计税价格=关税完税价格+关税税额$$

(2) 如果进口的货物应征消费税，则上述公式中的组成计税价格的计算公式为：

$$组成计税价格=关税完税价格+关税+消费税$$

**【例 6-10】**甲企业是增值税一般纳税人，向乙商场销售服装 1000 件，每件不含税价格为 80 元。由于乙商场购买量大，甲企业按原价七折优惠销售，乙商场付款后，甲企业为乙商场开具的发票上分别注明了销售额和折扣额，则甲企业此项业务的增值税销项税额是(　　)元。(2013 年单选题)

A. 8136.75　　B. 9520　　C. 11 623.94　　D. 13 600

**【解析】**B　纳税人采取折扣方式销售货物，销售额和折扣额在同一张发票上分别注明的，可按折扣后的销售额征收增值税。甲企业应纳增值税销项税额=1000×80×70%×17%=9520(元)。

**【例 6-11】**甲公司为增值税一般纳税人，主要生产电动工具，2013 年 6 月，甲公司发生如下事项：

(1) 6 月 3 日，购入一批钢材，取得的增值税专用发票注明的价款为 80 万元，增值税额 13.6 万元。

(2) 6 月 11 日，处理一批下脚料，取得含税销售收入 3.51 万元。

(3) 6 月 20 日，购进一批低值易耗品，取得承运公司开具的运输发票上注明的运费金额为 1 万元。甲公司计算抵扣的进项税额为 0.1 万元。

(4) 6 月 23 日，因管理不善，当月购进的钢材部分被盗，价值 12 万元。

已知，甲公司取得的增值税专用发票已经主管税务机关认证，甲公司适用的增值税税率为 17%。(2013 年简答题)

要求：根据增值税法律制度的规定，回答下列问题。

(1) 甲公司当期购入钢材的进项税额是否可以全额扣除？简要说明理由。

(2) 甲公司销售下脚料应纳的增值税额是什么？

(3) 甲公司购进低值易耗品发生的运费抵扣进项税额的计算是否合法？简要说明理由。

**【解析】**

(1) 甲公司当期购入钢材的进项税额不能全部抵扣。根据规定，当月购进的钢材因管理不善丢失的部分，不得抵扣进项税额。当期购入钢材可以抵扣的进项税额=13.6-12×17%=11.56(万元)。

(2) 销售下脚料应纳增值税=3.51÷(1+17%)×17%=0.51(万元)。

(3) 计算不正确。根据规定，一般纳税人购进或者销售货物以及在生产经过程中支付运输费用的，按照运输费用结算单据上注明的运输费用金额和 7%的扣除率计算进项税额抵扣。运费抵扣的进项税额=1×7%=0.07(万元)。

【例 6-12】某汽车制造厂为增值税一般纳税人，2010 年 12 月进口汽车配件一批，海关审定的关税完税价格为 144 万元，从海关运往企业所在地支付运费 6 万元，取得承运部门开具的运输发票，进口汽车配件的关税税率为 10%。该汽车制造厂 2010 年 12 月进口汽车配件应缴纳的增值税额为(　　)万元。(2012 年单选题)

A. 26.93　　B. 27.63　　C. 28.05　　D. 31.88

【解析】A　进口汽车配件应缴纳的增值税额=(144+144×10%)×17%=26.93(万元)。

## 考点七　增值税的税收优惠

### (一) 增值税的免税项目

(1) 农业生产者销售的自产农产品。

(2) 避孕药品和用具。

(3) 古旧图书。古旧图书，是指向社会收购的古书和旧书。

(4) 直接用于科学研究、科学试验和教学的进口仪器、设备。

(5) 外国政府、国际组织无偿援助的进口物资和设备。

(6) 由残疾人的组织直接进口供残疾人专用的物品。

(7) 销售的自己使用过的物品。自己使用过的物品，是指其他个人自己使用过的物品。

### (二) 纳税人的放弃免税权

纳税人销售货物或应税劳务适用免税规定的，可以放弃免税，依照《增值税暂行条例》的规定缴纳增值税。放弃免税后，36个月内不得再申请免税。

### (三) 增值税的即征即退或先征后返(退)

增值税的即征即退，是指先按规定缴纳增值税，再由财政部门委托税务部门审批后办理退税手续；先征后返(退)，是指先按规定缴纳增值税，再由财政部门或税务部门审批，按照纳税人实际缴纳的税额全部或部分返还或退还已纳税款。

### (四) 增值税的起征点

增值税起征点的适用范围限于个人。

纳税人销售额未达到国务院财政、税务主管部门规定的增值税起征点的，免征增值税；达到起征点的，依照《增值税暂行条例》规定全额计算缴纳增值税。增值税起征点的幅度规定如下：

(1) 销售货物的，为月销售额 5000～20 000 元；

(2) 销售应税劳务的，为月销售额 5000～20 000 元；

(3) 按次纳税的，为每次(日)销售额 300～500 元。

## 考点八　增值税的征收管理

### (一) 纳税地点

(1) 固定业户的纳税地点。
(2) 非固定业户的纳税地点。
(3) 进口货物的纳税地点。

### (二) 纳税义务的发生时间和纳税期限

(1) 销售货物或提供应税劳务的，其纳税义务发生的时间为收讫销售款或者取得销售款凭据的当天。先开具发票的，为开具发票的当天。 具体分为：

① 采取直接收款方式销售货物，不论货物是否发出，均为收到销售款或者取得索取销售款凭据的当天。

② 采取托收承付和委托银行收款方式销售货物，为发出货物并办妥托收手续的当天。

③ 采取赊销和分期收款方式销售货物，为书面合同约定的收款日期的当天，无书面合同的或者书面合同没有约定收款日期的，为货物发出的当天。

④ 采取预收货款方式销售货物，为货物发出的当天，但生产销售生产工期超过12个月的大型机械设备、船舶、飞机等货物，为收到预收款或者书面合同约定的收款日期的当天。

⑤ 委托其他纳税人代销货物，为收到代销单位的代销清单或者收到全部或者部分货款的当天。未收到代销清单及货款的，为发出代销货物满180天的当天。

⑥ 销售应税劳务，为提供劳务同时收讫销售款或者取得索取销售款的凭据的当天。

⑦ 纳税人发生视同销售货物行为，为货物移送的当天。

(2) 进口货物的，其纳税义务的发生时间为报关进口的当天。增值税扣缴义务发生时间为纳税人增值税纳税义务发生的当天。

增值税的税款计算期分别为1日、3日、5日、10日、15日、1个月或者1个季度。纳税人的具体纳税期限，由主管税务机关根据纳税人应纳税额的大小分别核定；不能按固定期限纳税的，可以按次纳税。

### (三) 计税货币

增值税销售额按人民币计算。纳税人以人民币以外的货币结算销售额的，应当按外汇市场价格折合成人民币计算。在计税依据所用本位币方面，我国税法规定以人民币为本位币。

### (四) 增值税简易征收政策的管理(略)

**【例 6-13】**根据增值税法律制度的规定，下列关于增值税纳税义务发生时间的表述中，正确的有(　)。(2013 年多选题)

A. 将委托加工的货物无偿赠送他人的，为货物移送的当天
B. 采取直接收款方式销售货物的，为货物发出的当天
C. 委托他人销售货物的，为受托方售出货物的当天
D. 进口货物，为报关进口的当天

【解析】AD 选项 B：采取直接收款方式销售货物，不论货物是否发出，增值税纳税义务发生时间均为收到销售款或者取得索取销售款凭据的当天；选项 C：委托其他纳税人代销货物，增值税纳税义务发生时间为收到代销单位的代销清单或者收到全部或部分货款的当天，未收到代销清单及货款的，为发出代销货物满 180 天的当天。

【例 6-14】根据增值税法律制度的规定，下列关于增值税纳税义务发生时间的表述中，不正确的是(　)。(2011 年单选题)

A. 委托其他纳税人代销货物，为代销货物移送给委托方的当天

B. 销售应税劳务，为提供劳务同时收讫销售款或者取得索取销售款凭据的当天

C. 采取委托承付和委托银行收款方式销售货物，为发出货物并办妥托收手续的当天

D. 采取直接收款方式销售货物，为收到销售或者取得索取销售款凭据的当天

【解析】A 选项 A：委托其他纳税人代销货物，为收到代销单位的代销清单或者收到全部或者部分货款的当天；未收到代销清单及货款的，为发出代销货物满 180 天的当天。

## 考点九 增值税专用发票

增值税专用发票是一般纳税人销售货物或者提供应税劳务开具的发票，是购买方支付增值税额并可按照增值税有关规定据以抵扣增值税进项税额的凭证。

属于下列情形之一的，不得开具增值税专用发票：

(1) 向消费者个人销售货物或者应税劳务的；

(2) 销售货物或者应税劳务适用免税规定的；

(3) 小规模纳税人销售货物或者应税劳务的。

一般纳税人应通过增值税防伪税控系统(以下简称“防伪税控系统”)使用专用发票。专用发票由基本联次或者基本联次附加其他联次构成，基本联次为 3 联。一般纳税人领购专用设备后，凭《最高开票限额申请表》、《发票领购簿》到主管税务机关办理初始发行。一般纳税人凭《发票领购簿》、IC 卡和经办人身份证明领购专用发票。

专用发票实行最高开票限额管理。

商业企业一般纳税人零售的烟、酒、食品、服装、鞋帽、化妆品等消费品不得开具专用发票。增值税小规模纳税人和非增值税纳税人不得领购使用专用发票。增值税小规模纳税人需开具专用发票的，可向当地主管税务机关申请代开。

## 考点十 增值税的出口退(免)税制度

我国实行出口货物零税率(除少数特殊货物外)的优惠政策。

### (一) 适用增值税退(免)税政策的出口货物劳务

(1) 出口企业出口货物。

(2) 出口企业或其他单位视同出口货物。

① 出口企业对外援助、对外承包、境外投资的出口货物。

② 出口企业经海关报关进入国家批准的出口加工区、保税物流园区、保税港区、综合保税区、珠澳跨境工业区(珠海园区)、中哈霍尔果斯国际边境合作中心(中方配套区域)、保税物流中心(B型)(以下统称特殊区域)并销售给特殊区域内单位或境外单位、个人的货物。

③ 免税品经营企业销售的货物(国家规定不允许经营和限制出口的货物、卷烟和超出免税品经营企业《企业法人营业执照》规定经营范围的货物除外)。

④ 出口企业或其他单位销售给用于国际金融组织或外国政府贷款国际招标建设项目的中标机电产品。

⑤ 生产企业向海上石油天然气开采企业销售的自产的海洋工程结构物。

⑥ 出口企业或其他单位销售给国际运输企业用于国际运输工具上的货物。

⑦ 出口企业或其他单位销售给特殊区域内生产企业生产耗用且不向海关报关而输入特殊区域的水(包括蒸汽)、电力、燃气(以下称输入特殊区域的水电气)。

(3) 出口企业对外提供加工修理修配劳务。出口企业对外提供加工修理修配劳务，指对进境复出口货物或从事国际运输的运输工具进行的加工修理修配。

### (二) 适用增值税免税政策的出口货物劳务

(1) 出口企业或其他单位出口符合规定的免征增值税的货物。

① 增值税小规模纳税人出口的货物。

② 避孕药品和用具，古旧图书。

③ 软件产品。

④ 含黄金、铂金成分的货物，钻石及其饰品。

⑤ 国家计划内出口的卷烟。

⑥ 已使用过的设备。其具体范围是指购进时未取得增值税专用发票、海关进口增值税专用缴款书但其他相关单证齐全的已使用过的设备。

⑦ 非出口企业委托出口的货物。

⑧ 非列名生产企业出口的非视同自产货物。

⑨ 农业生产者自产农产品。

⑩ 油画、花生果仁、黑大豆等财政部和国家税务总局规定的出口免税的货物。

⑪ 外贸企业取得普通发票、废旧物资收购凭证、农产品收购发票、政府非税收入票据的货物。

⑫ 来料加工复出口的货物。

⑬ 特殊区域内的企业出口的特殊区域内的货物。

⑭ 以人民币现金作为结算方式的边境地区出口企业从所在省(自治区)的边境口岸出口到接壤国家的一般贸易和边境小额贸易出口货物。

⑮ 以旅游购物贸易方式报关出口的货物。

(2) 出口企业或其他单位视同出口符合规定的免征增值税的货物劳务。

(3) 出口企业或其他单位未按规定申报或未补齐增值税退(免)税凭证免征增值税的出口货物劳务。

适用增值税免税政策的出口货物劳务，其进项税额不得抵扣和退税，应当转入成本。

### (三) 不适用增值税退(免)税和免税政策的出口货物劳务

(1) 出口企业出口或视同出口财政部和国家税务总局根据国务院决定明确的取消出口退(免)税的货物，但不包括来料加工复出口货物、中标机电产品、列名原材料、输入特殊区域的水电气、海洋工程结构物。

(2) 出口企业或其他单位销售给特殊区域内的生活消费用品和交通运输工具。

(3) 出口企业或其他单位因骗取出口退税被税务机关停止办理增值税退(免)税期间出口的货物。

(4) 出口企业或其他单位提供虚假备案单证的货物。

(5) 出口企业或其他单位增值税退(免)税凭证有伪造或内容不实的货物。

(6) 出口企业或其他单位未在国家税务总局规定期限内申报免税核销以及经主管税务机关审核不予免税核销的出口卷烟。

(7) 出口企业或其他单位具有其他特殊情形的出口货物劳务。

### (四) 增值税退(免)税办法

实行免、抵、退税办法的“免”税，是指对生产企业出口的自产货物，免征本企业生产销售环节增值税；“抵”税，是指生产企业出口的自产货物所耗用的原材料、零部件、燃料、动力等所含应予退还的进项税额，抵顶内销货物的应纳税额；“退”税，是指生产企业出口的自产货物在当月内应抵顶的进项税额大于应纳税额时，对未抵顶完的部分予以退税。

**1. 适用免抵退税办法的情形**

(1) 生产企业出口自产货物和视同自产货物。

(2) 对外提供加工修理修配劳务。

(3) 列名生产企业(税法对具体范围有规定)出口非自产货物。

**2. 适用免退税办法的情形**

不具有生产能力的出口企业(外贸企业)或其他单位出口货物劳务。

免退税办法是指免征出口销售环节增值税，并退还已出口货物购进时所发生的进项税额。

### (五) 出口退税率

出口货物的退税率，是出口货物的实际退税额与退税计税依据的比例。出口企业应将不同税率的货物分开核算和申报，凡划分不清的，一律从低适用退税率计算退免税。

适用不同退税率的货物劳务，应分开报关、核算并申报退(免)税，未分开报关、核算或划分不清的，从低适用退税率。

**【例 6-15】**根据增值税法律制度规定，下列各项出口货物中，不属于享受增值税出口免税并退税政策的是(　　)。(2011 年单选题)

A. 来料加工复出口的货物

B. 生产企业自营出口的自产货物

C. 生产企业委托外贸企业代理出口的自产货物

D. 有出口经营权的外贸企业收购后直接出口的货物

**【解析】**A　来料加工复出口的货物，免税但不予退税。

**【例 6-16】**根据增值税法律制度的规定，下列出口货物中，免税但不退税的有(　　)。(2013 年多选题)

A. 国家计划内出口的石油　B. 避孕药品　C. 来料加工复出口的货物　D. 古旧图书

**【解析】**BCD　选项 A：属于出口免税并退税；选项 BCD：属于出口免税不退税。

# 三、营改增的主要内容

## 考点十一　营改增试点纳税人及其认定

### (一) 试点纳税人

试点纳税人指在中华人民共和国境内提供交通运输业和部分现代服务业服务的单位和个人。

### (二) 纳税人的分类

试点纳税人分为一般纳税人和小规模纳税人。

(1) 应税服务的年应征增值税销售额(以下称应税服务年销售额)超过 500 万元的纳税人为一般纳税人，未超过规定标准的纳税人为小规模纳税人。

(2) 非企业性单位、不经常提供应税服务的企业和个体工商户可选择按照小规模纳税人纳税。

## 考点十二　营改增的征税范围

### (一) 一般规定

| 试点行业 | 应税服务 | 具体内容 |
| --- | --- | --- |
| 交通运输业 | 陆路运输服务 | 包括公路运输、缆车运输、索道运输及其他陆路运输，暂不包括铁路运输 |
| | 水路运输服务 | 远洋运输的程租、期租业务，属于水路运输服务 |
| | 航空运输服务 | 航空运输的湿租业务，属于航空运输服务 |
| | 管道运输服务 | |
| 现代服务业 | 研发和技术服务 | 包括研发服务、技术转让服务、技术咨询服务、合同能源管理服务、工程勘察勘探服务 |
| | 信息技术服务 | 包括软件服务、电路设计及测试服务、信息系统服务和业务流程管理服务 |
| | 文化创意服务 | 包括设计服务、商标著作权转让服务、知识产权服务、广告服务和会议展览服务 |
| | 物流辅助服务 | 包括航空服务、港口码头服务、货运客运场站服务、打捞救助服务、货物运输代理服务、代理报关服务、仓储服务和装卸搬运服务 |
| | 有形动产租赁服务 | 包括有形动产融资租赁和有形动产经营性租赁 |
| | 证咨询服务 | 包括认证服务、鉴证服务和咨询服务 |

### (二) 特殊规定

单位和个体工商户的下列情形，视同提供应税服务：

(1) 向其他单位或者个人无偿提供交通运输业和部分现代服务业服务，但以公益活动为目的或者以社会公众为对象的除外。

(2) 财政部和国家税务总局规定的其他情形。

## 考点十三 营改增试点的税率

### (一) 试点增值税一般计税方法下有四档税率

(1) 提供有形动产租赁服务，税率为17%；

(2) 提供交通运输业服务，税率为11%；

(3) 提供现代服务业服务(有形动产租赁服务除外)，税率为6%；

(4) 财政部和国家税务总局规定的应税服务，主要涉及跨境提供应税服务的行为，税率为0。

### (二) 征收率

增值税征收率为3%，适用于小规模纳税人以及一般纳税人适用简易方法计税的特定项目，如轮客渡、公交客运、轨道交通及出租车。

### (三) 提供适用不同税率或者征收率的应税服务

纳税人提供适用不同税率或者征收率的应税服务，应当分别核算适用不同税率或者征收率的销售额；未分别核算的，从高适用税率。

## 考点十四 营改增试点的应纳税额计算——原理同前

### (一) 计税方法

试点增值税的计税方法，包括一般计税方法和简易计税方法。原则上，交通运输业、建筑业、邮电通信业、现代服务业、文化体育业、销售不动产和转让无形资产适用增值税一般计税方法。而金融保险业和生活性服务业适用增值税简易计税方法。

#### 1. 一般计税方法

一般计税方法的应纳税额，是指当期销项税额抵扣当期进项税额后的余额。

应纳税额=当期销项税额-当期进项税额

计税销售额=(取得的全部含税价款和价外费用-支付给其他单位或个人的含税价款)÷(1+对应征税应税服务适用的增值税税率或征收率)

当期销项税额小于当期进项税额不足抵扣时，其不足部分可以结转下期继续抵扣。

#### 2. 简易计税方法

简易计税方法的应纳税额，是指按照销售额和增值税征收率计算的增值税额，不得抵扣进项税额。

应纳税额=销售额×征收率

计税销售额=(取得的全部含税价款和价外费用-支付给其他单位或个人的含税价款)÷(1+征税率)

## (二) 计税销售额的确认

纳税人计税销售额原则上为发生应税交易取得的全部收入，对一些存在大量代收转付或代垫资金的行业，其代收代垫金额可予以合理扣除。这种差额征税的方法是营业税常用的一种税基计算方法，此次营改增对试点税目计税销售额的确认继续沿用了此方法。

目前按照国家有关营业税政策规定，差额征收营业税改征增值税的具体项目包括以下五类：有形动产融资租赁、交通运输业服务、试点物流承揽的仓储业务、勘察设计单位承担的勘察设计劳务和代理业务。

## (三) 进项税额

### 1. “营改增”试点准予抵扣的进项税额

(1) 从销售方或者提供方取得的增值税专用发票上注明的增值税额；

(2) 从海关取得的海关进口增值税专用缴款书上注明的增值税额；

(3) 购进农产品，除取得增值税专用发票或者海关进口增值税专用缴款书外，按照农产品收购发票或者销售发票上注明的农产品买价和13%的扣除率计算的进项税额；

(4) 接受交通运输业服务，除取得货运增值税专用发票外，按照运输费用结算单据上注明的运输费用金额和7%的扣除率计算的进项税额；

(5) 接受境外单位或者个人提供的应税服务，从税务机关或者境内代理人取得的解缴税款的中华人民共和国税收通用缴款书(以下称通用缴款书)上注明的增值税额。

### 2. “营改增”试点不得抵扣的进项税额

(1) 用于适用简易计税方法计税项目、非增值税应税项目、免征增值税(以下简称免税)项目、集体福利或者个人消费的购进货物、接受的加工修理修配劳务或者应税服务。

(2) 非正常损失的购进货物及相关的加工修理修配劳务和交通运输业服务。

(3) 非正常损失的在产品、产成品所耗用的购进货物(不包括固定资产)、加工修理修配劳务或者交通运输业服务。

(4) 接受的旅客运输劳务。

(5) 自用的应征消费税的摩托车、汽车、游艇。但作为提供交通运输业服务的运输工具和租赁服务标的物的除外。

### 3. 运输费用的扣税凭证

增值税一般纳税人接受交通运输业服务抵扣进项税额存在如下三种情况：

(1) 接受试点地区的一般纳税人提供的货物运输服务，取得其开具的货物运输业增值税专用发票，按照该发票上注明的增值税额，从销项税额中抵扣。

(2) 接受试点地区的小规模纳税人提供的货物运输服务，取得其委托税务机关代开的货物运输业增值税专用发票，按照该发票上注明的价税合计金额和7%的扣除率计算进项税额，从销项税额中抵扣。

(3) 接受非试点地区的单位和个人提供的交通运输劳务，取得其开具的运输费用结算单据，按照该运输费用结算单据上注明的运输费用金额和7%的扣除率计算的进项税额，从销项税额中抵扣。

### 4. 中华人民共和国通用税收缴款书

接受境外单位或个人提供应税服务，从税务机关或者境内代理人取得的解缴税款的中华人民共和国通用税收收缴款书上注明的增值税额准予抵扣。

## 考点十五 营改增试点的税收优惠

### (一) 免税

(1) 个人转让著作权。

(2) 残疾人个人提供应税服务。

(3) 航空公司提供飞机播撒农药服务

(4) “四技”合同。即纳税人提供技术转让、技术开发和与之相关的技术咨询、技术服务免征增值税。

(5) 符合条件的节能服务公司实施合同能源管理项目中提供的应税服务。

节能服务公司是一种基于合同能源管理机制运作的、以营利为直接目的的专业化公司。合同能源管理，是节能服务公司通过与客户签订节能服务合同，为客户提供包括：能源审计、项目设计、项目融资、设备采购、工程施工、设备安装调试、人员培训、节能量确认和保证等一整套的节能服务，并从客户进行节能改造后获得的节能效益中收回投资和取得利润的一种商业运作模式。

(6) 离岸外包服务。自试点实施之日起至 2013 年 12 月 31 日，注册在属于试点地区的中国服务外包示范城市的企业从事离岸服务外包业务中提供的应税服务免征增值税。

(7) 两岸海上直航业务。

(8) 两岸空中直航业务。

(9) 船检服务。美国 ABS 船级社提供船检服务免征增值税。

(10) 随军家属就业。为安置随军家属而新开办的企业，自领取税务登记证之日起，其提供的应税服务 3 年内免征增值税。

**注意：**随军家属必须占企业总人数的 60%(含)以上，并有军(含)以上政治和后勤机关出具的证明。

(11) 军队转业干部就业。为安置自主择业的军队转业干部而新开办的企业，凡安置自主择业的军队转业干部占企业总人数的 60%(含)以上，经主管税务机关批准，自领取税务登记证之日起，其提供的应税服务 3 年内免征增值税。

从事个体经营的军队转业干部，经主管税务机关批准，自领取税务登记证之日起，其提供的应税服务 3 年内免征增值税。

(12) 城镇退役士兵就业。对为安置自谋职业的城镇退役士兵就业而新办的服务型企业当年新安置自谋职业的城镇退役士兵达到职工总数 30%以上，并与其签订 1 年以上期限劳动合同的，经县级以上民政部门认定，税务机关审核，其提供的应税服务(除广告服务外)3 年内免征增值税。

自谋职业的城镇退役士兵从事个体经营的，自领取税务登记证之日起，其提供的应税服务(除广告服务外)3 年内免征增值税。

(13) 失业人员就业。服务型企业(除广告服务外)在新增加的岗位中，当年新招用持《就业失业登记证》人员，与其签订 1 年以上期限劳动合同并依法缴纳社会保险费的，在 3 年内按照实际招用人数予以定额依次扣减增值税、城市维护建设税、教育费附加和企业所得税优惠。定额标准为每人每年 4000 元，可上下浮动 20%。

持《就业失业登记证》人员从事个体经营的，在3年内按照每户每家8000元为限额依次扣减其当年实际应缴纳的增值税、城市维护建设税、教育费附加和个人所得税。

### (二) 即征即退

(1) 安置残疾人的单位，实行由税务机关按单位实际安置残疾人的人数，限额即征即退增值税的办法。

(2) 试点纳税人中的一般纳税人提供管道运输服务，对其增值税实际税负超过3%的部分实习增值税即征即退政策。

(3) 经人民银行、银监会、商务部批准经营融资租赁业务的试点纳税人中的一般纳税人提供有形动产融资租赁服务，对其增值税实际税负超过3%的部分实行增值税即征即退政策。

### (三) 增值税应税服务税收优惠的管理规定

(1) 纳税人享受报批类减免税，应提交相应资料，提出申请，经具有审批权限的国税机关审批确认后执行。

(2) 纳税人享受备案类减免税，应提请备案，经国税机关登记备案后，自登记备案之日起执行。

(3) 减免税期限超过 1 个纳税年度的，进行一次性审批。纳税人享受减免税的条件发生变化的，应自发生变化之日起15个工作日向税务机关报告，经税务机关审核后，停止其减免税。

(4) 纳税人兼营免税、减税项目的，应当分别核算免税、减税项目的销售额；未分别核算的，不得减税、免税。

(5) 纳税人用于免征增值税项目的购进货物、接受加工修理修配劳务或者应税服务的进项税额，不得从销项税额中抵扣。

(6) 一般计税方法的纳税人，兼营简易计税方法计税项目、非增值税应税劳务、免征增值税项目而无法划分不得抵扣的进项税额，按照下列公示计算不得抵扣的进项税额：

不得抵扣的进项税额=当期无法划分的全部进项税额×(当期简易计税方法计税项目销售额+非增值税应税劳务营业额+免征增值税项目销售额)÷(当期全部销售额+当期全部营业额)

(7) 纳税人提供应税服务适用免税、减税规定的，可以放弃免税、减税权，向主管税务机关提出书面申请，经审核确认后，按现行规定缴纳增值税。放弃免税、减税的，36个月内不得再申请免税、减税，主管税务机关36个月内也不得受理纳税人的免税申请。

(8) 纳税人已经放弃免税权，其生产销售的全部增值税应税货物或劳务以及应税服务均应按照使用税率征税，不得选择某一免税项目放弃免税权，也不得根据不同销售对象选择部分货物、劳务以及应税服务放弃免税权。

(9) 纳税人实际经营情况不符合减免税规定条件的或者采用欺骗手段获取减免税的，享受减免税条件发生变化未及时向税务机关报告的，以及未按法律法规规定程序报批而自行减免税的，税务机关按照税收征管法有关规定予以处理。

**【例6-17】**甲木业制造有限责任公司(以下简称甲公司)是增值税一般纳税人，从事实木地板的生产、销售，同时从事木质工艺品、筷子等的生产经营。(2012年综合题)

(一) 相关资料

2012年8月，甲公司发生下列业务：

(1) 购进油漆、修理零备件一批，取得增值税专用发票上注明的价款为 50 万元，税额 8.5 万元；支付运费 1.4 万元，取得运输部门开具的运输费用结算单据。

(2) 购入原木，取得增值税专用发票上注明的价款为 200 万元，税额 26 万元。

(3) 将橡木加工成 A 型实木地板，本月销售取得含税销售额 81.9 万元，将部分橡木做成工艺品进行销售，取得含税销售额 52.65 万元。

(4) 销售自产 B 型实木地板 4.5 万平方米，不含税销售额为每平方米 280 元，开具增值税专用发票；另外收取包装费 11.7 万元，开具普通发票。

(5) 将自产 C 型实木地板 0.1 万平方米用于本公司办公室装修，成本为 5.43 万元，C 型实木地板没有同类销售价格;将自产的 D 型实木板 0.2 万平方米无偿提供给某房地产公司，用于装修该房地产公司的样板间供客户参观，D 型实木地板的成本为 18 万元，市场销售价为每平方米 160 万(不含增值税额)。

已知：实木地板消费税税率和成本利润率均为 5%；相关发票已经主管税务机关认证。

(二) 甲公司财务人员计算申报缴纳增值税、消费税情况：

(1) 当期进项税额=8.5+26=34.5(万元)

(2) 当期销项税额=81.9÷(1+17%)×17%+52.65÷(1+17%)×17%+4.5×280×17%+11.7÷(1+17%)×17%=235.45(万元)

(3) 当期应纳消费税额=81.9÷(1+17%)×5%+52.65÷(1+17%)×5%+4.5×280×5%+11.7÷(1+17%)×5%=69.25(万元)

要求：根据上述内容和相关税收法律制度的规定，回答下列问题(涉及计算的，列出计算过程，计算结果保留到小数点后两位；计算单位：万元)。

(1) 甲公司财务人员在申报纳税时存在哪些不合法之处？并说明理由。

(2) 计算甲公司当期增值税额。

(3) 计算甲公司当期消费税额。

【解析】

(1) 不符合规定之处：

① 运费未进行计算抵扣。根据规定，“购进或者销售”货物以及“在生产经营过程中”支付的运输费用，按照运输费用结算单据上注明的运输费用金额和 7%的扣除率计算进项税额。

② 将自产的 C 型实木地板用于办公室装修，应视同销售计算销项税额。根据规定，将自产、委托加工的货物用于非增值税应税项目，视同销售。

③ 将自产的 D 型实木地板无偿赠送给某房地产公司，应视同销售计算销项税额。根据规定，将自产、委托加工或购进的货物无偿赠送他人，视同销售。

④ 将橡木加工成工艺品进行销售，无须缴纳消费税。根据规定，橡木工艺品不属于消费税的征收范围。

⑤ 将自产的 C 型实木地板用于办公室装修、将 D 型实木地板用于无偿赠送给某房地产公司，均视同销售，应缴纳消费税。根据规定，纳税人自产自用的应税消费品，用于连续生产应税消费品的，不纳税；用于其他方面的(用于非应税消费品、在建工程、管理部门、馈赠、赞助、集资、广告、样品、职工福利、奖励等)，视同销售，在移送使用时纳税。

(2) 增值税：

① 当期销项税额=(81.9+52.65)÷(1+17%)×17%+[0.028×45 000+11.7÷(1+17%)]×17%+5.43×(1+5%)÷(1−5%)×17%+0.20×160×17%=241.91(万元)

② 当期可以抵扣的进项税额=8.50+1.40×7%+26=34.60(万元)

③ 当期应纳税额=241.91-34.60=207.31(万元)

(3) 消费税=81.9÷(1+17%)×5%+[0.028×45000+11.7÷(1+17%)]×5%+5.43×(1+5%)÷(1-5%)×5%+0.20×160×5%=68.89(万元)

# 同步过关测试

## 一、单项选择题

1. 根据增值税法律制度的规定，下列各项中，不属于增值税征税范围的是(　)。

A. 销售电力　　B. 销售热力　　C. 销售天然气　　D. 销售房地产

2. 某企业为增值税一般纳税人，2009 年 1 月进口一批化妆品，关税完税价格 40 万元。已知：化妆品关税税率为 20%，消费税税率为 30%。该企业进口化妆品应纳进口增值税税额为(　)万元。

A. 2.06　　B. 6.80　　C. 8.16　　D. 11.66

3. 根据增值税法律制度的规定，下列各项中，不缴纳增值税的是(　)。

A. 商品期货　　B. 寄售业代委托人销售物品

C. 邮票的生产　　D. 邮局发行报刊

4. 根据增值税法律制度的规定，下列各项中，缴纳增值税的是(　)。

A. 体育彩票的发行收入　　B. 供应或开采未经加工的天然水

C. 邮票的生产、调拨　　D. 邮局发行报刊

5. 根据增值税法律制度的规定，下列各项中，应当征收增值税的是(　)。

A. 纳税人受托开发软件产品，著作权属于委托方的

B. 纳税人受托开发软件产品，著作权属于受托方的

C. 纳税人受托开发软件产品，著作权属于双方共同拥有的

D. 销售的软件产品交付使用后，按期或按次收取的维护费、技术服务费、培训费

6. 根据增值税法律制度的规定，下列各项中，应当征收增值税的是(　)。

A. 供应或开采未经加工的天然水

B. 自来水公司收取的与货物的销售数量无直接关系的一次性费用

C. 自来水公司收取的与货物的销售数量有直接关系的一次性费用

D. 从事建筑安装业务的企业附设的车间在建筑现场制造的预制构件，直接用于本企业的建筑工程

7. 根据增值税法律制度的规定，纳税人采取分期收款方式销售货物，书面合同没有约定收款日期的，增值税的纳税义务发生时间为(　)。

A. 货物发出的当天　　B. 收到全部货款的当天

C. 收到第一期货款的当天　　D. 取得索取销售额凭据的当天

8. 根据增值税法律制度的规定，企业收取的下列款项中，应作为价外费用并入销售额计算增值税销项税额的是(　)。

A. 受托加工应征消费税的消费品所代收代缴的消费税

B. 生产企业销售货物时收取的包装物租金

C. 承运部门的运输费用发票开具给购买方，纳税人将该项发票转交给购货方的代垫运费

D. 向购买方收取的代购买方缴纳的车辆牌照费

9. 我国现行增值税的类型属于(　)。

A. 生产型增值税　B. 消费型增值税　C. 收入型增值税　D. 未定型增值税

10. 根据增值税法律制度的规定，下列各项中，属于一并缴纳增值税的混合销售行为的是(　)。

A. 某建材商店销售建材的同时负责送货上门

B. 某汽车制造公司在销售汽车的同时为其他客户提供售后修理劳务

C. 某电信局销售电话机的同时提供电信服务

D. 某建筑单位提供建筑业劳务的同时销售自产的货物

11. 根据增值税法律制度的规定，下列各项中，属于增值税征税范围的是(　)。

A. 邮政部门销售集邮商品

B. 邮政部门发行报刊

C. 电信单位销售移动电话的同时提供有关的电信劳务服务

D. 银行销售金银的业务

12. 根据增值税法律制度的规定，下列货物中，不按照13%的低税率征收增值税的是(　)。

A. 稻谷　B. 淀粉　C. 面粉　D. 杂粮

13. 某生产企业(小规模纳税人)2012 年 3 月销售自己使用过的设备一台，开具的普通发票上注明的价款为 20 600 元，本月购进一批货物，取得增值税专用发票上注明的价款为 1000 元。该生产企业当月应缴纳的增值税为(　)元。

A. 370　B. 400　C. 570　D. 600

14. 增值税一般纳税人销售下列货物，暂按简易办法依照 4%征收率计算缴纳增值税的是(　)。

A. 旧货　B. 自己使用过的固定资产

C. 典当业销售死当物品　D. 自来水

15. 根据增值税法律制度的规定，下列各项中，不属于增值税征税范围的是(　)。

A. 销售天然气　B. 转让无形资产　C. 销售热力　D. 销售电力

16. 某生产企业(增值税一般纳税人)由于管理不善造成一批之前购进的免税农产品丢失，该农产品的账面成本为 12 465 元(含运费 465 元)，则需要转出的进项税额为(　)元。

A. 1828.10　B. 2075　C. 2072.55　D. 1778.59

17. 2012 年 6 月，某酒厂(增值税一般纳税人)销售一批白酒和啤酒，其中销售白酒开具的增值税专用发票上注明的价款为 50 000 元，另外收取包装物押金 2340 元；销售啤酒开具的普通发票上注明价税合计金额为 35 100 元，另外收取包装物押金 3400 元。该酒厂与购买方签订合同，要求押金 3 个月内返还。该酒厂当月购进原材料，取得增值税专用发票上注明的增值税税额为 3000 元。则该酒厂当月应缴纳的增值税为(　)元。

A. 11 600　B. 10 940　C. 12 434.02　D. 13 940

18. 某商场为增值税一般纳税人，2012 年 6 月采取以旧换新方式向消费者销售彩色电视机 50 台，每台新彩色电视机的零售价款为 4680 元，收回的旧彩电每台作价 1200 元。该商场当月就此业务应缴纳的增值税为(　)元。

A. 29 580　　B. 39 780　　C. 25 282.05　　D. 34 000

19. 某电器修理部(小规模纳税人)2012年8月取得含税修理收入20600元，当月出售一台自己使用过的进口设备，收取价税合计金额123600元，该修理部当月应缴纳的增值税为(　)元。

A. 600　　B. 2953.85　　C. 3000　　D. 4200

20. 下列有关增值税起征点的说法中，不正确的是(　)。

A. 个人的销售额未达到规定的起征点的，免征增值税

B. 增值税起征点的适用范围仅限于个人

C. 个人的销售额超过起征点的，应就其销售全额缴纳增值税

D. 个人的销售额超过起征点的，应就其超过起征点的销售额部分缴纳增值税

21. 根据增值税法律制度的规定，下列关于增值税纳税义务发生时间的表述中，不正确的是(　)。

A. 委托其他纳税人代销货物，为代销货物移送给受托方的当天

B. 销售应税劳务，为提供劳务同时收讫销售款或者取得索取销售款凭据的当天

C. 采取托收承付和委托银行收款方式销售货物，为发出货物并办妥托收手续的当天

D. 采取直接收款方式销售货物，为收到销售款或者取得索取销售款凭据的当天

22. 纳税人进口货物，应当自海关填发进口增值税专用缴款书之日起(　)内缴纳增值税税款。

A. 3 日　　B. 5 日　　C. 10 日　　D. 15 日

23. 纳税人发生下列情形中，可以自行开具增值税专用发票的是(　)。

A. 增值税一般纳税人向消费者个人零售化妆品

B. 增值税一般纳税人销售货物或者提供应税劳务适用免税规定的

C. 小规模纳税人销售货物或者提供应税劳务的

D. 增值税一般纳税人销售货物或者提供应税劳务需要征税的

24. 根据增值税法律制度的规定，下列说法中，不正确的是(　)。

A. 一般纳税人销售自己使用过的属于规定不得抵扣且未抵扣进项税额的固定资产，按简易办法依 4%征收率减半征收增值税

B. 小规模纳税人(除其他个人外)销售自己使用过的固定资产，减按 2%的征收率征收增值税

C. 一般纳税人选择按简易办法依照 6%征收率计算缴纳增值税后，36 个月内不得变更

D. 纳税人购进固定资产时为小规模纳税人，认定为一般纳税人后销售固定资产，可按适用税率征收增值税，同时可以开具增值税专用发票

25. 2012 年 7 月 1 日后认定的营改增试点地区一般纳税人，应当在超标月份所属申报期结束后(　)个工作日内向税务所报送《增值税一般纳税人申请认定表》二份，申请一般纳税人资格认定。

A. 20　　B. 30　　C. 40　　D. 60

26. 某管道运输公司位于“营改增”试点地区，主要从事天然气输送服务，属于增值税一般纳税人。2013 年 5 月该公司向客户运输天然气共取得不含税收入 3000 万元，同时随同天然气输送向客户收取管道维护费 50 万元，当月发生可抵扣的增值税进项税额为 150 万元。那么，该公司可申请办理即征即退的增值税为(　)万元。

A. 91.35　　B. 93.6　　C. 184.95　　D. 334.95

27. 纳税人享受减免税的条件发生变化的，应自发生变化之日起( )个工作日内向税务机关报告，经税务机关审核后，停止其减免税。

A. 5 B. 10 C. 15 D. 30

28. 根据增值税法律制度的规定，下列进项税额中，不得从销项税额中抵扣的是( )。

A. 因自然灾害损失的产品所耗用的进项税额

B. 购进同时用于增值税应税项目和非增值税应税项目的固定资产所支付的进项税额

C. 按照简易办法征收增值税的一般纳税人购进的货物

D. 进口原材料取得海关进口增值税专用缴款书上注明的增值税额

29. 某食用油加工厂为增值税一般纳税人，2012 年 8 月外购一批免税农产品，收购发票上注明农产品买价 43 000 元，支付运费 2790 元，取得运输发票。根据增值税法律制度的规定，该加工厂上述业务可以抵扣的进项税额为( )元。

A. 7505.3 B. 5785.3 C. 7784.3 D. 5952.7

30. 某商店为增值税一般纳税人，2012 年 6 月采取“以旧换新”方式销售金项链一条，新项链对外销售价格 9000 元，旧项链作价 2000 元，从消费者收取新旧差价款 7000 元；另以“以旧换新”方式销售热水器一台，新热水器对外销售价格 2000 元，旧热水器作价 100 元，从消费者收取新旧差价款 1900 元。假如以上价款中均含增值税，增值税税率为 17%。根据增值税法律制度的规定，该商店应缴纳增值税( )元。

A. 1307.69 B. 1598.29 C. 1293.16 D. 1583.76

31. 某啤酒厂为增值税一般纳税人，2012 年 8 月销售啤酒取得销售额 800 万元，已开具增值税专用发票，收取包装物押金 234 万元；本月逾期未退还包装物押金 58.50 万元，增值税适用税率为 17%。根据增值税法律制度的规定，该啤酒厂当期增值税销项税额为( )万元。

A. 116.24 B. 136.00 C. 144.50 D. 145.95

## 二、多项选择题

1. 根据出口退(免)税制度的规定，下列关于出口退(免)税的表述中，正确的有( )。(2010 年)

A. 出口退(免)税是为了鼓励出口，使本国产品进入国际市场

B. 出口退(免)税的税种主要是增值税和消费税

C. 除另有规定外，生产企业自营出口的自产货物给予免税并退税

D. 农业生产者出口的自产农产品给予免税但不退税

2. 根据增值税法律制度的规定，下列各项中，应当征收增值税的有( )。

A. 将自产的货物用于投资 B. 将自产的货物分配给股东

C. 将自产的货物用于集体福利 D. 将外购的货物用于非增值税应税项目

3. 根据增值税法律制度的规定，下列各项中，应当征收增值税的有( )。

A. 将外购的货物用于非增值税应税项目 B. 将外购的货物用于投资

C. 将外购的货物分配给股东 D. 将外购的货物用于集体福利

4. 根据增值税法律制度的规定，下列各项中，不征收增值税的有( )。

A. 典当业的死当物品销售业务 B. 集邮商品的生产、调拨

C. 邮局销售集邮商品 D. 邮局发行报刊

5. 根据增值税法律制度的规定，下列各项中，属于应当征收增值税的混合销售行为的有(　　)。
   A. 邮局提供邮政服务并销售集邮商品
   B. 商店销售空调并负责安装
   C. 汽车制造厂销售汽车，又开设门市部修理汽车
   D. 塑钢门窗销售商店在销售产品的同时又为该客户提供安装服务

6. 根据增值税法律制度的规定，下列各项中，免征增值税的有(　　)。
   A. 用于对其他企业投资的自产工业产品　B. 用于单位集体福利的自产副食品
   C. 农业生产者销售的自产农业产品　D. 直接用于教学的进口仪器

7. 根据增值税法律制度的规定，下列有关增值税纳税义务发生时间的表述中，符合规定的有(　　)。
   A. 采取直接收款方式销售货物的，不论货物是否发出，均为收到销售款或者取得索取销售款凭据的当天
   B. 销售应税劳务，为提供劳务同时收讫销售款或者取得索取销售款凭据的当天
   C. 采取托收承付和委托银行收款方式销售货物，为发出货物并办妥托收手续的当天
   D. 委托其他纳税人代销货物，为收到代销单位的代销清单或者收到全部或者部分货款的当天；未收到代销清单及货款的，为发出代销货物满 90 天的当天

8. 根据增值税法律制度的规定，增值税一般纳税人支付的下列运费中，不允许计算进项税额抵扣的有(　　)。
   A. 销售生产设备支付的运输费用
   B. 外购生产用包装物支付的运输费用
   C. 外购管理部门使用的小轿车支付的运输费用
   D. 销售免税货物支付的运输费用

9. 下列关于增值税一般纳税人进项税额抵扣的处理中，正确的有(　　)。
   A. 外购货物用于个人消费，进项税额不得抵扣
   B. 外购货物用于本企业不动产的在建工程，取得增值税专用发票，进项税额可以抵扣
   C. 外购货物用于对外捐赠，进项税额不得抵扣
   D. 销售免税货物支付的运输费用，进项税额不得抵扣

10.下列关于增值税即征即退或者先征后退(返)的规定表述正确的有(　　)。
   A. 纳税人销售自产的以工业废气为原料生产的高纯度二氧化碳产品，实行增值税即征即退的政策
   B. 纳税人销售自产的以垃圾为燃料生产的电力或者热力，实行增值税即征即退的政策
   C. 对销售自产的综合利用生物柴油实行增值税先征后退政策
   D. 纳税人销售自产的以退役军用发射药为原料生产的涂料硝化棉粉，增值税实行即征即退 50%的政策

11. 以下关于增值税纳税义务发生时间的说法正确的有(　　)。
   A. 采取直接收款方式销售货物，不论货物是否发出，均为收到销售款或者取得索取销售款凭证的当天
   B. 采取托收承付和委托银行收款方式销售货物，为发出货物的当天
   C. 销售货物或者提供应税劳务先开具发票的，为开出发票的当天
   D. 采取赊销方式销售货物的，为货物发出的当天

12. 根据增值税法律制度的规定，下列关于增值税的纳税地点说法正确的有(　　)。

A. 除特殊情况外，总机构和分支机构不在同一县(市)的，应当分别向各自所在地的主管税务机关申报纳税

B. 非固定业户销售货物或者应税劳务，应当向销售地或者劳务发生地的主管税务机关申报纳税

C. 进口货物应纳的增值税，应当向纳税人所在地海关申报缴纳

D. 扣缴义务人应当向其机构所在地或者居住地的主管税务机关申报缴纳其扣缴的税款

13. 下列选项中，属于纳税人销售货物可以自行开具增值税专用发票情形的有(　　)。

A. 属于一般纳税人的县级及县级以下小型水力发电单位销售自产电力

B. 属于一般纳税人的典当行销售死当物品

C. 小规模纳税人销售自己使用过的固定资产

D. 一般纳税人销售自己使用过的未抵扣且不得抵扣进项税额的固定资产

14. 下列出口货物，增值税实行免税不退税政策的有(　　)。

A. 来料加工复出口的货物　　B. 国家出口计划内的卷烟

C. 古旧图书　　D. 非出口企业委托出口的货物

15. 增值税纳税人按人民币以外的货币结算销售额的，其销售额的人民币折合率可以选择销售额发生的(　　)的人民币汇率中间价。

A. 当天　　B. 当月1日　　C. 当月最后一天　　D. 当月15日

16. 下列各项中，不属于增值税征收范围的有(　　)。

A. 软件企业销售其自行开发生产的软件产品

B. 纳税人受托开发软件产品，著作权属于委托方拥有

C. 纳税人受托开发软件产品，著作权属于双方共同拥有

D. 纳税人受托开发软件产品，著作权属于受托方拥有

17. 根据增值税法律制度的规定，下列说法正确的有(　　)。

A. 自2012年1月1日起，符合条件的纳税人销售的熊猫普制金币免征增值税

B. 自2013年1月1日起，免税化肥成本占该硝基复合肥原料中全部化肥成本的比重只有高于80%的免征增值税

C. 自2012年10月1日起，从事农产品批发、零售的纳税人销售的部分鲜活肉蛋产品免征增值税

D. 2011年1月1日至2015年12月31日，饮水工程运营管理单位向农村居民提供生活用水取得的自来水销售收入，免征增值税

18. 根据我国的营业税改征增值税试点方案，以下情形属于在我国境内提供增值税的应税劳务的有(　　)。

A. 境外单位向境内单位提供完全在境外消费的应税服务

B. 美国某公司为中国境内某企业设计时装

C. 英国某公司出租设备给中国境内某企业在境内使用

D. 境外个人向境内单位出租完全在境外使用的机器

19. 下列关于“营改增”试点地区增值税应税服务税收优惠的管理规定，说法正确的有(　　)。

A. 纳税人享受备案类减免税，应提请备案，经国税机关登记备案后，自登记备案之日起执行

B. 纳税人兼营免税、减税项目的，应当分别核算免税、减税项目的销售额；未分别核算的，不得免税、减税

C. 纳税人用于免征增值税项目的购进货物、接受加工修理修配劳务或者应税服务的进项税额，不得从销项税额中抵扣

D. 纳税人提供应税服务适用免税、减税规定的，可以放弃免税、减税权，向主管税务机关提出书面申请，经主管税务机关审核确认后，按现行相关规定缴纳增值税

三、判断题

1. 纳税人将自产、委托加工或者外购的货物用于集体福利或个人消费的，均视同销售，征收增值税。 ( )

2. 销售自产货物并同时提供建筑业劳务的混合销售行为，一并征收营业税。 ( )

3. 增值税的纳税人兼营非增值税应税劳务，未分别核算的，一并征收增值税。 ( )

4. 纳税人受托开发软件产品，著作权属于受托方的，不征收增值税。 ( )

5. 残疾人个人提供的加工、修理修配劳务免征增值税。 ( )

6. 根据增值税法律制度的规定，年应税销售额，是指纳税人在连续不超过12个月的经营期内累计应征增值税销售额，不包括免税销售额。 ( )

7. 根据增值税法律制度的规定，除另有规定外，年应税销售额超过小规模纳税人标准的纳税人，未申请办理一般纳税人认定手续的，不得抵扣进项税额，也不得使用增值税专用发票。 ( )

8. 印刷企业接受出版单位委托，自行购买纸张，印刷有统一刊号(CN)以及采用国际标准书号编序的图书、报纸和杂志，按货物销售征收增值税。 ( )

9. 纳税人销售软件产品，对软件产品交付使用后，按期或按次收取的维护、技术服务费、培训费等，不征收增值税。 ( )

10. 基本建设单位和从事建筑安装业务的企业附设的工厂、车间在建筑现场制造的预制构件，凡直接用于本单位或本企业建筑工程的，不征收增值税。 ( )

11. 增值税一般纳税人销售粉煤灰，按照简易办法征收增值税。 ( )

12. 增值税一般纳税人销售食用盐，适用13%的增值税低税率。 ( )

13. 油气田企业跨省、自治区、直辖市提供生产性劳务，应当在劳务发生地按3%预征率计算缴纳增值税。 ( )

14. 增值税一般纳税人外购自用的应征消费税的摩托车、汽车、游艇等，其进项税额不得从销项税额中抵扣。 ( )

15. 对纳税人销售自产的综合利用生物柴油实行增值税即征即退50%的政策。 ( )

16. 进口货物应纳的增值税，应当向报关地海关申报纳税。 ( )

17. 有出口经营权的外贸企业收购货物后直接出口或委托其他外贸企业代理出口的货物，除另有规定外，增值税实行免税不退税的政策。 ( )

18. 固定业户的总分支机构不在同一县(市)，但在同一省(区、市)范围内的，一律由总机构和分支机构分别向所在地的主管税务机关申报缴纳增值税。 ( )

19. “营改增”试点地区的采用一般计税方法的纳税人，兼营简易计税方法计税项目、非 增值税应税劳务、免征增值税项目而无法划分不得抵扣的进项税额，按照计算公式计算不得抵扣的进项税额：不得抵扣的进项税额=当期无法划分的全部进项税额×(当期简易计税方法计税项

目销售额+非增值税应税劳务营业额+免征增值税项目销售额)÷(当期全部销售额+当期全部营业额)。　　(　)

20. “营改增”试点地区一般纳税人接受交通运输业服务，除取得增值税专用发票外，按照运输费用结算单据上注明的运输费用金额和 7%的扣除率计算的进项税额。　　(　)

## 四、简答题

1. 某酒厂为增值税一般纳税人，主要生产白酒和果酒。2009年8月生产经营情况如下：(2010年)

(1) 购进业务：从国内购进生产用原材料，取得增值税专用发票，注明价款80万元、增值税13.6万元，由于运输途中保管不善，原材料丢失3%；从农民手中购进葡萄作为生产果酒的原材料，取得收购发票，注明价款10万元；从小规模纳税人购进劳保用品，取得税务机关代开的增值税专用发票，注明价款2万元、增值税0.06万元。

(2) 材料领用情况：企业在建工程领用以前月份购进的已经抵扣进项税额的材料，成本5万元。该材料适用的增值税税率为17%。

(3) 销售业务：采用分期收款方式销售白酒，合同规定，不含税销售额共计200万元，本月应收回60%贷款，其余贷款于9月10日前收回，本月实际收回贷款50万元。销售白酒时支付销货运费3万元，装卸费0.2万元，取得货运普通发票。销售果酒取得不含税销售额15万元，另收取优质费3.51万元。

假定本月取得的相关票据符合税法规定并在本月认证抵扣。

该企业财务人员在申报增值税时计算过程如下：

准予从销项税额中抵扣的进项税额=13.6+10×13%+0.06=14.96(万元)

销项税额=(200+15)×17%=36.55(万元)

应纳增值税额=36.55−14.96=21.59(万元)

要求：根据上述资料和增值税法律制度的规定，分析指出该企业财务人员申报增值税时存在哪些问题，并分别简要说明理由。

2. 某增值税一般纳税人生产销售电风扇，成本每台200元，出厂不含税单价为280元/台。2013年4月该厂购销情况如下：

(1) 购进电风扇零部件，取得的增值税专用发票上注明销售金额100 000元，注明税款17 000元，购入后10%用于集体福利；

(2) 向当地百货大楼销售800台电风扇，百货大楼当月付清货款后，厂家给予了3%的销售折扣；

(3) 向外地特约经销点销售500台电风扇，并支付运输单位8000元运杂费用，收到的运费发票上注明运费7000元，装卸费1000元；

(4) 销售本厂自用4年的小轿车一辆，含税售价80 000元；

(5) 当期随同销售电风扇发出包装物收取押金20 000元，合同约定的期限为3个月，没收逾期仍未收回的包装物押金11 000元；

(6) 本厂将10台电风扇奖励给优秀员工。

假定应该认证的发票均经过了认证，该企业财务人员在申报增值税时计算过程如下：

准予从销项税额中抵扣的进项税额=7000×7%+17 000=17 490(元)

销项税额=800×(1−3%)×280×17%+500×280×17%+11 000×17%+10×200×17%=62 947.6(元)

应纳增值税额=62 947.6−17 490=45 457.6(元)

要求：根据上述资料和增值税法律制度的规定，分析指出该企业财务人员申报增值税时存在哪些问题，并分别简要说明理由，计算出正确的增值税应纳税额。

3. 某生产企业为增值税一般纳税人，适用税率17%，2013年6月份发生经济业务如下：

(1) 销售甲产品给大型商场，开具增值税专用发票，取得不含税销售额160万元；另开具普通发票，取得销售甲产品的送货运输收入11.7万元。

(2) 销售乙产品，开具普通发票，取得含税销售额58.5万元。

(3) 将试制的一批应税新产品用于本企业基建工程，成本价40万元，成本利润率10%，无同类产品销售价格。

(4) 购进货物取得增值税专业发票，注明支付的货款120万元，进项税额20.4万元；另支付购货的运输费用6万元，取得运输公司开具的普通发票。

(5) 向农业生产者购进免税农产品一批，支付收购价60万元，支付给运输单位的运费10万元，取得相关合法票据。本月下旬将购进的农产品20%用于本企业职工福利。(以上票据均符合税法规定)

要求：计算该企业5月份应缴纳的增值税额。

4. 某商场为增值税一般纳税人，2013年6月业务如下：

(1) 零售A型热水器300台，每台3000元，商场派人负责安装，每台收取安装费200元。

(2) 采取有奖销售方式销售电视机100台，每台2800元；奖品为电子石英手表，市场零售单价200元，共计送出50只电子石英手表。

(3) 购进电视机150台，取得增值税专用发票注明价款300 000元，但商场因为资金困难只支付了70%货款，余款在下月初支付；因质量原因，退回某电视机厂上期购进电视机20台，每台单价2000元，并取得厂家开具的红字发票。

(4) 购进A型热水器20台，取得增值税专用发票注明价款420 000元，货款已付。

(5) 为某服装厂代销服装一批，合同约定：每件服装零售价117元，共1000件，双方约定按照手续费按合同金额的5%(按不含税价计算)；该商场每件服装实际零售价150元，本月实际销售800件，并将代销清单返给服装厂，取得服装厂开具的增值税专用发票。

要求：计算该商场当月应纳增值税税额。

5. 某工业企业(增值税一般纳税人)2013年10月购销业务情况如下：

(1) 购进生产原料一批，取得的增值税专用发票上注明的价、税款分别是23万元、3.91万元，已验收入库；另支付运费(取得发票)3万元。

(2) 购进钢材20吨，已验收入库；取得的增值税专用发票上注明的价、税款分别是8万元、1.36万元。

(3) 直接向农民收购用于生产加工的农产品一批，经税务机关批准的收购凭证上注明的价款为42万元。

(4) 以托收承付方式销售产品一批，货物已发出并办妥银行托收手续，但货款未到，向买方开具的增值税专用发票注明销售额42万元。

(5) 将本月外购的20吨钢材及库存的同价钢材20吨移送本企业修建产品仓库。

(6) 期初留抵进项税额0.5万元。

要求：计算该企业当期应纳增值税额。

## 五、综合题

1. 某生产企业为增值税一般纳税人，2010年5月发生以下业务：

(1) 销售A 产品收入为80万元(不含增值税)，负责运送A 产品而取得的运输收入为8万元。

(2) 为了促销，以折扣方式销售B 产品的销售额为200万元(不含增值税)，折扣额20万元，向购买方另开发票。

(3) 由于产品质量问题，购买方退货18万元，但尚未收到应退还的增值税专用发票。

(4) 将自产产品用于职工福利10万元(同类不含税市价)、用于翻修办公楼12万元(同类不含税市价)。

(5) 当月第一批购进原材料160万元，取得的增值税专用发票上注明的增值税为27.2万元，货款已经全部支付，取得的防伪税控发票已通过认证，但当月验收入库的原材料价款130万元。

(6) 当月购进25万元的建筑材料用于翻修办公楼，取得的增值税专用发票上注明的增值税为4.25万元。

该企业购销产品适用的增值税税率均为17%。

该企业计算5月应纳的增值税税额是：

(80+200−20−18)×17%−(160+25)×17%=9.69(万元)。

要求：根据以上事实及有关规定，回答下列问题。

该企业计算的应纳增值税税额是否正确？有哪些做法不符合税收法律制度的要求？并予以更正。

2. 某食品厂(增值税一般纳税人)2012年9月发生如下业务：

(1) 向农民收购大麦10吨，开具的收购发票上注明价款20 000元，验收后送另一食品加工厂(增值税一般纳税人)加工成某膨化食品，支付加工费价税合计600元，取得增值税专用发票。

(2) 从县城工具厂(小规模纳税人)购入小工具一批，取得税务机关代开的增值税专用发票，价税合计为3605元。

(3) 生产淀粉10吨，销售9吨取得不含税销售额21 000元，将1吨淀粉发给职工做福利。

(4) 生产夹心饼干销售，开具的增值税专用发票上注明的销售额为100 000元。

(5) 上月向农民收购的小米因保管不善霉烂，账面成本4536元(含运费186元)。

(6) 当月转让2009年购进的设备一台，取得不含税销售额20 000元。

要求：根据上述资料，回答下列问题。

(1) 该食品厂当期需要转出的进项税额；

(2) 该食品厂当期可以抵扣的进项税额；

(3) 该食品厂当期的增值税销项税额；

(4) 该食品厂当期应缴纳的增值税税额。

3. 某小汽车生产企业是增值税一般纳税人，从事小汽车的生产、销售。2012年8月，甲公司发生下列业务：

(1) 购进机器修理配件一批，取得增值税专用发票上注明的价款为50万元，税额8.5万元；支付运费2万元，取得运输部门开具的运输费用结算单据。

(2) 购入钢材，取得增值税专用发票上注明的价款为5000万元，税额850万元。

(3) 本月销售自产小汽车取得含税销售额29 250万元。另外收取装卸费11.7万元，开具普通发票。

(4) 将自产A型小汽车10辆作为投资入股提供给其他单位，每辆成本15万元，同类车型每辆平均售价22万(不含税)，最高售价25万元(不含税)。

已知：小汽车的消费税税率和成本利润率均为5%；相关发票已经主管税务机关认证。

要求：根据上述资料，回答下列问题。

该企业当期增值税的进项税额、销项税额及应纳税额分别是多少？

# 同步过关测试解析

## 一、单项选择题

1. 【解析】D　销售货物是增值税的征税范围;货物，是指除土地、房屋和其他建筑物等“不动产之外”的有形动产；销售不动产不属于增值税征税范围。

2. 【解析】D　该企业进口化妆品应纳进口增值税税额=40×(1+20%)÷(1−30%)×17%=11.66(万元)。

3. 【解析】D　前三个选项均是增值税的征税范围，D选项应该征收营业税。

4. 【解析】C　邮票属于集邮商品，集邮商品的生产、调拨征收增值税，其他三项不征收增值税。

5. 【解析】B　纳税人受托开发软件产品，著作权属于委托方或者属于双方共同拥有的不征收增值税。对于经过国家版权局注册登记，纳税人在销售时一并转让著作权、所有权的，不征收增值税。

6. 【解析】C　对从事热力、电力、燃气、自来水等公用事业的纳税人收取的一次性费用，与货物的销售数量有直接关系的，征收增值税。基本建设单位和从事建筑安装业务的企业附设的工厂、车间在建筑现场制造的预制构件，凡直接用于本单位或本企业建筑工程的，在移送使用时，不征收增值税。

7. 【解析】A　分期收款方式销售货物，为书面合同约定的收款日期的当天，无书面合同的或者书面合同没有约定收款日期的，为货物发出的当天。

8. 【解析】B　ACD均不作为价外费用计入销售额。

9. 【解析】B　考查我国目前增值税的类型。

10. 【解析】A　B属于兼营行为，C属于营业税混合销售行为，D属于混合销售行为，应该分别核算增值税和营业税。

11. 【解析】D　前三项不属于增值税征税范围。

12. 【解析】B　淀粉不属于农产品的范围，按照17%的税率征收增值税。

13. 【解析】B　小规模纳税人销售自己使用过的固定资产，销售额=含税销售额/1+3%=20 600/1+3%=20 000(元)，应纳税额=20 000×2%=400(元)。

14. 【解析】C　一般纳税人销售寄售物品、死当物品、免税品等按简易办法依照4%的征收率计算缴纳增值税。

15. 【解析】B　转让无形资产征收营业税。

16. 【解析】A　需要转出的进项税额=(12 465−465)÷(1−13%)×13%+465÷(1−7%)×7%=1793.1035=1828.10(元)。

17. 【解析】B　应纳税额=50 000×17%+2340÷(1+17%)×17%+35 100÷(1+17%)×17%−3000=

10 940(元)。

18. 【解析】D　应纳税额=4680×50÷(1+17%)×17%=34 000(元)。

19. 【解析】C　应纳税额=20 600÷(1+3%)×3%+123 600÷(1+3%)×2%=3000(元)。

20. 【解析】D　个人的销售额超过起征点的，应就其销售全额缴纳增值税。

21. 【解析】A　委托其他纳税人代销货物，为收到代销单位的代销清单或者收到全部或者部分货款的当天。未收到代销清单及货款的，为发出代销货物满180天的当天。

22. 【解析】D　纳税人进口货物，应当自海关填发进口增值税专用缴款书之日起15日内缴纳增值税税款。

23. 【解析】D　前三项均不能自行开具增值税专用发票。

24. 【解析】D　纳税人购进固定资产时为小规模纳税人，认定为一般纳税人后销售固定资产,可按简易办法依4%征收率减半征收增值税，同时不得开具增值税专用发票。

25. 【解析】C　2012年7月1日后认定的，纳税人应当在超标月份所属申报期结束后40日内向税务所报送《增值税一般纳税人申请认定表》两份，申请一般纳税人资格认定。

26. 【解析】B　2013 年 5 月发生的销项税额=3000×11%+50/1.11×0.11=334.95(万元)。应缴纳增值税=334.95-150=184.95(万元) ，营改增中对实际税负超过 3%部分实行即征即退，(3000+50/1.11)×3%=91.35(万元)，应申请即征即退的增值税=184.95-91.35=93.6(万元)。

27. 【解析】B　纳税人享受减免税的条件发生变化的，应自发生变化之日起15个工作日内向税务机关报告，经税务机关审核后，停止其减免税。

28. 【解析】C　按照简易办法征收增值税的一般纳税人购进的货物的进项税额不能抵扣，其他三项进项税额可以抵扣。

29. 【解析】B　可以抵扣的进项税额=43 000×13%+2790×7%=5785.3(元)。

30. 【解析】A　应纳税额=(7000+2000)÷1.17×17%=1307.69(元)。

31. 【解析】C　应纳税额=800×17%+58.5÷1.17×17%=144.5(万元)。

## 二、多项选择题

1. 【解析】ABCD　本题考核出口退(免)税制度。

2. 【解析】ABC　考查视同销售的情况。将外购的货物用于非应税项目和集体福利及个人消费不视为销售，不征收增值税，其他选项征收增值税。

3. 【解析】BC　考查视同销售。将外购的货物用于投资和分配给股东，视同销售征收增值税，其他两项不视同销售，不征收增值税。

4. 【解析】CD　考查增值税征税范围。CD征收的是营业税。

5. 【解析】BD　A是营业税混合销售行为，C不是混合销售行为，BD是增值税混合销售行为。

6. 【解析】CD　考查免税范围。CD属于免税范围。

7. 【解析】ABC　委托其他纳税人代销货物，为收到代销单位的代销清单或者收到全部或者部分货款的当天。未收到代销清单及货款的，为发出代销货物满180天的当天。

8. 【解析】CD　纳税人自用的应征消费税的摩托车、汽车和游艇进项税额不得抵扣，其对于的运费也就不可抵扣，销售免税货物的进项税额不可抵扣，支付的运费也不可以抵扣。

9. 【解析】AD　外购货物用于本企业不动产的在建工程，不视同销售，进项税额不可抵扣；外购货物用于对外捐赠视同销售，进项税额可以抵扣。

10. 【解析】ABCD　考查增值税即征即退政策的适用范围。

11. 【解析】AC　采取托收承付和委托银行收款方式销售货物，为发出货物并办妥托收手续的当天；采取赊销方式销售货物的，为合同约定的收款日期的当天；无书面合同或者书面合同没有约定收款日期的，为货物发出的当天。

12. 【解析】ABD　进口货物应纳的增值税，应当向报关地海关申报缴纳。

13. 【解析】AB　一般纳税人销售自己使用过的未抵扣且不得抵扣进项税额的固定资产不得开具增值税专用发票，小规模纳税人不得开具增值税专用发票。

14. 【解析】ABCD　本题考查增值税免税不退税的范围。

15. 【解析】AB　纳税人按人民币以外的货币结算销售额的，其销售额的人民币折合率可以选择销售额发生的当天或者当月 1 日的人民币的中间价。

16. 【解析】BC　纳税人受托开发软件产品，著作权属于委托方或者双方共同拥有的，不征收增值税。

17. 【解析】ACD　自 2013 年 1 月 1 日起，免税化肥成本占该硝基复合肥原料中全部化肥成本的比重只有高于 70%的免征增值税.

18. 【解析】BC　境外单位或者个人向境内单位或者个人提供完全在境外消费的应税服务，境外单位或者个人向境内单位或者个人出租完全在境外使用的有形动产，均不属于在境内提供应税服务。

19. 【解析】ABCD　考查增值税应税服务税收优惠的管理规定。

三、判断题

1. 【解析】×　将外购的货物用于集体福利或者个人消费不视同销售，不征收增值税。

2. 【解析】×　销售自产货物并同时提供建筑业劳务的混合销售行为，分别核算，分别增收增值税和营业税。

3. 【解析】×　未分别核算的，由主管税务机关核定货物或者应税劳务的销售额。

4. 【解析】×　纳税人受托开发软件产品，著作权属于委托方或者双方共同拥有的，不征收增值税。

5. 【解析】√　税收优惠中的免税规定。

6. 【解析】×　年应税销售额，是指纳税人在连续不超过12个月的经营期内累计应征增值税销售额，包括免税销售额。

7. 【解析】×　纳税人销售额超过小规模纳税人标准，未申请办理一般纳税人认定手续的，不得认定为一般纳税人。

8. 【解析】√　本题考核增值税特殊应税项目。

9. 【解析】√　本题考核非增值税应税项目。

10. 【解析】√　本题考核非增值税应税项目。

11. 【解析】×　粉煤灰不按简易办法征税。

12. 【解析】√　本题表述正确。

13. 【解析】√　本题表述正确。

14. 【解析】√　本题表述正确。

15. 【解析】×　对纳税人销售自产的综合利用生物柴油实行增值税先征后退政策。

16. 【解析】√　本题表述正确。

17. 【解析】× 有出口经营权的外贸企业收购货物后直接出口或委托其他外贸企业代理出口的货物，除另有规定外，增值税实行免税并且退税的政策。

18. 【解析】× 固定业户的总分支机构不在同一县(市)，但在同一省(区、市)范围内的，经省财政厅、国家税务局审批同意，可以由总机构汇总向总机构所在地的主管税务机关申报缴纳增值税。

19. 【解析】✓ 本题表述正确。

20. 【解析】✓ 本题表述正确。

## 四、简答题

1. 【解析】该企业财务人员申报增值税时存在下列问题：

(1) 运输途中因保管不善丢失的3%原材料的进项税额不得抵扣。根据规定，非正常损失的购进货物及相关的应税劳务不得抵扣进项税额。

(2) 在建工程领用以前月份购进的已经抵扣进项税额的材料未作进项税额转出处理。根据规定，用于非增值税应税项目的购进货物或者应税劳务的进项税额不得从销项税额中进行抵扣。

(3) 销货支付的运费未作为进项税额抵扣。根据规定，购进或者销售货物以及在生产经营过程中支付运输费用的，按照运输费用结算单据上注明的运输费用金额和7%扣除率计算抵扣进项税额，其中运输费用金额不包括装卸费、保险费等其他杂费。

(4) 分期收款销售货物不应按照销售额的全部计算销项税额。根据规定，以分期收款方式销售货物的，增值税的纳税义务发生时间为书面合同约定的收款日期当天。

(5) 销售果酒取得的优质费未作为价外费用计算缴纳增值税。根据规定，优质费属于价外费用，应当价税分离后并入销售额计征增值税。

因此，该企业准予从销项税额中抵扣的进项税额

=13.6×(1−3%)+10×13%+0.06+3×7%−5×17%=13.91(万元)

销项税额=200×60%×17%+15×17%+3.51÷1.17×17%=23.46(万元)

应纳增值税=23.46−13.91=9.55(万元)

2. 【解析】(1) 外购零部件中的17 000元税款只能抵扣90%，用于集体福利的10%不得抵扣进项税。根据规定，外购货物用于集体福利和个人消费的，不应抵扣进项税。

(2) 向当地百货大楼销售800台电风扇的销售额不得扣减3%的销售折扣。根据规定，销售折扣(现金折扣)属于理财性支出，不应扣减销售额。

(3) 到期没收的包装物押金属于含税收入，应该换算成不含税收入计税。

(4) 该电风扇厂销售使用过的小轿车应按照4%征收率减半征收增值税。

(5) 奖励优秀员工的10台电风扇不应按照成本价格计算增值税销项税。根据规定，将自产货物用于集体福利的，应视同销售，按照同类产品价格计算增值税的销项税。

销 项 税 额 =800×280×17%+500×280×17%+80 000÷(1+4%)×2%+11 000÷(1+17%)×17%=65 016.75(元)。

可以抵扣的进项税额=17 000×90%+7000×7%=15 790(元)。

应纳税额=65 016.75−15 790=49 226.75(元)。

3. 【解析】(1) 甲产品销项税额：160×17%+11.7 ÷(1+17%)×17%=28.9(万元)。

(2) 乙产品销项税额：58.5÷(1+17%)×17% =8.5(万元)。

(3) 自用新产品销项税额：40×(1+10%)×17% =7.48(万元)。

(4) 外购货物抵扣进项税额：20.4+6×7%=20.82(万元)。

(5) 外购免税农产品抵扣进项税额：

(60×13%+10×7%)×(1−20%)=6.8 (万元)

应纳税额：28.9+8.5+7.48−20.82−6.8=17.26(万元)

4. 【解析】(1) 销项税额：(300+200)×300÷(1+17%)×17%=139 487.18(元)。

(2) 实物折扣不得从销售额中扣减，且应按视同销售货物处理。

销项税额：(2800×100+200×50) ÷(1+17%)×17%=42 136.75(元)

(3) 因质量原因发生退货，并取得厂家开具的红字发票，即应冲减当期进项税额。

进项税额：300 000×17%−20×2000×17%=44 200(元)

(4) 进项税额：420 000×17%=71 400(元)

(5) 代销服装一批应抵扣进项税额，实际零售服装一批应缴纳销项税额。

进项税额：117÷(1+17%)×800×17%=13 600(元)

销项税额：150÷(1+17%)×800×17%=17 435.9(元)

应纳税额= 139 487.18+42 136.75+17 435.9−44 200−71 400−13 600=69 859.83(元)

5. 【解析】(1) 当期销项税额=42×17%=7.14(万元)

(2) 当期进项税额=3.91+3×7%+42×13%−1.36=8.22(万元)

(3) 当期应纳增值税=7.14−8.22−0.5= −1.58(万元)

期末留抵的进项税额是 1.58 万元。

## 五、综合题

1. 【解析】该企业计算的应纳增值税税额不正确：

(1) 该企业销售并运输A 产品的行为属于增值税的混合销售行为。根据《增值税暂行条例》的规定，从事货物的生产、批发或者零售的企业的混合销售行为，视同销售货物，征收增值税。所以，运输收入8万元应该计算增值税。

(2) 销售B 产品的折扣额不能从销售额中冲减。根据《增值税暂行条例》的规定，纳税人采取折扣方式销售货物，将折扣额另开发票的，不论在财务上如何处理，在征收增值税时，折扣额不得冲减销售额。

(3) B 产品销售退货18万元不得扣减销项税额。根据《增值税暂行条例》的规定，在未收到购买方退还的专用发票或开具的红字专用发票前，销售方不能以退货扣减当期销项税额。

(4) 根据《增值税暂行条例》的规定，纳税人将自产的货物用于职工福利、非应税项目，视同销售。因此，该企业将用于职工福利的产品10万元、用于翻修办公楼的产品12万元，应并入应税销售额中征收增值税。

(5) 企业购进的25万元建筑材料的进项税额不能抵扣。根据《增值税暂行条例》的规定，企业用于非应税项目的购进货物的进项税额，不能从销项税额中抵扣。

综上所述，该企业 2010 年 5 月份应纳的增值税税额=(80+200+10+12)×17%+8÷(1+17%)×17%−27.20=25.30(万元)。

2. 【解析】(1) 需要转出的进项税=(4536−186)÷(1−13%)×13%+186÷(1−7%)×7%=664(元)。

(2) 当期可以抵扣的进项税=20 000×13%+600÷(1+17%)×17%+3605÷(1+3%)×3%−664=2128.18(元)。

(3) 当期的增值税销项税=21 000×17%+21 000÷9×1×17%+100 000×17%+20 000×17%=24 366.67(元)。

(4) 当期应缴纳的增值税=24 366.67−2128.18=22 238.49(元)。

3.【解析】(1) 该企业当期的销项税=(29 250+11.7)÷(1+17%)×17%+22×10×17%=4289.1(万元)。

(2) 该企业当期的进项税额=8.5+2×7%+850=858.64(万元)。

(3) 应缴纳增值税=4289.1−858.64=3430.46(万元)。

# 第七章　企业所得税法律制度

## 大纲研读

本章考试目的在于考查应试人员是否掌握了企业所得税的纳税人、征收范围、税率、应纳税额的计算及税收征管方面的规定，是否熟悉企业所得税的税收优惠、税源扣缴及特别纳税调整等方面的规定。从近3年考题情况来看，本章主要考查企业所得税的税率、收入、扣除项目、应纳税额的计算等，平均分值在12分左右，具体考试内容如下。

(1) **企业所得税概述**。包括企业所得税的纳税人、征税范围及税率等内容。

(2) **企业所得税的应纳税所得额**。包括收入总额、不征税收入与免税收入、扣除项目、亏损弥补等内容。

(3) **企业所得税的应纳税额**。包括应纳税额的计算、税额抵免等。

(4) **企业所得税的税收优惠**。包括免税优惠、定期定额减免、低税率优惠、特别项目税收优惠等。

(5) **企业所得税的税源扣缴**。包括适用范围、支付人和扣缴义务人、税务管理等。

(6) **企业所得税的特别纳税调整**。包括关联方与独立交易原则、特别纳税调整管理办法、企业所得税的征收管理、资本弱化管理等。

(7) **企业所得税的征收管理**。包括纳税地点、纳税方式与纳税年度、纳税申报、核定征收等。

## 考点剖析

## 一、企业所得税概述

### 考点一　企业所得税的概念及特点

企业所得税，是以企业的生产经营所得和其他所得为计税依据而征收的一种税。

企业所得税的特点：以纳税人一定时期内的纯收益额或净所得额为计税依据；以量能负担为征税原则；属于直接税，一般不易转嫁；计算较为复杂；实行按年计征、分期预缴的征管办法。

# 二、企业所得税的纳税人、征税范围及税率

## 考点二　企业所得税的纳税人及纳税义务

| 纳税人 | 判定标准 | 纳税义务 | 征税对象 |
|---|---|---|---|
| 居民企业 | (1) 依照中国法律、法规在中国境内成立的企业；<br>(2) 依照外国(地区)法律成立但实际管理机构在中国境内的企业 | 无限 | 来源于中国境内、境外的所得 |
| 非居民企业 | (1) 依照外国(地区)法律、法规成立且实际管理机构不在中国境内，但在中国境内设立机构、场所的企业；<br>(2) 在中国境内未设立机构、场所，但有来源于中国境内所得的企业 | 有限 | 来源于中国境内的所得 |

注意，不包括个人独资企业和合伙企业(适用个人所得税)。对于《合伙企业法》中法人入伙投资的情况，国家规定合伙企业的生产经营所得和其他所得应实行“先分后税”办法缴税。

【例 7-1】根据企业所得税法律制度的规定，下列关于非居民企业所得税扣缴义务人表述中，不正确的是(　)。(2011 单选题)

A. 非居民企业在中国境内取得工程作业所得，未按照规定期限办理企业所得税申报或者预缴申报的，可由税务机关指定扣缴义务人

B. 非居民企业在中国境内取得劳务所得，提供劳务期限不足一个纳税年度，且有证据表明不履行纳税义务的，可由税务机关指定扣缴义务人

C. 非居民企业在中国境内设立机构、场所的，取得与所设机构、场所有实际联系的境内所得，以支付人为扣缴义务人

D. 非居民企业在中国境内取得工程作业所得，没有办理税务登记且未委托中国境内的代理人履行纳税义务的，可由税务机关指定扣缴义务人

【解析】C　选项 ABD：对非居民企业在中国境内取得工程作业和劳务所得应缴纳的所得税，税务机关可以指定工程价款或者劳务费的支付人为扣缴业务人，具体包括：(1)预计工程作业或者提供劳务期限不足一个纳税年度，且有证据表明不履行纳税义务的；(2)没有办理税务登记或者临时税务登记，且未委托中国境内的代理人履行纳税义务的；(3)未按照规定期限办理企业所得税纳税申报或者预缴申报的。选项 C：在中国境内设立机构、场所的，取得与所设机构、场所有实际联系的境内所得，无须实行源泉扣缴，不以支付人为扣缴义务人。

【例 7-2】根据企业所得税法律制度的规定，下列关于非居民企业的表述中，正确的有(　)。(2012 年单选题)

A. 在境外成立的企业均属于非居民企业

B. 在境内成立但有来源于境外所得的企业属于非居民企业

C. 依照外国法律成立，实际管理机构在中国境内的企业属于非居民企业

D. 依照外国法律成立，实际管理机构不在中国境内但在中国境内设立机构、场所的企业属于非居民企业

【解析】D　非居民企业是指依照外国(地区)法律成立且实际管理机构不在中国境内，但在中国境内设立机构、场所的，或者在中国境内未设立机构、场所，但有来源于中国境内所得的企业。

## 考点三　企业所得税的征税范围

### (一) 应税所得范围及类别

(1) 销售货物所得。

(2) 提供劳务所得。

(3) 转让财产所得。

(4) 股息红利等权益性投资所得。

(5) 利息所得。

(6) 租金所得。

(7) 特许权使用费所得。

(8) 接受捐赠所得。

(9) 其他所得，包括企业资产溢余所得、债务重组所得、补贴所得、违约金所得、汇兑收益等。

### (二) 应税所得来源地标准的确定

来源于中国境内、境外的所得，按照以下原则确定。

(1) 销售货物所得，按照交易活动发生地确定。

(2) 提供劳务所得，按照劳务发生地确定。

(3) 转让财产所得，不动产转让所得按照不动产所在地确定，动产转让所得按照转让动产的企业或者机构、场所所在地确定，权益性投资资产转让所得按照被投资企业所在地确定。

(4) 股息、红利等权益性投资所得，按照分配所得的企业所在地确定。

(5) 利息所得、租金所得、特许权使用费所得，按照负担、支付所得的企业或者机构、场所所在地确定，或者按照负担、支付所得的个人的住所地确定。

(6) 其他所得，由国务院财政、税务主管部门确定。

## 考点四　税率及适用范围

| 税　率 | | 适 用 范 围 |
|---|---|---|
| 标准税率 25% | | ①居民企业 |
| | | ②在中国境内设立机构、场所的非居民企业 |
| 优惠税率 | 20% | 适用于符合条件的小型微利企业 |
| | 15% | 适用于国家重点扶持的高新技术企业 |
| | 10% | 适用于在中国境内未设立机构、场所的非居民企业<br>(注：法定税率为 20%，优惠税率为 10%) |

**【例 7-3】**某软件企业是国家需要重点扶持的高新技术企业，2011 年度该企业的应纳税所得额为 200 万元，该企业 2011 年应纳的企业所得税额为(　　)万元。(2012 年单选题)

A. 50　　B. 40　　C. 30　　D. 20

**【解析】**C　国家需要重点扶持的高新技术企业，减按 15%的税率征收企业所得税；该企业 2011 年应纳的企业所得税=200×15%=30(万元)。

# 三、企业所得税的应纳税所得额

## 考点五 一般规定

企业每一纳税年度的收入总额，减除不征税收入、免税收入、各项扣除以及允许弥补的以前年度亏损后的余额，为应纳税所得额。其计算公式为：

应纳税所得额=收入总额-不征税收入-免税收入-扣除额-允许弥补的以前年度亏损

企业按照税法有关规定，将每一纳税年度的收入总额减除不征税收入、免税收入和各项扣除后小于零的数额，为亏损。企业纳税年度发生的亏损，准予向以后年度结转，用以后年度的所得弥补，但结转年限最长不超过5年。

企业清算所得，是指企业全部资产可变现价值或者交易价格减除资产净值、清算费用、相关税费，加上债务清偿损益等计算后的余额。投资方企业从被清算企业分得的剩余资产，应当确认为股息所得；剩余资产减除上述股息所得后的余额，超过或者低于投资成本的部分，应当确认为投资资产转让所得或者损失。

## 考点六 收入总额

### (一) 收入总额的确认

企业以货币形式和非货币形式从各种来源取得的收入，为收入总额。包括：销售货物收入，提供劳务收入，转让财产收入，股息、红利等权益性投资收益，利息收入，租金收入，特许权使用费收入，接受捐赠收入以及其他收入。

(1) 企业取得收入的货币形式与非货币形式。

(2) 企业以非货币形式取得的收入，应当按照公允价值确定收入额。

(3) 企业收入一般是按权责发生制原则确认。

企业的下列生产经营业务可以分期确认收入的实现：

(1) 以分期收款方式销售货物的，按照合同约定的收款日期确认收入的实现。

(2) 企业受托加工制造大型机械设备、船舶、飞机，以及从事建筑、安装、装配工程业务或者提供其他劳务等，持续时间超过12个月的，按照纳税年度内完工进度或者完成的工作量确认收入的实现。

(3) 采取产品分成方式取得收入的，按照企业分得产品的日期确认收入的实现，其收入额按照产品的公允价值确定。

### (二) 销售货物收入

销售货物收入，是指企业销售商品、产品、原材料、包装物、低值易耗品以及其他存货取得的收入。

(1) 对企业销售商品一般性收入确认收入实现的条件。

(2) 采取特殊销售方式的，应按规定确认收入实现时间。

(3) 其他商品销售收入的确认。

### (三) 提供劳务收入

对企业提供劳务交易的，在纳税期末应合理确认收入和计算成本费用。

企业应按合同或协议总价款，按照完工程度确认当期劳务收入，同时确认当期劳务成本。

企业应按照从接受劳务方已收或应收的合同或协议价款确定劳务收入总额，根据纳税期末提供劳务收入总额乘以完工进度扣除以前纳税年度累计已确认提供劳务收入后的金额，确认为当期劳务收入；同时，按照提供劳务估计总成本乘以完工进度扣除以前纳税期间累计已确认劳务成本后的金额，结转为当期劳务成本。

下列提供劳务满足收入确认条件的，应按规定确认收入。安装费，宣传媒介的收费，软件费，服务费，艺术表演、招待宴会和其他特殊活动的收费，会员费，特许权费，劳务费。

### (四) 其他收入

(1) 转让财产收入。企业转让股权收入应于转让协议生效，且完成股权变更手续时，确认收入的实现。

(2) 股息、红利等权益性投资收益。股息、红利等权益性投资收益，除国务院财政、税务主管部门另有规定外，按照被投资方作出利润分配决定的日期确认收入的实现。

(3) 利息收入。利息收入按照合同约定的债务人应付利息的日期确认收入的实现。

(4) 租金收入。租金收入按照合同约定的承租人应付租金的日期确认收入的实现。

(5) 特许权使用费收入。特许权使用费收入按照合同约定的特许权使用人应付特许权使用费的日期确认收入的实现。

(6) 接受捐赠收入。接受捐赠收入按照实际收到捐赠资产的日期确认收入的实现。

**【例 7-4】**根据企业所得税法律制度的规定，下列各项关于收入确认的表述中，正确的有(　　)。(2011 多选题)

A. 企业以非货币形式取得的收入，应当按照公允价值确定收入额

B. 以分期收款方式销售货物的，按照收到货款或索取货款凭证的日期确认收入的实现

C. 被投资企业以股权溢价形成的资本公积转增股本时，投资企业应作为股息、红利收入，相应增加该项长期投资的计税基础

D. 接受捐赠收入，按照实际收到捐赠资产的日期确认收入的实现

**【解析】**AD　(1)选项B：以分期收款方式销售货物的，按照合同约定的收款日期确认收入的实现；(2)选项C：被投资企业将股权(票)溢价所形成的资本公积转为股本的，不作为投资方企业的股息、红利收入，投资方企业也不得增加该项长期投资的计税基础。

## 考点七　不征税收入与免税收入(税收优惠)

| 不征税收入 | 免 税 收 入 |
| --- | --- |
| 1. 财政拨款；<br>2. 依法收取并纳入财政管理的行政事业性收费、政府性基金；<br>3. 国务院规定的其他不征税收入 | 1. 国债利息收入；<br>2. 符合条件的居民企业之间的股息、红利等权益性投资收益；<br>3. 在中国境内设立机构、场所的非居民企业从居民企业取得与该机构、场所有实际联系的股息、红利等权益性投资收益；<br>4. 符合条件的非营利组织的收入 |

【例 7-5】根据企业所得税法律制度的规定，企业的下列收入中，属于不征税收入范围的是(　)。(2012 年单选题)

A. 财政拨款　　B. 租金收入　　C. 产品销售收入　　D. 国债利息收入

【解析】A　(1)选项 B、C 属于征税收入；(2)选项 D 国债利息收入属于免税收入。

## 考点八　税前扣除项目及标准

### (一) 一般扣除项目

#### 1. 成本与费用

(1)

| 项目 | 准予扣除的限度 | 超过规定比例部分处理 |
|---|---|---|
| 社会保险费 | 2008 年 1 月 1 日起职工工资总额 5% | 不得扣除 |
| 职工福利费 | 不超过工资薪金总额 14%的部分 | 不得扣除 |
| 工会经费 | 不超过工资薪金总额 2%的部分 | 不得扣除 |
| 职工教育经费 | 不超过工资薪金总额 2.5%的部分(例外：软件生产企业发生的职工教育经费中的职工培训费用可以拒收全额扣除) | 准予在以后纳税年度结转扣除 |
| 业务招待费 | 实际发生额的 60%，但不得超过当年销售收入的 5‰ | 不得扣除 |
| 广告费和业务招待费 | 当年销售收入 15% | 准予在以后纳税年度结转扣除 |

(2) 企业发生的合理的工资薪金支出，准予扣除。

(3) 企业在生产经营活动中发生的利息支出准予扣除；非金融企业向非金融企业借款的利息支出，不超过按照金融企业同期同类贷款利率计算的数额部分。

(4) 非居民企业在中国境内设立的机构、场所，就其中国境外总机构发生的与该机构、场所生产经营有关的费用，能够提供总机构出具的费用汇集范围、定额、分配依据和方法等证明文件，并合理分摊的，准予扣除。

(5) 企业取得的各项免税收入所对应的各项成本费用，除另有规定者外，可以在计算企业应纳税所得额时扣除。

#### 2. 税金

税金是指企业发生的除企业所得税和允许抵扣的增值税以外的各项税金及其附加。不包括增值税。

#### 3. 损失

损失一般予以扣除。

#### 4. 其他支出

(1) 企业在生产经营活动中发生的合理的不需要资本化的借款费用，准予扣除。

(2) 企业参加财产保险，按照有关规定缴纳的保险费，准予扣除。

(3) 企业依照国家有关规定提取的用于环境保护、生态恢复等方面的专项资金，准予扣除。上述专项资金提取后改变用途的，不得扣除。

(4) 企业发生的合理的劳动保护支出，准予扣除。

(5) 企业发生与生产经营有关的手续费及佣金支出，不超过规定计算限额以内的部分，准予扣除；超过部分，不得扣除。

**【例 7-6】**根据企业所得税法律制度的规定，在计算企业应纳税所得额时，除国务院财政、税务主管部门另有规定外，有关费用支出不超过规定比例的准予扣除，超过部分，准予在以后纳税年度结转扣除。下列各项中，属于该有关费用的是(　)。(2012 年单选题)

A. 工会会费 B. 社会保险费 C. 职工福利费 D. 职工教育经费

**【解析】**D　允许“在以后纳税年度结转扣除”的费用仅两项：(1)职工教育经费；(2)广告费和业务宣传费支出。

**【例 7-7】**某有限责任公司 2011 年的工资薪金总额为 950 万元，支出的职工福利费为 150 万元，在计算该公司 2011 年的应纳税所得额时，支出的职工福利费用应据实扣除。(　) (2012 年判断题)

**【解析】**×　企业发生的职工福利费支出，不超过工资薪金总额 14%的部分，允许扣除，超过的部分不得抵扣；在本题中，职工福利费的扣除限额=950×14%=133(万元)，实际发生 150 万元超过了扣除限额，只能在税前扣除 133 万元，而非据实(150 万元)扣除。

### (二) 特殊扣除项目

公益性捐赠。企业发生的公益性捐赠支出，在年度利润总额 12%以内的部分，准予在计算应纳税所得额时扣除。

以经营租赁方式租入固定资产发生的租赁费支出，按照租赁期限均匀扣除；以融资租赁方式租入固定资产发生的租赁费支出，按照规定构成融资租入固定资产价值的部分应当提取折旧费用，分期扣除。

企业在货币交易中，以及纳税年度终了时将人民币以外的货币性资产、负债按照期末即期人民币汇率中间价折算为人民币时产生的汇兑损失，除已经计入有关资产成本以及与向所有者进行利润分配相关的部分外，准予扣除。

**【例 7-8】**某企业 2011 年度实现利润总额 20 万元，在营业外支出账户列支了通过公益性社会团体向贫困地区的捐款 5 万元。根据企业所得税法律制度的规定，在计算该企业 2011 年度应纳税所得额时，允许扣除的捐款数额为(　)万元。(2012 年单选题)

A. 5　B. 24　C. 1.5　D. 1

**【解析】**B　企业通过公益性社会团体或者县级以上人民政府及其部门进行的捐赠为公益性捐赠；企业发生的公益性捐赠支出，在年度利润总额 12%以内的部分，准予在计算应纳税所得额时扣除。在本题中，捐赠扣除限额=20×12%=2.4(万元)，实际发生捐赠额 5 万元超过了扣除限额，只能在税前扣除 2.4 万元。

### (三) 禁止扣除项目

(1) 向投资者支付的股息、红利等权益性投资收益款项。

(2) 企业所得税税款。

(3) 税收滞纳金。

(4) 罚金、罚款和被没收财物的损失。

(5) 国家规定的公益性捐赠支出以外的捐赠支出。

(6) 赞助支出。

(7) 未经核定的准备金支出。

(8) 与取得收入无关的其他支出。

企业之间支付的管理费、企业内营业机构之间支付的租金和特许权使用费，以及非银行企业内营业机构之间支付的利息，不得扣除。

**【例 7-9】**根据企业所得税法律制度的规定，下列各项中，在计算企业所得税应纳税所得额时不得扣除的有(　　)。(2011 多选题)

A. 向投资者支付的红利　B. 企业内部营业机构之间支付的租金

C. 企业内部营业机构之间支付的特许权使用费　D. 未经核定的准备金支出

**【解析】**ABCD　(1)选项 A：向投资者支付的股息、红利等权益性投资收益款项不得扣除；(2)选项 BC：企业之间支付的管理费、企业内营业机构之间支付的租金和特许权使用费，以及非银行企业内营业机构之间支付的利息，不得扣除；(3)选项 D：未经核定的准备金支出不得在企业所得税前扣除。

## 考点九　企业资产的税收处理

### (一) 固定资产

在计算应纳税所得额时，企业按照规定计算的固定资产折旧，准予扣除。

(1) 下列固定资产不得计算折旧扣除：

① 房屋、建筑物以外未投入使用的固定资产。

② 以经营租赁方式租入的固定资产。

③ 以融资租赁方式租出的固定资产。

④ 已足额提取折旧仍继续使用的固定资产。

⑤ 与经营活动无关的固定资产。

⑥ 单独估价作为固定资产入账的土地。

⑦ 其他不得计算折旧扣除的固定资产。

(2) 固定资产确定计税基础的方法。

① 外购的固定资产，以购买价款和支付的相关税费为计税基础；

② 自行建造的固定资产，以竣工结算前发生的支出为计税基础；

③ 融资租入的固定资产，以租赁合同约定的付款总额和承租人在签订租赁合同过程中发生的相关费用为计税基础，租赁合同未约定付款总额的，以该资产的公允价值和承租人在签订租赁合同过程中发生的相关费用为计税基础；

④ 盘盈的固定资产，以同类固定资产的重置完全价值为计税基础；

⑤ 通过捐赠、投资、非货币性资产交换、债务重组等方式取得的固定资产，以该资产的公允价值和支付的相关税费为计税基础；

⑥ 改建的固定资产，除法定的支出外，以改建过程中发生的改建支出增加计税基础。

(3) 固定资产按照直线法计算的折旧，准予扣除。企业应当自固定资产投入使用月份的次月起计算折旧；停止使用的固定资产，应当自停止使用月份的次月起停止计算折旧。

(4) 从事开采石油、天然气等矿产资源的企业，在开始商业性生产前发生的费用和有关固定资产的折耗、折旧方法，由国务院财政、税务主管部门另行规定。

【例 7-10】融资租入的固定资产，以租赁合同约定的付款总额和承租人在签订租赁合同过程中发生的相关费用为企业所得税计税基础。(　) (2011 年判断题)

【解析】✓ 融资租入的固定资产，以租赁合同约定的付款总额和承租人在签订租赁合同过程中发生的相关费用为计税基础，租赁合同未约定付款总额的，以该资产的公允价值和承租人在签订租赁合同过程中发生的相关费用为计税基础。

### (二) 生产性生物资产

(1) 生产性生物资产确定计税基础的方法。

① 外购生产性生物资产，以购买价款和支付的相关税费为计税基础；

② 通过捐赠、投资、非货币性资产交换、债务重组等方式取得的生产性生物资产，以该资产的公允价值和支付的相关税费为计税基础。

(2) 生产性生物资产按照直线法计算的折旧，准予扣除。

(3) 生产性生物资产计算折旧的最低年限：

① 林木类生产性生物资产为10年；

② 畜类生产性生物资产为3年。

### (三) 无形资产

(1) 不得计算摊销费用扣除无形资产的范围。

① 自行开发的支出已在计算应纳税所得额时扣除的无形资产。

② 自创商誉。

③ 与经营活动无关的无形资产。

④ 其他不得计算摊销费用扣除的无形资产。

(2) 无形资产确定计税基础的方法。

① 外购的无形资产，以购买价款和支付的相关税费以及直接归属于使该资产达到预定用途发生的其他支出为计税基础。

② 自行开发的无形资产，以开发过程中该资产符合资本化条件后至达到预定用途前发生的支出为计税基础。

③ 通过捐赠、投资、非货币性资产交换、债务重组等方式取得的无形资产，以该资产的公允价值和支付的相关税费为计税基础。

(3) 无形资产按照直线法计算的摊销费用，准予扣除。

(4) 无形资产的摊销年限不得低于10年。

### (四) 长期待摊费用

(1) 已足额提取折旧的固定资产的改建支出，按照固定资产预计尚可使用年限分期摊销。

(2) 租入固定资产的改建支出，按照合同约定的剩余租赁期限分期摊销。

(3) 固定资产的大修理支出，按照固定资产尚可使用年限分期摊销。

(4) 其他应当作为长期待摊费用的支出，自支出发生月份的次月起，分期摊销，摊销年限不得低于3年。

### (五) 投资资产

企业对外投资期间，投资资产的成本在计算应纳税所得额时不得扣除。

企业在转让或者处置投资资产时，投资资产的成本，准予扣除。

### (六) 存货

企业使用或者销售存货，按照规定计算的存货成本，准予在计算应纳税所得额时扣除。

### (七) 资产损失

企业实际发生的资产损失按税务管理方式，可分为自行计算扣除的资产损失和须经税务机关审批后才能扣除的资产损失。

企业自行计算扣除的资产损失包括(企业生产经营中正常发生的)：

(1) 企业在正常经营管理活动中因销售、转让、变卖固定资产、生产性生物资产、存货发生的资产损失。

(2) 企业各项存货发生的正常损耗。

(3) 企业固定资产达到或超过使用年限而正常报废清理的损失。

(4) 企业生产性生物资产达到或超过使用年限而正常死亡发生的损失。

(5) 企业按照有关规定通过证券交易场所、银行间市场买卖债券、股票、基金以及金融衍生产品等发生的损失。

(6) 其他经国家税务总局确认不需经税务机关审批的其他资产损失。

除企业自行计算扣除的资产损失外，其他资产损失，属于需经税务机关审批后才能扣除的资产损失。

企业发生的资产损失，凡无法准确辨别是否属于自行计算扣除的资产损失，可向税务机关提出审批申请。

企业发生属于由企业自行计算扣除的资产损失，应按照企业内部管理控制的要求，做好资产损失的确认工作。

企业货币资产损失包括现金损失、银行存款损失和应收(预付)账款损失等。

企业非货币资产损失，包括存货损失、固定资产损失、在建工程损失、生物资产损失等。

企业投资损失，包括债权性投资损失和股权(权益)性投资损失。

**【例 7-11】**企业在计算企业所得税应纳税所得额扣除资产损失时，需对该资产损失进行认定，其中，对企业未能按期赎回抵押资产致使抵押资产被拍卖的，其账面净值大于变卖价值的差额部分，依据拍卖证明，认定为资产损失。(　　)(2013 年判断题)

**【解析】**✓　企业由于未能按期赎回抵押资产，使抵押资产被拍卖或变卖，其账面净值大于变卖价值的差额部分，依据拍卖或变卖证明，认定为资产损失。

## 考点十　企业特殊业务的所得税处理

(1) 企业重组业务的所得税处理。

(2) 企业清算的所得税处理。

(3) 政策性搬迁或处置收入的所得税处理。

### 考点十一　非居民企业的应纳税所得额

(1) 股息、红利等权益性投资收益和利息、租金、特许权使用费所得，以收入全额为应纳税所得额。

(2) 转让财产所得，以收入全额减除财产净值后的余额为应纳税所得额。

(3) 其他所得，参照前两项规定的方法计算应纳税所得额。

【例 7-12】根据企业所得税法律制度的规定，企业的下列资产支出项目中，不得计算折旧或摊销费用在税前扣除的有(　)。(2012 年多选题)

A. 已足额提取折旧的固定资产的改建支出　　B. 单独估价作为固定资产入账的土地

C. 以融资租赁方式租入的固定资产　　D. 未投入使用的机器设备

【解析】BD　(1)选项 A：已足额提取折旧的固定资产的改建支出，作为长期待摊费用，可以按照规定摊销，在税前扣除；(2)选项 B：单独估价作为固定资产入账的土地，不得计提折旧在税前扣除；(3)选项 C：以融资租赁方式租入的固定资产，可以计提折旧在税前扣除；(4)选项 D：除房屋、建筑物以外未投入使用的固定资产，不得计提折旧在税前扣除。

【例 7-13】境外甲企业在我国境内未设立机构、场所。2012 年 8 月，甲企业向我国居民纳税人乙公司转让了一项配方，取得转让费 1000 万元，甲企业就该项转让费所得应向我国缴纳的企业所得税税额为(　)万元。(2013 年单选题)

A. 250　　B. 200　　C. 150　　D. 100

【解析】D　在中国境内未设立机构、场所的非居民企业，其取得的来源于中国境内的特许权使用费所得，以收入全额为应纳税所得额，按照 10%的税率征收企业所得税。应纳企业所得税=1000×10%=100(万元)。

## 四、企业所得税的应纳税额

### 考点十二　企业所得税的应纳税额的计算

企业所得税的应纳税额，是指企业的应纳税所得额乘以适用税率，减除依照《企业所得税法》关于税收优惠的规定减免和抵免的税额后的余额。

企业所得税的应纳税额的计算公式为：

应纳税额=应纳税所得额×适用税率-减免税额-抵免税额

企业抵免境外所得税额后实际应纳所得税额的计算公式为：

企业实际应纳所得税额=企业境内外所得应纳税总额-业所得税减免、抵免优惠税额-境外所得税抵免额

### 考点十三　企业取得境外所得计税时的抵免

#### (一) 有关抵免境外已纳所得税额的规定

企业取得的下列所得已在境外缴纳的所得税税额，可以从其当期应纳税额中抵免，抵免限

额为该项所得依照税法规定计算的应纳税额；超过抵免限额的部分，可以在以后5个年度内，用每年度抵免限额抵免当年应抵税额后的余额进行抵补。

(1) 居民企业来源于中国境外的应税所得；

(2) 非居民企业在中国境内设立机构、场所，取得发生在中国境外但与该机构、场所有实际联系的应税所得。

#### (二) 有关享受抵免境外所得税的范围及条件

税法规定：居民企业从其直接或者间接控制(持有20%以上的股份)的外国企业分得的来源于中国境外的股息、红利等权益性投资收益，外国企业在境外实际缴纳的所得税税额中属于该项所得负担的部分，可以作为该居民企业的可抵免境外所得税税额，在税法规定的抵免限额内抵免。

**【例 7-14】**居民企业来源于境外的应税所得，已在境外缴纳的所得税税额，可以在抵免限额范围内从当期应纳税额中抵免，超过抵免限额的部分可以在以后 5 个年度内，用每年度抵免限额抵免当年应抵税额之后的余额进行抵补。(　　) (2011 年判断题)

**【解析】**✓ 《企业所得税法》规定：企业取得的下列所得已在境外缴纳的所得税税额，可以从其当期应纳税额中抵免，抵免限额为该项所得依照本法规定计算的应纳税额；超过抵免限额的部分，可以在以后 5 个年度内，用每年度抵免限额抵免当年应抵税额后的余额进行抵补：(1)居民企业来源于中国境外的应税所得；(2)非居民企业在中国境内设立机构、场所，取得发生在中国境外但与该机构、场所有实际联系的应税所得。

## 五、企业所得税的税收优惠

### 考点十四　免税优惠

(1) 国债利息收入。

(2) 符合条件的居民企业之间的股息、红利等权益性投资收益。

(3) 在中国境内设立机构、场所的非居民企业从居民企业取得与该机构、场所有实际联系的股息、红利等权益性投资收益。

(4) 符合条件的非营利组织。符合条件的非营利组织的收入具体包括：

① 接受其他单位或者个人捐赠的收入。

② 政府补助收入。

③ 按照省级以上民政、财政部门规定收取的会员费。

④ 不征税收入和免税收入孳生的银行存款利息收入。

⑤ 其他收入。

### 考点十五　定期或定额减税、免税

#### (一) 企业从事农、林、牧、渔业项目的所得

(1) 企业从事规定项目的所得，免征企业所得税。

① 蔬菜、谷物、薯类、油料、豆类、棉花、麻类、糖料、水果、坚果的种植；

② 农作物新品种的选育；
③ 中药材的种植；
④ 林木的培育和种植；
⑤ 牲畜、家禽的饲养；
⑥ 林产品的采集；
⑦ 灌溉、农产品初加工、兽医、农技推广、农机作业和维修等农、林、牧、渔服务业项目；
⑧ 远洋捕捞。

(2) 企业从事规定项目的所得，减半征收企业所得税。
① 花卉、茶以及其他饮料作物和香料作物的种植；
② 海水养殖、内陆养殖。

企业从事国家限制和禁止发展的项目，不得享受上述企业所得税优惠。

### (二) 从事国家规定的重点扶持的公共基础设施项目投资经营所得

自项目取得第一笔生产经营收入所属纳税年度起，第1～3年免征企业所得税，第4～6年减半征收企业所得税,简称“三免三减半”。

企业承包经营、承包建设和内部自建自用上述项目，不得享受企业所得税的上述优惠。

### (三) 从事符合条件的环境保护、节能节水项目的所得

自项目取得第一笔生产经营收入所属纳税年度起，第1～3年免征企业所得税，第4～6年减半征收企业所得税，简称“三免三减半”。

### (四) 符合条件的技术转让所得

在一个纳税年度内，居民企业技术转让所得不超过500万元的部分，免征企业所得税；超过500万元的部分，减半征收企业所得税。

## 考点十六　低税率优惠

(1) 税法规定凡符合条件的小型微利企业，减按 20%的税率征收企业所得税。为了进一步减轻小型微利企业的税收负担，国家规定自 2012 年至 2015 年，对年应纳税所得额低于 6 万元的小型微利企业，其所得减按 50%计入应纳税所得额，按 20%税率缴纳企业所得税。

(2) 对国家需要重点扶持的高新技术企业，减按 15%的税率征收企业所得税。

(3) 住中国境内未设立机构、场所的，或者虽设立机构、场所但取得的所得与其所设机构、场所没有实际联系的，应当就其来源于中国境内的所得，减按 10%的税率征收企业所得税。

## 考点十七　区域税收优惠

### (一) 民族地区税收优惠

(1) 民族自治地方的自治机关对本民族自治地方的企业应缴纳的企业所得税中属于地方分享的部分(地方分享 40%的企业所得税收入)，可以决定减征或者免征。自治州、自治县决定减

征或者免征的，须报省、自治区、直辖市人民政府批准。

(2) 对民族自治地方内国家限制和禁止行业的企业，不得减征或者免征企业所得税。

### (二) 国家西部大开发税收优惠

2011年至2020年，对设在西部地区以《西部地区鼓励类产业目录》中规定的产业为主营业务，且当年度业务收入占企业收入总额70%以上的企业，可减按15%税率征收企业所得税。

## 考点十八 特别项目税收优惠

### (一) 加计扣除税收优惠

企业为开发新技术、新产品、新工艺发生的研究开发费用，研发费用计入当期损益未形成无形资产的，允许再按其当年研发费用实际发生额的50%加计扣除，研发费用形成无形资产的，按照该无形资产成本的150%在税前摊销。

(1) 企业从事规定项目的研究开发活动，其在一个纳税年度中实际发生的费用允许按照规定实行加计扣除。

(2) 对企业共同合作开发的项目，由合作各方就自身承担的研发费用分别按照规定计算加计扣除。

(3) 企业未设立专门的研发机构或企业研发机构同时承担生产经营任务的，应对研发费用和生产经营费用分开进行核算，准确、合理地计算各项研究开发费用支出，对划分不清的，不得实行加计扣除。

### (二) 安置残疾人员及国家鼓励安置的其他就业人员税收优惠

企业支付给残疾职工的工资，在进行企业所得税预缴申报时，允许据实计算扣除；在年度终了进行企业所得税年度申报和汇算清缴时，再按照支付给残疾职工工资的100%加计扣除。

### (三) 投资抵免优惠

创业投资企业采取股权投资方式投资于未上市的中小高新技术企业2年以上的，可以按照其投资额的70%在当年抵扣该企业的应纳税所得额，但股权持有须满2年。当年不足抵扣的，可以在以后纳税年度结转抵扣。

### (四) 减计收入

减计收入，是指企业以《资源综合利用企业所得税优惠目录》规定的资源作为主要原材料，生产国家非限制和禁止并符合国家和行业相关标准的产品取得的收入，减按90%计入收入总额。

### (五) 抵免应纳税额

企业“购置并实际使用”《环境保护专用设备企业所得税优惠目录》、《节能节水专用设备企业所得税优惠目录》和《安全生产专用设备企业所得税优惠目录》规定的“环境保护、节能节水、安全生产”等专用设备的，该专用设备的投资额的10%可以从企业当年的应纳税额中抵免；当年不足抵免的，可以在以后5个纳税年度结转抵免。

(六) 加速折旧

企业的固定资产由于技术进步等原因，确需加速折旧的，可以缩短折旧年限或者采取加速折旧的方法。

(1) 可以采取缩短折旧年限或者采取加速折旧方法的固定资产：

① 由于技术进步，产品更新换代较快的固定资产。

② 常年处于强震动、高腐蚀状态的固定资产。

(2) 采取缩短折旧年限方法的，最低折旧年限不得低于法定折旧年限的60%；采取加速折旧方法的，可以采取双倍余额递减法或者年数总和法。

## 考点十九　专项政策税收优惠

(1) 鼓励软件产业和集成电路产业发展的优惠政策。

(2) 鼓励证券投资基金发展的优惠政策。

(3) 经营性文化事业单位转制为企业的优惠政策。

(4) 台湾航运公司海峡两岸海上直航的优惠政策。

(5) 股权分置改革中，上市公司因股权分置改革而接受的非流通股股东作为对价注入资产和被非流通股股东豁免债务，上市公司应增加注册资本或资本公积，不征收企业所得税。

## 考点二十　过渡性税收优惠

(1) 关于《企业所得税法》公布前已批准设立的企业，依照当时的税法规定，享受低税率优惠的，按照国务院规定，可以在该法施行后5年内，逐步过渡到该法规定的税率；享受定期减免税优惠的，可以在该法施行后继续享受到期满为止，但因为获利而尚未享受优惠的，优惠期限从该法施行年度起计算。

(2) 关于法律设置的特定地区新设立的高新技术企业，可以享受过渡性税收优惠。

(3) 西部大开发税收优惠政策。

**【例 7-15】**根据企业所得税法律制度的规定，企业为开发新技术、新产品、新工艺发生的研究开发费用，未形成无形资产计入当期损益的，在按照规定据实扣除的基础上，按照研究开发费用的一定比例加计扣除，该比例为(　　)。(2012 年单选题)

A. 50%　　B. 100%　　C. 150%　　D. 200%

**【解析】**A　企业为开发新技术、新产品、新工艺发生的研究开发费用，未形成无形资产计入当期损益的，在按照规定据实扣除的基础上，按照研究开发费用的 50%加计扣除。

**【例 7-16】**根据企业所得税法律制度的规定，下列项目中，享受税额抵免优惠政策的是(　　)。(2013 年单选题)

A. 企业的赞助支出

B. 企业向残疾职工支付的工资

C. 企业购置并实际使用国家相关目录规定的环境保护专用设备投资额 10%的部分

D. 创业投资企业采取股权投资方式投资于未上市的中小高新技术企业 2 年以上的投资额 70%的部分

**【解析】**C　企业购置并实际使用符合规定的环境保护、节能节水、安全生产等专用设备的，该专用设备的投资额的10%可以从企业当年的应纳税额中抵免；当年不足抵免的，可以在以后5个纳税年度结转抵免。

## 六、企业所得税的源泉扣缴

### 考点二十一　源泉扣缴适用非居民企业

在中国境内未设立机构、场所的，或者虽设立机构、场所但取得的所得与其所设机构、场所没有实际联系的非居民企业，就其取得的来源于中国境内的所得应缴纳的所得税，实行源泉扣缴。

### 考点二十二　应税所得及应纳税额计算

(1) 对非居民企业取得来源于中国境内的股息、红利等权益性投资收益(股息、红利)和利息、租金、特许权使用费所得、转让财产所得以及其他所得应当缴纳的企业所得税，实行源泉扣缴。

(2) 对非居民企业取得的股息、红利、利息、特许权使用费、租金等按收入全额计征，即支付人向非居民企业支付的全部价款和价外费用，其相关发生的成本费用不得扣除；对其取得的转让财产所得，以收入全额减除财产净值后的余额作为应纳税所得额。

其他所得，参照前两项规定执行。

(3) 应纳税额的计算。

扣缴企业所得税应纳税额=应纳税所得额×实际征收率

### 考点二十三　支付人和扣缴义务人

支付人是指对非居民企业直接负有支付相关相关款项义务的单位或者个人。

扣缴义务人由县级以上税务机关指定，并同时告知扣缴义务人所扣税款的计算依据、计算方法、扣缴期限和扣缴方式。

### 考点二十四　税务管理

扣缴义务人与非居民企业首次签订有关业务合同或者协议的，扣缴义务人应当自合同签订之日起30日内，向其主管税务机关申报办理扣缴税款登记。

### 考点二十五　非居民企业所得税汇算清缴

纳税人具有下列情形之一的，可不参加当年度企业所得税汇算清缴：

1. 临时来华承包工程和提供劳务不足1年，在年度中间终止经营活动，且已经结清税款；
2. 汇算清缴期内已办理注销；
3. 其他经主管税务机关批准可不参加当年度所得税汇算清缴。

【例 7-17】根据企业所得税法律制度的规定，在中国境内未设立机构、场所的非居民企业从中国境内取得的下列所得中，应以收入全额为应纳税所得额的有(　　)。(2012 年多选题)

A. 红利　　B. 转让财产所得　　C. 租金　　D. 利息

【解析】ACD　选项 B：转让财产所得，以收入全额减除财产净值后的余额为应纳税所得额。

# 七、企业所得税的特别纳税调整

## 考点二十六　关联企业与独立交易原则

税法规定，企业与其关联方之间的业务往来，不符合独立交易原则而减少企业或者其关联方应纳税收入或者所得额的，税务机关有权按照合理方法调整。

(1) 关联企业及关联关系。

(2) 独立交易原则。

(3) 关联企业的业务往来。具体包括货物贸易、服务贸易、共同开发等，这些交易税务机关都有权利进行调查，并按照独立交易原则认定和调整。

## 考点二十七　特别纳税调整管理办法

(1) 税务机关有权按规定办法核定和调整关联企业交易价格。

(2) 关联业务的相关资料。

(3) 税务机关的纳税核定权。

(4) 补征税款和加收利息。税务机关根据税收法律、行政法规的规定，对企业作出特别纳税调整的，应当对补征的税款，自税款所属纳税年度的次年 6 月 1 日起至补缴税款之日止的期间，按日加收利息。加收利息，不得在计算应纳税所得额时扣除。

(5) 纳税调整的时效。企业与其关联方之间的业务往来，不符合独立交易原则，或者企业实施其他不具有合理商业目的的安排的，税务机关有权在该业务发生的纳税年度起 10 年内，进行纳税调整。

## 考点二十八　成本分摊协议

(1) 企业与其关联方共同开发、受让无形资产，或者共同提供、接受劳务发生的成本，在计算应纳税所得额时应当按照独立交易原则进行分摊。

(2) 企业与其关联方分摊成本时，应当按照成本与预期收益相配比的原则进行分摊。

(3) 企业与其关联方分摊成本时违反规定的，其自行分摊的成本不得在计算应纳税所得额时扣除。

(4) 企业不按独立交易原则处理而减少其应纳税所得额的，税务机关有权做出调整。

## 考点二十九　受控外国企业

由居民企业和中国居民控制的设立在实际税负明显低于我国法定税率水平的国家的企业，并非由于合理的经营需要而对利润不做分配或者减少分配的，上述利润中应归属于该居民企业的部分，应当计入该居民企业的当期收入。

### 考点三十　资本弱化管理

为了防止关联企业通过借款方式转移利润，《税法》规定企业债权性投资不得低于该企业权益性投资的一定比例，如超过此规定比例，其超过部分的利息支出不得在税前扣除。

除另有规定外，企业接受关联方债权性投资与其权益性投资比例为：(1)金融企业5:1；(2)其他企业2:1。

### 考点三十一　一般反避税条款

税务机关可依法对存在以下避税安排的企业，启动一般反避税调查：

(1) 滥用税收优惠。

(2) 滥用税收协定。

(3) 滥用公司组织形式。

(4) 利用避税港避税。

(5) 其他不具有合理商业目的的安排。

## 八、企业所得税的征收管理

### 考点三十二　纳税地点

(1) 居民企业以企业登记注册地为纳税地点；但登记注册地在境外的，以实际管理机构所在地为纳税地点，另有规定除外。

(2) 非居民企业在中国境内设立机构、场所的，以机构、场所所在地为纳税地点。非居民企业在中国境内设立两个或两个以上机构、场所的，经税务机关审核批准，可以选择由其主要机构、场所汇总缴纳企业所得税。在中国境内未设立机构、场所的，或者虽设立机构、场所但取得的所得与其所设机构、场所没有实际联系的非居民企业，以扣缴义务人所在地为纳税地点。

### 考点三十三　纳税方式及纳税年度

居民企业在中国境内设立不具备法人资格营业机构的，应当汇总计算并缴纳企业所得税。

企业所得税按纳税年度计算。

企业在一个纳税年度中间开业，或者终止经营活动的，使该纳税年度的实际经营期不足12个月的，应当以其实际经营期为1个纳税年度。

企业依法清算时，应当以清算期间作为1个纳税年度。

### 考点三十四　纳税申报及计税货币

(1) 企业应当自月份或者季度终了之日起15日内，向税务机关报送预缴企业所得税纳税申报表，预缴税款。

(2) 企业应当自年度终了之日起5个月内，向税务机关报送年度企业所得税纳税申报表，并汇算清缴，结清应缴应退税款。

依法缴纳的企业所得税，以人民币计算。

## 考点三十五　企业所得税征管机关职责分工

2009年起新增企业所得税纳税人中，应缴纳增值税的企业，其企业所得税由国家税务局管理；应缴纳营业税的企业，其企业所得税由地方税务局管理。

企业所得税收入全额为中央收入的企业和在国家税务局缴纳营业税的企业，其企业所得税由国家税务局管理。

银行、保险公司的企业所得税由国家税务局管理；其他金融企业所得税由地方税务局管理。

外商投资企业、外国企业常驻代表机构和在中国境内设立机构、场所的企业所得税由国家税务局管理。

## 考点三十六　企业所得税的核定征收

(1) 纳税人具有下列情形之一的，核定征收企业所得税：

① 依照法律、行政法规的规定可以不设置账簿的；

② 依照法律、行政法规的规定应当设置但未设置账簿的；

③ 擅自销毁账簿或者拒不提供纳税资料的；

④ 虽设置账簿，但账目混乱或者成本资料、收入凭证、费用凭证残缺不全，难以查账的；

⑤ 发生纳税义务，未按照规定的期限办理纳税申报，经税务机关责令限期申报，逾期仍不申报的；

⑥ 申报的计税依据明显偏低，又无正当理由的。

【注意】特殊行业、特殊类型的纳税人和一定规模以上的纳税人不适用该办法。

(2) 核定应税所得率的情形。(略)

(3) 税务机关核定征收企业所得税采用的方法。(略)

(4) 采用应税所得率方式核定征收企业所得税的，应纳所得税额计算公式如下：

应纳所得税额=应纳税所得额×适用税率

应纳税所得额=应税收入额×应税所得率

或

应纳税所得额=成本(费用)支出额÷(1−应税所得率)×应税所得率

(5) 实行应税所得率方式核定征收企业所得税的纳税人，经营多业的，无论其经营项目是否单独核算，均由税务机关根据其主营项目确定适用的应税所得率。

## 考点三十七　跨地区经营汇总纳税的征收管理及企业所得税减免税管理

(1) 基本方法。对跨省市总分机构企业缴纳的企业所得税，实行“统一计算、分级管理、就地预缴、汇总清算、财政调库”的处理办法。

(2) 适用范围。

(3) 分级管理与汇算清缴。

(4) 企业所得税的减免税管理。

【例7-18】某自行车厂为增值税一般纳税人，主要生产“和谐”牌自行车，2010年度实现会计利润600万元，全年已累计预缴企业所得税税款150万元。2011年初，该厂财务人员对2010年度企业所得税进行汇算清缴，相关财务资料和汇算清缴企业所得税计算情况如下：(2011年综合题)

(一) 相关财务资料

(1) 销售自行车取得不含增值税销售收入5950万元，同时收取送货运费收入58.5万元。取得到期国债利息收入25万元、企业债券利息收入12万元。

(2) 发生财务费用125万元，其中：支付银行借款利息54万元，支付因向某商场借款1000万元而发生的利息71万元。

(3) 发生销售费用1400万元，其中：广告费用750万元，业务宣传费186万元。

(4) 发生管理费用320万元，其中：业务招待费55万元，补充养老保险费62万元。

(5) 发生营业外支出91万元，其中：通过当地市政府捐赠85万元，用于该市所属某边远山区饮用水工程建设。当年因拖欠应缴税款，被税务机关加收滞纳金6万元。

已知：增值税税率为17%，企业所得税税率为25%，同期限行贷款年利率为6.1%，当年实际发放工资总额560万元。

(二) 汇算清缴企业所得税计算情况

(1) 国债利息收入和企业债券利息收入调减应纳税所得额=25+12=37(万元)

(2) 业务招待费调增应纳税所得额=55−55×60%=22(万元)

(3) 补充养老保险费支出调增应纳税所得额=62−560×10%=6(万元)

(4) 全年应纳税所得额=600−37+22+6=591(万元)

(5) 全年应纳企业所得税税额=591×25%=147.75(万元)

(6) 当年应退企业所得税税额=150−147.75=2.25(万元)

要求：根据上述资料和相关税收法律制定的规定，回答下列问题。

(1) 分析指出该自行车厂财务人员在汇算清缴企业所得税时存在的不合法之处，并说明理由。

(2) 计算2010年度汇算清缴企业所得税时应补缴或退回的税款(列出计算过程，计算结果出现小数的，保留小数点后两位小数)。

【解析】

(1) 该自行车厂财务人员在汇算清缴企业所得税时存在的不合法之处主要有：

① 企业债券利息收入属于应税收入，不应调减应纳税所得额。根据规定，国债利息免税，企业债券属于企业所得税应税收入。在本题中，该自行车厂财务人员将国债利息、企业债券利息均作为免税收入调减应纳税所得额，不合法。

② 向某商场借款1000万元而发生的利息71万元，超过按照金融企业同期同类贷款利率计算的数额部分不得扣除，该自行车厂财务人员未作调增应纳税所得额处理。根据规定，非金融企业向非金融企业借款的利息支出，不超过按照金融企业同期同类贷款利率计算的数额的部分准予扣除。

该事项应调增应纳税所得额的数额=71−1000×6.1%=10(万元)。

③ 广告费用和业务宣传费超过扣除标准部分的数额不得扣除，该自行车厂财务人员未作调增应纳税所得额处理。根据规定，企业发生的符合条件的广告费和业务宣传费支出，除国务院财政、税务主管部门另有规定外，不超过当年销售(营业)收入15%的部分，准予扣除；超过部分，准予在以后纳税年度结转扣除。

销售货物同时“收取”的运费收入，应作为价外费用，价税分离后并入销售额，因此，销售(营业)收入=5950+(58.5÷1.17)=6000(万元)；该事项应调增应纳税所得额的数额=750+186−6000×15%=36(万元)。

④ 业务招待费应调增应纳税所得额的数额有误。根据规定，企业发生的与生产经营活动有关的业务招待费支出，按照发生额的 60%扣除，但最高不得超过当年销售(营业)收入的 5‰。在本题中，业务招待费发生额的 60%=55×60%=33(万元) > 6000×5‰=30(万元)，按照 30 万元在税前扣除。

业务招待费应调增应纳税所得额的数额=55−30=25(万元)。

⑤ 补充养老保险费支出调增应纳税所得额的数额有误。根据规定，自 2008 年 1 月 1 日起，企业为本企业任职或者受雇的全体员工支付的补充养老保险费，分别在不超过职工工资总额 5%标准以内的部分，在计算应纳税所得额时准予扣除；超过的部分，不予扣除。

补充养老保险费应调增应纳税所得额的数额=62−560×5%=34(万元)。

⑥ 捐赠支出超过可扣除限额部分，该自行车厂财务人员未予调增应纳税所得额。根据规定，企业发生的公益性捐赠支出，在年度利润总额 12%以内的部分，准予在计算应纳税所得额时扣除，超过的部分，不得扣除。

捐赠支出应调增应纳税所得额的数额=85−600×12%=13(万元)。

⑦ 被税务机关加收滞纳金 6 万元未调增应纳税所得额。根据规定，税收滞纳金属于企业所得税税前不得扣除的项目。

⑧ 全年应纳税所得额、全年应纳企业所得税税额以及当年应退企业所得税税额的计算均有误。

(2) ① 国债利息收入应调减应纳税所得额 25 万元；

② 向某商场借款 1000 万元的利息支出应调增应纳税所得额的数额=71−1000×6.1%=10(万元)。

③广告费用和业务宣传费应调增应纳税所得额的数额=750+186−[5950+58.5÷1.17]×15%=36(万元)。

④ 业务招待费应调增应纳税所得额的数额=55−30=25(万元)。

⑤ 补充养老保险费应调增应纳税所得额的数额=62−560×5%=34(万元)。

⑥ 捐赠支出应调增应纳税所得额的数额=85−600×12%=13(万元)。

⑦ 被税务机关加收滞纳金应调增应纳税所得额的数额 6 万元。

全年应纳税所得额=600−25+10+36+25+34+13+6=699(万元)。

全年应纳企业所得税税额=699×25%=174.75(万元)。

当年应补缴企业所得税税额=174.75−150=24.75(万元)。

【例 7-19】甲企业为增值税一般纳税人，2012 年度取得销售收入 8800 万元，销售成本为 5000 万元，会计利润为 845 万元，2012 年，甲企业其他相关财务资料如下：(2013 年综合题)

(1) 在管理费用中，发生业务招待费 140 万元，新产品的研究开发费用 280 万元(未形成无形资产计入当期损益)。

(2) 在销售费用中，发生广告费 700 万元，业务宣传费 140 万元。

(3) 发生财务费用 900 万元，其中支付给与其有业务来往的客户借款利息 700 万元，年利率为 7%，金融机构同期同类贷款利率为 6%。

(4) 营业外支出中，列支通过减灾委员会向遭受自然灾害的地区的捐款 50 万元，支付给客户的违约金 10 万元。

(5) 已在成本费用中列支实发工资总额 500 万元，并实际列支取中福利费 105 万元，上缴工会经费 10 万元并取得(工会经费专用拨缴款收据)，职工教育经费支出 20 万元。

已知：甲企业适用的企业所得税税率为 25%。

要求：

(1) 计算业务招待费应调整的应纳税所得额。

(2) 计算新产品的研究开发费用应调整的应纳税所得额。

(3) 计算广告费和业务宣传费应调整的应纳税所得额。

(4) 计算财务费用应调整的应纳税所得额。

(5) 计算营业外支出应调整的应纳税所得额。

(6) 计算职工福利费、工会经费、职工教育经费应调整的应纳税所得额。

(7) 计算甲企业 2012 年度的应纳税所得额。

【解析】

(1) 业务招待费实际发生额的60%=140×60%=84(万元)，销售(营业)收入的0.5%=8800×0.5%=44(万元)，业务招待费应调整应纳税所得额=140−44=96(万元)。

企业发生的与生产经营活动有关的业务招待费支出，按照发生额的 60%扣除，但最高不得超过当年销售(营业)收入的 5‰。

(2) 企业为开发新技术、新产品、新工艺发生的研究开发费用，未形成无形资产计入当期损益的，在按照规定据实扣除的基础上，再按照研究开发费用的 50%加计扣除。可以调减应纳税所得额 280×50%=140(万元)。

(3) 广告费和业务宣传费的扣除限额=8800×15%=1320(万元)，企业实际发生广告费和业务宣传费=700+140=840(万元)，小于扣除限额，所以实际发生的广告费和业务宣传费可以全部扣除，应调整的应纳税所得额为零。

(4) 财务费用应调增应纳税所得额=700−700/7%×6%=100(万元)。

(5) 支付给客户的违约金 10 万元，准予在税前扣除，不需要进行纳税调整。公益性捐赠的税前限额=845×12%=101.4(万元)，实际捐赠支出 50 万元没有超过扣除限额，准予据实扣除。因此营业外支出应调整的应纳税所得额为零。

(6) 职工福利费扣除限额=500×14%=70(万元)，实际支出额为 105 万元，超过扣除限额，应调增应纳税所得额 105−70=35(万元)；工会经费扣除限额=500×2%=10(万元)，实际上缴工会经费 10 万元，可以全部扣除，不需要进行纳税调整；职工教育经费扣除限额=500×2.5%=12.5(万元)，实际支出额为 20 万元，超过扣除限额，应调增应纳税所得额=20−12.5=7.5(万元)。

(7) 甲企业2012年度应纳税所得额=845(会计利润)+96(业务招待费调增额)−140(三新开发费用)+100(财务费用调增额)+35(职工福利费调增额)+7.5(职工教育经费调增额)=943.5(万元)。

# 同步过关测试

## 一、单项选择题

1. 根据企业所得税法律制度的规定，企业缴纳的下列税金中，不得在计算企业应纳税所得额时扣除的是(　　)。

A. 增值税　　B. 消费税　　C. 营业税　　D. 房产税

2. 根据企业所得税法律制度的规定，下列关于不同方式下销售商品收入金额确定的表述中，正确的是(　)。

A. 采用商业折扣方式销售商品的，按照商业折扣前的金额确定销售商品收入金额

B. 采用现金折扣方式销售商品的，按照商业折扣前的金额确定销售商品收入金额

C. 采用售后回购方式销售商品的，按照扣除回购商品公允价值后的余额确定销售商品收入金额

D. 采用以旧换新方式销售商品的，按照扣除回收商品公允价值后的余额确定销售商品收入金额

3. 某企业为创业投资企业。2007 年 8 月 1 日，该企业向境内某未上市的中小高新技术企业投资 200 万元。2009 年度该企业利润总额 890 万元；未经财税部门核准，提取风险准备金 10 万元。已知企业所得税税率为 25%。假定不考虑其他纳税调整事项，2009 年该企业应纳企业所得税税额为(　)万元。

A. 82.5　　B. 85　　C. 187.5　　D. 190

4. 根据企业所得税法律制度的规定，下列各项中，不属于企业所得税纳税人的是(　)。

A. 国有企业　　B. 外商投资企业　　C. 个人独资企业　　D. 股份制企业

5. 下列关于财产转让所得来源的确定，不符合企业所得税法规定的是(　)。

A. 不动产转让所得按照不动产所在地确定

B. 提供劳务所得，按照劳务发生地确定

C. 动产转让所得按照购买动产的企业或者机构、场所所在地确定

D. 权益性投资资产转让所得按照被投资企业所在地确定

6. 根据企业所得税法律制度的规定，国家需要重点扶持的高新技术企业，给予企业所得税税率优惠。优惠税率为(　)。

A. 10%　　B. 15%　　C. 20%　　D. 25%

7. 根据企业所得税法的规定，下列收入的确认不正确的是(　)。

A. 租金收入，按照合同约定的承租人应付租金的日期确认收入的实现

B. 股息、红利等权益性投资收益，按照被投资方做出利润分配决定的日期确认收入的实现

C. 特许权使用费收入，按照合同约定的特许权使用人应付特许权使用费的日期确认收入的实现

D. 接受捐赠收入，按照接受捐赠资产的入账日期确认收入的实现

8. 企业所得税的收入总额包括以货币形式和非货币形式收入。纳税人以非货币形式取得的收入，确定收入额的标准是(　)。

A. 折现价值　　B. 历史成本　　C. 公允价值　　D. 拍卖价值

9. 下列各项中，准予在企业所得税税前扣除的有(　)。

A. 增值税　　B. 税收滞纳金　　C. 赞助支出　　D. 销售成本

10. 根据《企业所得税法》的规定，企业发生的公益性捐赠支出，在计算企业所得税应纳税所得额时的扣除标准是(　)。

A. 全额扣除

B. 在年度利润总额 12%以内的部分扣除

C. 在年度应纳税所得额 30%以内的部分扣除

D. 在年度应纳税所得额 12%以内的部分扣除

11. 以下各项中，最低折旧年限为 3 年的固定资产是(　　)。

A. 家具　　B. 小汽车　　C. 火车　　D. 电子设备

12. 我国某企业 2009 年度实现收入总额 460 万元，与之相应的扣除项目金额共计 438 万元，经税务机关核定 2008 年度的亏损额为 20 万元。该企业 2009 年度应缴纳的企业所得税为(　　)。

A. 5000 元　　B. 6600 元　　C. 12 500 元　　D. 16 500 元

13. 某化妆品生产企业，2009 年全年销售额 1 600 万元，成本 600 万元，销售税金及附加 460 万元，按规定列支各种费用 400 万元。已知上述成本费用中包括新产品开发费 80 万元。该企业当年应纳企业所得税为(　　)万元。

A. 33　　B. 37.5　　C. 25　　D. 49.5

14. 某居民企业 2012 年会计利润为 3000 万元，其中符合优惠条件的技术转让所得为 600 万元，假设无其他纳税调整事项，已知企业所得税税率为 25%。2012 年该企业应缴纳企业所得税额为(　　)万元。

A. 600　　B. 612.5　　C. 625　　D. 750

15. 某居民企业 2012 年度实现会计利润 500 万元，其中已计入成本、费用的实际支付给残疾职工的工资为 30 万元。假设除此之外无其他纳税调整事项，已知企业所得税税率为 25%。该企业 2012 年度应缴纳企业所得税(　　)万元。

A. 121.25　　B. 117.5　　C. 132.5　　D. 125

16. 根据企业所得税法律制度的规定，企业的固定资产由于技术进步等原因，确需加速折旧的，可以缩短折旧年限或者采取加速折旧的方法。采取缩短折旧年限方法的，最低折旧年限不得低于法定折旧年限的(　　)。

A. 30%　　B. 50%　　C. 60%　　D. 70%

17. 在中国境内未设立机构、场所的非居民企业 A 从中国境内 B 企业取得特许权使用费所得 100 万元，并向 B 企业转让位于我国境内的一处房产，取得转让收入 500 万元，该房产净值为 420 万元。假设不考虑其他税费，B 企业应代扣代缴 A 企业的预提所得税为(　　)万元。

A. 17.1　　B. 18　　C. 26　　D. 36

18. 根据企业所得税法律制度的规定，扣缴义务人每次代扣的税款，应当自代扣之日起(　　)日内缴入国库，并向所在地的税务机关报送扣缴企业所得税报告表。

A. 7　　B. 15　　C. 30　　D. 60

19. 某生产企业注册资本为 1000 万元，无其他所有者权益项目。2012 年 1 月 1 日按同期金融机构贷款年利率 3%从其境外关联方借款 2800 万元(期限一年，企业无法证明该项交易符合独立交易原则)，发生全年借款利息 84 万元。该企业在计算 2012 年企业所得税应纳税所得额时，准予扣除的利息金额为(　　)万元。

A. 30　　B. 54　　C. 60　　D. 84

20. 某居民企业向主管税务机关申报 2012 年度收入总额 120 万元，成本费用支出总额 127.5 万元，全年亏损 7.5 万元，经税务机关检查，成本费用支出总额核算准确，但收入总额不能确定。税务机关对该企业采取核定征税办法，应税所得率为 15%。则该企业 2012 年度应缴纳企业所得税(　　)万元。

A. 3.38　　B. 4.5　　C. 5.63　　D. 22.5

21. 某境内居民企业2013年销售收入3000万元，固定资产处置收益30万元，业务招待费支出30万元。根据企业所得税法律制度的规定，该企业在计算应纳税所得额时，准予在税前扣除的业务招待费支出是(　　)万元。

A. 30　　B. 15　　C. 15.15　　D. 18

22. 根据企业所得税法律制度的规定，下列各项捐赠中，在计算应纳税所得额时准予按利润总额的一定比例计算限额扣除的是(　　)。

A. 纳税人直接向某学校的捐赠　　B. 纳税人通过企业向自然灾害地区的捐赠

C. 纳税人通过电视台向灾区的捐赠　　D. 纳税人通过民政部门向贫困地区的捐赠

23. 根据企业所得税法律制度的规定，下列各项中，准予在企业所得税税前扣除的是(　　)。

A. 支付违法经营的罚款　　B. 被没收财物的损失

C. 支付的税收滞纳金　　D. 支付银行加收的罚息

24. 根据企业所得税法律制度的规定，下列各项中，可以在企业所得税税前扣除的是(　　)。

A. 未经核定的准备金支出　　B. 纳税人因买卖合同纠纷而支付的诉讼费用

C. 纳税人向关联企业支付的管理费　　D. 企业缴纳的增值税

25. 根据企业所得税法律制度的规定，下列各项中，在计算企业所得税时适用25%税率的是(　　)。

A. 在中国境内设立机构、场所且取得的所得与其所设机构、场所有实际联系的非居民企业

B. 符合条件的小型微利企业

C. 国家需要重点扶持的高新技术企业

D. 在中国境内未设立机构、场所的非居民企业

26. 某居民企业被认定为小型微利企业，2012年度实现利润总额为18万元；当年发生营业外支出10万元，分别为向税务机关支付的税收滞纳金4万元，向工商行政管理部门支付的罚款6万元。假设除此之外无其他纳税调整事项，则该企业2012年度应缴纳企业所得税(　　)万元。

A. 3.6　　B. 4.6　　C. 5.6　　D. 7

27. 某企业为国家重点扶持的高新技术企业，2012年度实现利润总额为1000万元，无其他纳税调整事项。经税务机关核实的2011年度亏损额为100万元。则该企业2012年度应缴纳企业所得税(　　)万元。

A. 180　　B. 135　　C. 225　　D. 250

28. 根据企业所得税法律制度的规定，下列关于收入确认时间的表述中，正确的是(　　)。

A. 以分期收款方式销售货物的，按照实际取得收入的日期确认收入的实现

B. 采取产品分成方式取得收入的，按照企业分得产品的日期确认收入的实现

C. 销售商品采用支付手续费方式委托代销的，在发出货物满180天时确认收入的实现

D. 企业通过转让股权取得收入的，在签订转让协议时确认收入的实现

29. 根据企业所得税法律制度的规定，下列关于企业提供劳务确认收入的表述中，不正确的是(　　)。

A. 为特定客户开发软件的收费，应根据开发的完工进度确认收入

B. 包含在商品售价内可区分的服务费，在提供服务的期间分期确认收入

C. 广告制作费，应在相关的广告或商业行为出现于公众面前时确认收入

D. 属于提供设备和其他有形资产的特许权费，在交付资产或转移资产所有权时确认收入

30. 某居民企业 2012 年度取得销售货物收入 6000 万元，当年实际发生与生产经营活动有关的业务招待费 30 万元，且能提供有效凭证。该企业当年可在企业所得税前扣除的业务招待费为(　　)万元。

A. 9.85　　B. 18　　C. 20.15　　D. 30

31. 根据企业所得税法律制度的规定，下列各项中，在计算企业所得税应纳税所得额时准予按规定扣除的是(　　)。

A. 企业之间支付的管理费

B. 企业之间支付的利息费用

C. 企业之间支付的股息、红利等权益性投资收益

D. 企业内营业机构之间支付的租金

32. 某居民企业 2013 年度境内应纳税所得额为 100 万元，适用 25%的企业所得税税率。该企业当年从境外 A 国子公司分回税后收益 20 万元(A 国的企业所得税税率为 20%)。则该企业 2012 年度在境内实际缴纳的企业所得税为(　　)万元。

A. 25　　B. 26.25　　C. 30　　D. 31.25

## 二、多项选择题

1. 根据企业所得税法律规定，下列关于企业清算的所得税处理的表述中，正确的有(　　)。

A. 企业全部资产均应按可变现价值或交易价格，确认资产转让所得或损失

B. 确认债权清理、债务清偿的所得或损失

C. 依法弥补损失，确定清算所得，计算并缴纳清算所得税

D. 企业应将整个清算期作为一个独立的纳税年度计算清算所得

2. 根据国家调整所得税征管范围的有关规定，下列对 2009 年 1 月 1 日以后新设企业的税收征管范围调整事项的表述中，正确的有(　　)。

A. 应缴纳增值税的企业，所得税由国家税务局征收管理

B. 新设的分支机构，其企业所得税的征管部门应与总机构企业所得税征管部门相一致

C. 外商投资企业，所得税由国家税务局征收管理

D. 应缴纳营业税的企业，所得税均由地方税务局征收管理

3. 企业的固定资产由于技术进步等原因，确实需要加速折旧的，根据企业所得税法律制度的规定，可以采用加速折旧的方法的有(　　)。

A. 年数总和法

B. 当年一次折旧法

C. 双倍余额递减法

D. 缩短折旧年限，但最低折旧年限不得低于法定折旧年限的 50%

4. 根据企业所得税法律制度的规定，下列收入中，不属于企业所得税免税收入的有(　　)。

A. 财政拨款　　B. 国债利息

C. 物资及现金溢余　　D. 依法收取并纳入财政管理的政府性基金

5. 根据企业所得税法律制度的规定，下列各项中，不得在企业所得税税前扣除的有(　　)。

A. 税收滞纳金　　B. 被没收财物的损失

C. 向投资者支付的股息　　D. 缴纳的教育费附加

6. 根据企业所得税法律制度的规定，下列资产中，计提的折旧可以在企业所得税税前扣除的有(　　)。

A. 生产性生物资产　　B. 以经营租赁方式租出的固定资产

C. 以融资租赁方式租出的固定资产　　D. 已足额提取折旧仍继续使用的固定资产

7. 根据企业所得税法律制度的规定，纳税人在计算应纳税所得额时，对发生的下列合理支出项目中，可以作为工资薪金支出在税前扣除的有(　　)。

A. 季度奖金　　B. 职工福利费　　C. 年终加薪　　D. 误餐补贴

8. 根据企业所得税法律制度的规定，下列利息支出中，准予在企业所得税前据实扣除的有(　　)。

A. 金融企业的各项存款利息支出　　B. 非金融企业向金融企业借款的利息支出

C. 企业经批准发行债券的利息支出　　D. 非金融企业向非金融企业借款的利息支出

9. 根据企业所得税法律制度的规定，下列资产中，计提的折旧可以在企业所得税前扣除的有(　　)。

A. 以经营租赁方式租出的固定资产　　B. 已足额提取折旧仍继续使用的固定资产

C. 单独估价作为固定资产入账的土地　　D. 未投入使用的房屋

10. 根据企业所得税法律制度的规定，除国务院财政、税务主管部门另有规定外，下列固定资产中，最低折旧年限为 10 年的有(　　)。

A. 房屋　　B. 机器　　C. 火车　　D. 家具

11. 根据企业所得税法律制度的规定，下列各项中，属于生产性生物资产的有(　　)。

A. 薪炭林　　B. 产畜　　C. 役畜　　D. 防风固沙林

12. 根据企业所得税法律制度的规定，在计算应纳税所得额时，企业发生的下列支出可以作为长期待摊费用，计算摊销扣除的有(　　)。

A. 已足额提取折旧的固定资产的改建支出

B. 租入固定资产的改建支出

C. 固定资产的大修理支出

D. 外购商誉支出

13. 根据企业所得税法律制度的规定，判定固定资产大修理支出时需要同时符合的条件有(　　)。

A. 修理支出达到取得固定资产时的计税基础 50%以上

B. 修理支出达到取得固定资产时的计税基础 40%以上

C. 修理后固定资产的使用年限延长 2 年以上

D. 修理后固定资产的使用年限延长 1 年以上

14. 根据企业所得税法律制度的规定，判定我国居民企业的标准有(　　)。

A. 登记注册地标准　　B. 所得来源地标准

C. 实际管理机构所在地标准　　D. 生产经营所在地标准

15. 在中国境内未设立机构、场所的非居民企业从中国境内取得的下列所得，应按收入全额为应纳税所得额计算征收企业所得税的有(　　)。

A. 利息收入　　B. 股息收入

C. 特许权使用费收入　　D. 转让固定资产收入

16. 根据企业所得税法律制度的规定，符合条件的非营利组织取得的下列收入中，免征企业所得税的有(　　)。

A. 接受其他单位或者个人捐赠的收入

B. 因政府购买服务取得的收入

C. 不征税收入孳生的银行存款利息收入

D. 免税收入孳生的银行存款利息收入

17. 根据企业所得税法律制度的规定，企业从事下列项目的所得，免征企业所得税的有(　　)。

A. 花卉的种植　　B. 中药材的种植

C. 林产品的采集　　D. 农作物新品种的选育

18. 根据企业所得税法律制度的规定，在计算企业所得税应纳税所得额时，下列支出可以加计扣除的有(　　)。

A. 捐赠支出

B. 安全生产设备的折旧支出

C. 开发新产品的研究开发费用，未形成无形资产计入当期损益的

D. 安置残疾人员所支付的工资支出

19. 根据企业所得税法律制度的规定，下列资产中，可采用加速折旧方法计算折旧在所得税前扣除的有(　　)。

A. 常年处于强震动状态的固定资产

B. 常年处于高腐蚀状态的固定资产

C. 单独估价作为固定资产入账的土地

D. 由于技术进步，产品更新换代较快的固定资产

20. 根据企业所得税法律制度的规定，下列关于所得来源地的说法中正确的有(　　)。

A. 销售货物所得按照企业或机构、场所所在地确定

B. 提供劳务所得按照劳务发生地确定

C. 权益性投资资产转让所得按照投资企业所在地确定

D. 不动产转让所得按照不动产所在地确定

21. 根据企业所得税法律制度的规定，下列说法中，正确的有(　　)。

A. 企业在一个纳税年度中间开业，或者终止经营活动，使该纳税年度的实际经营期不足12个月的，应当以其实际经营期为1个纳税年度

B. 企业所得分月或者分季预缴的，企业应当自月份或者季度终了之日起30日内，向税务机关报送预缴企业所得税纳税申报表，预缴税款

C. 居民企业在中国境内设立不具有法人资格的营业机构的，应当汇总计算并缴纳企业所得税

D. 在中国境内登记注册的企业以企业登记注册地为企业所得税的纳税地点

22. 根据企业所得税法律制度的规定，下列项目中，属于企业所得税不征税收入的有(　　)。

A. 财政拨款

B. 国债利息收入

C. 债务重组收入

D. 依法收取并纳入财政管理的行政事业性收费、政府性基金

三、判断题

1. 企业承包建设国家重点扶持的公共基础设施后项目，可以自该承包项目取得第一笔收入年度起，第1年至第3年免征企业所得税，第4年至第6年减半征收企业所得税。 （ ）

2. 对非居民企业在中国境内取得工程作业和劳务所得应缴纳的所得税，税务机关可以指定工程价款或者劳务费的支付人为扣缴义务人。 （ ）

3. 对于软件生产企业发生的职工教育经费中的职工培训费用，可以据实全额在企业所得税前扣除。 （ ）

4. 某居民企业2008年度发生的亏损，根据《企业所得税法》的规定，该亏损额可以用以后纳税年度的所得逐年弥补，但延续弥补的期限最长不得超过2012年。 （ ）

5. 企业的不征税收入用于支出所形成的费用，不得在计算应纳税所得额时扣除。 （ ）

6. 对从事股权投资业务的企业，其从被投资企业所分配的股息、红利以及股权转让收入，可以按规定的比例计算业务招待费扣除限额。 （ ）

7. 企业从事生产经营之前进行筹办活动期间发生的筹办费用支出，不得计算为当期的亏损。 （ ）

8. 企业固定资产投入使用后，由于工程款项尚未结清而未取得全额发票的，不得计算折旧在企业所得税前扣除。 （ ）

9. 融资租入的固定资产，以租赁合同约定的付款总额和承租人在签订租赁合同过程中发生的相关费用为企业所得税计税基础。 （ ）

10. 企业自创商誉支出，不得计算摊销在企业所得税前扣除。 （ ）

11. 企业使用或者销售的存货的成本计算方法，可以在后进先出法、加权平均法、个别计价法中选用一种，计价方法一经选用，不得随意变更。 （ ）

12. 企业利用政策性搬迁或处置收入购置或改良的固定资产，其计算的折旧、摊销不得在计算应纳税所得额时扣除。 （ ）

13. 居民企业来源于境外的应税所得，已在境外缴纳的所得税税额，可以在抵免限额范围内从当期应纳税额中抵免，超过抵免限额的部分，可以在以后5个年度内，用每年度抵免限额抵免当年应抵税额之后的余额进行抵补。 （ ）

14. 企业承包建设国家重点扶持的公共基础设施项目，可以自该承包项目取得第一笔收入年度起，第1年至第3年免征企业所得税，第4年至第6年减半征收企业所得税。 （ ）

15. 企业委托外单位进行开发新技术、新产品、新工艺的研发费用，凡符合加计扣除条件的，由受托方按照规定计算加计扣除，委托方不得再进行加计扣除。 （ ）

16. 创业投资企业采取股权投资方式投资于未上市的中小高新技术企业两年以上的，可以按照其投资额的70%在股权持有满两年的当年抵扣该创业投资企业的应纳所得税额；当年不足抵扣的，可以在以后纳税年度结转抵扣。 （ ）

17. 企业购置并实际使用符合条件的环境保护、节能节水、安全生产等专用设备的，该专用设备的投资额的10%可以从企业当年的应纳税所得额中抵免；当年不足抵免的，可以在以后5个纳税年度结转抵免。 （ ）

18. 企业应当自年度终了之日起5个月内，向税务机关报送年度企业所得税纳税申报表，并汇算清缴，结清应缴应退税款。 （ ）

19. 税务机关根据税收法律、行政法规的规定，对企业作出特别纳税调整的，应当对补征的税款，自税款所属纳税年度的次年6月1日起至补缴税款之日止的期间，按日加收利息，且加收的此项利息不得在计算应纳税所得额时扣除。（　）

20. 企业与其关联方之间的业务往来，不符合独立交易原则，或者企业实施其他不具有合理商业目的安排的，税务机关有权在该业务发生的纳税年度起10年内，进行纳税调整。（　）

## 四、简答题

1. 我国某居民企业于2009年5月注册成立进行生产经营，系增值税一般纳税人，2013年生产经营情况如下：

(1) 销售产品取得不含税收入9000万元；

(2) 产品销售成本3300万元；

(3) 销售税金及附加200万元；

(4) 销售费用1000万元(其中广告费350万元)；财务费用200万元；

(5) 管理费用1200万元(其中业务招待费85万元；新产品研究开发费30万元)；

(6) 营业外支出800万元(其中通过政府部门向贫困地区捐款150万元，存货盘亏损失60万元，赞助支出50万元)；

(7) 全年提取并实际支付工资是1000万元，职工工会经费、职工教育经费、职工福利费140万元，分别按工资总额的2%、2.5%、14%的比例提取，并且均实际支出；

(8) 经过税务机关的核定，该企业当年合理的工资支出标准是800万元，已知期间费用中未包含工资和三项经费。

要求：根据所给资料，回答下列问题。

(1) 该企业所得税前可以扣除的期间费用。

(2) 该企业所得税前可以扣除的营业外支出。

2. 某居民企业2012年经税务机关核准的应纳税所得额为-100万元。2013年度生产经营情况如下：

(1) 取得商品销售收入5000万元，特许权使用费收入200万元；

(2) 全年发生销售成本2200万元，营业税金及附加320万元；

(3) 发生销售费用1340万元，其中广告费700万元，业务宣传费200万元；

(4) 管理费用960万元，其中业务招待费80万元，支付给其他企业的管理费为30万元；

(5) 财务费用12万元，系以年利率8%向非金融企业借入的9个月期的生产用资金200万元的借款利息(银行同期同类贷款年利率为5%)；

(6) 投资收益54万元，其中国债利息收入24万元，从深圳非上市的联营企业分回的税后利润30万元；

(7) 营业外支出80万元，其中支付客户违约金20万元，被工商行政管理部门处以罚款7万元，税收滞纳金3万元，非广告性质的赞助支出50万元；

要求：

(1) 计算该企业2013年度企业所得税前可以扣除的销售费用。

(2) 计算该企业2013年度企业所得税前可以扣除的管理费用。

(3) 计算该企业2013年度企业所得税前可以扣除的财务费用。

(4) 计算该企业2013年度企业所得税前可以扣除的营业外支出金额。

(5) 计算该企业2013年度应缴纳企业所得税税额。

3. 某企业 2013 年主营业务收入 5000 万元，主营业务成本 2500 万元，营业税金及附加 500 万元，销售费用 1200 万元，管理费用 600 万元，投资收益 90 万元，营业外支出 100 万元，企业利润合计为 190 万元。税务机关发现下列问题需要调整：

(1) 投资收益中，国债持有期间的利息收入 20 万元，公司债券利息收入 30 万元，投资于非上市公司，取得按权益法确认的投资收益 40 万元；

(2) 销售费用中，当年发生的广告费为 500 万元，发生的宣传费为 300 万元；

(3) 管理费用中 60 万元为业务招待费支出；

(4) 计入成本费用的工资总额为 600 万元，企业当年福利费实际支出为 104 万元，当年列支补充养老保险 40 万元；

(5) 营业外支出中，30 万元为因迟延交货按购销合同约定支付的违约金，40 万元为固定资产减值准备，10 万元为逾期两年的应收账款，10 万元为消防部门在防火检查中的罚款，10 万元为补缴上年的所得税款；

(6) 当年购买安全生产专用设备，投资额为 100 万元。

要求：计算该企业当年应缴纳的企业所得税。

4. 某居民企业为增值税一般纳税人，2013年度有关经营情况为：

(1) 实现产品销售收入1800万元，取得国债利息收入24万元；

(2) 产品销售成本1200万元；产品销售费用45万元；上缴增值税58万元，消费税85万元，城市维护建设税10.01万元，教育费附加4.29万元；

(3) 2月1日向银行借款50万元用于生产经营，借期半年，银行贷款年利率6%，支付利息1.5万元；

(4) 3月1日向非金融机构借款60万元用于生产经营，借期8个月，支付利息4万元；

(5) 管理费用137万元(其中业务招待费用12万元)；

(6) 全年购机器设备5台，共计支付金额24万元；改建厂房支付金额100万元；

(7) 意外事故损失材料实际成本为8万元，获得保险公司赔款3万元。

要求：根据所给资料，计算该企业2013年应缴纳的企业所得税。

5. 某国有生产企业2013年度取得产品销售收入800万元，取得国债利息收入20万元，固定资产盘盈收入18万元，教育费附加返还款2万元，从A联营企业分回的利润85万元(A联营企业是高新技术企业，所得税税率15%)，B联营企业分回的利润75万元(B联营企业税率25%)。

当年产品销售成本550万元，销售费用60万元，财务费用30万元(其中有向本企业职工集资年利息支出20万，集资款总额200万，银行同期贷款年利率7%)，管理费用80万元(其中包括新产品研究开发费用30万元)，缴纳销售税金及附加20万元，缴纳增值税50万元。该企业2012年的经营亏损为50万元。

要求：根据以上资料，计算当年应纳企业所得税税额。

## 五、综合题

1. 某小汽车生产企业为增值税一般纳税人，2012年度实现会计利润800万元，全年已累计预缴企业所得税税款200万元。2013年初，该厂财务人员对2012年度企业所得税进行汇算清缴，相关财务资料和汇算清缴企业所得税计算情况如下：

(1) 相关财务资料：

① 销售小汽车取得不含增值税销售收入6000万元，同时收取送货运费收入117万元。取得

到期国债利息收入30万元、企业债券利息收入12万元。

② 发生财务费用125万元，其中：支付银行借款利息50万元，支付向无关联关系的某非金融企业借款1000万元而发生的利息75万元。

③ 发生销售费用1520万元，其中：广告费用980万元。

④ 发生管理费用400万元，其中：业务招待费55万元，新产品研究开发费用80万元。

⑤ 发生营业外支出120万元，其中：通过公益性社会团体向贫困地区捐赠112万元。当年因拖欠应缴税款，被税务机关加收滞纳金8万元。

已知：增值税税率为17%，企业所得税税率为25%，同期同类银行贷款年利率为6%，当年实际发放合理的工资总额750万元。

(2) 汇算清缴企业所得税计算情况：

① 国债利息收入和企业债券利息收入调减应纳税所得额=30+12=42(万元)

② 业务招待费调增应纳税所得额=55−55×60%=22(万元)

③ 全年应纳税所得额=800−42+22=780(万元)

④ 全年应纳企业所得税税额=780×25%=195(万元)

⑤ 当年应退企业所得税税额=200−195=5(万元)

要求：

(1) 分析指出该小汽车生产企业财务人员在汇算清缴企业所得税时存在的不合法之处，并说明理由。

(2) 计算2012年度汇算清缴企业所得税时应补缴或退回的税款(列出计算过程，计算结果出现小数的，保留小数点后两位小数)。

2. 我国境内某家电企业为增值税一般纳税人，有职工1000人，其中残疾职工20人，2012年度相关资料如下：

(1) 全年实现销售收入9000万元；

(2) 第四季度对外出租仓库收取租金15万元；

(3) 国债利息收入100万元；

(4) 缴纳土地使用税29.8万元，缴纳房产税42.96万元，缴纳印花税2.535万元，缴纳营业税0.75万元，城市维护建设税47.88万元，教育费附加20.52万元；

(5) 销售产品成本5200万元，发生销售费用1000万元；发生管理费用900万元(不包括有关税金)，其中含新产品开发费用100万元；发生财务费用200万元；给残疾职工发放工资30万元(已计入相关成本费用)；

(6) 9月发生意外事故，经税务机关核定损失库存原材料成本40万元，10月取得了保险公司赔款10万元；10月直接向某老年机构捐款2万元；10月由于晚入库税款交纳滞纳金1万元；

(7) 2011年经税务机关核定的亏损为50万元。

请根据上述资料，计算2013年该企业应缴纳的企业所得税。

3. 某商贸企业2013年度自行核算实现利润总额40万元，后经主管国税机关纳税检查，发现有关情况如下：

(1) 在成本费用中计提工资 400 万元，实际发放工资薪金 380 万元；

(2) 4月1日以经营租赁方式租入设备一台，租赁期为2年，一次性支付租金40万元，计入了当期的管理费用；

(3) 从境内A子公司分回股息76万元，A适用企业所得税税率15%；从境内B子公司分回股息33.5万元，B适用企业所得税税率25%。分回股息未计入利润总额；

(4) 企业2012年自行申报亏损80万元，后经税务机关检查调增应纳税所得额30万元。

要求：根据上述资料，按下列序号回答问题。

(1) 计算工资应调整的所得额；

(2) 计算租赁设备的租金应调整的所得额；

(3) 计算子公司A、B分回的投资收益应调整的所得额；

(4) 计算该企业纳税调整后所得额；

(5) 计算该企业2013年应缴纳的企业所得税额。

# 同步过关测试解析

## 一、单项选择题

1. 【解析】A 准予企业所得税前扣除的是“增值税以外”的各项税金及其附加

2. 【解析】B (1)选项A：商品销售涉及商业折扣的，应当按照扣除商业折扣后的金额确定销售商品收入金额；(2)选项C：售后回购方式销售商品的，一般情况下，销售的商品按售价确认收入，回购的商品作为购进商品处理；(3)选项D：销售商品以旧换新的，销售商品应当按照销售商品收入确认条件确认收入，回收的商品作为购进商品处理。

3. 【解析】D (1)创业投资企业采取股权投资方式投资于未上市的中小高新技术企业两年以上的，可以按照投资额的70%在股权持有满两年的当年抵扣该创业投资企业的应纳税所得额；当年不足抵扣的，可以在以后纳税年度结转抵扣；(2)未经核定的准备金支出，属于企业所得税前禁止扣除项目。因此，2009 年该企业应纳企业所得税税额=[(890+10)−200×70%]×25%=190(万元)。

4. 【解析】C 个人独资企业不是企业所得税的纳税人而是个人所得税的纳税人。

5. 【解析】C 动产转让所得按照转让动产的企业或者机构、场所所在地确定。

6. 【解析】B 国家需要重点扶持的高新技术企业，企业所得税优惠税率15%。

7. 【解析】D 接受捐赠收入，按照谁收到捐赠资产的日期确认收入的实现

8. 【解析】C 企业以非货币形式取得的收入，应当按照公允价值确定收入额。

9. 【解析】D 其他三项均不能在税前扣除。

10. 【解析】B 企业发生的公益性捐赠支出，在计算企业所得税应纳税所得额时，在年度利润总额的12%内的部分准予扣除。

11. 【解析】D 折旧最低年限家具为5年，小汽车4年，火车10年。

12. 【解析】A 应纳税额=(460−438−20)×25%=5000(元)。

13. 【解析】C 应纳税额=(1600−600−460−400−80×50%)×25%=25(万元)。

14. 【解析】B 符合条件的技术转让所得不超过500万的部分免税，超过500万的部分减半征收企业所得税。(3000−600)×25%+(600−500)×12.5%=612.5(万元)。

15. 【解析】B 支付给残疾职工工资按 100%进行加计扣除。应纳税额=(500−30)×25%=117.5(万元)。

16. 【解析】C 企业的固定资产由于技术进步等原因，确需加速折旧的，可以缩短折旧年限或者采取加速折旧的方法。采取缩短折旧年限方法的，最低折旧年限不得低于法定折旧年限

的60%。

17. 【解析】B　我国境内未设立机构场所的非居民企业取得来源于我国境内的所得，减按10%的税率征收企业所得税。应纳税额 =100×10%+(500−420)×10%=18(万元)。

18. 【解析】A　扣缴义务人每次代扣的税款，应当自代扣之日起7日内缴入国库。

19. 【解析】C　企业实际支付给关联方的利息支出，除另有规定外，其接受关联方债权性投资与其权益性投资比例为：除金融企业外的其他企业为2:1。该企业注资为1000万，因此关联方的债权性投资不应超过2000万，因此可以抵扣的利息为2000÷2800×84=60。

20. 【解析】C　能准确核算成本费用总额，但不能正确核算收入总额的。应纳税所得额=127.5÷(1−15%)×15%=22.5(万元)，应纳税额=22.5×25%=5.63(万元)。

21. 【解析】B 业务招待费的支出，按照发生额的60%扣除，但最高不得超过当年销售收入的5‰。30×60%=18(万元)，但是不得超过3000×5‰=15(万元)。因此可以扣除的为15(万元)。

22. 【解析】D　公益性捐赠的判断。

23. 【解析】D　其他三项均不得在税前扣除。

24. 【解析】B　其他三项均不可以在税前扣除。

25. 【解析】A　B选项符合条件小型微利企业税率为20%，C选项国家需要重点扶持的高新技术企业减按15%的税率，D项在中国境内未设立机构、场所的非居民企业税率为20%。

26. 【解析】C　税收征纳金和罚款均不能进行税前扣除，应纳税所得额为：18+10=28(万元)，小型微利企业的税率为20%，因此应纳税额=28×20%=5.6(万元)。

27. 【解析】B　应纳税额=(1000−100)×15%=135(万元)。

28. 【解析】B　分期收款方式销售货物的按照合同约定的收款日期确认收入；采用支付手续费方式委托代销的，收到代销清单时确认收入；通过转让股权取得收入，应于转让协议生效，且完成股权变更手续时，确认收入的实现。

29. 【解析】C　广告制作费，应根据制作广告的完工进度确认收入。

30. 【解析】B　业务招待费的支出，按照发生额的60%扣除，但最高不得超过当年销售收入的5‰。30×60%=18(万元)，但是不得超过6000×5‰=30(万元)。因此可以扣除的为18万元。

31. 【解析】B　企业之间支付的管理费、企业内营业机构之间支付的租金与取得收入无关不得扣除，企业之间支付的股息、红利等权益性投资收益也不得扣除。

32. 【解析】B　应纳税额=[100+20÷(1−20%)]×25%−20÷(1−20%)×20%=26.25(万元)。

## 二、多项选择题

1. 【解析】ABCD

2. 【解析】ABC　选项D：在国税局缴纳营业税的企业(而不是所有缴纳营业税的企业)，所得税由国税局管理。

3. 【解析】AC　采取加缩折旧年限方法的，最低折旧年限不得低于法定折旧年限的60%；采取加速折旧方法的，可以采取双倍余额递减法或者年数总和法。

4. 【解析】ACD　(1)选项AD：财政拨款，依法收取并纳入财政管理的行政事业性收费、政府性基金均属于不征税收入(而不是免税收入)；(2)选项C：企业资产溢余属于应当征税的其他收入。

5. 【解析】ABC　在计算企业所得税应纳税所得额时，下列支出不得扣除：(1)向投资者支付的股息、红利等权益性投资收益款项；(2)企业所得税税款；(3)税收滞纳金；(4)罚金、罚款和被没收财物的损失；(5)年度利润总额12%以外的公益性捐赠支出；(6)赞助支出；(7)未经核定的准备金支出；(8)与取得收入无关的其他支出。

6. 【解析】AB　下列固定资产不得计算折旧扣除：(1)房屋、建筑物以外未投入使用的固定资产；(2)以经营租赁方式租入的固定资产；(3)以融资租赁方式租出的固定资产；(4)已足额提取折旧仍继续使用的固定资产；(5)与经营活动无关的固定资产；(6)单独估价作为固定资产入账的土地。

7. 【解析】ACD　工资薪金包括基本工资、奖金、津贴、补贴、年终加薪、加班工资等。

8. 【解析】ABC　非金融企业向非金融企业借款的利息支出，不超过按照金融企业同期同类贷款利率计算的数额部分准予扣除。

9. 【解析】AD　房屋、建筑物以外未投入使用的固定资产不能计算折旧扣除，房屋未投入使用可以计算折旧扣除。

10. 【解析】BC　最低折旧年限10年的固定资产有飞机、火车、轮船、机器、机械和其他生产设备。

11. 【解析】ABC　生物性资产包括经济林、薪炭林、产畜和役畜等。

12. 【解析】ABC　外购商誉支出应该作为无形资产计算摊销费用扣除。

13. 【解析】AC　同时符合：修理后固定资产的使用年限延长2年以上，修理支出达到取得固定资产时的计税基础50%以上的固定资产的大修理支出，按照固定资产尚可使用年限分期摊销。

14. 【解析】AC　在我国境内注册成立或者境外注册但实际管理机构在我境内为居民纳税人，否则为非居民纳税人。

15. 【解析】ABC　转让固定资产以收入减除资产净值后的余额为应纳税所得额。

16. 【解析】ACD　符合条件的非营利组织取得的政府补助收入免征企业所得税，但不包括因政府购买服务取得的收入。

17. 【解析】BCD　花卉的种植所得减半征收企业所得税。

18. 【解析】CD　安置残疾人员所支付的工资支出加计实际发生额的100%，开发新产品的研究开发费用，未形成无形资产计入当期损益的，加计50%。

19. 【解析】ABD　单独估价作为固定资产入账的土地不得计算固定资产折旧扣除。

20. 【解析】BD　销售货物按照交易活动发生地确定，股息等权益性投资收益所得按照分配所得的企业所在地确定。

21. 【解析】ACD　企业所得分月或者分季预缴的，企业应当自月份或者季度终了之日起15日内，向税务机关报送预缴企业所得税纳税申报表，预缴税款。

22. 【解析】AD　国债利息免税，债务重组收入征税。

## 三、判断题

1. 【解析】×　企业从事国家重点扶持的公共基础设施项目的投资经营所得，自项目取得第1笔生产经营收入所属纳税年度起，第1年至第3年免征企业所得税，第4年至第6年减半征收企业所得税；但是，企业承包经营、承包建设和内部自建自用的，不得享受上述企业所得税优惠

2. 【解析】✓　本题考查企业所得税的扣缴义务人规定。

3. 【解析】✓　本题考查职工教育经费的税前扣除。

4. 【解析】×　亏损弥补期限为发生亏损的下一年度开始连续五年，2008年度的亏损最晚

可用2013年的所得弥补。

5.【解析】✓ 《企业所得税法实施条例》第二十八条规定：企业的不征税收入用于支出所形成的费用或者财产，不得扣除或者计算对应的折旧、摊销扣除。

6.【解析】✓ 本题考查业务招待费支出的扣除。

7.【解析】✓ 企业损失是指在生产经营中发生的各种损失，不包括自生产经营之前筹办活动的支出。

8.【解析】× 企业固定资产投入使用后，由于工程款项尚未结清而未取得全额发票的，可暂按合同规定的金额计入固定资产计税基础计提折旧，待发票取得后进行调整。

9.【解析】✓ 本题考查融资租入固定资产的计税基础。

10.【解析】✓ 本题考查自创商誉的扣除。

11.【解析】× 企业使用或者销售的存货的成本计算方法，可以在先进先出法、加权平均法、个别计价法中选用一种，计价方法一经选用，不得随意变更。

12.【解析】× 企业利用政策性搬迁或处置收入购置或改良的固定资产，其计算的折旧、摊销可以在计算应纳税所得额时扣除。

13.【解析】✓ 本题考查境外所得的税额抵免。

14.【解析】× 企业承包建设国家重点扶持的公共基础设施项目，可以自该承包项目取得第一笔生产经营收入所属纳税年度起，第1年至第3年免征企业所得税，第4年至第6年减半征收企业所得税。

15.【解析】× 企业委托外单位进行开发新技术、新产品、新工艺的研发费用，凡符合加计扣除条件的，由委托方按照规定计算加计扣除，受托方不得再进行加计扣除。

16.【解析】× 抵扣的是应纳所得额，不是应纳税所得税额。

17.【解析】× 抵扣的是应纳税额，而不是应纳税所得额。

18.【解析】✓ 本题考查汇算清缴的规定。

19.【解析】✓ 本题考查特别纳税调整的税款补缴。

20.【解析】✓ 本题考查特别纳税调整的时效。

## 四、简答题

1.【解析】(1) 2013年销售收入=9000(万元)广告费用扣除限额=9000×15%=1350(万元)实际发生350万元，准予据实扣除。

业务招待费限额=9000×5‰=45(万元)，实际发生额的60%=85×60%=51(万元)，准予扣除45万元。

可以扣除的销售费用、财务费用、管理费用合计=1000+200+1200−85+45=2360(万元)

(2) 2013 年利润总额=9000−3300−200−1000−200−1200−800−1000−1000×(2%+2.5%+14%)=1115(万元)

公益捐赠税前扣除限额=1115×12%=133.8(万元)

实际公益捐赠额=150(万元)

实际公益捐赠超过税法规定的扣除限额，非广告性赞助支出不可以税前扣除，存货的损失可以税前扣除。

准予扣除的营业外支出=800−(150−133.8)−50=733.8(万元)

2. 【解析】(1) ① 企业发生的符合条件的广告费和业务宣传费支出，除国务院财政、税务主管部门另有规定外，不超过当年销售(营业)收入 15%的部分，准予扣除，超过的部分，准予结转以后纳税年度扣除；

② 销售(营业)收入包括会计上的主营业务收入、其他业务收入以及税法上的视同销售收入；③广告费和业务宣传费的扣除限额=(5000+200)×15%=780(万元)，小于实际发生额=700+200=900(万元)，本年度税前只能 扣除 780 万元；④该企业 2012 年所得税前可扣除的销售费用=1340−700−200+780=1220(万元)。

(2) ① 企业之间支付的管理费不得在税前扣除；

② 企业发生的与生产经营活动有关的业务招待费支出，按照发生额的60%扣除，但最高不得超过当年销售(营 业)收入的0.5%；

③ 业务招待费发生额的 60%=80×60%=48(万元)＞(5000+200)×5‰=26(万元)，所以税前可以扣除的业务招待 费为 26 万元；

④ 该企业2013年所得税前可扣除的管理费用=960−30−80+26=876(万元)。

(3) ① 非金融企业向非金融企业借款的利息支出，不超过按照金融企业同期同类贷款利率计算的数额的部分准予扣除；

② 该企业2013年所得税前可扣除的财务费用=200×5%×9÷12=7.5(万元)。

(4) ① 支付客户违约金20万元可以在税前扣除；

② 被工商行政管理部门处以罚款7万元和税收滞纳金3万元、非广告性质赞助支出50万元不得在税前扣除；

③ 该企业2013年所得税前可扣除的营业外支出金额=20(万元)。

(5) ① 国债利息收入和居民企业直接投资于其他居民企业取得的投资收益，免征企业所得税，因此投资收益54万元为免税收入；

② 该企业2013年应纳税所得额=5000+200−2200−320−1220−876−7.5−20−100=456.5(万元)；

③ 该企业2013应纳所得税额=456.5×25%=114.13(万元)。

3. 【解析】(1) 实际发生的广告费和业务宣传费为=500+300=800(万元)。

广告费和业务宣传费扣除限额=5000×15%=750(万元)，实际发生数大于限额，按限额750 万元扣除。

(2) 业务招待费扣除限额：当年销售(营业)收入的5‰=5000×5‰=25(万元)，实际发生业务招待费的60%=60×60%=36(万元)，所以，业务招待费税前扣除额为25 万元。

(3) 福利费扣除限额=600×14%=84(万元)，实际发生数104万元大于限额，按限额84 万元扣除。补充养老保险扣除限额=600×5%=30(万元)，实际发生数40 万元大于限额，按限额30万元扣除。

(4) 税法规定，购销活动中支付的违约金可以在税前扣除；计提的固定资产减值准备不是实际损失不得在税前扣除；逾期两年的应收账款不得扣除，消防部门检查罚款属于行政性罚款得不扣除，补缴的所得税款不得在税前扣除。企业2013年税前可扣除的营业外支出为30万元。

(5) 企业 2013 年应纳税所得额=190−20−40+(500+300−750)+(60−25)+(104−84)+(40−30)+(100−30)=315(万元)

企业2013年应纳所得税额=315×25%−100×10%=68.75(万元)

4. 【解析】

(1) 国债利息收入24万元免交所得税。

(2) 向非金融机构借款利息支出，应按不高于同期同类银行贷款利率计算数额以内的部分准予在税前扣除，准予扣除的利息=60×6%×8÷12=2.4(万元)。

(3) 业务招待费税前扣除限额：1800×5‰=9(万元)，12×60%=7.2(万元)，允许扣除7.2万元。

(4) 购机器设备、改建厂房属于资本性支出，不得在税前扣除。

(5) 意外事故损失材料其进项税额应转出，并作为财产损失。财产净损失=8×(1+17%)−3=6.36(万元)。

(6) 应纳税所得额=1800−1200−45−85−10.01−4.29−1.5−2.4−(137−12)−7.2−6.36=313.24(万元)

(7) 应纳所得税额=313.24×25%=68.31(万元)

5. 【解析】

(1) 限额扣除项目：财务费用中的集资利息支出限额=200×7%=14万，实际支付利息20万；

(2) 加计扣除项目：管理费用中新产品研究开发费用允许加扣50%；

(3) 从联营企业分回的税后利润，不需补税；国债利息 20 万元属免税收入；

(4) 增值税税额不得扣除；

(5) 以前年度亏损50万元允许弥补。

当年应纳税所得额=800+18+2−550−60−(30−20)−14−80−30×50%−20−50=21(万元)

(6) 应纳所得税额=21×25%=5.25(万元)

## 五、综合题

1. 【解析】

(1) 该企业财务人员在汇算清缴企业所得税时存在的不合法之处主要有：

① 企业债券利息收入属于应税收入，不应调减应纳税所得额。根据规定，国债利息收入属于免税收入，企业债券利息收入属于企业所得税应税收入。在本题中，财务人员将国债利息、企业债券利息均作为免税收入调减应纳税所得额，不合法。

② 向无关联关系的某非金融企业借款1000万元而发生的利息75万元，超过按照金融企业同期同类贷款利率计算的数额部分不得扣除，财务人员未作调增应纳税所得额处理。根据规定，非金融企业向非金融企业借款的利息支出，不超过按照金融企业同期同类贷款利率计算的数额的部分，准予扣除。

该事项应调增应纳税所得额=75−1000×6%=15(万元)。

③ 广告费超过扣除标准部分的数额不得扣除，财务人员未作调增应纳税所得额处理。根据规定，企业发生的符合条件的广告费和业务宣传费支出，除国务院财政、税务主管部门另有规定外，不超过当年销售(营业)收入15%的部分，准予扣除；超过部分，准予在以后纳税年度结转扣除。

④ 业务招待费应调增应纳税所得额的数额有误。根据规定，企业发生的与生产经营活动有关的业务招待费支出，按照发生额的60%扣除，但最高不得超过当年销售 (营业)收入的5‰。在本题中，业务招待费发生额的60%=55×60%=33(万元)>6100×5‰=30.5(万元)，按照30.5万元在税前扣除。

⑤ 新产品研究开发费用未调减应纳税所得额。根据规定，企业为开发新产品、新技术、新工艺发生的研究开发费用，未形成无形资产计入当期损益的，在按照规定据实扣除的基础上，

按照研究开发费用的50%加计扣除。

⑥ 捐赠支出超过可扣除限额部分，财务人员未予调增应纳税所得额。根据规定，企业发生的公益性捐赠支出，在年度利润总额12%以内的部分，准予在计算应纳税所得额时扣除，超过的部分，不得扣除。

⑦ 税收滞纳金8万元未调增应纳税所得额。根据规定，税收滞纳金不得在税前扣除，应调增应纳税所得额。

(2) ① 国债利息收入应调减应纳税所得额30万元；

② 向无关联关系的某非金融企业借款 1000 万元的利息支出应调增应纳税所得额=75-1000×6%=15(万元)；

③ 广告费用应调增应纳税所得额=980-6100×15%=65(万元)；

④ 业务招待费应调增应纳税所得额=55-30.5=24.5(万元)；

⑤ 新产品研究开发费用应调减应纳税所得额=80×50%=40(万元)；

⑥ 捐赠支出应调增应纳税所得额=112-800×12%=16(万元)；

⑦ 税收滞纳金应调增应纳税所得额8万元。

2012年应纳税所得额=800-30+15+65+24.5-40+16+8=858.5(万元)

2012 年应纳企业所得税税额=858.5×25%=214.63(万元)

2012年应补缴企业所得税税额=214.63-200=14.63(万元)。

2.【解析】

(1) 国债利息收入100万元免税。

(2) 开发费加计扣除100×50%=50(万元)。

(3) 残疾职工工资加计扣除30×100%=30(万元)。

(4) 所得税前损失的扣除：40×(1+17%)-10=36.8(万元)。

直接捐赠、税收滞纳金不得扣除

(5) 可弥补的以前年度亏损50万元。

(6) 应纳税所得额=9000+15-29.8-42.96-2.535-0.75-47.88-20.52-5200-1000-900-50-200-30-40×(1+17%)+10-50=1403.755(万元)。

(7) 应纳企业所得税额=1403.755×25%=350.94(万元)。

3.【解析】

(1) 实发工资380万元，可以扣除，计入成本费用的是400万元，应调增20万元。

(2) 租赁设备的租金应调增应纳税所得额=40-40/24×9=25(万元)。

(3) 子公司A、B分回的投资收益属于税后所得，不调增应纳税所得额，不用补税。

(4) 该企业纳税调整后所得额=40+20+25=85(万元)。

(5) 该企业当年应纳税所得额=85-30=55(万元)。

该企业当年应纳企业所得税=55×25%=13.75(万元)。

# 第八章　相关法律制度

## 大纲研读

本章考试目的在于考查应试人员是否掌握了企业国有资产管理制度、反垄断和反不正当竞争法、专利法和商标法及政府采购合同等相关内容，从近3年的考题情况来看，本章主要考查垄断、不正当竞争、专利权等方面的内容，平均分值在8分左右，具体考试内容如下。

(1) **国有资产管理法律制度**。包括企业国有资产管理与事业单位国有资产管理制度。

(2) **反垄断与反不正当竞争法律制度**。包括垄断的类型、滥用市场支配地位、侵犯商业秘密、不当附奖促销行为等。

(3) **知识产权法律制度**。包括专利权、商标权等。

(4) **政府采购法律制度**。包括政府采购方式、政府采购合同及采购程序等。

(5) **财政监督与财政违法行为处罚法律制度**。包括财政监督、财政违法行为等。

## 考点剖析

# 一、国有资产管理法律制度

## 考点一　企业国有资产法律制度

### (一) 企业国有资产管理与监督体制

**1. 出资人和所有权人**

企业国有资产是由国家出资形成的财产权益，因而，企业国有资产属于国家所有即全民所有。

**2. 出资人职责代表机构**

(1) 国务院是国有资产所有权人的代表。

(2) 国务院和地方人民政府对国家出资企业履行出资人职责。

(3) 国务院地方人民政府根据需要授权的其他部门、机构，履行出资人职责。

**3. 企业国有资产监督**

(1) 各级权力机关的监督。

(2) 各级政府的监督。

(3) 社会监督。

### (二) 国家出资企业

(1) 国家出资企业的概念。《企业国有资产法》所称的国家出资企业，是指国家出资的国有独资企业、国有独资公司，以及国有资本控股公司、国有资本参股公司。

(2) 国家出资企业的法律地位和权利。

① 国家出资企业对其动产、不动产和其他财产依照法律、行政法规以及企业章程享有占有、使用、收益和处分的权利。

② 国家出资企业依法享有经营自主权和其他合法权益。

③ 国家出资企业对其所出资企业依法享有资产收益、参与重大决策和选择管理者等出资人权利，并依法管理、监督。

(3) 国家出资企业的义务和责任。

### (三) 企业国有资产管理制度

#### 1. 国家出资企业管理者的选择与考核制度

(1) 履行出资人职责的机构任免或者建议任免国家出资企业的下列人员：

① 任免国有独资企业的总经理、副总经理、财务负责人和其他高级管理人员；

② 任免国有独资公司的董事长、副董事长、董事、监事会主席和监事；

③ 向国有资本控股公司、国有资本参股公司的股东会、股东大会提出董事、监事人选。

(2) 董事、监事和高级管理人员的兼职限制。

① 未经履行出资人职责的机构同意，国有独资企业、国有独资公司的董事、高级管理人员不得在其他企业兼职；

② 未经股东会、股东大会同意，国有资本控股公司、国有资本参股公司的董事、高级管理人员不得在经营同类业务的其他企业兼职；

③ 未经履行出资人职责的机构同意，国有独资公司的董事长不得兼任经理；

④ 未经股东会、股东大会同意，国有资本控股公司的董事长不得兼任经理；

⑤ 董事、高级管理人员不得兼任监事。

#### 2. 重大事项管理的权力归属

重大事项是指国家出资企业事关出资人权益的重大事项，包括合并、分立、改制、上市，增加或者减少注册资本，发行债券、进行重大投资，为他人提供大额担保，转让重大财产，进行大额捐赠，分配利润，以及解散、申请破产等。

国家出资企业事关出资人权益的重大事项的管理，应当遵守法律、行政法规以及企业章程的规定，不得损害出资人和债权人的权益。《企业国有资产法》对上述重大事项进行了一般规定，并对改制、关联方交易、评估、资产转让进行专门规定。

履行出资人职责的机构决定的事项包括：国有独资企业、国有独资公司合并、分立，增加或者减少注册资本，发行债券，分配利润，以及解散、申请破产。

#### 3. 企业改制管理制度

(1) 国家出资企业改制的形式(共有三种形式)。

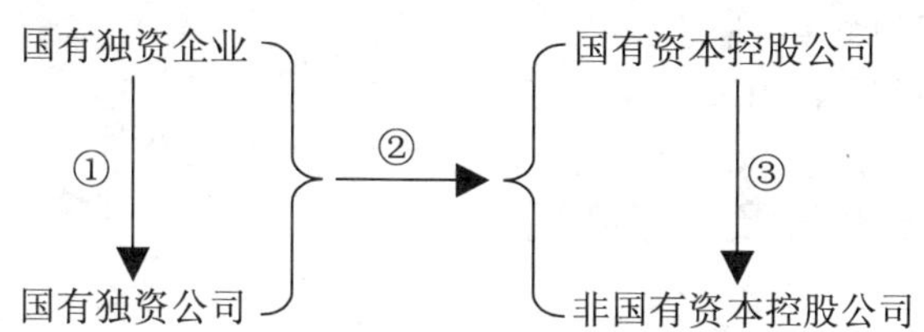


(2) 决定或批准。企业改制应当依照法律程序，由履行出资人职责的机构决定或者由公司股东会、股东大会决定，重要的国有独资企业、国有独资公司、国有资本控股公司的改制，要经本级人民政府批准。

(3) 出资人权益保护。

**4. 与关联方交易管理制度**

(1) 关联方的范围。《企业国有资产法》所称的关联方，是指本企业的董事、监事、高级管理人员及其近亲属，以及这些人员所有或者实际控制的企业。

(2) 与关联方交易的限制和禁止。国家出资企业的关联方不得利用与国家出资企业之间的交易，谋取不当利益，损害国家出资企业利益。

① 国有独资企业、国有独资公司、国有资本控股公司不得无偿向关联方提供资金、商品、服务或者其他资产，不得以不公平的价格与关联方进行交易。

② 未经履行出资人职责的机构同意，国有独资企业、国有独资公司不得有下列行为：与关联方订立财产转让、借款的协议；为关联方提供担保；与关联方共同出资设立企业；向董事、监事、高级管理人员或者其近亲属所有或者实际控制的企业投资。

③ 国有资本控股公司、国有资本参股公司与关联方的交易，履行出资人职责的机构委派的股东代表，依法行使权利。公司对关联事项作出表决时，关联董事不得行使表决权，也不得代理其他董事行使表决权。

**5. 资产评估管理制度**

根据规定对有关资产进行评估时，应委托依法设立的符合条件的资产评估机构进行资产评估，不得与资产评估机构串通评估作价。

**6. 企业国有资产转让管理制度**

企业国有资产的转让，是指依法将国家对企业的出资所形成的权益转移给其他单位或者个人的行为，但是按照国家规定无偿划转国有资产的除外。

**7. 企业国有资本经营预算制度**

对于取得的国有资本收入及其支出实行预算管理。企业国有资本经营预算按年度单独编制，纳入本级人民政府预算，报本级人民代表大会批准。其预算支出按照当年预算收入规模安排，不列赤字。

### (四) 违反《企业国有资产法》的法律责任

(1) 履行出资人职责的机构及其工作人员的法律责任。

(2) 国家出资企业的董事、监事、高级管理人员的法律责任。造成国有资产重大损失，被免职的，自免职之日起 5 年内不得担任国有独资企业、国有独资公司、国有资本控股公司的董事、监事、高级管理人员；造成国有资产特别重大损失，或者因贪污、贿赂、侵占财产、挪用财产或者破坏社会主义市场经济秩序，被判处刑罚，终身不得担任国有独资企业、国有独资公司、国有资本控股公司的董事、监事、高级管理人员。

(3) 相关中介机构的法律责任。

## 考点二 事业单位国有资产法律制度

### (一) 事业单位国有资产管理体制

**1. 事业单位国有资产管理体制的基本内容**

事业单位国有资产实行国家统一所有，政府分级监管，单位占有、使用的管理体制。其中，各级政府财政部门是政府负责事业单位国有资产管理的职能部门，对事业单位的国有资产实施综合管理。事业单位的主管部门负责对本部门所属事业单位的国有资产实施监督管理。事业单位负责对本单位占有、使用的国有资产 实施具体管理。

**2. 各级政府财政部门对事业单位国有资产的管理职责**

(1) 根据国家有关国有资产管理的规定，制定事业单位国有资产管理的规章制度，并组织实施和监督检查。

(2) 研究制定本级事业单位实物资产配置标准和相关的费用标准，组织本级事业单位国有资产的产权登记、产权界定、产权纠纷调处、资产评估监管、资产清查和统计报告等基础管理工作。

(3) 按规定权限审批本级事业单位有关资产购置、处置和利用国有资产对外投资、出租、出借和担保等事项，组织事业单位长期闲置、低效运转和超标准配置资产的调剂工作，建立事业单位国有资产整合、共享、共用机制。

(4) 推进本级有条件的事业单位实现国有资产的市场化、社会化，加强事业单位转企改制工作中国有资产的监督管理。

(5) 负责本级事业单位国有资产收益的监督管理。

(6) 建立和完善事业单位国有资产管理信息系统，对事业单位国有资产实行动态管理。

(7) 研究建立事业单位国有资产安全性、完整性和使用有效性的评价方法、评价标准和评价机制，对事业单位国有资产实行绩效管理。

(8) 监督、指导本级事业单位及其主管部门、下级财政部门的国有资产管理工作。

**3. 事业单位的主管部门对本部门所属事业单位的国有资产的职责**

(1) 根据本级和上级财政部门有关国有资产管理的规定，制定本部门事业单位国有资产管理的实施办法，并组织实施和监督检查。

(2) 组织本部门事业单位国有资产的清查、登记、统计汇总及日常监督检查工作。

(3) 审核本部门所属事业单位利用国有资产对外投资、出租、出借和担保等事项，按规定权限审核或者审批有关资产购置、处置事项。

(4) 负责本部门所属事业单位长期闲置、低效运转和超标准配置资产的调剂工作，优化事业单位国有资产配置，推动事业单位国有资产共享、共用。

(5) 督促本部门所属事业单位按规定缴纳国有资产收益。

(6) 组织实施对本部门所属事业单位国有资产管理和使用情况的评价考核。

(7) 接受同级财政部门的监督、指导并向其报告有关事业单位国有资产管理工作。

4. **事业单位负责对本单位占有、使用的国有资产的职责**

(1) 根据事业单位国有资产管理的有关规定，制定本单位国有资产管理的具体办法并组织实施。

(2) 负责本单位资产购置、验收入库、维护保管等日常管理，负责本单位资产的账卡管理、清查登记、统计报告及日常监督检查工作。

(3) 办理本单位国有资产配置、处置和对外投资、出租、出借和担保等事项的报批手续。

(4) 负责本单位用于对外投资、出租、出借和担保的资产的保值增值，按照规定及时、足额缴纳国有资产收益。

(5) 负责本单位存量资产的有效利用，参与大型仪器、设备等资产的共享、共用和公共研究平台建设工作。

(6) 接受主管部门和同级财政部门的监督、指导并向其报告有关国有资产管理工作。

**【例 8-1】**甲企业是国有独资企业。根据《企业国有资产法》的规定，下列各项中，属于甲企业关联方的有(　　)。(2011 年多选题)

A. 甲企业的副经理林某　　B. 甲企业经理的同学陈某

C. 甲企业的职工李某　　D. 甲企业财务负责人的配偶王某

**【解析】**AD　选项 AD:《企业国有资产法》所称关联方，是指本企业的董事、监事、高级管理人员及其近亲属，以及这些人员所有或者实际控制的企业。

### (二) 事业单位国有资产的配置和使用

#### 1. 事业单位国有资产配置

事业单位国有资产配置，是指财政部门、主管部门、事业单位等根据事业单位履行职能的需要，按照国家有关法律、法规和规章制度规定的程序，通过购置或者调剂等方式为事业单位配备资产的行为。

(1) 事业单位国有资产配置的条件。①现在资产无法满足使用单位履行职能的需要；②难以与其他单位共享、共用相关资产；③难以通过市场购买产品或者服务的方式代替资产配置，或者采取市场购买方式的成本过高。

(2) 事业单位国有资产配置的标准。

按规定的配置标准，没有规定配置标准的，从严控制，合理配置。

(3) 事业单位国有资产配置的种类。①事业单位国有资产的调剂；②事业单位国有资产的购置。

#### 2. 事业单位国有资产的使用

事业单位国有资产的使用，包括单位自用和对外投资、出租、出借、担保等方式。

### (三) 事业单位国有资产的处置

事业单位国有资产的处置方式包括出售、出让、转让、对外捐赠、拍卖、报废、报损以及货币性资产损失核销等。

事业单位国有资产的处置，应当严格履行审批手续，未经批准不得自行处置。

事业单位国有资产的处置应当遵循公开、公正、公平的原则。

事业单位国有资产处置收入属于国家所有，应当按照政府非税收入管理的规定，实行“收支两条线”管理。

### (四) 事业单位国有资产产权登记与产权纠纷处理

#### 1. 登记主体

事业单位应当向同级财政部门或者经同级财政部门授权的主管部门申报、办理产权登记，并由财政部门或者其授权的部门核发《事业单位国有资产产权登记证》。

#### 2. 登记事项

包括：(1)单位名称、住所、负责人及成立时间；(2)单位性质、主管部门；(3)单位资产总额、国有资产总额、主要实物资产额及其使用状况、对外投资情况；(4)其他需要登记的事项。

#### 3. 需要登记的情形

需要登记的情形包括：设立登记、变更登记和注销登记。

#### 4. 事业单位国有资产产权纠纷的处理

与其他国有单位间的纠纷，当事人协商解决，协商不成的可以向同级或者共同上一级财政部门申请调解或者裁定，必要时报有权管辖的政府处理。

与非国有单位或个人的纠纷，由事业单位提出拟处理意见，经主管部门审核并报同级财政部门批准后，与对方协商解决。协商不成的，按司法程序处理。

### (五) 事业单位国有资产评估与清查

#### 1. 启动评估的实体条件

应当对相关国有资产进行评估：(1)整体或者部分改制为企业；(2)以非货币性资产对外投资；(3)合并、分立、清算；(4)资产拍卖、转让、 置换；(5)整体或者部分资产租赁给非国有单位；(6)确定涉讼资产价值；(7)法律、行政法规规定的其他需要进行评估的事项。

可以不进行资产评估：(1)经批准事业单位整体或者部分资产无偿划转；(2)行政、事业单位下属的事业单位之间的合并、资产划转、置换和转让；(3)发生其他不影响国有资产权益的特殊产权变动行为，报经同级财政部门确认可以不进行资产评估的。

#### 2. 评估机构与评估项目的确定

应当委托具有资产评估资质的评估机构进行。对评估项目实行核准制和备案制。

#### 3. 启动清查的实体条件

事业单位有下列情形之一的，应当进行资产清查：

(1) 根据国家专项工作要求或者本级政府实际工作需要，被纳入统一组织的资产清查范围的。

(2) 进行重大改革或者整体、部分改制为企业的。

(3) 遭受重大自然灾害等不可抗力造成资产严重损失的。

(4) 会计信息严重失真或者国有资产出现重大流失的。

(5) 会计政策发生重大更改，涉及资产核算方法发生重要变化的。

(6) 同级财政部门认为应当进行资产清查的其他情形。

#### 4. 启动清查的程序

事业单位进行资产清查，应当向主管部门提出申请，并按照规定程序报同级财政部门批准立项后组织实施，但根据国家专项工作要求或者本级政府工作需要进行的资产清查除外。

事业单位资产清查工作的内容主要包括基本情况清理、账务清理、财产清查、损溢认定、资产核实和完善制度等。

#### (六) 资产信息管理与报告

按照国有资产管理信息化的要求，及时将资产变动信息录入管理信息系统，对本单位资产实行动态管理，并在此基础上做好国有资产统计和信息报告工作。

#### (七) 监督检查与法律责任

财政部门、主管部门、事业单位及其工作人员，应当依法维护事业单位国有资产的安全完整，提高国有资产使用效益。

财政部门、主管部门和事业单位应当建立健全科学合理的事业单位国有资产监督管理责任制，将资产监督、管理的责任落实到具体部门、单位和个人。

事业单位国有资产监督应当坚持单位内部监督与财政监督、审计监督、社会监督相结合，事前监督与事中监督、事后监督相结合，日常监督与专项检查相结合。

事业单位及其工作人员违反本办法，有下列行为之一的，依据《财政违法行为处罚处分条例》的规定进行处罚、处理、处分：(1)以虚报、冒领等手段骗取财政资金的；(2)擅自占有、使用和处置国有资产的；(3)擅自提供担保的；(4)未按规定缴纳国有资产收益的。

财政部门、主管部门及其工作人员在上缴、管理国有资产收益，或者下拨财政资金时，违反本办法规定的，依据《财政违法行为处罚处分条例》的规定进行处罚、处理、处分。

主管部门在配置事业单位国有资产或者审核、批准国有资产使用、处置事项的工作中违反本办法规定的，财政部门可以责令其限期改正，逾期不改的予以警告。

违反本办法有关事业单位国有资产管理规定的其他行为，依据国家有关法律、法规及规章制度进行处理。

## 二、反垄断与反不正当竞争法律责任制度

### 考点三　反垄断法律制度的主要内容

#### (一) 滥用市场支配地位

**1. 相关市场**

相关市场，是与经营者的产品和服务之间存在竞争关系的产品和服务市场。

**2. 市场支配地位**

市场支配地位，是指经营者在相关市场内具有能够控制商品价格、数量或者其他交易条件，或者能够阻碍、影响其他经营者进入相关市场能力的市场地位。

**3. 市场支配地位的认定依据**

认定市场支配地位的依据，一般以市场份额为主，兼顾市场行为及其他相关因素。

根据《反垄断法》的规定，有下列情形之一的，可以推定经营者具有市场支配地位：

(1) 一个经营者在相关市场的市场份额达到二分之一的；

(2) 两个经营者在相关市场的市场份额合计达到三分之二的；

(3) 三个经营者在相关市场的市场份额合计达到四分之三的。

有前款第二项、第三项规定的情形，其中有的经营者市场份额不足十分之一的，不应当推定该经营者具有市场支配地位。

**4. 滥用市场支配地位的行为**

滥用市场支配地位行为，是指具有市场支配地位的经营者利用其市场支配地位所实施的妨碍竞争的行为。

(1) 垄断高价和垄断低价。以不公平的高价销售商品或者以不公平的低价购买商品；

(2) 掠夺性定价。没有正当理由，以低于成本的价格销售商品；

(3) 拒绝交易。没有正当理由，拒绝与交易相对人进行交易；

(4) 独家交易。没有正当理由，限定交易相对人只能与其进行交易或者只能与其指定的经营者进行交易；

(5) 搭售。没有正当理由搭售商品，或者在交易时附加其他不合理的交易条件；

(6) 差别待遇。没有正当理由，对条件相同的交易相对人在交易价格等交易条件上实行差别待遇。

### (二) 垄断协议

**1. 横向垄断协议行为**

横向联合限制竞争行为，是指处于产业链同一环节的两个或两个以上经营者所为的联合限制竞争行为。

包括：固定价格、划分市场、联合抵制、不当技术联合。

**2. 纵向垄断协议行为**

纵向限制竞争行为，是指处于同一产业链上下环节(即有交易关系或供求关系)的两个或两个以上经营者所为的联合限制竞争行为。

包括：固定转售价格、限定转售最低价格。

**3. 垄断协议行为的豁免**

部分联合限制竞争行为有利有弊，并且可能利大于弊，因此，经营者能够证明所达成的协议属于法律规定情形之一的，可以免于处罚同时，经营者还应当证明所达成的协议不会严重限制相关市场的竞争，并且能够使消费者分享由此产生的利益。

**【例 8-2】**根据反垄断法律制度的规定，下列各项中，属于滥用市场支配地位行为的是(　　)。(2011 年单选题)

A. 划分市场　　B. 联合抵制　　C. 固定价格　　D. 掠夺性定价

**【解析】**D　选项 ABC 属于横向垄断协议行为

**【例 8-3】**某市一些食用油厂家签订合作框架合同，统一上调了食用油出厂价，该行为被反垄断主管机关依法认定为垄断。根据反垄断法律制度的规定，该垄断行为的具体类型是(　　)。(2012 单选题)

A. 垄断高价　　B. 掠夺性定价　　C. 纵向垄断协议行为　　D. 横向垄断协议行为

**【解析】**D　(1)选项 AB：均属于滥用市场支配地位行为；在本题中，案情无任何情节表明这些食用油厂家具有市场支配地位。(2)选项 CD：处于产业链同一环节的两个或两个以上经营者订立垄断协议的行为，为横向垄断协议行为；在本题中，垄断协议在“食用油厂家”(产业链同一环节)之间签订，属于横向垄断协议。

### (三) 经营者集中行为

经营者集中，是指经营者通过合并、收购、委托经营、联营或其他方式，集合经营者经济力，提高市场地位的行为，包括经营者合并和经营者控制。

**1. 经营者合并**

经营者合并，是指两个或两个以上经营者合为一个经营者，从而导致经营者集中的行为。

**2. 经营者控制**

经营者控制，是指经营者通过收购、委托经营、联营和其他方式控制其他经营者，从而导致经营者集中的行为。

**3. 经营者集中行为的申报许可**

《反垄断法》规定了我国经营者集中申报许可制度的主要内容，包括实体条件、申报程序、审查的程序、审查的内容和结果及公布审查结果。

### (四) 行政性垄断

行政性垄断，是指行政机关和法律、法规授权的具有管理公共事务职能的组织滥用行政权力、违反法律规定实施的限制市场竞争的行为。

行政性垄断的表现：

(1) 行政性强制交易。行政机关滥用行政权力，违反法律规定，限定或者变相限定经营者、消费者经营、购买、使用其指定的经营者提供的商品。

(2) 行政性限制市场准入。包括：

① 对外地商品设定歧视性收费项目、实行歧视性收费标准，或者规定歧视性价格；

② 对外地商品规定与本地同类商品不同的技术要求、检验标准，或者对外地商品采取重复检验、重复认证等歧视性技术措施，限制外地商品进入本地市场；

③ 采取专门针对外地商品的行政许可，限制外地商品进入本地市场；

④ 设置关卡或者采取其他手段，阻碍外地商品进入或者本地商品运出；

⑤ 滥用行政权力，排斥或限制外地经营者参加本地招标投标；

⑥ 妨碍商品和服务在地区之间自由流通的其他行为。

(3) 行政性强制经营者限制竞争。行政机关滥用行政权力，违反法律规定，强制经营者从事反垄断法所禁止的排除或者限制市场竞争的行为(例如，强制本地区、本部门的企业合并，或者通过经营者控制组建企业集团，强制经营者通过协议等方式固定价格、划分市场、联合抵制等)。

### (五) 反垄断法的执行和适用

**1. 反垄断法的执行主体制度**

(1) 反垄断法执行主体。在我国，国务院反垄断委员会和国务院反垄断执法机构共同承担反垄断职责。

(2) 反垄断法执行主体的职责。包括：①特定行为许可；②违法行为查处；③竞争状况监控；④制定行为规则。

(3) 反垄断法执行主体的权力。包括：检察权、询问权、资料调阅复制权、账户查询权等。

**2. 反垄断法执行的一般程序**

反垄断法执行的一般程序包括：启动、调查、审议、决定、执行。

**3. 反垄断法的域外效力**

反垄断法不仅对在国外违反国内反垄断法的国内企业和在国内违反国内反垄断法的外国企业发生效力，而且可能对在国外违反国内反垄断法并影响市场竞争的外国企业发生效力。

**4. 反垄断法豁免和适用除外**

基本条件是应当符合国家整体利益。

## 考点四　反不正当竞争法律制度的主要内容

### (一) 不正当竞争行为的类型及危害

不正当竞争行为是经营者有悖于商业道德且违反法律规定的市场竞争行为。不正当竞争行为的类型包括：(1)欺骗性标示行为；(2)侵犯商业秘密行为；(3)诋毁商誉行为；(4)商业贿赂行为；(5)不当附奖赠促销行为。

### (二) 欺骗性标示行为

欺骗性标示，是指经营者对其所销售的商品和提供的服务作出不实标记或陈述的行为。

**1. 仿冒**

仿冒是指经营者使用与他人相近或相同的商业标识和外观的行为。 包括：(1)假冒他人的注册商标；(2)擅自使用知名商品特有的名称、包装、装潢，或者使用与知名商品近似的名称、包装、装潢，造成和他人的知名商品相混淆，使购买者误认为是该知名商品；(3)擅自使用他人的企业名称或者姓名，引人误认为是他人的商品；(4)在商品上伪造或者冒用认证标志、名优标志等质量标志，伪造产地，对商品质量作引人误解的虚假表示。

**2. 虚假陈述**

虚假陈述是指经营者对其产品或服务信息所作的不实介绍。

虚假陈述的方式包括在包装、装潢或者广告中对商品的质量、制作成分、性能、用途、生产者、有效期限、产地等作引人误解的虚假宣传。

### (三) 侵犯商业秘密行为

商业秘密，是指不为公众所知悉、能为经营者带来经济利益、具有实用性并经权利人采取保密措施的技术信息和经营信息。商业秘密可分为技术型商业秘密和经营型商业秘密两类。

**1. 商业秘密的属性与特征**

商业秘密实质是一种信息。商业秘密权是一种无形财产权。

商业秘密具有秘密性、实用性和保密性。

**2. 侵犯商业秘密行为**

侵犯商业秘密的行为表现为：(1)以盗窃、利诱、胁迫或者其他不正当手段获取权利人的商业秘密；(2)披露、使用或者允许他人使用以前项手段获取的权利人的商业秘密；(3)违反约定或者违反权利人有关保守商业秘密的要求，披露、使用或者允许他人使用其所掌握的商业秘密。

### (四) 诋毁商誉行为

诋毁商誉行为，是指经营者传播有关竞争对手的虚假信息，以破坏竞争对手的商业信誉的不正当竞争行为。

### (五) 商业贿赂行为

商业贿赂，是指经营者为了获取交易机会或者竞争优势，向能够影响交易的人秘密给付财物或者其他经济利益的行为。

是否存在“账外暗中”是区分回扣、折扣和佣金是否属于商业贿赂的标准。经营者销售或者购买商品，可以以明示方式给对方折扣，可以给中间人佣金。经营者给对方折扣、给中间人佣金的，必须如实入账。

### (六) 不当附奖赠促销行为

不当附奖赠促销，是指经营者在销售商品或者提供服务时，违反法律规定，通过附带地向购买者提供物品、金钱或者其他经济利益作为赠予或奖励，以促进销售的行为。包括：

(1) 经营者采用抽奖式的附奖销售，最高奖的金额超过5000元的；

(2) 经营者采用谎称有奖或者故意让内定人员中奖的欺骗方式进行有奖销售的；

(3) 经营者利用有奖销售的手段推销质次价高商品的。

**【例 8-4】**某市甲宾馆为某介绍客人的出租车司机，按客人房费的 8%支付了酬金，与甲宾馆相邻的乙酒店向监督检查部门举报了这一行为。监督检查部门经过检查，发现甲宾馆给予出租车司机的酬金均如实入账。根据《反不正当竞争法》的规定，甲宾馆的行为属于(　　)。(2012年单选题)

A. 商业贿赂行为　B. 正当竞争行为　C. 限制竞争行为　D. 低价倾销行为

**【解析】**B　甲宾馆已将给予出租车司机的酬金“如实入账”，该行为性质上为给予中间人合法佣金的行为，属于正当竞争行为。

**【例 8-5】**根据《反不正当竞争法》的规定，下列情形中，属于不当附奖赠促销行为的有(　　)。(2012 年多选题)

A. 甲公司采用抽奖式的附奖销售，最高奖的金额为 2000 元

B. 乙公司采用抽奖式的附奖销售，最高奖的金额为 6000 元

C. 丙公司采用故意让内定人员中奖的方式进行有奖销售

D. 丁公司利用有奖销售的手段推销质次价高的商品

**【解析】**BCD　我国《反不正当竞争法》禁止的不当附奖赠促销行为有：(1)经营者采用抽奖式的附奖销售的，最高奖的金额超过 5000 元的(选项 A 不选，选项 B 应选)；(2)经营者采用谎称有奖或者故意让内定人员中奖的欺骗方式进行有奖销售的(选项 C 应选)；(3)经营者利用有奖销售的手段推销质次价高商品的(选项 D 应选)。

**【例 8-6】**根据反不正当竞争法律制度的规定，下列各项中，属于不正当竞争行为的有(　　)。(2013 年多选题)

A. 假冒他人注册商标　　B. 对商品的质量作引入误解的虚假宣传

C. 以明示入账方式给交易对方折扣　　D. 窃取他人的商业秘密

**【解析】**ABD　不正当竞争行为的类型多样，包括(1)欺骗性标示行为(选项 AB)；(2)侵犯

商业秘密行为(选项 D)；(3)诋毁商誉行为；(3)商业贿赂行为；(4)不当附奖赠促销行为。选项 C 是正当的，不选。

**【例 8-7】**根据反不正当竞争法律制度的规定，下列各项中，属于经营者不正当附奖赠促销行为的有(　　)。(2013 年多选题)

A. 采用谎称有奖的方式进行有奖销售

B. 采用故意让内定人员中奖的方式进行有奖销售

C. 利用有奖销售的手段推销质次价高的商品

D. 抽奖时附奖销售的最高奖金金额达到 4000 元

**【解析】**ABC　不当附奖赠促销行为：(1)经营者采用抽奖式的附奖销售，最高奖的金额超过 5000 元的；(2)经营者采用谎称有奖或者故意让内定人员中奖的欺骗方式进行有奖销售的；(3)经营者利用有奖销售的手段推销质次价高商品的。选项 D 没有超过 5000 元，不选。

# 三、知识产权法律制度

知识产权是权利主体对于智力活动创造的成果和经营活动中的标记、信誉依法享有的权利。包括狭义的知识产权和广义的知识产权。传统意义上的知识产权是指狭义的知识产权。其特点一般认为，知识产权具有无形性、专有性、地域性和时间性的特点。

## 考点五　专利法律制度的主要内容

### (一) 专利权的客体

专利权的客体，是指专利权指向的智力成果。

(1) 授予专利权的客体。包括发明、实用新型和外观设计三类。

(2) 不授予专利权的客体。包括：科学发现；智力活动的规则和方法；疾病的诊断和治疗方法；动物和植物品种；用原子核变换方法获得的物质；对平面印刷品的图案、颜色或者二者的结合作出的主要起标识作用的设计。除此之外，违反法律的发明创造、违反社会公德的发明创造以及妨害公共利益的发明创造，不授予专利权；对违反法规的规定获取或者利用遗传资源，并依赖该遗传资源完成的发明创造，不授予专利权。

### (二) 专利权的主体

#### 1. 专利申请人

专利申请人是指按照法律规定有权对发明创造或者设计提出专利申请的人。

(1) 非职务发明的申请人。

(2) 职务发明创造的申请人。

(3) 继受取得申请权的专利申请人。

(4) 外国申请人。

#### 2. 专利权人

专利权人是指对于国务院专利行政部门授予的专利享有独占、使用、收益和处分的人。专利人是专利申请人，但专利申请人可以是发明人、设计人个人，也可以是职务发明的单位，还可以是共同完成人或委托完成人，或者外国申请人。

### (三) 授予专利权的条件

对于不同的客体，授予专利权的条件不尽相同。

(1) 授予发明和实用新型专利权的条件。应当具备新颖性、创造性和实用性。

(2) 授予外观设计专利权的条件。应当具备新颖性、实用性、富有美感、不得与他人在申请日前已经取得的合法权利相冲突。

### (四) 授予专利权的程序

#### 1. 专利的申请

(1) 申请的原则。专利申请的原则包括书面申请原则、先申请原则、一申请一发明原则。

(2) 专利申请文件。

(3) 申请日和优先权。专利权的保护期从申请日开始起算。国务院专利行政部门收到专利申请文件之日起为申请日。

申请人自发明或者实用新型在外国第一次提出专利申请之日起12个月内，或者自外观设计在外国第一次提出专利申请之日起6个月内，又在中国就相同主题提出专利申请的，依照该外国同中国签订的协议或者共同参加的国际条约，或者依照相互承认优先权的原则，可以享有优先权；申请人自发明或者实用新型在中国第一次提出专利申请之日起12个月内，又向国务院专利行政部门就相同主题提出专利申请的，可以享有优先权。

#### 2. 专利申请的受理、审查和批准

发明专利申请一般需要经过初步审查和实质审查两个阶段；实用新型和外观设计专利申请只需经过形式审查。

(1) 初步审查。

(2) 公布申请。

(3) 实质审查。

(4) 专利复审。

### (五) 专利权的内容及其保护与限制

#### 1. 专利权的内容

专利权可以分为专利人身权利和专利财产权利两大类。专利人身权利主要是指发明人、设计人的署名权；专利财产权利主要包括制造权、使用权、许诺销售权、销售权、进口权、转让权、许可权等。

#### 2. 专利权的保护范围

发明或者实用新型专利权的保护范围，以其权利要求的内容为准，说明书及附图可以用于解释权利要求。

外观设计专利权的保护范围，以表示在图片或者照片中的该外观设计专利产品为准。

#### 3. 侵犯专利权的行为及例外

(1) 侵犯专利权的行为。包括：未经专利权人的许可，实施其专利的行为；假冒专利。

(2) 不视为侵犯专利权的行为。包括：

① 权利穷竭。专利产品或者依照专利方法直接获得的产品，由专利权人或者经其许可的单位、个人售出后，使用、许诺销售、销售、进口该产品的，不视为侵犯专利权。

② 在先使用。非专利权人在专利申请日前已经制造相同产品、使用相同方法或者已经做好制造、使用的必要准备，在专利权人获得专利权后，非专利权人有权在原有的范围内继续制造、使用该专利技术，不视为侵犯专利权。

③ 临时过境。临时通过中国领陆、领水、领空的外国运输工具，依照其所属国同中国签订的协议或者共同参加的国际条约，或者依照互惠原则，为运输工具自身需要而在其装置和设备中使用有关专利的，不视为侵犯专利权。

④ 为科研和实验的使用。专为科学研究和实验而使用有关专利的，不视为侵犯专利权。

⑤ 药品及医疗器械强制审查例外。为提供行政审批所需要的信息，制造、使用、进口专利药品或者专利医疗器械的，以及专门为其制造、进口专利药品或者专利医疗器械的，不视为侵犯专利权。

(3) 侵权诉讼中的抗辩。我国《专利法》第62条规定，在专利侵权纠纷中，被控侵权人有证据证明其实施的技术或者设计属于现有技术或者现有设计的，不构成侵犯专利权。

(4) 强制许可。强制许可是指国务院专利行政部门可以不经专利权人同意，直接向申请实施专利技术的申请人颁发专利强制许可证的制度。由于强制许可没有经得专利权人的许可，因此应当在法定的范围适用。

(5) 国家推广应用。

### (六) 专利权的期限、终止和无效

(1) 发明专利权的期限为20年，实用新型专利权和外观设计专利权的期限为10年，均从申请日期计算。

(2) 专利权在期限届满前终止的情形：没有按照规定缴纳年费的；专利权人以书面声明放弃其专利权的。专利权在期限届满前终止的，由国务院专利行政部门登记和公告。

(3) 专利权无效。自国务院专利行政部门公告授予专利权之日起，任何单位或者个人认为该专利权的授予不符合专利法有关规定的，可以请求专利复审委员会宣告该专利权无效。

宣告无效的专利权视为自始即不存在。

**【例 8-8】**甲公司 2012 年取得一项外观设计专利。根据专利法律制度的规定。乙公司未经甲公司许可的下列行为中。属于侵犯该专利的是(　　)。(2013 年单选题)

A. 为生产经营目的的购买并使用甲公司制造的该专利产品

B. 为生产经营目的的购买并销售甲公司制造的该专利产品

C. 为生产经营目的购买并许诺销售甲公司制造的该专利产品

D. 为生产经营目的制造并销售该专利产品

**【解析】**D　(1)选项ABC：专利产品或者依照专利方法直接获得的产品，由专利权人或者经其许可的单位、个人售出后，使用、许诺销售、销售、进口该产品的，不视为侵犯专利权；(2)选项D：未经专利权人许可，为生产经营目的制造、许诺销售、销售、进口其外观设计专利产品，构成侵犯专利权。

【例 8-9】根据专利法律制度的规定，下列关于专利申请人的表述中，不正确的是(　　)。(2013 年单选题)

A. 专利申请人可以是发明人个人，也可以是职务发明的单位

B. 共同完成发明创造的个人，除另有协议外，可以作为共同的专利申请人

C. 在中国没有经营者居所的外国人，不能成为中国专利申请人

D. 通过合同取得专利申请权的人属于继受取得申请权的专利申请人

【解析】C　专利申请人包括发明人或者设计人、共同完成发明创造或者设计的人、职务发明中的单位、完成发明创造的外国人、继受取得申请权的人等。

【例 8-10】当事人转让专利权的，专利权的转让自交付专利证书之日起生效。(　　)(2013 年判断题)

【解析】×　转让专利权的，当事人应当订立书面合同，并向国务院专利行政部门登记，由国务院专利行政部门予以公告，专利权的转让自登记之日起生效。

## 考点六　商标法律制度的主要内容

### (一) 商标注册

#### 1. 商标注册的原则

(1) 自愿注册和强制注册相结合的原则。

(2) 显著原则。

(3) 先申请原则。

(4) 商标合法原则。

#### 2. 商标注册申请

商标注册申请人在不同的商品上申请注册同一商标的，应当按商品分列表提出注册申请。注册商标需要在同一类的其他商品上使用的，应当另行提出注册申请。

#### 3. 商标注册的审核

凡符合商标法有关规定，由商标局初步审定，予以公告。自公告之日起3个月内，任何人均可以提出异议。公告期内无异议的，予以核准注册，发给商标注册证。

### (二) 注册商标的续展、转让和使用许可

#### 1. 注册商标的续展

注册商标的有效期为10年，自核准注册之日起计算。注册商标有效期满，需要继续使用的，应当在期满前6个月内申请续展注册；在此期间未能提出申请的，可以给予6个月的宽展期；每次续展注册的有效期为10年。

#### 2. 注册商标的转让

转让注册商标的，转让人和受让人应当签订转让协议，并共同向商标局提出申请。转让注册商标经核准后，予以公告；受让人自公告之日起(而非“登记之日起”)享有商标专用权。受让人应当保证使用该注册商标的商品质量。

#### 3. 注册商标的使用许可

商标使用许可合同应当报商标局备案(而非核准)。许可人应当监督被许可人使用其注册商

标的商品质量；被许可人应当保证使用该注册商标的商品质量。经许可使用他人注册商标的，必须在使用该注册商标的商品上标明被许可人的名称和商品产地。

#### (三) 商标使用的管理

使用注册商标，有下列行为之一的，由商标局责令限期改正或者撤销其注册商标：自行改变注册商标的；自行改变注册商标的注册人名字、地址或其他注册事项；自行转让注册商标的；连3年停止使用的。注册商标被撤销或者期满不再续展的，自注销之日起1年内，商标局对与该商标相同或者近似的商标注册申请，不予核准。

#### (四) 注册商标专用权的保护

有下列行为之一的，均属侵犯注册商标专用权：

(1) 未经商标注册人的许可，在同一种商品或者类似商品上使用与其注册商标相同或者近似的商标的；

(2) 销售侵犯注册商标专用权的商品的；

(3) 伪造、擅自制造他人注册商标标识或者销售伪造、擅自制造的注册商标标识的；

(4) 未经商标注册人同意，更换其注册商标并将该更换商标的商品又投入市场的；

(5) 在同一种或者类似商品上，将与他人注册商标相同或者近似的标志作为商品名称或者商品装潢使用，误导公众的；

(6) 故意为侵犯他人注册商标专用权的行为提供仓储、运输、邮寄、隐匿等便利条件的；

(7) 给他人的注册商标专用权造成其他损害的。

## 四、政府采购法律制度

### 考点七　政府采购当事人

#### (一) 采购人

采购人是指依法进行政府采购的国家机关、事业单位、团体组织。

#### (二) 采购代理机构

采购代理机构是根据采购人的委托办理采购事宜的非营利事业法人。

#### (三) 供应商

供应商是指向采购人提供货物、工程或者服务的法人、其他组织或者自然人。

### 考点八　政府采购方式

#### (一) 公开招标

公开招标，是指招标人以招标公告的方式邀请不特定的法人或者其他组织投标。采用公开招标方式采购的，招标采购单位必须在财政部门指定的政府采购信息发布媒体上发布招标公告。

采用公开招标方式采购的，自招标文件开始发出之日起至投标人提交投标文件截止之日止，不得少于 20 日。

### (二) 邀请招标

有下列情形之一的，可以采用邀请招标的方式采购：(1)具有特殊性，只能从有限范围的供应商处采购的；(2)采用公开招标方式的费用占政府采购项目总价值比例过大的。

### (三) 竞争性谈判

竞争性谈判是指采购人或采购代理机构根据采购需求直接要求 3 家以上的供应商就采购事宜与供应商分别进行一对一的谈判，最后通过谈判结果来选择供应商的一种采购方式。

### (四) 单一来源采购

单一来源采购是指采购人直接从某个供应商或承包商处购买所需货物、服务或者工程的采购方式。适用情形包括：①只能从唯一供应商处采购的；②发生了不可预见的紧急情况不能从其他供应商处采购的；③必须保证原有采购项目一致性或者服务配套的要求，需要继续从原供应商处添购，且添购资金总额不超过原合同采购金额 10%的。

### (五) 询价

询价是指采购人就采购项目向符合相应资格条件的被询价供应商(不少于 3 家)发出询价通知书，通过对报价供应商的报价进行比较，最终确定成交供应商的采购方式。

## 考点九　政府采购程序

### (一) 招标采购

招标采购中，出现下列情形之一的，应予废标：①符合专业条件的供应商或者对招标文件作实质响应的供应商不足3家的；②出现影响采购公正的违法、违规行为的；③投标人的报价均超过了采购预算，采购人不能支付的；④因重大变故，采购任务取消的。

### (二) 竞争性谈判

应遵循下列程序：①成立谈判小组；②制定谈判文件；③确定邀请参加谈判的供应商名单；④谈判；⑤确定成交供应商。

### (三) 询价

应遵循下列程序：①成立询价小组；②确定被询价的供应商名单；③询价；④确定成交供应商。

## 考点十　政府采购合同

### (一) 政府采购合同的签订

采购人可以委托采购代理机构代表其与供应商签订政府采购合同。由采购代理机构以采购人名义签订合同的，应当提交采购人的授权委托书，作为合同附件。

#### (二) 政府采购合同的履行

政府采购项目的采购合同自签订之日起7个工作日内，采购人应当将合同副本报同级政府采购监督管理部门和有关部门备案。

经采购人同意，中标、成交供应商可以依法采取分包方式履行合同。政府采购合同分包履行的，中标、成交供应商就采购项目和分包项目向采购人负责，分包供应商就分包项目承担责任。

### 考点十一　政府采购的质疑与投诉

#### (一) 质疑

供应商认为采购文件、采购过程、中标成交结果使自己权益受到损害的，可以在7个工作日内向采购人提出质疑；采购人应在7个工作日内向质疑供应商和其他供应商作出答复，但不得涉及商业秘密。

#### (二) 投诉

供应商对采购人质疑答复不满意的或对质疑未做答复的，可在15个工作日内向监管部门提出；监管部门应于30个工作日内作出处理决定，并通知有关当事人。

### 考点十二　政府采购的监督及违反政府采购法的法律责任

各级人民政府财政部门是负责政府采购监督管理的部门，依法履行对政府采购活动的监督管理职责。

违反政府采购法的法律责任：

(1) 采购人、采购代理机构的法律责任。

(2) 供应商的法律责任。

(3) 政府采购监督管理部门及其工作人员的法律责任。

(4) 其他承担法律责任的情形。

## 五、财政监督和财政违法行为处罚法律制度

### 考点十三　财政监督法律制度的主要内容

#### (一) 财政监督

##### 1. 财政监督的内容

财政监督内容包括两个方面：一是对财政收支活动的监督，二是通过财政收支活动的监督实现对国民经济运行的调控。

2. 财政监督的类型

财政监督可分为广义的财政监督和狭义的财政监督、外部监督和内部监督。

3. 财政监督法律制度的体系

财政监督法律制度可以根据财政监督行为的不同，分为不同的制度，包括财政收入监督法律制度、财政支出监督法律制度、财政投资监督法律制度、国有监督法律制度等。

### (二) 人大监督法律制度

监督财政，是全国人大及其常委会的权力和职责之一。预决算监督是人大及其常委会财政监督职权的主要方面。

### (三) 审计监督

审计监督主体是审计机关。我国的审计机关包括中央审计机关和地方审计机关。

### (四) 财政监督主体及职权

财政监督，包括财政和税收、国资、海关等相关部门所进行的监督。

根据我国现行财政体制，财政监督的主体是政府财政部门及其相关内设机构。

## 考点十四　财政违法行为处罚法律制度的主要内容

财政违法行为处罚法律制度，是由财政法律法规和规章规定的，有关财政违法行为、责任以及查处的法律制度的总称。

### (一) 财政违法主体

财政违法主体，是指财政法律义务的违反者，即财政违法行为的主体。包括财政机关和其他国家机关、企业、非企业单位、特定个人。

### (二) 财政违法行为及其法律责任

财政违法行为分为14类。财政违法主体应承担的相应法律责任形式主要有：停止违法行为；采取补救措施；通报批评、警告等处分；没收违法所得、罚款等处罚。

### (三) 财政执法主体

财政执法主体，是指依法拥有财政执法权力、承担财政执法职责的组织。

财政执法主体只是组织，即有关财政执法机关，不是个人。财政执法机关的工作人员履行财政执法职责时，是职务行为，不是以个人名义。

根据《条例》的规定，财政执法主体包括以下3类：县级以上人民政府财政部门及审计机关；省级以上人民政府财政部门的派出机构，审计机关的派出机构；监察机关及其派出机构。

### (四) 财政执法权限和责任

(1) 财政执法权限的依据：

① 财政部门、审计机关根据《宪法》和《预算法》、《税收征收管理法》、《会计法》、《政府采购法》等法律、法规和规章的规定，享有相应的财政执法权限。

② 财政部门、审计机关的派出机构根据上述有关法律及其实施条例、其他配套规章的规定，享有相应的权限。

③ 监察机关及其派出机构根据《行政监察法》、《行政监察法实施条例》等法律法规的规定，享有相应的财政执法权限。

(2) 财政执法权限。

① 调查、检查权。

② 处理、处分、处罚权。

(3) 财政执法权限的协调。

根据有关法律、法规的规定，财政执法主体应当配合协调：

① 不得重复检查和调查。

② 对于不属于其职权范围的事项，应当依法移送；受移送机关应当及时处理，并将结果书面告知移送机关。

③ 财政部门和监察机关共同立案查处的财政违法违纪案件，应当由两个单位组成联合调查组，按照各自的职权开展调查。

(4) 财政执法主体的法律责任。

### (五) 财政执法程序

财政执法程序，是指财政执法主体进行调查、检查和对违法行为进行处理、处分和处罚过程中，依法应当遵循的步骤、方式、方法等行为规范。财政执法程序制度包括财政部门、审计机关、监察机关的财政执法程序。

(1) 财政检查准备程序。

(2) 财政检查实施程序。

(3) 财政处理处罚程序。

(4) 财政检查救济程序。

# 同步过关测试

## 一、单项选择题

1. 根据《事业单位国有资产管理暂行办法》的规定，下列各项中，不需要对事业单位的国有资产进行资产评估的是(　)。

A. 行政单位下属的事业单位之间的合并

B. 事业单位部分改制为企业

C. 事业单位分立

D. 事业单位的部分资产租赁给非国有单位

2. 某市车辆清洗业协会在与本市各洗车企业协商后，于2009年8月5日向该市区100多个洗车企业发布《关于规范机动车辆清洗收费标准的通知》，规定全市机动车清洗行业收费指导价为：小型车辆单次洗车15元，中型车辆单次洗车20～30元，大型车辆单次洗车40～60元。新标准从2009年9月1日起执行。该行为被反垄断主管机关认定为垄断。该市车辆清洗业协会的上述行为，属于反垄断法所禁止的垄断行为的具体类型是(　　)。

A. 横向联合限制竞争　　B. 纵向联合限制竞争

C. 独家交易　　D. 限制市场准入

3. 甲商场为打垮竞争对手乙商场，在网上发帖谎称乙商场销售假皮鞋，乙商场的声誉因此受到损害。根据《反不正当竞争法》的规定，下列对甲商场发帖行为定性的表述中，正确的是(　　)。

A. 侵犯商业秘密行为　　B. 诋毁商誉行为

C. 比较广告行为　　D. 虚假陈述行为

4. 某公司将其生产并上市销售的糖果冠以“大白免”商标，且其字体、图案与注册商标——“大白兔”非常相似。“大白兔”在糖果品牌中知名度很高。根据《反不正当竞争法》的规定。下列对该公司行为定性的表述中，正确的是(　　)。

A. 假冒他人的注册商标

B. 擅自使用与知名商品近似的名称、包装、装潢，造成和他人的知名商品相混淆，使购买者误认为是该知名商品

C. 擅自使用他人的企业名称或者姓名，引人误认为是他人的商品

D. 在商品上伪造或者冒用认证标志、名优标志等质量标志，伪造产地，对商品质量做引人误解的虚假表示

5. 根据《企业国有资产法》的有关规定，履行出资人职责的国有资产监督管理机构对所出资国有独资公司，可任免其(　　)。

A. 副总经理　　B. 总经理　　C. 总会计师　　D. 副董事长

6. 甲公司、乙公司、丙公司都是从事奶粉生产的厂家，其主要市场均在某市，三家公司在某日的行业会议中签订了关于维持现有价格的协议，不允许相互之间采用降低价格的方式进行竞争。根据《反垄断法》的规定，关于该协议的说法正确的是(　　)。

A. 该协议属于反垄断法禁止的纵向垄断协议

B. 该协议属于行业间的合法协议，受法律保护

C. 该协议属于固定商品价格的协议，是反垄断法禁止的横向垄断协议

D. 该协议属于滥用市场支配地位

7. 滥用行政权力排除、限制竞争行为的行为主体不包括(　　)。

A. 省级人民政府　B. 市人民政府　C. 工商行政管理部门　D. 国有电信企业

8. 下列不属于反垄断法所禁止的滥用行政权力排除、限制竞争行为的是(　　)。

A. 对外地商品设置关卡

B. 对外地商品规定与本地商品不同的技术要求

C. 提高对市场上销售某类所有产品的检验标准

D. 通过颁布行政规范性文件的方式限制外地企业与本地企业进行竞争

9. 某企业未经注册商标权利人许可，在其生产的速溶咖啡上使用另外一家知名厂家所生产的咖啡的注册商标，根据《反不正当竞争法》的规定，这种行为属于(　　)。

A. 擅自使用知名商品特有的名称　　B. 擅自使用他人的企业名称

C. 伪造认证标志　　D. 假冒他人注册商标

10. 最狭义的财政监督，是指(　　)机关对其的监督。

A. 财政　　B. 税务　　C. 审计　　D. 司法

11. 下列各项中，属于各级人大常委会的预算管理职权的是(　　)。

A. 审查权　　B. 批准权　　C. 监督权　　D. 变更撤销权

12. 根据《财政违法行为处罚处分条例》的规定，下列各项中，不属于财政违法行为执法主体的有(　　)。

A. 乡级以上人民政府财政部门

B. 县级以上人民政府审计机关

C. 省级以上人民政府财政部门的派出机构

D. 监察机关及其派出机构

13. 关于政府采购合同，下列说法错误的是(　　)。

A. 政府采购合同适用合同法

B. 政府采购合同应当采用书面形式

C. 采购人与中标.成交供应商应当在中标.成交通知书发出之日起 10 日内签订政府采购合同

D. 政府采购合同的双方当事人不得擅自变更、中止或者终止合同

14. 根据《专利法》的规定，下列各项中，不能成为专利申请人的是(　　)。

A. 工作人员对于其退休后 1 年内所完成的，与其在原单位承担的本职工作有关的发明创造

B. 职务发明创造的单位

C. 发明人的合法继承人

D. 完成发明创造的无民事行为能力人

15. 甲商场在“十一”期间开展促销活动。有关部门发现甲商场销售的拉杆箱存在侵犯乙公司专利权的情形，但甲商场能够证明该产品的合法来源，且不知该产品是侵犯专利权的产品。下列表述中，正确的是(　　)。

A. 甲商场可以继续销售该产品

B. 甲商场应停止销售该产品，但无须被处以罚款

C. 甲商场不必停止销售该产品，但应被处以罚款

D. 甲商场应停止销售该产品并应被处以罚款

16. 授予专利权的下列条件中，表述错误的是(　　)。

A. 授予专利权的外观设计不得与他人在申请日以前已经取得的合法权利相冲突

B. 对违反法律、行政法规的规定获取或者利用遗传资源，并依赖该遗传资源完成的发明创造，不授予专利权

C. 智力活动的规则和方法，不能被授予专利权

D. 动植物品种的生产方法和疾病的治疗方法，均可以被授权专利权

17. 供应商认为采购文件、采购过程和中标、成交结果使自己的权益受到损害的，可以在知道或者应当知道其权益受到损害之日起(　　)个工作日内，以书面形式向采购人提出质疑。

A. 3　　B. 5　　C. 7　　D. 10

18. 根据《政府采购法》的有关规定，招标后没有供应商投标或者没有合格标的或者重新招标未能成立的，其适用的政府采购方式是(　　)。

A. 询价方式　　B. 邀请招标方式　　C. 公开招标方式　　D. 竞争性谈判方式

19. 下列各项中，不属于政府采购人的权利的是(　　)。

A. 要求采购代理机构遵守委托协议约定

B. 有权按照国家有关规定收取中介服务费

C. 依法确定中标供应商

D. 对特殊项目实施部门集中采购

20. 根据政府采购法律制度的规定，在政府采购合同履行中，采购人需追加与合同标的相同的货物、工程或者服务的，在不改变合同其他条款的前提下，可以与供应商协商签订补充合同，但所有补充合同的采购金额不得超过原合同采购金额的(　　)。

A. 5%　　B. 10%　　C. 20%　　D. 25%

21. 2010 年 1 月 23 日，甲公司的高级工程师乙研制出一种节油装置，完成了该公司的技术攻坚课题，并达到国际领先水平。2010 年 2 月，甲公司将该装置样品提供给我国政府主办的国际技术展览会展出。2010 年 3 月，乙未经甲公司同意，在向某国外杂志投稿的论文中透露了该设置的核心技术，该杂志将论文全文刊载，引起甲公司不满。2010 年 6 月，丙公司依照该杂志的报道很快研制了样品，并做好了批量生产的必要准备。甲公司于 2010 年 7 月 4 日向国务院专利行政部门递交了专利申请书。根据专利法律制度的规定，下列表述中，正确的是(　　)。

A. 该发明已经丧失了新颖性

B. 该发明并未丧失新颖性

C. 如果甲公司被授予专利权，甲公司有权要求丙公司停止侵害并赔偿损失

D. 如果甲公司被授予专利权，甲公司有权要求丙公司停止侵害，但无权要求其赔偿损失

22. 某商场在春节期间组织“家家乐”家用电器促销活动，有关部门发现其销售的部分电器中有假冒专利的产品，但该商场能证明其产品的合法来源。根据专利法律制度的规定，关于该商场的行为，下列说法中，正确的是(　　)。

A. 不构成侵权，但应当停止销售

B. 善意销售，不构成侵权

C. 构成侵权，应停止销售，但免予罚款

D. 构成侵权，应当停止销售，并对其处以罚款

23. 某人于 2006 年 1 月 1 日向专利局提出一份发明专利申请，经初步审查后，2007 年 7 月 1 日予以公布。2008 年 4 月 1 日申请人请求进行实质审查，2008 年 8 月 1 日被授予发明专利权。该发明专利权的保护期限自(　　)起计算。

A. 2006 年 1 月 1 日　　B. 2007 年 7 月 1 日

C. 2008 年 4 月 1 日　　D. 2008 年 8 月 1 日

24. 2013 年 6 月 1 日，国家知识产权局收到了甲公司递交的一项方法发明专利申请，6 月 5 日收到乙公司相同方法的发明专利申请，乙公司的申请是邮寄的，邮戳日为 6 月 1 日。根据专利法律制度的规定，该项专利应授予(　　)。

A. 首先完成该方法的当事人　　B. 首先使用该方法的当事人

C. 甲公司　　D. 由甲、乙公司协商确定的申请人

25. 甲公司获得一项外观设计专利，乙公司未经许可，以生产经营目的制造该专利产品。丙公司未经甲公司许可，以生产经营目的所为的下列行为中，不构成侵权行为的是(　　)。

A. 使用乙公司制造的该专利产品　　B. 销售乙公司制造的该专利产品

C. 进口乙公司制造的该专利产品　　D. 许诺销售乙公司制造的该专利产品

26. 甲公司将本公司注册商标转让给乙公司，双方签订了转让合同。根据商标法的规定，乙公司开始享有该注册商标专用权的时间是(　)。

A. 甲、乙双方签订注册商标转让合同之日

B. 商标局收到注册商标转让申请之日

C. 商标局核准注册商标转让合同之日

D. 商标局核准注册商标转让合同后，予以公告之日

27. 根据事业单位国有资产管理法律制度的规定，下列情形中，可以不进行事业单位国有资产评估的是(　)。

A. 事业单位整体改制为企业　　B. 事业单位部分资产租赁给非国有单位

C. 事业单位分立　　D. 事业单位整体资产经批准无偿划转

28. 甲公司于2003年12月10日申请注册A商标，2005年3月20日该商标被核准注册。根据商标法的规定，甲公司申请商标续展注册的最迟日期是(　)。

A. 2013年12月10日　　B. 2014年6月10日

C. 2015年3月20日　　D. 2015年9月20日

29. 根据企业国有资产法律制度的规定，某重要的国有独资公司的下列事项中，董事会有权直接决定的是(　)。

A. 为他人提供大额担保　　B. 合并、分立、解散、申请破产

C. 增加或者减少注册资本　　D. 分配利润

30. 根据《专利法》的规定，下列关于外观设计专利申请及专利权的表述中，不正确的是(　)。

A. 外观设计专利申请应当与产品结合　　B. 外观设计专利申请不进行实质审查

C. 外观设计专利权可以被强制许可　　D. 外观设计专利权的保护期限为10年

31. 下列采购活动中，适用《政府采购法》调整的是(　)。

A. 某事业单位使用财政性资金采购办公用品

B. 某军事机关采购军需品

C. 某省政府因严重自然灾害紧急采购救灾物资

D. 某省国家安全部门采购用于情报工作的物资

## 二、多项选择题

1. 下列各项中，依照《企业国有资产法》及有关法律、行政法规的规定，代表国家对国家出资企业履行出资人职责的有(　)。

A. 全国人民代表大会　　B. 全国人民代表大会常务委员会

C. 国务院　　D. 地方人民政府

2. 根据《财政违法行为处罚处分条例》的规定，下列各项中，可以作为财政执法主体的有(　)。

A. 县级以上人民政府财政部门　　B. 省级以上人民政府财政部门的派出机构

C. 监察机关及其派出机构　　D. 县级以上人民政府审计机关

3. 甲企业是国有独资企业，根据《企业国有资产法》的规定，下列各项中，属于甲企业关联方的有(　)。

A. 甲企业的副经理林某　　B. 甲企业经理的同学陈某

C. 甲企业的职工李某　　D. 甲企业财务负责人的配偶王某

4. 根据有关规定，财政违法行为的违法主体包括(　　)。

A. 国家机关　　B. 企业　　C. 事业单位　　D. 社会团体

5. 下列行为中，属于侵犯商业秘密行为的有(　　)。

A. 张某是某公司的总工程师，把即将修改的本公司章程要点告诉自己的弟弟

B. 李某是某公司的业务员，用 5 万元现金贿赂同行业某公司的技术员，获取该公司的专有技术

C. 王某身为某食品公司的促销员，向顾客宣传本公司产品性能的同时极力反对顾客购买其他公司的产品，声称其他公司产品的原料有污染

D. 田某是建筑公司的职工，将本公司的设计图纸复制卖给同行业的另一建筑公司

6. 认定经营者是否具有市场支配地位时应当依据一定的因素，这些因素包括(　　)。

A. 经营者在相关市场的市场份额，以及相关市场的竞争状况

B. 经营者控制销售市场或者原材料采购市场的能力

C. 经营者的财力和技术条件

D. 其他经营者进入相关市场的难易程度

7. 反垄断法禁止经营者滥用市场支配地位。对此，下列说法正确的是(　　)。

A. 认定市场支配地位，首先要界定相关市场

B. 认定市场支配地位的依据，一般以市场份额为主

C. 依据市场份额标准时，可以根据被告的市场份额，依法推定其具有市场支配地位

D. 经营者一旦被推定具有市场支配地位，即应依法处理

8. 国有独资企业、国有独资公司的下列事项中，应由履行出资人职责的机构依法定程序决定的有(　　)。

A. 分立成两个企业　　B. 与其他企业合并

C. 增加或减少注册资本　　D. 分配利润

9. 国家出资企业对其动产、不动产和其他财产依照法律、行政法规以及企业章程享有(　　)的权利。

A. 占有　　B. 使用　　C. 收益　　D. 处分

10. 根据《政府采购法》规定，具有审批政府采购代理机构资格权限的部门有(　　)。

A. 国务院　　B. 财政部

C. 省级人民政府财政部门　　D. 市级人民政府

11. 政府采购当事人的范围包括(　　)。

A. 采购人　　B. 供应商

C. 政府采购监督管理机构　　D. 采购代理机构

12. 根据政府采购法律制度的规定，下列情形中，采购人可以采用竞争性谈判方式采购的有(　　)。

A. 采用招标方式所需时间不能满足用户紧急需要的

B. 不能事先计算出价格总额的

C. 采用公开招标方式的费用占政府采购项目总价值的比例过大的

D. 技术复杂或者性质特殊，不能确定详细规格或者具体要求的

13. 根据政府采购法律制度的规定，下列情形中，采购人可以采用单一来源方式采购的有(　)。

A. 只能从唯一供应商处采购的

B. 发生了不可预见的紧急情况不能从其他供应商处采购的

C. 采用招标方式所需时间不能满足用户紧急需要的

D. 不能事先计算出价格总额的

14. 根据专利法律制度的规定，下列各项中，授予专利权的有(　)。

A. 一种恢复听力的治疗仪　　B. 一种新药剂的配置方法

C. 技术成果奖励和提成方法　　D. 动物品种

15. 下列各项中，属于违反国家财政收入管理规定行为的情形有(　)。

A. 违反规定设立财政收入项目　　B. 缓收、不收财政收入

C. 隐瞒应当上缴的财政收入　　D. 擅自将预算收入转为预算外收入

16. 以下低于成本销售的行为中，符合规定的是(　)。

A. 为销售鲜活商品而低于成本销售

B. 为季节性降价而低于成本销售

C. 为处理积压商品而低于成本销售

D. 为转产而低于成本销售

17. 经营者能够证明所达成的协议属于一定条件的，可被《反垄断法》豁免，这些情况包括(　)。

A. 固定商品价格的

B. 为实现节约能源、保护环境、救灾救助等社会公共利益的

C. 因经济不景气，为缓解销售量严重下降或者生产明显过剩的

D. 为改进技术、研究开发新产品的

18. 根据《专利法》的规定，专利申请人在外国或中国第一次提出专利申请后，在下列期限内，又在中国就相同主题提出专利申请的，可以享有优先权的有(　)。

A. 自发明在外国第一次提出专利申请之日起 12 个月

B. 自实用新型在外国第一次提出专利申请之日起 6 个月

C. 自实用新型在中国第一次提出专利申请之日起 3 个月

D. 自外观设计在外国第一次提出专利申请之日起 6 个月

19. 根据财政违法行为处罚法律制度的规定，下列各项中，属于财政预决算的编制部门和预算执行部门及其工作人员违反国家有关预算管理规定的行为有(　)。

A. 虚增财政收入　　B. 虚减财政支出

C. 克扣转移支付资金　　D. 违反规定调整预决算

20. 根据企业国有资产法律制度的规定，下列各项中，属于国家出资企业改制的形式的有(　)。

A. 国有独资企业改为国有独资公司

B. 国有独资公司改为国有资本控股公司

C. 国有独资公司改为非国有资本控股公司

D. 国有资本控股公司改为非国有资本控股公司

21. 根据《专利法》的规定，下列情形中，可以导致专利权终止的有(　)。

A. 专利权人有严重侵犯他人专利权的行为

B. 专利权人没有按照规定缴纳年费

C. 专利权人以书面声明放弃其专利

D. 专利权人拒绝执行已经生效的专利实施强制许可决定

三、判断题

1. 某商场以低于进货的价格销售一批即将到期的商品。该行为违反了《价格法》的规定，构成掠夺性定价。（　）

2. 所有的国有独资公司都是由国务院代表国家履行出资人职责。（　）

3. 甲省的某重要国有独资公司A公司拟与B有限责任公司合并，履行出资人职责的甲省国有资产监督管理委员会在作出该项决定后，应当报请本级人民政府批准。（　）

4. 公司董事会对公司与关联方的交易作出决议时，该交易涉及的董事不得行使表决权，也不得代理其他董事行使表决权。（　）

5. 国有资本经营预算支出按照当年预算收入规模安排，不列赤字。（　）

6. 国有独资企业、国有独资公司、国有资本控股公司的董事、监事、高级管理人员违反规定，造成国有资产特别重大损失，或者因贪污、贿赂、侵占财产、挪用财产或者破坏社会主义市场经济秩序被判处刑罚的，终身不得担任国有独资企业、国有独资公司、国有资本控股公司的董事、监事、高级管理人员。（　）

7. 甲企业拥有一项商业秘密，乙企业采取不正当的手段盗取了该商业秘密后将该商业秘密转让给了知情的丙企业。这种情况下，乙企业的行为构成侵犯商业秘密，丙企业的被动接受不构成侵犯商业秘密。（　）

8. 财政执法机关的工作人员履行财政执法职责时，是职务行为，但是可以个人名义。（　）

9. 某国有控股公司董事长李某伙同财务总监王某，采用关联交易的手段骗取国家建设资金30万元。根据规定，对李某和王某应给予记大过处分。（　）

10. 生产同类产品的甲公司与乙公司某日签订协议，约定甲公司的产品只销往西北、华北和华东地区，乙公司的产品只销往西南、华中和东北地区。根据《反垄断法》的规定，这种签订协议的行为属于分割销售市场行为。（　）

11. 我国的反垄断法执行主体就是国务院反垄断委员会。（　）

12. 财政收入执收部门及其工作人员不经政府财政部门或者政府财政部门授权的机构同意，办理国库库款退库和财政专户款项退付，属于擅自动用国库库款和财政专户资金的行为。（　）

13. 政府采购的采购人依据事先规定的评标或确定成交的标准，确定中标或成交供应商后，应当公开结果。（　）

14. 某地A教育局与B建筑工程公司签订建造五层办公楼的政府采购合同，工程总造价为3000万元。在合同履行过程中，A教育局需在原设计方案基础上增加楼层，经与B建筑工程公司协商加层部分的造价为350万元。双方可就此内容直接签订书面的补充合同。（　）

15. 任何单位和个人对政府采购活动中的违法行为，有权控告和检举，有关部门、机关应当依照各自的职权及时处理。（　）

16. 国有独资企业、国有独资公司、国有资本控股公司的董事、监事、高级管理人员违反规定，造成国有资产重大损失被免职的，自免职之日起10年内不得担任国有独资企业、国有独资公司、国有资本控股公司的董事、监事、高级管理人员。（　）

17. 事业单位将部分国有资产租赁给非国有单位，对国有资产可以不进行资产评估。 ( )

18. 国家出资企业的企业改制涉及重新安置企业职工的，应当制定职工安置方案，并经职工(代表)大会审议通过。 ( )

19. 具有市场支配地位的经营者，没有正当理由，以低于成本的价格销售商品的行为是垄断低价的行为。 ( )

20. 甲公司与乙企业为改进技术、研究开发新产品，达成联合协议确定合作产品价格的行为是横向的垄断协议，被《反垄断法》所禁止。 ( )

## 四、简答题

1. 中国纺织品公司某省纺织分公司在其经销的丝绸衬衣绣有一朵荷花，并用“荷花”作为其商标名称，1996年2月向商标局提出注册申请并公告。1996年4月28日，中国丝绸公司某省公司向商标局提出异议，认为公告的纺织分公司的“荷花”商标与其在丝绸内衣上使用的莲花牌注册商标极为相似，图形均为一朵花，看起来一模一样。商标局经过审查后，裁定异议成立，驳回了纺织分公司的申请，该分公司不服，打算请求复审。

根据上述材料，结合商标法的有关内容，回答下列问题：

(1) 假设纺织分公司与某省丝绸公司在同一天提出了商标注册申请，请问商标局应如何受理？

(2) 你认为某省丝绸公司提出异议的时间超过了法定时效吗?

2. 甲公司和乙公司作为竞争对手，具有共同的经营范围。2013年3月7日，为了吸引顾客，争夺市场，甲决定以有奖销售的方式促销。其有奖销售方式一推出，就吸引了大批顾客，其中还包括一部分原本属于乙公司的顾客。作为应对措施，乙公司董事长肖某于2006年3月24日召开紧急董事会，并决定开展有奖销售活动，具体办法及奖项如下：凡一日内在本公司购物满80元者，皆可获赠奖券一张，本次有奖销售设特等奖1名，奖价值48 000元小汽车一辆，一等奖3名，奖价值4000元彩电一台，二等奖10名，奖价值1000元洗衣机一台，另外还有三、四、五、六等奖。与此同时，公司还展开了强大的宣传攻势，在乙公司的对外广播中，公司称：本公司所设奖项皆由消费者公平竞争，而不像本市有的公司，虽然设奖，但公司内部职工知道一、二等奖的设置，实际上一、二等奖已由公司自己人摸去，如此欺骗、坑害消费者的行为实该谴责，务请广大消费者今后不要上当。许多消费者据此认定广播中所称的公司为甲公司。甲遂以乙公司为被告向人民法院提起诉讼。法院经调查后确认，在乙公司进行有奖销售之前，只有甲公司一家进行过有奖销售，且两公司相距甚近，更易使消费者相信“欺骗、坑害消费者”的公司为甲公司，甲公司的一、二等奖是普通消费者所中。由于乙公司的虚假宣传，已使甲公司的商业信誉受到了影响。人民法院在审理此案的过程中，又有消费者反映乙公司的自行车不能骑，质量有严重问题，且特等奖被乙公司职工赵某买下的4张奖券所买中。法院判令乙公司立即停止侵权行为，赔偿原告经济损失5万元，诉讼费用862元由被告承担，并将有奖销售的其他问题交由市工商局处理。工商局经调查发现，公司职工赵某实为代公司买下了一等奖，而公司所设四等奖中的自行车实为伪劣产品，严重损害了消费者的利益。工商局责令乙公司立即停止进行有奖销售，并罚款3万元。

根据以上材料，请回答：

(1) 乙公司捏造、散布虚伪事实行为是否构成不当竞争行为？

(2) 乙公司的有奖销售行为是否构成不正当竞争行为？

(3) 工商部门应该对乙公司的不正当竞争行为作出什么处罚？

3. 甲电器有限公司成立于2005年，由于公司管理落后，不注重开发新产品，公司生产的电器产品在市场上销售量很小，两年来公司的亏损额已达几十万元。公司总经理苏某在一次贸易交流洽谈会上，结识了该省某百货商场的经理刘某，两人就购销甲公司的电器产品一事进行了商谈，决定刘某去甲公司看货后签订购销合同。刘某和其商场家电部主任一道去甲公司看货，家电部主任仔细查看和试用了甲公司的电器产品后向刘某汇报，指出甲公司电器产品的质量一般，式样陈旧，且价格较高。晚上，甲公司邀请刘某、家电部主任共往“金月酒楼”具体商谈签订购销合同之事。苏某在酒桌上提出，只要两人愿意帮助销售甲公司的电器产品，将给予两人8%的回扣作为答谢。刘某和家电部主任为丰厚的回扣所诱惑，答应购买甲公司价值20万元的电器产品。合同签订后，苏某私下即将16 000元交到两人手中。甲公司的电器产品于几日后由公司送往百货商场。

根据以上材料，请回答：

(1) 苏某的行为是否构成不正当竞争行为？

(2) 苏某应承担的法律责任是什么？

4. 某省某市造纸行业协会成立于1999年，现有会员单位100余家，其中常务理事单位30家(包括会长、副会长单位12家)，理事单位24家。秘书处为协会的常设机构。

经调查，2010年该协会先后五次组织召开由二十余家常务理事单位参加的行业会议，专题研究该市造纸行业的产品价格问题，达成关于协调行业产品价格的意见，形成会议纪要并下发各参会单位，具体情况如下：第一次，3月2日会议提出，A级白板纸的价格统一上调200元/吨。第二次，4月6日会议要求，保证4月份该白板纸现有价格稳定，5月份如出现市场明显疲软将协调会员企业组织有序限产等。第三次，4月28日会议决定，4月29日至5月15日期间，A级白板纸执行限时优惠价格(优惠幅度每吨100～150元)。第四次，8月3日会议决定，涂布白板纸在原销售价基础上上调200元/吨。第五次，8月31日A级版白板纸专题会议决定，从9月1日起该市生产的A级白板纸在原来销售价基础上上调200～300元/吨。

问：(1) 造纸行业协会的行为是否违法？说明理由。

(2) 造纸行业协会应承担什么法律责任。

5. 长寿县灯具厂于2013年4月向商标局申请为其产品注册“长寿”商标。4月10日，商标局审查后认为“长寿”系县级以上行政区划名称而驳回申请。4月14日，灯具厂收到驳回通知。

问：(1) 如灯具厂不服商标局驳回申请的决定，应在何月何日前向谁申请复审?

(2) 你认为复审结果应当是什么?请说明理由。

(3) 如果复审结果维持初审决定，不予审定公告，请问：灯具厂能否就此向人民法院起诉？如能，应在何时提出诉讼?如不能，请说明理由。

**五、综合题**

1. 2012年1月21日，甲研究所与乐嘉家用电器厂签订了一份关于开发节能燃气灶的技术合同。合同约定，甲研究所组织技术开发，开发时间是合同签订后12个月，开发费用总额为10万元，乐嘉家用电器厂在合同签订后10日内预付给甲研究所6万元，余额待乐嘉家用电器厂验收后10日内付清，乐嘉家用电器厂须有3名技术人员负责协助性工作。甲研究所没有按期完成开发工作每超过半个月按合同总额的2%作为罚金支付给乐嘉家用电器厂。李明是甲研究所的工作人员，他参与了节能灶的开发工作。2012年3月李明调至乙研究所，李明利用乙研究所的设备以及技术资料继续研制开发更为节能的节能灶，嗣后李明在某技术会议上介绍了该种节能灶的核心技术。同年12月，太太家用电器厂依据相关报道很快研制出样品，进行了批量生产并将李明绘制的产品设计图的主要部分用于推销。2013年2月，乙研究所决定将节能灶向国家专利局申请发明专利。乙研究所通过邮寄向国家专利局寄出了附有李明绘制的产品的设计图的专利申请文件，邮戳日期为2013年2月10日。2013年2月15日国家专利局收到申请文件，2013年12月23日国家专利局授予乙研究所专利。2014年1月13日乙研究所将该专利转让给德日家用电器厂并约定德日家用电器厂不得对节能灶专利权的有效性提出异议。甲研究所得知后向国家专利局申请宣告该专利无效并将乙研究所和德日家用电器厂告上法庭。问：

(1) 假设甲研究所如其完成开发任务，谁享有专利申请权？

(2) 乙研究所是否有权节能灶申请专利？为什么？

(3) 乙研究所取得专利权后能否要求太太家用电器厂停止侵害并赔偿损失？

(4) 假设太太家用电器厂并未改变产品设计图上的署名，李明能否要求太太家用电器厂停止侵害并赔偿损失？

(5) 假设乙研究所取得的的专利权合法有效，那么一研究所取得的专利权保护期限何时届满？

(6) 乙研究所与德日家用电器厂的技术转让合同效力如何？

2. 某县甲事业单位2006年初准备使用财政性资金修缮和装修一幢办公楼，预算金额为800万元，采用公开招标方式，经确认，此次采购项目已经达到公开招标的标准。该单位委托A招标公司代理进行公开招标的事宜，已知A公司取得的政府采购代理机构资格为乙级。

A公司于2006年2月1日在财政部指定的媒体上公开发布招标文件，招标文件中确认的投标截止时间为2006年2月17日。招标活动中，A公司确定的符合专业条件的供应商为5家，最终确定中标的供应商为B建筑公司。

工程于当年2006年10月1日完工验收，实际结算金额与预算相同。由于施工质量极佳，事业单位准备再将其另外一幢楼房按照同样的标准进行外墙修缮，但不再进行内部装修，并与B建筑公司签订补充合同，该合同的预算金额为100万元。

2007年初，该县人民政府财政部门对甲事业单位2006年的财政活动进行检查时发现，甲单位将国家划拨的财政资金未及时入账，而是记入了自己法定账册以外擅自设置的账目中，并将财政资金私自存放在开户银行以外的其他银行账户，财政部门当即责令其改正并调整有关会计账目，追回了私存私放的资金，对甲单位作出了10万元的罚款，并对直接的责任人员处以3万元的罚款。

根据本题所述内容，并结合《政府采购法》和财政违法行为处罚法律制度的规定，回答下列问题：

(1) A招标公司是否有权代理该政府采购项目?并说明理由。

(2) A公司发布的招标文件中的招标期限是否符合规定?并说明理由。

(3) 符合专业条件的供应商仅为5家，是否应予以废标?请说明理由。

(4) 甲单位与B建筑公司签订补充合同的金额是否符合规定?并说明理由。

(5) 县人民政府财政部门是否有权进行财政检查?

(6) 甲单位的行为属于什么行为?

(7) 财政部门对其进行的处罚是否合法?并说明理由。

3. 某市无线电厂生产的“散花”牌收音机，十分畅销。商标法公布后，无线电厂及时进行了注册，获得了该商标的专用权。但是好景不长。1994年2月，该无线电厂接到多次顾客投诉，称所购散花牌收音机质量低劣，用不了几天就坏了。该厂立即对产品进行质量检验，并未发现问题。待对投诉顾客购的收音机检查之后，发现此种收音机根本不是该厂所生产，只是收音机的外形和商标相同，致使顾客误认为是该厂产品。经查，原来这种收音机是某市无线电二厂所为。又经过深入调查，发现无线电二厂所用商标是一无业游民李某勾结市印刷厂印刷的，由市印刷厂印好后交给李某，再由李某卖给无线电二厂，无线电二厂装配后又委托市家电经销部代为销售。家电经销部原先并不知是假冒收音机，后见质量低劣向无线电二厂询问才知，但见销路挺好，获利颇丰，也就不再追究下去。同时该经销部还勾结市邮局职工左某为此种假冒收音机的邮购提供方便，以此使该伪劣收音机大量流向外地。由于无线电厂的产品被假冒，使其蒙受巨大损失。该厂与无线电二厂多次进行交涉无果，遂向市人民法院以无线电二厂侵权为由提起诉讼，要求无线电二厂停止侵权行为，赔偿因此所受损失人民币80万元。人民法院受理案件后，追加市印刷厂，李某，左某，市家电经销部为共同被告，一并审理。

根据上案情，仔细分析并回答下列问题：

(1) 本案中，共有多少个单位和个人侵犯了无线电厂的商标专用权?

(2) 假设无线电厂未向人民法院起诉，而请求市工商行政管理部门处理，请问市工商局可以采取哪些措施?处理结果的法律效力如何(即若当事人不履行可否强制执行)?

(3) 假设无线电二厂生产的“散花”牌产品是录音机，虽然商标一样，但产品不同，是否构成侵权?

(4) 假设无线电二厂在认识到不能使用别人的注册商标作为自己产品的商标后，决定将其产品取名“收音”牌向商标局申请注册。厂方认为取这个商标可使本厂生产的收音机更快地为公众所熟悉，你认为可以申请吗?若可以，需要哪些步骤?若不可以，请说明理由。

# 同步过关测试解析

**一、单项选择题**

1. 【解析】A　行政、事业单位下属的事业单位之间的合并、资产划转、置换和转让，可以不进行资产评估。

2. 【解析】A　处于产业链同一环节的经营者通过协议、决议或其他协同一致的方式确定、维持或者改变价格的行为，是“固定价格”，属于横向联合限制竞争行为。

3. 【解析】B　经营者传播有关竞争对手的虚假信息，以破坏竞争对手的商业信誉的不正当竞争行为，属于诋毁商誉行为。

4. 【解析】A 未经注册商标权利人许可，在同一种或者类似商品上使用与其注册商标相同或者“相近似”的商标，属于假冒他人注册商标的行为；在本题中，该公司的行为是在同一种商品(糖果)上，使用与注册商标“大白兔”相类似的商标(而不是名称、包装或者装潢)“大白免”，属于假冒他人注册商标的行为。

5. 【解析】D　履行出资人职责的机构可以任免其出资的国有独资公司的董事长、副董事长、董事、监事会主席和监事。

6. 【解析】C　本题考核《反垄断法》禁止的横向垄断协议。本题所叙述的情况属于固定商品价格的协议，是反垄断法禁止的横向垄断协议。

7. 【解析】D　本题考核行政权力排除、限制竞争行为的行为主体。选项D属于经营者，不属于滥用行政权力的主体。

8. 【解析】C　本题考核《反垄断法》所禁止的滥用行政权力排除、限制竞争行为。选项C并不是行政性垄断。

9. 【解析】D　本题考核假冒他人注册商标行为的界定。本题所述情形属于假冒他人注册商标的情形。

10. 【解析】A　本题考核财政监督的类型。最狭义的财政监督，是指政府财政部门依法对财政管理相对人的财政收支及有关事项进行的稽核和检查。

11. 【解析】C　本题考核点是人大监督法律制度。各级人大常委会的预算管理职权包括：(1)监督权。(2)审批权。(3)撤销权。

12. 【解析】A　本题考核财政违法行为执法主体的范围。县级以上人民政府财政部门及审计机关，才是财政执法主体。

13. 【解析】C　本题考核点是政府采购合同。采购人与中标、成交供应商应当在中标、成交通知书发出之日起30日内，按照采购文件确定的事项签订政府采购合同。

14. 【解析】A　本题考核专利权的主体。选项A所述属于职务发明创造，根据规定，其申请专利的权利属于单位。

15. 【解析】B　本题考核侵犯专利权行为的法律责任。销售不知道是假冒专利的产品，并且能够证明该产品合法来源的，由管理专利工作的部门责令停止销售，但免除罚款的处罚。

16. 【解析】D　本题考核授予专利权的条件。动植物品种的生产方法，可以授权专利权。但疾病的诊断和治疗方法，不能授予专利权。

17. 【解析】C　本题考核采购的质疑。供应商认为采购文件、采购过程和中标、成交结果使自己的权益受到损害的，可以在知道或者应当知道其权益受到损害之日起7个工作日内，以书面形式向采购人提出质疑。

18. 【解析】D　本题考核政府采购方式。符合下列情形之一的货物或者服务，可以采用竞争性谈判方式采购：(1)招标后没有供应商投标或者没有合格标的或者重新招标未能成立的；(2)技术复杂或者性质特殊，不能确定详细规格或者具体要求的；(3)采用招标所需时间不能满足用户紧急需要的；(4)不能事先计算出价格总额的。

19. 【解析】B　本题考核点是采购人的权利。选项B是采购代理机构的权利。

20. 【解析】B　采购人需追加与合同标的相同的货物、工程或者服务的，可以与供应商协商签订补充合同，但所有补充合同的采购金额不得超过原合同采购金额的10%。

21. 【解析】B　(1)选项AB：由于乙的行为未经甲公司同意，甲公司的发明并未丧失新颖性；(2)选项CD：在专利申请前已经制造相同产品、使用相同方法或者已经做好制造、使用的必要准备，并且仅在原有范围内继续制造、使用的，不视为侵犯专利权。丙公司在甲公司申请日前已经做好了批量生产的必要准备，因此丙公司有权在原有范围内继续制造该专利产品。

22. 【解析】C　销售不知道是假冒专利的产品，并且能够证明该产品合法来源的，由管理专利工作的部门责令停止销售，但免除罚款的处罚。

23. 【解析】A　(1)注册商标的有效期为10年，自“核准注册之日”起计算；(2)发明专利权的保护期限为20年，自“申请日”起计算。

24. 【解析】D　(1)选项A：判断发明创造是否具备新颖性，我国未采用发明日标准，而采用“申请日标准”，与当事人实际完成发明创造的时间无关；(2)选项C：国务院专利行政部门收到专利申请文件之日为申请日，如果申请文件是邮寄的，以寄出的邮戳日为申请日。在本题中，甲、乙公司的申请日均为6月1日，甲公司没有优先权；(3)选项BD：如果两个申请人在同一日就相同的发明创造申请专利的，由当事人自行协商确定申请人，与“使用在先”无关；只有注册商标的申请涉及“使用在先”的原则。

25. 【解析】A　外观设计专利权的侵权行为包括“制造、许诺销售、销售、进门”，不包括“使用”。

26. 【解析】D　转让注册商标的，由转让人和受让人共同向商标局提出申请，受让人自商标局的核准“公告”之日起享有商标专用权。

27. 【解析】D　事业单位有下列情形之一的，可以不进行资产评估：(1)经批准事业单位整体或者部分资产无偿划转；(2)行政、事业单位下属的事业单位之间的合并、资产划转、置换和转让；(3)发生其他不影响国有资产权益的特殊产权变动行为，报经同级财政部门确认可以不进行资产评估的。

28. 【解析】D　商标的核准注册之日为2005年3月20日，有效期满日为2015年3月20 日，加上6个月的宽展期，甲公司申请商标续展注册的最迟日期是2015年9月20日。

29. 【解析】A　(1)选项B：应报请本级人民政府批准；(2)选项CD：由履行出资人职责的机构决定。

30. 【解析】C　(1)选项A：外观设计是产品的外观设计，外观设计必须以产品的外表为依托，构成产品与设计的组合；(2)选项B：实用新型和外观设计只进行初步审查，不进行实质审查；(3)选项C：专利实施的强制许可仅限于发明和实用新型，不包括外观设计；(4)选项D：发明专利权的保护期限为20年，实用新型专利权和外观设计专利权的保护期限为10年，均自申请日起计算。

31. 【解析】A　军事采购、因严重自然灾害和其他不可抗力事件所实施的紧急采购和涉及国家安全和秘密的采购，不适用《政府采购法》。

## 二、多项选择题

1. 【解析】CD　“国务院和地方人民政府”依照法律、行政法规的规定，分别代表国家对国家出资企业履行出资人职责，享有出资人权益。

2. 【解析】ABCD　财政执行主体包括以下三类：(1)县级以上人民政府财政部门及审计机关；(2)省级以上人民政府财政部门的派出机构，审计机关的派出机构；(3)监察机关及其派出机构。

3. 【解析】AD　关联方，是指本企业的董事、监事、高级管理人员及其近亲属，以及这些人员所有或者实际控制的企业。本题中，甲企业的副总经理林某属于本企业高级管理人员，财务负责人的配偶王某属于本企业高级管理人员的近亲属。

4. 【解析】ABCD　本题考核点是财政违法主体的种类。财政违法主体的具体形态可以包括财政机关和其他国家机关、企业、非企业单位、特定个人。

5. 【解析】BD　本题考核点是侵犯商业秘密行为。选项 A 不属于商业秘密；选项 C 属于诋毁商誉行为。

6. 【解析】ABCD 本题考核经营者具有市场支配地位的依据因素。本题的四个选项均属于应当依据的因素。

7. 【解析】ABC　本题考核点是滥用市场支配地位。被推定具有市场支配地位的经营者，有证据证明不具有市场支配地位的，不应当认定其具有市场支配地位。

8. 【解析】ABCD　本题考核关系企业国有资产出资人权益的重大事项。根据规定，国有独资企业、国有独资公司合并、分立，增加或者减少注册资本，发行债券，分配利润，以及解散、申请破产，由履行出资人职责的机构决定。

9. 【解析】ABCD　本题考核国家出资企业的权利。国家出资企业对其动产、不动产和其他财产依照法律、行政法规以及企业章程享有占有、使用、收益和处分的权利。

10. 【解析】BC　本题考核点是采购代理机构。甲级政府采购代理机构资格由财政部负责审批，乙级政府采购代理机构资格由申请人住所所在地的省级人民政府财政部门审批。

11. 【解析】ABD　本题考核政府采购当事人的范围。政府采购的当事人分为：采购人、供应商、采购代理机构。

12. 【解析】ABD　本题考核政府采购方式。选项C适用邀请招标方式。

13. 【解析】AB　本题考核政府采购的单一来源方式。符合下列情形之一的货物或者服务，可以采用单一来源方式采购：(1)只能从唯一供应商处采购的，故选项 A 正确；(2)发生了不可预见的紧急情况不能从其他供应商处采购的，故选项B正确；(3)必须保证原有采购项目一致性或者服务配套的要求，需要继续从原供应商处添购，且添购资金总额不超过原合同采购金额10%的。选项C、D适用竞争性谈判方式。

14. 【解析】AB　本题考核可以授予专利权的范围。根据规定，疾病的诊断和治疗方法不能授予专利，但用于诊断或治疗疾病的仪器、设备或器械等，可以授权专利权；选项A正确。选项B是新药剂的配方，可以授予专利权。动物和植物品种不能授予专利，但是对于动物和植物品种的生产方法，可以依照专利法的规定授予专利权。

15. 【解析】ABD　本题考核违反国家财政收入管理规定的行为的情形。选项C属于违反国家有关财政收入上缴管理规定的行为。

16. 【解析】ABCD　本题考核滥用市场支配地位的规定。经营者不得以排挤竞争对手为目的，以低于成本的价格销售商品。有下列情形之一的，不属于不正当竞争行为：(1)销售鲜活商品；(2)处理有效期限即将到期的商品或者其他积压的商品；(3)季节性降价；(4)因清偿债务、转产、歇业降价销售商品。

17. 【解析】BCD　本题考核经营者达成的协议可以豁免的情形。根据规定，经营者之间达成固定或者变更商品价格的协议的，属于反垄断法禁止的情形。

18. 【解析】ABCD　(1)发明或者实用新型：12个月内；(2)外观设计：6个月内。

19. 【解析】ABCD　违反国家预算管理规定的行为包括6类：(1)虚增、虚减财政收入或者财政支出的行为；(2)违反规定编制、批复预算或者决算的行为；(3)违反规定调整预决算的行为；(4)违反规定调整预算级次、预算收支种类的行为；(5)违反规定动用预算预备费或者挪用预算周转金的行为；(6)违反国家关于转移支付管理规定的行为。

20. 【解析】ABCD　企业改制的形式包括：(1)国有独资企业改为国有独资公司；(2)国有独资企业、国有独资公司改为国有资本控股公司或者非国有资本控股公司；(3)国有资本控股公司改为非国有资本控股公司。

21.【解析】BC　专利权终止的情形：(1)专利权的期限届满的；(2)没有按照规定缴纳年费的；(3)专利权人以书面形式声明放弃专利权的。

三、判断题

1.【解析】×　处理有效期限即将到期的商品属于低于成本价格销售的正当理由，不属于掠夺性定价。

2.【解析】×　本题考核点是履行出资人职责的代表机构。国务院所确定的关系国民经济命脉和国家安全的大型国家出资企业、重要基础设施和重要自然资源等领域的国家出资企业，由国务院代表国家履行出资人职责。其他的国家出资企业，由地方人民政府代表国家履行出资人职责。

3.【解析】×　本题考核关系企业国有资产出资人权益的重大事项。根据规定，重要的国有独资企业、国有独资公司、国有资本控股公司的合并、分立、解散、申请破产以及法律、行政法规和本级人民政府规定应当由履行出资人职责的机构报经本级人民政府批准的重大事项，履行出资人职责的机构在作出决定或者向其委派参加国有资本控股公司股东会会议、股东大会会议的股东代表作出指示“前”，应当报请本级人民政府批准。

4.【解析】√　本题考核关联方交易制度。

5.【解析】√　本题考核企业国有资本经营预算制度。

6.【解析】√　本题考核法律责任。国有独资企业、国有独资公司、国有资本控股公司的董事、监事、高级管理人员违反法律规定，造成国有资产重大损失，被免职的，自免职之日起五年内不得担任国有独资企业、国有独资公司、国有资本控股公司的董事、监事、高级管理人员；造成国有资产特别重大损失，或者因贪污、贿赂、侵占财产、挪用财产或者破坏社会主义市场经济秩序被判处刑罚的，终身不得担任国有独资企业、国有独资公司、国有资本控股公司的董事、监事、高级管理人员。

7.【解析】×　本题考核侵犯商业秘密的行为。根据规定，第三人明知或者应知违法行为，获取、使用或者披露他人的商业秘密，视为侵犯商业秘密。本题中，丙企业明知乙企业的违法行为而故意获取该商业秘密，丙企业也构成侵犯商业秘密的行为。

8.【解析】×　本题考核财政执法主体。财政执法机关的工作人员履行财政执法职责时，是职务行为，不能以个人名义。

9.【解析】×　本题考核违反国家有关投资建设项目管理规定行为的处分。只有直接负责的主管人员和其他直接人员属于国家公务员的，才给予记大过等行政处分，本题李某和王某是公司的职员，不是国家公务员，不应给予行政处分。

10.【解析】√　本题考核垄断协议的类型。本题所叙述的情况属于分割销售市场行为的垄断协议。

11.【解析】×　本题考核反垄断法的执行。在我国，国务院反垄断委员会和国务院反垄断执法机构共同承担反垄断职责。

12.【解析】√　本题考核点是违反国家有关上解和下拨财政资金规定的行为。

13.【解析】√　本题考核政府采购程序。采购人或集中采购机构依据事先规定的评标或确定成交的标准，确定中标或成交供应商，向其发送中标或成交通知书，并在财政部指定的媒体上公告中标或成交结果。

14.【解析】×　本题考核政府采购补充合同的规定。根据规定，政府采购补充合同的采购金额不得超过原合同采购金额的10%。本题双方所签订的补充合同金额超过了原合同采购金额的10%，是不符合规定的。

15. 【解析】✓ 本题考核政府采购活动的社会监督。任何单位和个人对政府采购活动中的违法行为，有权控告和检举，有关部门、机关应当依照各自的职权及时处理。

16. 【解析】× 造成国有资产重大损失被免职的，自免职之日起“5年内”不得担任国有独资企业、国有独资公司、国有资本控股公司的董事、监事、高级管理人员。

17. 【解析】× 事业单位将整体或者部分资产租赁给非国有单位，应当进行资产评估。

18. 【解析】✓ 本题考查国企改制中的职工安置方案。

19. 【解析】× 该行为掠夺性定价行为。具有市场支配地位的经营者，以不公平的低价购买商品的行为是垄断低价行为。

20. 【解析】× 不当的技术联合才是横向联合限制竞争的垄断行为。

**四、简答题**

1. 【解析】

(1) 两个或者两个以上的商标注册申请人，在同一种商品或者类似商品上，以相同或者近似的商标申请注册，同一天申请的，商标局应初步审定并公布使用在先的商标，驳回其他人的申请，不予公告。

(2) 没有超过法定时效。对于初步审定的商标，自公告之日起3个月内，任何人有异议均可以提出异议。

2. 【解析】

(1) 乙公司捏造、散布虚伪事实的行为构成不正当竞争行为。乙公司为了打败竞争对手，捏造、散布虚伪事实，对外宣传甲公司的一二等奖由公司自己人摸去，严重影响了恒兴公司的商业信誉，构成诋毁商誉的不正当竞争行为。

(2) 乙公司的有奖销售构成不正当竞争行为。乙公司的有奖销售行为存在三处违法之处：①故意以让内定人员赵某中奖的欺骗方式进行有奖销售；②利用有奖销售的方式推销质次价高的商品。乙公司所设四等奖中的自行车实为伪劣产品；③最高奖的金额超过法定限额5000元。本案清源公司进行有奖销售时其最高奖项金额为48 000元。

(3) 工商部门应当责令乙公司停止违法行为，并可以根据情节处以1万元以上10万元以下的罚款。

3. 【解析】

(1) 苏某的行为构成不正当竞争行为。苏某以秘密的方式给予其对方16 000元的回扣，而且没有入账，已经构成商业贿赂的不正当竞争行为。

(2) 苏某采用商业贿赂方式销售商品构成犯罪的，依法追究刑事责任；不构成犯罪的，监督检查部门可以根据情节处以1万元以上20万元以下的罚款，违法所得的，予以没收。

4. 【解析】

(1) 该造纸行业协会组织本行业经营者达成变更或固定价格的垄断协议的行为，属于横向垄断协议的行为，违反了《反垄断法》的相关规定。

(2) 根据《反垄断法》的规定，行业协会违反《反垄断法》规定，组织本行业的经营者达成垄断协议的，反垄断执法机构可以处50万元以下的罚款；情节严重的，社会团体登记管理机构可以依法撤销登记。

5. 【解析】

(1) 应当在 4 月 29 日之前，向商标评审委员会申请复审。

(2) 评审结果是通过初步审定，予以公告。“长寿”虽然是县级地名，但具有其他含义，具有显著性，可以申请注册。

(3) 可以向人民法院起诉。应当在自收到维持决定通知之日起三十日内向人民法院起诉。

## 五、综合题

1. 【解析】

(1) 甲研究所。因为李明是发明人，该发明是为职务发明，专利申请权属于单位即甲研究所。

(2) 无权。因李明在调离原单位1年以内做出与在原单位承担的本职工作或者原单位分配的任务有关的发明创造，属于职务发明。专利申请权属于原单位即甲研究所。

(3) 能。太太家用电器厂并未得到专利权人的许可，使用该专利属于侵权行为。

(4) 能。未经专利权人的许可，不能实施其专利。否则属侵权行为。

(5) 2033年2月10日。专利权保护年限为20年，从专利申请日起算。专利申请如果是邮寄的，以寄出的邮戳日为申请日。

(6) 专利权转让无效。转让专利权的，当事人应当订立书面合同，并向国务院专利行政部门登记，专利申请权或者专利权的转让自登记之日起生效。

2. 【解析】

(1) A招标公司有权代理该政府采购项目。根据规定，取得乙级资格的政府采购代理机构只能代理单项政府采购项目预算金额1000万元以下的政府采购项目。本题中，该工程项目的预算金额为800万元，低于规定的标准，因此A公司是有权代理的。

(2) A公司发布的招标文件中的招标期限不符合规定。根据规定，采用公开招标方式采购的，自招标文件开始发出之日起至投标人提交投标文件截止之日止，不得少于20日。本题中，招标文件的该期限少于20日(2006年2月1日～2006年2月17日)，因此不符合规定。

(3) 符合专业条件的供应商为5家，如无其他特殊情况，不应予以废标。根据规定，在招标采购中，符合专业条件的供应商或者对招标文件作实质响应的供应商不足“3家”的，应予以废标。本题所述的情况，不应予以废标。

(4) 甲单位与B建筑公司签订补充合同的金额不符合规定。根据规定，采购人需追加与合同标的相同的货物、工程或者服务的，可以与供应商协商签订补充合同，但所有补充合同的采购金额不得超过原合同采购金额的10%。本题中，补充合同的采购金额为100万元，已经超出了原合同采购金额的10%(800×10%)，因此是不符合规定的。

(5) 县人民政府财政部门有权进行财政检查。

(6) 甲单位的行为属于违反财务管理规定私存私放财政资金或者其他公款的行为。

(7) 财政部门对其进行的处罚不合法。根据规定，单位和个人违反财务管理的规定，私存私放财政资金或者其他公款的，责令改正，调整有关会计账目，追回私存私放的资金，没收违法所得。对单位处3000元以上5万元以下的罚款；对直接负责的主管人员和其他直接责任人员处2000元以上2万元以下的罚款。属于国家公务员的，还应当给予记大过处分；情节严重的，给予降级或者撤职的处分。本题中，财政部门甲单位作出了10万元的罚款，并对直接的责任人员处以3万元的罚款的处罚是不符合规定的。

3. 【解析】

(1) 本案中，侵犯无线电厂商标专用权的有：无线电二厂，李某，市印刷厂，市家电营销部，左某。

(2) 工商行政管理部门处理时，认定侵权成立的，责令立即停止侵权行为，没收、销毁侵权商品和专门用于制造侵权商品、伪造注册商标标识的工具，并可处以罚款。当事人对处理决定不服的，可自收到处理通知书之日起15日内向法院起诉，期满不起诉的又不履行的，工商行政管理部门可以申请人民法院强制执行。

(3) 构成侵权，收音机和录音机属于类似商品。

(4) 不可以。直接表示商品的质量、主要原料、功能、用途、重量、数量或者其他特点的不得作为商标注册。

# 模拟试卷(一)

**一、单项选择题(本类题共 30 小题，每小题 1 分，共 30 分。每小题备选答案中，只有一个符合题意的正确答案，多选、错选、不选均不得分)**

1. 2008 年 5 月 15 日，某股份有限公司依股东大会决议收购了本公司部分股份用于奖励公司职工。该公司现有已发行股份总额 6000 万股。下列关于该公司收购本公司部分股份奖励职工的表述中，符合我国《公司法》规定的是(　　)。

A. 公司可以收购的本公司股份不得超过 300 万股

B. 公司可以收购的本公司股份不得超过 600 万股

C. 公司用于收购本公司股份的资金可以从公司的税前利润中支出

D. 公司收购的本公司股份应在 2010 年 5 月 15 日之前转让给职工

2. 某证券公司利用资金优势。在 3 个交易日内连续对某一上市公司的股票进行买卖，使该股票从每股 10 元上升至 13 元，然后在此价位大量卖出获利。根据《证券法》的规定，下列关于该证券公司行为效力的表述中，正确的是(　　)。

A. 合法，因该行为不违反平等自愿、等价有偿的原则

B. 合法，因该行为不违反交易自由、风险自担的原则

C. 不合法，因该行为属于操纵市场的行为

D. 不合法，因该行为属于欺诈客户的行为

3. 某证券公司向中国证监会申请保荐机构资格。下列关于该公司申请保荐机构资格条件的表述中，不符合证券法律制度规定的是(　　)。

A. 注册资本为人民币 5 亿元，净资产为人民币 1 亿元

B. 从业人员 20 人均具有 3 年从事保荐相关业务的经历

C. 符合保荐代表人资格条件的从业人员 5 人

D. 最近 3 年内未因重大违法违规行为受到行政处罚

4. 某股份有限公司申请公开发行公司债券。下列关于该公司公开发行公司债券条件的表述中，不符合《证券法》规定的是(　　)。

A. 净资产为人民币 5000 万元

B. 累计债券余额是公司净资产的 50%

C. 最近 3 年平均可分配利润足以支付公司债券 1 年的利息

D. 筹集的资金投向符合国家产业政策

5. 根据《物权法》的规定，下列债务人有权处分的权利中，不能用以设定权利质押的是(　　)。

A. 可以转让的股权　B. 应收账款　　　C. 土地承包经营权　D. 存款单

6. 张某向李某借款 10 万元，以其卡车抵押并办理了抵押登记。后因发生交通事故，张某将该卡车送到甲修理厂修理。修理完毕，张某因无法支付 1 万元维修费，该卡车被甲修理厂留置后。张某欠李某的借款到期，李某要求对该卡车行使抵押权，甲修理厂以张某欠修理费为由拒绝，双方发生争议。根据合同法律制作的规定，下列关于如何处理该争议的表述中，正确的是(　)。

A. 甲修理厂应同意李某对该卡车行使抵押权，所欠修理费只能向张某要求清偿

B. 李某应向甲修理厂支付修理费，之后甲修理厂向李某交付该卡车

C. 如果经甲修理厂催告，张某两个月后仍不支付修理费，甲修理厂有权行使留置权，所得价款偿付修理费后，剩余部分李某有优先受偿权

D. 甲修理厂应将该卡车交给李某行使抵押权，所得价款偿付借款后，剩余部分甲修理厂有优先受偿权

7. 根据《合同法》的规定，下列关于赠与人有撤销赠与权利的表述中，不正确的是(　)。

A. 赠与人对经过公证的赠与合同，可以撤销赠与

B. 受赠人对赠与人有抚养义务而不履行，赠与人可以撤销赠与

C. 受赠人不履行赠与合同约定的义力，赠与人可以撤销赠与

D. 受赠人严重侵害赠与人的近亲属，赠与人可以撤销赠与

8. 根据增值税法律制度的规定，下列各项中，不属于增值税征税范围的是(　)。

A. 销售电力　　B. 销售热力　　C. 销售天然气　　D. 销售房地产

9. 2009 年 3 月，某卷烟厂从甲企业购进烟丝，取得增值税专用发票，注明价款 50 万元；使用 60%用于生产 A 牌卷烟(甲类卷烟)；本月销售 A 牌卷烟 80 箱(标准箱)，取得不含税销售额 400 万元。已知：甲类卷烟消费税税率为 56%加 150 元/标准箱、烟丝消费税税率为 30%。当月该卷烟厂应纳消费税税额为(　)万元。

A. 210.20　　B. 216.20　　C. 224　　D. 225.20

10. 某企业为增值税一般纳税人。2009 年 1 月进口一批化妆品，关税完税价格 40 万元。已知：化妆品关税税率为 20%、消费税税率为 30%。该企业进口化妆品应纳进口增值税税额为(　)万元。

A. 2.06　　B. 6.80　　C. 8.16　　D. 11.66

11. 根据消费税法律制度的规定，企业发生的下列经营行为中，外购应税消费品已纳消费税税额准于从应纳消费税税额中抵扣的是(　)。

A. 以外购已税酒精为原料生产白酒

B. 以外购已税烟丝为原料生产卷烟

C. 以外购已税汽油为原料生产润滑油

D. 以外购已税汽车轮胎为原料生产应税小汽车

12. 根据企业所得税法律制度的规定，企业缴纳的下列税金中，不得在计算企业应纳税所得额时扣除的是(　)。

A. 增值税　　B. 消费税　　C. 营业税　　D. 房产税

13. 根据企业所得税法律制度的规定，下列关于不同方式下销售商品收入金额确定的表述中，正确的是(　)。

A. 采用商业折扣方式销售商品的，按照商业折扣前的金额确定销售商品收入金额

B. 采用现金折扣方式销售商品的，按照商业折扣前的金额确定销售商品收入金额

C. 采用售后回购方式销售商品的，按照扣除回购商品公允价值后的余额确定销售商品收入金额

D. 采用以旧换新方式销售商品的，按照扣除回收商品公允价值后的余额确定销售商品收入金额

14. 下列人员中，不属于《证券法》规定的证券交易内幕信息的知情人员的是(　　)。

A. 上市公司的总会计师　　B. 持有上市公司 3%股份的股东

C. 上市公司控股的公司的董事　　D. 上市公司的监事

15. 根据《公司法》的规定，国有独资公司的设立和组织机构适用特别规定，没有特别规定的，适用有限责任公司的相关规定。下列各项中，符合国有独资公司特别规定的是(　　)。

A. 国有独资公司的章程可由董事会制定并报国有资产监督管理机构批准

B. 国有独资公司合并事项由勤务员事会决定

C. 董事会成员中可以有公司职工代表

D. 监事会主席由全体监事过半数选举产生

16. 某上市公司董事会成员共 9 名，监事会成员共 3 名。下列关于该公司董事会召开的情形中，符合公司法律制度规定的是(　　)。

A. 经 2 名董事提议可召开董事会临时会议

B. 公司董事长、副董事长不能履行职务时，可由 4 名董事共同推举 1 名董事履行职务

C. 经 2 名监事提议可召开董事会临时会议

D. 董事会每年召开 2 次会议，并在会议召开 10 日前通知全体董事和监事

17. 根据《合伙企业法》的规定，有限合伙人在出现一定情形时当然退伙。下列各项中，不属于当然退伙情形的是(　　)。

A. 作为有限合伙人的自然人被依法宣告死亡

B. 有限合伙人在合伙企业中的全部财产份额被人民法院强制执行

C. 作为有限合伙人的自然人丧失民事行为能力

D. 作为有限合伙人的法人被责令关闭

18. 某中外合作经营企业的董事会拟对企业资产抵押的事项作出决议。下列关于该董事会就该事项表决规则中，符合《中外合作经营企业法》规定的是(　　)。

A. 该事项须由全体董事过半数表决通过

B. 该事项须由出席会议董事的过半数通过

C. 该事项须由出席会议的董事一致表决通过

D. 该事项须由出席会议的 2/3 以上董事表决通过

19. 章某某将装有 3 万元现金的背包寄存在某超市自助保管箱中，但在寄存时未告知背包内有现金。章某某凭取物凭条取背包时发现背包已被人取走，陈某要求超市赔偿。根据《合同法》的规定，下列关于寄存财物被丢失的承担赔偿责任的表述中，正确的是(　　)。

A. 按寄存物品的全部价值赔偿　　B. 不予赔偿

C. 按一般物品的价值赔偿　　D. 按寄存物品的一半价值赔偿

20. 甲企业向乙银行贷款时，将其现有的以及将有的生产设备、原材料、半成品、产品一并抵押给乙银行，双方签订了抵押合同，但未办理抵押登记。抵押期间，甲企业未经乙银行同意，以合理价格将一台生产设备出卖给知道该设备已经抵押的丙公司，并已交付。后甲企业到期无力偿还贷款，根据物权法的规定，下列关于乙银行能否对已出卖的生产设备主张抵押权的

表述中，正确的是(　　)。

A. 不能主张，乙银行的抵押权不能对抗正常经营活动中已经支付合理对价并取得抵押财产的买受人

B. 不能主张，乙银行的抵押权因未办理抵押登记而未设立

C. 可以主张，因甲企业未经乙银行的同意处分抵押物，属于无效行为

D. 可以主张，乙银行的抵押权虽未经登记，但已设立，只是不得对抗善意的第三人

21. 某企业为创业投资企业。2007 年 8 月 1 日，该企业向境内未上市的中小高新技术企业投资 200 万元。2009 年度企业利润总额 890 万元；未经财税部门核准，提取风险准备金 10 万元。已知企业所得税税率为 25%。假定不考虑其他纳税调整事项，2009 年该企业应纳企业所得税额为(　　)万元。

A. 82.5　　　B. 85　　　C. 187.5　　　D. 190

22. 甲、乙签订的买卖合同中订有有效的仲裁条款，后因合同的履行双方发生纠纷，乙向法院起诉而未声明有仲裁条款，法院受理了该案，首次开庭后，甲提出应依照合同中的仲裁条款解决纠纷，法院对该案没有管辖权。下列对该案处理的方式中，正确的是(　　)。

A. 由法院与仲裁机构协商解决本案的管辖权

B. 法院继续审理该案

C. 法院中止审理，待确定仲裁条款的效力后，再决定是否继续仲裁

D. 法院中止审理，由仲裁机构审理该案

23. 甲商场为打垮竞争对手乙商场，在网上发帖谎称乙商场销售假皮鞋，乙商场的声誉因此受到损害。根据《反不正当竞争法》的规定，下列对甲商场发帖行为定性的表述中，正确的是(　　)。

A. 侵犯商业秘密行为　　　B. 诋毁商誉行为

C. 比较广告行为　　　D. 虚假陈述行为

24. 某公司将其生产并上市销售的糖果冠以“大白兔”且其字样、图案与注册商标——“大白兔”非常相似。“大白兔”在糖果品牌中知名度很高。根据《反不正当竞争法》的规定，下列对该公司行为定性的表述中，正确的是(　　)。

A. 假冒他人的注册商标

B. 擅自用与知名商品近似的名称、包装、装潢，造成和他人的知名商品相混淆，使购买者误认为是该知名商品

C. 擅自使用他人的企业名称或者姓名，引人误认为是他人的商品

D. 在商品上伪造或者冒用认证标志、名优标志等质量标志，伪造产地，对商品的质量做引人误解的虚假表示

25. 下列各项中，不属于市场规制法的部门法是(　　)。

A. 反垄断法　　　B. 反不正当竞争法　C. 预算法　　　D. 消费者权益保护法

26. 下列各项中，符合《公司法》关于股份有限公司设立规定的是(　　)。

A. 甲公司注册资本拟为人民币 300 万元

B. 乙公司由一名发起人认购公司股份总额的 35%，其余股份拟全部向特定对象募集

C. 丙公司的全部 5 名发起人均为外国人，其中 3 人长期定居北京

D. 丁公司采用募集方式设立，发起人认购的股份分期缴纳，拟在公司成立之日起 2 年内缴足

27. 甲的户籍地在A市，经常居住地是B市，2013年2月，甲与乙在C市签订了买卖合同，合同中未约定管辖法院，后因乙未将货物如约在B市交付给甲而发生纠纷，甲欲起诉乙，此时乙因诈骗被监禁于D市监狱。下列对合同纠纷享有管辖权的法院是(　　)。

A. B市法院　　B. A市法院　　C. D市法院　　D. C市法院

28. 甲公司2012年取得一项外观设计，根据专利法的规定，乙公司未经甲公司许可的下列行为中，属于侵犯该专利的是(　　)。

A. 为生产经营目的购买并使用甲公司制造的该专利产品

B. 为生产经营目的购买并销售甲公司制造的该专利产品

C. 为生产经营目的购买并许诺销售甲公司制造的该专利产品

D. 为生产经营目的制造并销售该专利产品

29. 下列各项中，不属于委托代理终止的法定情形的是(　　)。

A. 代理期间届满　　B. 代理人辞去委托

C. 被代理人恢复民事行为能力　　D. 被代理人取消委托

30. 甲从已银行贷款200万元，双方于8月1日签订贷款合同，丙以保证人身份在贷款合同上签字，因担心丙的资信状况，乙银行又要求甲提供担保，为此双方于8月3日签订书面质押合同，质押物为甲的一辆轿车，但甲未将轿车交付给乙银行。甲到期无力偿还贷款。根据担保法律制度的规定，下列关于乙银行主张担保权利的表述中，正确的是(　　)。

A. 乙银行只能主张保证债权，因为甲未将该轿车交付给乙银行，质权未设立

B. 乙银行只能主张质权，因为丙与乙银行未签订保证合同，保证债权不成立

C. 乙银行应先主张保证债权，因为保证债权先于质权成立

D. 乙银行应先主张质权，因为质押担保是债务人甲自己提供的

**二、多选选择题(本类题共15小题，每小题2分，共30分。每小题备选答案中，有两个或两个以上符合题意的正确答案，多选、少选、错选、不选均不得分)**

1. 因票据纠纷提起的诉讼，应由特定地域的人民法院管辖。对该类纠纷享有管辖权的法院有(　　)。

A. 原告住所地法院　B. 被告住所的法院　C. 票据出票地法院　D. 票据支付地法院

2. 下列各项中，属于民事法律行为的有(　　)。

A. 甲商场与某电视生产企业签订购买一批彩电的合同

B. 乙捡到一台电脑

C. 丙放弃一项债权

D. 丁完成一项发明创造

3. 根据企业所得税法律制度的规定，下列收入中，不属于企业所得税免税收入的有(　　)。

A. 财政拨款　　B. 国债利息

C. 物资及现金溢余　　D. 依法收取并纳入财政管理的政府性基金

4. 根据企业所得税法律制度的规定，下列各项中，不得在企业所得税税前扣除的有(　　)。

A. 税收滞纳金　　B. 被没收财物的损失

C. 向投资者支付的股息　　D. 缴纳的教育费附加

5. 根据《公司法》的规定，对有限责任公司股东会的有关决议投反对票的股东，可以请求

公司按照合理的价格收购其股权。下列各项中，属于该有关决议的有(　　)。

A. 公司合并的决议　　B. 公司分立的决议

C. 公司转让主要资产的决议　　D. 公司增加注册资本的决议

6. 下列关于股份股份有限公司股份转让的表述中，符合《公司法》规定的有(　　)。

A. 公司发起人持有本公司股份，自公司成立之日起 1 年内不得转让

B. 公司分立的决议董事持有本公司股份，自公司股票上市交易之日起 1 年内不得转让

C. 公司监事离职后 1 年内，不得转让其所持有的本公司的股份

D. 公司经理在任职期间每年转让的股份不得超过其所持有的本公司的股份总额的 25%

7. 根据《合伙企业法》的规定，下列关于合伙企业合伙人出资形式表述，正确的有(　　)。

A. 普通合伙人可以以知识产权出资　　B. 有限合伙人可以以实物出资

C. 普通合伙人可以以土地使用权出资　　D. 有限合伙人可以以劳务出资

8. 下列中外合资经营企业非破产清算的表述中，符合中外合资经营企业法律制度规定的有(　　)。

A. 清算期间，清算委员会代表该合资经营企业起诉或应诉

B. 清算委员会的成员一般应当在合营企业的董事中选任

C. 合营企业清偿债务后的剩余财产按照合营各方的出资比例进行分配，但合营企业协议、合同、章程另有规定的除外

D. 合营企业解散时，其剩余财产超过实缴资本的部分为清算所得

9. 某股份有限公司净资产为 1 亿元，该公司拟再次公开发行公司债券。根据《证券法》的规定，下列规定中，导致该公司不得再次公开发行公司债券的情形有(　　)。

A. 该公司累计债券余额已达 3000 万元

B. 前一次公开发行的公司债券尚未募足

C. 筹集的资金拟用于清偿公司即将到期的债券利息

D. 对于公开发行的公司债券有迟延支付本息的事实，仍处于断续状态

10. 甲投资者收购一家总额为 4.5 亿元人民币的上市公司。下列关于该上市公司收购的法律后果的表述中，符合证券法律制度规定的有(　　)。

A. 收购期限届满，该上市公司公开发行的股份占公司股份总额的 8%，该上市公司的股票应由证券交易所终止上市交易

B. 收购期限届满，持有该上市公司股份 2%的股东，要求以收购要约的同等条件向甲投资者出售股票的，甲投资者可拒绝收购

C. 甲投资者持有该上市公司股票，在收购行为完成之后的 36 个月内不得转让

D. 收购行为完成后，甲投资者应当在 15 日内将收购情况报告国务院证券监督管理机构和证券交易所，并予以公告

11. 根据证券法律制度的规定，下列情形中，属于上市公司不得非公开发行股票的有(　　)。

A. 上市公司及其附属公司曾违规对外提供担保，但已解除

B. 上市公司现任董事最近 36 个月内受过中国证监会的行政处罚

C. 最近 1 年及 1 期财务报表被注册会计师出具保留意见的审计报告，但保留意见所涉及事项的重大影响已消除

D. 上市公司的权益被控股股东或实际控制人严重损害且尚未消除

12. 王某租住杨某的房屋，租期至 2011 年 8 月。杨某欠王某 15 万元货款，应于 2011 年 7

月偿付。至2011年8月，杨某尚未清偿货款，但要求收回房屋并请求王某支付1万元租金。根据《合同法》与《担保法》的规定，下列关于王某的权利的表述中，不正确的有(　　)。

A. 王某可以留置该房屋作为担保

B. 王某可以出售该房屋并优先受偿

C. 王某可以以应付租金抵消1万元货款

D. 王某可以行使同时履行抗辩权而不交还房屋

13. 根据《合同法》的规定，下列情形中，赠与人不得撤销赠与的有(　　)。

A. 刘某将1辆小轿车赠与李某，且已经交付

B. 甲公司与某地震灾区小学签订赠与合同，将赠与60万元用于修复学校教学设施

C. 乙公司表示将赠与某大学2辆校车，双方签订了租赁合同，且对该赠与合同进行了公证

D. 陈某将1块名表赠与张某，且已经交付，但张某不履行赠与合同约定的义务

14. 根据《合同法》的规定，提供格式条款的一方拟定的下列格式条款中，属于无效的有(　　)。

A. 内容理解发生争议的格式条款　　B. 排除对方主要权利的格式条款

C. 以合法形式掩盖非法目的的格式条款　D. 造成对方人身伤害得以免责的格式条款

15. 根据消费税法律制度的规定，下列主体中，属于消费税纳税义务人的有(　　)。

A. 钻石的进口商　B. 化妆品的生产商　C. 卷烟的批发商　D. 金首饰的零售商

**三、判断题(本类题共10小题，每小题1分，共10分。请判断每小题的表述是否正确，每小题答案正确的得1分，答案错误的扣0.5分，不答题的不得分也不扣分，本类题最低得分为零分)**

1. 企业在计算企业所得税应纳税所得额扣除资产损失时，需对该资损失进行认定，其中，对企业未能按期赎回抵押资产致使抵押资产被拍卖的，其账面净值大于变卖价值的差额部分，依据拍卖证，认定为资产损失。(　　)

2. 普通合伙企业的合伙人在合伙协议中未对该合伙企业的利润分配、亏损分担进行约定的，应由合伙人平均分配、分担。(　　)

3. 公司债权人可以登记于公司登记机关的股东未履行出资义务为由，请求该股东对公司债务不能清偿的部分在未出资本息范围内承担连带赔偿责任。(　　)

4. 国家机关应当在国有或者国家控股的银行开立账户，不得在其他银行或非银行金融机构开立账户。(　　)

5. 当事人转让专利权的，专利权的转让自交付专利证书之日起生效。(　　)

6. 上级人民法院对下级人民法院已发生法律效力的判决，发现确有错误的，有权利令下级人民法律再审。(　　)

7. 甲、乙、丙共同投资设立一家有限责任公司，甲以房屋作价100万元出资，并自公司设立时办理了产权转移手续，但直至公司成立半年后才将房屋实际交付给公司使用，乙、丙主张甲在实际交付房屋之前不享有相应股东权利。乙、丙的主张是合法的。(　　)

8. 非公开募集基金可以按照基金合同约定，由部分基金份额持有人作为基金管理人员负责基金的投资管理活动，并在基金财产不足以清偿其债务时对基金财产的债务承担无限连带责任。(　　)

9. 商业银行可以向符合发放信用贷款条件的关系人发放信用贷款，但发放信用贷款的条件不得优于其借贷人同类贷款的条件。 ( )

10. 甲向乙借款，将自己的房屋抵押给乙，甲、乙在抵押合同中的约定；若甲到期不返还借款本息，该房屋所有权归乙，改约定条款无效。 ( )

四、简答题(本小题共 3 小题，每小题 6 分，共 18 分)

1. 甲公司购买乙公司价值 30 万元的办公用品，向乙公司出具了一张 A 银行为付款人、票面金额为 30 万元的定日付款汇票。乙公司收到汇票后，向 A 银行提示承兑，A 银行予以承兑。后乙公司为偿付所欠丙公司 30 万元贷款，将该汇票背书转让给丙公司，并在背书时记载“禁止转让”字样。丙公司购买原材料时，又该汇票背书转让给债权人丁。丁与该汇票付款期限届满时，向 A 银行提示付款，A 银行以甲公司账户资金不足为由拒绝付款，并作成拒绝付款证明交给丁。

要求：根据《票据法》的规定，回答下列问题。

(1) A 银行拒绝付款的理由是否成立?简要说明理由。

(2) 丁可以向哪些人形式追索权?简要说明理由。

2. A 市甲公司向 B 市乙公司购买 10 台专用设备，双方于 7 月 1 日签订了购买合同。买卖合同约定：专用设备每台 10 万元，总价 100 万元；乙公司于 7 月 31 日交货，甲公司在收货 10 日内付清款项；甲公司在合同签订后 5 日内向乙公司交付定金 5 万元；上方因合同违约而发生的纠纷，提交 C 市仲裁委员会仲裁。

7 月 3 日，甲公司向乙公司交付了 5 万元定金。

7 月 20 日，甲公司告知乙公司，因向甲公司订购该批专业设备的丙公司明确拒绝购买该批货物，甲公司一时找不到新的买家，将不能履行合同。

7 月 22 日，乙公司通知甲公司解除合同，定金不予返还，并要求甲公司赔偿定金未能弥补的损失。甲公司不同意赔偿损失，乙公司遂向 C 市仲裁委员会申请仲裁。

对于乙公司的仲裁，甲公司认为：(1)只有当合同履行期满甲公司未履行合同，乙公司才可以决出合同，所以，乙公司于 7 月 22 日主张解除合同不合法，应承担相应法律责任；(2)即使合同可以解除，那么合同被解除后，合同中的仲裁条款即失去效力。所以，乙公司应向 A 市法院提起诉讼；(3)甲公司愿意承担定金责任，但乙公司不能再要求甲公司赔偿损失。

据查，甲公司不履行合同给乙公司造成的 10 万元损失。

要求：根据合同、担保、仲裁法律制度的规定，回答下列问题。

(1) 乙公司 7 月 22 日通知解除合同是否符合法律规定?简要说明理由。

(2) 甲公司主张乙公司应向 A 市法院提起诉讼是否符合法律规定?简要说明理由。

(3) 甲公司认为乙公司不能要求赔偿损失是否符合法律规定?简要说明理由。

3. 甲公司为增值税一般纳税人，主要生产电动工具，2013 年 6 月，甲公司发生活如下事项：

(1) 6 月 3 日，购入一批钢材，取得的增值税专用发票注明的价款为 80 万元，增值税额 13.6 万元。

(2) 6 月 11 日，处理一批下脚料，取得含税销售收入 3.51 万元。

(3) 6 月 20 日，购进一批低值易耗品，取得承运公司开具的运输发票上注明的运费金额为 1 万元。甲公司计算抵扣的进项税额为 0.1 万元。

(4) 6 月 23 日，因管理不善，当月购进的钢材部分被盗，价值 12 万元。

已知，甲公司取得的增值税专用发票已经主管税务机关认证，甲公司适用的增值税税率为 17%。

要求：根据增值税法律制度的规定，回答下列问题。

(1) 甲公司当期购入钢材的进项税额是否可以全额扣除?简要说明理由。

(2) 甲公司销售下脚料应纳的增值税额是多少?

(3) 甲公司购进低值易耗品发生活的运费抵扣进项税额的计算是否合法?简要说明理由。

**五、综合题(本类题共 1 题，共 12 分)**

甲企业为增值税一般纳税人，2012 年度取得销售收入 8800 万元，销售成本为 5000 万元，会计利润为 845 万元，2012 年，甲企业其他相关财务资料如下：

(1) 在管理费用中，发生业务招待费 140 万元，新产品的研究开发费用 280 万元(未形成无形资产计入当期损益)。

(2) 在销售费用中，发生广告费 700 万元，业务宣传费 140 万元。

(3) 发生财务费用 900 万元，其中支付给与其有业务来往的客户借款利息 700 万元，年利率为 7%，金融机构同期同类贷款利率为 6%。

(4) 营业外支出中，列支通过减灾委员会向遭受自然灾害的地区的捐款 50 万元，支付给客户的违约金 10 万元。

(5) 已在成本费用中列支实发工资总额 500 万元，并实际列支取中福利费 105 万元，上缴工会经费 10 万元并取得(工会经费专用拨缴款收据)，职工教育经费支出 20 万元。

已知：甲企业适用的企业所得税税率为 25%。

要求：

(1) 计算业务招待费应调整的应纳税所得额。

(2) 计算新产品的研究开发费用应调整的应纳税所得额。

(3) 计算广告费和业务宣传费应调整的应纳税所得额。

(4) 计算财务费用应调整的应纳税所得额。

(5) 计算营业外支出应调整的应纳税所得额。

(6) 计算职工福利费、工会经费、职工教育经费应调整的应纳税所得额。

(7) 计算甲企业 2012 年度的应纳税所得额。

# 模拟试卷(一)答案及解析

**一、单项选择题**

1. 【解析】A　根据规定，公司将股份奖励给本公司职工而收购的本公司股份，不得超过本公司已发行股份总额的 5%。本题中，该公司已发行股份总额为 8000 万股，则公司将股份奖励给本公司职工而收购的本公司股份不得超过 300(6000×5%=300)万股。

2. 【解析】C　本题考核操纵市场行为。根据规定，单独或者通过合谋，集中资金优势、持股优势或者利用信息优势联合或者连续买卖，操纵证券交易价格或者证券交易量，属于操纵证券市场的行为。

3.【解析】B　根据规定，证券公司申请保荐机构资格，应当具备的条件：(1)注册资本不低于人民币 1 亿元，净资本不低于人民币 5000 万元；(2)具有完善的公司治理和内部控制制度，风险控制指标符合相关规定；(3)保荐业务部门具有健全的业务规程、内部风险评估和控制系统，内部机构设置合理，具备相应的研究能力、销售能力等后台支持；(4)具有良好的保荐业务团队且专业结构合理，从业人员不少于 35 人，其中最近 3 年从事保荐相关业务的人员不少于 20 人；(5)符合保荐代表人资格条件的从业人员不少于 4 人；(6)最近 3 年内未因重大违法违规行为受到行政处罚；(7)中国证监会规定的其他条件。因此，本题 B 选项表述不正确。

4.【解析】B　根据规定，公开发行公司债券，累计债券余额不超过公司净资产的 40%。本题中，B 选项累计债券余额是公司净资产的 50%，不符合规定。

5.【解析】C　根据规定，债务人或者第三人有权处分的下列权利可以出质：(1)汇票、支票、本票；(2)债券、存款单；(3)仓单、提单；(4)可以转让的基金份额、股权；(5)可以转让的注册商标专用权、专利权、著作权等知识产权中的财产权；(6)应收账款；(7)法律、行政法规规定可以出质的其他财产权利。本题 C 选项“土地承包经营权“不属于可以出质的权利范围。

6.【解析】C　根据规定，债务人可以请求留置权人在债务履行期届满后行使留置权；留置权人不行使的，债务人可以请求人民法院拍卖、变卖留置财产。同一动产上已设立抵押权或者质权，该动产又被留置的，留置权人优先受偿。本题 C 选项表述正确。

7.【解析】A　根据规定，具有救灾、扶贫等社会公益、道德义务性质的赠与合同或者经过公证的赠与合同不得撤销。受赠人有下列情形之一的，赠与人可以撤销赠与：(1)严重侵害赠与人或者赠与人的近亲属；(2)对赠与人有扶养义务而不履行；(3)不履行赠与合同约定的义务。因此，本题 A 选项属于不得撤销赠与的情形。

8.【解析】D　本题考核增值税的征税范围。增值税的征税范围包括销售货物、提供加工、修理修配劳务；货物，是指除土地、房屋和其他建筑物等不动产之外的有形动产；销售不动产不是增值税征税范围。

9.【解析】B　本题考核消费税的计算。卷烟的消费税实行复合计征，外购已税烟丝连续生产卷烟的，已纳消费税可以扣除。当月该卷烟厂应纳消费税税额=400×56%+150×80÷10 000−50×30%×60%=216.2(万元)。

10.【解析】D　本题考核进口环节增值税的计算。该企业进口化妆品应纳进口增值税税额=关税完税价格×(1+关税税率)÷(1−消费税税率)×增值税税率=40×(1+20%)÷(1−30%)×17%=11.66(万元)。

11.【解析】B　本题考核已纳消费税的扣除。选项 A，酒类没有消费税扣税规定；选项 C：只有以外购的已税“润滑油”为原料生产的润滑油，其外购已税润滑油已纳消费税税额才是准予从应纳消费税税额中抵扣的；选项 D：只有以外购已税汽车轮胎生产的“汽车轮胎”，才是准予从应纳消费税税额中抵扣的。

12.【解析】A　本题考核企业所得税税前扣除的税金。准予企业所得税前扣除的是“增值税以外”的各项税金及其附加。

13.【解析】B　本题考核企业所得税的销售收入的确认。选项 A：商品销售涉及商业折扣的，应当按照扣除商业折扣后的金额确定销售商品收入金额；选项 C：售后回购方式销售商品的，一般情况下，销售的商品按售价确认收入，回购的商品作为购进商品处理；选项 D：销售商品以旧换新的，销售商品应当按照销售商品收入确认条件确认收入，回收的商品作为购进商品处理。

14. 【解析】B 根据《证券法》规定，证券交易内幕信息的知情人包括：(1)发行人的董事、监事、高级管理人员；(2)持有公司 5%以上股份的股东及其董事、监事、高级管理人员，公司的实际控制人及其董事、监事、高级管理人员；(3)发行人控股的公司及其董事、监事、高级管理人员；(4)由于所任公司职务可以获取公司有关内幕信息的人员；(5)证券监督管理机构工作人员以及由于法定职责对证券的发行、交易进行管理的其他人员；(6)保荐人、承销的证券公司、证券交易所、证券登记结算机构、证券服务机构的有关人员；(7)国务院证券监督管理机构规定的其他人。本题 B 选项持股比例未达到 5%，不属于内幕信息的知情人。

15. 【解析】A 根据规定，国有独资公司的合并、分立、解散、增加或者减少注册资本和发行公司债券，必须由国有资产监督管理机构决定；其中，重要的国有独资公司合并、分立、解散、申请破产的，应当由国有资产监督管理机构审核后，报本级人民政府批准；因此，B 选项表述错误。根据规定，董事会成员中“应当”有公司职工代表。因此，C 选项表述错误。监事会成员由国有资产监督管理机构委派；但是，监事会成员中的职工代表由公司职工代表大会选举产生；因此，D 选项表述错误。

16. 【解析】D 根据规定，代表 1/10 以上表决权的股东、1/3 以上董事或者监事会，可以提议召开董事会临时会议。董事长应当自接到提议后 10 日内，召集和主持董事会会议；因此，A 选项、C 选项表述错误。根据规定，董事长召集和主持董事会会议，检查董事会决议的实施情况。副董事长协助董事长工作，董事长不能履行职务或者不履行职务的，由副董事长履行职务；副董事长不能履行职务或者不履行职务的，由半数以上董事共同推举一名董事履行职务；因此，B 选项表述错误。

17. 【解析】C 根据规定，作为有限合伙人的自然人在有限合伙企业存续期间丧失民事行为能力的，其他合伙人不得因此要求其退伙。因此，C 选项不属于当然退伙的情形。

18. 【解析】C 根据规定，合作企业的资产抵押，属于特别事项，须经出席董事会会议的董事一致通过，方可作出决议。

19. 【解析】C 根据规定，寄存人寄存货币、有价证券或者其他贵重物品的，应当向保管人声明，由保管人验收或者封存。寄存人未声明的，该物品毁损、灭失后，保管人可以按照一般物品予以赔偿。本题属于寄存货币的情形，保管人可以按照一般物品予以赔偿。

20. 【解析】A 本题主要考核浮动抵押。第一，浮动抵押设定后，抵押的财产不断发生变化，直到约定或者法定的事由发生，抵押财产才确定。第二，浮动抵押期间，抵押人处分抵押财产不必经抵押权人同意，抵押权人对抵押财产无追及的权利，只能就约定或者法定事由发生后确定的财产优先受偿。

21. 【解析】D 本题主要考核企业所得税法律制度的“企业所得税的计算”知识点。(1)应纳税所得=890+10(未经核准纳税调增)=900；(2)创投企业，采取股权投资方式投资于未上市的中小高新技术企业 2 年以上的，可以按照其投资额的 70%在股权持有满 2 年的当年抵扣该创业投资企业的应纳税所得额抵扣应纳税所得额=200×70%=140；(3)应纳所得税额=(900−140)×25%=190。

22. 【解析】B 本题考核仲裁协议。当事人达成仲裁协议，一方向人民法院起诉未声明有仲裁协议，人民法院受理后，另一方在首次开庭前提交仲裁协议的，人民法院应当裁定驳回起诉，但仲裁协议无效的除外；另一方在首次开庭前未对人民法院受理该案提出异议的，视为放弃仲裁协议，人民法院应当继续审理。本题中，“在首次开庭后”才提出异议，因此视为放弃仲裁协议，人民法院应继续审理。

23. 【解析】B　本题主要考核其他相关法律制度的“不正当竞争行为”知识点。根据《反不正当竞争法》的规定，损害竞争对手信誉的行为，是指经营者为了竞争的目的，故意捏造、散布虚伪的事实，损害竞争对手的商业信誉和商品声誉。本题中甲商场的行为为诋毁商誉行为，所以 B 为正确。

24. 【解析】B　本题主要考核其他相关法律制度的“不正当竞争行为”知识点。根据《反不正当竞争法》的规定，采用假冒或仿冒等混淆手段从事市场交易，损害竞争对手的行为属于这类不正当竞争行为的有：(1)假冒他人注册商标；(2)擅自使用知名商品特有的名称、包装、装潢，或者使用与知名商品近似的名称、包装、装潢，造成和他人的知名商品相混淆，使购买者误认为是该知名商品；(3)擅自使用他人的企业名称或姓名，引人误认为是他人的商品；(4)在商品上伪造或冒用认证标志、名优标志等质量标志，伪造产地，对商品作引人误解的虚假表示。

25. 【解析】C　本题主要考核经济法总论的“市场规制法”知识点。根据规定，市场规制法包括三个部门法：即反垄断法、反不正当竞争法和消费者保护法。本题 C 选项属于宏观调控法的部门法之一。

26. 【解析】C　本题主要考核公司法律制度的“股份有限公司设立”知识点。设立股份有限公司，应当具备的下列条件：(1)发起人符合法定人数；(2)发起人认购和募集的股本达到法定资本最低限额；(3)股份发行、筹办事项符合法律规定；(4)发起人制定公司章程，采用募集方式设立的经创立大会通过；(5)有公司名称，建立符合股份有限公司要求的组织机构；(6)有公司住所。

27. 【解析】A　本题考核诉讼管辖。对被监禁的人提起的诉讼，由原告住所地法院管辖，原告住所地与经常居所地不一致的，由原告经常居所地法院管辖。

28. 【解析】D　本题考核专利侵权行为。外观设计专利权被授予后，任何单位或者个人未经专利权人许可，都不得实施其专利，即不得为生产经营目的制造、许诺销售、销售、进口其外观设计专利产品，专利产品或者依照专利方法直接获得的产品，由专利权人或者经其许可的单位、个人售后，使用、许诺销售、销售、进口该产品的；不视为侵犯专利权。

29. 【解析】C　本题考核委托代理的终止。有下列情形之一的，委托代理终止：(1)代理期间届满或者代理事务完成；(2)被代理人取消委托或者代理人辞去委托；(3)代理人死亡；(4)代理人丧失民事行为能力；(5)作为被代理人或者代理人的法人终止。选项 C 是法定代理或者指定代理终止的情形之一。

30. 【解析】A　本题考核保证合同和质押。主合同中虽然没有保证条款，但是，保证人在主合同上以保证人的身份签字或者盖章的，保证合同也成立。因此 B 选项的说法是错误的。根据规定，质押合同自成立时生效，质权自出质人交付质押财产时设立。本题中轿车没有交付，因此质权没有设立。因此 C、D 选项的说法是错误的，A 选项的说法是正确的。

## 二、多选选择题

1. 【解析】BD　本题考核特殊地域管辖。根据规定，因票据纠纷提起的诉讼，由票据支付地或被告住所地人民法院管辖。因此 B、D 选项是正确的，A、C 选项是错误的。

2. 【解析】AC　本题考核民事法律行为。民事法律行为，是指公民或法人以设立、变更、终止民事权利和民事义务为目的，以意思表示为要素，依法产生民事法律效力的合法行为。B 选项和 D 选项是事实行为，不是法律行为。

3. 【解析】ACD　(1)选项 AD：属于不征税收入(而非免税收入)；(2)选项 C：属于应当征

税的收入。

4. 【解析】ABC　企业所得税的税前禁止扣除项目包括：(1)向投资者支付的股息、红利等权益性投资收益款项；(2)企业所得税税款；(3)税收滞纳金；(4)罚金、罚款和被没收财物的损失；(5)超过规定标准的捐赠支出；(6)企业发生的与生产经营活动无关的各种“非广告性质的”赞助支出；(7)未经核定的准备金支出；(8)企业之间支付的管理费、企业内营业机构之间支付的租金和特许权使用费，以及非银行企业内营业机构之间支付的利息；(9)企业的不征税收入用于支出所形成的费用，不得在计算应纳税所得额时扣除；企业的不征税收入用于支出所形成的资产，其计算的折旧、摊销不得在计算应纳税所得额时扣除；(10)企业对外投资期间，投资资产的成本在计算应纳税所得额时不得扣除。 教育费附加是对缴纳增值税、消费税、营业税的单位和个人征收的一种附加费。凡缴纳增值税、消费税、营业税的单位和个人，均为教育费附加的纳费义务人。

5. 【解析】ABC　本题主要考核有限责任公司的股权回购。有下列情形之一的，对股东会该项决议投反对票的股东可以请求公司按照合理的价格收购其股权：(1)公司连续五年不向股东分配利润，而公司该五年连续盈利，并且符合《公司法》规定的分配利润的条件的；(2)公司合并、分立、转让主要资产的；(3)公司章程规定的营业期限届满或者章程规定的其他解散事由出现，股东会会议通过修改章程使公司存续的。

6. 【解析】ABD　本题主要考核有限责任公司股份转让限制的规定。公司董事、监事、高级管理人员应当向公司申报所持有的本公司的股份及其变动的情况，在任职期间每年转让的股份不得超过其所持有的本公司的股份总数的25%；所持本公司股份自公司股票上市交易之日起1年内不得转让。上述人员离职后半年内，不得转让其所持有的本公司的股份。

7. 【解析】ABC　本题考核合伙人出资。有限合伙人不能以劳务出资。

8. 【解析】ABC　本题考核合营企业的清算。合营企业解散时，其资产净额或剩余财产减除企业未分配利润、各项基金和清算费用后的余额，超过实缴资本的部分为清算所得，应当依法缴纳所得税。

9. 【解析】BCD　本题考核点是不得再次公开发行公司债券的情形。有下列情形之一的，不得再次公开发行公司债券：(1)前一次公开发行的公司债券尚未募足；(2)对已公开发行的公司债券或者其他债务有违约或者延迟支付本息的事实，仍处于继续状态：(3)违反《证券法》规定，改变公开发行债券所募集资金的用途。

10. 【解析】AD　本题考核收购期限届满，被收购股权分布不符合上市条件(股本总额超过4亿元的，公开发行比例应为10%以上，这是上市条件之一)，该上市公司的股票由证券交易所依法终止上市交易；A正确。在收购行为完成前，其余仍持有被收购公司股票的股东，有权在收购报告书规定的合理期限内向收购人以收购要约的同等条件出售其股票，收购人应当收购；B错误。在上市公司收购中，收购人持有的被收购公司的股份，在收购完成后12个月内不得转让；C错误。

11. 【解析】BD　本题考核上市公司非公开。上市公司存在下列情形之一的，不得非公开发行股票：(1)本次发行申请文件有虚假记载、误导性陈述或重大遗漏；(2)上市公司的权益被控股股东或实际控制人严重损害且尚未消除；(3)上市公司及其附属公司违规对外提供担保且尚未消除；(4)现任董事、高级管理人员最近36个月内受到过中国证监会的行政处罚，或者最近12个月内受到过证券交易所公开谴责；(5)上市公司或现任董事、高级管理人员因涉嫌违法违规正被中国证监会立案调查；(6)最近1年及1期财务报表被注册会计师出具保留意见、否定意见或无法表示意见的审计报告。保留意见、否定意见或无法表示意见所涉及事项的重大影响已经消除或者本次发行涉及重大重组的除外；(7)严重损害投资者合法权益和社会公共利益的其他情形。

12.【解析】ABD　本题考核合同抵消与留置权。不动产不能留置，A 表述错误。杨某作为承租人对房屋没有优先受偿权，B 表示错误。同时履行抗辩权，是存在于同一双务合同中，题中是 2 个合同，D 表述错误。

13.【解析】ABC　本题考核赠与合同的撤销。选项 A 中赠与物已经交付，选项 BC 属于救灾、扶贫等社会公益、道德义务性质的赠与合同或者经公证的赠与合同，因此 ABC 不能任意撤销赠与。赠与人不履行赠与合同约定的义务，赠与人可以撤销赠与，D 不选。

14.【解析】BCD　本题考核格式条款。格式条款具有“合同无效情形与免责条款无效情形”的，或者提供格式条款一方免除其责任、加重对方责任、排除对方主要权利的，该条款无效。合同中的下列免责条款无效：(1)造成对方人身伤害的；(2)因故意或者重大过失造成对方财产损失的。

15.【解析】BCD　本题考核消费税的纳税义务人。金银首饰、钻石及钻石饰品是在零售环节征收消费税的，进口环节不征收消费税，因此 A 不能选。消费税的纳税人，是中国境内生产、委托加工和进口应税消费品的单位和个人，因此应选 B。按照消费税的特殊政策规定，自 2009 年 5 月 1 日起，在烟卷批发环节加征一道从价计征的消费税。如金银首饰、钻石、钻石饰品、铂金首饰在零售环节征税，因此选项 C 和 D 也属于消费税的纳税人。

三、判断题

1.【解析】√　企业由于未能按期赎回抵押资产，使抵押资产被拍卖或变卖，其账面净值大于变卖价值的差额部分，依据拍卖或变卖证明，认定为资产损失。

2.【解析】×　合伙企业的利润分配、亏损分担，按照合伙协议的约定办理；合伙协议未约定或者约定不明确的，由“合伙人协商决定”；协商不成的，由合伙人按照实缴出资比例分配、分担；无法确定出资比例的，由合伙人平均分配、分担。

3.【解析】×　公司债权人以登记于公司登记机关的股东未履行出资义务为由，请求其对公司债务不能清偿的部分在未出资本息范围内承担“补充赔偿责任”，股东以其仅为名义股东而非实际出资人为由进行抗辩的，人民法院不予支持。这里承担的应该是补充赔偿责任，不是连带赔偿责任。因此本题是错误的。

4.【解析】√　国家机关应当在国有或国家控股的银行开立账户，国家机关不得在其他银行或非银行金融机构开立账户。

5.【解析】×　转让专利权的，当事人应当订立书面合同，并向国务院专利行政部门登记，由国务院专利行政部门予以公告，专利权的转让自登记之日起生效。转让专利权利是自登记之日起生效，不是交付权利了证书时生效，因此本题是错误的。

6.【解析】√　最高人民法院对各级人民法院已经发生法律效力的判决和裁定，上级人民法院对下级人民法院已经发生法律效力的判决和裁定，如果发现确有错误，有权提审或者指令下级人民法院再审。

7.【解析】√　本题考核有限责任公司股东出资方式。根据《公司法》司法解释三的规定，出资人以房屋、土地使用权或者需要办理权属登记的知识产权等财产出资，已经交付公司使用但未办理办理权属变更手续，公司、其他股东或者公司债权人主张认定出资人未履行出资义务的，法院应当责令当事人在指定的合理期间内办理权属变更手续；在前述期间内办理了权属变更手续的，法院应当认定其已经履行了初次义务；出资人主张自其实际交付财产给公司使用时享有相应股东权利的，人民法院应当予以支持。出资人已经就前述财产出资，办理权属变更手续但未交付给公司使用的，公司或者其他股东主张其向公司交付，并在实际交付之前不享有相应股东权利的，人民法院应予支持。

8. 【解析】✓　按照基金合同约定，非公开募集基金可以由部分基金份额持有人作为基金管理人员负责基金的投资管理活动，并在基金财产不足以清偿其债务时对基金财产的债务承担无限连带责任。

9. 【解析】×　商业银行不得向关系人发放信用贷款；向关系人发放担保贷款的条件不得优于其他借款人同类贷款的条件。因此本题是错误的。

10. 【解析】✓　抵押权人在债务履行期届满前，不得与抵押人约定债务人不履行到期债务时抵押财产归债权人所有。

## 四、简答题

1. 【解析】

(1) A 银行拒绝付款的理由不成立。根据票据法律制度的规定，票据债务人不得以自己与出票人之间的抗辩事由(如出票人存入票据债务人的资金不够等)对抗持票人。本题中，A 银行作为票据主债务人，不得以甲公司账户资金不足为由拒绝向丁付款。

(2) 丁可以向甲公司(出票人)、A 银行(承兑人)、丙公司(前手)行使追索权。根据票据法律制度的规定，被追索人包括出票人、背书人、承兑人和保证人；但背书人在汇票上记载“不得转让”字样，其后手再背书转让的，原背书人对其后手的被背书人不承担保证责任。因此，乙公司对丙公司的被背书人(丁)不承担保证责任。

2. 【解析】

(1) 乙公司 7 月 22 日通知解除合同符合法律规定。根据合同法律制度的规定，在履行期限届满之前，当事人一方明确表示或者以自己的行为表明不履行主要债务的，对方当事人可以解除合同。本题中，甲公司于 7 月 22 日明确表示将不能履行合同，属于预期违约，乙公司有权解除合同。

(2) 甲公司主张乙公司应向 A 市法院提起诉讼不符合法律规定。根据合同法律制度的规定，合同无效、被撤销或者终止的，不影响合同中独立存在的有关解决争议方法的条款的效力(或者：根据仲裁法律制度的规定，仲裁协议具有独立性，合同的变更、解除、终止或者无效，不影响仲裁协议的效力)。

(3) 甲公司认为乙公司不能要求赔偿损失不符合法律规定。根据《最高人民法院关于审理买卖合同纠纷案件适用法律问题的解释》规定，买卖合同约定的定金不足以弥补一方违约造成的损失，对方请求赔偿超过定金部分的损失的，人民法院可以并处，但定金和损失赔偿的数额总和不应高于因违约造成的损失。本题中，甲公司支付的 5 万元定金不足以弥补乙公司的损失 10 万元，因此，乙公司有权要求甲公司赔偿超过定金部分的损失，甲公司的观点不符合法律规定。

3. 【解析】

(1) 当月购进钢材的进项税额不能全部抵扣。根据规定，非正常损失的购进货物及相关的应税劳务不得从销项税额中抵扣，非正常损失，是指因管理不善造成被盗、丢失、霉烂变质的损失。本题中，6 月 23 日，因管理不善造成的钢材被盗损失价值 12 万元的进项税额是不能抵扣当期销项税的。

(2) 销售下脚料应纳增值税=3.51÷(1+17%)×17%=0.51(万元)。

(3) 购进低值易耗品的发生运费抵扣进项税的计算不正确。根据规定，购进或者销售货物以及在生产经过程中支付运输费用的，按照运输费用结算单据上注明的运输费用金额和 7%的扣除率计算进项税额抵扣。运费抵扣的进项税额=1×7%=0.07(万元)。

## 五、综合题

【解析】(1) 业务招待费实际发生额的 60%=140×60%=84(万元)。

业务招待费按照企业所得税法规定计算的扣除限额是销售(营业)收入的0.5%=8800×0.5%=44(万元)，因此业务招待费应调整应纳税所得额=140−44=96(万元)。

企业发生的与生产经营活动有关的业务招待费支出，按照发生额的 60%扣除，但最高不得超过当年销售(营业)收入的 5‰。

(2) 企业为开发新技术、新产品、新工艺发生的研究开发费用，未形成无形资产计入当期损益的，在按照规定据实扣除的基础上，再按照研究开发费用的 50%加计扣除。可以调减应纳税所得额 280×50%=140(万元)。

(3) 广告费和业务宣传费的扣除限额=8800×15%=1320(万元)，企业实际发生广告费和业务宣传费=700+140=840(万元)，小于扣除限额，所以实际发生的广告费和业务宣传费可以全部扣除，应调整的应纳税所得额为零。

企业发生的符合条件的广告费和业务宣传费支出，除国务院财政、税务主管部门另有规定外，不超过当年的销售(营业)收入 15%的部分，准予扣除；超过部分，准予在以后纳税年度结转扣除。

(4) 财务费用应调增应纳税所得额=700−700/7%×6%=100(万元)。

非金融企业向非金融企业借款的利息支出，不超过按照金融企业同期同类贷款利率计算的数额部分准予在税前扣除。

(5) 支付给客户的违约金 10 万元，准予在税前扣除，不需要进行纳税调整。公益性捐赠的税前限额=845×12%=101.4(万元)，实际捐赠支出 50 万元没有超过扣除限额，准予据实扣除。因此营业外支出应调整的应纳税所得额为零。

企业发生的公益性捐赠支出，不超过年度利润总额 12%的部分，准予在计算应纳税所得额时扣除。

(6) 职工福利费扣除限额=500×14%=70(万元)，实际支出额为 105 万元，超过扣除限额，应调增应纳税所得额 105−70=35(万元)

工会经费扣除限额=500×2%=10(万元)，实际上缴工会经费 10 万元，可以全部扣除，不需要进行纳税调整

职工教育经费扣除限额=500×2.5%=12.5(万元)，实际支出额为 20 万元，超过扣除限额，应调增应纳税所得额=20−12.5=7.5(万元)。

企业发生的职工福利费支出，不超过工资薪金总额 14%部分，准予扣除。企业拨缴的工会经费，不超过工资薪金总额 2%的部分，准予扣除。企业发生的职工教育经费支出，不超过工资薪金总额 2.5%的部分，准予扣除；超过部分，准予在以后纳税年度结转扣除。

(7) 甲企业 2012 年度应纳税所得额=845(会计利润)+96(业务招待费调增额)−140(三新开发费用)+100(财务费用调增额)+35(职工福利费调增额)+7.5(职工教育经费调增额)=943.5(万元)。

# 模拟试卷(二)

**一、单项选择题(本类题共 30 小题，每小题 1 分，共 30 分。每小题备选答案中，只有一个符合题意的正确答案，多选、错选、不选均不得分)**

1. 下列各项中，属于行政法规的是(　　)。
   A. 财政部制定的《会计从业资格办法》
   B. 国务院制定的《中华人民共和国外汇管理条例》
   C. 全国人民代表大会常务委员会制定的《中华人民共和国矿产资源法》
   D. 河南省人民体表大会常务委员会制定的《河南省消费者权益保护条例》

2. 甲乙签订房屋买卖合同，双方约定 3 个月后即 2010 年 5 月 1 日生效，该约定属于(　　)。
   A. 附生效条件的法律行为　　B. 附解除条件的法律行为
   C. 附生效期限的法律行为　　D. 附解除期限的法律行为

3. 根据有关法律规定，下列争议中，诉讼时效期间为一年的是(　　)。
   A. 国际技术进出口合同争议
   B. 贷款担保合同争议
   C. 因出售质量不合格的商品未声明引起的争议
   D. 因运输的商品丢失或损毁引起的争议

4. 公司在经营活动中可以以自己的财产提供担保。关于担保的表述中，下列选项正确的是(　　)。
   A. 公司经理可以决定为本公司的客户提供担保
   B. 公司董事长可以决定为本公司的客户提供担保
   C. 公司董事会可以决定为本公司的股东提供担保
   D. 公司股东会可以决定为本公司的股东提供担保

5. 甲乙丙三人拟成立一家小规模商贸有限责任公司，注册资本为 8 万元，甲以实物出资，乙以货币出资，丙以实用新型专利出资。对此，下列表述正确的是(　　)。
   A. 甲出资的实物无须移转所有权，但须交公司管理和使用
   B. 乙的货币出资不能少于 2 万元
   C. 丙的专利出资作价可达到 4 万元
   D. 公司首期出资不得低于注册资本的 30%

6. 根据公司法律制度的规定，下列各项中，属于有限责任公司股东会的职权的是(　　)。
   A. 决定公司的经营计划和投资方案　　B. 选举和更换全部监事
   C. 对发行公司债券作出决议　　D. 对股东向股东以外的人转让出资作出决议

7. 根据公司法律制度的规定，下列关于国有独资公司组织机构的表述中，正确的是(　　)。

A. 国有独资公司不设股东会

B. 国有独资公司必须设 1 名董事长和 1 名副董事长

C. 国有独资公司董事长由董事会选举产生

D. 国有独资公司监事由董事长任命

8. 公司分立是指一个公司按照一定方式，分成两个或者两个以上公司的法律行为。下列关于公司分立的说法中，正确的是(　　)。

A. 分立后的公司对公司分立前的债务不承担责任

B. 公司分立应由董事会作出批准与否的决议

C. 公司分立应自作出分立决议之日起 20 日内通知债权人，并在报纸上公告

D. 公司分立应自公告之日起 45 日后申请登记

9. 《合伙企业法》规定，普通合伙企业的下列事务中，在合伙协议没有约定的情况下，不必经全体合伙人一致同意即可执行的是(　　)。

A. 改变合伙企业主要经营场所的地点

B. 合伙人之间转让在合伙企业中的部分财产份额

C. 改变合伙企业的名称

D. 转让合伙企业的商标权

10. 下列有关有限合伙企业设立条件的表述中，不符合新颁布的《合伙企业法》规定的是(　　)。

A. 有限合伙企业至少应当有一个普通合伙人

B. 有限合伙企业名称中应当标明“特殊的普通合伙”字样

C. 有限合伙人可以用知识产权作价出资

D. 有限合伙企业登记事项中应载明有限合伙人的姓名或名称

11. 甲是某有限合伙企业的有限合伙人，持有该企业 15%的份额。在合伙协议无特别约定的情况下，甲在合伙期间未经其他合伙人同意实施了下列行为，其中违反《合伙企业法》规定的是(　　)。

A. 将自购的机器设备出租给合伙企业使用

B. 以合伙企业的名义购买汽车一辆归合伙企业使用

C. 以自己在合伙企业中的财产份额向银行提供质押担保

D. 提前三十日通知其他合伙人将其部分合伙份额转让给合伙人以外的人

12. 根据《商业银行法》的规定，商业银行不得向关系人发放信用贷款。下列哪一类人属于该规定所指的关系人(　　)。

A. 商业银行的董事、监事、管理人员、信贷业务人员及其近亲属

B. 与商业银行有业务往来的非银行金融机构的董事、监事和高级管理人员

C. 甲商业银行的上级主管部门的负责人及其近亲属

D. 商业银行的客户企业的董事、监事和高级管理人员

13. 投保人指定受益人时必须经相关人员同意，该相关人员应是(　　)。

A. 保险人　　B. 被保险人　　C. 保险经纪人　　D. 保险代理人

14. 甲私刻乙公司的财务专用章，假冒乙公司名义签发一张转账支票交给收款人丙，丙将该支票背书转让给丁，丁又背书转让给戊。当戊主张票据权利时，下列表述中正确的是(　)。

A. 甲不承担票据责任　　B. 乙公司承担票据责任

C. 丙不承担票据责任　　D. 丁不承担票据责任

15. 外汇管理机关依法履行职责，无权采取的措施有(　)。

A. 对经营外汇业务的金融机构进行现场检查

B. 进入涉嫌外汇违法行为发生场所调查取证

C. 查阅、复制与被调查外汇违法事件直接有关的交易单证等资料

D. 查询有关个人的储蓄存款账户

16. 根据《中华人民共和国合同法》的规定，下列要约中可以撤销的是(　)。

A. 要约人确定了承诺期限的要约

B. 要约人明示不可撤销的要约

C. 已经到达受要约人但受要约人尚未承诺的要约

D. 受要约人有理由认为不可撤销，且已为履行合同做了准备的要约

17. 甲公司向乙公司购买100万元的建材，甲公司按合同约定的定金数额支付了30万元。后乙公司违约，法院判决违约方双倍返还定金，乙公司应当向甲公司支付的金额为(　)。

A. 60万元　　B. 50万元　　C. 40万元　　D. 30万元

18. 甲与乙签订一份买卖合同，双方约定，甲提供一批货物给乙，货到后一个月内付款。合同签订后甲迟迟没有发货，乙催问甲，甲称由于资金紧张，暂无法购买生产该批货物的原材料，要求乙先付货款，乙拒绝了甲的要求。乙拒绝先付货款的行为在法律上称为(　)。

A. 行使先履行抗辩权　　B. 行使后履行抗辩权

C. 行使同时履行抗辩权　　D. 行使撤销权

19. 王某为做生意向其朋友张某借款10 000元，当时未约定利息。王某还款时，张某索要利息，王某以没有约定为由拒绝。根据《合同法》的规定，下列关于王某是否支付利息的表述中，正确的是(　)。

A. 王某不必支付利息

B. 王某应按当地民间习惯支付利息

C. 王某应按同期银行贷款利率支付利息

D. 王某应在不超过同期银行贷款利率三倍的范围支付利息

20. 根据《增值税专用发票使用规定》，一般纳税人的下列销售行为中，应开具增值税专用发票的是(　)。

A. 向消费者个人销售应税货物　　B. 向小规模纳税人转让专利权

C. 向一般纳税人销售房地产　　D. 向一般纳税人销售应税货物

21. 京某广告公司已认定为增值税一般纳税人。2013年7月，该公司取得广告制作费800万元(含税)，支付给山西某媒体的广告发布费为400万元，所取得的发票为合法有效凭证。当期该广告公司可抵扣的进项税额为15万元，则当月该广告公司需缴纳的增值税为(　)元。

A. 30.28万　　B. 7.64万　　C. 9万　　D. 43.11万

22. 销售下列自产货物实行增值税即征即退50%政策的有(　)。

A. 销售自产的综合利用生物柴油　　B. 纳税人生产滴灌管产品销售

C. 利用风力生产的电力　　D. 以垃圾为燃料生产的电力

23. 根据增值税法律制度的规定，下列各项中，应当征收增值税的是(　　)。

A. 纳税人受托开发软件产品，著作权属于委托方的

B. 纳税人受托开发软件产品，著作权属于受托方的

C. 纳税人受托开发软件产品，著作权属于双方共同拥有的

D. 销售的软件产品交付使用后，按期或按次收取的维护费、技术服务费、培训费

24. 某企业(一般纳税人)2009 年 8 月 16 日销售一台旧机器设备，取得销售收入 60 000 元，该设备为 2004 年 5 月购入，则该项销售行为应纳增值税为(　　)。

A. 0 元　　B. 1153.85 元　　C. 1200 元　　D. 2307.69 元

25. 根据《企业所得税法》的规定，对国家需要重点扶持的高新技术企业，给予企业所得税税率优惠，优惠税率为(　　)。

A. 10%　　B. 15%　　C. 20%　　D. 25%

26. 某企业 2013 年的销售收入为 5000 万元，实际支出的业务招待费为 40 万元，在计算应纳税所得额时允许扣除的业务招待费是(　　)万元。

A. 18　　B. 24　　C. 25　　D. 30

27. 企业从事国家重点扶持的公共基础设施项目的投资经营的所得，从(　　)起，第一年至第三年免征企业所得税，第四年至第六年减半征收企业所得税。

A. 获利年度　　B. 盈利年度

C. 项目取得第一笔生产经营收入所属纳税年度　　D. 领取营业执照年度

28. 新企业所得税法规定，企业与其关联方之间的业务往来，不符合独立交易原则，或者企业实施其他不具有合理商业目的的安排的，税务机关有权在该业务发生的纳税年度起(　　)内，进行纳税调整。

A. 3 年　　B. 5 年　　C. 8 年　　D. 10 年

29. 某企业注册资本为 3000 万元。2008 年按同期金融机构贷款利率从其关联方借款 6800 万元，发生借款利息 408 万元。该企业在计算企业所得税应纳税所得额时，准予扣除的利息金额为(　　)。

A. 408 万元　　B. 360 万元　　C. 180 万元　　D. 90 万元

30. 某国有资本参股公司召开董事会，对公司与董事甲的近亲属所拥有的公司进行交易作出决议时，下列表述正确的是(　　)。

A. 董事甲是否可以出席董事会，应由董事长决定

B. 董事甲不得对该事项行使表决权

C. 董事甲可以代理其他董事对该事项行使表决权

D. 其他董事可代理董事甲对该事项行使表决权

**二、多项选择题(本类题共 15 小题，每小题 2 分，共 30 分。每小题备选答案中，有两个或两个以上符合题意的正确答案，多选、少选、错选、不选均不得分)**

1. 以下对可撤销的民事行为的表述，其中正确的有(　　)。

A. 该行为的撤销，应由撤销权人提出并实施，其他人不能主张其效力的消灭

B. 被撤销的民事行为从行为开始起无效

C. 如果具有撤销权的当事人未在法定期限内行使撤销权，则该行为视同有效的法律行为，对当事人具有约束力

D. 该行为撤销前，其效力已经发生，未经撤销，其效力不消灭

2. 根据公司法律制度的规定，有限责任公司股东会作出的下列决议中，必须经代表 2/3 以上表决权的股东通过的有(　　)。

A. 对股东转让出资作出决议　　B. 对发行公司债券作出决议

C. 对变更公司形式作出决议　　D. 对修改公司章程作出决议

3. 根据《公司法》，下列关于股权转让的说法中，正确的有(　　)。

A. 有限责任公司股东之间可以相互转让其全部或者部分股权

B. 有限责任公司股东向股东以外的人转让股权，应当经其他股东所持表决权 2/3 以上同意

C. 有限责任公司股东向股东以外的人转让股权，应当经其他股东过半数同意

D. 有限责任公司股东转让股权，应经董事会批准

4. 甲公司是一家以募集方式设立的股份有限公司，其注册资本为人民币 6000 万元。董事会有 7 名成员。最大股东李某持有公司 12%的股份。根据《公司法》的规定，下列各项中，属于甲公司应当在两个月内召开临时股东大会的情形有(　　)。

A. 董事人数减至 4 人　　B. 监事陈某提议召开

C. 最大股东李某请求召开　　D. 公司未弥补亏损达人民币 1600 万元

5. 根据《个人独资企业法》的规定，下列各项中，属于个人独资企业应当解散的情形有(　　)。

A. 投资人死亡，继承人决定继承　　B. 投资人决定解散

C. 投资人被宣告死亡，无继承人　　D. 被依法吊销营业执照

6. 根据《个人独资企业法》的有关规定，下列说法正确的有(　　)。

A. 设立个人独资企业时，投资人可以以个人财产出资，也可以家庭其他成员的财产作为个人出资

B. 个人独资企业可以设立分支机构

C. 个人独资企业解散时，可由投资人自行清算，也可由债权人申请人民法院指定清算人进行清算

D. 个人独资企业解散清偿债务时，所欠职工工资和社会保险费用应作为第一顺序清偿

7. 根据证券法律制度的规定，下列各项中，符合上市公司向原股东配售股份条件的有(　　)。

A. 拟配售股份数量不超过本次配售股份前股本总额的 30%

B. 控股股东应当在股东大会召开前公开承诺认配股份的数量

C. 采用代销或者包销方式发行

D. 上市公司最近 36 个月内财务会计文件无虚假记载，且不存在重大违法行为

8. 根据《证券法》的规定，上市公司发生可能对上市公司股票交易价格产生较大影响而投资者尚未得知的重大事件时，应当立即将有关该重大事件的情况向国务院证券监督管理机构和证券交易所报送临时报告，并予以公告。下列各项中，属于重大事件的有(　　)。

A. 公司董事涉嫌职务犯罪被公安机关刑事拘留

B. 公司 1/3 以上监事辞职

C. 公司董事会的决议被依法撤销

D. 公司经理被撤换

9. 下列选项中，可以作抵押的财产包括(　　)。

A. 建筑物和其他土地附着物　　B. 土地所有权

C. 生产设备、原材料、半成品、成品　　D. 建设用地使用权

10. 下列赠与合同中，在权利转移前可以撤销的有(　　)。

A. 甲与某慈善机构约定，赠与该机构 50 万元用于扶贫

B. 甲与乙签订合同，约定甲赠与乙一台电脑，并经过公证

C. 甲与乙签订书面赠与合同，约定甲赠与乙 10 万美元用于科学研究

D. 甲与乙口头约定，甲赠与乙房屋一所

11. 根据增值税法律制度的规定，下列各项中，应当征收增值税的混合销售行为有(　　)。

A. 邮局提供邮政服务并销售集邮商品

B. 商店销售空调并负责安装

C. 汽车制造厂销售汽车，又开设门市部修理汽车

D. 汽车修理厂修车并提供洗车服务

12. 根据增值税法律制度的规定，下列各项中，可以作为增值税进项税额抵扣凭证的有(　　)。

A. 从销售方取得的注明增值税税额的增值税专用发票

B. 从海关取得的注明进口增值税税额的海关进口增值税专用缴款书

C. 购进农产品取得的注明买价的农产品收购发票

D. 销售货物过程中支付运输费用而取得的注明运费金额的运输费用结算单据

13. 根据企业所得税法律制度的规定，下列各项中，在计算企业所得税应纳税所得额时不得扣除的有(　　)。

A. 向投资者支付的红利

B. 企业内部营业机构之间支付的租金

C. 企业内部营业机构之间支付的特许权使用费

D. 未经核定的准备金支出

14. 根据企业所得税法律制度的规定，在中国境内未设立机构、场所的非居民企业从中国境内取得的下列所得中，应以收入全额为应纳税所得额的有(　　)。

A. 红利　　B. 转让财产所得　　C. 租金　　D. 利息

15. 根据《反垄断法》的规定，下列各项中，属于纵向垄断协议竞争行为的是(　　)。

A. 固定转售价格　　B. 不当技术联合

C. 限定转售最低价格　　D. 联合抵制

**三、判断题(本类题共 10 题，每小题 1 分，共 10 分。请判断每小题的表述是否正确，每小题答案正确的得 1 分，答案错误的扣 0.5 分，不答题的不得分也不扣分，本类题最低得分为零分)**

1. 代理人在代理权限内，以被代理人的名义与第三人进行法律行为，其法律后果由被代理人承担。　　(　　)

2. 伙的新合伙人与原合伙人可以在入伙协议中约定，新合伙人比原合伙人享有较大的权利，承担较小的责任。　　(　　)

3. 中外合资经营企业一方欲向合营他方转让其全部或部分出资时，如合营他方不同意，则欲转让出资方可以向合营各方以外的第三方转让出资。 ( )

4. 本票的基本当事人为出票人、付款人和收款人。 ( )

5. 出票人在汇票上记载“不得转让”字样的，汇票不得转让。 ( )

6. 注册商标的有效期为 10 年，自“核准注册之日”起计算。 ( )

7. 全国人大常委会有权撤销国务院和省级人大及其常委会制定的同宪法、法律相抵触的关于预算、决算的行政法规、决定和命令。 ( )

8. 股份有限公司可以接受本公司的股票作为质押权的标的。 ( )

9. 对于保险凭证未列明的内容，以相应的保险单的记载为准，当保险凭证记载的内容与相应的保险单列明的内容相抵触时，以保险单的记载为准。 ( )

10. 甲、乙合作开发完成了一项技术成果。若甲希望申请专利，而乙不同意，则甲有权单独申请，但将来实施该专利获得的收益应当在甲、乙之间合理分配。 ( )

**四、简答题(本小题共 3 小题，每小题 6 分，共 18 分)**

1. 甲、乙、丙、丁等 20 人拟共同出资设立一个有限责任公司，股东共同制定了公司章程。在公司章程中，对董事任期、监事会组成、股权转让规则等事项作了如下规定：

(1) 公司董事任期为 4 年；

(2) 公司设立监事会，监事会成员为 7 人，其中包括 2 名职工代表；

(3) 股东向股东以外的人转让股权，必须经其他股东 2/3 以上同意。

要求：根据《公司法》的规定，分别回答下列问题。

(1) 公司章程中关于董事任期的规定是否合法？简要说明理由。

(2) 公司章程中关于监事会职工代表人数的规定是否合法？简要说明理由。

(3) 公司章程中关于股权转让的规定是否合法？简要说明理由。

2. 2008 年 3 月，甲合伙企业(以下简称甲企业)向乙银行借款 100 万元，期限为 2 年，由王某和陈某与乙银行签订保证合同，为甲企业借款提供共同保证，保证方式为一般保证。后甲企业经营业绩不佳，亏损严重。王某遂与陈某约定，以 3:2 的比例分担保证责任。

2010 年 4 月，因甲企业提出破产申请，人民法院受理了该破产案件，故乙银行要求王某与陈某承担连带保证责任。王某认为：保证合同约定的保证方式为一般保证，乙银行应先要求甲企业承担责任；陈某则宣称自己没有财产，且认为自己与王某已有约定，只需承担 40%的责任。

经查，陈某对自己的远亲林某还享有 10 万元的到期借款债权，一直没有要求林某返还。

乙银行最后决定分别对王某、陈某和林某提起诉讼，请求法院判定由王某和陈某承担连带责任，由林某代替陈某向自己偿还 10 万元借款。

要求：根据合同法律制度的规定，分别回答下列问题。

(1) 王某提出的乙银行应先要求甲企业承担责任的主张是否成立？简要说明理由。

(2) 陈某提出自己对银行的保证责任只需承担 40%的主张是否成立？简要说明理由。

(3) 乙银行请求法院判定林某代替陈某偿还 10 万元借款能否得到法律支持？简要说明理由。

3. 某商场为增值税一般纳税人，2013 年 6 月业务如下：

(1) 零售 A 型热水器 300 台，每台 3000 元，商场派人负责安装，每 t 台收取安装费 200 元。

(2) 采取有奖销售方式销售电视机 100 台，每台 2800 元；奖品为电子石英手表，市场零售单价 200 元，共计送出 50 只电子石英手表。

(3) 购进电视机 150 台，取得增值税专用发票注明价款 300 000 元，但商场因为资金困难只支付了 70%货款，余款在下月初支付；因质量原因，退回某电视机厂上期购进电视机 20 台，每台单价 2000 元，并取得厂家开具的红字发票。

(4) 购进 A 型热水器 20 台，取得增值税专用发票注明价款 420 000 元，货款已付。

(5) 为某服装厂代销服装一批，合同约定：每件服装零售价 117 元，共 1000 件，双方约定按照手续费按合同金额的 5%(按不含税价计算)；该商场每件服装实际零售价 150 元，本月实际销售 800 件，并将代销清单返给服装厂，取得服装厂开具的增值税专用发票。

计算该商场当月应纳增值税税额。

## 五、综合题(本类题共 1 题，共 12 分)

某小汽车生产企业为增值税一般纳税人，2012 年度实现会计利润 800 万元，全年已累计预缴企业所得税税款 200 万元。2013 年初，该厂财务人员对 2012 年度企业所得税进行汇算清缴，相关财务资料和汇算清缴企业所得税计算情况如下：

(一) 相关财务资料

(1) 销售小汽车取得不含增值税销售收入 6000 万元，同时收取送货运费收入 117 万元。取得到期国债利息收入 30 万元、企业债券利息收入 12 万元。

(2) 发生财务费用 125 万元，其中：支付银行借款利息 50 万元，支付向无关联关系的某非金融企业借款 1000 万元而发生的利息 75 万元。

(3) 发生销售费用 1520 万元，其中：广告费用 980 万元。

(4) 发生管理费用 400 万元，其中：业务招待费 55 万元，新产品研究开发费用 80 万元。

(5) 发生营业外支出 120 万元，其中：通过公益性社会团体向贫困地区捐赠 112 万元。当年因拖欠应缴税款，被税务机关加收滞纳金 8 万元。

已知：增值税税率为 17%，企业所得税税率为 25%，同期同类银行贷款年利率为 6%，当年实际发放合理的工资总额 750 万元。

(二) 汇算清缴企业所得税计算情况

(1) 国债利息收入和企业债券利息收入调减应纳税所得额=30+12=42(万元)。

(2) 业务招待费调增应纳税所得额=55−55×60%=22(万元)。

(3) 全年应纳税所得额=800−42+22=780(万元)。

(5) 全年应纳企业所得税税额=780×25%=195(万元)。

(6) 当年应退企业所得税税额=200−195=5(万元)。

要求：

(1) 分析指出该小汽车生产企业财务人员在汇算清缴企业所得税时存在的不合法之处，并说明理由。

(2) 计算 2012 年度汇算清缴企业所得税时应补缴或退回的税款(列出计算过程，计算结果出现小数的，保留小数点后两位小数)。

# 模拟试卷(二)答案及解析

## 一、单项选择题

1. 【解析】B　行政法规的制定机关是我国最高行政机关国务院，因此答案是选项B。

2. 【解析】C　本题考核点是附期限的法律行为。附期限的法律行为，指当事人设定一定的期限，并将期限的到来作为效力发生或消灭前提的法律行为。

3. 【解析】C　选项A：适用4年的特殊诉讼时效期间；选项B：适用2年的普通诉讼时效期间；选项D：“寄存的”商品丢失为1年，“运输的”商品丢失为2年。

4. 【解析】D　《公司法》规定，公司为公司股东或者实际控制人提供担保的，必须经股东会或者股东大会决议。即，只有股东会有权决定是否可以由公司为本公司的股东提供担保，公司的董事长、董事会、经理没有这项职权，故本题正确答案是D。

5. 【解析】C　(1)股东以非货币财产出资的，应当依法办理其财产权的转移手续。A错误。(2)全体股东的货币出资金额不得低于有限责任公司注册资本的30%。本题中，注册资本是8万元，8(万元)×30%=2.4(万元)。因此，乙的货币出资不能少于2.4万元，B错误。(3)只要货币出资额不低于2.4万，其他非货币财产出资即符合法律规定，即非货币财产出资额最高可达到5.6万元，因此丙的专利出资作价可以达到4万元，C正确。(4)有限责任公司的注册资本为在公司登记机关登记的全体股东认缴的出资额。公司全体股东的首次出资额不得低于注册资本的20%，也不得低于法定的注册资本最低限额。本题中，注册资本的20%是1.6万元，法定注册资本最低限额是3万元，公司首期出资不得低于3万元，D错误。

6. 【解析】C　选项A属于董事会的职权；股东会只能选举和更换非职工代表担任的监事，故选项B错误。《公司法》72条规定：股东向股东以外的人转让出资不需要董事会制订方案也不需要股东会审议批准，故选项D错误。

7. 【解析】A　(1)选项A：国有独资公司肯定不设股东会；(2)选项B：董事会设董事长1人，是否设副董事长，视需要而定；(3)选项C：国有独资公司的董事长、副董事长由国有资产监督管理机构从董事会成员中“指定”；(4)选项D：国有独资公闭的监事会成员由国有资产监督管理机构委派，但监事会中的职工代表由职工代表大会选举产生。

8. 【解析】D　公司分立前的债务由分立后的公司承担连带责任。但是，与债权人另有约定的除外。所以选项A错误。公司分立应由股东(大)会作出决议。所以选项B错误。公司应当自作出分立决议之日起10日内通知债权人，并于30日内在报纸上公告。所以选项C错误。

9. 【解析】B　本题考核合伙企业事务执行。合伙企业的下列事项应当经全体合伙人一致同意，合伙协议另有约定除外：(1)改变合伙企业的名称；(2)改变合伙企业经营范围、主要经营场所的地点；(3)处分合伙企业的不动产；(4)转让或者处分合伙企业的知识产权和其他财产权利；(5)以合伙企业名义为他人提供担保；(6)聘任合伙人以外的人担任合伙企业的经营管理人员。

10. 【解析】B　本题考核有限合伙企业的设立条件。有限合伙企业名称中应当标明“有限合伙”字样。所以B错误。

11. 【解析】B　本题考核合伙人财产份额的转让。(1)有限合伙人可以同本有限合伙企业进行交易；但是，合伙协议另有约定的除外。本题中，有限合伙企业中的合伙协议并没有就有限合伙人同本有限合伙企业进行交易的问题进行特别的约定，因此，甲是可以与本有限合伙企业进行交易的。A项中的行为不违反《合伙企业法》的规定。

12. 【解析】A 《商业银行法》第 40 条规定："商业银行不得向关系人发放信用贷款；向关系人发放担保贷款的条件不得优于其他借款人同类贷款的条件。前款所称关系人是指：(1)商业银行的董事、监事、管理人员、信贷业务人员及其近亲属；(2)前项所列人员投资或者担任高级管理职务的公司、企业和其他经济组织。

13. 【解析】B 本题考核保险合同的当事人和关系人。《保险法》第 39 条规定：人身保险的受益人由被保险人或者投保人指定。投保人指定受益人时须经被保险人同意。投保人为与其有劳动关系的劳动者投保人身保险，不得指定被保险人及其近亲属以外的人为受益人。被保险人为无民事行为能力人或者限制民事行为能力人的，可以由其监护人指定受益人。选项 B 正确。

14. 【解析】A 票据伪造行为中，对伪造人而言，由于票据上没有以自己名义所作的签章，因此也不应承担票据责任。但是，如果伪造人的行为给他人造成损害的，必须承担民事责任，构成犯罪的，还应承担刑事责任。本题中，甲公司作为伪造人不承担票据责任，乙公司作为被伪造人由于没有以自己的真实意思在票据上签章，也不承担票据责任，但是丙公司和丁公司的签章是合法有效的，因此应该承担票据责任。

15. 【解析】D 本题考核外汇监督检查程序。经国务院外汇管理部门或者省级外汇管理机关负责人批准，查询被调查外汇违法事件的当事人和直接有关的单位、个人的账户，但个人储蓄存款账户除外。

16. 【解析】C 本题考核要约不得撤销的情形。《合同法》规定，有下列情形之一的，要约不得撤销：(1)要约人确定了承诺期限或者以其他形式明示要约不可撤销；(2)受要约人有理由认为要约是不可撤销的，并已经为履行合同作了准备工作。

17. 【解析】B 本题考核点是定金。定金的数额由当事人约定，但不得超过主合同标的额的 20%。本题定金应为 20 万元，多支付的 10 万元无须双倍返还。

18. 【解析】B 本题考核点是后履行抗辩权。后履行抗辩权是指合同当事人互负债务，有先后履行顺序，先履行一方(本题中的甲)未履行的，后履行一方(本题中的乙)有权拒绝其履行要求。

19. 【解析】A 本题考核自然人之间的借款合同利息。自然人之间的借款合同对支付利息没有约定或者约定不明确的，视为不支付利息。

20. 【解析】D 本题考核增值税专用发票的适用范围。根据规定，一般纳税人向消费者个人销售货物、向小规模纳税人转让专利权以及向一般纳税人销售房地产，应开具普通发票。因此 D 正确。

21. 【解析】B 该广告公司 7 月需缴纳的增值税为：$(800-400)\div(1+6\%)\times6\%-15=7.64$(万元)。

22. 【解析】C 本题考核增值税的即征即退 50%的政策。主要包括：(1)以退役军用发射药为原料生产的涂料硝化棉粉；(2)对燃煤发电厂及各类工业企业产生的烟气、高硫天然气进行脱硫产生的副产品；(3)以废弃酒糟和酿酒底锅水为原料生产的蒸汽、活性炭、白炭黑、乳酸、乳酸钙、沼气；(4)以煤矸石、煤泥、石煤、油母页岩为燃料生产的电力和热力；(5)利用风力产生的电力；(6)部分新型墙体材料产品。因此 C 正确。

23. 【解析】B (1)选项 ABC：纳税人受托开发软件产品，著作权属于受托方的，征收增值税；著作权属于委托方或者属于双方共同拥有的，不征收增值税；(2)选项 D：纳税人销售软件产品并随同销售一并收取的软件安装费、维护费、培训费(混合销售)，征收增值税；软件产品交付使用后，按期或按次收取的维护费、技术服务费、培训费等，不征收增值税。

24. 【解析】B 应纳增值税$=60\,000/(1+4\%)\times4\%\times50\%=1153.85$(元)。

25. 【解析】B 本题考核企业所得税税率为题。国家重点扶持的高新技术企业所得税率为 15%。

26. 【解析】B 本题考核业务招待费扣除限额的计算。企业发生的与生产经营活动有关的业务招待费支出，按照发生额的 60%扣除，但最高不得超过当年销售(营业)收入的 5‰。5000×5‰=25(万元)；40×60%=24(万元)，业务招待费可以扣除的金额是 24 万元。

27. 【解析】C 企业从事国家重点扶持的公共基础设施项目的投资经营的所得，自项目取得第一笔生产经营收入所属纳税年度起，第一年至第三年免征企业所得税，第四年至第六年减半征收企业所得税。

28. 【解析】D 本题考核纳税调整的时效。企业与其关联方之间的业务往来，不符合独立交易原则，或者企业实施其他不具有合理商业目的安排的，税务机关有权在该业务发生的纳税年度起 10 年内，进行纳税调整。

29. 【解析】B 根据规定，企业实际支付给关联方的利息支出，除另有规定外，其接受关联方债权性投资与其权益性投资比例为：除金融企业外的其他企业为 2:1。该企业的注册资本为 3000 万元，关联方债权性投资不应超过 3000×2=6000(万元)，现借款 6800 万元，准予扣除的利息金额是 6000 万元产生的利息，即 6000÷6800×408=360(万元)。

30. 【解析】B 国有资本控股公司、国有资本参股公司董事会对公司与关联方的交易作出决议时，该交易涉及的董事不得行使表决权，也不得代理其他董事行使表决权。

## 二、多项选择题

1. 【解析】ABCD 本题考核可撤销民事行为的特征。

2. 【解析】CD 本题考核股东会的特别决议。必须经全部“代表”三分之二以上表决权的股东通过：(1)修改公司章程；(2)增加或者减少注册资本的决议；(3)公司合并、分立、解散；(4)变更公司形式。

3. 【解析】AC 有限责任公司的股东之间可以相互转让其全部或者部分股权。股东向股东以外的人转让股权，应当经其他股东过半数同意。

4. 【解析】AC 本题考核点是股东大会的会议制度。本题中，选项 A 由于董事人数不足法律规定的最低人数“5 人”，因此应该召开临时股东大会；选项 C 最大股东李某持有股份超过了 10%，因此可以单独提议召开临时股东大会。

5. 【解析】BCD 本题考核个人独资企业解散。个人独资企业解散的事由：(1)投资人决定解散；(2)投资人死亡或者被宣告死亡，无继承人或者继承人决定放弃继承；(3)依法被吊销营业执照。

6. 【解析】BCD 本题考核《个人独资企业法》的相关规定。(1)设立个人独资企业时，投资人可以以个人财产出资，也可以以家庭共有财产作为个人出资，但是不能以家庭其他成员的财产作为个人出资；(2)个人独资企业可以设立分支机构；(3)个人独资企业解散时，由投资人自行清算或者由债权人申请人民法院指定清算人进行清算；(4)个人独资企业解散的，财产应当按照下列顺序清偿：①所欠职工工资和社会保险费用；②所欠税款；③其他债务。所以本题的正确答案是 BCD。

7. 【解析】ABD 选项 C：配股只能采用代销方式。

8. 【解析】ABCD 本题考核点是重大事件。以上四项均是属于重大事件的范围。

9. 【解析】ACD 本题考核抵押财产。土地所有权不能抵押。

10. 【解析】CD　本题考核点是赠与的撤销。赠与人在赠与财产的权利转移之前可以撤销赠与。但具有救灾、扶贫等社会公益、道德义务性质的赠与合同或者经过公证的赠与合同，不得撤销。

11. 【解析】BD　(1)选项A：邮局提供邮政服务、邮局销售集邮商品二者均征收营业税；(2)选项B：属于混合销售行为，根据商店的主营业务征收增值税；(3)选项C：销售汽车、修理汽车二者均征收增值税，不属于混合销售行为；(4)选项D：属于混合销售行为，根据修理厂的主营业务征收增值税。

12. 【解析】ABCD　本题考核进项税额抵扣。增值税扣税凭证，包括增值税专用发票、海关进口增值税专用缴款书、农产品收购发票和农产品销售发票以及运输费用结算单据。

13. 【解析】ABCD　本题考核企业所得税的扣除项目。在计算应纳税所得额时，选项ABCD均不得在税前扣除。

14. 【解析】ACD　本题考核非居民企业。根据规定，未设立机构、场所的非居民企业从中国境内取得的股息、红利等权益性投资收益和利息、租金、特许权使用费所得，以收入全额为应纳税所得额，不得扣除税法规定之外的税费支出；取得的转让财产所得，以收入全额减除财产净值后的余额为应纳税所得额。

15. 【解析】AC　选项BD属于横向垄断协议行为。

## 三、判断题

1. 【解析】√　本题考核点是代理的概念。代理是指代理人在代理权限内，以被代理人的名义与第三人进行法律行为，由此产生的法律后果直接由被代理人承担的一种法律制度。

2. 【解析】√　本题考核合伙人入伙。入伙的新合伙人与原合伙人享有同等权利，承担同等责任；入伙协议另有约定的，从其约定。

3. 【解析】×　本题考核合营企业出资额的转让。合营企业出资额的转让须经合营各方同意。

4. 【解析】×　本票的基本当事人是出票人和收款人。

5. 【解析】√　本题考核出票的背书。

6. 【解析】√　本题考核注册商标的有效期的起算。

7. 【解析】√　本题考核各级人大常委会的预算管理职权，题目表述正确。

8. 【解析】×　股份有限公司不可以接受本公司的股票作为质押权的标的。

9. 【解析】×　对于保险凭证未列明的内容，以相应的保险单的记载为准，当保险凭证记载的内容与相应的保险单列明的内容相抵触时，以“保险凭证”的记载为准。

10. 【解析】×　根据规定，合作开发完成的发明创造，除当事人另有约定的以外，申请专利的权利属于合作开发的当事人共有。合作开发的当事人一方不同意申请专利的，另一方或者其他各方不得申请专利。

## 四、简答题

1. 【解析】

(1) 关于董事任期的规定不合法。根据规定，董事任期由公司章程规定，但每届任期不得超过3年。

(2) 关于监事会职工代表人数的规定不合法。根据规定，监事会中职工代表的比例不得低于 1/3。本题中，职工代表的人数低于 1/3。

(3) 关于股权转让的规定合法。根据规定，有限责任公司的股东向股东以外的人转让股权，应当经其他股东过半数同意。但是，公司章程对股权转让另有规定的，从其规定。

2. 【解析】

(1) 王某的主张不成立。根据规定，人民法院受理债务人破产案件，中止执行程序的，一般保证的保证人不得行使先诉抗辩权。在 本题中，王某和陈某与乙银行的保证合同中虽然将保证方式约定为一般保证，但是甲企业的破产申请已为人民法院受理，一般保证人(王某、陈某)不再享有先诉抗辩权。

(2) 陈某的主张不成立。根据规定，按份共同保证是“保证人与债权人”约定按份额对主债务承担保证义务的共同保证；各保证人与债权人没有约定保证份额的， 应当认定为连带共同保证。在本题中，尽管王某与陈某之间约定了保证份额，但并非与债权人乙银行的约定，应当认定为连带共同保证。

(3) 乙银行的请求可以得到法律支持。根据规定，因债务人怠于行使到期债权，对债权人造成损害的，债权人可以向人民法院请求以自己的名义代位行使债务人的 债权，但该债权专属于债务人自身的除外。在本题中，陈某怠于行使其对林某的借款债权，因此，债权人乙银行可以行使代位权。

3. 【解析】

(1) 销项税额：(300+200)×300÷(1+17%)×17%=139 487.18(元)

(2) 实物折扣不得从销售额中扣减，且应按视同销售货物处理。

销项税额：(2800×100+200×50)÷(1+17%)×17%=42 136.75(元)

(3) 因质量原因发生退货，并取得厂家开具的红字发票，即应冲减当期进项税额。

进项税额：300 000×17%−20×2000 ×17%=44 200(元)

(4) 进项税额：420 000×17%=71400(元)

(5) 代销服装一批应抵扣进项税额，实际零售服装一批应缴纳销项税额。

进项税额：117÷(1+17%)×800×17%=13 600(元)

销项税额：150÷(1+17%)×800×17%=17 435.9(元)

应纳税额=139 487.18+42 136.75+17 435.9− 44 200−71 400−13 600=69 859.83(元)

## 五、综合题

(1) 该企业财务人员在汇算清缴企业所得税时存在的不合法之处主要有：

① 根据规定，国债利息收入属于免税收入，企业债券利息收入属于企业所得税应税收入。在本题中，财务人员将国债利息、企业债券利息均作为免税收入调减应纳税所得额，不合法。

② 向无关联关系的某非金融企业借款 1000 万元而发生的利息 75 万元，超过按照金融企业同期同类贷款利率计算的数额部分不得扣除，财务人员未作调增应纳税所得额处理。

③ 企业发生的符合条件的广告费和业务宣传费支出，除国务院财政、税务主管部门另有规定外，不超过当年销售(营业)收入 15%的部分，准予扣除；超过部分，准予在以后纳税年度结转扣除，财务人员未作调增应纳税所得额处理。

④ 业务招待费应调增应纳税所得额的数额有误。根据规定，企业发生的与生产经营活动有关的业务招待费支出，按照发生额的 60%扣除，但最高不得超过当年销售 (营业)收入的 5‰。

在本题中，业务招待费发生额的 60%=55×60%=33(万元)>6100×5‰=30.5(万元)，按照 30.5 万元在税前扣除。

⑤ 新产品研究开发费用未调减应纳税所得额。根据规定，企业为开发新产品、新技术、新工艺发生的研究开发费用，未形成无形资产计入当期损益的，在按照规定据实扣除的基础上，按照研究开发费用的 50%加计扣除。

⑥ 捐赠支出超过可扣除限额部分，财务人员未予调增应纳税所得额。根据规定，企业发生的公益性捐赠支出，在年度利润总额 12%以内的部分，准予在计算应纳税所得额时扣除，超过的部分，不得扣除。

⑦ 税收滞纳金 8 万元未调增应纳税所得额。根据规定，税收滞纳金不得在税前扣除，应调增应纳税所得额。

(2) ① 国债利息收入应调减应纳税所得额 30 万元；

② 向无关联关系的某非金融企业借款 1000 万元的利息支出应调增应纳税所得额=75-1000×6%=15(万元)；

③ 广告费用应调增应纳税所得额=980-6100×15%=65(万元)；

④ 业务招待费应调增应纳税所得额=55-30.5=24.5(万元)；

⑤ 新产品研究开发费用应调减应纳税所得额=80×50%=40(万元)；

⑥ 捐赠支出应调增应纳税所得额=112-800×12%=16(万元)；

⑦ 税收滞纳金应调增应纳税所得额 8 万元。

2012 年应纳税所得额=800-30+15+65+24.5-40+16+8=858.5(万元)

2012 年应纳企业所得税税额=858.5×25%=214.63(万元)

2012 年应补缴企业所得税税额=214.63-200=14.63(万元)。